5G 新技术丛书

5G+C-V2X
车载通信关键技术

肖海林 / 著

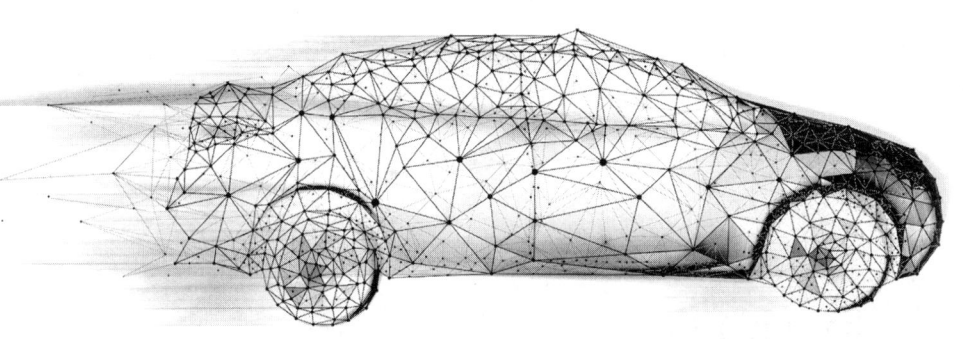

电子工业出版社
Publishing House of Electronics Industry
北京·BEIJING

内 容 简 介

本书全面、系统地阐述了5G+C-V2X车载通信关键技术。全书共12章，主要内容包括车载时变信道建模技术、协作通信技术、全双工技术、D2D技术、NOMA技术、组播通信技术、虚拟小区与NB-IoT技术、区块链技术、计算卸载技术、认知无线电技术和可见光技术。本书系统性强，内容编排连贯；注重基本概念、基本原理，对系统基本性能的物理意义解释明确；强调车载通信在实际中的应用；注重知识的归纳、总结。

本书深入浅出，概念清晰，语言流畅，既可作为从事车载通信系统研究与开发的电信工程师、工程管理人员的指导和参考用书，也可作为电子与通信工程领域通信与信息系统、信号与信息处理等学科的研究生和高年级本科生的参考书或教材，同时对通信领域进行教学、研究、开发的教师与学生均有很好的参考价值。

未经许可，不得以任何方式复制或抄袭本书之部分或全部内容。
版权所有，侵权必究。

图书在版编目（CIP）数据

5G+C-V2X车载通信关键技术/肖海林著. —北京：电子工业出版社，2021.8
（5G新技术丛书）
ISBN 978-7-121-41547-0

Ⅰ.①5… Ⅱ.①肖… Ⅲ.①汽车－物联网 Ⅳ.①U469-39

中国版本图书馆CIP数据核字（2021）第135920号

责任编辑：李树林　文字编辑：底　波
印　　刷：三河市华成印务有限公司
装　　订：三河市华成印务有限公司
出版发行：电子工业出版社
　　　　　北京市海淀区万寿路173信箱　邮编：100036
开　　本：787×1 092　1/16　印张：22　字数：563千字
版　　次：2021年8月第1版
印　　次：2021年8月第1次印刷
定　　价：138.00元

凡所购买电子工业出版社图书有缺损问题，请向购买书店调换。若书店售缺，请与本社发行部联系，联系及邮购电话：(010) 88254888，88258888。
质量投诉请发邮件至 zlts@phei.com.cn，盗版侵权举报请发邮件至 dbqq@phei.com.cn。
本书咨询联系方式：(010) 88254463，lisl@phei.com.cn。

序 FOREWORD

近年来，随着全球化经济和科技的不断发展进步，我国城市化发展进程的不断加快，车辆交通已成为人们日常生活的一部分，汽车拥有量呈爆炸式增长。根据国家统计局公布的数据，截至 2020 年年底，我国民用汽车保有量达到 2.81 亿辆。庞大的汽车保有量将导致城市交通拥堵，汽车排放的尾气将带来环境污染，而且道路交通的安全隐患也不断增加。除依靠拓宽道路、建设高架路和地铁等增加基础道路设施的手段外，还要充分发挥现代信息技术和车联网技术在解决交通问题中的作用。推进交通信息化、网络化和智能化，构建基于车联网的智能交通系统（Intelligent Transportation System，ITS），实现快捷、安全、高效、舒适、绿色环保出行，一直以来都是世界各国不懈努力的目标。《中华人民共和国国民经济和社会发展第十四个五年规划和 2035 年远景目标纲要》中明确提出"积极稳妥发展工业互联网和车联网"。

车联网或网联车有多种分类方式，从通信对象看，V2X（Vehicle-to-Everything）包括 V2V（Vehicle-to-Vehicle，车到车，提供防碰撞安全能力）、V2I（Vehicle-to-Infrastructure，车到路，支持优化交通信号灯转换）、V2P（Vehicle-to-Pedestrian，车到人，支持为行人与骑行者提供安全预警）、V2N（Vehicle-to-Network，车到网或车到云平台，提供实时交通流量与路径规划及服务）等。对应的车端需要配备各类传感器（如摄像头、激光雷达）和 OBU（通信、控制器和执行器，还可能含边缘计算），路端需要配备 RSU（含通信与边缘计算能力）、传感器和信号灯，也可能需要边缘计算（MEC），网端需要有移动基站、MEC、通信云平台等，云端需要支持高精度地图、交通大数据分析、人工智能决策、智能出行应用软件及服务等。

从支持车辆的自动化能力看，可分为 L1~L5 共五级。L1 为辅助驾驶，传输时延为 100~1000 ms，网速为 0.2 Mbps；L2 为部分自动化，传输时延为 20~100 ms，网速为 0.5 Mbps；L3 为条件自动化，传输时延为 10~20 ms，网速为 16 Mbps；L4 为高级自动化，传输时延为 1~10 ms，网速为 100 Mbps；L5 为全自动化，传输时延与网速能力同 L4，但感知能力的配置与智能化水平可支持无人驾驶。

V2X 从技术上可分为 DSRC（专用短程通信技术）和 C-V2X（基于蜂窝的车联网技术）。DSRC 应用较早，工作在 5.8 GHz 频段，最大传输距离为 800 m，最高车速为 60 km/h，最大数据传输速率为 27 Mbps，传输时延低于 10 ms，但仅针对 V2V / V2I 场景，容量不足以应对交通拥堵，干扰管理和覆盖是其短板。C-V2X 根据基于 4G 或 5G 而分为 LTE-V2X 和 NR-V2X（或称为 5G+C-V2X），工作频段和覆盖范围同移动通信系统，下行最大数据传输速率为 1 Gbps，可以支持车辆编队行驶、高级驾驶、扩展传感器、远程驾驶、增强的情境感知、协作式驾驶和意图共享等。LTE-V2X 和 NR-V2X 的区别首先是对车速的支持能力，分别为 350 km/h 和 500 km/h，其次是控制面通信时延，分别低于 50 ms 和 3 ms，显然只有 NR-V2X 才能适应 L3 及以上级别的要求。

车联网的功能还可以按有无路侧协同和有无车辆间协同来区分。在既无路侧协同也无车辆间协同的场景下，即仅提供单个车辆与边缘云节点通信，可支持本地信息分发、动态高精度地图、车载信息增强、车辆在线诊断。在这一场景下，边缘计算收集中心云及车载传感设备信息，提供高精度地图存储与更新，融合车辆报来的视频/雷达信号并下发分析结果，对车辆自动驾驶状态进行分析并提供应急处置。在无车辆间协同但有路侧协同的场景下，提供单一车辆与边缘计算及路侧智能设施交互，支持危险驾驶提醒和车辆违章预警。在该场景下，边缘计算收集路侧传感器信息，融合分析后，提供疲劳驾驶、夜间行车与恶劣天气提醒，识别车牌，判定超速、逆行、长期占用应急车道等违章行为并下发给车辆及上报给中心云。在有车辆间协同但无路侧协同的场景下，提供多车与边缘计算交互，支持 V2V 信息转发和车辆感知共享。在这一场景下，边缘计算作为桥接节点，以 V2N2V 方式支持车与车之间的数据交互，支持车到车通信，转发车辆的感知信息，解决如后车视野被前车遮挡的盲区等感知能力。在车辆间协同和路侧协同兼有的场景下，提供多车与边缘计算及路侧智能设施交互，支持匝道合流辅助、智慧交叉路口和大范围协同调度。该场景下的边缘计算收集匝道合流处的传感器信息和车辆状态信息，预测车、人和障碍物的相对位置、速度、方向，下发结果到车辆，优化交通信号灯参数，预测拥堵，并利用路径优化算法对车辆进行导航调度。

车联网要实现车、路、网、云、人的协同，在功能上相当复杂，在性能上特别是对安全与可靠性要求很高。5G 的 100 Mbps 级的用户体验数据传输速率、空中接口 0.5 ms 的时延、可支持每平方千米高达 100 万台连接设备、优于 99.9999% 的可靠性、在室内停车场也能做到 3 m 精度的定位（2022 年还可提供精度到 0.3 m），这些性能使得 5G 比现有的无线通信手段更适合车联网的需要。

尽管如此，车联网和公众网的人与人通信还是有很大不同的，5G 也会面临新的挑战。80% 的公众网用户在室内使用，即处于非移动状态，而 80% 以上的城市车联网用户处于行驶状态，对移动性管理要求更高。公众网的移动通信在通信时占用信道，用户信道在线时间较短，而车联网在行驶中永远在线。公众网的通信基本是点到点方式，而车联网在 V2V 场景下是点到多点和多点到点甚至广播方式。公众网的通信基本是以下行为主的，而车联网上行数据量可能会超过下行数据量。公众网的通信所发送的信息是主叫方主动的，被叫方也是已知的，而车联网中每辆车发送的信息并不受车主所控。公众网跨运营商的用户间通信数据通常要在省间中心或省中心互联，车联网间跨运营商的通信需要在本地互联，以免时延太长。车联网海量物联网连接需使用分层管理与群组认证或多节点分布认证以免产生信令风暴，对车联网 V2V 场景还需要快速认证。公众网的通信通常采用包月或按流量收费，而车联网的商业模式有待探索。

车联网的新应用场景除对技术提出新挑战外，在管理上也需要体制机制的创新来适应，车联网不仅需要车路协同、车车协同，还需要人与车协同，因为马路上不仅有汽车还有非机动车与行人。车联网需要智能感知系统与车载电子系统协同，需要车内 IT 与 OT（汽车运行技术）系统协同，需要车联网产品与服务协同；车联网应用到矿山、港口、农场、林场等，需要跨行业协同，还需要重视跨部门的协同，政府跨部门间数据共享与管理协同及法规的配套是更大的挑战。

车联网尽管涉及技术很多、管理复杂，但万变不离其宗，即源于通信的基础技术。本书作者参阅了相关领域国内外专家学者的著作和论文，通过深入研究提出了对实际场景建模和解决存在的具体问题的方法。本书设计了 5G+C-V2X 系统软件仿真平台，通过建模和设置各种交通场景，可得到相关的评估结果。本书作者在车联网的研究中对基础技术在车联网中的应用有较深入的认识。书中介绍了与基于 5G 的 C-V2X 有关的一系列基础技术，包括车载时变信道建模技术、协作通信技术、全双工技术、D2D 技术、NOMA 技术、组播通信技术、虚拟小区技术、NB-IoT 技术、区块链技术、计算卸载技术、认知无线电技术及可见光技术等。

本书可作为从事车载通信系统研究与开发的电信工程师、工程管理人员及相关专业从事教学与研究的师生的参考书。从上述通信基础技术到实用的 5G+C-V2X 车联网技术还有不少需要深入研究的问题，我国车联网还处于试验阶段，真正大规模部署还将面临更大的挑战与考验，创新空间广阔，希望本书能为更多有志之士投身车联网的研究开发提供基本知识的培训。

中国工程院院士 邬贺铨

2021 年 4 月 20 日

随着 5G、大数据、云计算、人工智能等新一代技术和汽车交通等领域的深度融合,以及工业和信息化部、财政部发布的"十三五"时期全国智能制造发展的纲领性文件——《智能制造发展规划(2016—2020 年)》的实施和支持,我们生活中的汽车与汽车之间、汽车与道路之间、汽车与人之间,以及与云端的多维信息交互网络系统正在逐渐形成。未来车联网将逐步由目前的单车信息服务向 V2X、ITS 业务演进,将车、路、网及周边环境数据紧密结合,提高交通资源利用效率,提供更安全、更经济、更便利的出行服务。车联网对网络的要求主要体现在时延、带宽及可靠性 3 个方面,即车联网要求时延控制在 5~10 ms,能提供稳定的 10~100 MHz 带宽,可靠性要大于 99.99%。目前 4G 网络普遍时延为 25~100 ms,且无法提供超稳定的连接。5G 网络数据传输速率的理论值将达到 5 Gbps 甚至 10 Gbps,是 4G 网络的 50~100 倍,而时延均值也降至 10 ms 以内。因此,5G 大带宽、低时延等关键技术完全可为 V2X 通信提供强大支撑,基于 5G 高速率、高可靠性、大容量和低时延的特性,可支持 3D 高精度地图数据及车辆、行驶环境数据的传输,可实现汽车自主性 AI,可实现大规模机器间的相互通信。

尽管 5G 通信技术还没有真正被应用于人们的日常生活中,但车联网技术已经逐渐被应用于人们的生活中,这其中最具代表性的就是 C-V2X。C-V2X 是指从 LTE-V2X 到 5G V2X 的平滑演进,它不仅支持现有的 LTE-V2X 应用,还支持 5G+NR-V2X 的全新应用。它基于强大的 3GPP 生态系统和连续完善的蜂窝网络覆盖,可大幅降低未来自动驾驶和车联网部署成本。当前,我国发展 5G 技术的 C-V2X 同样具备先天优势:首先,我国拥有全球最大的 LTE 商用网络,如果采用 5G 通信技术解决车载通信方案,就可以有效降低车联网在路侧基础设施上的部署和投资;其次,更有利于我国抢占 C-V2X 技术、标准及产业的制高点,实现车联网产业的健康发展。

将 5G 通信技术应用于车联网领域,不但提供了一种新的车联网通信方式,而且保障了通信质量,使车联网的体系结构得到了优化,为车联网发展带来了重大变革。但我国 5G 车联网的产业化普及同样也面临着重大的挑战,其主要的局限性体现在通信干扰、网络频繁切换、资源分配、隐私保护、通信安全等几个方面。全书共 12 章,主要内容包括车载时变信道建模技术、协作通信技术、全双工技术、D2D 技术、NOMA 技术、组播通信技术、虚拟小区与 NB-IoT 技术、区块链技术、计算卸载技术、认知无线电技术和可见光技术。本书可作为从事车载通信系统研究与开发的电信工程师、工程管理人员的指导和参考用书,也可作为电子与通信工程领域通信与信息系统、信号与信息处理等学科的研究生和高年级本科生的参考书或教材,同时对通信领域进行教学、研究、开发的教师与学生均有很好的参考价值。

本书参考了国内外有关著作和文献，在此向这些著作和文献的作者表示诚挚的感谢。此外，本书也得到了作者所指导的博士生、硕士生的支持和帮助，以及国家自然科学基金（No. 61872406）和浙江省重点研发计划项目（No. 2018C01059）的资助，在此表示衷心感谢。

由于作者水平有限，书中难免存在一些缺点和错误，敬请读者不吝批评指正。

肖海林

目录

第1章 概述··1
1.1 引言··1
1.2 C-V2X 概述··2
1.3 C-V2X 的应用前景··4
1.3.1 C-V2X 有望成为车联网首选方案································4
1.3.2 5G V2X 更能满足智能网联汽车的需求······················5
参考文献··5

第2章 车载时变信道建模技术···7
2.1 引言··7
2.2 基于几何的协作散射车载时变信道模型································8
2.2.1 车载时变信道模型描述···8
2.2.2 车载时变信道冲击响应··11
2.3 车载时变信道非平稳特性统计分析······································14
2.3.1 车载时变信道空间自相关特性分析····························15
2.3.2 车载时变信道时间自相关特性分析····························16
2.3.3 车载时变信道 Wigner-Ville 谱分析·····························17
2.3.4 车载时变信道遍历容量分析······································18
2.4 仿真结果与性能分析··19
2.5 本章小结···24
参考文献··25

第3章 协作通信技术···28
3.1 引言··28
3.2 时变信道下车载协作通信系统 MPSK 调制方法·····················29
3.2.1 场景建模···29
3.2.2 MPSK 调制下误码率分析··31
3.2.3 仿真结果与性能分析··35
3.3 时变信道下车载中继协议与 M-QAM 调制方法······················38
3.3.1 车载中继协议设计··38

  3.3.2 M-QAM 调制下平均误码率分析 ································· 39
  3.3.3 仿真结果与性能分析 ·· 46
 3.4 联合车辆分簇与功率控制方法 ·· 50
  3.4.1 运动态车辆分簇方法 ·· 50
  3.4.2 准静态车辆分簇方法 ·· 54
  3.4.3 准静态车辆分簇下的功率控制 ···································· 58
  3.4.4 仿真结果与性能分析 ·· 61
 3.5 本章小结 ·· 64
 参考文献 ·· 64

第 4 章 全双工技术 ··· 67

 4.1 引言 ··· 67
 4.2 非对称编码的全双工车载通信 ·· 68
  4.2.1 非对称编码的信息传输 ··· 69
  4.2.2 BER 性能分析 ·· 73
  4.2.3 BER 性能优化 ·· 74
  4.2.4 仿真结果与性能分析 ·· 76
 4.3 全双工双向中继车载协作通信 ·· 79
  4.3.1 场景建模 ·· 79
  4.3.2 系统中断概率分析 ··· 81
  4.3.3 仿真结果与性能分析 ·· 85
 4.4 全双工 D2D 车载通信 ·· 87
  4.4.1 场景建模 ·· 88
  4.4.2 策略与簇间频谱复用准则 ·· 90
  4.4.3 基于 ILA 理论的复用资源分配机制 ····························· 96
  4.4.4 仿真结果与性能分析 ·· 98
 4.5 本章小结 ·· 103
 参考文献 ·· 103

第 5 章 D2D 技术 ·· 106

 5.1 引言 ··· 106
 5.2 时延 QoS 保证的 C-V2X 车载通信功率分配方法 ····················· 108
  5.2.1 系统模型 ·· 108
  5.2.2 功率分配 ·· 113
  5.2.3 仿真结果与性能分析 ·· 114
 5.3 时变信道下 D2D-V 车载通信功率控制方法 ····························· 117
  5.3.1 系统模型 ·· 118

		5.3.2 车载时变信道下非完美 CSI 描述	119

       5.3.2 车载时变信道下非完美 CSI 描述 ……………………………………… 119

       5.3.3 D2D-V 功率控制 ……………………………………………………… 120

       5.3.4 仿真结果与性能分析 …………………………………………………… 125

  5.4 C-V2X D2D 车载通信能效优化方法 ……………………………………… 129

       5.4.1 系统模型 ………………………………………………………………… 129

       5.4.2 拉格朗日和丁克尔巴赫方法 …………………………………………… 132

       5.4.3 仿真结果与性能分析 …………………………………………………… 136

  5.5 本章小结 …………………………………………………………………… 140

  参考文献 ………………………………………………………………………… 140

第 6 章 NOMA 技术 …………………………………………………………… 142

  6.1 引言 ………………………………………………………………………… 142

  6.2 协作 NOMA 车载通信 …………………………………………………… 143

       6.2.1 车辆跟驰场景下分簇算法 ……………………………………………… 144

       6.2.2 协作 NOMA 功率控制方法 …………………………………………… 145

       6.2.3 仿真结果与性能分析 …………………………………………………… 155

  6.3 NOMA+全双工车载通信 ………………………………………………… 159

       6.3.1 系统模型 ………………………………………………………………… 159

       6.3.2 NOMA 安全传输策略 ………………………………………………… 161

       6.3.3 全双工中继选择方法 …………………………………………………… 163

       6.3.4 仿真结果与性能分析 …………………………………………………… 170

  6.4 本章小结 …………………………………………………………………… 173

  参考文献 ………………………………………………………………………… 173

第 7 章 组播通信技术 ………………………………………………………… 175

  7.1 引言 ………………………………………………………………………… 175

  7.2 车载社交网络中数据传输组播技术 ……………………………………… 176

       7.2.1 系统模型 ………………………………………………………………… 176

       7.2.2 组播算法描述 …………………………………………………………… 178

       7.2.3 最优中继选择 …………………………………………………………… 181

       7.2.4 功率分配策略 …………………………………………………………… 184

       7.2.5 仿真结果与性能分析 …………………………………………………… 188

  7.3 C-V2X 车载安全数据传输组播技术 ……………………………………… 190

       7.3.1 系统模型 ………………………………………………………………… 190

       7.3.2 TSMT-VSD 中继选择策略与基站奖惩机制 ………………………… 193

       7.3.3 VISSIM 仿真平台 ……………………………………………………… 197

       7.3.4 仿真结果与性能分析 …………………………………………………… 202

7.4 本章小结 207
参考文献 208

第 8 章 虚拟小区与 NB-IoT 技术 210

8.1 引言 210
8.2 车载通信虚拟小区技术 212
    8.2.1 系统模型 212
    8.2.2 以多车辆为中心的动态虚拟小区 216
    8.2.3 虚拟小区车载通信资源管理 219
    8.2.4 仿真结果与性能分析 226
8.3 车载通信 NB-IoT 技术 229
    8.3.1 系统模型 229
    8.3.2 NB-IoT 车载通信资源管理 232
    8.3.3 仿真结果与性能分析 235
8.4 本章小结 238
参考文献 238

第 9 章 区块链技术 241

9.1 引言 241
9.2 城市场景下基于分簇的 V2X 车载信息传输方案 242
    9.2.1 系统模型 242
    9.2.2 车载紧急信息传输策略 246
    9.2.3 车载非紧急信息传输策略 248
    9.2.4 仿真结果与性能分析 249
9.3 交叉路口处基于分簇的 V2X 车载信息传输方案 253
    9.3.1 应用场景及系统建模 254
    9.3.2 车载信息安全的交通灯配时算法 257
    9.3.3 基于区块链的车辆信任管理方案 260
    9.3.4 软件开发平台搭建 263
    9.3.5 仿真结果与性能分析 266
9.4 本章小结 270
参考文献 270

第 10 章 边缘计算——计算卸载技术 273

10.1 引言 273
10.2 计算卸载物理层安全的 D2D-V 频谱复用接入机制 274

10.2.1　计算卸载物理层安全通信系统模型 274
  10.2.2　计算卸载物理层安全性能尺度 276
  10.2.3　D2D-V 链路动态接入机制与中断性能分析 277
  10.2.4　D2D-V 频谱复用的最优接入门限值 282
 10.3　仿真结果与性能分析 286
 10.4　本章小结 292
 参考文献 293

第 11 章　认知无线电技术 295

 11.1　引言 295
 11.2　频谱感知 296
  11.2.1　系统建模 296
  11.2.2　能量检测算法 297
  11.2.3　自适应加权双门限频谱感知算法 298
  11.2.4　车载环境下的信道仿真模型 304
  11.2.5　仿真结果与性能分析 305
 11.3　频谱分配 308
  11.3.1　系统建模 308
  11.3.2　频谱分配算法 311
  11.3.3　仿真结果与性能分析 313
 11.4　本章小结 315
 参考文献 316

第 12 章　可见光技术 317

 12.1　引言 317
 12.2　可见光的 V2V 通信平台设计 317
  12.2.1　系统的总体构成 317
  12.2.2　可见光的发送端 318
  12.2.3　可见光的接收端 322
 12.3　系统搭建和测试 325
  12.3.1　字符传输 326
  12.3.2　视频传输 329
 12.4　本章小结 331
 参考文献 331

附录 A　缩略词对照表 332

第 1 章
概　述

1.1　引言

近年来，随着全球化经济和科技的不断发展进步，我国城市化发展进程的不断加快，车辆交通已成为人们日常生活的一部分，汽车拥有量呈爆炸式增长。《2018 年国民经济和社会发展统计公报》及公安部交管局公布的最新数据显示[1]，我国民用汽车保有量约为 2.4028 亿辆，比 2017 年年末增长 10.5%。截至 2019 年 6 月底，我国汽车保有总量已经达到了 2.5 亿辆，平均千人汽车保有量已达 179.2 辆（按照 13.95 亿人口计算），首次超过了世界 170 辆的平均水平。然而，庞大的汽车保有量导致道路交通的安全隐患也不断发生，并且由于目前交通信息化不足，也带来了一些全球性问题，如交通事故频发、城市交通拥堵、汽车排放尾气导致的环境污染等[2]。

一方面，交通事故居高不下，给社会带来了巨大的生命和财产损失。世卫组织在 2018 年《全球道路安全现状报告》中指出，由于车辆交通导致的伤亡人数不断攀升，每年有几千万人因交通事故遭受不同程度的伤害或致残，且约有 135 万人死于道路交通碰撞事故，道路交通伤害预计将成为全世界第五大死因，交通事故造成的经济损失约占世界各国 GNP 的 1%~3%。该报告进一步显示，大约 84% 的道路交通死亡事故发生在低收入和中等收入的国家，另外在人口密集的城市中发生的事故约占 40%，造成这一状况的部分原因是交通信息传输网络能力不足导致的救援不及时。另一方面，严重的交通拥堵除了会加剧环境污染和降低驾乘人员的旅途体验，还会因引起驾乘人员的心理烦躁而进一步增加交通事故率，从而形成恶性循环[3]。缓解交通拥堵、提高交通安全和交通效率已不适宜仅依靠传统的拓宽道路、建设高架、铺设轨道、设立标志等增加基础道路设施的交通工程手段，而应更加注重现代信息和车联网技术在解决交通问题中的核心作用。因此，实现车辆交通网络的信息化、构建基于车联网的智能交通系统（Intelligent Transportation System，ITS），以及通过车辆间的相互通信来管理交通、减少交通拥堵和事故的发生、提高交通安全并为乘客提供道路信息，以达到快捷、安全、有效、舒适、绿色环保的目的，一直以来都是世界各国不懈努力的目标。

基于蜂窝网的车载通信技术（C-V2X）是 3GPP 全球标准组织的通信技术，目前包括 LTE-V2X 及技术演进后的 5G V2X。图 1-1 所示为 C-V2X 车联网架构。基于蜂窝的车联网架构主要由终端、接入层、网络层及应用层组成。首先，终端包括车辆用户、蜂窝用户及路边单元等。其次，位于接入层的基站是所有终端设备的控制节点，能够对用户的切换、资源分配、资源调度、功率控制等资源管理方面进行控制。最后，网络层负责将接收到的信息发送给应用层。应用层对数据进行处理后，根据不同的业务需求为终端提供包括出行安全保障、娱乐媒体在内的一系列服务。

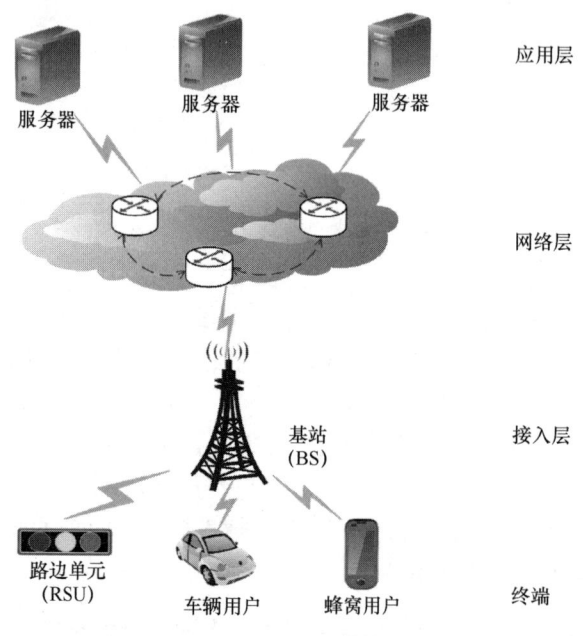

图 1-1　C-V2X 车联网架构

1.2　C-V2X 概述

事实上，车载通信技术（Vehicle-to-Everything，V2X）是构建车联网、实现 ITS 的关键，V2X 决定着系统的整体性能[4]。V2X 作为新一代通信技术，实现 V（车辆）与任何信息交互的对象 X（主要包含人、车、道路基础设施、云平台或网络等）的协调感知和互联互通。V2X 通信通过车与车之间（Vehicle-to-Vehicle，V2V）、车与路之间（Vehicle-to-Infrastructure，V2I）、车与人之间（Vehicle-to-Pedestrian，V2P）、车与网络或云平台之间（Vehicle-to-Network，V2N）构建移动互联的环境感知和信息交互体系，从而构建出满足智能交通感知和互联特征的数据环境，实现 ITS 系统的人、机、物广泛信息互联互通与协同控制[5~7]。V2X 通信场景如图 1-2 所示。

因此，V2X 通信不仅可以促进 ITS 的发展和应用，还有利于创新智慧交通的新模式，对进一步减少交通拥堵、提高交通安全和交通效率及实现绿色交通具有显著意义[8]。与 V2X 通信相关的应用，具有高可靠性与低时延等特点。目前，支持 V2X 通信的主流技术解决方案包括基于 IEEE 802.11p 协议标准的专用短程通信（Dedicated Short Range Communication，DSRC）技术和基于蜂窝网的 V2X（Cellular Vehicle-to-Everything，C-V2X）

技术（包括 LTE-V2X 和 5G+NR-V2X）[6~11]。其中，3GPP 的 C-V2X 标准化工作主要分为 3 个阶段：第 1 阶段是基于长期演进（Long Term Evolution，LTE）技术满足 LTE-V2X 的基本业务需求，对应 LTE Rel-14 版本；第 2 阶段是基于 LTE 技术满足部分 5G+V2X 增强业务需求（LTE-eV2X），对应 LTE Rel-15 版本；第 3 阶段是基于 5G 新空口（5G+NR）技术实现全部或大部分 5G V2X 增强业务需求，对应 5G+NR Rel-16 和 Rel-17 版本。表 1-1 给出了 DSRC 与 C-V2X 技术的对比差异[8~11]。

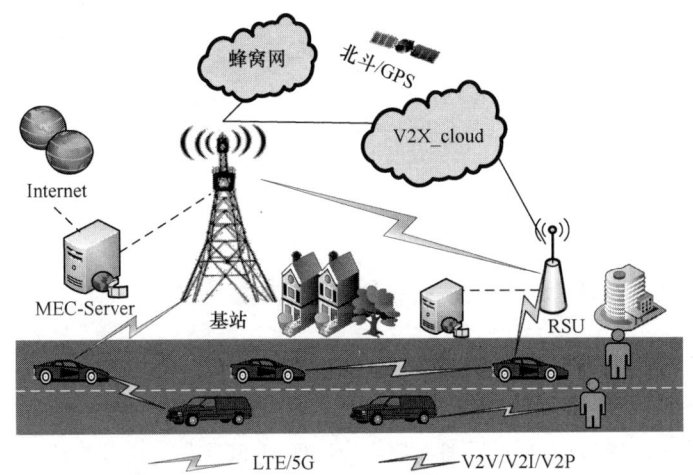

图 1-2　V2X 通信场景

表 1-1　DSRC 与 C-V2X 技术的对比差异

业务类别	DSRC	C-V2X
时延	<500 ms	<100 ms
数据速率	12 Mbps，最高 27 Mbps	PC5 接口 12 Mbps Uu 接口 500 Mbps
适应车速	200 km/h	500 km/h
传输距离	300～500 m	PC5 接口 500～600 m Uu 接口 1000 m
网络部署	需部署 RSU	现网基站
同步需求	异步	严格同步
资源感知	通过固定门限及检测前导码来判断信道是否被占用	通过功率和能量测量感知资源占用情况
资源复用	TDM	TDM/FDM

以美国为主导的 DSRC 技术被认为是 V2X 车载通信的基础标准，美国联邦通信委员会给予分配的物理层有效通信带宽总共为 75 MHz，其中与安全控制信道相关的带宽仅有 10 MHz。随着车辆保有量的快速增长，有限的频谱资源无法满足车载通信网络接入的高数据流量需求，并给车载安全通信带来挑战。研究结果表明，DSRC 技术在同时存在多个车载通信节点的情况下性能较差。另外，IEEE 802.11p 标准是在 IEEE 802.11a 标准的基础上进行开发扩展的，其 MAC 层采用了载波监听碰撞避免带有冲突避免的载波侦听多路访

问（Carrier Sense Multiple Access with Collision Avoid，CSMA/CA）机制。然而，已有文献表明基于 DSRC 机制在车载通信节点较多时存在较大的包碰撞丢失率与接入时延，同时面临着可扩展性差、不可预测的广播风暴与隐蔽终端问题[6~9]。特别是在车联网建设初期，车载路边基础设施部署较为缺乏、车载高速移动导致车载通信网络的拓扑结构变化较快等特点使得 V2X 通信变化为间隙连通性，通信发生中断的概率较大，不能很好地满足 V2X 通信高可靠性与有效性的需求。事实上，以我国为主导的 C-V2X 通信技术，利用现有基站通信信号广泛覆盖的特点，能很好地克服 IEEE 802.11p 标准通信模式下通信链路连通性不足的缺陷，然而传统的基于蜂窝网的 V2X 通信模式下，通信信号必须通过蜂窝基站的中继转发，如此加重了蜂窝基站的负担，并在一定程度上增加了 V2X 通信的时延。

1.3 C-V2X 的应用前景

1.3.1 C-V2X 有望成为车联网首选方案

正如 1.2 节中的描述，相较于 DSRC，C-V2X 更具优势。与 DSRC 不依赖于网络基础设施服务，需增加全面部署的时间和成本不同，C-V2X 可使用现有的蜂窝网络基础设施，提供更好的安全性、更长的通信范围，以及从 4G 到 5G 甚至更高的技术进化路径[12, 13]。

2016 年 9 月，汽车和通信行业联合成立专门组织——5G 汽车联盟（5G Automotive Association，5GAA），是全球电信行业与汽车行业的跨行业产业联盟，旨在研究未来移动交通服务端到端的解决方案。5GAA 的 8 个创始成员分别是奥迪、宝马、戴姆勒、爱立信、华为、英特尔、诺基亚和高通，目前已经拥有 100 多家成员单位。5GAA 也与美国运输部、欧盟、中国政府等相关机构密切沟通，与欧洲汽车电信联盟（EATA）、下一代移动通信网络（NGMN）、全球 TD-LTE 发展组织（GTI）、3GPP、IMT-2020 正式开展合作工作。根据 5GAA 的测试报告《V2X 功能和性能测试报告》（*V2X Functional and Performance Test Report*），预计商用的 C-V2X 产品在适应安全需求的前提下，范围、可靠性等指标都明显优于 DSRC。

C-V2X 通过将人、车、路、网、云等交通参与要素有机结合，一方面为行人和骑车人等低能见度道路使用者和周围环境提供更多通信机会；另一方面支撑车辆获得比单车感知更多的信息，促进车路协同应用的大规模落地。同时，单车智能往往对传感器要求很高，实现自动驾驶成本高，而 C-V2X 可提供辅助手段，如 RSU 等设备可有效传递远距离消息，降低传感器成本。

我国政策也大力推动了 C-V2X 的发展，华为、中兴等企业已成长为世界一流的通信企业，国内企业在国际标准组织中具有较强话语权。在 V2X 的标准讨论过程中，大唐、华为先后作为 4G LTE-V2X 和 5G+NR-V2X 的报告人，深度参与标准制定。另外，C-V2X 专利技术中国有相对优势。根据光大证券报告显示，DSRC 专利基本被美国、日本、韩国控制。其中，美国企业专利占比超过了 50%，中国的企业只有 9%；而 C-V2X 方面，由于是新兴技术，且正处于标准制定中，中国占 30% 左右，美国和欧洲也是 30% 左右，相对来说各国比较均衡。

1.3.2 5G V2X 更能满足智能网联汽车的需求

5G 的商业化应用，让国内一直以来坚持的 C-V2X 路线在延时性上的优势得以充分发挥，应用前景和可行性大幅提高[14, 15]。

相比 LTE-V2X，5G V2X 更能满足智能网联汽车的需求。通信技术是自动驾驶核心要素之一，汽车在运行过程中将产生巨大数据量，而当前以 4G 为代表的网络通信技术尚有较大差距。同时，车联网和自动驾驶都需要厘米级精确定位，确保安全的路径规划和稳定流畅的指令执行，4G 偶尔出现的信号不稳定或延迟，对汽车安全存在巨大隐患。

伴随 5G 时代的到来，5G 设备密度比 4G 增加 10~100 倍，传输速率高 30~50 倍，流量密度提升 1000 倍，延迟小于 1 ms，加上冗余设计，其将为车联网技术、自动驾驶带来更多加速和突破，甚至给整个产业打开更多想象的空间。

2020 年 2 月，国家发展改革委、工业和信息化部等 11 个国家部委联合发布《智能汽车创新发展战略》，提出 2025 年，实现有条件自动驾驶的智能汽车达到规模化生产、高度自动驾驶的智能汽车在特定环境下市场化应用。4 月下旬，工业和信息化部发布《关于推动 5G 加快发展的通知》，点明了 5G 未来的应用场景，促进"5G+车联网"协同发展就是其中重点需要着力的方向。

另外，5G V2X 标准化也即将完成。3GPP 在 2015 年即开始了针对 C-V2X 的标准讨论。2017 年 3 月，3GPP 发布的支持 LTE-V2X 的 Rel-14 标准，是目前全球 C-V2X 商用落地的主要版本。与 DSRC 不同的是，伴随着电信网络的演进，5G 时代的到来，其在高速率、低延时方面的优异表现为车联网技术、自动驾驶带来更多突破，4G C-V2X 也加速向 5G+C-V2X 演进。据悉，支持 5G-V2X 的 Rel-16 标准已于 2020 年 7 月发布，最后阶段的支持增强 5G-V2X 的 Rel-17 标准，预计将于 2021 年年底发布，到时整个标准工作完成，车联网将迎来大规模爆发。

参 考 文 献

[1] 国家统计局. 2018 年国民经济和社会发展统计公报[R]. 2018.
[2] 宁滨. 智能交通中的若干科学和技术问题[J]. 中国科学：信息科学，2018，48(9): 1264-1269.
[3] 国经咨询有限公司. 中国车联网产业发展研究[R]. 2018.
[4] IMT-2020（5G）推进组. C-V2X 业务演进白皮书[R]. 2019.
[5] Chen S Z, Hu J L, Shi Y, et al. LTE-V: a TD-LTE-based V2X solution for future vehicular network[J]. IEEE Internet of Things Journal, 2016, 3(6): 997-1005.

[6] Tseng Y L. LTE-Advanced enhancement for vehicular communication[J]. IEEE Wireless Communications, 2016, 22(6): 4-7.

[7] 赵海涛，朱洪波，张晖，等. 基于连通概率感知的车联网资源优化技术研究[J]. 仪器仪表学报，2015，37(8): 1721-1734.

[8] 陈山枝，胡金玲，时岩，等. LTE-V2X 车联网技术、标准与应用[J]. 电信科学，2018，4:1-11.

[9] 陈山枝. 未来积极推动 LTE-V 标准[EB]. 2013.

[10] 3GPP. Physical layer procedures: TS36.331, v.14.5.1[S]. 2018.

[11] Ahmed E and Gharavi H. Cooperative vehicular networking: a survey[J]. IEEE Transactions on Intelligent Transportation Systems, 2018, 19(3): 996-1014.

[12] 王天军，叶则南，曾繁俊，等. 5G 通讯技术在 V2X 中的应用[J]. 汽车使用技术，2020，23: 19-22.

[13] 杜莎. 5G 技术加持下，C-V2X 有望成为主流[J]. 汽车与配件，2020，11: 58-59.

[14] 陈山枝. 打造"5G+车联网"中国模式[J]. 中国工业和信息化，2020，11: 44-49.

[15] 李新洲. 车联网 LTE-V2X 与 5G-V2X（NR）对比分析[J]. 信息通信技术与政策，2020，7: 93-96.

第 2 章
车载时变信道建模技术

车载通信系统的设计及面向上层的资源优化都离不开对 V2X 车载无线信道物理特征的深入理解。车载无线通信信息在多径信道环境下通过若干次的直射、反射、散射和绕射等物理途径以多径信号叠加的形式最终到达车载接收端。V2X 车载无线信道通常是动态时变的，具有很强的随机性和复杂性。因此，建立合理的车载无线信道模型，利用数学化的形式准确刻画复杂多变的车载无线信道变得尤为重要，车载通信无线信道建模成为基于车载时变信道的资源优化和性能评估的首要挑战。

2.1 引言

V2X 通信技术应用于交通系统中，因能够在一定程度上提高交通安全和交通管理效率而备受关注。为更好地设计和评估 V2X 通信系统的性能，准确理解其无线信道的传播特性是极其必要的。车载信道建模是实现车载通信的基础，也是车载通信系统中资源优化及性能评估的重要依据。然而，在实际的车载通信场景中，一方面 V2X 车载无线信道不仅时刻遭受噪声和干扰的影响，而且不可避免地遭受着物体的反射、散射和衍射等多径衰落影响；另一方面 V2X 车载无线信道还受到环境中散射体及其收发端高速运动的影响。这使得采用合理的 V2X 通信信道建模方法准确刻画无线信道变得尤为重要。

近年来，针对 MIMO V2V 通信系统的信道建模，提出了许多基于几何的信道模型，MIMO 技术应用无线通信系统中能够有效利用多径传播来增强链路的可靠性并提高频谱效率。在文献[1]中作者首次在二维平面内提出了一种基于几何的自适应随机信道模型用于 MIMO V2V 通信系统的信道建模，并推导了非各向同性散射环境下的空时频相关函数。文献[2]在文献[1]的基础上进一步扩展，提出了三维的自适应随机信道模型。随后文献[3]针对 MIMO 移动对移动（Mobile to Mobile，M2M）各向同性信道，提出了基于几何的随机两环散射衰落模型。然而，该两环模型不能充分表征道路散射环境特征。最近，文献[4]提出了一种基于三维空间的半椭圆体散射信道模型，用于描述路边的固定场景。然而，该模型只考虑了道路环境中的固定散射体，而未考虑实际道路场景中具有随机速度和方向的动态散射体对信道统计特性的影响。实际上，在车辆通信场景中存在着各种移动散射体（例如，经过的车辆和行人）[5]，这些移动散射体将会导致更大的多普勒频移，从而加剧多径衰落效应[6]。此外，当收发器 MIMO 天线阵列的间距不够大或在散射传播环境散射不足的情况下，将导致天线信号之间时空相关[7,8]，如此很难描述 MIMO V2V 信道的统计特性。值得说明的是，协作中继分集技术已被视为对抗无线信道衰落和提高系统性能的有效方法[9~12]。例如，文献[10]研究了具有机会中继选择的 Underlay 认知网络中次级用户的性能。在文献[11]中作者提出了一种中继窄带信道的 MIMO 移动对移动的三维两圆柱模型。文献[12]提出了基于几何的 MIMO V2V 中继协作信道散射模型。不幸的是，该文献未充分考虑时变速度对信道统计特性的影响，这将会降低 MIMO V2V 通信系统性能评估的准确性。

在 V2V 通信信道建模中，除了要考虑动态移动散射体对信道统计性能的影响，实际的 V2V 衰落信道还具有非平稳特性，尤其是在高移动通信场景中[13]。然而，在目前大多数现有工作中，一个普遍的假设是所提信道满足广义的平稳状态，忽略了信道的非平稳性[14,15]。V2V 通信信道的非平稳统计特性可能是由车载通信收发端的时变速度引起的。到目前为止，只有很少的研究考虑了速度变化对信道统计特性的影响[16,17]。

针对 MIMO V2V 通信系统，我们提出一种基于几何的协作散射车载时变信道模型[18~20]。该模型将动态车载通信环境下的散射移动簇等效为中继协作节点，通过车载收发端的相对运动速度与动态散射体的生灭过程刻画车载通信信道的非平稳特性。在此基础上，在非均匀散射环境下根据 Von Mises 角度分布特性进一步推导 V2V 信道的空时相关函数、Wigner-Ville 谱、遍历信道容量等描述二阶统计特性的函数表达式，分析天线空间间距、角度扩展、有效散射体数目、车辆交通流密度、车辆速度等对二阶统计特性的影响，进一步揭示 V2V 信道的非平稳特性，并验证所提模型的有效性。

2.2 基于几何的协作散射车载时变信道模型

本节首先对 MIMO V2V 通信传播环境进行描述，类比于中继协作机制提出基于几何的协作散射 MIMO V2V 车载时变信道模型。然后根据几何随机散射理论[21]，采用数学化的形式语言刻画车载收发端不同天线阵元间的信道冲击响应。

▶ 2.2.1 车载时变信道模型描述

本小节在二维多径散射场景中提出一种通用的 MIMO V2V 协作散射通信传播模型，如图 2-1 所示。该模型 V2V 通信收发节点之间包含大量的移动散射体（如移动的车辆、行人）和静止的散射体（如停放的汽车、树木、建筑物等）。图中，T_x 表示车载通信的发射端，R_x 表示车载通信的接收端，随机分布的散射节点在该模型中可被当作中继协作节点。同时，在 V2V 通信收发节点之间包含视距（Line of Sight，LoS）分量和非视距（Not Line of Sight，NLoS）分量。为简化分析，NLoS 仅考虑单跳反射、散射分量，这是因为双跳或多跳散射波的振幅很小，相比于单跳散射分量对系统性能的影响可以忽略[22,23]。值得说明的是，在所提的多径传播信道中该信道传播场景可类比于中继协作通信网络。信息通过多个虚拟中继节点从源车辆节点传递到目的车辆节点，这些虚拟的中继节点充当信息传递的中间介质[24,25]。图 2-2 描述了多径散射传播信道模型和中继协作 V2V 通信模型之间的类比关系。由此，本小节提出了基于几何的协作散射 MIMO V2V 时变信道模型。

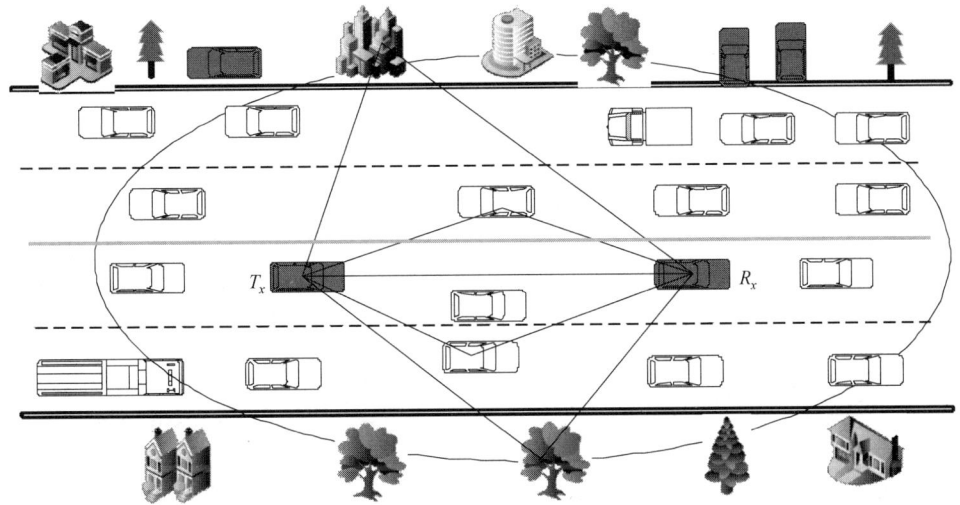

图 2-1 MIMO V2V 协作散射通信传播模型

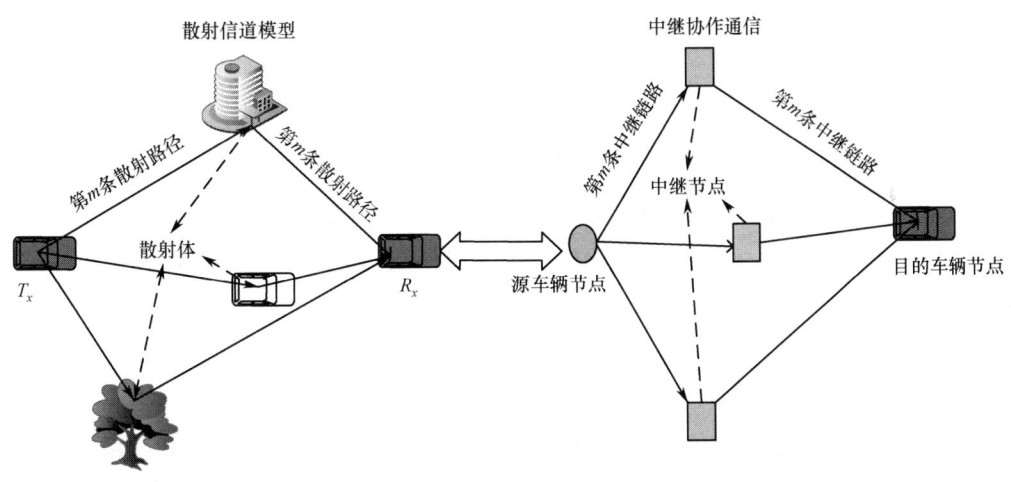

图 2-2 多径散射传播信道模型和中继协作 V2V 通信模型之间的类比关系

图 2-3 所示为本小节所提的协作散射 MIMO V2V 时变信道模型的几何示意图。该模型为三环结构，不同于文献[26]中的两环散射衰落信道模型，两环模型无法区分静态散射体和动态散射体。三环结构模型是由围绕车载信息发射端（T_x）和接收端（R_x）的两圆环及椭圆环组成的。其中，双圆环组合用来描述 V2V 通信场景下随机分布的运动散射体，椭圆环用来描述路边环境下的静止散射体。通过更改所提模型的形状（如椭圆环、单环或双环）参数，可以用该模型自适应各种通信场景[27]。在所提模型中，收发端 R_x 和 T_x 分别配备的天线数为 L_r 和 L_t 的全向均匀线性阵列，且收发端以不同的速度移动。收发端 R_x 和 T_x 各自的天线阵元间距分别为 δ_R 和 δ_T，第 p $(p=1,2,\cdots,L_t)$ 个发射天线阵元和第

q（$q=1,2,\cdots,L_r$）个接收天线阵元分别表示为 A_T^p 和 A_R^q。收发端 R_x 和 T_x 的周围存在着大量的散射体，且这些散射体以若干散射体簇的形式呈现。

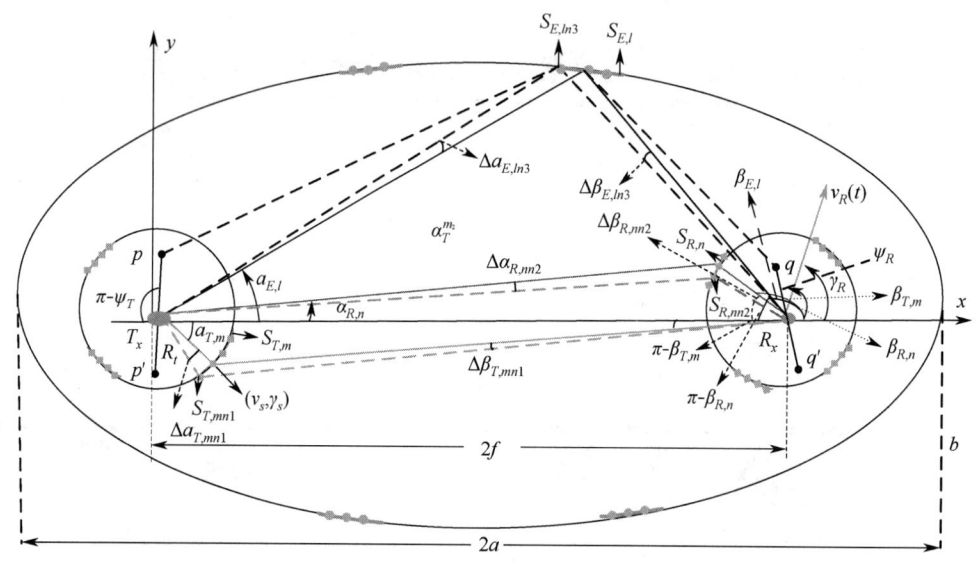

图 2-3　协作散射 MIMO V2V 时变信道模型的几何示意图

假设有 L 个有效散射体簇存在于以收发端 R_x 和 T_x 为焦点的椭圆环上，第 l 个簇表示成 $S_{E,l}$，其中 $l=1,2,\cdots,L$。该椭圆环的长半轴和短半轴的长度分别 a 和 b，椭圆焦点之间的长度为 $D=2f$。类似地，假设在发射端 T_x 有 M 个有效散射体簇分布在半径为 R_t 的圆环上，第 m（$m=1,2,\cdots,M$）个簇表示成 $S_{T,m}$；同理，在接收端 R_x 有 N 个有效散射体簇分布在半径为 R_r 的圆环上，第 n（$n=1,2,\cdots,N$）个簇表示成 $S_{R,n}$。此外，假设每个散射体簇由若干散射射线组成，双圆环和椭圆环上每个簇的散射射线总数分别为 N_1、N_2 和 N_3。发射端 T_x 圆环上第 m 个簇的第 n_1 个散射体表示为 S_{T,mn_1}，接收端 R_x 圆环上第 n 个簇的第 n_2 个散射体表示为 S_{R,nn_2}，椭圆环上第 l 个簇的第 n_3 个散射体表示为 S_{E,ln_3}。V2V 通信信道直射分量的水平离开角（Angular of Departure，AoD）和到达角（Angular of Arrival，AoA）分别定义为 a_T^{LoS} 和 β_T^{LoS}。参数 $a_{T,m}$（$\beta_{T,m}$）、$a_{R,n}$（$\beta_{R,n}$）和 $a_{E,l}$（$\beta_{E,l}$）分别表示单跳分量在 $S_{T,m}$、$S_{R,n}$ 和 $S_{E,l}$ 上的平均 AoD（AoA）。参数 $\Delta a_{T,mn_1}$（$\Delta \beta_{T,mn_1}$）、$\Delta a_{R,nn_2}$（$\Delta \beta_{R,nn_2}$）和 $\Delta a_{E,ln_3}$（$\Delta \beta_{E,ln_3}$）分别表示散射体 S_{T,mn_1}、S_{R,nn_2} 和 S_{E,ln_3} 的相对偏移 AoD（AoA）。同时，假设车载收发端之间的距离远大于双圆环的半径即 $\max\{R_t,R_r\} \ll D$，且双圆环的半径和椭圆环半长轴与焦距之差的最小值远大于天线阵元间距[6]，即 $\max\{\delta_T,\delta_R\} \ll \min\{R_t,R_r,a-f\}$。尽管存在 T_x、R_x 和散射体簇都存在运动的情况，然而采用相对运动的理念，这种情况可等价于 T_x 保持静止，R_x 和散射体簇具有相对移动速度[28]。为此，所提模型假设 R_x 在时刻 t 的时变速度大小为 $v_R(t)$，方向为 γ_R；双圆环上的散射体簇以概率为 p_s 的移动速度 v_s（方向为 γ_s）进行运动，γ_s 服从均匀分布。

2.2.2 车载时变信道冲击响应

如图 2-3 所示,注意到从发射端 T_x 发出的一些散射波可能直接传播到 R_x 天线(LoS 模式),而其他 NLoS 模式的单跳散射波从 T_x 到达 R_x 有以下 3 种单跳模式:利用发射端 T_x 圆环上的散射体簇实现单跳(简称 SBT 模式)、利用接收端 R_x 圆环上的散射体簇实现单跳(简称 SBR 模式)、利用椭圆环上的散射体簇实现单跳(简称 SBE 模式)。因此,所提的 V2V 信道增益可以描述成大小为 $L_t \times L_r$ 的 $H(t)=[h_{pq}(t)]_{L_t \times L_r}$ 矩阵形式。其中,天线 A_T^p 和 A_R^q 之间的信道冲击响应(Channel Impulse Response,CIR)$h_{pq}(t)$ 可表示为

$$
\begin{aligned}
h_{pq}(t) &= h_{pq}^{\text{LoS}}(t) + h_{pq}^{\text{NLoS}}(t) \\
&= h_{pq}^{\text{LoS}}(t) + h_{pq}^{\text{SBT}}(t) + h_{pq}^{\text{SBR}}(t) + h_{pq}^{\text{SBE}}(t)
\end{aligned}
\tag{2-1}
$$

其中,各部分的信道复增益可表示成以下形式。

$$
h_{pq}^{\text{LoS}}(t) = \sqrt{\frac{K_{pq}P_{pq}}{K_{pq}+1}} \exp(\mathrm{j}(2\pi\varphi_{\text{LoS}}(t) - k_0\varepsilon_{pq})) \tag{2-2}
$$

$$
h_{pq}^{\text{SBT}}(t) = \sqrt{\frac{\eta_T P_{pq}}{M(K_{pq}+1)}} \sum_{m=1}^{M} \lim_{N_1 \to \infty} \sqrt{\frac{1}{N_1}} \sum_{n_1=1}^{N_1} \exp(\mathrm{j}2\pi\varphi_{mn_1}(t) + \mathrm{j}(\vartheta_{mn_1} - k_0\varepsilon_{pq,mn_1})) \tag{2-3}
$$

$$
h_{pq}^{\text{SBR}}(t) = \sqrt{\frac{\eta_R P_{pq}}{N(K_{pq}+1)}} \sum_{n=1}^{N} \lim_{N_2 \to \infty} \sqrt{\frac{1}{N_2}} \sum_{n_2=1}^{N_2} \exp(\mathrm{j}2\pi\varphi_{nn_2}(t) + \mathrm{j}(\vartheta_{nn_2} - k_0\varepsilon_{pq,nn_2})) \tag{2-4}
$$

$$
h_{pq}^{\text{SBE}}(t) = \sqrt{\frac{\eta_E P_{pq}}{L(K_{pq}+1)}} \sum_{l=1}^{L} \lim_{N_3 \to \infty} \sqrt{\frac{1}{N_3}} \sum_{n_3=1}^{N_3} \exp(\mathrm{j}2\pi\varphi_{ln_3}(t) + \mathrm{j}(\vartheta_{ln_3} - k_0\varepsilon_{pq,ln_3})) \tag{2-5}
$$

式(2-2)~式(2-5)中,P_{pq} 为 $A_T^p - A_R^q$ 链路的总功率;η_T、η_R 和 η_E 分别为单跳散射中各 NLoS 模式下能量相关因子,且可归一化表示成 $\eta_T + \eta_R + \eta_E = 1$;$K_{pq}$ 为莱斯因子,该因子描述 LoS 分量与 NLoS 分量的功率比,其值在一定程度上可刻画交通流密度的大小,如高车辆密度时的 K_{pq} 值小于低车辆密度时的 K_{pq} 值,因为高车辆密度时相对于低车辆密度时的收发端散射体簇数量较多,所以 NLoS 分量的所占功率比例较大[17];ϑ_{mn_1}、ϑ_{nn_2} 和 ϑ_{ln_3} 分别为各散射体簇中各射线的初始相位,其相互独立且在 $[0, 2\pi)$ 内均服从均匀分布;$k_0 = 2\pi/\lambda$,为自由空间的波数,其中 $\lambda = c/f_c$,表示载波波长,c 表示自由空间内的光速,f_c 为载波频率;ε_{pq}、ε_{pq,mn_1}、ε_{pq,nn_2} 和 ε_{pq,ln_3} 分别为散射波在 $A_T^p - A_R^q$、$A_T^p - S_{T,mn_1} - A_R^q$、$A_T^p - S_{R,nn_2} - A_R^q$ 和 $A_T^p - S_{E,ln_3} - A_R^q$ 链路路径上的传播距离。注意,$\sqrt{1+x} \approx 1 + x/2 (x \ll 1)$ 且 $\max\{\delta_T, \delta_R\} \ll \min\{R_t, R_r\}$,故假设 R_x 在观测时间内的位移小于双圆环的半径[29,30]。因此,ε_{pq}、ε_{pq,mn_1}、ε_{pq,nn_2} 和 ε_{pq,ln_3} 可进一步简化为

$$\varepsilon_{pq} \approx D - k_p \delta_T \cos(\alpha_T^{\text{LoS}} - \psi_T) - k_q \delta_R \cos(\beta_R^{\text{LoS}} - \psi_R) \tag{2-6}$$

$$\varepsilon_{pq,mn_1} \approx R_r - k_p \delta_T \cos(\alpha_{T,m} + \Delta a_{T,mn_1} - \psi_T) + D - \\ k_q \delta_R \left(\frac{R_t}{D} \sin \psi_R \sin(\alpha_{T,m} + \Delta a_{T,mn_1}) - \cos \psi_R \right) \tag{2-7}$$

$$\varepsilon_{pq,nn_2} \approx D - k_q \delta_T \left(\frac{R_r}{D} \sin \psi_T \sin(\beta_{R,n} + \Delta \beta_{R,nn_2}) + \cos \psi_T \right) + \\ R_r - k_q \delta_R \cos(\beta_{R,n} + \Delta \beta_{R,nn_2} - \psi_R) \tag{2-8}$$

$$\varepsilon_{pq,ln_3} \approx 2a - k_p \delta_T \cos(a_{E,l} + \Delta a_{E,ln_3} - \psi_T) - k_q \delta_R \cos(\beta_{E,l} + \beta_{E,ln_3} - \psi_R) \tag{2-9}$$

其中，$k_p = (L_t + 1 - 2p)/2$，$k_q = (L_r + 1 - 2q)/2$，$\alpha_T^{\text{LoS}} \approx 0$，$\beta_R^{\text{LoS}} \approx \pi$。

所提信道模型的非平稳性特性可用时变多普勒频移和散射体簇的时间演化特性刻画。根据文献[6]中的结果，所提信道模型的时变多普勒频移可表示为

$$\varphi_{\text{LoS}}(t) = \int_0^t \frac{f_c}{c} v_R(t) \cos(\beta_R^{\text{LoS}} - \gamma_R) \text{d}t \tag{2-10}$$

$$\varphi_{mn_1}(t) = \int_0^t \frac{f_c}{c} [v_R(t)(\frac{R_t}{D}\sin\gamma_R \sin(\alpha_{T,m} + \Delta\alpha_{T,mn_1}) - \cos\gamma_R) - \\ v_s(\cos(\alpha_{T,m} + \Delta\alpha_{T,mn_1} - \gamma_s) + \cos(\beta_{T,m} + \Delta\beta_{T,mn_1} - \gamma_s))]\text{d}t \tag{2-11}$$

$$\varphi_{nn_2}(t) = \int_0^t \frac{f_c}{c} [v_R(t)\cos(\beta_{R,n} + \Delta\beta_{R,nn_2} - \gamma_R) - \\ v_s(\cos(\alpha_{R,n} + \Delta\alpha_{R,nn_2} - \gamma_s) + \cos(\beta_{R,n} + \Delta\beta_{R,nn_2} - \gamma_s))]\text{d}t \tag{2-12}$$

$$\varphi_{ln_3}(t) = \int_0^t \frac{f_c}{c} v_R(t) \cos(\beta_{ln_3} + \Delta\beta_{E,ln_3} - \gamma_R)\text{d}t \tag{2-13}$$

其中，车载接收端 R_x 的时变速度 $v_R(t)$ 可表示为

$$v_R(t) = v_R(t_0) + a_0 \tag{2-14}$$

式中，$v_R(t_0)$ 为初始时刻的速度大小；a_0 为加速度。进一步根据文献[31]和文献[32]的结果，椭圆环第 l 个散射体簇上的第 n_3 个散射体的 AoD a_{E,ln_3} 可用其 AoA β_{E,ln_3} 表示为

$$a_{E,ln_3} = \begin{cases} f(\beta_{E,ln_3}), & \text{当 } 0 < \beta_{E,ln_3} \leqslant \beta_0 \text{时} \\ f(\beta_{E,ln_3}) + \pi, & \text{当 } \beta_0 < \beta_{E,ln_3} \leqslant 2\pi - \beta_0 \text{时} \\ f(\beta_{E,ln_3}) + 2\pi, & \text{当 } 2\pi - \beta_0 < \beta_{E,ln_3} \leqslant 2\pi \text{时} \end{cases} \tag{2-15}$$

其中

$$f(\beta_{E,ln_3}) = \arctan\left[\frac{(\kappa^2-1)\sin(\beta_{E,ln_3})}{2\kappa+(\kappa^2+1)\cos(\beta_{E,ln_3})}\right], \quad \beta_{E,ln_3} = \beta_{E,l} + \Delta\beta_{E,ln_3} \quad (2\text{-}16)$$

$$\beta_0 = \pi - \arctan\left(\frac{\kappa^2-1}{2\kappa}\right), \quad \kappa = \frac{a}{f} \quad (2\text{-}17)$$

注意，由于所提模型中各散射体簇上的散射射线数接近于无穷大（$N_1, N_2, N_3 \to \infty$），因此离散随机变量水平角度 $\Delta\alpha_{T,mn_1}$、$\Delta\beta_{R,nn_2}$ 和 $\Delta\beta_{E,ln_3}$ 能够用概率密度函数 $p(\Delta\alpha_{T,m})$、$p(\Delta\beta_{R,n})$ 和 $p(\Delta\beta_{E,l})$ 的连续随机变量 $\Delta\alpha_{T,m}$、$\Delta\beta_{R,n}$ 和 $\Delta\beta_{E,l}$ 来表示。我们采用冯·米塞斯分布（Von Mises distribution）来描述水平角度 $\Delta\alpha_{T,m}$、$\Delta\beta_{R,n}$ 和 $\Delta\beta_{E,l}$ 的统计分布情况。因为利用冯·米塞斯分布可得到二阶统计特性的闭式解，并且通过变化冯·米塞斯的分布参数，可以将其变换为如均匀分布、高斯分布、拉普拉斯分布等其他情形[30]。因此，水平角度 $\Delta\alpha_{T,m}$、$\Delta\beta_{R,n}$ 和 $\Delta\beta_{E,l}$ 的 Von Mises 概率密度分布函数可表示为

$$p(\Delta\alpha_{T,m}) = \frac{\exp[k_T \cos(\Delta\alpha_{T,m})]}{2\pi I_0(k_T)} \quad (2\text{-}18)$$

$$p(\Delta\beta_{R,n}) = \frac{\exp[k_R \cos(\Delta\beta_{R,n})]}{2\pi I_0(k_R)} \quad (2\text{-}19)$$

$$p(\Delta\beta_{E,l}) = \frac{\exp[k_{el} \cos(\Delta\beta_{E,l})]}{2\pi I_0(k_{el})} \quad (2\text{-}20)$$

式中，$I_0(\cdot)$ 为第一类修正的零阶贝塞尔函数；$\Delta\alpha_{T,m} \in [-\pi, \pi)$、$\Delta\beta_{R,n} \in [-\pi, \pi)$ 和 $\Delta\beta_{E,l} \in [-\pi, \pi)$ 分别为各自的角度均值；k_T、k_R 和 k_{el} 分别为对应簇的角度扩展值，用于衡量各向异性程度。例如，当角度扩展值 $k_{T/R/el} = 0$ 时，Von Mises 概率密度为 $1/2\pi$，表示均匀分布。角度扩展值 $k_{T/R/el}$ 越大，表示角度越集中在均匀值附近。

在车载通信时变信道传输场景中，针对某一特定的散射体簇而言，其可能仅出现在某一小时间隔周期内。我们利用包含存活概率和新生概率的生灭过程来刻画移动散射体簇的动态变化过程[33~35]。因此，从 t 时刻到 $t+\tau$ 时刻的 τ 间隔内，由接收端 R_x 和散射体簇移动引起的信道增益抖动可表示为

$$\delta_h(t, \tau) = \delta_R(t, \tau) + \delta_s(t, \tau) \quad (2\text{-}21)$$

式中，$\delta_R(t,\tau)$ 为接收端 R_x 移动引起的信道增益抖动；$\delta_s(t,\tau)$ 为散射体簇移动引起的信道增益抖动。其中，$\delta_R(t,\tau)$ 与 $\delta_s(t,\tau)$ 可分别表示为

$$\delta_R(t, \tau) = \int_t^{t+\tau} v_R(t) \mathrm{d}t = (v_R(t_0) + a_0 t)\tau \quad (2\text{-}22)$$

$$\delta_s(t, \tau) = \int_t^{t+\tau} p_s v_s \mathrm{d}t = p_s v_s \tau \quad (2\text{-}23)$$

式中，p_s 为散射体簇移动的概率。

$t+\tau$ 时刻的散射体簇总数可表示为从 t 时刻幸存到 $t+\tau$ 时刻的散射体簇数量和时间间隔 τ 内新生成而未消亡的散射体簇数量之和。因此，在所提模型结构三环上的散射体簇的总数（M、N 和 L）可实时变化。本节通过散射体簇的存活速率 λ_G 和消亡速率 λ_R 来进一步表示该生灭过程。时间轴上散射体簇从 t 时刻幸存到 $t+\tau$ 时刻的存活概率表示为

$$P_{\text{survival}}(t,\tau) = e^{-\lambda_R \cdot \frac{\delta_h(t,\tau)}{D_c}} \tag{2-24}$$

式中，D_c 为场景相关因子。根据生灭过程，散射体簇的出现和消失之间的持续时间 τ 呈指数分布[33]，时间间隔 τ 内新生成的散射体簇数量可根据泊松过程表示为式（2-25）的形式[35]：

$$E[N_{\text{new}}(t+\tau)] = \frac{\lambda_G}{\lambda_R}(1 - e^{-\lambda_R \cdot \frac{\delta_h(t,\tau)}{D_c}}) \tag{2-25}$$

至此，在 MIMO V2V 车载通信系统中将散射体簇等效为中继协作节点，建立了基于几何的协作散射车载时变信道模型，并对该模型的时变信道冲击响应进行了描述和推导。进一步，通过生灭过程来描述散射体簇的动态变化过程，并利用散射体簇的生灭和接收端 R_x 的时变移动来刻画时变信道的非平稳过程。2.3 节将对车载时变信道的非平稳统计特性进行详细分析。

2.3 车载时变信道非平稳特性统计分析

本节将考虑车载时变信道的二阶统计特性，在各向异性的散射环境下考虑车载速度的影响，推导空间互相关函数（Spatial Cross-Correlation Function，SCCF）、短时自相关函数（Auto Correlation Function，ACF）、Wigner-Ville 谱函数及遍历容量的统计特性表达式。两个复信道冲击响应 $h_{pq}(t)$ 和 $h_{p'q'}(t+\tau)$ 的归一化空时相关函数（Space-Time Correlation Function，ST-CF）可定义为

$$\rho_{pq,p'q'}(\delta_T,\delta_R,t,\tau) = \frac{E\{h_{pq}(t)h^*_{p'q'}(t+\tau)\}}{\sqrt{E\{|h_{pq}(t)|^2\}}\sqrt{E\{|h^*_{p'q'}(t+\tau)|^2\}}} \tag{2-26}$$

式中，$E\{\cdot\}$ 为统计期望；$(\cdot)^*$ 为复共轭；$p, p' \in \{1, 2, \cdots, L_t\}$，$q, q' \in \{1, 2, \cdots, L_r\}$。因为 LoS 分量和 NLoS 各单跳分量相互独立，所以式（2-26）可表示为

$$\rho_{pq,p'q'}(\delta_T,\delta_R,t,\tau) = \rho_{pq,p'q'}^{\text{LoS}}(\delta_T,\delta_R,t,\tau) + \rho_{pq,p'q'}^{\text{SBT}}(\delta_T,\delta_R,t,\tau) + \rho_{pq,p'q'}^{\text{SBR}}(\delta_T,\delta_R,t,\tau) + \rho_{pq,p'q'}^{\text{SBE}}(\delta_T,\delta_R,t,\tau) \tag{2-27}$$

式中，$\rho_{pq,p'q'}^{\text{LoS}}(\delta_T,\delta_R,t,\tau)$、$\rho_{pq,p'q'}^{\text{SBT}}(\delta_T,\delta_R,t,\tau)$、$\rho_{pq,p'q'}^{\text{SBR}}(\delta_T,\delta_R,t,\tau)$ 和 $\rho_{pq,p'q'}^{\text{SBE}}(\delta_T,\delta_R,t,\tau)$ 分别

为 t 时刻的 LoS 分量和经过各散射体簇单跳散射分量的归一化 ST-CF。

根据文献[6]和文献[27]可知，将 Von Mises 概率密度分布函数代入式（2-26）可知，归一化后的 ST-CF 可进一步表示为

$$\rho_{pq,p'q'}^{\text{LoS}}(\delta_T,\delta_R,t,\tau) = Kc_{pp'}^{\text{LoS}}(\delta_T)c_{qq'}^{\text{LoS}}(\delta_R)e^{j2\pi(\varphi_{\text{LoS}}(t)-\varphi_{\text{LoS}}(t+\tau))} \tag{2-28}$$

$$\rho_{pq,p'q'}^{\text{SBT}}(\delta_T,\delta_R,t,\tau) = \frac{\eta_T}{M}\sum_{m=1}^{M}\int_{-\pi}^{\pi}\int_{-\pi}^{\pi} e^{-jk_0(\varepsilon_{pq,mm_1}-\varepsilon_{p'q',mm_1})}e^{j2\pi(\varphi_{mm_1}(t)-\varphi_{mm_1}(t+\tau))}p(\gamma_s)p(\Delta\alpha_{T,m})\mathrm{d}\gamma_s\mathrm{d}\Delta\alpha_{T,m} \tag{2-29}$$

$$\rho_{pq,p'q'}^{\text{SBR}}(\delta_T,\delta_R,t,\tau) = \frac{\eta_R}{N}\sum_{n=1}^{N}\int_{-\pi}^{\pi}\int_{-\pi}^{\pi} e^{-jk_0(\varepsilon_{pq,nn_2}-\varepsilon_{p'q',nn_2})}e^{j2\pi(\varphi_{nn_2}(t)-\varphi_{nn_2}(t+\tau))}p(\gamma_s)p(\Delta\beta_{R,n})\mathrm{d}\gamma_s\mathrm{d}\Delta\beta_{R,n} \tag{2-30}$$

$$\rho_{pq,p'q'}^{\text{SBE}}(\delta_T,\delta_R,t,\tau) = \frac{\eta_E}{L}\sum_{l=1}^{L}\int_{-\pi}^{\pi} c_{pp'}^{\text{SBE}}(\delta_T,\Delta\alpha_{E,k})c_{qq'}^{\text{SBE}}(\delta_R,\Delta\beta_{E,l})e^{j2\pi(\varphi_{ln_3}(t)-\varphi_{ln_3}(t+\tau))}p(\Delta\beta_{E,l})\mathrm{d}\Delta\beta_{E,l} \tag{2-31}$$

其中

$$\begin{cases} c_{qq'}^{\text{SBE}}(\delta_R,\Delta\beta_{E,k}) = e^{jk_0\delta_R(q-q')\cos(\beta_{E,k}+\Delta\beta_{E,k}-\psi_R)} \\ c_{pp'}^{\text{LoS}}(\delta_T) = e^{jk_0\delta_T(p-p')\cos\psi_T} \\ c_{qq'}^{\text{LoS}}(\delta_R) = e^{-jk_0\delta_R(q-q')\cos\psi_R} \\ c_{pp'}^{\text{SBE}}(\delta_T,\Delta\alpha_{E,l}) = e^{jk_0\delta_T(p-p')\cos(\alpha_{E,l}+\Delta\alpha_{E,l}-\psi_T)} \\ p(\gamma_s) = 1/2\pi \end{cases} \tag{2-31a}$$

▶ 2.3.1 车载时变信道空间自相关特性分析

将式（2-27）中的时间间隔 τ 设置为 0，可得到车载时变信道 CCF 函数 $\rho_{pq,p'q'}(\delta_T,\delta_R,t)$，因此 CCF 可表示为

$$\rho_{pq,p'q'}^{\text{LoS}}(\delta_T,\delta_R,t) = Kc_{pp'}^{\text{LoS}}(\delta_T)c_{qq'}^{\text{LoS}}(\delta_R) \tag{2-32}$$

$$\rho_{pq,p'q'}^{\text{SBT}}(\delta_T,\delta_R,t) = \frac{\eta_T}{M}\sum_{m=1}^{M}\int_{-\pi}^{\pi} e^{-jk_0(\varepsilon_{pq,mm_1}-\varepsilon_{p'q',mm_1})}p(\Delta\alpha_{T,m})\mathrm{d}\Delta\alpha_{T,m} \tag{2-33}$$

$$\rho_{pq,p'q'}^{\text{SBR}}(\delta_T,\delta_R,t) = \frac{\eta_R}{N}\sum_{n=1}^{N}\int_{-\pi}^{\pi} e^{-jk_0(\varepsilon_{pq,nn_2}-\varepsilon_{p'q',nn_2})}p(\Delta\beta_{R,n})\mathrm{d}\Delta\beta_{R,n} \tag{2-34}$$

$$\rho_{pq,p'q'}^{\text{SBE}}(\delta_T,\delta_R,t) = \frac{\eta_E}{L}\sum_{l=1}^{L}\int_{-\pi}^{\pi}c_{pp'}^{\text{SBE}}(\delta_T,\Delta\alpha_{E,l})c_{qq'}^{\text{SBE}}(\delta_R,\Delta\beta_{E,l})p(\Delta\beta_{E,l})\mathrm{d}\Delta\beta_{E,l} \quad (2\text{-}35)$$

式（2-35）的结果能够通过数值求解的方法求得。同时，$R_r\sin\psi_R\sin(\alpha_{T,m}+\Delta\alpha_{T,m})/D$ 和 $R_t\sin\psi_T\sin(\beta_{R,n}+\Delta\beta_{R,n})/D$ 的值非常小，并利用 $\int_{-\pi}^{\pi}\exp(a\sin c+b\cos c)\mathrm{d}c = 2\pi\times I_0(\sqrt{a^2+b^2})$ 和三角变换，可将式（2-33）和式（2-34）中所含积分的等式分别转化为式（2-36）和式（2-37）的封闭表达式形式。

$$\rho_{pq,p'q'}^{\text{SBT}}(\delta_T,\delta_R,t) \approx \frac{\eta_T}{I_0(k_T)M}\sum_{m=1}^{M}e^{-jk_0(q'-q)\delta_R\cos\psi_R}I_0(\sqrt{x_{m_1}^2+y_{m_1}^2}) \quad (2\text{-}36)$$

$$\rho_{pq,p'q'}^{\text{SBR}}(\delta_T,\delta_R,t) \approx \frac{\eta_R}{I_0(k_R)N}\sum_{m=1}^{M}e^{-jk_0(p'-p)\delta_T\cos\psi_T}I_0(\sqrt{x_{m_2}^2+y_{m_2}^2}) \quad (2\text{-}37)$$

其中

$$x_{m_1} = jk_0(p'-p)\delta_T\cos(\psi_T-\alpha_{T,m})+jk_0(q'-q)\delta_R R_t/D\sin\psi_R\sin\alpha_{T,m}+k_T \quad (2\text{-}38)$$

$$y_{m_1} = jk_0(p'-p)\delta_T\cos(\psi_T-\alpha_{T,m})+jk_0(q'-q)\delta_R R_t/D\sin\psi_R\cos\alpha_{T,m} \quad (2\text{-}39)$$

$$x_{m_2} = jk_0(q'-q)\delta_R\cos(\psi_R-\beta_{R,n})+jk_0(p'-p)\delta_T R_r/D\sin\psi_T\sin\beta_{R,n}+k_R \quad (2\text{-}40)$$

$$y_{m2} = jk_0(q'-q)\delta_R\sin(\psi_R-\beta_{R,n})+jk_0(p'-p)\delta_T R_r/D\sin\psi_T\cos\beta_{R,n} \quad (2\text{-}41)$$

2.3.2 车载时变信道时间自相关特性分析

短时 ACF 定义为 $r_{pq}(t,\tau) = E\{h(t)h^*(t+\tau)\}$。将式（2-27）中 $\rho_{pq,p'q'}(\delta_T,\delta_R,t,\tau)$ 的天线阵元间距分别设置为 0（$\delta_T=0$ 和 $\delta_R=0$），即可得到短时 ACF。值得说明的是，由于短时 ACF 考虑了移动散射体簇的变化导致的信道增益抖动特性，因此短时 ACF 可改写成以下形式。

$$r_{pq}(t,\tau) = P_{\text{survival}}(t,\tau)\cdot(r_{pq}^{\text{LoS}}(t,\tau)+r_{pq}^{\text{SBT}}(t,\tau)+r_{pq}^{\text{SBR}}(t,\tau)+r_{pq}^{\text{SBE}}(t,\tau)) \quad (2\text{-}42)$$

其中

$$r_{pq}^{\text{LoS}}(t,\tau) = Ke^{j2\pi(\varphi_{\text{LoS}}(t)-\varphi_{\text{LoS}}(t+\tau))} = Ke^{j2\pi\cos\gamma_R\tau(f_{\max_0}+\frac{1}{2}\tau f_{\max_a}+tf_{\max_a})} \quad (2\text{-}43)$$

$$r_{pq}^{\text{SBT}}(t,\tau) = \frac{\eta_T}{M}\sum_{m=1}^{M}\int_{-\pi}^{\pi}\int_{-\pi}^{\pi}e^{j2\pi j(\varphi_{mm_1}(t)-\varphi_{mm_1}(t+\tau))}p(\gamma_s)p(\Delta\alpha_{T,m})\mathrm{d}\gamma_s\mathrm{d}\Delta\alpha_{T,m} \quad (2\text{-}44)$$

$$r_{pq}^{\text{SBR}}(t,\tau) = \frac{\eta_R}{N}\sum_{n=1}^{N}\int_{-\pi}^{\pi}\int_{-\pi}^{\pi}e^{j2\pi j(\varphi_{nn_2}(t)-\varphi_{nn_2}(t+\tau))}p(\gamma_s)p(\Delta\beta_{R,n})\mathrm{d}\gamma_s\mathrm{d}\Delta\beta_{R,n} \quad (2\text{-}45)$$

$$r_{pq}^{\text{SBE}}(t,\tau) = \frac{\eta_E}{L}\sum_{l=1}^{L}\int_{-\pi}^{\pi}e^{j2\pi j(\varphi_{ln_3}(t)-\varphi_{ln_3}(t+\tau))}p(\Delta\beta_{E,l})\mathrm{d}\Delta\beta_{E,l} \quad (2\text{-}46)$$

利用等式 $\int_{-\pi}^{\pi} \exp(a\sin c + b\cos c)\mathrm{d}c = 2\pi I_0(\sqrt{a^2+b^2})$，式（2-44）～式（2-46）可分别表示成式（2-47）～式（2-49）的闭式解的形式。

$$r_{pq}^{\mathrm{SBT}}(t,\tau) = \frac{\eta_T}{I_0(k_T)M} J_0(4\pi\tau f_{\max}^S) \sum_{m=1}^{M} I_0(\sqrt{z_{m_1}^2 + w_{m_1}^2}) \mathrm{e}^{-\mathrm{j}2\pi\tau(f_{\max_0}+f_{\max_0}t)\cos\psi_R} \quad (2\text{-}47)$$

$$r_{pq}^{\mathrm{SBR}}(t,\tau) = \frac{\eta_R}{I_0(k_R)N} J_0(4\pi\tau f_{\max}^S) \sum_{m=1}^{M} I_0(\sqrt{z_{m_2}^2 + w_{m_2}^2}) \quad (2\text{-}48)$$

$$r_{pq}^{\mathrm{SBE}}(t,\tau) = \frac{\eta_E}{I_0(k_R)L} \times$$
$$\sum_{l=1}^{L} I_0(\sqrt{k_{el}^2 - 4\pi^2\tau^2(f_{\max_0}+f_{\max_a}t)^2 + 4\pi\mathrm{j}k_{el}\tau(f_{\max_0}+f_{\max_a}t)\cos(\beta_{E,l}-\gamma_R)}) \quad$$
$$(2\text{-}49)$$

其中

$$f_{\max_0}^R = f_c v_R(t_0)/c, \quad f_{\max_a}^R = f_c a_0/c, \quad f_{\max}^S = f_c v_s/c \quad (2\text{-}50)$$

$$z_{m_1} = -\mathrm{j}2\pi\tau(f_{\max_0}^R + f_{\max_a}^R t)\sin\gamma_R \cos\alpha_{T,m} R_r/D \quad (2\text{-}51)$$

$$w_{m_1} = -\mathrm{j}2\pi\tau(f_{\max_0}^R + f_{\max_a}^R t)\sin\gamma_R \sin\alpha_{T,m} R_r/D + k_T \quad (2\text{-}52)$$

$$z_{m_2} = \mathrm{j}2\pi\tau(f_{\max_0}^R + f_{\max_a}^R t)\sin(\beta_{R,n} - \gamma_R) \quad (2\text{-}53)$$

$$w_{m_2} = -\mathrm{j}2\pi\tau(f_{\max_0}^R + f_{\max_a}^R t)\cos(\beta_{R,n} - \gamma_R) + k_R \quad (2\text{-}54)$$

2.3.3 车载时变信道 Wigner-Ville 谱分析

所提信道的 Wigner-Ville 谱 $S(f,t)$ 定义为短时 ACF $r_{pq}(t,\tau)$ 在时间间隔 τ 的傅里叶变化，故 $S(f,t)$ 可表示为

$$S(f,t) = \int_{-\infty}^{\infty} r_{pq}(t,\tau)\exp(-\mathrm{j}2\pi f\tau)\mathrm{d}\tau \quad (2\text{-}55)$$

将式（2-49）代入式（2-55）可知，单跳静态散射体簇的 Wigner-Ville 谱可表示为[36]

$$S_E(f,t) = \frac{\eta_E}{I_0(k_R)L} \sum_{l=1}^{L} \int_{-\infty}^{\infty} \exp(-\mathrm{j}2\pi f\tau) \times$$
$$I_0(\sqrt{k_{el}^2 - 4\pi^2\tau^2(f_{\max_0}+f_{\max_a}t)^2 + 4\pi\mathrm{j}k_{el}\tau(f_{\max_0}+f_{\max_a}t)\cos(\beta_{E,l}-\gamma_R)})\mathrm{d}\tau \quad$$
$$(2\text{-}56)$$

让 $k_{el}^2 = k_{el}^2(\cos^2(\beta_{E,l}-\gamma_R) + \sin^2(\beta_{E,l}-\gamma_R))$，式（2-56）可表示为

$$S_E(f,t) = \frac{\eta_E}{I_0(k_R)L} \times$$
$$\sum_{l=1}^{L} \int_{-\infty}^{\infty} I_0(k_0 v_R(t) \mathrm{j} \sqrt{\left(\tau - \frac{k_{el}\cos(\beta_{E,l}-\gamma_R)}{\mathrm{j}k_0 v_R(t)}\right)^2 + \left(\frac{k_{el}\sin(\beta_{E,l}-\gamma_R)}{\mathrm{j}k_0 v_R(t)}\right)^2}) \exp(-\mathrm{j}2\pi f\tau)\mathrm{d}\tau \quad (2\text{-}57)$$

让 $\varsigma = \tau - \omega$，$\omega = \dfrac{k_R \cos(\beta_{E,l}-\gamma_R)}{\mathrm{j}k_0 v_R(t)}$，并由 $I_0(x)=J_0(\mathrm{j}x)$ 可知，式（2-57）能表示为

$$S_E(f,t) = \frac{2\eta_E}{I_0(k_R)L} \times$$
$$\sum_{l=1}^{L} \exp(-\mathrm{j}2\pi f\omega) \int_0^{\infty} J_0(k_0 v_R(t)\sqrt{\varsigma^2+(\omega\tan(\beta_{E,l}-\gamma_R))^2}) \exp(-\mathrm{j}2\pi f\varsigma)\mathrm{d}\varsigma \quad (2\text{-}58)$$

根据 $(\sqrt{\alpha^2-\beta^2}) \int_0^{\infty} J_0(\alpha\sqrt{x^2+y^2})\cos(\beta x)\mathrm{d}x = \cosh(y\sqrt{\alpha^2-\beta^2})$ 和对称偶函数的积分属性，式（2-58）能重写为

$$S_E(f,t) = \frac{2\eta_E}{I_0(k_{el})L} \exp(-\mathrm{j}2\pi f\omega) \times$$
$$\sum_{l=1}^{L} \int_0^{\infty} J_0(k_0 v_R(t)\sqrt{\varsigma^2+(\omega\tan(\beta_{E,l}-\gamma_R))^2})\cos(2\pi f\varsigma)\mathrm{d}\varsigma$$
$$= \frac{2\eta_E}{I_0(k_R)L} \frac{1}{\sqrt{(k_0 v_R(t))^2-(2\pi f)^2}} \times \quad (2\text{-}59)$$
$$\exp(-\mathrm{j}2\pi f\omega)\sum_{l=1}^{L} \cosh(\omega\tan(\beta_{E,l}-\gamma_R)\sqrt{(k_0 v_R(t))^2-(2\pi f)^2})$$

2.3.4 车载时变信道遍历容量分析

本节采用遍历容量来表示 MIMO V2V 车载通信系统的信道容量[37]。遍历容量通常与时空相关特性和不均匀的角度扩展有关。遍历容量可表示为式（2-60）的形式[38]，其单位为 bit/s/Hz。

$$C = E(C_t) = E\left(\log_2 \det\left(\boldsymbol{I}_{L_r} + \frac{\overline{\gamma}}{L_t}\boldsymbol{H}(t)\boldsymbol{H}^{\mathrm{H}}(t)\right)\right) \quad (2\text{-}60)$$

式中，假设 $L_t \geq L_r$，$(\cdot)^{\mathrm{H}}$ 为矩阵的转置；$\det(\cdot)$ 为矩阵的值；$\boldsymbol{I}_{L_r}$ 为 $L_r \times L_t$ 维单位矩阵；$\overline{\gamma} = P_T/\sigma^2$，为平均信噪比（Signal Noise Ratio，SNR）。并且 $\boldsymbol{H}(t)$ 定义为

$$\boldsymbol{H}(t) = \boldsymbol{R}_r^{1/2} \boldsymbol{H}_w (\boldsymbol{R}_t^{1/2})^{\mathrm{T}} \quad (2\text{-}61)$$

式中，$\boldsymbol{H}_w$ 为一个具有复高斯独立恒等分布项的 $L_r \times L_t$ 随机矩阵；$(\cdot)^{1/2}$ 为矩阵的平方根运

算；$(\cdot)^T$ 为矩阵的转置；$\boldsymbol{R}_r$ 和 $\boldsymbol{R}_t$ 分别为相关矩阵。

为简化分析，假设 $L_t = L_r = N_L$，并且任何两个信道的归一化信道系数都为 ρ。根据指数相关矩阵模型[39]，遍历容量的上界闭环数值表达式可表示为

$$C = N_L \cdot \log_2(1 + \overline{\gamma}(1-\rho^2)/N_L) + \log_2\left(\frac{1+\overline{\gamma}/N_L}{1+\overline{\gamma}(1-\rho^2)/N_L}\right) \quad (2\text{-}62)$$

本节在各向异性的散射环境下考虑车载速度的影响，推导了 CCF、短时 ACF、Wigner-Ville 谱函数及遍历容量的表达式。在 2.4 节中，我们将利用数值分析进一步研究车载 MIMO V2V 时变信道的二阶统计特性。

2.4 仿真结果与性能分析

本节将在 MATLAB 平台通过数值分析的方法研究车载 MIMO V2V 时变信道的二阶统计特性。在无特别说明的情况下，仿真参数取值如下[24,35,40]：$R_t = R_r = 15$ m，$\psi_T = \psi_R = \pi/4$，$L_t = L_r = 4$，$\gamma_R = \pi/3$，$p = q = 1$，$p' = q' = 2$，$a = 180$ m，$f = 150$ m，$v_R(t_0) = 5$ km/h，$v_s = 40$ km/h，$f_c = 5.9$ GHz，$D_c = 10$，$a_0 = 2.5$ m/s^2，$\lambda_R = 0.04$，$p_c = 0.3$，$M = N = L = 4$，$K = 0.156$，$\eta_T = \eta_R = 0.2$，$\eta_E = 0.6$ 和 $k_T = k_R = k_{el} = 0$。同时，假设散射体簇均匀分布在三环上[25]。

图 2-4 描绘了空间相关函数 $\rho_{11,22}(\delta_T, \delta_R)$ 与收发端归一化天线间隔距离 δ_T/λ 和 δ_R/λ 的三维曲线关系。由图可知，当归一化天线间隔距离 $\delta_T/\lambda = 0$ 和 $\delta_R/\lambda = 0$ 时归一化空间相关函数 $\rho_{11,22}(\delta_T, \delta_R)$ 约为 1，这意味着不同天线链路之间的衰落几乎是完全相关的。同时空间相关性随着收发端归一化天线间隔距离的增加而逐渐减小。特别地，$\rho_{11,22}(\delta_T, \delta_R)$ 的值大致维持在 0.2 附近保持震荡，并在当 δ_T/λ 的值大于或等于 2.5 时逐渐趋于稳定。结果显示，增加归一化天线间隔距离并不总能改善系统的性能。

图 2-5 描绘了不同莱斯因子 K 下空间 CCF $\rho_{11,22}(\delta_T, \delta_R)$ 随接收端 R_x 归一化天线阵元间距 δ_R/λ 的变化，其中设置 $\delta_T/\lambda = \delta_R/\lambda$。由图可知，空间 CCF $\rho_{11,22}(\delta_T, \delta_R)$ 第一个零点对应的 δ_R/λ 值大概在 0.4 附近，此时的空间相关性最低。空间 CCF 变化曲线 $\rho_{11,22}(\delta_T, \delta_R)$ 符合 Bessel 函数的波动特性，与图 2-4 描述相符。同时，$\rho_{11,22}(\delta_T, \delta_R)$ 随着莱斯因子 K 的增大而增加。这是因为莱斯因子 K 的值可一定程度上描述动态交通车载环境下交通流密度的大小。高交通流密度时，由于车辆较为稠密（中继协作节点较多），存在大量单跳中继散射链路，LoS 分量所占的比例较小，因此莱斯因子 K 的值较小；反之，低交通流密度时，车辆较为稀疏，从源车辆节点到目的车辆节点的 LoS 分量所占比例较大，故莱斯因子 K 的值较大。此外，在城市交通拥堵的情况下，多径（多中继）散射的存在有利于减小天线链路之间的相关性，在一定程度上可以提高 MIMO V2V 通信系统的性能。

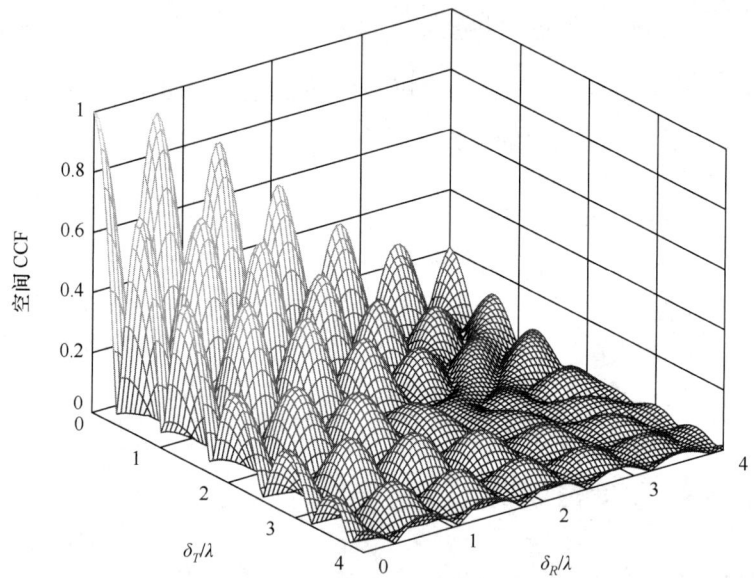

图 2-4 空间相关函数 $\rho_{11,12}(\delta_T,\delta_R)$ 与收发端归一化天线间隔距离 δ_T/λ 和 δ_R/λ 的三维曲线关系

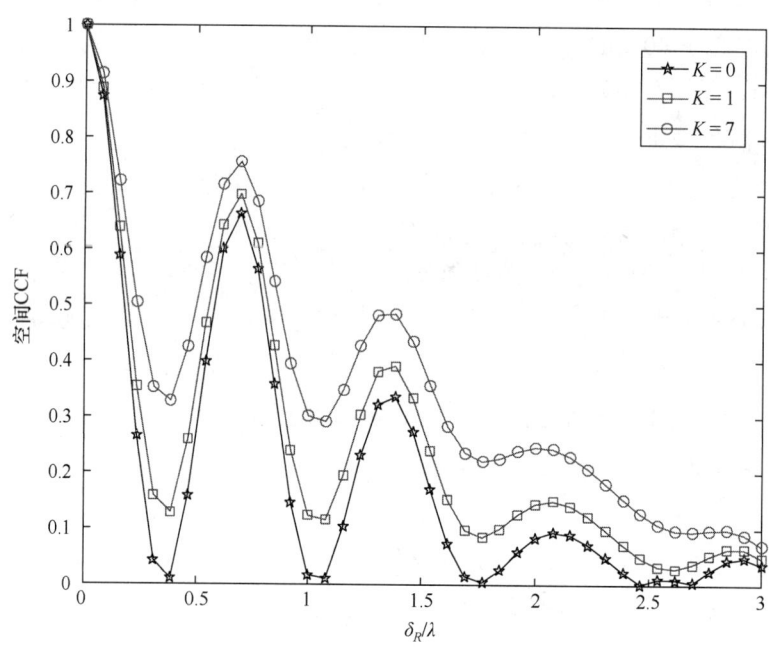

图 2-5 不同莱斯因子 K 下空间 CCF $\rho_{11,22}(\delta_T,\delta_R)$ 随接收端 R_x 归一化天线阵元间距 δ_R/λ 的变化

图 2-6 描述了不同散射体簇移动速度下短时 ACF $r_{pq}(t,\tau)$ 随时间间距 τ 的变化。由图 2-6 可知，散射体簇移动速度 v_s 越大，短时 ACF $r_{pq}(t,\tau)$ 的值越小。究其原因是散射体簇的快速移动导致了信道增益的抖动增大，所以导致短时 ACF 的值减小，其结果的描述与式（2-42）相符。

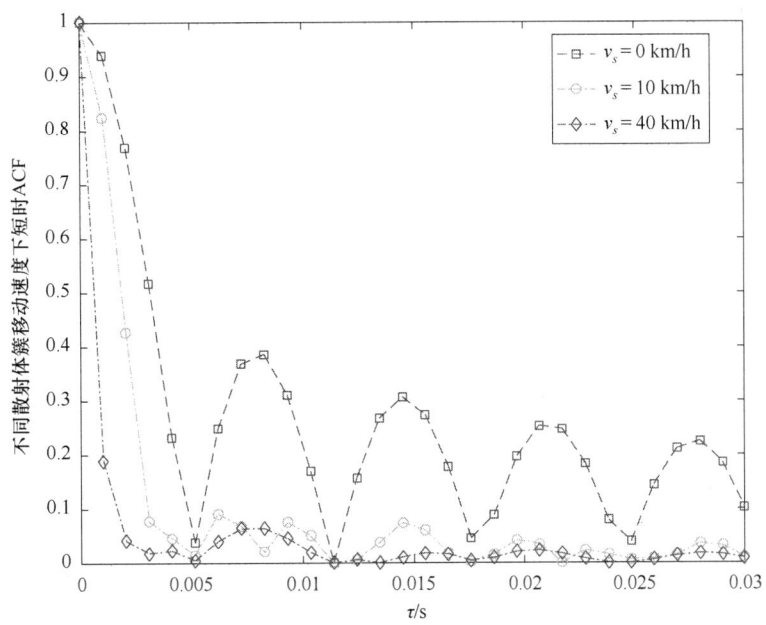

图 2-6　不同散射体簇移动速度下短时 ACF $r_{pq}(t,\tau)$ 随时间间距 τ 的变化

图 2-7 与图 2-8 分别描绘了短时 ACF $r_{pq}(t,\tau)$ 和 Wigner-Ville 谱 $S_E(f,t)$ 的二阶非平稳统计特性。由图 2-7 可知，短时 ACF $r_{pq}(t,\tau)$ 不仅与时间间隔 τ 有关，而且依赖于车载接收端 R_x 的加速度 a_0 和当前观测时间 t。随着时间间隔参数 τ 的增大，短时 ACF $r_{pq}(t,\tau)$ 的幅度波动逐渐收敛，并且短时 ACF $r_{pq}(t,\tau)$ 的幅度值随着 a_0 或 t 的增大逐渐减小。这是因为随着 a_0 或 t 的增大，车载接收端 R_x 的瞬时速度值随之增大，从而导致较大的多普勒频偏与信道增益抖动，因此短时自相关性随之减小。图 2-7 所描绘的短时 ACF $r_{pq}(t,\tau)$ 的变化趋势与文献[17]相符，从而也间接验证了本章所提模型的准确性。另外，图 2-8 描绘了 Wigner-Ville 谱 $S_E(f,t)$ 的二阶非平稳特性，类似于经典的 Jakes 频谱。然而，由于车载接收端 R_x 的可变瞬时速度，$S_E(f,t)$ 的值在不同的观测时刻 t 呈现出非平稳特性，并且 $S_E(f,t)$ 的多普勒频宽逐渐加宽。

图 2-9 与图 2-10 分别描绘了不同的角度扩展值 k_{el} 和有效散射体簇数目 L 各自对遍历容量的影响。由图 2-9 可知，遍历容量 C 的值依赖于角度扩展值 k_{el}，角度扩展参数 k_{el} 的值越大，各向异性程度越高，遍历容量 C 的值越小。例如，当设置平均 SNR 为 20 dB，角度扩展值 k_{el} 分别取 0、3、6、9 时，对应的遍历容量的值分别为 34.2 bit/s/Hz、17.8 bit/s/Hz、13.3 bit/s/Hz 和 13.1 bit/s/Hz。特别地，当角度扩展值 $k_{el}=0$ 时，相应的 Von Mises 分布为均匀分布，对应的遍历容量最大。由此可知，角度扩展值 k_{el} 的增大导致了低的遍历容量，潜在的原因是当多径协作散射分量在某个方向越密集分布，其信道的方向性越集中。然而，随着角度扩展值 k_{el} 继续增加到一定程度，由于信道的相关性趋于稳定，遍历容量减小的趋势变得相对缓慢。图 2-10 进一步描绘了遍历容量与有效散射体簇数目 L 的关系。

由图可知，随着椭圆环上有效散射体簇数目 L 的增加，多径散射（多中继协作）相关性降低，从而在一定程度上提升了遍历容量的值。

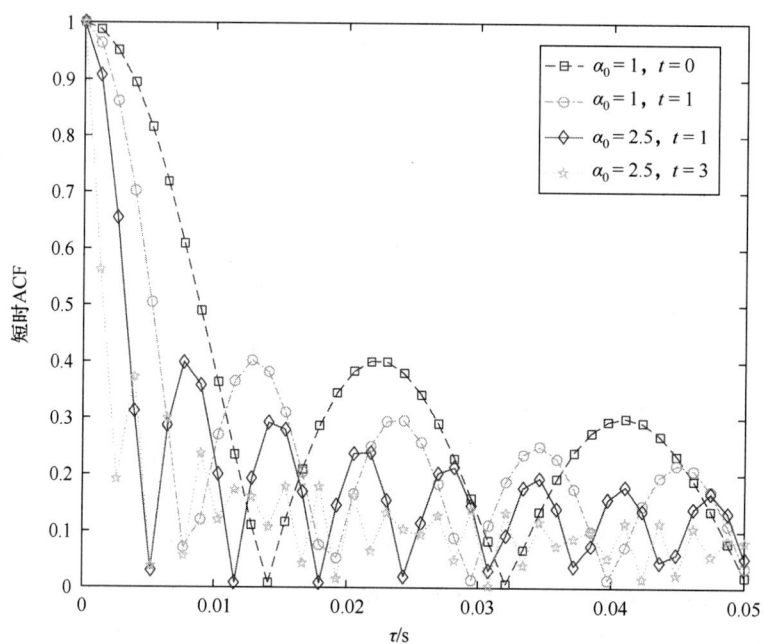

图 2-7　短时 ACF $r_{pq}(t,\tau)$ 的二阶非平稳统计特性

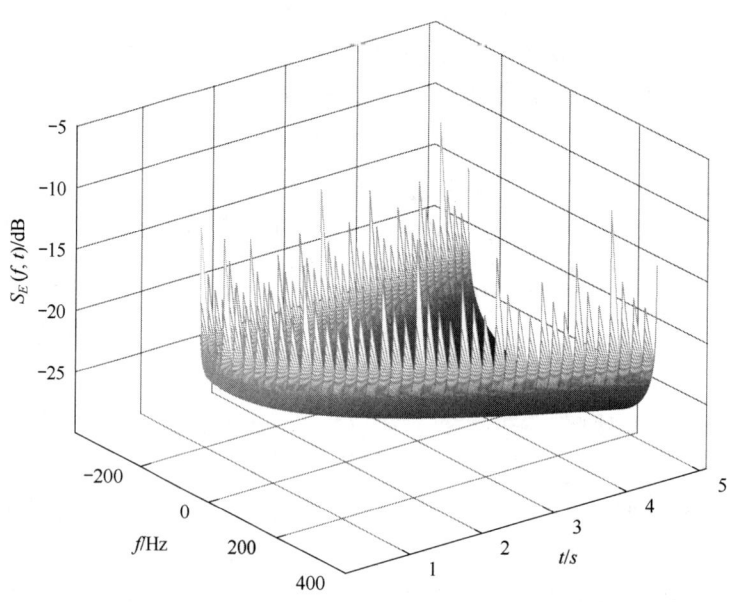

图 2-8　Wigner-Ville 谱 $S_E(f,t)$ 的二阶非平稳统计特性

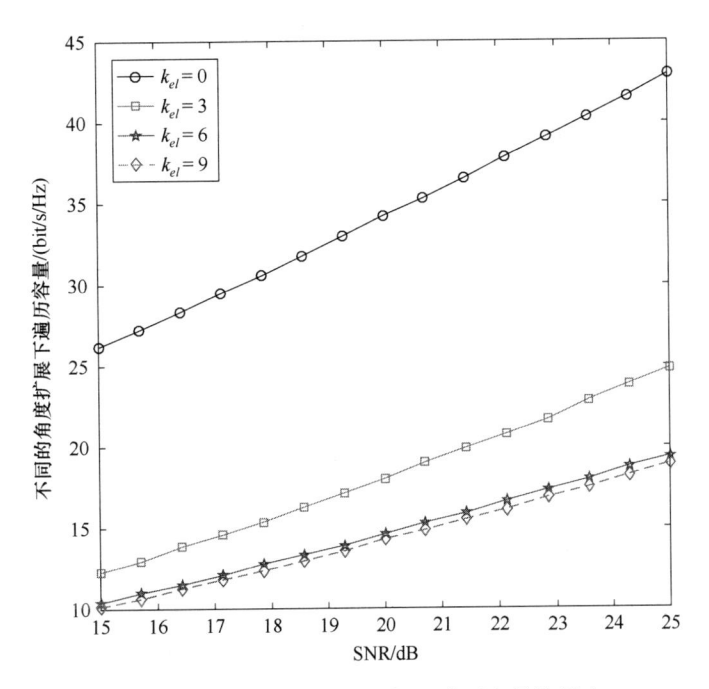

图 2-9　不同的角度扩展值 k_{el} 对遍历容量的影响

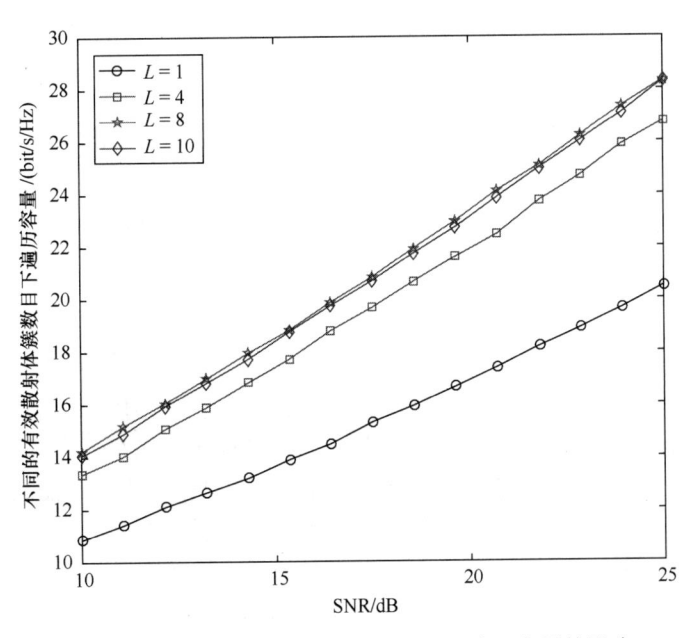

图 2-10　不同的有效散射体簇数目 L 对遍历容量的影响

图 2-11 描绘了不同车载接收端 R_x 的加速度 a_0 和观测时间 t 下遍历容量 C 随时间间隔 τ 的变化曲线。由图可知，不同车载接收端 R_x 的加速度 a_0 和观测时间 t 下，遍历容量 C 随时间间隔 τ 的增加先迅速增加，然后逐渐趋于稳定。归其原因是随着时间间隔 τ 的增加，时间自相关值逐渐下降并趋于稳定。同时，当前观测时刻 t 车载接收端 R_x 的运动速度越大，

遍历容量越大，收敛速度越快，所描述的结果与图 2-7 相符。例如，在相同的时间间隔 τ 中，参数 $a_0=2$ 和 $t=3$ 情况下对应的遍历容量的值大于参数 $a_0=0$ 和 $t=1$ 情况下对应的遍历容量的值。

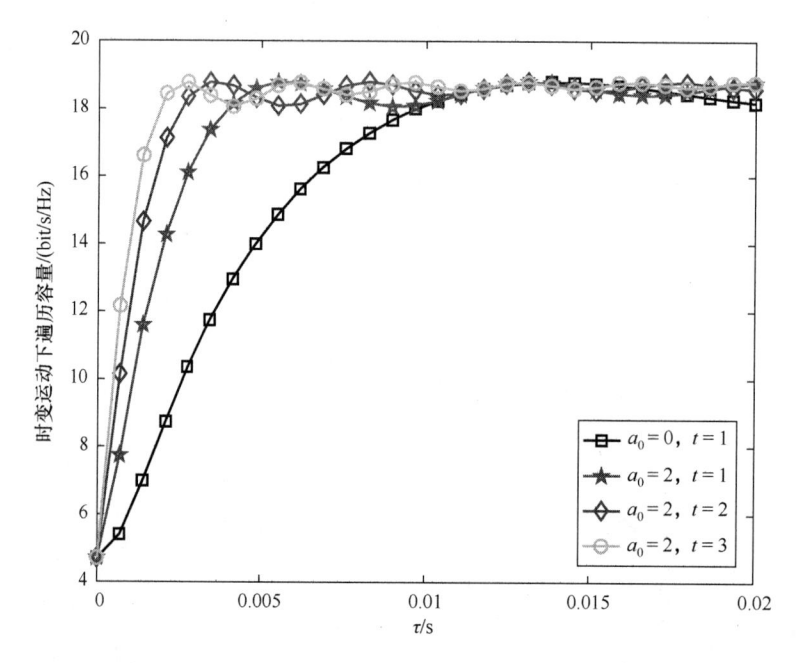

图 2-11　不同车载接收端 R_x 的加速度 a_0 和观测时间 t 下遍历容量 C 随时间间隔 τ 的变化曲线

2.5 本章小结

本章针对实际车载通信环境下车载节点的时变速度和动态散射体的移动特性导致车载通信信道的非平稳问题，建立了一种基于几何的协作散射 MIMO V2V 车载时变信道模型。该模型将散射移动簇等效为中继协作节点，将散射信道中的 LoS 分量与 NLoS 分量类比于中继协作网络中的直传和单跳转发链路。进一步，通过车载收发端的相对时变速度与动态散射体簇的生灭过程来刻画时变信道的非平稳特性。在非均匀散射环境下，根据 Von Mises 分布推导了 MIMO V2V 车载时变信道的空时相关函数、Wigner-Ville 谱、遍历容量等描述二阶统计特性的函数表达式，用于分析所提模型的非平稳特性。具体地分析了天线空间间距、角度扩展、有效散射体数目、车辆交通流密度、车辆速度等对二阶统计特性的影响。实验结果表明，散射体的动态变化及时变速度导致了时变信道的非平稳特性，表明了所提基于几何的协作散射 MIMO V2V 车载时变信道模型的正确性，建立的模型可为资源优化与系统性能评估提供理论依据。

参 考 文 献

[1] Cheng X, Wang C X, Laurenson D I, et al. An adaptive geometry-based stochastic model for non-isotropic MIMO mobile-to-mobile channels [J]. IEEE Transactions on Wireless Communications, 2009, 8(9): 4824-4835.

[2] Yuan Y, Wang C X, He Y, et al. 3D wideband non-stationary geometry-based stochastic models for non-isotropic MIMO vehicle-to-vehicle channels[J]. IEEE Transactions on Wireless Communications, 2014, 14(12): 6883-6895.

[3] Zhao X, Liang X, Li S, et al. Mobile-to-mobile wideband MIMO channel realization by using a two-ring geometry-based stochastic scattering mode[J]. Wireless Personal Communications, 2015, 80(4): 2445-2465.

[4] Jiang H, Zhang Z, Dang J, et al. Analysis of semi-ellipsoid scattering channel models for vehicle-to-vehicle communication environments[C]. IEEE 85th Vehicular Technology Conference (VTC Spring), 2017: 1-6.

[5] Borhani A, Patzold M. Correlation and spectral properties of vehicle-to-vehicle channels in the presence of moving scatterers[J]. IEEE Transactions on Vehicular Technology, 2013, 62(9): 4228-4239.

[6] Zajic A G. Impact of moving scatterers on vehicle-to-vehicle narrowband channel characteristics[J]. IEEE Transactions on Vehicular Technology, 2014, 63(7): 3094-3106.

[7] An J, Yang K, Wu J, et al. Achieve sustainable ultra-dense heterogeneous networks for 5G [J]. IEEE Communications Magazine, 2017, 55(12): 84-90.

[8] Cheng X, Wang C X, Wang H, et al. Cooperative MIMO channel modeling and multi-link spatial correlation properties [J]. IEEE Journal on Selected Areas in Communications, 2012, 30(2): 388-396.

[9] Zhong B, Zhang Z. Secure full-duplex two-way relaying networks with optimal relay selection [J]. IEEE Communications Letters, 2017, 21(5): 1123-1126.

[10] Zhong B, Zhang Z. Opportunistic two-way full-duplex relay selection in underlay cognitive Networks [J]. IEEE Systems Journal, 2018, 12(1): 725-734.

[11] Michailidis E T, Theofilakos P, Kanatas A G. Three-dimensional modeling and simulation of MIMO mobile-to-mobile via stratospheric relay fading channels[J]. IEEE Transactions on Vehicular Technology, 2013, 62(5): 2014-2030.

[12] Zhao X, Liang X, Li S, et al. A 3D geometry-based scattering model for vehicle-to-vehicle wideband MIMO relay-based cooperative channels [J]. China Communications, 2016, 13(10): 1-10.

[13] Liu L, Tao C, Qiu J, et al. Position based modeling for wireless channel on high-speed railway under a viaduct at 2.35 Ghz [J]. IEEE Journal on Selected Areas in Communications, 2012, 30(4): 834–845.

[14] Sun R, Matolak D W, Liu P. 5-GHz V2V channel characteristics for parking garages [J]. IEEE Transactions on Vehicular Technology, 2017, 66(5): 3538-3547.

[15] Walter M, Shutin D, Fiebig U C. Delay-dependent doppler probability density functions for vehicle-to-vehicle scatter channels[J]. IEEE Transactions on Antennas and Propagation, 2014, 62(4): 2238-2249.

[16] Patzold M, Borhani A. A non-stationary multipath fading channel model incorporating the effect of

velocity variations of the mobile station [C]//IEEE Wireless Communications and Networking Conference (WCNC). IEEE, 2014: 182-187.

[17] Dahech W, Patzold M, Gutirrez A, et al. A nonstationary mobile-to-mobile channel model allowing for velocity and trajectory variations of the mobile stations[J]. IEEE Transactions on Wireless Communications, 2017, 16(3): 1987-2000.

[18] 邱斌. 基于车载时变信道的资源优化关键技术研究[D]. 桂林：桂林电子科技大学，2020.

[19] Bin Qiu, Hailin Xiao. A non-stationary geometry-based cooperative scattering channel model for MIMO vehicle-to-vehicle communication systems [J]. KSII Transactions on Internet and Information Systems, 2019, 13(6): 2838-2858.

[20] 邱斌, 肖海林, 聂在平, 等. 时变信道下车载 HDAF 协作通信误码性能分析[J]. 电子科技大学学报, 2018, 47(3): 382-388.

[21] Wang C X, Cheng X, Laurenson D I. Vehicle-to-vehicle channel modeling and measurements: recent advances and future challenges[J]. IEEE Communications Magazine, 2009, 47(11): 96-103.

[22] Arias M, Mandersson B. An approach of the geometrical-based single bounce elliptical channel model for mobile environments [C]. The 8th International Conference on Communication Systems, IEEE Computer Society. IEEE, 2002: 11-16.

[23] Jiang H, Zhang Z C, Wu L, et al. A Non-Stationary geometry-based scattering vehicle-to-vehicle MIMO channel model [J]. IEEE Communications Letters, 2018, 22(7): 1510-1513.

[24] Chen Y, Rapajic P. Decentralized wireless relay network channel modeling: An analogous approach to mobile radio channel characterization [J]. IEEE Transactions on Communications, 2010, 58(2): 467-473.

[25] Chen Y, Mucchi L, Wang R. Visualizing wireless network performance metrics in space-time [J]. IEEE Transactions on Vehicular Technology, 2014, 63(3): 822-835.

[26] Zhao X, Liang X, Li S, et al. Mobile-to-mobile wideband MIMO channel realization by using a two-ring geometry-based stochastic scattering mode [J]. Wireless Personal Communications, 2015, 80(4): 2445-2465.

[27] Yuan Y, Wang C X, Cheng C, et al. Novel 3D geometry-based stochastic models for non-isotropic MIMO vehicle-to-vehicle channels[J]. IEEE Transactions on Wireless Communications, 2014, 13(1): 298-309.

[28] Wu S, Wang C X, Haas H, et al. A non-stationary wideband channel model for massive MIMO communication systems[J]. IEEE Transactions on Wireless Communications, 2015, 14(3): 1434-1446.

[29] 梁晓林, 赵雄文, 李亦天. 移动散射体下的 V2V 信道相关性和多普勒谱特性研究[J]. 电子与信息学报, 2017, 39(3): 613-618.

[30] He R, Ai B, Stüber G L, et al. Mobility model-based non-stationary mobile-to-mobile channel modeling [J]. IEEE Transactions on Wireless Communications, 2018, 17(7): 4388-4400.

[31] Qiu B, Xiao H L. A non-stationary geometry-based cooperative scattering channel model for MIMO vehicle-to-vehicle communication systems[J]. KSII Transactions on Internet and Information Systems, 2019, 40(6): 2838-2858.

[32] Chen Y, Rapajic P. Decentralized wireless relay network channel modeling: An analogous approach to mobile radio channel characterization [J]. IEEE Transactions on Communications, 2010, 58(2): 467-473.

[33] Wu S, Wang C X, Aggoune H M, et al. A non-stationary 3-D wideband twin-cluster model for 5G massive

MIMO channels[J]. IEEE Journal on Selected Areas in Communications, 2014, 32(6): 1207-1218.

[34] Zwick T, Fischer C, Didascalou D, et al. A stochastic spatial channel model based on wave-propagation modeling[J]. IEEE Journal on Selected Areas in Communications, 2000, 18(1): 6-15.

[35] Bian J, Sun J, Wang C X, et al. A WINNER+ based 3-D non-stationary wideband MIMO channel model [J]. IEEE Transactions on Wireless Communications, 2018, 17(3): 1755-6895.

[36] 闫宇铭. 非平稳无线信道建模及其仿真技术研究[D]. 北京：北京邮电大学, 2017.

[37] Sohaib S, So D K. Asynchronous cooperative relaying for vehicle-to-vehicle communications [J]. IEEE Transactions on Communications, 2013, 61(5): 1732-1738.

[38] Byers G J, Takawira F. Spatially and temporally correlated MIMO channels: Modeling and capacity analysis [J]. IEEE Transactions on Vehicular Technology, 2004, 53(3): 634-643.

[39] Loyka S L. Channel capacity of MIMO architecture using the exponential correlation matrix[J]. IEEE Communications Letters, 2001, 5(9): 369-371.

[40] Patzold M, Hogstad B, Youssef N. Modeling, analysis, and simulation of MIMO mobile-to-mobile fading channels[J]. IEEE Transactions on Wireless Communications, 2008, 7(2): 510-520.

第 3 章
协作通信技术

3.1 引言

随着城市化进程的不断加快，交通拥堵早已成为一项亟待解决的社会问题。交通拥堵不但会加速全球变暖、带来环境污染、降低出行效率，而且可能对出行者的生命安全造成威胁。车载通信网络作为 ITS 的重要组成部分，它能够使道路交通的所有参与者（包括车辆、交通信号灯及路边基础设施等）执行信息交换，被认为是有效缓解交通拥堵的应用技术。然而，车载通信系统的设计与部署无论是在技术上还是在经济上都是一项非常具有挑战性的工作。例如，车载通信网络的有效通信直径偏小，许多通信链路在可以使用之前便断开了连接；由于建筑物、大型车辆或某些其他障碍物的遮挡，在自由空间通信范围内的车辆无法接收到其他车辆所发送的信息。协作通信技术因其利用无线电频率传输的广播性质，在愿意共享其资源的节点之间创建虚拟天线，大大增加了移动网络的有效传输范围、通信链路的可靠性及连通性。在蜂窝网络中，车辆和道路基础设施（V2I）之间的信息和通信对驾驶援助、浮动车辆数据、交通管理等方面起到相当大的作用[1,2]。将中继节点融入道路基础设施和车辆之间来协作通信[3,4]，已被用于车载网络扩大覆盖范围、使网络顺利连接、通过空间分集增强链路可靠性。

车载中继节点的转发方式很大程度上可对系统误码率带来巨大影响，基本的协议方式有两种。放大转发（AF）协议，即中继 R 对收到的信号不做其他处理，仅仅是简单地将其放大，然后再转发给目的车辆 D；译码转发（DF）协议，即中继 R 先对收到的信号进行译码处理，然后再重新进行编码调制并转发给目的车辆 D。一般情况下，只有当中继 R 可以正确译码第一个步骤中收到的源车辆 S 发来的信号时，才能在第二个步骤中向目的车辆 D 转发重新编码的信息；否则，中继节点应当保持静默，这种方式称为自适应译码转发（Adaptive Decode and Forward，ADF）。若无论中继 R 能否正确译码，在第二个步骤中均向目的车辆 D 转发该信息，则这种方式称为固定译码转发（Fixed Decode and Forward，FDF）。混合译码放大转发（HDAF）协议：将 AF 协作方式与 DF 协作方式相结合，在中继协作通信的第二个步骤中，中继 R 的协作方式取决于源–中继链路的信道质量，若信道质量较好，中继 R 能够对在第一个步骤中接收到的信息进行正确译码或是源–中继链路的信噪比大于一个给定的信噪比门限，则在中继 R 处采用 DF 协作方式来参与协作转发；否则，中继 R 将采用 AF 协作方式，即将接收到的信息进行简单的放大后再向目的车辆 D 转发。HDAF 协作方式结合了 AF 协作方式与 DF 协作方式两者优势，无论信噪比如何都能得到很好的性能[5]。

除了考虑中继协议，由于移动终端有限的传输功率，功率分配对车载网络性能的提高起着重要的作用。由于车载单元（OBU）能够从车辆上可持续充电的电池中获能，因此绝大多数的 V2V 通信方案忽略了能效的重要性。事实上，ICT（Information and Communications Technology）对环境的直接影响通常比人们所意识到的要大得多[6,7]。全球 ICT 设备的碳足迹正在悄然增长，有害排放物曾经一度与全球航空业不相上下。由此，绿色 ICT 成为人们关注的新焦点，业界提出通过优化移动通信来减少网络中碳足迹的运营支出，最终实现节约能源并保护自然环境的目标。对于协作车载通信系统而言，构建绿色的通信理念也将成为一种趋势[8,9]。

车载系统中引入协作通信技术、构建协作的多用户车载通信网络显得尤为重要。然而，协作车载通信系统的网络规模过于庞大且节点密度分布极度不均，驾驶员的社会行为及车辆的移动性会形成快速变化且难以管理的网络拓扑结构[10]。分簇算法是减少车载通信网络的路由开销和增强其网络拓扑健壮性的有效解决方案。它利用道路上交通流的流量、密度、速度及车道结构等信息来表征车辆的位置和行为，将车载系统划分为不同的车辆组子网，使得分层拓扑以分布式的方式在整个网络中形成[11]。

3.2 时变信道下车载协作通信系统 MPSK 调制方法

本节研究时变衰落信道下，采用 AF、DF 及 HDAF 转发策略的车载协作通信系统 MPSK 调制的误码率。通过一阶自回归函数来获取时变信道参数，分析采用 HDAF 转发策略的车载协作通信系统的误码率封闭表达式，并与直传协作方式、AF 协作方式、DF 协作方式相比较，同时研究系统信噪比和车辆速度的变化对多进制相移键控（Multiple Phase Shift Keying，MPSK）信号差错性能的影响。

3.2.1 场景建模

如图 3-1 所示，在道路交叉口，源车辆 S 想要与目的车辆 D 通信，但由于路边建筑物的阻挡，直接传输链路信道质量差，这时就需要中继车辆 R 参与协助转发信息。假设车辆节点间采用半双工的形式进行通信，链路 $S \to R$、$R \to D$ 和 $S \to D$ 为瑞利衰落信道，各信道之间相互独立。传输过程分为两个时隙：第一个时隙，源车辆 S 向中继车辆 R 和目的车辆 D 发送信息；第二个时隙，中继车辆 R 通过 AF、DF 或 HDAF 方式向目的车辆 D 转发前一个时隙收到的信息，目的节点采用 MRC 技术合并两个时隙收到的信息。

用 $\mathcal{G}_{ab}$ 表示链路 ab 的传输损耗和阴影衰落增益，$ab \in \{SD, SR, RD\}$，设 $\mathcal{G}_{SD}$ 为 1，$\mathcal{G}_{SR}$、$\mathcal{G}_{RD}$ 为相对于 $\mathcal{G}_{SD}$ 的归一化增益；P_1、P_2 分别为两个时隙的发射功率，$P = P_1 + P_2$ 为系统

总的发射功率；N_0 为链路白噪声功率的方差；h_{ab} 为信道复高斯衰落系数。假设其符合一阶自回归（AR1）模型：

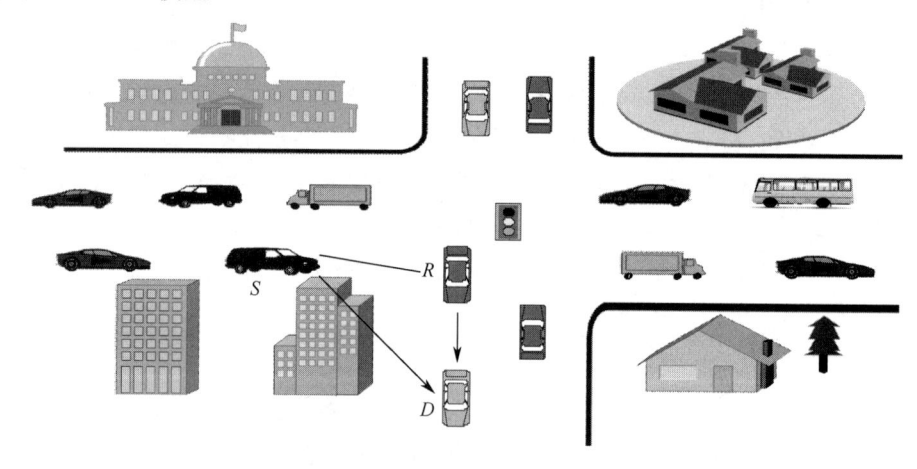

图 3-1 道路交叉口车辆协作通信模型

$$h_{ab}(k) = \varepsilon_{ab} h_{ab}(k-1) + e_{ab}(k)(1-\varepsilon_{ab}^2)^{\frac{1}{2}} \tag{3-1}$$

式中，$e_{ab}(k)$ 为 $h_{ab}(k-1)$ 的独立系数，服从均值为 0、方差为 σ_{ab}^2 的复高斯分布；ε_{ab} 为链路 ab 的自相关系数，且 $\varepsilon_{ab} \in [0,1]$，服从 Jakes 模型。

$$\varepsilon_{ab} = J_0(2\pi f_d T_s) \tag{3-2}$$

$$f_d = \frac{f_c v}{c} \tag{3-3}$$

式中，$J_0(\cdot)$ 为第一类零阶贝塞尔函数；f_d 为最大多普勒频移；f_c 为载波频率；v 为两个节点之间的相对运动速度；c 为光速；T_s 为一个符号周期[4,12]。

假设 $h_{ab}(1)$ 是每帧第一个符号的信道增益，则信道增益系数可以进一步表示为

$$h_{ab}(k) = \varepsilon_{ab}^{k-1} h_{ab}(1) + \sum_{i=1}^{k-1} \varepsilon_{ab}^{k-i-1} e_{ab}(i)(1-\varepsilon_{ab}^2)^{\frac{1}{2}} \tag{3-4}$$

式中，$h_{ab}(k)$ 为一个均值为 $\varepsilon_{ab}^{k-1} h_{ab}(1)$、方差为 $\sigma_{ab}^2(1-\varepsilon_{ab}^{2(k-1)})$ 的复高斯随机过程。

则 ab 链路的瞬时信噪比可以表示为

$$\gamma_{ab}(k) = \frac{P\varepsilon_{ab}^{2(k-1)}|h_{ab}(1)|^2}{P(1-\varepsilon_{ab}^{2(k-1)})\sigma_{ab}^2 + N_0} \tag{3-5}$$

$|h_{ab}(1)|^2$ 服从指数分布且均值 $\Omega_{ab} = d_{ab}^{-\alpha}$，$d_{ab}$ 为 ab 间的距离，α 为路径损失因子，且 $\alpha \in [3,5]$，则链路 ab 的平均信噪比可以表示为

$$\overline{\gamma_{ab}(k)} = \frac{P\varepsilon_{ab}^{2(k-1)}\Omega_{ab}\mathcal{G}_{ab}}{P(1-\rho_{ab}^{2(k-1)})\sigma_{ab}^2 + N_0} \tag{3-6}$$

从式（3-6）中可以看出，当相关系数 $\varepsilon_{ab}=1$ 时，链路 ab 为准静态瑞利衰落。

3.2.2 MPSK 调制下误码率分析

误码率是描述通信系统中数据传输精确性的指标。根据文献[13]关于衰落信道下数字通信系统差错特性的结论，衰落信道下数字通信系统的平均误码率（Symbol Error Rate，SER）可由其接收信噪比的矩生成函数（Moment Generating Function，MGF）求得。

采用 MPSK 调制方式的平均误码率可用下面的公式计算[14]。

$$P_e(\gamma) = \frac{1}{\pi}\int_0^{\frac{\pi(M-1)}{M}} \exp\left(-\frac{\sin^2\left(\frac{\pi}{M}\right)\gamma}{\sin^2\theta}\right)\mathrm{d}\theta \tag{3-7}$$

式中，γ 为链路信噪比；M 为调制阶数。

对于一个变量 z 来说，其 MGF 的定义表达式为

$$M_z(s) = \int_{-\infty}^{\infty} \exp(-sz)p_z(z)\mathrm{d}z \tag{3-8}$$

在 3.2.1 节中，我们构建了在交叉路口情况下，基于时变信道的车载协作通信系统模型。在该模型中，$S \rightarrow D$ 的直传链路是源车辆节点直接传输信息到目的车辆节点，在这个过程中，系统误码率的大小取决于直接传输链路的信噪比 γ_{SD}。根据式（3-7），可以得到直接传输链路的误码率为

$$\begin{aligned}
P_{\mathrm{SER}}^{\mathrm{DT}} &= \int_0^\infty P_e(\gamma_{SD})P(\gamma_{SD})\mathrm{d}\gamma_{SD} \\
&= \frac{1}{\pi}\int_0^\infty \int_0^{\frac{\pi(M-1)}{M}} \exp\left(-\frac{\sin^2\left(\frac{\pi}{M}\right)\overline{\gamma_{SD}}}{\sin^2\theta}\right)\cdot\frac{1}{\overline{\gamma_{SD}}}\exp\left(-\frac{\gamma_{SD}}{\overline{\gamma_{SD}}}\right)\mathrm{d}\theta\mathrm{d}\gamma_{SD} \\
&= \frac{1}{\pi}\int_0^{\frac{\pi(M-1)}{M}} M_{\gamma_{SD}}\left(\frac{b}{\sin^2\theta}\right)\mathrm{d}\theta \\
&= E\cdot\frac{P_1\left(1-\varepsilon_{SD}^{2(k-1)}\right)\sigma_{SD}^2 + N_0}{bP_1\rho_{SD}^{2(k-1)}\Omega_{SD}\mathcal{G}_{SD}}
\end{aligned} \tag{3-9}$$

其中，有

$$E = \frac{1}{\pi}\int_0^{\frac{(M-1)\pi}{M}} \sin^2\theta\mathrm{d}\theta = \frac{M-1}{2M} + \frac{\sin\frac{2\pi}{M}}{4\pi} \tag{3-10}$$

$$b = \sin^2(\pi/M) \tag{3-11}$$

而 P_1 为源车辆节点的发射功率；ε_{SD} 为链路 $S \to D$ 的相关系数；σ_{SD}^2 为链路 $S \to D$ 信道增益随机变化量的方差；Ω_{SD} 为信道噪声功率的方差。

1. AF 协作方式误码率分析

在 3.2.1 节的系统模型中，中继车辆节点在第二个时隙采用 AF 协作方式向目的车辆节点转发第一个时隙收到的源车辆节点发送的信息，此时目的车辆节点处的瞬时信噪比可以表示为

$$\gamma_{AF} = \gamma_{SD} + \frac{\gamma_{SR}\gamma_{RD}}{\gamma_{SR} + \gamma_{RD} + 1} \tag{3-12}$$

式中，γ_{SD}、γ_{SR} 和 γ_{RD} 分别为链路 $S \to D$、$S \to R$ 和 $R \to D$ 的信噪比。

对于式（3-12）中的第二项，找到它的累积分布函数（Cumulative Distribution Function，CDF）和矩生成函数有点困难。幸运的是，它可以由两个独立指数随机变量的调和平均值的形式紧密地界定。式（3-12）也可以写为

$$\gamma_{AF} \approx \gamma_{SD} + \gamma_{SRD} \tag{3-13}$$

其中，$\gamma_{SRD} = \dfrac{\gamma_{SR}\gamma_{RD}}{\gamma_{SR} + \gamma_{RD}}$。

由式（3-13）可知，采用 AF 协作方式的时变车载协作通信系统的误码率可以表示为

$$P_{SER}^{AF} = \frac{1}{\pi}\int_0^{\frac{\pi(M-1)}{M}} M_{\gamma_{SD}}\left(\frac{b}{\sin^2\theta}\right) M_{\gamma_{SRD}}\left(\frac{b}{\sin^2\theta}\right) d\theta \tag{3-14}$$

式中，$M_{\gamma_{SD}}(\cdot)$ 和 $M_{\gamma_{SRD}}(\cdot)$ 分别为 γ_{SD} 和 γ_{SRD} 的矩生成函数。

为求得 $M_{\gamma_{SRD}}(\cdot)$，首先得到两个独立随机变量的调和均值的概率密度函数的一般结果；然后能够确定一个简单的封闭形式的 MGF 表达式，用于两个独立的指数随机变量的调和平均值。

设 X_1、X_2 是两个独立的随机变量，分别服从参数为 β_1、β_2 的指数分布。p_{X_1} 和 p_{X_2} 是它们的概率密度函数，即 $p_{X_1} = \beta_1 e^{-\beta_1 x}$，$p_{X_2} = \beta_2 e^{-\beta_2 x}$。根据文献[15]中的推导，对于随机变量 $Z = \dfrac{X_1 X_2}{X_1 + X_2}$，其 MGF 可以表示为

$$M_Z(s) = \frac{(\beta_1 - \beta_2)^2 + (\beta_1 + \beta_2)s}{\Delta^2} + \frac{2\beta_1\beta_2 s}{\Delta^3}\ln\frac{(\beta_1 + \beta_2 + s + \Delta)^2}{4\beta_1\beta_2} \tag{3-15}$$

其中

第 3 章 协作通信技术

$$\Delta = \sqrt{(\beta_1 - \beta_2)^2 + 2(\beta_1 + \beta_2)s + s^2} \tag{3-16}$$

$$\beta_1 = \frac{P_1(1-\varepsilon_{SR}^{2(k-1)})\sigma_{SR}^2 + N_0}{P_1\varepsilon_{SR}^{2(k-1)}\mathcal{G}_{SR}\Omega_{SR}} \tag{3-17}$$

$$\beta_2 = \frac{P_2(1-\varepsilon_{RD}^{2(k-1)})\sigma_{RD}^2 + N_0}{P_2\varepsilon_{RD}^{2(k-1)}\mathcal{G}_{RD}\Omega_{RD}} \tag{3-18}$$

当 β_1 和 β_2 趋近于 0 时

$$M_Z(s) \approx \frac{\beta_1 + \beta_2}{s} + \frac{2\beta_1\beta_2}{s^2}\ln\frac{s^2}{\beta_1\beta_2} \tag{3-19}$$

可以发现，在式（3-19）中，第二项比第一项更加快速下降至 0，因此式（3-19）中的 MGF 可以进一步简化为

$$M_Z(s) \approx \frac{\beta_1 + \beta_2}{s} \tag{3-20}$$

有了上述结果，将式（3-16）~式（3-18）代入式（3-14）中，可以将采用 AF 协作方式的车载协作通信系统的误码率 P_{SER}^{AF} 简化为[15]

$$\begin{aligned} P_{SER}^{AF} &\approx \frac{1}{\pi}\int_0^{\frac{(M-1)\pi}{M}} \frac{1}{1+\frac{b}{\beta_0\sin^2\theta}} \cdot \frac{\beta_1+\beta_2}{\frac{b}{\sin^2\theta}} d\theta \\ &\approx \frac{1}{\pi}\int_0^{\frac{(M-1)\pi}{M}} \frac{(\beta_1+\beta_2)\sin^4\theta}{b\left(\sin^2\theta + \frac{b}{\beta_0}\right)} d\theta \\ &\approx \frac{F}{b^2}\beta_0(\beta_1+\beta_2) \end{aligned} \tag{3-21}$$

其中

$$F = \frac{1}{\pi}\int_0^{\frac{(M-1)\pi}{M}} \sin^4\theta d\theta = \frac{3(M-1)}{8M} + \frac{\sin\frac{2\pi}{M}}{4\pi} - \frac{\sin\frac{4\pi}{M}}{32\pi} \tag{3-22}$$

$$\beta_0 = \frac{P_1(1-\varepsilon_{SD}^{2(k-1)})\sigma_{SD}^2 + N_0}{P_1\varepsilon_{SD}^{2(k-1)}\mathcal{G}_{SD}\Omega_{SD}} \tag{3-23}$$

2. DF 协作方式误码率分析

在系统模型中，中继车辆节点在第二个时隙中，若能够正确解码来自源车辆节点的信息，则中继车辆节点以功率 P_2 将重新编码后的信息转发给目的车辆节点；反之，若中继车辆节点无法正确解码在第一个时隙收到的信息，则保持静默，也即 $P_2 = 0$。

当中继车辆节点接收到源车辆节点发送的信息,但中继车辆节点不能正确解码该信息的概率为:

$$P_{\text{SER}}^{R} = \frac{1}{\pi} \int_{0}^{\frac{\pi(M-1)}{M}} \exp\left(-\frac{b\overline{\gamma_{SR}}}{\sin^2 \theta}\right) d\theta \tag{3-24}$$

此时,中继车辆节点 R 保持静默,目的车辆节点 D 处的 SER 为

$$P_{\text{SER}}^{\text{prop}} = \frac{1}{\pi} \int_{0}^{\frac{\pi(M-1)}{M}} \exp\left(-\frac{b\overline{\gamma_{SD}}}{\sin^2 \theta}\right) d\theta \tag{3-25}$$

如果中继车辆节点 R 可以解码源车辆 S 节点在第一个时隙发来的信息,那么使用 MRC 技术在目的车辆节点 D 处接收到的 SER 由下式给出。

$$P_{\text{SER}}^{\text{coop}} = \frac{1}{\pi} \int_{0}^{\frac{\pi(M-1)}{M}} \exp\left(-\frac{b(\overline{\gamma_{SD}} + \overline{\gamma_{RD}})}{\sin^2 \theta}\right) d\theta \tag{3-26}$$

考虑到这两种情况,通过将 $P_{\text{SER}}^{\text{prop}}$ 和 $P_{\text{SER}}^{\text{coop}}$ 分别定义为中继车辆节点 R 正确和错误解码从源车辆节点发送的符号与这两个相关事件的平均 SER,从而可以得到采用 DF 协议的协作车联网系统的平均 SER。

$$\begin{aligned}P_{\text{SER}}^{\text{DF}} &= P_{\text{SER}}^{R} P_{\text{SER}}^{\text{prop}} + (1 - P_{\text{SER}}^{R}) P_{\text{SER}}^{\text{coop}} \\ &= \frac{1}{\pi^2} \int_{0}^{\frac{\pi(M-1)}{M}} \exp\left(-\frac{b\overline{\gamma_{SR}}}{\sin^2 \theta}\right) d\theta \cdot \int_{0}^{\frac{\pi(M-1)}{M}} \exp\left(-\frac{b\overline{\gamma_{RD}}}{\sin^2 \theta}\right) d\theta \\ &= \left(1 - \frac{1}{\pi} \int_{0}^{\frac{\pi(M-1)}{M}} \exp\left(-\frac{b\overline{\gamma_{SR}}}{\sin^2 \theta}\right) d\theta\right) \cdot \frac{1}{\pi} \int_{0}^{\frac{\pi(M-1)}{M}} \exp\left(-\frac{b(\overline{\gamma_{SD}} + \overline{\gamma_{RD}})}{\sin^2 \theta}\right) d\theta \end{aligned} \tag{3-27}$$

式(3-27)也可以写为

$$\begin{aligned}P_{\text{SER}}^{\text{DF}} &= G\left(1 + \frac{b}{\beta_0 \sin^2 \theta}\right) \cdot G\left(1 + \frac{b}{\beta_1 \sin^2 \theta}\right) + \\ &\quad G\left[\left(1 + \frac{b}{\beta_0 \sin^2 \theta}\right)\left(1 + \frac{b}{\beta_2 \sin^2 \theta}\right)\right]\left[1 - G\left(1 + \frac{b}{\beta_1 \sin^2 \theta}\right)\right] \leqslant \\ &\quad G\left(1 + \frac{b}{\beta_0 \sin^2 \theta}\right) \cdot G\left(1 + \frac{b}{\beta_1 \sin^2 \theta}\right) + G\left[\left(1 + \frac{b}{\beta_0 \sin^2 \theta}\right)\left(1 + \frac{b}{\beta_2 \sin^2 \theta}\right)\right]\end{aligned} \tag{3-28}$$

其中,$G(\cdot)$ 函数的表达式为 $G(x(\theta)) = \frac{1}{\pi} \int_{0}^{\frac{(M-1)\pi}{M}} \frac{1}{x(\theta)} d\theta$。

当 P_1、P_2 足够大时,有

$$1 + \frac{b}{\beta_0 \sin^2 \theta} \approx \frac{b}{\beta_0 \sin^2 \theta} \tag{3-29}$$

$$1 + \frac{b}{\beta_1 \sin^2 \theta} \approx \frac{b}{\beta_1 \sin^2 \theta} \qquad (3\text{-}30)$$

$$1 + \frac{b}{\beta_2 \sin^2 \theta} \approx \frac{b}{\beta_2 \sin^2 \theta} \qquad (3\text{-}31)$$

所以,有

$$\begin{aligned} P_{\text{SER}}^{\text{DF}} &\approx G\left(\frac{b}{\beta_0 \sin^2 \theta}\right) \cdot G\left(\frac{b}{\beta_1 \sin^2 \theta}\right) + G\left(\frac{b^2}{\beta_0 \beta_2 \sin^4 \theta}\right) \\ &\approx \frac{E^2}{b^2} \beta_0 \beta_1 + \frac{F}{b^2} \beta_0 \beta_2 \end{aligned} \qquad (3\text{-}32)$$

3. HADF 协作方式误码率分析

在合作传输链路 $S \to R \to D$ 中,中继车辆节点采用 HDAF 协作方式,即具体的转发方式依赖于 γ_{SR} 和一个门限值 γ_{th} 之间的比较。若 $\gamma_{SR} \geqslant \gamma_{\text{th}}$,则中继 R 选择 DF 协作方式;否则将采用 AF 协作方式。在 HDAF 协作协议情况下的 SER 由下式给出[16]。

$$P_{\text{SER}}^{\text{HDAF}} = P_c P_{\text{SER}}^{\text{DF}} + (1 - P_c) P_{\text{SER}}^{\text{AF}} \qquad (3\text{-}33)$$

式中,P_c 为中继 R 节点处能够正确解码第一个时隙收到源车辆节点发送信息的概率。

$$\begin{aligned} P_c &= 1 - \frac{1}{\pi} \int_0^{\frac{\pi(M-1)}{M}} M_{\gamma_{SR}}\left(\frac{b}{\sin^2 \theta}\right) \text{d}\theta \\ &= 1 - E \cdot \frac{P_1 (1 - \varepsilon_{SR}^{2(k-1)}) \sigma_{SR}^2 + N_0}{b P_1 \varepsilon_{SR}^{2(k-1)} \Omega_{SR} \mathcal{G}_{SR}} \\ &= 1 - E \cdot \frac{\beta_1}{b} \end{aligned} \qquad (3\text{-}34)$$

将式(3-23)、式(3-32)和式(3-34)代入式(3-33)中,可以得到采用 HDAF 协作方式的时变车载协作通信系统的 SER 为

$$P_{\text{SER}}^{\text{HDAF}} = \left(1 - E \cdot \frac{\beta_1}{b}\right) \cdot \left(\frac{E^2}{b^2} \beta_0 \beta_1 + \frac{F}{b^2} \beta_0 \beta_2\right) + \left(E \cdot \frac{\beta_1}{b}\right) \cdot \left(\frac{F}{b^2} \beta_0 (\beta_1 + \beta_2)\right) \qquad (3\text{-}35)$$

3.2.3 仿真结果与性能分析

为了验证采用不同协作方式的时变车联网系统的差错性能推导结果,分析不同参数配置对系统差错性能的影响,本小节对车载协作通信系统差错性能进行仿真研究。

以下仿真中均设置载波频率 $f_c = 5.9\,\text{GHz}$,符号周期 $T_s = 48\,\mu\text{s}$,路径损失因子 $\alpha = 3$,链路大尺度衰落增益 $\mathcal{G}_{SD} = \mathcal{G}_{SR} = \mathcal{G}_{RD} = 1$,$\sigma^2 = 1$,$M = 4$。

图 3-2 给出了作为瞬时 SNR 的函数的不同中继协作方式的 SER 比较。我们假设

$P_1 = P_2$,归一化距离 $d_{SD} = 1$,$d_{SR} = d_{RD} = 0.5$,节点间的相对速度均为 40 km/h。正如预期的那样,在相同的条件下,不采用中继协作的直传方式的误码率最大,采用 AF 协作方式次之,DF 协作方式比 AF 协作方式更优,而采用 HDAF 协作方式的误码率比上述 3 种方式的都低,但逐渐接近于采用 DF 协作方式的平均误码率,这证明了 HDAF 协作协议的优越性能。

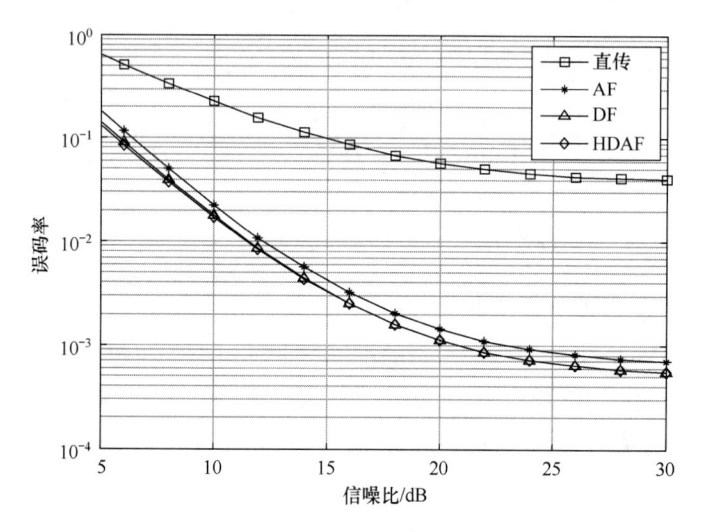

图 3-2 不同协作方式的误码率比较

图 3-3 描述了基于 HDAF 协议的协作车联网系统在车辆节点的不同相对速度下系统误码率的变化情况。仿真结果显示,系统平均误码率随着车辆节点移动速度的增大有显著的增大。同时可以看出,在信噪比较低的情况下,增大车辆节点的发射功率可以有效减小系统误码率,但当进一步通过增大发射功率增加信噪比时,系统的平均误码性能并不能得到有效改善。因此,可以得出由于多普勒频移的影响,在车辆节点间的相对速度较大时,仅仅增大车辆节点的发射功率并不能有效改善误码性能。

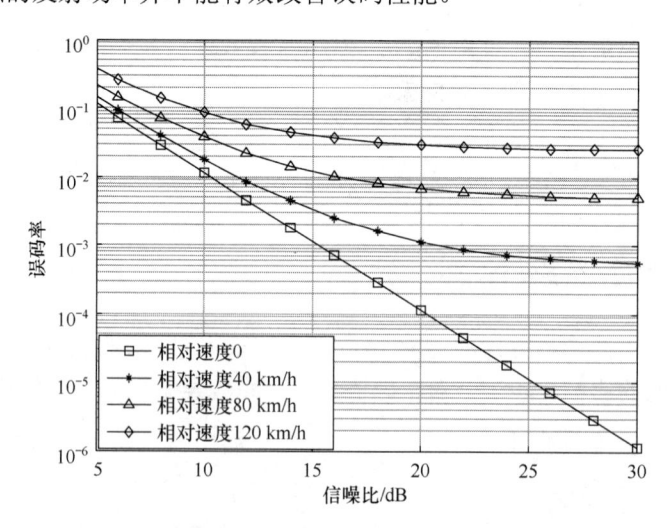

图 3-3 基于 HDAF 协议的协作车联网系统在车辆节点间采用不同相对速度对误码率的影响

图 3-4 描述的是在车辆节点间的相对速度均为 40 km/h,节点间的归一化距离为 $d_{SD}=1$、$d_{SR}=0.8$、$d_{RD}=0.2$ 时的系统平均误码率。对比图 3-2 和图 3-3,可以发现当源车辆节点与中继车辆节点相距较远时($d_{SR}=0.8$),从系统平均误码率上来看,采用 HDAF 协作方式的系统比采用 DF 协作方式的系统优势更加明显。这是因为,当源车辆节点与中继车辆节点较远时,采用 DF 协议有可能导致解码错误,从而失去协作意义;而采用 HDAF 协议,在这种情况下中继节点依然可以采用 AF 协作方式将信息转发给目的车辆节点,实现协作分集。

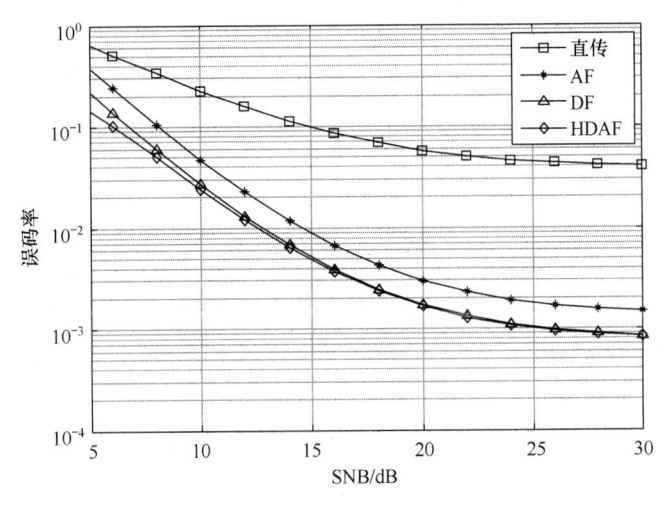

图 3-4 $d_{SD}=1$、$d_{SR}=0.8$、$d_{RD}=0.2$ 时系统平均误码率的比较

图 3-5 给出了在其他参数均与图 3-2 的仿真环境相同,仅功率分配因子 $\alpha_0 = P_1/P$ 变化的情况下,采用 HDAF 协作方式的车联网协作系统的系统平均误码率的变化曲线。从图中可以看出,$\alpha_0 = 0.6270$,系统平均误码率存在一个最小值,即可以求得一个使系统平均误码率最小的最佳功率分配因子。

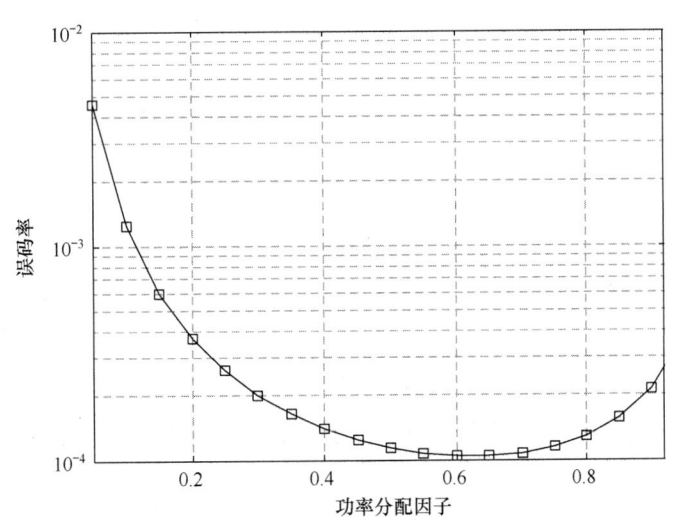

图 3-5 采用 HDAF 协作方式的车联网协作系统的系统平均误码率的变化曲线

3.3 时变信道下车载中继协议与 M-QAM 调制方法

引入中继协作通信技术，不仅可以增强 C-V2X 链路的可靠性、连通性，实现空间分集，而且通过中继车辆节点的转发重传，还可以降低源车载节点的发射功率，从而减少对蜂窝用户的干扰，最大限度地提升系统性能。同时，车载协作传输系统的资源优化很大程度上也依赖于中继协作方式，如在相同的性能（中断概率、误码率等）约束下，不同的中继协议模式中系统所消耗的功率不同。本节将在车载时变信道下设计能自适应信道特征的中继协作传输协议，从而提高车载通信链路的可靠性与资源优化的健壮性。

3.3.1 车载中继协议设计

在 3.2.1 节的模型中，我们进一步假设车载协作传输系统中车辆移动引起不同码元符号传输对应的车载信道具有时间选择性衰落的时变特性，使得车载接收端的跟踪回环不能快速跟踪时变信道增益，通过相应的导频技术跟踪回环仅能完好地估计每帧数据的第一个码元符号的信道增益 $h_{ab}(1)$ [17]。为量化跟踪回环捕获 CSI 的能力，采用文献[17]中有关 CSI 估计精度（CSI Estimation Precision）的定义，为进一步刻画车载时变信道的时间选择性衰落程度，定义 CSI 估计精度为 $1/N \times 100\%$。式（3-4）通过迭代，第 k 个码元符号的信道增益可表示为

$$h_{ab}(k) = \rho_{ab}^{k-1} h_{ab}(1) + \sqrt{1-\rho_{ab}^2} \sum_{i=1}^{k-1} \rho_{ab}^{k-i-1} e_{ab}(i) \quad (3\text{-}36)$$

由于 $e_{ab}(i) \sim \mathcal{CN}(0, \sigma_{ab}^2)$，$\sqrt{1-\rho_{ab}^2} \sum_{i=1}^{k-1} \rho_{ab}^{k-i-1} e_{ab}(i)$ 可简化为服从 $\mathcal{CN}(0,(1-\rho_{ab}^{2(k-1)})\sigma_{ab}^2)$ 分布，因此 $h_{ab}(k)$ 可表示为如下复高斯随机过程[17]。

$$h_{ab}(k) \sim \mathcal{CN}\left(\rho_{ab}^{k-1} h_{ab}(1),(1-\rho_{ab}^{2(k-1)})\sigma_{ab}^2\right) \quad (3\text{-}37)$$

假设 $P_S = P_R = P$ 等功率分配，将式（3-37）代入式（3-5）中，并由 $n_{ab}(k) \sim \mathcal{CN}(0, N_0)$ 可知，$y_{SD}(k)$ 可简化为服从如下分布[17]。

$$y_{SD}(k) \sim \mathcal{CN}(\sqrt{P} x(k) \rho_{SD}^{k-1} h_{SD}(1), Px^2(k)(1-\rho_{SD}^{2(k-1)})\sigma_{SD}^2 + N_0) \quad (3\text{-}38)$$

此时，$S \to D$ 车载链路的瞬时 SNR 可进一步表示为[18]

$$\gamma_{SD}(k) = \frac{P\rho_{SD}^{2(k-1)} |h_{SD}(1)|^2}{P(1-\rho_{SD}^{2(k-1)})\sigma_{SD}^2 + N_0} \quad (3\text{-}39)$$

同理可得，$S \to R$ 车载链路和 $R \to D$ 车载链路的瞬时 SNR 分别为

$$\gamma_{SR}(k) = \frac{P\rho_{SR}^{2(k-1)} |h_{SR}(1)|^2}{P(1-\rho_{SR}^{2(k-1)})\sigma_{SR}^2 + N_0} \quad (3\text{-}40)$$

$$\gamma_{RD}(k) = \frac{P\rho_{RD}^{2(k-1)}|h_{RD}(1)|^2}{P(1-\rho_{RD}^{2(k-1)})\sigma_{RD}^2 + N_0} \tag{3-41}$$

$|h_{ab}(1)|^2$ 服从指数分布且均值 $E(|h_{ab}(1)|^2) = d_{ab}^{-\alpha}$，$\alpha \in [3,5]$ 为路径损失因子，d_{ab} 为 ab 节点之间的距离；$\gamma_{ab}(k)$ 服从指数分布，其概率密度函数（Probability Density Function，PDF）为

$$f_{\gamma_{ab}(k)}(\gamma) = \frac{1}{\overline{\gamma_{ab}(k)}} e^{-\frac{\gamma}{\overline{\gamma_{ab}(k)}}} \tag{3-42}$$

其平均 SNR 可表示为

$$\overline{\gamma_{ab}(k)} = \frac{P\rho_{ab}^{2(k-1)}E(|h_{ab}(1)|^2)}{P(1-\rho_{ab}^{2(k-1)})\sigma_{ab}^2 + N_0} \tag{3-43}$$

当 $\rho_{ab}=1$ 时，表示相应链路为准静态瑞利（Rayleigh）衰落，$\overline{\gamma_{ab}(k)} = P/N_0$，与码元符号的位置 k 无关。

至此，本小节已经利用 AR1 模型刻画了不同码元符号传输对应的车载信道时变特性，描述了第 k 个码元符号的信道增益与第一个码元符号的信道增益 $h_{ab}(1)$ 的关系，并给出了 $S \to R$ 车载链路、$S \to D$ 车载链路及 $R \to D$ 车载链路的瞬时 SNR 关于多普勒频偏时变信道相关系数的表达式。

3.3.2 M-QAM 调制下平均误码率分析

误码率是评估车载中继协作传输系统中链路的可靠性和资源优化健壮性的重要参数之一[13]。为自适应车载中继协作传输中信道的时变特性，满足中继协作传输系统车载链路高可靠性与稳定性要求，需要研究不同中继协作协议下的平均误码率（Average Symbol-Error-Rate，ASER），选择最优协作协议以使系统 ASER 最低，满足更高的 QoS 要求。车载通信传输系统使用的调制技术主要为多进制正交幅度调制（M-ary Quadrature Amplitude Modulation，M-QAM），如 4-QAM、16-QAM 和 64-QAM[19]。为此，本小节利用矩生成函数（Moment Generating Function，MGF）在高信噪比条件下，建立车载相对运动速度与 CSI 估计精度对误码率影响的模型，并推导 AR1-AF、AR1-DF 和 AR1-HDAF 3 种协作方式下的 M-QAM 调制信号的 ASER 通用表达式。

1. AR1-AF 中继协作的平均误码率分析

对于 M-QAM 调制信号，若调制方式 $M \geq 4$，则关于瞬时 SNR γ 的条件误码率可表示为[20]

$$p(\gamma) \approx 4KQ(\sqrt{b\gamma}) - 4K^2Q^2(\sqrt{b\gamma}) \tag{3-44}$$

式中，$Q(u) = \frac{1}{\sqrt{2\pi}} \int_u^\infty \exp\left(\frac{t^2}{2}\right) dt$，为高斯误差函数；$b = 3/(M-1)$；$K = 1 - 1/\sqrt{M}$。

M-QAM 调制信号的误码率的通用表达式为

$$p(e) = \int_0^\infty p(e|\gamma) f(\gamma) d\gamma \tag{3-45}$$

式中，$f(\gamma)$ 为瞬时信噪比 γ 的 PDF。定义 MGF 函数 $\Phi_\gamma(s) = E_\gamma\{\exp(-\gamma s)\}$，为随机变量 γ 的拉普拉斯变换，当 $f(\gamma)$ 服从指数分布时，式（3-45）可表示为[21]

$$P_e \approx \int_Z \Phi_\gamma\left(\frac{b}{2\sin^2\theta}\right) d\theta \tag{3-46}$$

式（3-45）所表示的积分定义可表示为式（3-47）的形式，其中 $x(\theta)$ 为关于变量 θ 的函数。

$$\int_Z x(\theta) d\theta = \left[\frac{4K}{\pi}\int_0^{\pi/2} x(\theta) - \frac{4K^2}{\pi}\int_0^{\pi/4} x(\theta)\right] d\theta \tag{3-47}$$

式（3-46）中，$\Phi_\gamma(s) = (1 + \bar{\gamma}s)^{-1}$，$s$ 为一个任意变量，表示为式（3-46）中括号内的内容，$\bar{\gamma}$ 为 γ 的均值，高信噪比条件下可简化为[17]

$$\Phi_\gamma(s) \approx (\bar{\gamma}s)^{-1} \tag{3-48}$$

基于 AR1-AF 中继协作传输链路 $S \to R \to D$ 的瞬时信噪比可表示为[22]

$$\gamma_{SRD}(k) = \frac{\gamma_{SR}(k)\gamma_{RD}(k)}{\gamma_{SR}(k) + \gamma_{RD}(k) + \frac{1}{(1-\rho_{RD}^{2(k-1)})\sigma_{RD}^2}} \tag{3-49}$$

当相关系数 $\rho_{SR} = \rho_{RD} = 1$ 时，中继传输链路为准静态瑞利衰落，式（3-49）可简化为式（3-50）的形式，与传输码元符号位置 k 无关。

$$\gamma_{SRD} = \frac{\gamma_{SR}\gamma_{RD}}{\gamma_{SR} + \gamma_{RD} + 1} \tag{3-50}$$

在高信噪比时，利用均值调和函数，式（3-49）可简化为

$$\gamma_{SRD}(k) \leq \min(\gamma_{SR}(k), \gamma_{RD}(k)) = \gamma_{up}(k) \tag{3-51}$$

令 $\gamma_{up}(k)$ 作为中继传输链路的信噪比上界，目的车辆节点采用最大比合并（Maximal Ratio Combining，MRC）来处理两个时隙收到的信息，基于 AR1-AF 中继协作时，目的车辆节点接收到的瞬时信噪比上界为

$$\gamma_{tot}^{AF}(k) = \gamma_{SD}(k) + \gamma_{up}(k) \tag{3-52}$$

将式（3-52）代入式（3-39）可知，基于 AR1-AF 中继协作时第 k 个码元符号 M-QAM 调制信号的误码率表示为

$$p^{\mathrm{AF}}(k) \approx \int_Z \Phi_{\gamma_{\mathrm{tot}}^{\mathrm{AF}}}\left(\frac{b}{2\sin^2\theta}\right)\mathrm{d}\theta \\ \approx \int_Z \Phi_{\gamma_{SD}}\left(\frac{b}{2\sin^2\theta}\right)\Phi_{\gamma_{\mathrm{up}}}\left(\frac{b}{2\sin^2\theta}\right)\mathrm{d}\theta \tag{3-53}$$

在高信噪比时，将式（3-48）代入式（3-53）进一步化简为

$$p^{\mathrm{AF}}(k) \approx \frac{A}{g^2}\frac{1}{\gamma_{SD}(k)}\left(\frac{1}{\gamma_{SR}(k)}+\frac{1}{\gamma_{RD}(k)}\right) \tag{3-54}$$

其中

$$\begin{cases} A \approx \int_Z \sin^4\theta \mathrm{d}\theta = \frac{3(M-1)}{8M}+\frac{K^2}{\pi} \\ g = b/2 \end{cases} \tag{3-55}$$

最终，基于 AR1-AF 中继协作时，M-QAM 调制信号的 ASER p^{AF} 可表示为

$$p^{\mathrm{AF}} = \frac{1}{N}\sum_{k=1}^{N} p^{\mathrm{AF}}(k) \tag{3-56}$$

2. AR1-DF 中继协作的平均误码率分析

基于 AR1-DF 中继协作的工作方式为：当中继车辆节点译码错误时，中继车辆保持沉默，选择从源车辆节点到目的车辆节点的直接传输方式（直传方式）；当中继车辆译码正确时，进行信息转发。因此，第 k 个码元符号的误码率可表示为

$$P_e^{\mathrm{DF}}(k) = P_R(k)P_{SD}(k) + (1-P_R(k))P_{\mathrm{coop}}(k) \tag{3-57}$$

式中，$P_R(k)$ 为中继车辆节点译码错误发生的概率；$P_{SD}(k)$ 为中继车辆译码错误不进行转发时，目的车辆节点直接译码仍发生错误的概率；$P_{\mathrm{coop}}(k)$ 为中继车辆节点解码正确，进而进行译码转发信息，目的车辆节点采用 MRC 合并 $S \to D$ 直传链路与 $S \to R \to D$ 中继协作链路信号时发生错误的概率。

式（3-57）中各参数在高信噪比时，对应的表达式为

$$P_R(k) \approx \int_Z \Phi_{\gamma_{SR}}\left(\frac{g}{\sin^2\theta}\right)\mathrm{d}\theta \tag{3-58}$$

$$P_{SD}(k) \approx \int_Z \Phi_{\gamma_{SD}}\left(\frac{g}{\sin^2\theta}\right)\mathrm{d}\theta \tag{3-59}$$

$$P_{\mathrm{coop}}(k) \approx \int_Z \Phi_{\gamma_{RD}}\left(\frac{g}{\sin^2\theta}\right)\Phi_{\gamma_{SD}}\left(\frac{g}{\sin^2\theta}\right)\mathrm{d}\theta \tag{3-60}$$

类似于 AR1-AF 中继协作的平均误码率分析的推导过程，将式（3-58）～式（3-60）代入式（3-57）中并进行化简，第 k 个码元符号的误码率 $P_e^{\mathrm{DF}}(k)$ 为

$$\begin{cases} P_e^{\mathrm{DF}}(k) \approx \dfrac{1}{g^2 \gamma_{SD}(k)} \left(\dfrac{B^2}{\gamma_{SR}(k)} + \dfrac{A}{\gamma_{RD}(k)} \right) \\ B = \displaystyle\int_Z \sin^2 \theta \mathrm{d}\theta = \dfrac{M-1}{2M} + \dfrac{K^2}{\pi} \end{cases} \quad (3\text{-}61)$$

最终，基于 AR1-DF 中继协作时，M-QAM 调制系统的 ASER P_e^{DF} 可表示为

$$P_e^{\mathrm{DF}} = \frac{1}{N} \sum_{k=1}^{N} \frac{P(1-\rho_{SD}^{2(k-1)})\sigma_{SD}^2 + N_0}{Pg^2 \rho_{SD}^{2(k-1)} \Omega_{SD}} \times \\ \left(\frac{B^2(P(1-\rho_{SR}^{2(k-1)})\sigma_{SR}^2 + N_0)}{P\rho_{SR}^{2(k-1)} \Omega_{SR}} + \frac{A(P(1-\rho_{RD}^{2(k-1)})\sigma_{RD}^2 + N_0)}{P\rho_{RD}^{2(k-1)} \Omega_{RD}} \right) \quad (3\text{-}62)$$

从式（3-62）中可以看出，基于 AR1-DF 中继协作时，M-QAM 调制系统的平均误码率不仅与帧符号长度 N（CSI 估计精度）有关，而且取决于不同车辆节点之间的相对运动速度（以多普勒频偏相关系数的形式表现）。式（3-62）既可适用于准静态瑞利衰落信道、时变瑞利衰弱信道，又可适用于两者信道的混合，较好地体现了时变信道下车载中继协作传输通信系统的链路特性。特别地，式（3-62）中多普勒频偏相关系数 $\rho_{ab}=1$ 时，式（3-62）可化简为

$$P_e^{\mathrm{DF}} = \frac{N_0^{\,2}}{P^2 g^2 \Omega_{SD}} \times \left(\frac{B^2}{\Omega_{SR}} + \frac{A}{\Omega_{RD}} \right) \quad (3\text{-}63)$$

由式（3-63）可知，当各链路都为准静态瑞利衰落信道时，平均误码率 ASER P_e^{DF} 与系统信噪比的平方成反比，误码率随着信噪比的增加，数值急剧下降。

3. AR1-HDAF 车载中继协作的平均误码率分析

在基于 AR1-HDAF 的车载中继协作协议中，中继车辆节点 R 的协作方式取决于 $S \to R$ 链路的瞬时信噪比和中继车载节点设置的协议门限值 Γ。当 $S \to R$ 链路的瞬时信噪比 $\gamma_{SR}(k)$ 低于门限值 Γ 时，中继车辆节点采用 AR1-AF 协作方式；反之，中继车辆节点采用 AR1-DF 协作方式。所以，基于 AR1-HDAF 的车载中继协作协议，第 k 个码元符号的误码率表达式为[22]

$$P_{e,H}(k) = \Pr(\gamma_{SR}(k) \leqslant \Gamma) P_{e,\mathrm{AF}}(k) + \Pr(\gamma_{SR}(k) > \Gamma) P_{e,\mathrm{DF}}(k) \quad (3\text{-}64)$$

目的车辆节点采用 MRC 技术处理两个时隙收到的车载传输信息。式（3-64）中，$P_{e,\mathrm{AF}}(k)$ 为中继车辆采用 AR1-AF 协作时发生的误码率；$P_{e,\mathrm{DF}}(k)$ 为中继车辆采用 AR1-DF 协作时译码错误发生的概率。$\gamma_{SR}(k)$ 服从指数分布，$\gamma_{SR}(k)$ 小于或等于协议门限值 Γ 的概

率为

$$\Pr(\gamma_{SR}(k) \leqslant \Gamma) = \int_0^\Gamma \frac{1}{\overline{\gamma_{SR}(k)}} e^{-r/\overline{\gamma_{SR}(k)}} dr = 1 - e^{-\Gamma/\overline{\gamma_{SR}(k)}} \tag{3-65}$$

同理，$\gamma_{SR}(k)$ 大于门限值 Γ 的概率为

$$\Pr(\gamma_{SR}(k) > \Gamma) = e^{-\Gamma/\overline{\gamma_{SR}(k)}} \tag{3-66}$$

车载中继协作传输通信系统主要采用 M-QAM 调制，本节对于在 AWGN 信道上采用格雷编码和相干解调的 M-QAM 信号关于瞬时信噪比 γ 的条件误码率可近似地表示为[23]

$$P_e(\gamma) \approx a e^{-b\gamma} \tag{3-67}$$

式中，$b = 1.5/(M-1)$。$a = 0.2$，当 $\gamma_{SR}(k)$ 大于门限值 Γ 时，系统传输的误码率可表示为

$$P_{e,\mathrm{DF}}(k) = P_{e,R}(k) P_{e,\mathrm{prop}}(k) + (1 - P_{e,R}(k)) P_{e,\mathrm{coop}}(k) \tag{3-68}$$

式中，$P_{e,R}(k)$ 为中继车辆节点仍译码错误的发生概率；$P_{e,\mathrm{prop}}(k)$ 为差错传播的发生概率；$P_{e,\mathrm{coop}}(k)$ 为中继车辆节点译码正确，但在目的车辆节点采用 MRC 合并各支路信号时错误发生的概率。其中，$P_{e,R}(k)$ 可表示为

$$P_{e,R}(k) = \int_0^\infty P_e(\gamma) f_{\gamma_{SR}(k)}(\gamma \mid \gamma_{SR}(k) > \Gamma) d\gamma \tag{3-69}$$

式（3-69）中，$f_{\gamma_{SR}(k)}(\gamma \mid \gamma_{SR}(k) > \Gamma)$ 表示条件概率密度[24]：

$$\begin{aligned} f_{\gamma_{SR}(k)}(\gamma \mid \gamma_{SR}(k) > \Gamma) &= \frac{\partial}{\partial \gamma} \left[\frac{\Pr(\Gamma < \gamma_{SR}(k) \leqslant \gamma)}{\Pr(\gamma_{SR}(k) > \Gamma)} \right] \\ &= \begin{cases} e^{\Gamma/\overline{\gamma_{SR}(k)}} e^{-\gamma/\overline{\gamma_{SR}(k)}} / \overline{\gamma_{SR}(k)}, & \gamma > \Gamma \\ 0, & \gamma \leqslant \Gamma \end{cases} \end{aligned} \tag{3-70}$$

将式（3-67）和式（3-70）代入式（3-69）中，$P_{e,R}(k)$ 可进一步表示为

$$\begin{aligned} P_{e,R}(k) &= \int_\Gamma^\infty a e^{-b\gamma} e^{\Gamma/\overline{\gamma_{SR}(k)}} e^{-\gamma/\overline{\gamma_{SR}(k)}} / \overline{\gamma_{SR}(k)} d\gamma \\ &= \frac{a}{b\overline{\gamma_{SR}(k)} + 1} e^{-b\Gamma} \end{aligned} \tag{3-71}$$

中继车辆节点译码发生错误且将此错误信号继续发送到目的车辆节点的概率 $P_{e,\mathrm{prop}}(k)$ 可表示为[22]

$$P_{e,\mathrm{prop}}(k) \approx \frac{\overline{\gamma_{RD}(k)}}{\overline{\gamma_{SD}(k)} + \overline{\gamma_{RD}(k)}} \tag{3-72}$$

此外，当中继车辆节点译码正确，但目的车辆节点合并 $S \to D$ 直传链路与 $S \to R \to D$ 中继协作链路信号时，发生错误的概率为

$$P_{e,\text{prop}}(k) = \int_0^\infty P_e(\gamma) f_{\gamma_t^{\text{DF}}(k)}(x) \mathrm{d}\gamma \tag{3-73}$$

式中，$\gamma_t^{\text{DF}}(k) = \gamma_{SD}(k) + \gamma_{RD}(k)$。式（3-73）进一步化简得到式（3-74）的形式为

$$\begin{aligned}
P_{e,\text{coop}}(k) &= \int_0^\infty P_e(\gamma) \int_0^\gamma f_{\gamma_{SD}(k)}(\gamma - x) f_{\gamma_{RD}(k)}(x) \mathrm{d}x \mathrm{d}\gamma \\
&= \int_0^\infty a \mathrm{e}^{-br} \int_0^\gamma \frac{1}{\overline{\gamma_{SD}(k)}} \mathrm{e}^{\frac{\gamma - x}{\overline{\gamma_{SD}(k)}}} \frac{1}{\overline{\gamma_{RD}(k)}} \mathrm{e}^{\frac{x}{\overline{\gamma_{RD}(k)}}} \mathrm{d}x \mathrm{d}\gamma \\
&= \frac{1}{\overline{\gamma_{SD}(k)} - \overline{\gamma_{RD}(k)}} \left(\frac{a\overline{\gamma_{SD}(k)}}{b\overline{\gamma_{SD}(k)} + 1} - \frac{a\overline{\gamma_{RD}(k)}}{b\overline{\gamma_{RD}(k)} + 1} \right)
\end{aligned} \tag{3-74}$$

进一步，将式（3-71）~式（3-73）代入式（3-68）中，可计算得到当 $\gamma_{SR}(k)$ 大于门限值 Γ 时，中继车辆节点采用 AR1-DF 协作方式时第 k 个码元符号的误码率为

$$\begin{aligned}
P_{e,\text{DF}}(k) &= \frac{a}{b\overline{\gamma_{SR}(k)} + 1} \mathrm{e}^{-b\Gamma} \frac{\overline{\gamma_{RD}(k)}}{\overline{\gamma_{SD}(k)} + \overline{\gamma_{RD}(k)}} + \\
&\quad \frac{1}{\overline{\gamma_{SD}(k)} - \overline{\gamma_{RD}(k)}} \left(1 - \frac{a}{b\overline{\gamma_{SR}(k)} + 1} \right) \left(\frac{a\overline{\gamma_{SD}(k)}}{b\overline{\gamma_{SD}(k)} + 1} - \frac{a\overline{\gamma_{RD}(k)}}{b\overline{\gamma_{RD}(k)} + 1} \right)
\end{aligned} \tag{3-75}$$

同理，当 $\gamma_{SR}(k)$ 小于协议门限值 Γ 时，中继车辆节点采用 AR1-AF 协作方式时第 k 个码元符号的误码率可表示为

$$P_{e,\text{AF}}(k) = \int_0^\infty P_e(\gamma) f_{\gamma_b^{\text{AF}}(k)}(\gamma | \gamma_{SR}(k) < \Gamma) \mathrm{d}\gamma \tag{3-76}$$

式中，$\gamma_b^{\text{AF}}(k) = \gamma_{SD}(k) + \gamma_{SRD}(k)$。其中，$\gamma_{SRD}(k)$ 为中继协作车辆链路的信噪比[17]，即

$$\gamma_{SRD}(k) = \frac{\gamma_{SR}(k)\gamma_{RD}(k)}{\gamma_{SR}(k) + \gamma_{RD}(k) + \dfrac{N_0}{(1-\rho_{RD}^{2(k-1)})\sigma_{RD}^2 N_0}} \tag{3-77}$$

高信噪比时利用均值调和函数，式（3-77）可简化为

$$\gamma_{SRD}(k) \leqslant \min(\gamma_{SR}(k), \gamma_{RD}(k)) = \gamma_{\text{up}}(k) \tag{3-78}$$

所以，高信噪比时 $\gamma_b^{\text{AF}}(k)$ 的 PDF 可表示为

$$f_{\gamma_b^{\text{AF}}(k)}(\gamma | \gamma_{SR}(k) < \Gamma) = \int_0^\gamma f_{\gamma_{SD}(k)}(\gamma - x) f_{\gamma_{\text{up}}(k)}(x | \gamma_{SR}(k) < \Gamma) \mathrm{d}\gamma \tag{3-79}$$

根据与式（3-70）相同的求解方法，可求得 $\gamma_{\text{up}}(k)$ 的概率密度函数为

$$f_{\gamma_{\text{up}}(k)}(x|\gamma_{SR}(k)<\varGamma) = \frac{\partial}{\partial\gamma}\left[\frac{\Pr(\min(\gamma_{SR}(k),\gamma_{RD}(k)),\gamma_{SR}(k)\leqslant\gamma)}{\Pr(\gamma_{SR}(k)>\varGamma)}\right]$$

$$= \begin{cases} 0, & x>\varGamma \\ \dfrac{\mu e^{-\mu x}-\dfrac{1}{\overline{\gamma_{RD}(k)}}e^{-\varGamma/\overline{\gamma_{SR}(k)}}e^{-x/\overline{\gamma_{RD}(k)}}}{1-e^{-\varGamma/\overline{\gamma_{SR}(k)}}}, & x\leqslant\varGamma \end{cases} \quad (3\text{-}80)$$

式中，$\mu = 1/\overline{\gamma_{SR}(k)} + 1/\overline{\gamma_{RD}(k)}$，将式（3-80）代入式（3-79）中，进一步化简可得

$$f_{\gamma_b^{\text{AF}}(k)}(x|\gamma_{SR}(k)<\varGamma) = \begin{cases} \int_0^\varGamma f_{\gamma_{SD}(k)}(\gamma-x)f_{\gamma_{\text{up}}(k)}(x|\gamma_{SR}(k)<\varGamma)\mathrm{d}\gamma, & x>\varGamma \\ \int_0^\gamma f_{\gamma_{SD}(k)}(\gamma-x)f_{\gamma_{\text{up}}(k)}(x|\gamma_{SR}(k)<\varGamma)\mathrm{d}\gamma, & x\leqslant\varGamma \end{cases}$$

$$= \begin{cases} \dfrac{\dfrac{\mu}{m}\dfrac{1}{\overline{\gamma_{RD}(k)}}(e^{-\gamma/\overline{\gamma_{RD}(k)}}-e^{-\varGamma m})}{1-e^{-\varGamma/\overline{\gamma_{SR}(k)}}}, & \gamma>\varGamma \\ \dfrac{\dfrac{\mu}{m}\dfrac{1}{\overline{\gamma_{RD}(k)}}(e^{-\gamma/\overline{\gamma_{RD}(k)}}-e^{-\mu\gamma})}{1-e^{-\varGamma/\overline{\gamma_{SR}(k)}}}, & \gamma\leqslant\varGamma \end{cases} \quad (3\text{-}81)$$

式中，$m=\mu-1/\overline{\gamma_{RD}(k)}$，将式（3-81）和式（3-67）代入式（3-76）中，并令 $P(\varGamma)=1-e^{-\varGamma/\overline{\gamma_{SR}(k)}}$，式（3-76）可化简为

$$P_{e,\text{AF}}(k) = \int_0^\varGamma ae^{-b\gamma}\frac{\dfrac{\mu}{m}\dfrac{1}{\overline{\gamma_{RD}(k)}}(e^{-\gamma/\overline{\gamma_{RD}(k)}}-e^{-\mu\gamma})}{1-e^{-\varGamma/\overline{\gamma_{SR}(k)}}}\mathrm{d}\gamma + \int_\varGamma^\infty ae^{-b\gamma}\frac{\dfrac{\mu}{m}\dfrac{1}{\overline{\gamma_{RD}(k)}}(e^{-\gamma/\overline{\gamma_{RD}(k)}}-e^{-\varGamma m})}{1-e^{-\varGamma/\overline{\gamma_{SR}(k)}}}\mathrm{d}\gamma$$

$$= \frac{a\mu}{P(\varGamma)(b\overline{\gamma_{SR}(k)}+1)m} + \frac{a\mu}{P(\varGamma)(b+\mu)m}(e^{-(b+\mu)\varGamma}-1) - \frac{a\mu}{P(\varGamma)(b\overline{\gamma_{SR}(k)}+1)m}e^{-(b+\mu+1/\overline{\gamma_{SR}(k)})\varGamma}$$

$$(3\text{-}82)$$

进一步，将式（3-75）、式（3-82）和式（3-65）代入式（3-64）中，可最终得到基于 AR1-HDAF 的车载中继协作方式的第 k 个码元符号的误码率表达式。对于含有 N 个码元符号的一帧数据，基于 AR1-HDAF 的车载中继协作方式的 ASER 可表示为

$$P_{e,H} = \frac{1}{N}\sum_{k=1}^N\left[(1-e^{-\varGamma/\overline{\gamma_{SR}(k)}})P_{e,\text{AF}}(k) + e^{-\varGamma/\overline{\gamma_{SR}(k)}}P_{e,\text{DF}}(k)\right] \quad (3\text{-}83)$$

综合以上推导过程可知，系统的 ASER 不仅与中继车辆节点设置的信噪比协议门限值 $\varGamma$、不同车辆节点之间的相对运动速度（多普勒频偏相关系数 ρ_{ab}）有关，而且还取决于帧符号长度 N（CSI 估计精度）。通过合理设置信噪比协议门限值 $\varGamma$、优化 CSI 估计精度，

可降低相对车辆速度对误码率的影响，提高系统的平均误码性能，提升车载中继协作传输系统的可控性安全。

3.3.3 仿真结果与性能分析

我们将在MATLAB平台分析基于AR1-HDAF协作方式的车载中继协作系统的误码性能，考虑中继车辆节点门限值Γ、车辆相对运动引起的多普勒频偏及CSI估计精度对平均误码率的影响。采用4-QAM调制方式，载波频率f_c为5.9 GHz，符号持续时间T_s为48 μs[19]，时变信道增益变化的方差$\sigma_{SD}^2 = \sigma_{SR}^2 = \sigma_{RD}^2 = 1$。采用直线型拓扑结构模型，源车辆节点和目的车辆节点的归一化初始距离$d_{SD}=1$，源车辆节点和中继车辆节点的距离$d_{SR}=0.7$，中继车辆节点和目的车辆节点的距离$d_{RD}=0.3$，损失因子α取4。

根据以上参数，由式（3-3）计算可知，不同车辆节点相对运动速度导致的多普勒频偏及多普勒频偏相关系数对应关系如表3-1所示。由表可知，AR1模型对应的多普勒频偏时变信道相关系数随车辆节点相对速率的增大而减小。

表3-1 不同速度下多普勒频偏及多普勒频偏相关系数对应关系

车辆相对运动速度/（km/h）	多普勒频偏/Hz	多普勒频偏相关系数
0	0	1
20	108.9	0.9997
40	217.9	0.9989
60	326.8	0.9976
80	435.7	0.9957
100	544.7	0.9933
120	653.6	0.9903

图3-6描绘了帧长度$N=10$（CSI估计精度为10%）时，仅目的车辆节点以40 km/h的相对速度移动，源车辆节点和中继车辆节点保持静止，不同信噪比门限值Γ对系统平均误码率的影响。从图中可以看出，随着中继车辆节点信噪比门限值Γ的增加，平均误码率相应地降低，当Γ继续增大时（10～15 dB范围内），平均误码率随信噪比的变化曲线近乎重合。当Γ较小时，时变信道$S \to R$链路的瞬时信噪比质量较好，中继车辆节点更多地采用基于AR1-DF协作方式进行转发，通过增加中继车辆节点信噪比门限值Γ，可降低差错传播发生的概率；当中继车辆节点信噪比门限值Γ继续增加时，$S \to R$链路的瞬时信噪比（SNR）小于中继车辆节点SNR门限值Γ的概率增大，中继车辆节点主要采用基于AR1-AF协作方式进行放大转发，进而继续增大门限值Γ，对改善系统的平均误码率效果不显著。

图3-7描绘了中继车辆节点信噪比门限值Γ为12 dB、CSI估计精度为5%时，仅目的车辆节点以不同相对速度移动时系统平均误码率随信噪比的变化曲线。由图可知，随

着车辆移动速度的增大,平均误码率性能降低;在信噪比较低时,增大 SNR 可以减小 ASER,而当 SNR 继续增大时,ASER 性能的改善程度不明显,ASER 渐进趋于常数,表现为误码平顶现象(信噪比继续增大,平均误码率性能保持不变)。所以,当车辆节点存在高速相对移动、多普勒频偏较大时,仅通过提高系统的传输功率不能有效改善平均误码率的性能。

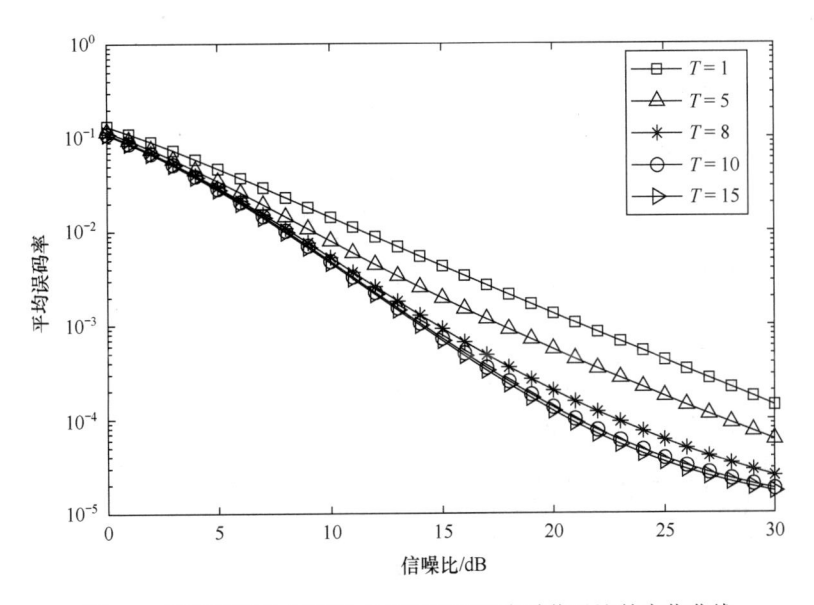

图 3-6　不同信噪比门限值 Γ 下平均误码率随信噪比的变化曲线

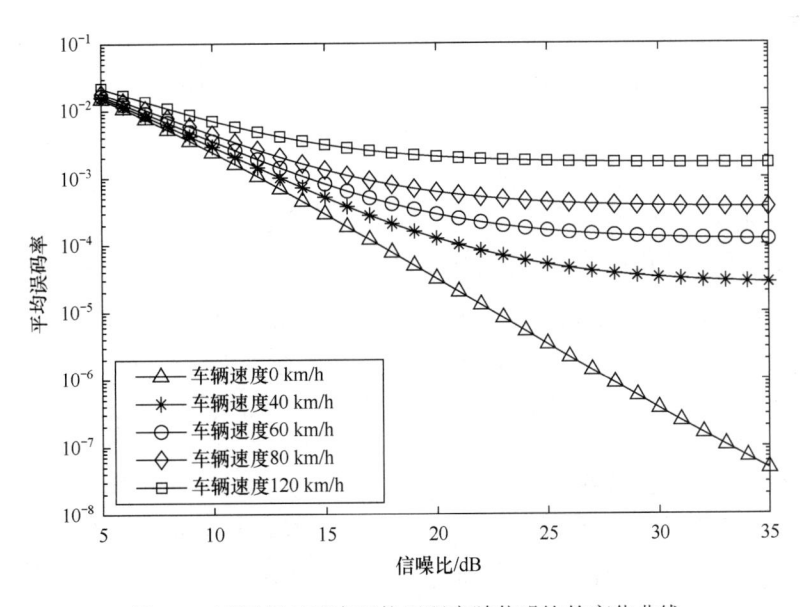

图 3-7　不同相对速度平均误码率随信噪比的变化曲线

图 3-8 描绘了 CSI 估计精度为 5%、车辆相对速度为 40 km/h 时,单一车辆节点移动

对系统平均误码率的影响。由图可知，相对于车辆节点的静止状态，车载协作传输系统中无论是源车辆节点、中继车辆节点还是目的车辆节点，任何一个车辆节点的移动都增加了系统平均误码率。同等条件下，相对于中继车辆节点和目的车辆节点的移动，源车辆节点的移动对平均误码率的影响较大，如当系统信噪比为 30 dB 时，源车辆节点相对于中继车辆节点和目的车辆节点的移动，平均误码率分别增加了 13.9 dB 和 7.6 dB。

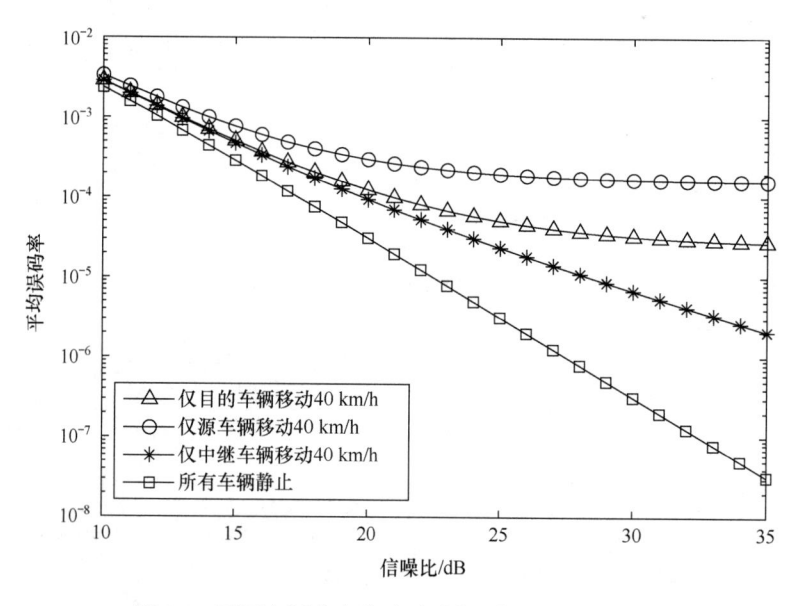

图 3-8 不同车辆节点移动对系统平均误码率的影响

图 3-9 描绘了不同 CSI 估计精度对平均误码率的影响。由图可知，在不同的 CSI 估计精度、相同的移动速度下，目的车辆节点移动相对于中继车辆节点移动，对平均误码率的影响较大。提高 CSI 估计精度，目的车辆节点的接收端捕获时变信道增益的能力增强，同等条件下系统的平均误码率减小且误码平顶值下降，当 CSI 估计精度提高到 100%，即能完好估计时变链路的 CSI 时，系统可完全消除误码平顶现象，表现为平均误码率随信噪比的增大而减小的线性变化。

图 3-10 描绘了信噪比为 30 dB，车辆节点移动使得车载协作传输系统具有误码平顶现象时，不同 CSI 估计精度下车辆相对移动导致的多普勒频偏对平均误码率 ASER 的影响。图中，横坐标对应车辆速度在 120 km/h 范围内以 20 km/h 为间隔对应的多普勒频偏相关系数 ρ。从图中可以看出，当 CSI 不完美时，车辆运动速度增大，时变信道多普勒频偏相关系数 ρ 减小，接收端解码错误率相应地提高，车载协作传输系统的误码平顶值增大。特别地，当车载协作传输系统中车辆都静止时，相应信道的多普勒频偏相关系数 ρ 为 1，各链路为准静态瑞利衰落，瞬时信噪比与帧符号长度 N 无关，CSI 估计精度对误码率无影响，ASER 相同。当车辆高速移动时，通过增加 CSI 估计精度可以降低车载协作传输系统中因车辆的相对高速移动引起的误码平顶值，改善了系统的平均误码率性能。

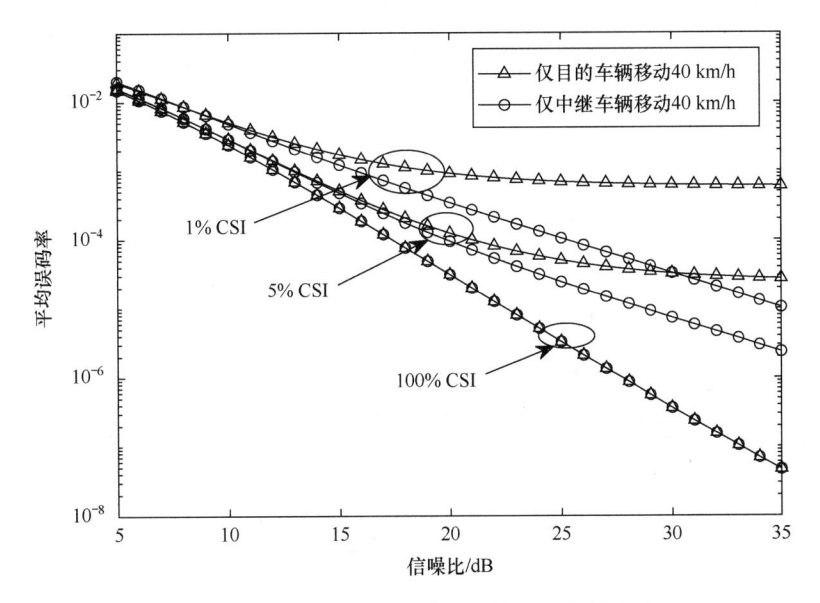

图 3-9 不同 CSI 估计精度对平均误码率的影响

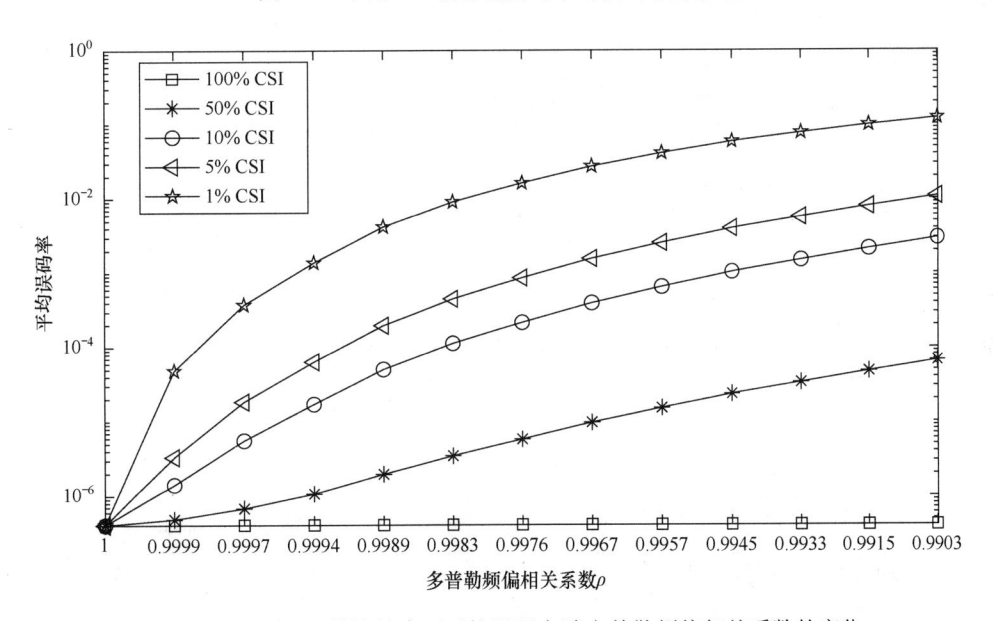

图 3-10 不同 CSI 估计精度下平均误码率随多普勒频偏相关系数的变化

图 3-11 对比了中继车辆节点分别采用 AR1-AF、AR1-DF 和 AR1-HDAF 3 种协作方式下，目的车辆节点移动产生的多普勒频偏相关系数对系统平均误码率的影响。从图中可以看出，同等条件时 AR1-HDAF 协作方式下的系统平均误码率性能始终优于 AR1-AF 和 AR1-DF 协作方式。进一步可知，当 CSI 估计精度为 5%、多普勒频偏相关系数 ρ 为 0.9989 时，AR1-HDAF 协作方式下平均误码率为 2.90×10^{-3}，AR1-DF 协作方式与 AR1-AF 协作方式下分别为 4.10×10^{-3} 和 6.7×10^{-3}，AR1-HDAF 协作方式相对于 AR1-AF 协作方式和 AR1-DF 协作方式，系统的平均误码率性能分别提高了 3.6 dB 和 1.5 dB，体现

了 AR1-HDAF 协作方式能较好地自适应车载协作传输时变通信信道。

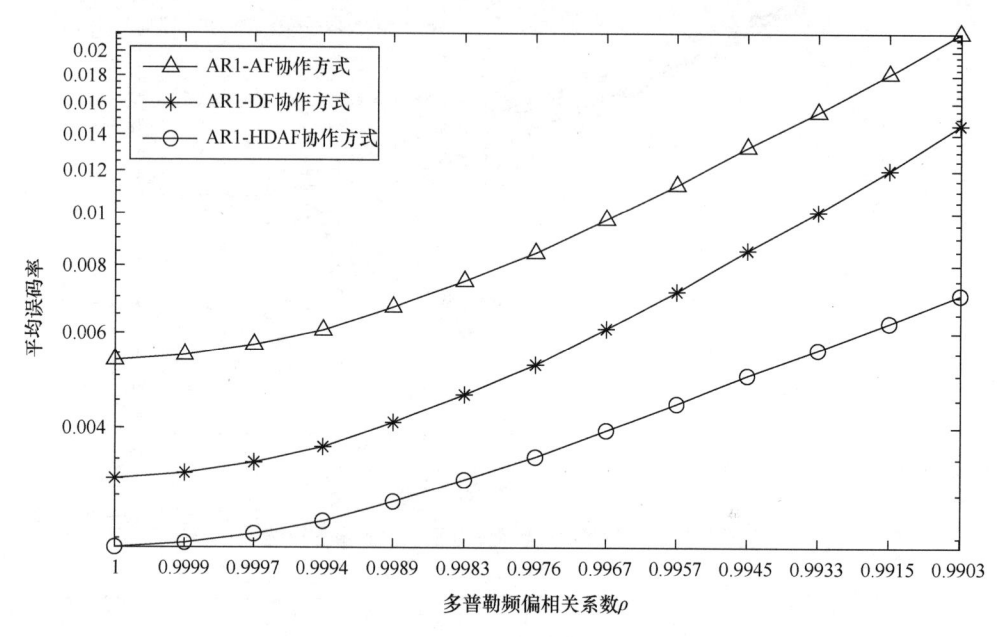

图 3-11 不同协作方式下多普勒频偏相关系数 ρ 对平均误码率的影响

3.4 联合车辆分簇与功率控制方法

本节针对车联网系统中网络拓扑快速变化导致车辆通信不稳定的现象，提出基于簇稳定的车辆分簇方法。该方法充分利用了城市公交的优势，有效增加了簇结构的稳定性。在城市路网中，提出交叉口处车辆拥堵的分簇方法，并结合功率控制方法，在能耗较低的前提下可以缓解城市道路的交通拥堵问题。

3.4.1 运动态车辆分簇方法

1. 运动态车辆分簇模型

如图 3-12 所示，假设每辆车都装有卫星定位装置，能实时地确定自己的位置、速度和方向信息。驾驶人都采用导航地图，车辆能够获知自己的行驶路线与目的地。车辆可通过与周围车辆交换信息，计算出与邻近车辆的距离。当前路段共 N 辆车，分别用 u_i 表示，$i=1,\cdots,N$，这 N 辆车共可以分为 $M \leq N$ 个簇，用 S_k 表示，$k=1,\cdots,M$，簇内车辆用 $u_{k,j}$ 表示，$j=1,\cdots,w_k$，w_k 为簇中车辆个数。

定义车辆信息 V_{inf}，包含车辆此刻的速度 v、车辆此刻的位置、当前道路预计行驶距离 s、与附近簇头的距离 d。定义车辆入簇因子 $\eta_{k,i}$ 为

$$\eta_{k,i} = a_k \left| \frac{v_i - \bar{v}_k}{\bar{v}_k} \right| + b_k \frac{1}{s_i} + c_k \frac{d_i}{S} \tag{3-84}$$

$$\bar{v}_k = \frac{1}{w_k} \sum_{j=1}^{w_k} v_{kj} \tag{3-85}$$

式中，v_i 为第 i 辆车的速度；$\bar{v}_k$ 为第 k 个簇的平均速度；S 为车辆的广播范围，a_k、b_k 和 c_k 均为加权系数。车辆 u_i 的入簇因子 $\eta_{k,i}$ 越小，则其加入该簇的概率越大，这是因为 v_i 与 $\bar{v}_k$ 的差值越小，s_i 越大，d_i 越小，车辆 u_i 与簇内车辆成员具有更高的行为一致性。

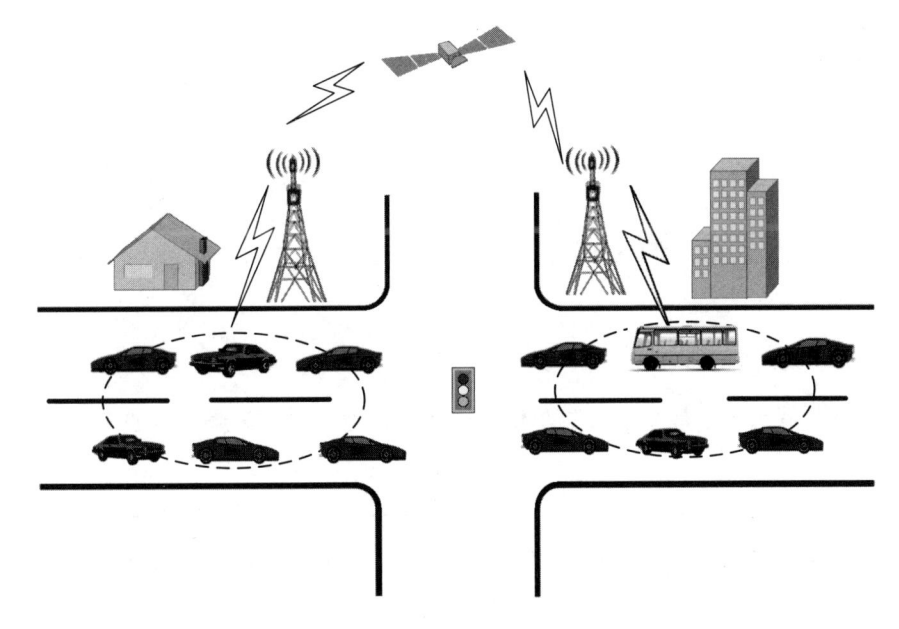

图 3-12 车辆分簇及簇内协作通信

城市中公交车数量远少于普通车辆，且公交车统一管理，能源充足，可以安装更强大的无线收发装置，鉴于以上特点，可优先考虑选取公交车作为簇头[25]。定义簇头因子为

$$\theta_{u_{k,i}} = e_i \frac{1}{s_i} + f_i \frac{1}{n_i} + B_i \tag{3-86}$$

式中，n_i 为簇内车辆的邻居车辆个数；B_i 为公交参数，当该车辆为公交车时，B_i 为 0，否则 B_i 为 1；e_i、f_i 分别为第 S_k 辆车的簇头因子的加权系数。簇头因子 $k(k \in 1,\cdots,M)$ 越小，该车辆的一跳通信范围覆盖的车辆越多，车辆行驶距离越长，车辆成为簇头的概率越大。

2．运动态车辆分簇算法

对道路上的车辆进行分簇包含两个过程，分别为簇生成过程与簇维护过程。其中，簇生成过程是指新建一个簇的过程，包括簇头的选取、簇成员的确定等；簇维护过程是指簇成员数据的更新，包括簇内成员维护和新加入车辆入簇。

在网络初始阶段，道路上的车辆均为孤立节点，这些孤立车辆通过导航卫星等获得自身车辆信息，包括位置、速度、方向等，并向自身通信范围内的所有车辆广播含自身车辆信息的广播包。首先进行簇的初始化，根据位置相近原则将一定范围内的 N 辆车随机分成 M 个簇，分别为 S_k，$k \in 1,\cdots,M$，簇内车辆个数为 w_k；然后进行簇头选取，初始化后的簇中，若无公交车，则选择簇头因子最小的车辆作为簇头；若初始化后的车辆簇中只有一辆公交车，则选择该公交车作为簇头；若初始化后的簇中不止一辆公交车，则选择簇头因子最小的公交车作为簇头。具体的算法流程如下。

算法 3-1　簇生成算法

for k = 1 to M do

 if 簇内无公交

  $h_k = \arg\min(\theta_{u_{k,j}})$，$u_{k,j} \in S_k$　　/*选择簇头因子最小的车辆为簇头

 else if 簇内只有一辆公交车

  该公交车为簇头

 else

  选择簇头因子最小的公交车作为簇头，其他公交车为簇内普通车辆

end for

簇生成算法的流程如图 3-13 所示。

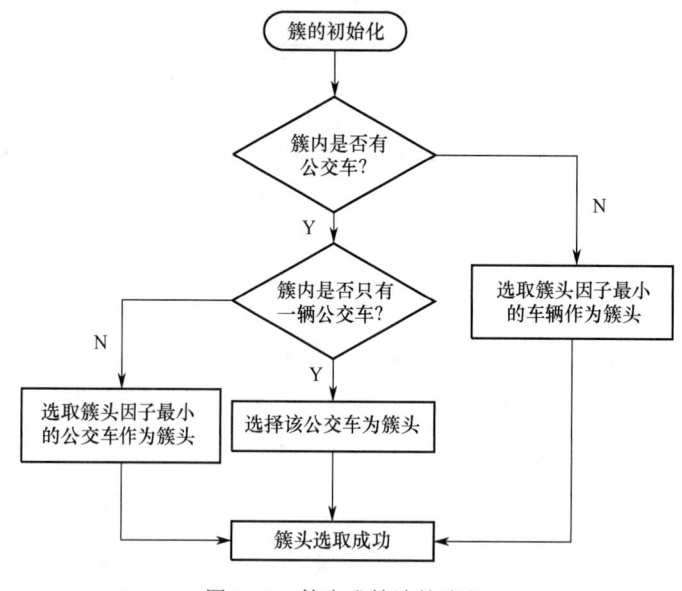

图 3-13　簇生成算法的流程

3. 簇维护方法

簇维护方法包含对已在簇内车辆的处理和簇外想要入簇车辆的处理。

当车辆簇形成后，计算各簇的簇平均速度 $\bar{v}_k$，并与簇成员车辆速度 v_{kj} 相比较，如果簇内车辆的速度与簇平均速度相差过大，就将该车辆从簇内剔除。具体的算法流程如下。

算法 3-2　簇内车辆维护

for $k=1$ to M do
　for $j=1$ to w_k do
　　if $\left|\dfrac{v_j-\bar{v}_k}{\bar{v}_k}\right|\geqslant 0.5$
　　　$S_k \leftarrow S_k-\{u_{kj}\}$　/*剔除簇中速度过大的车辆
　end for
end for

簇内车辆维护的流程如图 3-14 所示。

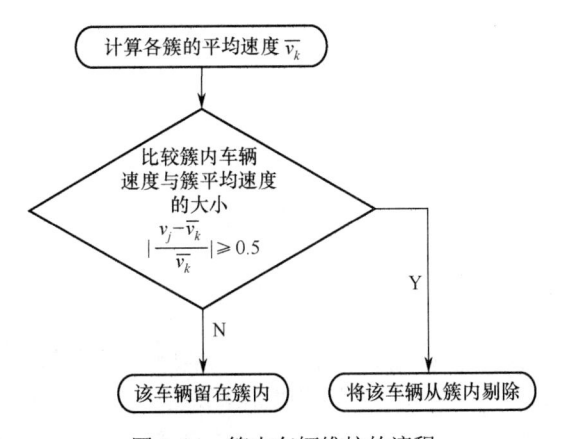

图 3-14　簇内车辆维护的流程

簇头车辆周期性广播自身簇头信息，其周围未加入任何簇的车辆主动上报自身车辆信息 V_{inf}，并计算其入簇因子。若计算结果满足此簇的入簇门限 η_{th}，则允许车辆加入此簇；否则自身成为一簇。具体的算法流程如下。

算法 3-3　入簇车辆处理

for $i=1$ to 所有未加入簇的车辆数，do
　h_k 根据式（3-84）计算 $\eta_{k,i}$

> if $\eta_{k,i} \leqslant \eta_{th}$
>
> $S_k \leftarrow S_k + \{u_j\}$ /*将该车辆加入该簇
>
> else
>
> $S_{M+1} = \{u_j\}$ /*新建一个簇
>
> end for

车辆入簇的流程如图 3-15 所示。

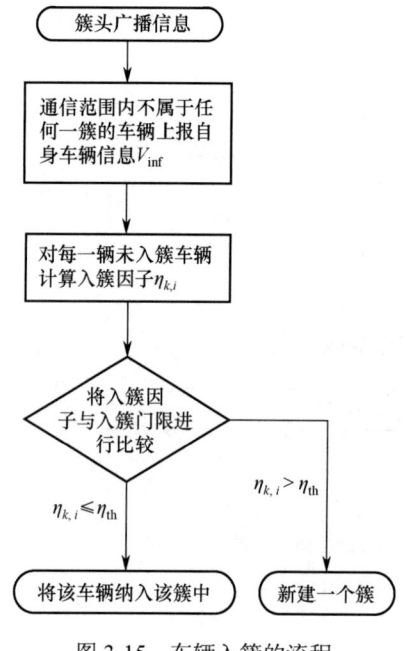

图 3-15 车辆入簇的流程

上述基于簇稳定的车辆分簇方法用以提高协作车辆通信可靠性。该方法优先采用公交车作为簇头，在一定范围内，若无公交车，则选择簇头因子最小的车辆作为簇头；这很好地考虑了车辆行驶过程中的关键因素 d、v 和 s。因为簇内成员的相对速度较小，所以延长了车辆的持续通信时间，提供了相对可靠的连接，使簇的结构相对稳定，同时具有较小的复杂度。

3.4.2 准静态车辆分簇方法

1. 准静态车辆分簇模型

在城市路网中，基于交叉口处车辆拥堵的分簇场景如图 3-16 所示。城市道路交叉口作为交通流量集中和分散的重要节点，其在道路网络中的复杂位置很容易造成交通拥堵和交通事故。统计数据显示，在交叉口处的车辆拥堵占城市道路交通总延误的 30% 以上，交叉口处所发生的交通事故占总交通事故的 50%以上[26]。因此，疏导交叉口处的车辆拥堵，对于提高交通效率和保障行车安全都具有十分重要的意义。

图 3-16　基于交叉口处车辆拥堵的分簇场景

该场景由 4 条直路、十字路口、交通信号灯及众多车辆等元素组成。其中，黑色箭头所指的方向为车辆的运行方向；虚线椭圆所圈出的车辆处于同一个车辆集群；五角星所标记的车辆为簇头车辆（Cluster-Head Vehicles，CHV）。CHV 作为每个车辆簇中最重要的"通信联络员"，承担了簇内广播和簇间通信的中继功能。例如，前方道路发生了交通事故、有障碍物或存在拥堵时，靠近事故发生区的簇头车辆可以将消息传送给其他未到达此路段的簇头车辆，然后簇头车辆将预警信息广播给簇内成员车辆，从而极大地提高了人们的出行效率和道路安全性。

2．准静态车辆分簇算法

假设在道路交叉口附近有 n 辆车，每辆车用符号 M_i 代表，$i = 1, 2, \cdots, n\,(n > k)$，$k$ 为车辆集群的数目。车辆 M_i 与车辆 M_n 之间的距离 $d_{M_{i,n}}$ 定义为[27]

$$d_{M_{i,n}} = \sqrt{(x_{M_i} - x_{M_n})^2 + (y_{M_i} - y_{M_n})^2} \tag{3-87}$$

式中，x 和 y 分别为车辆的水平和竖直坐标。下面基于最大最小距离标准[28]来为 k-means 算法进行初始化，选出 k 个初始聚类中心，即说明道路上的车辆被划分为 k 个车辆集群。

随机选择某车辆 M_1 作为第一个初始聚类中心 C_1，然后选择距离该车辆最远的车辆 M_2 作为第二个初始聚类中心 C_2，两车之间的距离记为 $D_{12} = d_{M_{1,2}}$。计算道路上剩余的

$n-2$ 辆车到初始聚类中心 C_1、C_2 的距离，并记为 d_{i1}、d_{i2}。在 d_{i1} 和 d_{i2} 中分别找出各自的最小值 $d_{i1}^{\min}$ 和 $d_{i2}^{\min}$，比较两者大小并将其中的最大值所对应的车辆作为第三个聚类中心 C_3。根据此规则类推，分别计算道路上剩余的其他车辆到现有初始聚类中心 C_1、C_2、…、$C_{k'-1}$ 的距离，记为 d_{i1}、d_{i2}、…、$d_{i(k'-1)}$（此时，$i=k',k'+1,\cdots,n-k'+1$）。找出 d_{i1}、d_{i2}、…、$d_{i(k'-1)}$ 各自的最小值 $d_{i1}^{\min}$、$d_{i2}^{\min}$、…、$d_{i(k'-1)}^{\min}$，并进行大小比较，其中的最大值所对应的车辆则记为下一个初始聚类中心 $C_{k'}$。定义最大值 $D_{\max}$ 的通用公式为[29]

$$D_{\max} = \max\{\min[d_{i1},d_{i2},\cdots,d_{i(k'-1)}]\} \tag{3-88}$$

直到 $D_{\max}$ 不满足式（3-88）时，停止生成新的初始聚类中心。

$$\begin{cases} D_{\max} > D_C \\ D_C = \delta \cdot D_{12} \end{cases} \tag{3-89}$$

式中，D_C 为初始分簇的临界值；δ 为分簇的权重参数，与车辆密度有关。

城市道路上，通过某一点的车辆数服从泊松分布[30]，由此，车辆 M_i 出现在车辆 M_1 与车辆 M_2 之间的概率为

$$p(i,D_{12}) = \frac{(\bar{\rho}D_{12})^i \cdot \mathrm{e}^{-\bar{\rho}D_{12}}}{i!} \tag{3-90}$$

式中，$\bar{\rho}$ 为 D_{12} 路段当前的车辆密度。其泊松分布的期望值为

$$E(i,D_{12}) = \bar{\rho} \cdot D_{12} = i \tag{3-91}$$

而车辆密度 ρ 又与车速 v_i（m/s）及车辆的到达率 ε_i（m/s）有关，常表示为[31]

$$\rho = \sum_{i=1}^{n} \frac{\varepsilon_i}{v_i} \tag{3-92}$$

那么，车辆密度 ρ 与 $\bar{\rho}$ 之间的关系记为

$$\bar{\rho} = \theta \cdot \rho \tag{3-93}$$

式中，θ 为一个浮动误差参数。根据式（3-89）、式（3-91）、式（3-92）和式（3-93）可以得到

$$D_C = \frac{\delta \cdot i}{\left(\sum_{i=1}^{n} \frac{\varepsilon_i}{v_i}\right) \cdot \theta} \tag{3-94}$$

由于交通拥堵，车速和车辆的到达率几乎很小且相对恒定，因此从式（3-94）中可以看出，车辆分簇的权重参数 δ 与车辆数 i 成反比，即 $\delta \propto \dfrac{1}{i}$。

接下来,如果按照传统的 k-means 算法[32],其他成员车辆就会被直接划分给其距离最近的初始簇头车辆所在的集群,并不断调整聚类误差以选出最终的簇头车辆。在这种情况下,迭代过程会不可避免地引起一定程度的车间通信延迟。为了降低由复杂的迭代计算所带来的延迟,我们提出了一种优化的 k-means 算法,用于在时变环境中车辆拥堵场景的分簇。由于道路上的车辆密度直接反映了交通拥堵程度,所以把有关车辆密度的参数引入到挑选簇头车辆的衡量标准当中,既提高了算法的分簇效率,又符合实际场景的应用需求。下面,以上述由最大最小距离标准所选出的 k 个初始聚类中心为基础,对优化算法的迭代规则进行介绍。

类似于减法聚类[33]中的数据对象密度,将一个车辆簇中的车辆密度定义为

$$\rho_{M_i} = \sum_{i=1}^{w} \exp\left[-\frac{\|M_i - C_{j-1}\|^2}{(D_C)^2}\right] \tag{3-95}$$

式中,w 为集群中的车辆数目;M_i 为第 i 个集群中的成员车辆;C_{j-1} 为该集群此时尚未更新的聚类中心。根据式(3-92)、式(3-94)和式(3-95),可以得到车辆密度的校正比 ψ,即

$$\psi = \sum_{i=1}^{w} \frac{v_i}{\varepsilon_i} \exp\left[-\frac{\|M_i - C_{j-1}\|^2 \cdot \left(\sum_{i=1}^{n} \frac{\varepsilon_i}{v_i} \cdot \theta\right)^2}{\delta^2 \cdot w^2}\right] \tag{3-96}$$

将 ψ 引入到聚类中心的更新标准中,有

$$C_j = \frac{1}{w} \sum_{i=1}^{w} \frac{M_i \cdot v_i}{\varepsilon_i} \times \exp\left[-\frac{\|M_i - C_{j-1}\|^2 \cdot \left(\sum_{i=1}^{n} \frac{\varepsilon_i}{v_i} \cdot \theta\right)^2}{\delta^2 \cdot w^2}\right] \tag{3-97}$$

式中,C_j 为更新后的聚类中心,$j = 1, 2, \cdots, k$。直到聚类误差平方和 J 不再变化,便可得到最终的 k 个聚类中心。

$$J = \sum_{j=1}^{k} \sum_{i=1}^{n} \left[\sqrt{(x_{C_j} - x_{M_i})^2 + (y_{C_j} - y_{M_i})^2}\right]^2 \tag{3-98}$$

然而,新的 k 个聚类中心的坐标通常不是某一车辆所在的确切位置。所以,我们将最接近聚类中心的车辆视为 CHV,则

$$\text{CHV}_j = M_i = \arg\min_i \left[\sqrt{(x_{C_j} - x_{M_i})^2 + (y_{C_j} - y_{M_i})^2}\right] \tag{3-99}$$

综上，将分簇算法的整个流程描述如下。

步骤1：随机选取道路上某一车辆 M_1 作为第一个初始聚类中心 C_1，并选择距离 M_1 最远的车辆 M_2 作为第二个聚类中心 C_2。

步骤2：计算道路上其他车辆到现有初始聚类中心的距离 d_{i1}、d_{i2}、$\cdots$、$d_{i(k'-1)}$，找到它们各自的最小值 $d_{i1}^{\min}$、$d_{i2}^{\min}$、$\cdots$、$d_{i(k'-1)}^{\min}$，其中，$i = k', k'+1, \cdots, n-k'+1$。

步骤3：从这些最小值中选出最大值 $D_{\max}$。

步骤4：如果 $D_{\max} > \delta \cdot \|C_1 - C_2\|$，则执行步骤5。

步骤5：最大值 $D_{\max}$ 所对应的车辆 M_i 则最作为下一个初始聚类中心 $C_{k'}$。

步骤6：$k' = k'+1$，返回步骤2。

步骤7：否则，$k = k'$，k 个初始聚类中心选择完成。

步骤8：道路上其他成员车辆被分配给距离其最近的初始聚类中心所在的车辆集群。

步骤9：每个车辆集群更新其聚类中心

$$C_j = \frac{1}{w}\sum_{i=1}^{w}\frac{M_i \cdot v_i}{\varepsilon_i} \times \exp\left[-\frac{\|M_i - C_{j'-1}\|^2 \cdot \left(\sum_{i=1}^{n}\frac{\varepsilon_i}{v_i} \cdot \theta\right)^2}{\delta^2 \cdot w^2}\right]$$

步骤10：计算聚类误差平方和，$J = \sum_{j=1}^{k}\sum_{i=1}^{n}\left[\sqrt{(x_{C_j} - x_{M_i})^2 + (y_{C_j} - y_{M_i})^2}\right]^2$。

步骤11：重复步骤8～10，直到 J 不再变化。

步骤12：选择距离每个新聚类中心最近的车辆作为 CHV，则 $\mathrm{CHV}_j = M_i = \arg\min_{i}[\sqrt{(x_{C_j} - x_{M_i})^2 + (y_{C_j} - y_{M_i})^2}]$。

3.4.3 准静态车辆分簇下的功率控制

簇头车辆（CHV）承担了簇内广播和簇间通信的中继功能，负责集群内的传输调度和信道分配，并支持不同集群成员之间及不同车辆集群之间的通信。下面主要针对簇头车辆的通信性能展开研究。基于三端网络的双向车载中继协作通信模型，分为两个时隙完成 CHV 之间的信息传输，如图3-17所示。其中，CHV-A、CHV-B 和 CHV-C 分别被视为源/目的节点 S_1、中继节点 R 及源/目的节点 S_2。

本小节提出一种基于中断概率约束的最小化 CHV 总传输功率的功率控制方案，从

IHDAF、DF、AF 这 3 种协作方式展开分析[34]。为了不失一般性，假设源节点 CHV 具有相同的发射功率，即 $P_{S_1} = P_{S_2} = P_S$。功率控制方案由下式给出

$$\begin{cases} \min\ P_t = 2P_S + P_R \\ \text{s.t}\quad p_{\text{out}} \leqslant \xi \end{cases} \quad (3\text{-}100)$$

式中，P_t 为 CHV 的总传输功率；ξ 为系统中断概率 p_{out} 的约束值。

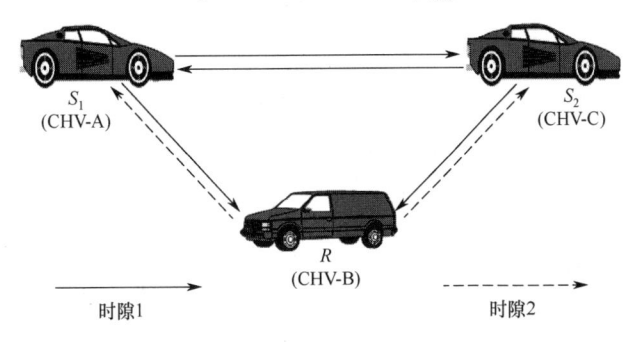

图 3-17 基于三端网络的双向车载中继协作通信模型

对于 IHDAF 协作方式转发策略而言[34]，在 $\beta = 1$ 时，$p_{\text{out}}^{\text{IHDAF}} = p_{\text{out}}^{\text{IAF}}$。基于拉格朗日函数可以得到

$$L(P_S^{\text{IAF}}, P_R^{\text{IAF}}, \lambda) = 2P_S^{\text{IAF}} + P_R^{\text{IAF}} + \lambda(p_{\text{out}}^{\text{IAF}} - \xi) \quad (3\text{-}101)$$

其中，$\lambda \geqslant 0$ 是拉格朗日参数。根据式（3-101）分别对 P_S^{IAF}、P_R^{IAF} 及 λ 求偏导，有

$$\begin{cases} 2 + \lambda a \left[-\dfrac{1}{(P_S^{\text{IAF}})^2 P_R^{\text{IAF}}} - \dfrac{2}{(P_S^{\text{IAF}})^3} \right] = 0 \\ 1 + \lambda a \left[-\dfrac{1}{(P_S^{\text{IAF}})^2 P_S^{\text{IAF}}} \right] = 0 \\ a \left[\dfrac{1}{P_S^{\text{IAF}} P_R^{\text{IAF}}} + \dfrac{1}{(P_S^{\text{IAF}})^2} \right] - \xi = 0 \end{cases} \quad (3\text{-}102)$$

其中，$a = \dfrac{(2^{2Z} - 1)^2 N_0^2}{2\Omega_{S_1 S_2}} \times \left(\dfrac{1}{\Omega_{S_1 R}} + \dfrac{1}{\Omega_{S_2 R}} \right)$，这里 $\Omega_{S_1 R}$、$\Omega_{S_2 R}$ 和 $\Omega_{S_1 S_2}$ 分别为信道衰落系数 $h_{S_1 R}$、$h_{S_2 R}$ 和 $h_{S_1 S_2}$ 的方差，N_0 为噪声方差，对应的方差由式（3-102）计算可得，源节点和中继节点的最小发射功率分别为

$$P_S^{\text{IAF}} = \sqrt{\dfrac{5a + \sqrt{17}a}{4\xi}} \quad (3\text{-}103)$$

$$P_R^{\text{IAF}} = \dfrac{\sqrt{17} - 1}{8} \sqrt{\dfrac{5a + \sqrt{17}a}{\xi}} \quad (3\text{-}104)$$

在 $\beta=0$ 时，$p_{\text{out}}^{\text{IHDAF}} = p_{\text{out}}^{\text{DF}}$，构造拉格朗日函数可得

$$L\left(P_S^{\text{DF}}, P_R^{\text{DF}}, \mu\right) = 2P_S^{\text{DF}} + P_R^{\text{DF}} + \mu\left(p_{\text{out}}^{\text{DF}} - \xi\right) \tag{3-105}$$

其中，$\mu \geq 0$ 为拉格朗日参数。根据式（3-105）分别对 P_S^{DF}、P_R^{DF} 及 μ 求偏导，有

$$\begin{cases} 2 + \mu b\left[-\dfrac{1}{(P_S^{\text{DF}})^2}\right] = 0 \\ 1 + \mu c\left[-\dfrac{1}{(P_R^{\text{DF}})^2}\right] = 0 \\ \dfrac{b}{P_S^{\text{DF}}} + \dfrac{c}{P_R^{\text{DF}}} - \xi = 0 \end{cases} \tag{3-106}$$

其中，$b = \dfrac{(2^{2Z}-1)N_0}{\Omega_{S_1R} + \Omega_{S_2R}}$，$c = \dfrac{(2^{2Z}-1)N_0}{2} \times \left(\dfrac{1}{\Omega_{S_1R}} + \dfrac{1}{\Omega_{S_2R}}\right)$。由式（3-106）计算可得，源节点和中继节点的最小发射功率分别为

$$P_S^{\text{DF}} = \dfrac{2b + \sqrt{2bc}}{2\xi} \tag{3-107}$$

$$P_R^{\text{DF}} = \dfrac{c + \sqrt{2bc}}{\xi} \tag{3-108}$$

综上，在中断概率 ξ 的约束下，使用 IHDAF 协作方式转发策略的源节点和中继节点的最小传输功率分别为

$$P_S^{\text{IHDAF}} = \left(\sqrt{\dfrac{5a + \sqrt{17}a}{4\xi}}\right)^{\beta}\left(\dfrac{2b + \sqrt{2bc}}{2\xi}\right)^{1-\beta} \tag{3-109}$$

$$P_R^{\text{IHDAF}} = \left(\dfrac{\sqrt{17}-1}{8}\sqrt{\dfrac{5a + \sqrt{17}a}{\xi}}\right)^{\beta}\left(\dfrac{c + \sqrt{2bc}}{2\xi}\right)^{1-\beta} \tag{3-110}$$

同理，在中断概率 ξ 的约束下，基于 AF 协作方式转发策略的中断概率表达[34]可以构造拉格朗日函数，则源节点和中继节点的最小传输功率分别为

$$P_S^{\text{AF}} = \dfrac{(2+\sqrt{2})(m+n)}{2\xi} \tag{3-111}$$

$$P_R^{\text{AF}} = \dfrac{(1+\sqrt{2})(m+n)}{\xi} \tag{3-112}$$

其中，$m = \dfrac{2^{2Z}-1}{\Omega_{S_1R}}$，$n = \dfrac{2^{2Z}-1}{\Omega_{S_2R}}$。

3.4.4 仿真结果与性能分析

在本小节中,提供了数值模拟结果来评估分簇算法和功率控制方法的性能。对于交通拥堵的情景,具有 AWGN 的瑞利衰落信道作为基础传输信道模型,车辆的速度 v_i 和车辆到达率 ε_i 相对恒定,其他仿真参数如表 3-2 所示。

表 3-2 分簇算法的仿真参数

场　　景	交叉口(包括十字路口和 4 条直路)	直　　路
覆盖范围	600 m×600 m	长度 600 m
权重参数 δ	0.275	0.320
车辆数目	810	600

如图 3-18 和图 3-19 所示,车辆分簇算法的仿真结果在两种场景下实现:一种是基于交叉口的车辆分簇场景,每条主要道路的长度为 285 m,十字路口的范围为 30 m×30 m,权重参数 δ 为 0.275,所对应的车辆数为 810 辆;另一种是基于长度 600 m 直路的车辆分簇场景,权重参数 δ 为 0.320,所对应的车辆数为 600 辆。为了简化场景模型,采用散点来表示成员车辆,采用黑色的×来表示 CHV(见图 3-18)。其中,灰度深浅不同的点集代表不同的车辆集群,灰度深浅相同的散点属于同一车辆集群。

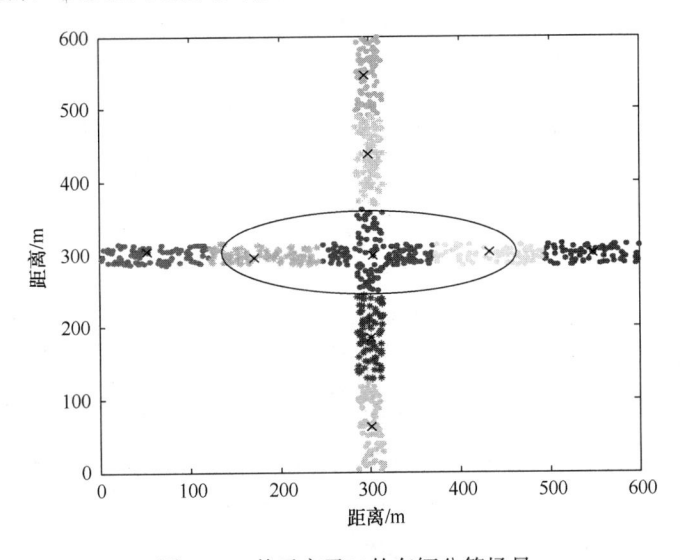

图 3-18 基于交叉口的车辆分簇场景

在图 3-18 中,800 辆车随机分布在 4 条直路上,其余 10 辆车随机分布在十字路口。根据所提出的分簇算法,810 辆车被自动划分为 9 个群集,并选出了对应的 9 个 CHV。图 3-18 中,椭圆所圈出的 3 个 CHV,它们基于三端网络的协作通信完成了 3 个集群之间的信息共享。因此,在低路由开销的前提下,簇头车辆可以实现整个交叉口道路的信息互联,协作车载通信系统的连通概率得到显著改善,且拥堵问题得到有效的缓解。

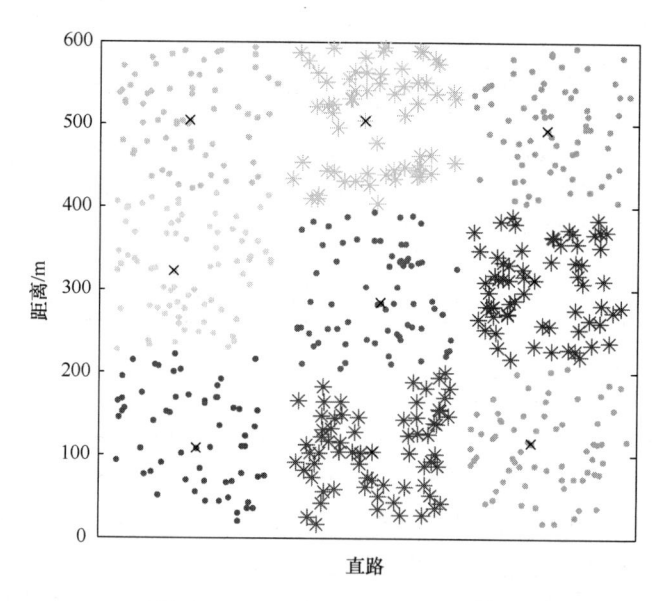

图 3-19 基于直路的车辆分簇场景

由于权重参数 δ 的取值不同，在图 3-19 中，600 辆车同样被自动划分为 9 个车辆集群。从图 3-19 中可以看出，9 个 CHV 均处于车辆密度较高且接近集群中心的位置，群集中的所有成员车辆都可以从自己所对应的 CHV 处接收到广播消息，大大降低了网络拓扑结构的复杂性。综上，数值模拟结果与理论分析之间存在一致性。

图 3-20 所示为不同瞬时信噪比下 3 种协作方式转发策略的中断概率的变化情况。这里，归一化 S_1-S_2 之间的距离并设置如下参数：$P_S=P_R$，$N_0=1$，$Z=1\,\text{bit/s/Hz}$，$\alpha=3$，$d_{S_1R}=0.4$，$d_{S_2R}=0.6$。信道环境被建模为具有方差 $d^{-\alpha}$ 的复高斯分布，其中 α 为路径损耗因子，d 为任意两个 CHV 之间的距离。从图 3-20 中可以看出，随着瞬时 SNR 从 6 dB 增长到 18 dB，所采用的 IHDAF 协作方式转发策略一直优于其他两种传统的 AF 或 DF 协作方式转发策略。然而，当瞬时 SNR 接近 6 dB 时，基于 IHDAF 和 DF 协作方式转发策略的系统中断概率也逐渐靠近。这是因为 IHDAF 协作方式转发策略正在使用 DF 协作方式在给定的 SNR 区域内传送信息。

图 3-21 所示为不同信息传输速率下 3 种协作方式转发策略的中断概率的变化情况。其中的参数取值为：$P_S=P_R$，$\alpha=3$，$d_{S_1R}=0.4$，$d_{S_2R}=0.6$，且每个传输链路的 SNR 设置为 12 dB。显然，随着信息传输速率的增加，3 种协作方式转发策略的中断概率均在逐渐变大。从图 3-21 中还可以观察到，传输速率从 0 bit/s/Hz 增加到 1 bit/s/Hz 的过程中，IHDAF 协作方式转发策略的中断概率始终低于 0.011。因此，根据式（3-107）和式（3-108）得出，CHV 的总功率可以降低到 12 dBm。

图 3-22 所示为不同的中继位置对系统中断概率所产生的影响。这里，归一化 S_1-S_2 之间的距离且有如下参数设定：$P_S=P_R$，$\alpha=3$，$Z=1\,\text{bit/s/Hz}$，每个传输链路的 SNR 为 12 dB。从图 3-22 中可以看出，基于 IHDAF 和 AF 协作方式转发策略的系统最小中断概率在

$d_{S_1R} = d_{S_2R} = 0.5$ 处获得，而基于 DF 协作方式转发策略的系统最小中断概率在 $d_{S_1R} = 0.6$ 处获得。这对于车载协作通信系统选择具有最佳协作位置的"中继车辆"很有帮助。此外，无论中继车辆的位置如何变化，基于 IHDAF 协作方式转发策略的中断概率始终小于 AF 协作方式或 DF 协作方式转发策略，这充分证明了所采用的协作转发策略的优越性。

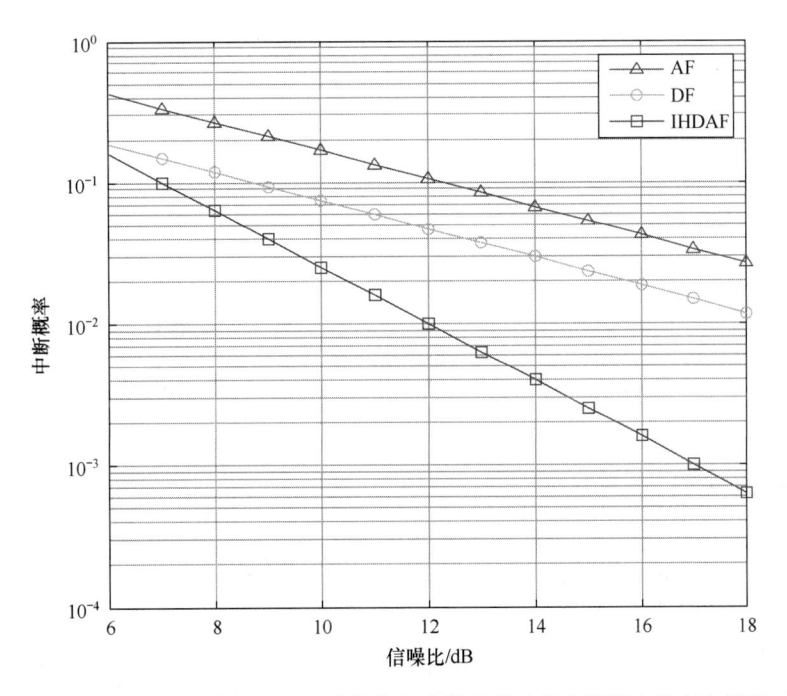

图 3-20 不同瞬时信噪比下 3 种协作方式转发策略的中断概率的变化情况

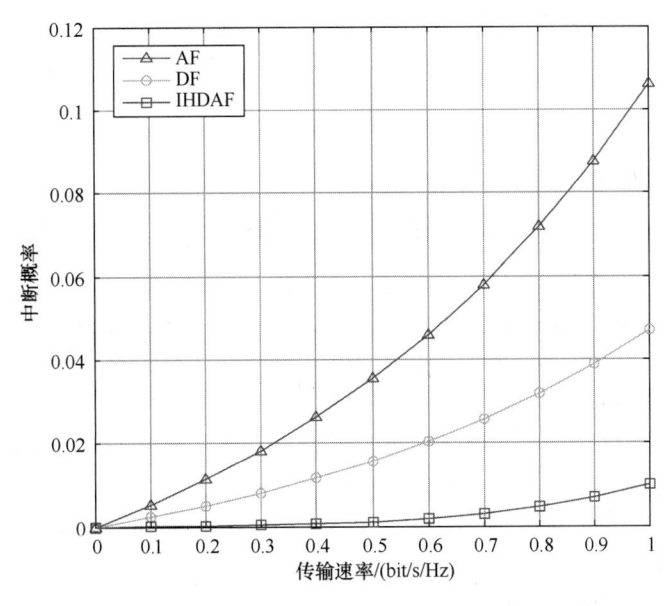

图 3-21 不同信息传输速率下 3 种协作方式转发策略的中断概率的变化情况

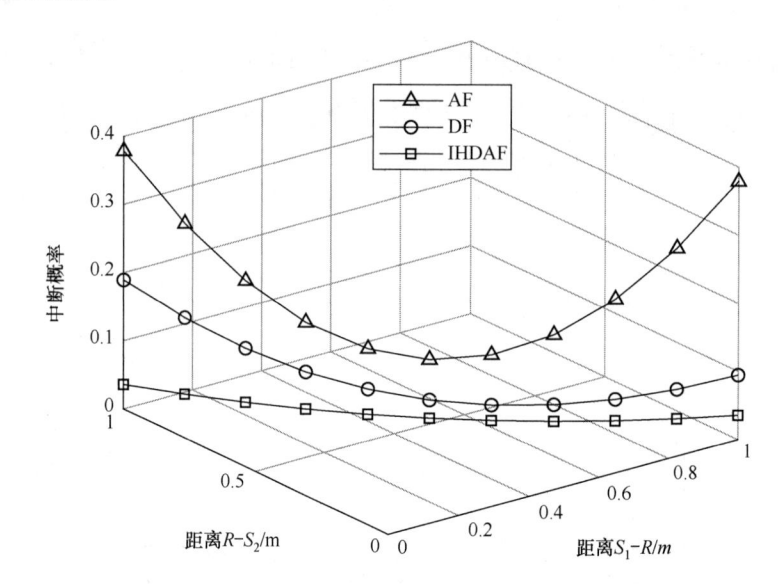

图 3-22　不同的中继位置对系统中断概率所产生的影响

3.5 本章小结

本章首先研究了时变衰落信道下，采用 AF、DF 及 HDAF 协作方式转发策略的车载协作通信系统 MPSK 调制的误码率；然后在车辆时变信道下设计了基于 AR1-HDAF 的中继协作传输协议，该协议采用 AR1 模型的多普勒频偏相关系数刻画该传输链路的时变信道特性，根据信道增益自适应选取 HDAF 协作方式，实验仿真了车辆节点相对运动速度与 CSI 估计精度对系统 ASER 的影响；最后对车联网系统中网络拓扑快速变化导致的车辆通信不稳定的现象，提出了基于簇稳定的运动车辆分簇方法。在城市路网中，提出交叉口处车辆拥堵的分簇算法，并结合功率控制方法，在能耗较低的前提下缓解了城市道路的交通拥堵问题。

参 考 文 献

[1] Khlass A, Ghamri-Doudane Y, Gacanin H. Combining cooperative relaying and analog network coding to improve network connectivity and capacity in vehicular networks[C]. Global Telecommunications Conference (GLOBECOM 2011), 2011 IEEE. IEEE, 2011:1-5.

[2] 张超,郭爱煌,杨曦,等. 基于车载通信网络的认知无线电信道分配技术的研究[J]. 电子测量技术, 2009, 32(8):49-51.

[3] Petit J, Schaub F, Feiri M, et al. Pseudonym Schemes in Vehicular Networks: A Survey[J]. IEEE Communications Surveys & Tutorials, 2015, 17(1):228-255.

[4] Zhang L, Hassanabadi B, Valaee S. Cooperative Positive Orthogonal Code-Based Forwarding for Multi-Hop Vehicular Networks[J]. IEEE Transactions on Wireless Communications, 2014,

13(7):3914-3925.

[5] Xiao H L, Hu Y, Yan K, et al. Power Allocation and Relay Selection for Multi-Source Multi-Relay Cooperative Vehicular Networks[J]. IEEE Trans. Intelligent Transportation Systems, 2016, 17(11): 3297-3305.

[6] Louie R H Y, Li Y, Vucetic B. Practical physical layer network coding for two-way relay channels: performance analysis and comparison[J]. IEEE Transactions on Wireless Communications, 2010, 9(2):764-777.

[7] Zou J, Xu H. Auction-Based Power Allocation for Multiuser Two-Way Relaying Networks[J]. IEEE Transactions on Wireless Communications, 2011, 12(1):1-6.

[8] Zhang Z, Long K, Wang J, et al. On Swarm Intelligence Inspired Self-Organized Networking: Its Bionic Mechanisms, Designing Principles and Optimization Approaches[J]. IEEE Communications Surveys & Tutorials, 2014, 16(1):513-537.

[9] Cheng X, Wang C X, Ai B, et al. Envelope Level Crossing Rate and Average Fade Duration of Nonisotropic Vehicle-to-Vehicle Ricean Fading Channels[J]. IEEE Transactions on Intelligent Transportation Systems, 2014, 15(1):62-72.

[10] 彭军, 马东, 刘凯阳, 等. 基于 LTE D2D 技术的车联网通信架构与数据分发策略研究[J]. 通信学报, 2016, 37(7): 62-70.

[11] 肖海林, 毛淑霞, 王庆菊. 交叉路口基于车辆权值分簇的中继转发方案[J]. 电子科技大学学报, 2020, 49(5): 1-8.

[12] 邱斌, 金晓晴, 蒋为, 等. 时变信道下 ADF 协作车载通信误码率分析[J]. 电讯技术, 2017, 57(9):1017-1022.

[13] Yilmaz F, Kucur O. Exact performance of wireless multihop transmission for M-ary coherent modulations over generalized gamma fading channels[C]. IEEE, International Symposium on Personal, Indoor and Mobile Radio Communications. IEEE, 2008:1-5.

[14] Kapucu N, Bilim M, Develi I. A Closed-Form MGF Expression of Instantaneous SNR for Weibull Fading Channels[M]. Kluwer Academic Publishers, 2014.

[15] Su W, Sadek A K, Liu K J R. Cooperative Communication Protocols in Wireless Networks: Performance Analysis and Optimum Power Allocation[J]. Wireless Personal Communications, 2008, 44(2):181-217.

[16] Duong T Q. On the performance gain of hybrid decode-amplify-forward cooperative communications[J]. Eurasip Journal on Wireless Communications & Networking, 2009(1):1-10.

[17] Khattabi Y, Matalgah M. Performance analysis of multiple relay AF cooperative systems over Rayleigh time-selective fading channels with imperfect channel estimation [J]. IEEE Transactions on Vehicular Technology, 2016, 65(1): 427-434.

[18] Avedi M, Nguyed H. Performance of differential amplify-and-forward relaying in multimode wireless communications [J]. IEEE Transactions on Vehicular Technology, 2013, 62(8): 603-613.

[19] Feteiha M, Uysal M. On the performance of MIMO cooperative transmission for broadband vehicular networks [J]. IEEE Transactions on Vehicular Technology, 2015, 64(6): 2297-2305.

[20] Ikki S, Dharrab S, Uysal M. Error probability of DF relaying with pilot-assisted channel estimation over time varying fading channels[J]. IEEE Transactions on Vehicular Technology, 2012, 61(1): 393-397.

[21] Michalopoulos D, Suraweera H, Schober R, et al. Amplify-and-forward relay selection with outdated channel estimates [J]. IEEE Transactions on Communications, 2012, 60(5): 1278-1290.

[22] Bai Z, Jia J, Wang X, et al. Performance analysis of SNR based incremental hybrid decode-amplify-forward cooperative relaying protocol[J]. IEEE Transactions on Communications, 2015, 63(6): 2094-2106.

[23] Torabi M, Frigom J, Haccoum D. Performance analysis of adaptive M-ary quadrature amplitude modulation for amplify-and-forward opportunistic relaying under outdated channel state information [J]. IET Communications, 2013, 11(7): 1163-1175.

[24] Chen H, Liu J, Zheng L. Performance analysis of SNR based hybrid decode-amplify-forward cooperative diversity networks over Rayleigh fading channels[C]. Proc. of the IEEE Wireless Communications & Networking Conference, 2010, 29(16): 1-6.

[25] 宋军, 杨露霞, 孙建乐, 等. 城市道路环境下的车载自组网分簇路由机制[J]. 重庆交通大学学报（自然科学版), 2013, 32(1): 108-111.

[26] Yu J, Wang L, Gong X. Study on the Status Evaluation of Urban Road Intersections Traffic Congestion Base on AHP-TOPSIS Modal[J]. Procedia - Social and Behavioral Sciences, 2013, 96:609-616.

[27] Roshanian J, Yazdani S, Ebrahimi M. Star identification based on euclidean distance transform, voronoi tessellation, and k-nearest neighbor classification[J]. IEEE Transactions on Aerospace and Electronic Systems, 2016, 52(6):2940-2949.

[28] Zeng F, Wang M, Guo K, et al. Initialization of the N-FINDR Algorithm based on the Max-min Distance Method[C]. 2012 Third Global Congress on Intelligent Systems. IEEE, 2012: 378-381.

[29] Alok A K, Saha S, Ekbal A. A min-max distance based external cluster validity index: MMI[C]//2012 12th International Conference on Hybrid Intelligent Systems (HIS). IEEE, 2012: 354-359.

[30] Ng S C, Zhang W, Yang Y, et al. Analysis of access and connectivity probabilities in infrastructure-based vehicular relay networks[C]. 2010 IEEE Wireless Communication and Networking Conference. IEEE, 2010: 1-6.

[31] Yousefi S, Altman E, El-Azouzi R, et al. Analytical Model for Connectivity in Vehicular Ad Hoc Networks[J]. IEEE Transactions on Vehicular Technology, 2008, 57(6):3341-3356.

[32] MacQueen J. Some methods for classification and analysis of multivariate observations[C]. Proceedings of the fifth Berkeley symposium on mathematical statistics and probability, 1967, 1(14): 281-297.

[33] Kim D W, Lee K Y, Lee D, et al. A kernel-based subtractive clustering method[J]. Pattern Recognition Letters, 2005, 26(7):879-891.

[34] Xiao H, Chen Y, Chronopoulos A T, et al. Joint clustering and power allocation for the cross roads congestion scenarios in cooperative vehicular network[J]. IEEE Trans. Intelligent Transportation Systems, 2019, 20(6): 2267- 2277.

第 4 章
全双工技术

4.1 引言

全双工技术允许在同一频率内同时收发信号,相比传统的半双工技术必须使用时分双工(Time Division Duplexing,TDD)或频分双工(Frequency Division Duplexing,FDD)分别收发信号,具有显著的性能优势,包括倍增系统容量、降低端到端延迟、避免无线接入冲突、解决隐藏终端问题等[1]。理论上,带内全双工(Full Duplex,FD)系统可以通过允许在同一中心频率上同时进行发送和接收,使系统容量加倍。然而,实际上,容量的增加受到发送信号耦合回到带内全双工收发器中的接收器时不可避免地产生的自干扰(Self-Interference,SI)的限制。全双工技术同时同频收发信号,发射天线与接收天线的距离非常小,接收信号中自身发射信号的功率远远大于远端有用信号,这种干扰通常称为自干扰信号。

全双工技术要求在通信节点进行自干扰消除,削弱自身发送信号的干扰以满足接收器的解调需求。自干扰消除技术作为全双工技术的核心技术,包括被动干扰消除技术与主动干扰消除技术[2]两种。被动干扰消除技术通过调整收发天线之间的空间距离,利用路径损耗原理抑制接收端的自干扰信号。主动干扰消除技术又可以划分为模拟干扰消除技术和数字干扰消除技术两大类。模拟干扰消除技术通过在发送链路引入调整幅度时延的模拟参考信号,实现接收端的自干扰信号抵消。数字干扰消除技术主要利用自干扰信道估计技术,将发送端基带的数字参考信号进行适当调整,实现数字域的自干扰信号消除。

在实际的全双工系统中,尽管发射信号在数字基带中是完全已知的,但在接收器中完全消除产生的 SI 非常困难[1]。自干扰信号经过干扰消除处理后,剩余的来自自身发送信号的干扰称为残余自干扰信号(Residual Self-Interference,RSI)。文献[3]证明基于当前的残余自干扰消除技术,全双工模式下的车载通信系统仍然能够保证通信链路的可靠性通信。链路的可靠性主要依赖于自干扰消除技术的优劣,而在不以干扰消除技术为重心的研究中,选取合理的残余自干扰信号模型对于全双工系统的性能分析至关重要[4]。目前,在分析全双工技术对系统性能影响的研究中,常用的 RSI 模型主要有以下几类。

1. 静态加性噪声

这种模型适用于自干扰消除良好的场景,假设自干扰信号被完全消除,将残余自干扰信号等同于信道高斯噪声。

2. 静态乘性噪声

这种模型侧重于对残余自干扰信道建模，通常将残余自干扰信号表述为信道与信号的乘积，其中信道衰落服从常见的平坦衰落分布，如莱斯衰落、瑞利衰落、高斯衰落、Nakagami-m 衰落等。其中，各衰落的参数认为是与发送功率无关的常数，取决于实际测量的经验值。这种假设易于得到直接的结论，但由于相关参数往往会随着天线工艺、物理部署场景等因素的变化，适应范围比较小。

3. 与发射功率有关的加性噪声

这种模型将 RSI 直接建模为服从某一分布的随机变量，但其中信道衰落因子与发送功率有关。文献[5]和文献[6]将 RSI 建模为与节点功率及节点自干扰消除能力有关的复高斯随机变量，残余自干扰信号 v 服从复高斯随机分布 $v \sim \mathcal{CN}(0, \beta(qP)^2)$，其中 β 为不同的自干扰消除残留系数，P 为节点自身的发送功率，q 为当前节点功率占总功率的比例。文献[7~9]通过实际信号检测对 RSI 建模，提出 RSI 服从复高斯归一化分布，残余自干扰信号 v 服从复高斯随机分布 $v \sim \mathcal{CN}(0, kP)$，其中 P 为节点自身的发送功率，$k \in (0,1)$ 为表征自干扰消除能力。这种模型侧重于讨论 RSI 对系统性能的影响，是目前应用最广泛的 RSI 模型之一[10]。

在车载通信系统环境中，一方面车辆通信节点移动速度高于传统蜂窝移动用户，信道传输质量差，系统传输可靠性和传输效率较低；另一方面车载通信专用频段少，在交通拥堵路段车辆接入节点迅速增加，系统通信性能急剧下降。与此同时，车载通信系统的可靠性和有效性关系到车辆行人生命安全及社会安全，这使得车载通信对于当前无线通信技术提出了更为严格的低时延、高可靠性、高频谱效率的通信要求。研究表明，将协作通信技术与全双工技术用于车载通信系统中，可以充分利用现有设施，有效降低传输时延，提高频谱效率，缓解频谱资源负载压力。

4.2 非对称编码的全双工车载通信

在实际车载通信中，车辆节点的快速移动导致信道条件不对称，并且由于不同的交通需求，不同车辆作为信源节点（以下简称源车辆节点）广播的数据长度也不同。这两种情况导致源车辆节点数据速率不对称，体现在星座图上即源车辆节点使用的调制方式不对称。物理层网络编码（Physical Layer Network Coding，PNC），双向中继技术能够在提高系统频谱效率的同时有效适应非对称传输，被广泛应用到车载通信中[11,12]。

本节我们在残余自干扰信号随着发射功率动态变化的基础上，建立非对称调制的双向全双工车载通信系统模型，并分析系统 BER 性能。在此模型下，所有车辆节点均工作于全双工模式，源车辆节点采用不对称的调制方式，即二进制相移键控（Binary Phase Shift Keying，BPSK）、正交相移键控（Quadrature Phase Shift Keying，QPSK）[13,14]，中继车辆节点采用 DF-JM[13,15]进行编码转发。

4.2.1 非对称编码的信息传输

多车载通信场景复杂,选取两种常见的车载通信场景,如图 4-1 所示。

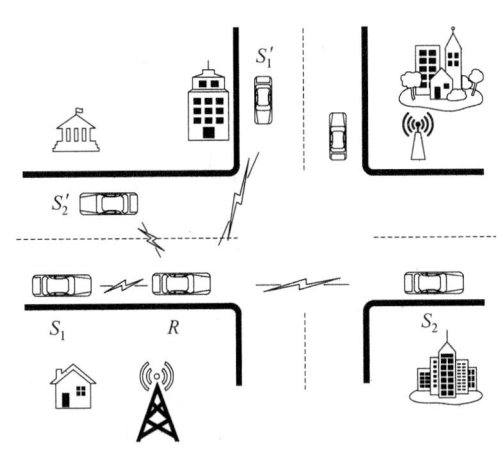

图 4-1 车载通信场景

第一种情形是直行道路上的两辆车 S_1、S_2 需要进行相互通信,但中间其他车辆阻挡信号的视距传播,此时将中间车辆 R 作为中继协作通信;第二种情形是在拐角两侧的车辆 S_1'、S_2' 需要交换信息,但拐角存在障碍物,此时借助中间车辆 R 作为中继协作转发,实现两辆车的信息交换。

将图 4-1 所示车载通信场景描述为图 4-2 所示的传输模型。两个视距范围外的源车辆节点 S_1、S_2 通过各自视距范围内的中继车辆节点 R 交换信息进行通信。

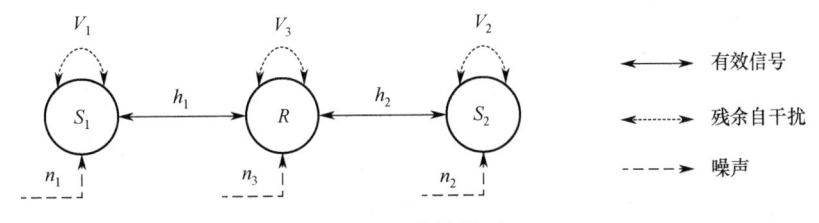

图 4-2 传输模型

在传输模型中,源车辆节点 S_1 采用 BPSK 调制,S_2 采用 QPSK 调制。考虑到车载环境的快速移动特性,假设在非视距范围内的源车辆节点 S_1、S_2 之间不存在直传信道,源车辆节点 S_1、S_2 与中继车辆节点 R 之间的信道 h_1、h_2,服从级联瑞利衰落[16,17]。此外,各车辆节点均采用全双工技术,当初始化完成后,两个源车辆节点可以在一个时隙内完成一次信息交换。由于信息交换仅需一个时隙,所以可以假设车间信道为准静态的且具有互易性[18],此外假设信道状态可以被车辆节点获知。各车辆节点发射功率为 P_i,$i \in \{1,2,3\}$ 分别代表车辆节点 S_1、S_2、R。由于采用全双工模式,因此自干扰信号不可避免。这里考虑残余自干扰信号的存在,每个节点的残余自干扰信号表示为 v_i,服从均值为 0、方差

为 V_i 的复高斯正态分布 $v_i \sim \mathcal{CN}(0, V_i)$，方差 V_i 是相应发射功率的函数 $V_i = \theta(P_i)^\lambda$，其中 θ、$\lambda \in [0,1]$ 为残余自干扰模型系数，表示自干扰信号的消除程度[19]。n_i 表示各车辆节点的接收热噪声，服从分布 $n_i \sim \mathcal{CN}(0,1)$ 是零均值的复高斯白噪声。

系统通信过程如下：在第一个时隙系统进行初始化，两个源车辆节点 S_1、S_2 广播信号，中继车辆节点 R 在第一个时隙仅接收来自源车辆节点的信号，不发射信号；从第二个时隙开始，之后的每个时隙都是一个完整的传输周期，所有车辆节点均同时进行信号的收发并对上个时隙接收到的信号进行编解码处理。一个完整的传输周期分为两个阶段：多址接入（Multiple Access Channel，MAC）阶段和携带边信息广播（Broadcast with Side Information，BCSI）阶段。

以 $t = 2N$ 为例，系统完成一次信息交换的过程描述如下。

MAC 阶段：假设源车辆节点 S_1 源比特速率是 S_2 的 1/2，S_1 每个符号有 M 个比特，S_2 每个符号包含 $2M$ 个比特，为保持同样的接收速率，S_1 采用 BPSK 调制，S_2 采用 QPSK 调制。源车辆节点 S_1、S_2 产生长度为 M、$2M$ 的源比特序列 $w_{1,2N}$、$w_{2,2N}$ 分别为

$$w_{1,2N} = (a_1, a_2, \cdots, a_m, \cdots, a_M) \tag{4-1}$$

$$w_{2,2N} = (b_{11}, b_{12}, b_{21}, b_{22}, \cdots, b_{m1}, b_{m2}, \cdots, b_{M1}, b_{M2}) \tag{4-2}$$

根据信道互易性，源车辆节点在发送信号前可以获知信道信息，源车辆节点在发送前对信号进行信道的逆滤波处理，因此源车辆节点 S_1、S_2 产生并广播信号。

$$x_{1,2N} = \mu_1(w_{1,2N})/h_1 = a_{S_1}/h_1 \tag{4-3}$$

$$x_{2,2N} = \mu_2(w_{2,2N})/h_2 = (a_{S_2} + jb_{S_2})/h_2 \tag{4-4}$$

式中，$x_{1,2N}$、$x_{2,2N}$ 满足 $E[|\boldsymbol{x}_{1,2N}|^2] = E[|\boldsymbol{x}_{2,2N}|^2] = 1$；$\mu_1$、$\mu_2$ 分别为相应 BPSK、QPSK 调制星座图；a_{S_1}、a_{S_2}、β_{S_2} 均为相应车辆节点调制信号在星座图上的映射坐标序列。

同时，中继车辆节点 R 接收到来自 S_1、S_2 的混合信号。

$$y_{R,2N} = \sqrt{P_1} x_{1,2N} + \sqrt{P_2} x_{2,2N} + v_3 + n_3 = a_{R,\text{MAC}} + j\beta_{R,\text{MAC}} + n_R \tag{4-5}$$

式中，$a_{R,\text{MAC}} = (\alpha_1, \alpha_2, \cdots, \alpha_m, \cdots, \alpha_M)$、$\beta_{R,\text{MAC}} = (\beta_1, \beta_2, \cdots, \beta_m, \cdots, \beta_M)$，$m \in [1, M]$ 分别为接收信号的星座图映射坐标；n_R 为接收到的混合 RSI 与噪声之和，服从复高斯分布 $n_R \sim \mathcal{CN}(0, \sigma_R^2)$，$\sigma_R^2 = 1 + \theta(P_R)^\lambda$。

当无噪声时，R 处的理想接收信号在星座图上为 $r = a_{R,\text{MAC}} + j\beta_{R,\text{MAC}}$。若令 $r_1 = \sqrt{P_1}$、$r_2 = \sqrt{P_2/2}$，则 R 任意接收信号的星座点坐标 (α_m, β_m) 可以表示为 r_1、r_2 的组合。此时，中继车辆节点 R 的理想接收信号星座图如图 4-3 所示。

第 4 章 全双工技术

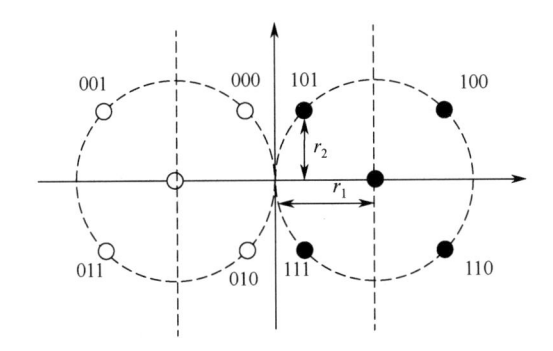

图 4-3 中继车辆节点 R 的理想接收信号星座图

实际接收信号 $y_{R,m,2N}$ 服从以图 4-3 中星座点为中心的二维高斯分布，其正交分量 y_{RQ} 与同相分量 y_{RI} 的分布相互独立，$y_{R,m,2N}$ 概率密度函数为

$$p(y_{RI,m}, y_{RQ,m} \mid y_{R,2N}) = \frac{1}{2\pi\sigma_R^2} \exp\left(-\frac{(y_{RI} - \alpha_m)^2 + (y_{RQ} - \beta_m)^2}{2\sigma_R^2}\right) \quad (4\text{-}6)$$

中继车辆节点 R 作为协作车辆不产生新消息而只是转发消息，因此 R 发送的源码来自上一时隙接收到的混合信号 $y_{R,2N-1}$，对接收信号采用最佳检测方案——最大似然（Maximum-Likelihood，ML）判决译码，得到比特序列为

$$(\bar{w}_{1,2N-1}, \bar{w}_{2,2N-1}) = \underset{(w_1,w_2)\in(\mathbb{Z}_M,\mathbb{Z}_{2M})}{\arg\min} \mid y_{R,2N-1} - \sqrt{P_1}h_1\mu_1(w_{1,2N-1}) - \sqrt{P_2}h_2\mu_2(w_{1,2N-1})\mid^2 \quad (4\text{-}7)$$

并按照 DF-JM 规则得到新的发送比特序列：

$$\bar{w}_{R,2N} = (\bar{a}_{1,2N-1}, \bar{b}_{11,2N-1}, \bar{b}_{12,2N-1}; \bar{a}_{2,2N-1}, \bar{b}_{21,2N-1}, \bar{b}_{22,2N-1}; \cdots; \bar{a}_{m,2N-1}, \bar{b}_{m1,2N-1}, \bar{b}_{m2,2N-1}; \cdots; \bar{a}_{M,2N-1},$$
$$\bar{b}_{M1,2N-1}, \bar{b}_{M2,2N-1}) \quad (4\text{-}8)$$

BCSI 阶段：中继车辆节点 R 此阶段产生发射信号，根据 DF-JM 的星座图 μ_3（见图 4-4）进行调制。

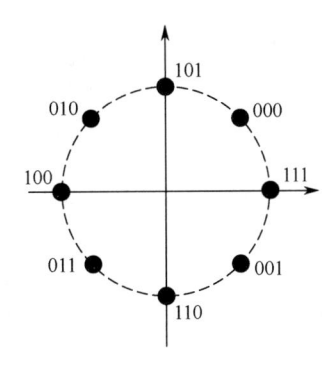

图 4-4 中继发射信号 DF-JM 的星座图

$$x_{R,2N} = \mu_3(w_{r,2N}) = a_{R,\text{BCSI}} + j\beta_{R,\text{BCSI}} \tag{4-9}$$

式中，$a_{R,\text{BCSI}}$，$\beta_{R,\text{BCSI}} \in \{\pm 1, \pm 1/\sqrt{2}\}$，分别为中继车辆节点 R 发送信号 $x_{R,2N}$ 在星座图上的横纵坐标序列值。

此阶段 S_1、S_2 作为目的车辆节点分别接收来自中继车辆节点 R 的信号。以 S_1 为例，接收信号为

$$y_{S_1,2N} = \sqrt{P_3} h_1 x_{R,2N} + n_{S_1} \tag{4-10}$$

其中，n_{S_1} 服从复高斯分布 $n_{S_1} \sim \mathcal{CN}(0, \sigma_{S_1}^2)$，$\sigma_{S_1}^2 = \theta P_1^\lambda + 1$。接收信号的概率密度函数为

$$p(y_{S_1I}, y_{S_2Q} | y_{S_1,2N}) = \frac{1}{2\pi\sigma_{S_1}^2} \exp\left(-\frac{(y_{S_1I} - \alpha_{S_1,2N})^2 + (y_{S_1Q} - \beta_{S_1,2N})^2}{2\sigma_{S_1}^2}\right) \tag{4-11}$$

其中，$\alpha_{S_1,2N} = \sqrt{P_3} |h_1| \alpha_{R,m,\text{BCSI}}$ 和 $\beta_{S_1,2N} = \sqrt{P_3} |h_1| \beta_{R,m,\text{BCSI}}$，分别为无噪接收信号的理想星座点坐标 $(\alpha_{S_1,2N}, \beta_{S_1,2N})$。若令 $r_{11} = \sqrt{P_3} |h_1|$、$r_{12} = \sqrt{P_3/2} |h_1|$、$r_{21} = \sqrt{P_3} |h_2|$、$r_{22} = \sqrt{P_3/2} |h_2|$，则任意接收信号的星座点都可以用 r_{11}、r_{12}、r_{21}、r_{22} 的组合表示。

最后，借助于 DF-JM 编码，S_1、S_2 能够根据自身已知的发射信息将图 4-4 所示的星座图缩小为图 4-5 所示的星座图，并基于此缩小的星座图进行 ML 解调解码，得到上一时隙对方发来的有效比特 $\bar{w}_{2,2N}$、$\bar{w}_{1,2N}$。

$$S_1: \bar{w}_{2,2N} = \underset{(w_{21}, w_{22}) \in \mathbb{Z}_{M_2}}{\arg\min} | y_{S_1,2N} - \sqrt{P_r} h_2 \mu_r(\bar{w}_{1,2N-1}, \bar{w}_{21,2N}, \bar{w}_{22,2N}) | \tag{4-12}$$

$$S_2: \bar{w}_{1,2N} = \underset{w_1 \in \mathbb{Z}_{M_1}}{\arg\min} | y_{S_2,2N} - \sqrt{P_r} h_2 \mu_r(\bar{w}_{1,2N}, \bar{w}_{21,2N-1}, \bar{w}_{22,2N-1}) | \tag{4-13}$$

(a) S_1：当发送比特为0时　　(b) S_2：当发送比特为10时

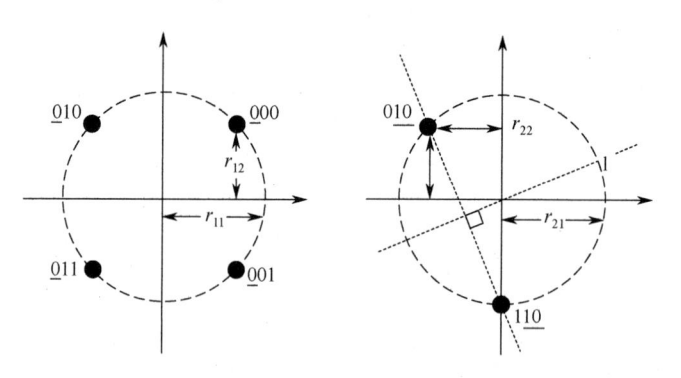

图 4-5　目的车辆节点在高斯信道下的译码星座图

至此一次信息交换过程完成。

4.2.2 BER 性能分析

系统模型中所有车辆节点均采用全双工技术，此技术相对于半双工技术而言，引入了残余自干扰信号，将会影响系统 BER 性能。因此，本小节对系统的端到端 BER 进行分析：

$$P_{e2e} = \frac{\Pr(\overline{w}_1 \neq w_1) + \Pr(\overline{w}_{21} \neq w_{21}) + \Pr(\overline{w}_{22} \neq w_{22})}{3} = \frac{1}{3}\{[\Pr(\overline{w}_1 = w_1)\Pr(\overline{w}_1 \neq w_1) + \Pr(\overline{w}_1 \neq w_1)] + [\Pr(\overline{w}_{21} = w_{21})\Pr(\overline{w}_{21} \neq w_{21}) + \Pr(\overline{w}_{21} \neq w_{21})] + [\Pr(\overline{w}_{21} = w_{22})\Pr(\overline{w}_{21} \neq w_{22}) + \Pr(\overline{w}_{22} \neq w_{22})]\}$$

（4-14）

1. MAC 阶段 BER

在 MAC 阶段，理想接收信号星座图星座点（见图 4-3）都关于第一象限对称，由第一象限的两个星座点的错误概率可得各比特位的错误概率。以第一位比特为例，当源比特为 $(w_1, w_2) = 101$ 或 $(w_1, w_2) = 100$ 时，接收信号落在 $x < 0$ 区域将发生译码判决错误 $\overline{w}_1 = w_1$，译码错误概率为

$$\Pr(\overline{w}_{1,2N} \neq w_{1,2N-1}) = \frac{1}{M}\sum_{m\in[1,M]}\Pr(\overline{w}_{22,2N,m} \neq w_{22,2N-1,m})$$

$$= \frac{1}{2M}\sum_{m\in[1,M]}\left[\int_{-\infty}^{\infty}\int_{-\infty}^{0}\frac{1}{2\pi\sigma_{S_1}^2}\exp(-\frac{(y_{RI}-(r_1-r_2))^2}{2\sigma_{S_1}^2} + \right.$$

$$\left.\frac{(y_{RQ}-r_2)^2}{2\sigma_{S_1}^2})dy_{RI}dy_{RQ} + \int_{-\infty}^{\infty}\int_{-\infty}^{0}\frac{1}{2\pi\sigma_{S_1}^2}\exp(-1\times\frac{y_{RI}-((r_1+r_2))^2}{2\sigma_{S_1}^2})\times\exp(-\frac{(y_{RQ}-r_2)^2}{2\sigma_{S_1}^2})dy_{RI}dy_{RQ}\right]$$

（4-15）

类似地，可以分别得到此阶段 w_{21} 和 w_{22} 的译码错误概率为

$$\Pr(\overline{w}_{21,2N} \neq w_{21,2N-1}) = Q\left(\frac{r_2}{\sigma_R}\right) \quad (4\text{-}16)$$

$$\Pr(\overline{w}_{22,2N} \neq w_{22,2N-1}) = \frac{1}{2}Q\left(\frac{r_1+r_2}{\sigma_R}\right) - \frac{1}{2}Q\left(\frac{r_1-r_2}{\sigma_R}\right) + \frac{1}{2}Q\left(\frac{2r_1+r_2}{\sigma_R}\right) -$$

$$\frac{1}{2}Q\left(\frac{2r_1-r_2}{\sigma_R}\right) + Q\left(\frac{r_2}{\sigma_R}\right) + \frac{1}{2} \quad (4\text{-}17)$$

2. BCSI 阶段 BER

在目的车辆节点 S_1 处，当 S_1 发送源比特位 $w_{1,2N-1,m} = 0$ 时，解调星座图如图 4-5（a）

所示。当 S_2 发送源比特位 $w_{2,2N-1}=00$ 时，中继车辆节点在 MAC 阶段译码正确即 $\bar{w}_{2,2N} = w_{2,2N-1}$，若 S_1 接收信号落在左半平面上，则 $\bar{w}_{2,2N-1}$ 的第一位发生译码错误即 $\bar{w}_{21,2N-1} \neq \bar{w}_{21,2N-1}$。解调星座图关于第一象限对称，可以得到解码错误概率为

$$\Pr(\bar{w}_{21,2N} \neq \bar{w}_{21,2N-1}) = Q\left(\frac{r_{12}}{\sigma_{S_1}}\right) \tag{4-18}$$

$$\Pr(\bar{w}_{22,2N} \neq \bar{w}_{22,2N-1}) = Q\left(\frac{r_{12}}{\sigma_{S_1}}\right) \tag{4-19}$$

在目的车辆节点 S_2 处，以上一时隙发送源比特 $w_{2,2N-1}=10$ 为例，解调星座图如图 4-5（b）所示，对于 $\bar{w}_R=110$，若接收信号落在直线 $l: y = (\sqrt{2}-1)x$ 上方，则 $\bar{w}_1$ 将发生判决错误。其中 l 为线段（010,110）的垂直平分线。由对称性可知：

$$\Pr(\bar{w}_1 \neq \bar{w}_1) = \int_{-\infty}^{\infty} \frac{1}{\sqrt{2\pi}\sigma_{S_2}} \exp\left(-\frac{x^2}{2\sigma_{S_2}^2}\right) Q\left(\frac{(\sqrt{2}-1)x + r_{21}}{\sigma_{S_1}}\right) dx \tag{4-20}$$

将上述结果代入式（4-14）中，端到端 BER 为

$$P_{e2e} = \frac{1}{6}\left[3Q\left(\frac{r_2}{\sigma_R}\right) + 4Q\left(\frac{r_{12}}{\sigma_{S_1}}\right) + 2Q\left(\frac{r_1+r_2}{\sigma_R}\right) + Q\left(\frac{2r_1+r_2}{\sigma_R}\right) + Q\left(\frac{r_2-r_1}{\sigma_R}\right)\right] +$$
$$\frac{1}{2}\left[Q\left(\frac{r_2-r_1}{\sigma_R}\right) + Q\left(\frac{-r_2-r_1}{\sigma_R}\right)\right] \int_{-\infty}^{\infty} \frac{1}{\sqrt{2\pi}\sigma_{S_2}} \exp\left(-\frac{x^2}{2\sigma_{S_2}^2}\right) \times Q\left(\frac{(\sqrt{2}-1)x + r_{21}}{\sigma_{S_2}}\right) dx +$$
$$\frac{1}{6}Q\left(\frac{r_{12}}{\sigma_{S_1}}\right)\left[3Q\left(\frac{r_2}{\sigma_R}\right) + Q\left(\frac{2r_1-r_2}{\sigma_R}\right) - Q\left(\frac{2r_1+r_2}{\sigma_R}\right) + Q\left(\frac{r_1-r_2}{\sigma_R}\right) - Q\left(\frac{r_1+r_2}{\sigma_R}\right)\right] \tag{4-21}$$

4.2.3 BER 性能优化

当源车辆节点发射功率增大时，目的车辆节点接收的有用信号功率增强，目的车辆节点处 BER 性能提升，进而整体系统 BER 性能被提升。但同时，在源车辆节点处，由于残余自干扰信号功率与发射信号功率存在正相关关系，所以发射功率增大，也会引起残余自干扰信号功率增大，导致源车辆节点处的 BER 性能降低。整体系统 BER 性能被削弱，节点功率大小对系统 BER 性能的影响无法直观感知。

此外，尽管车载通信不存在功率不足问题，但发射功率存在上限 $P_1, P_2, P_R \in (0, P_{th})$ 以防止相邻车辆通信发生干扰。此外，中继车辆节点进行解码时，为了防止邻近星座点发生混叠，如图 4-3 中的（000）与（101），必须保证 $|r_1-r_2|>0$。基于上述条件，以最小化端到端 BER 为目标，联合考虑单独功率约束与总功率约束，建立目标函数。

$$(P_1^*, P_2^*, P_R^*) = \min_{P_1, P_2, P_R} P_{e2e}$$

$$\text{s.t.} \begin{cases} \left|\sqrt{P_1} - \sqrt{P_2/2}\right| > 0 \\ 0 < P_1, P_2, P_R < P_{th} \\ P_1 + P_2 + P_R = P_{all} \\ P_{all} \leqslant 3P_{th} \end{cases} \quad (4\text{-}22)$$

为便于分析，令 $P_1 = a_1 P_{all}$，$P_2 = ka_1 P_{all}$，$P_3 = [1-(1+k)a_1]P_{all}$，其中 a_1 为源车辆节点 S_1 的发射功率占总发射功率的比例，k 为 P_2 与 P_1 的关系。基于采用统计信道信息，近似地 $|h_1|^2 = |h_2|^2$，分析上述约束条件（见表 4-1），目标函数整体可改写为

$$(a_1^*, k^*, P_{all}) = \min_{a_1, k, P_{all}} P_{e2e}$$

$$\text{s.t.} \ P_{all}, a_1, k \in \text{table 4-1} \quad (4\text{-}23)$$

表 4-1　目标函数约束条件

P_{th}/P_{all}	a_1	k
$[1, +\infty)$	$\left(0, \dfrac{1}{3}\right]$	$(0, 2)$
	$\left(\dfrac{1}{3}, 1\right)$	$\left(0, \dfrac{1}{a_1} - 1\right)$
$\left(\dfrac{2}{3}, 1\right)$	$\left(\dfrac{1}{3} - \dfrac{1}{3}\dfrac{P_{th}}{P_{all}}, 1 - \dfrac{P_{th}}{P_{all}}\right]$	$\left(\dfrac{1}{a_1} - \dfrac{P_{th}}{a_1 P_{all}} - 1, 2\right)$
	$\left(1 - \dfrac{P_{th}}{P_{all}}, \dfrac{1}{3}\right]$	$(0, 2)$
	$\left(\dfrac{1}{3}, \dfrac{P_{th}}{P_{all}}\right]$	$\left(0, \dfrac{1}{a_1} - 1\right)$
$\dfrac{2}{3}$	$\left(\dfrac{1}{3} - \dfrac{1}{3}\dfrac{P_{th}}{P_{all}}, \dfrac{1}{3}\right]$	$\left(\dfrac{1}{a_1} - \dfrac{P_{th}}{a_1 P_{all}} - 1, 2\right)$
	$\left(\dfrac{1}{3}, \dfrac{P_{th}}{P_{all}}\right]$	$\left(0, \dfrac{1}{a_1} - 1\right)$
$\left[\dfrac{1}{2}, \dfrac{2}{3}\right)$	$\left(\dfrac{1}{3} - \dfrac{1}{3}\dfrac{P_{th}}{P_{all}}, \dfrac{1}{2}\dfrac{P_{th}}{P_{all}}\right]$	$\left(\dfrac{1}{a_1} - \dfrac{P_{th}}{a_1 P_{all}} - 1, 2\right)$
	$\left(\dfrac{1}{2}\dfrac{P_{th}}{P_{all}}, 1 - \dfrac{P_{th}}{P_{all}}\right]$	$\left(\dfrac{1}{a_1} - \dfrac{P_{th}}{a_1 P_{all}} - 1, \dfrac{P_{th}}{a_1 P_{all}}\right)$
	$\left(1 - \dfrac{P_{th}}{P_{all}}, \dfrac{P_{th}}{P_{all}}\right]$	$\left(0, \dfrac{1}{a_1} - 1\right)$
$\left[\dfrac{2}{5}, \dfrac{1}{2}\right)$	$\left(\dfrac{1}{3} - \dfrac{1}{3}\dfrac{P_{th}}{P_{all}}, \dfrac{1}{2}\dfrac{P_{th}}{P_{all}}\right]$	$\left(\dfrac{1}{a_1} - \dfrac{P_{th}}{a_1 P_{all}} - 1, 2\right)$
	$\left(\dfrac{1}{3}, \dfrac{P_{th}}{P_{all}}\right]$	$\left(0, \dfrac{1}{a_1} - 1\right)$
$\left[\dfrac{1}{3}, \dfrac{2}{5}\right)$	$\left(1 - 2\dfrac{P_{th}}{P_{all}}, \dfrac{P_{th}}{P_{all}}\right]$	$\left(\dfrac{1}{a_1} - \dfrac{P_{th}}{a_1 P_{all}} - 1, \dfrac{P_{th}}{a_1 P_{all}}\right)$

4.2.4 仿真结果与性能分析

本小节对 BPSK-QPSK 非对称调制下的 DF-JM 全双工双向中继系统进行数值分析。设定帧长 $L=50$，每帧符号数 $M=100$，残余自干扰信号系数 $0 \leqslant \theta$、$\lambda \leqslant 1$，各车辆节点的最大发射功率 $P_{th}=45$ dBm。

图 4-6 描述了当车辆节点 S_1 与 S_2 的发射功率固定，中继车辆节点发射功率增加，系统的 MAC 段 BER 曲线与端到端 BER 曲线，以及残余自干扰信号系数 θ 取不同值时的系统 BER 曲线。其中参数取值为：$\lambda=0.25$，$P_1=P_2=25$ dBm，$\theta=(0.01,0.1)$。在图 4-6 中，当残余自干扰消除能力相对较弱时（$\theta=1$），随着中继发射功率的增大，MAC 阶段 BER 性能变差，系统的端到端 BER 曲线在超过一定值之后出现增大。这是由于残余自干扰信号与节点发射功率相关，当中继节点发射功率增大时，源车辆节点发射功率不变。一方面针对 MAC 阶段，中继节点的接收信号功率维持稳定，而自身的残余自干扰信号将不断增强，从而导致此阶段 BER 性能下降。

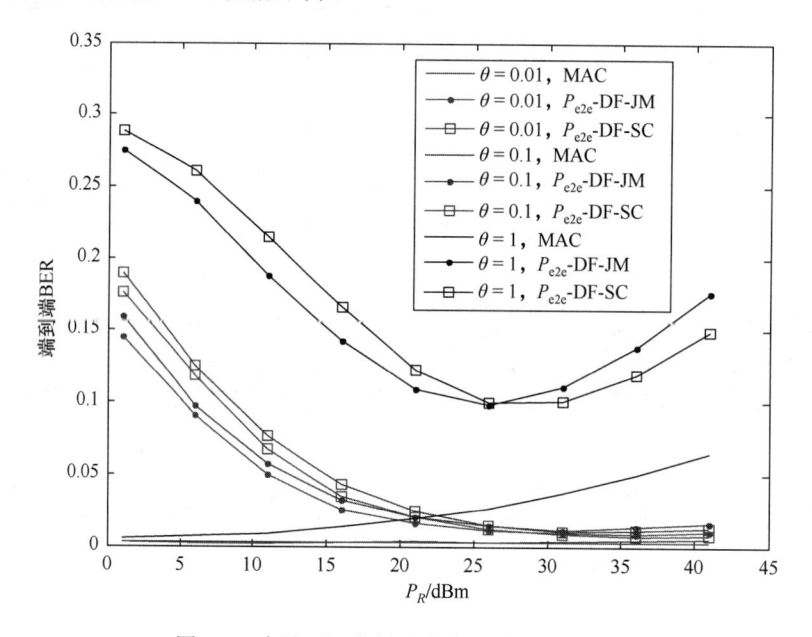

图 4-6 中继不同发射功率值下的端到端 BER

另一方面，针对 BCSI 阶段，目的车辆节点的接收信号增强，残余自干扰信号维持不变，将使得 BCSI 阶段 BER 性能提升。当 MAC 阶段的 BER 性能下降到一定程度之后，BCSI 阶段的 BER 性能提升也无法改善系统整体的 BER 性能，即当车载通信系统的残余自干扰消除能力比较弱时，单纯提高发射功率不仅不会增强系统通信可靠性，反而会削弱它。当 $\theta=0.1,0.01$，即车辆节点的残余自干扰消除能力较强时，随着中继节点发射功率的增大，系统的端到端 BER 逐渐降低，即在良好的残余自干扰信号消除能力下，通过提高发射功率可以有效提升系统的 BER 性能。此外，可以发现两者的系统 BER 曲线几乎重合，只有发射总功率非常大，且残余自干扰消除能力较弱（$\theta=0.1$）时，系统的端到端 BER 才开始增大。这表明在车载通信环境发射功率上限的要求下，全双工技术的残余自干扰消除能力在达到一定水平后就能够保证车载通信系统的可靠性，继续提升残余自干扰消除能力对系统的整体性能影响不大。

此外，图 4-6 对比了中继车辆节点 R 分别采用网络编码方式 DF-JM 与 DF-SC 方式时系统的 BER 性能。可以发现，当全双工技术的残余自干扰消除能力满足通信可靠性要求 [$\theta=(0.01,0.1)$] 时，采用 DF-JM 编码的端到端 BER 曲线位于采用 DF-SC 编码的端到端 BER 曲线下方，验证了本书提出的采用适应非对称信道的网络编码的方案，对提高车载通信系统可靠性的优越性。

图 4-7 描述了中继车辆节点 R 采用 DF-JM 编码，P_1 取定值 10 dBm、45 dBm，P_2、P_R 取任意值时系统的端到端 BER。其中参数取值为：$\theta=0.1$，$\lambda=0.25$。x、y、z 轴分别代表 P_1、P_2、P_R 的取值，颜色深浅代表不同功率取值下的端到端 BER。在图 4-7 中，当 P_1 分别取值为 10 dBm 与 45 dBm 时，在一定区域范围内系统端到端 BER 基本相同，即端到端 BER 性能并非单纯随着某单一车辆节点发射功率的增大而提升，而是在所有车辆节点的发射功率满足一定比例范围的情况下才能有效提升。

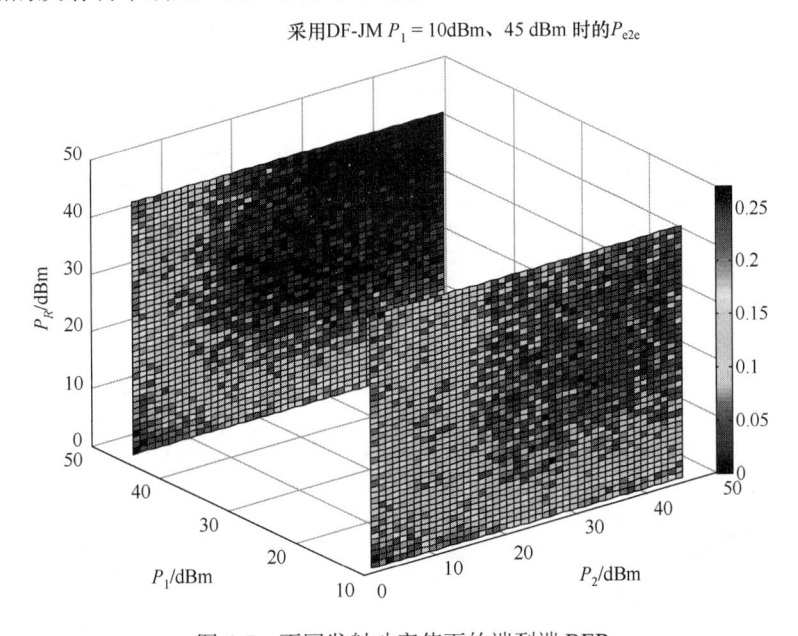

图 4-7 不同发射功率值下的端到端 BER

如图 4-8 所示，基于统计信道信息，在总功率取值一定的情况下，选取相应车辆节点的发射功率值，描述符合表 4-1 中约束条件时的系统端到端 BER 性能。其中总功率取值按顺序一一对应表 4-1 中的 6 个总发射功率取值区间，残余自干扰信号系数为：$\theta=0.1$，$\lambda=0.25$。x、y、z 轴分别代表 3 个车辆节点的发射功率 P_1、P_2、P_R，单位为 dBm；颜色深浅代表系统端到端 BER。第一、二区间 [见图 4-8（a）、（b）] 内总发射功率取值较小，其他区间总发射功率正常。从图4-8中可以看出，只有在第一、二区间内系统BER较高，而在其他4个总功率区间中，各车辆节点在表4-1所示范围内的取值都可以保证系统可靠性。因此，按照表4-1中提供的不同总发射功率区间内各车辆节点的分配比例进行功率分配，能够保障系统可靠性，并缩小发射功率分配比例搜索空间，提高功率分配效率。

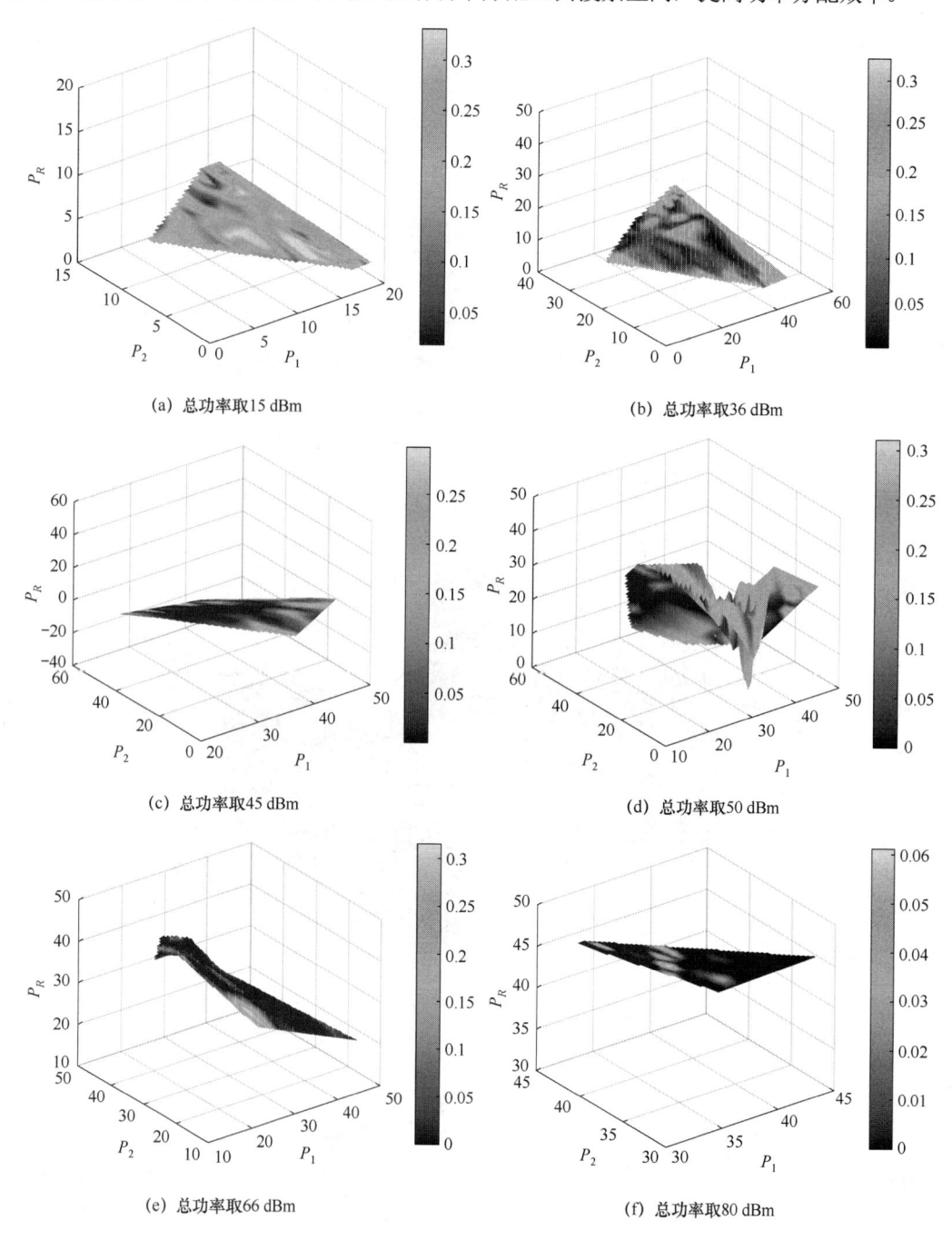

(a) 总功率取15 dBm

(b) 总功率取36 dBm

(c) 总功率取45 dBm

(d) 总功率取50 dBm

(e) 总功率取66 dBm

(f) 总功率取80 dBm

图4-8 总功率在不同区间内取值时的端到端BER

第 4 章 全双工技术

此外，对比图 4-8（c）与图 4-8（e）可以发现，两个区间内系统端到端 BER 相差不大，即当各车辆节点发射功率满足约束条件时，较低的车辆节点发射功率也能保证车载通信系统的可靠性。因此，依据表 4-1 分配车辆节点发射功率，能够有效降低车载通信系统的总能量消耗。

4.3 全双工双向中继车载协作通信

通过 4.2 节的介绍可知，V2V 通信同时存在速率不对称和信道不对称，并且对通信时延要求严格。放大转发的网络编码技术复杂度低，用于中继节点可以缩短中继处理信号的时间，满足车载通信对低时延的要求。在中继节点使用 AF 协作方式，不需要对信号进行解码处理，能够有效应对 V2V 通信速率非对称的情况。本节关注基于全双工双向中继车载协作通信系统，中继处采用 AF 协作方式，分析系统传输速率非对称且信道为独立不完全同分布的 Double-Nakagami 衰落下的系统中断性能。

4.3.1 场景建模

考虑通信车辆节点都处于移动状态的通信场景，如图 4-9 所示。在交通拥堵路段，距离较远的两个车辆节点 a 与车辆节点 b 之间信道严重衰落，直传信号非常微弱，只能通过中继车辆节点 r 作为中继转发车辆节点 a、b 的通信信息。

为减弱车载通信单元的硬件复杂度，假设中继车辆节点采用 AF 协作方式进行信息的转发。为了提高车载通信频带利用率，同时缩短传输延时，假设所有车辆通信节点均工作于全双工状态。中继车辆节点 r 与两端车辆节点之间的信道可以是视距信道，也可能是非视距信道，因此车间信道模型假设为通用的 M2M 信道服从 Double-Nakagami 衰落。

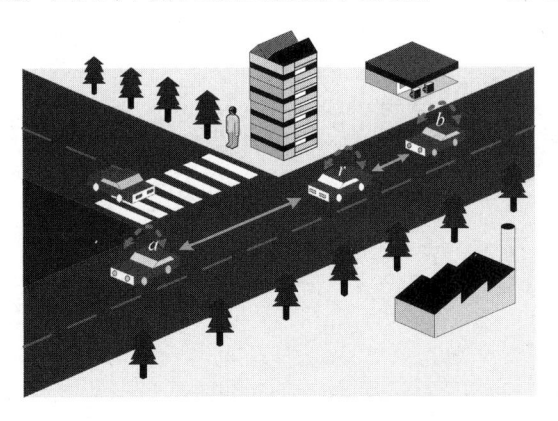

图 4-9 系统通信模型

当所有车辆节点都采用全双工模式传输信息时，一次信息交换仅需要一个时隙，因此可以假设一次信息传输过程中车辆节点 a、b 与中继车辆节点 r 之间的信道满足互易性，即 $h_{ar}=h_{ra}=h_a$，$h_{br}=h_{rb}=h_b$，并且相互独立，服从不完全同分布的 Double-Nakagami 衰落：

$$h_a = h_1^a h_2^a \tag{4-24}$$

$$h_b = h_1^b h_2^b \tag{4-25}$$

式中，h_1^i、h_2^i（$i=a,b$）均为统计独立服从 Nakagami-m 分布的随机变量。可以得到 h_a、h_b 概率密度函数为

$$f_{|h_i|}(h) = \frac{2}{h\Gamma(m_1^i)\Gamma(m_2^i)} G_{0,2}^{2,0}\left[h^2 \frac{m_1^i m_2^i}{\Omega_1^i \Omega_2^i}\bigg|_{m_1^i,m_2^i}^{-}\right], \quad i=a,b \tag{4-26}$$

h_a、h_b 的 CDF 为

$$F_{|h_i|}(h) = \frac{2}{\Gamma(m_1^i)\Gamma(m_2^i)} G_{1,3}^{2,1}\left[h^2 \frac{m_1^i m_2^i}{\Omega_1^i \Omega_2^i}\bigg|_{m_1^i,m_2^i,0}^{1}\right], \quad i=a,b \tag{4-27}$$

式中，$\Gamma(\cdot)$ 为 Gamma 函数；$G[\cdot]$ 为 Meijer's G 函数；m_1^i，$m_2^i \geqslant 0.5$，为 h_i 信道衰落系数，影响衰落的包络幅度；$\Omega_1^i = E\{|h_1^i|^2\}$、$\Omega_2^i = E\{|h_2^i|^2\}$ 分别为随机变量 h_1^i、h_2^i 的方差。

此外，考虑到通信车辆节点工作在全双工模式，自干扰信号无法完全消除。常用的有两种自干扰信号的模型：瑞利衰落或 Nakagami-m 衰落信道模型侧重于 SI 信道建模；复高斯随机模型侧重于 RSI 对系统性能的影响。在实际试验中，对 RSI 的检测和建模验证了 RSI 服从复高斯归一化分布[6]，本节采用第二种方式[9]，假设各节点的残余自干扰信号 v_a、v_b、v_r 服从分布 $v_i \sim \mathcal{CN}(0,lP_i)$，$i=a,b,r$，其中 l 为自干扰信号消除强度。

在 MAC 阶段，源车辆节点 a、b 向中继车辆节点发送源信号 x_a、x_b，中继车辆节点接收信号 y_r 为

$$y_r = h_a \sqrt{P_a} x_a + h_b \sqrt{P_b} x_b + v_r + n_r \tag{4-28}$$

中继车辆节点对接收信号进行归一化后以功率 P_r 放大转发：

$$x_r = \beta \sqrt{P_r} (h_a \sqrt{P_a} x_a + h_b \sqrt{P_b} x_b + v_r + n_r) \tag{4-29}$$

其中，β 为归一化系数：

$$\beta = \frac{1}{\sqrt{|h_a|^2 P_a + |h_b|^2 P_b + kP_r^2 + \sigma_n^2}} \tag{4-30}$$

相应地，在 BCSI 阶段，两端车辆节点作为目的车辆节点接收来自中继的混合信号与自身干扰信号：

$$\tilde{y}_a = h_a\sqrt{P_r}x_r + v_a + n_a \qquad (4\text{-}31)$$

$$\tilde{y}_b = h_b\sqrt{P_r}x_r + v_b + n_b \qquad (4\text{-}32)$$

车辆节点可根据已知自身信息，对混合信号进行串行干扰消除，得到实际信号：

$$y_a = h_a\sqrt{P_r}\beta\left(h_b\sqrt{P_b}x_b + v_r + n_r\right) + v_a + n_a \qquad (4\text{-}33)$$

$$y_b = h_b\sqrt{P_r}\beta\left(h_a\sqrt{P_a}x_a + v_r + n_r\right) + v_b + n_b \qquad (4\text{-}34)$$

4.3.2 系统中断概率分析

在此系统中，为了最大限度地缩短传输时延，所有车辆节点都工作于全双工模式，系统相较于普通半双工系统或仅中继车辆节点全双工的系统，已经增加了额外的残余自干扰信号的噪声。此外，在中继处采用 AF 协作方式转发信号，又进一步放大了噪声信号。因此，为了确保系统能够在车载通信环境下实现可靠通信，本小节分析系统在模拟实际通信要求及通信环境信道下的中断概率性能。

以 $b \to r \to a$ 链路为例，此时车辆节点 a 是目的接收节点，车辆节点 a 处接收信干噪比为

$$\text{SINR}_1 = \frac{\beta^2 P_r P_b h_a^2 h_b^2}{\beta^2 P_r h_a^2 (v_r^2 + \sigma_n^2) + (v_a^2 + \sigma_n^2)} \qquad (4\text{-}35)$$

将式（4-30）代入式（4-35）可以得到：

$$\text{SINR}_1 = \frac{|h_a|^2 |h_b|^2 \dfrac{P_r}{(v_a^2+\sigma_n^2)} \dfrac{P_b}{(v_r^2+\sigma_n^2)}}{|h_a|^2\left(\dfrac{P_r}{v_a^2+\sigma_n^2}+\dfrac{P_a}{v_r^2+\sigma_n^2}\right)+|h_b|^2\dfrac{P_b}{v_r^2+\sigma_n^2}+1} = \frac{A_1 B_1 C_1 |h_a|^2 |h_b|^2}{B_1|h_a|^2+C_1|h_b|^2+1} \qquad (4\text{-}36)$$

其中

$$A_1 = \frac{\dfrac{P_r}{v_a^2+\sigma_n^2}}{\dfrac{P_r}{v_a^2+\sigma_n^2}+\dfrac{P_a}{v_r^2+\sigma_n^2}} \qquad (4\text{-}37)$$

$$B_1 = \frac{P_r}{v_a^2+\sigma_n^2}+\frac{P_a}{v_r^2+\sigma_n^2} \qquad (4\text{-}38)$$

$$C_1 = \frac{P_b}{v_r^2+\sigma_n^2} \qquad (4\text{-}39)$$

将 $v_i^2 = lP_i, (i=a,b,c)$ 代入上述公式，可以化简为

$$A_1 = \frac{\dfrac{P_r}{lP_a + \sigma_n^2}}{\dfrac{P_r}{lP_a + \sigma_n^2} + \dfrac{P_a}{lP_r + \sigma_n^2}} = \frac{\dfrac{\gamma_r}{l\gamma_a + 1}}{\dfrac{\gamma_r}{l\gamma_a + 1} + \dfrac{\gamma_a}{l\gamma_r + 1}} \tag{4-40}$$

$$B_1 = \frac{\gamma_r}{l\gamma_a + 1} + \frac{\gamma_a}{l\gamma_r + 1} \tag{4-41}$$

$$C_1 = \frac{\gamma_b}{l\gamma_r + 1} \tag{4-42}$$

式中，γ_a、γ_b、γ_r 分别为各车辆节点处的信噪比。

同样，可以得到链路 $a \to r \to b$ 的目的车辆节点 b 处的接收信干噪比为

$$\text{SINR}_2 = \frac{A_2 B_2 C_2 |h_a|^2 |h_b|^2}{B_2 |h_a|^2 + C_2 |h_b|^2 + 1} \tag{4-43}$$

其中

$$A_2 = \frac{\dfrac{\gamma_r}{l\gamma_b + 1}}{\dfrac{\gamma_r}{l\gamma_b + 1} + \dfrac{\gamma_b}{l\gamma_r + 1}} \tag{4-44}$$

$$B_2 = \frac{\gamma_a}{l\gamma_r + 1} \tag{4-45}$$

$$C_2 = \frac{\gamma_r}{l\gamma_b + 1} + \frac{\gamma_b}{l\gamma_r + 1} \tag{4-46}$$

全双工模式允许车辆节点在一个时隙内完成信息交换，链路 $a \to r \to b$、$b \to r \to a$ 的传输速率 R_1、R_2 分别为

$$R_1 = \log(1 + \text{SINR}_1) \tag{4-47}$$

$$R_2 = \log(1 + \text{SINR}_2) \tag{4-48}$$

可以知道，整个系统的中断概率为

$$\begin{aligned} P_{\text{out}} &= \Pr\left[R_1 < R_{\text{th1}} \text{ or } R_2 < R_{\text{th2}}\right] \\ &= \Pr\left[\text{SINR}_1 < \gamma_{\text{th1}} \text{ or } \text{SINR}_2 < \gamma_{\text{th2}}\right] \\ &= 1 - \Pr\left[\text{SINR}_1 > \gamma_{\text{th1}}, \text{SINR}_2 > \gamma_{\text{th2}}\right] \end{aligned} \tag{4-49}$$

式中，R_{th1}、R_{th2} 分别为车辆节点 a、b 的最低速率门限值，γ_{th1}、γ_{th2} 为最低信干噪比门

限 $\gamma_{th1} = 2^{R_{th1}} - 1$、$\gamma_{th2} = 2^{R_{th2}} - 1$。

此时，令

$$\Phi = \Pr[\text{SINR}_1 > \gamma_{th1}, \text{SINR}_2 > \gamma_{th2}] \quad (4\text{-}50)$$

$$\Phi_i = \Pr[\text{SINR}_i > \gamma_{thi}], \ (i = 1, 2) \quad (4\text{-}51)$$

则系统中断概率可以描述为

$$P_{\text{out}} = 1 - \Phi = 1 - \Phi_1 \times \Phi_2 \quad (4\text{-}52)$$

以链路 $a \to r \to b$ 的 Φ_1 为例，有

$$\Phi_1 = \Pr\left[\frac{A_1 B_1 C_1 |h_a|^2 |h_b|^2}{B_1 |h_a|^2 + C_1 |h_b|^2 + 1} > \gamma_{th1}\right] \quad (4\text{-}53)$$

对 Φ_1 进行化简

$$\begin{aligned}\Phi_1 &= \Pr[x(A_1 B_1 C_1 y - B_1 \gamma_{th1}) > C_1 \gamma_{th1} y + \gamma_{th1}] \\ &= \Pr\left[x > \frac{C_1 \gamma_{th1} y + \gamma_{th1}}{A_1 B_1 C_1 y - B_1 \gamma_{th1}}\right] \Pr[A_1 B_1 C_1 y - B_1 \gamma_{th1} > 0] + \\ &\quad \Pr\left[x < \frac{C_1 \gamma_{th1} y + \gamma_{th1}}{A_1 B_1 C_1 y - B_1 \gamma_{th1}}\right] \Pr[A_1 B_1 C_1 y - B_1 \gamma_{th1} < 0]\end{aligned} \quad (4\text{-}54)$$

此时，令

$$D_1 = \frac{A_1 B_1 C_1}{\gamma_{th1}} = \frac{1}{\gamma_{th1}} \frac{\gamma_b}{l\gamma_r + 1} \frac{\gamma_r}{l\gamma_a + 1} \quad (4\text{-}55)$$

进一步化简 Φ_1 可得

$$\begin{aligned}\Phi_1 &= 1 - \Pr\left[x < \frac{C_1 y + 1}{D_1 y - B_1}\right] \Pr\left[y > \frac{B_1}{D_1}\right] \\ &= \int_0^{\frac{B_1}{D_1}} F_X\left(\frac{C_1 y + 1}{D_1 y - B_1}\right) f_y(y) \, dy\end{aligned} \quad (4\text{-}56)$$

令 $X = h_a^2$，$Y = h_b^2$，则 CDF 为

$$\begin{aligned}F_{X = h_a^2}(x) &= \Pr(h_a^2 < X) = \Pr(-\sqrt{X} < |h_a| < \sqrt{X}) \\ &= F_{X = |h_a|}(\sqrt{x}) - F_{X = |h_a|}(0)\end{aligned} \quad (4\text{-}57)$$

将式（4-27）代入式（4-57）得

$$F_{X=h_a^2}(x) = \frac{1}{\Gamma(m_1^a)\Gamma(m_2^a)} G_{1,3}^{2,1}\left[x\frac{m_1^a m_2^a}{\Omega_1^a \Omega_2^a} \bigg|_{m_1^a, m_2^a, 0}^{1} \right] \tag{4-58}$$

同理，可以得到 $Y=h_b^2$ 的 CDF 为

$$F_{Y=h_b^2}(y) = \frac{2}{\Gamma(m_1^b)\Gamma(m_2^b)} G_{1,3}^{2,1}\left[y\frac{m_1^b m_2^b}{\Omega_1^b \Omega_2^b} \bigg|_{m_1^b, m_2^b, 0}^{0} \right] \tag{4-59}$$

又当 $n \geq 1$ 时，存在：

$$\frac{\mathrm{d}}{\mathrm{d}z}\left[z^{1-a_1} G_{p,q}^{m,n}\left(z \bigg|_{b_q}^{a_p}\right) \right] = z^{1-a_1} G_{p,q}^{m,n}\left(z \bigg|_{b_q}^{a_1-1, a_2, \cdots, a_p}\right) \tag{4-60}$$

令 $z = y\dfrac{m_1^b m_2^b}{\Omega_1^b \Omega_2^b}$，则

$$f_{h_b^2}(x) = \frac{\mathrm{d}(F_{Y=h_b^2}(x))}{\mathrm{d}y} = \frac{\mathrm{d}(F_{Y=h_b^2}(x))}{\mathrm{d}z} \frac{\mathrm{d}z}{\mathrm{d}y} \tag{4-61}$$

将式（4-59）代入式（4-61）可以得到 $Y=h_b^2$ 的概率密度函数为

$$f_{h_b^2}(y) = \frac{1}{y\Gamma(m_1^b)\Gamma(m_2^b)} G_{1,3}^{2,1}\left[y\frac{m_1^b m_2^b}{\Omega_1^b \Omega_2^b} \bigg|_{m_1^b, m_2^b, 0}^{0} \right] \tag{4-62}$$

将式（4-58）、式（4-62）代入式（4-56）可得

$$\Phi_1 = \int_0^{\frac{B_1}{D_1}} \frac{1}{y\Gamma(m_1^b)\Gamma(m_2^b)} \frac{1}{\Gamma(m_1^a)\Gamma(m_2^a)} G_{1,3}^{2,1}\left[\frac{C_1 y + 1}{D_1 y - B_1} \frac{m_1^a m_2^a}{\Omega_1^a \Omega_2^a} \bigg|_{m_1^a, m_2^a, 0}^{1} \right] G_{1,3}^{2,1}\left[y\frac{m_1^b m_2^b}{\Omega_1^b \Omega_2^b} \bigg|_{m_1^b, m_2^b, 0}^{0} \right] \mathrm{d}y$$

$$\tag{4-63}$$

根据文献[20]可知，当 $|y| \leq 1$ 可以将 Meijer's G 函数转化为求和形式时，进而得到

$$\Phi_1 = \frac{1}{\Gamma(m_1^a)\Gamma(m_2^a)} \frac{1}{\Gamma(m_1^b)\Gamma(m_2^b)} \times \int_0^{\frac{B_1}{D_1}} \frac{1}{y} \left\{ \left[\frac{\Gamma(m_2^a - m_1^a)\Gamma(m_1^a)}{\Gamma(1+m_1^a)} \left(\frac{m_1^a m_2^a}{\Omega_1^a \Omega_2^a}\right)^{m_1^a} \left(\frac{C_1 y + 1}{D_1 y - B_1}\right)^{m_1^a} \right. \right.$$

$$\left. {}_1F_2\left[m_1^a; 1+m_1^a - m_2^a, 1+m_1^a; \frac{C_1 y + 1}{D_1 y - B_1} \right] + \frac{\Gamma(m_1^a - m_2^a)\Gamma(m_2^a)}{\Gamma(1+m_2^a)} \left(\frac{m_1^a m_2^a}{\Omega_1^a \Omega_2^a}\right)^{m_2^a} \left(\frac{C_1 y + 1}{D_1 y - B_1}\right)^{m_2^a} \right.$$

$$\left. {}_1F_2\left[m_2^a; 1+m_2^a - m_1^a, 1+m_2^a; \frac{C_1 y + 1}{D_1 y - B_1} \right] \right] \times \left[y^{m_1^b} \Gamma(m_2^b - m_1^b) \left(\frac{m_1^b m_2^b}{\Omega_1^b \Omega_2^b}\right)^{m_1^b} {}_1F_2[1+m_1^b; 1+m_1^b \right.$$

$$-m_2^b, 1+m_1^b; y] + y^{m_2^b} \varGamma(m_1^b - m_2^b) \left(\frac{m_1^b m_2^b}{\Omega_1^b \Omega_2^b} \right)^{m_2^b} \times {}_1F_2[1+m_2^b; 1+m_2^b - m_1^b, 1+m_2^b; y] \right] \right\} dy \quad (4\text{-}64)$$

其中，${}_pF_q[\boldsymbol{a};\boldsymbol{b};z]$ 为广义超几何函数，定义为

$$_pF_q[\boldsymbol{a};\boldsymbol{b};z] = \sum_{k=0}^{\infty} \frac{(a_1)_k (a_2)_k \cdots (a_p)_k}{(b_1)_k (b_2)_k \cdots (b_q)_k} \frac{z^k}{k!} \quad (4\text{-}65)$$

类似地，可以得到 $\varPhi_2$ 的展开表达式[5]。至此，将中断概率计算公式化简为简单的求和与求积运算。

▶ 4.3.3 仿真结果与性能分析

基于 Double-Nakagami 衰落信道，对非对称速率要求下的全双工双向 AF 车载协作中继系统进行数值分析。

图 4-10 描述了当 3 个车辆节点发射功率相等（$P_a = P_b = P_r = P$）时，理论推导中断概率与蒙特卡洛仿真中断概率对比曲线。其中，横坐标为发射功率 P，取值范围为 0~80 dBm；纵坐标为系统的中断概率。曲线"$G:$"表示简化公式所得结果，曲线"$M:$"为蒙特卡洛仿真结果。其中信道参数为：$\varOmega_{a_1} = \varOmega_{a_2} = 1$，$\varOmega_{b_1} = \varOmega_{b_2} = 1$，目的车辆节点的接收速率门限值为信噪比门限值，分别为 $R_{\text{th}1} = R_{\text{th}2} = 1$ b/s/Hz。可以发现，对不同自干扰消除下的系统 $k = 0$ 或 -50 dBm，所得理论推导结果曲线与实际仿真结果的整体趋势一致，在发送功率范围任意区间内，所得的中断概率曲线都与蒙塔卡洛仿真曲线相一致，这验证了所推导的简化中断概率闭式解的有效性。

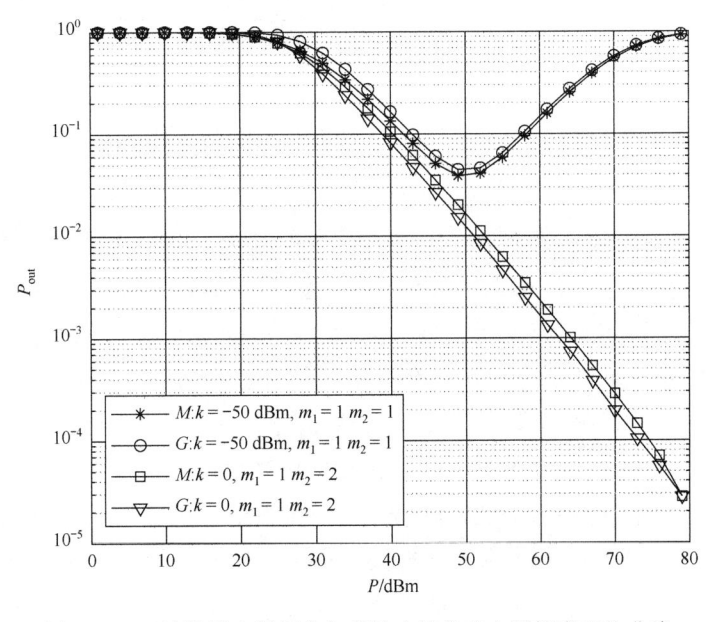

图 4-10 理论推导中断概率与蒙特卡洛仿真中断概率对比曲线

图 4-11 分析了车辆节点等功率分配时，对称速率要求 $\gamma_{th1}=\gamma_{th2}=5\ dBm$ 及非对称速率要求 $(\gamma_{th1},\gamma_{th2})=(1\ dBm, 9\ dBm)$、$(\gamma_{th1},\gamma_{th2})=(3\ dBm, 7\ dBm)$ 下，系统的中断概率随发射功率的变化。

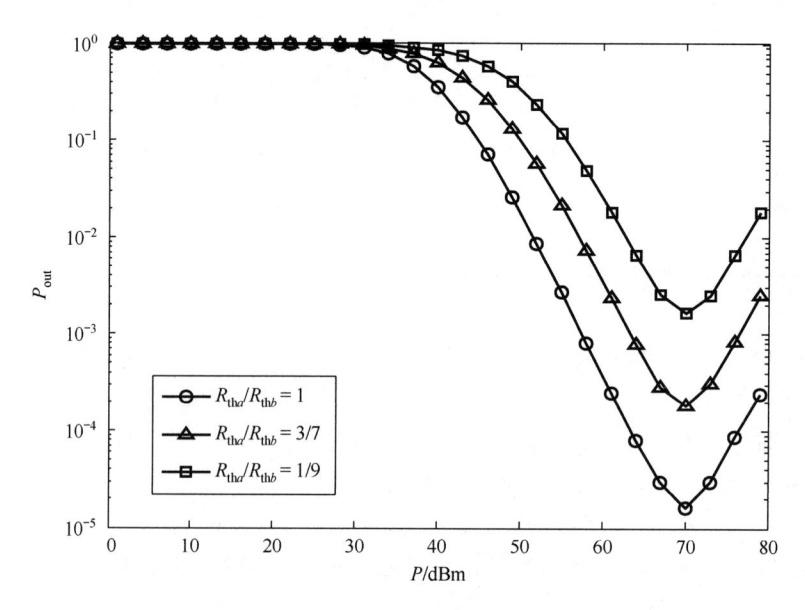

图 4-11 非对称速率下系统的中断概率随发射功率的变化

其中信道参数取值为：$m_1^a=m_2^a=2$，$m_1^b=m_2^b=2$，$\Omega_{a_1}=\Omega_{a_2}=2$，$\Omega_{b_1}=\Omega_{b_2}=2$。可以发现，随着速率非对称程度的加深，同等功率条件下，中断概率增大，系统可靠性减弱。同时，可以发现，系统中断概率取值最低点没有变化。可见，中断概率的功率取值与车辆发送信息速率的非对称性无关。

图 4-12 分析了在车辆等功率分配（$P_a=P_b=P_r=P$）的前提下，残余自干扰系数 l 取不同值时的系统中断概率。

图 4-12 中，x 轴为发射功率 P，y 轴为系统中断概率，图中曲线对应全双工车辆节点的不同自干扰信号消除能力。从图 4-12 中可以发现，当自干扰信号被完全消除时，系统中断概率随发射功率的增大而线性下降，当自干扰消除能力逐渐下降时，系统中断性能也逐渐下降。此外，可以发现，当残余自干扰信号存在，但自干扰信号消除性能良好（$l=10^{-5}, 10^{-7}$）时，中断概率最低点存在一个极值点。系统中断概率并非随着发射功率的增大而单调递减，当大于一定发射功率门限值时中断概率性能反而会变差。此发射功率门限值与残余自干扰消除系数有关，随着残余自干扰消除系数 l 的增强而逐渐增大。因此，由于当残余自干扰信号与发射功率相关（$RSI\sim\mathcal{CN}(0,lP)$），单纯地增加发射功率已经无法迅速降低系统的中断概率，因此需要通过其他方式（如降低自干扰信号的影响或进行合理的功率分配）达到相应的需求。

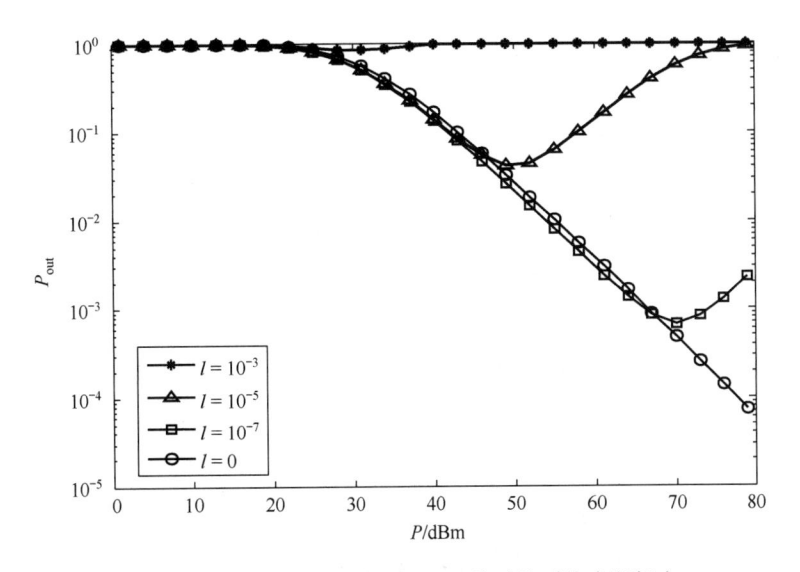

图 4-12 残余自干扰系数 l 取不同值时的系统中断概率

4.4 全双工 D2D 车载通信

C-V2X 技术在汽车行业的快速普及,对现有蜂窝网络的接入和负载能力,以及数据传输时延和可靠性提出了严峻考验。作为未来通信架构中的关键技术之一,终端直通(Device-to-Device,D2D)通信为解决上述问题提供了一个新方向,利用 Underlay 模式的 D2D 技术代替基站实现部分近场通信,提高网络的接入和负载能力,满足 C-V2X 对数据传输时延和可靠性的严格要求[21](详细介绍见第 5 章)。然而,车辆快速移动特性影响 C-V2X 网络拓扑的稳定性,导致 V-D2D(Vehicular Device-to-Device)链路资源的发现与维护需要消耗掉基站大量的计算能力和带宽资源,还造成 V-D2D 链路的实时信道状态信息 CSI 难以获得,使得利用 CSI 控制发射功率来避免同频干扰的技术方案实现难度加大[22],C-V2X 技术应用受阻。

针对车辆快速移动导致 D2D 通信网络拓扑不稳定,增加了同频干扰问题的复杂度,造成基站的计算能力和带宽资源浪费问题,建立以簇为核心的全双工 D2D(Full-Duplex Device-to-Device,FD-D2D)车载通信模型[23],提出基于超图聚簇(Hypergraph Clustering,HG-C)和干扰限制区域(Interference Limited Area,ILA)理论的全双工 D2D 车载通信资源管理方案。利用链路依赖度(Degree of Link Dependence,DLD)和车辆用户(Vehicle Users,VUE)的计算能力来提高簇的生存时间,降低基站的开销。同时,利用动态功率控制和复用区域映射辅助基站分配资源,削弱复用相同蜂窝链路的 V-D2D 链路间和对蜂窝链路的同频干扰,提高频谱效率。最后,基于交通仿真建模软件 VISSIM 产生实时交通流数据来验证我们提出的资源管理方案。

4.4.1 场景建模

1. 车载通信场景建模

如图 4-13 所示，考虑单个基站覆盖的 C-V2X 场景内 K 个正交上行信道集合为 $\mathcal{F}=\{f_1,f_2,\cdots,f_K\}$，$N$ 个 CUE 集合为 $\mathcal{C}=\{C_1,C_2,\cdots,C_N\}$，潜在可复用的 CUE 集合记为 $\mathcal{C}'$，（服从均匀分布，$\mathcal{C}'\in\mathcal{C}$），$M$ 辆具备接入蜂窝网络和 FD-D2D 通信能力的 VUE（配备两根独立的收发天线，实现基于天线隔离与主动干扰消除的自干扰抑制技术，后续分析将忽略全双工通信造成的自干扰）集合为 $\mathcal{V}=\{V_1,V_2,\cdots,V_M\}$。需要说明的是，上述簇内的通信均基于 Underlay 模式的 D2D 通信技术实现，且允许一对 FD-D2D 链路复用多个 CUE 的信道资源和一个 CUE 的信道资源被多对 FD-D2D 链路复用。表 4-2 中给出了簇内资源复用的相关符号定义。此外，上述资源复用还需要满足：①同一簇内的 FD-D2D 链路不允许复用同一 CUE；②不同簇内的 FD-D2D 链路复用同一 CUE 时需要满足簇间频谱复用准则。

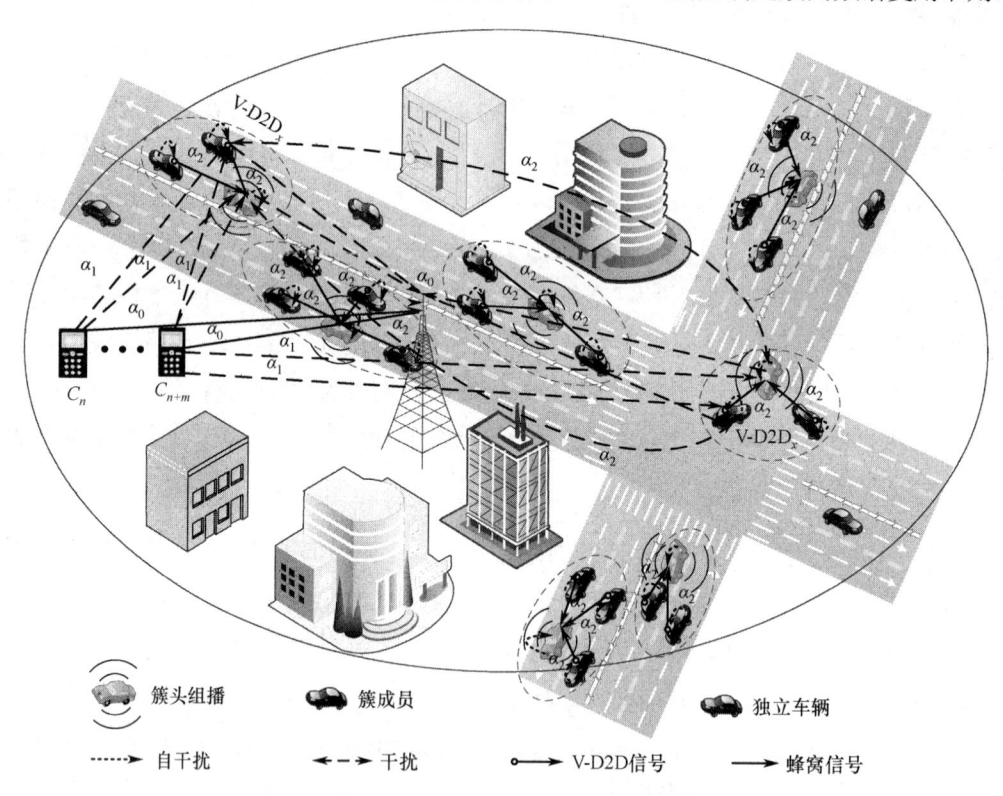

图 4-13 通信场景

表 4-2　簇内资源复用的相关符号定义

$\mathcal{G}=\{\mathcal{G}_1,\mathcal{G}_2,\cdots,\mathcal{G}_g,\cdots,\mathcal{G}_G\}$	该小区内车辆划分形成的 G 个簇
$\mathcal{D}_g=\{\mathcal{D}_1^g,\mathcal{D}_2^g,\cdots,\mathcal{D}_d^g,\cdots,\mathcal{D}_{N_{C,g}}^g\}$	第 g 簇内 $N_{C,g}$ 条 FD-D2D 链路
$\mathcal{D}_d^g=\{V_h^g,V_{m,d}\}$	第 g 簇内第 d 条 FD-D2D 链路的收发端
$\mathcal{G}_g=\{V_h^g\}\cup\{V_{m,x}^g\|x=1,2,\cdots,N_{C,g}\}$	第 g 簇内的 VUE 集合，V_h^g 表示簇头，$V_{m,x}^g$ 表示簇成员
$c(V_h^g)=\{V_{m,x}^g\|x=1,2,\cdots,N_{C,g}\}$	第 g 簇内 $N_{C,g}$ 个簇成员组成的集合
$\mathcal{C}_d^g=\{C_{\mathcal{D}_d^g}^1,C_{\mathcal{D}_d^g}^2,\cdots,C_{\mathcal{D}_d^g}^{K_d^g}\},\mathcal{C}_d^g\in\mathcal{C}'$	第 g 簇内第 d 条 FD-D2D 链路复用的 K_d^g 个 CUE 信道
$\mathcal{C}_g^h=\{C_1^g,C_2^g,\cdots,C_{N_{D,g}}^g\},\mathcal{C}_g^h\in\mathcal{C}'$	第 g 簇内簇头组播时使用的 CUE 信道
$\mathcal{D}_{C_n}=\{\mathcal{D}_1^n,\mathcal{D}_2^n,\cdots,\mathcal{D}_{I_n}^n\},C_n\in\mathcal{C}'$	复用 C_n 的 I_n 条 FD-D2D 链路

2. 信道模型及通信性能分析

蜂窝上行链路都受到独立的快衰落，$\mathcal{C}'$ 集合中的 CUE 远离道路且处于缓慢移动或静止状态，则 C_n 蜂窝通信链路 $l_{C_n,B}(C_n\in\mathcal{C}')$ 的瞬时信道增益模型为

$$g_{C_n,B}=\beta_{C_n,B}\Gamma_{C_n,B},C_n\in\mathcal{C}' \tag{4-66}$$

式中，$\beta_{C_n,B}$ 为服从指数分布的快衰落增益；$\Gamma_{C_n,B}$ 为服从对数正态分布的慢衰落增益。

基于 C-V2X 技术的车载通信链路 $l_{V_m,B}$、l_{V_m,C_n} 和 l_{V_p,V_q} 遭受服从阴影衰落为 $\beta_{T,R}$（$\beta_{T,R}$ 服从指数分布，发射端 $T\in\{\mathcal{C},\mathcal{V}\}$，接收端 $R\in\{B,\mathcal{C},\mathcal{V}\}$）。考虑到 CUE、VUE 和基站天线规格与传输经历的视距成分不同，定义设备（CUE、VUE）到基站的路径损耗因子为 α_0，CUE 和 VUE 间的路径损耗因子为 α_1，VUE 之间的路径损耗因子为 α_2。因此，通信场景中所涉及的接收端接收到的信号分别为

$$y_B^{C_n}=\sqrt{d_{C_n,B}^{-\alpha_0}P_{C_n,B}}g_{C_n,B}s_{C_n}+\sum_{i=1}^{I_n}\left(\sqrt{d_{V_h^i,B}^{-\alpha_0}P_{V_h^i}}g_{V_h^i,B}s_{V_h^i}+\sqrt{d_{V_{m,x}^i,B}^{-\alpha_0}P_{V_{m,x}^i}}g_{V_{m,x}^i,B}s_{V_{m,x}^i}\right)+ \tag{4-67}$$
$$n_{C_n},C_n\in\mathcal{C}',\{V_h^i,V_{m,x}^i\}\in\mathcal{G}_i$$

$$y_{V_h^i}=\sqrt{d_{V_{m,x}^i,V_h^i}^{-\alpha_2}P_{V_{m,x}^i}}g_{V_{m,x}^i,V_h^i}s_{V_{m,x}^i}+\sqrt{d_{\mathrm{Ant}}^{-\alpha_2}P_{V_h^i}}g_{\mathrm{Ant}}s_{V_h^i}+\sqrt{d_{C_n,V_h^i}^{-\alpha_1}P_{C_n}}g_{C_n,B}s_{C_n}+$$
$$\sum_{i,j\in\{1,2,\cdots,I_n\},i\neq j}\left(\sqrt{d_{V_h^j,V_h^i}^{-\alpha_2}P_{V_h^j}}g_{V_h^j,V_h^i}s_{V_h^j}+\sqrt{d_{V_{m,x}^j,V_h^i}^{-\alpha_2}P_{V_{m,x}^j}}g_{V_{m,x}^j,V_h^i}s_{V_{m,x}^j}\right)+ \tag{4-68}$$
$$n_{V_h^i},C_n\in\mathcal{C}_i^h,\{V_h^i,V_{m,x}^i\}\in\mathcal{G}_i,\{V_h^j,V_{m,x}^j\}\in\mathcal{G}_j$$

$$y_{V_{m,x}^i}=\sqrt{d_{V_h^i,V_{m,x}^i}^{-\alpha_2}P_{V_h^i}}g_{V_h^i,V_{m,x}^i}s_{V_h^i}+\sqrt{d_{\mathrm{Ant}}^{-\alpha_2}P_{V_{m,x}^i}}g_{\mathrm{Ant}}s_{V_{m,x}^i}+\sqrt{d_{C_n,V_{m,x}^i}^{-\alpha_1}P_{C_n}}g_{C_n,V_{m,x}^i}s_{C_n}+$$
$$\sum_{i,j\in\{1,2,\cdots,I_n\},i\neq j}\left(\sqrt{d_{V_h^j,V_{m,x}^i}^{-\alpha_2}P_{V_h^j}}g_{V_h^j,V_{m,x}^i}s_{V_h^j}+\sqrt{d_{V_{m,x}^j,V_{m,x}^i}^{-\alpha_2}P_{V_{m,x}^j}}g_{V_{m,x}^j,V_{m,x}^i}s_{V_{m,x}^j}\right)+ \tag{4-69}$$
$$n_{V_{m,x}^i},C_n\in\mathcal{C}_x^i,x\in\{1,2,\cdots,N_{C,i}\},\{V_h^i,V_{m,x}^i\}\in\mathcal{G}_i,\{V_h^j,V_{m,x}^j\}\in\mathcal{G}_j$$

式中，$y_B^{C_n}$ 为基站处接收到的信号；$y_{V_h^i}$ 为第 i 个簇中簇头 V_h^i 复用 C_n 时接收天线接收到的信号；$y_{V_{m,x}^i}$ 为第 i 个簇中第 x 个簇成员 $V_{m,x}^i$ 复用 C_n 时接收天线接收到的信号，P_k 和 s_k ($E\{|s_k|^2\}=1$) 分别为发送端 k ($k \in \{C_n, V_h^i, V_{m,x}^i\}$) 的发送功率和信号；$d_{\text{Ant}}$ 为车辆发射天线和接收天线间的距离；g_{Ant} 为车辆发射天线和接收天线间的信道增益；$d_{T,R}$ 为发射端 T 到接收端 R 的距离（上述信道均可视为互逆信道[22]）；n_k 为服从 $\mathcal{CN}(0,\sigma^2)$ 分布的高斯噪声。

当 C_n 被 I_n 条 V-D2D 链路复用时，由式（4-67）得到基站与 C_n 间的信干燥比（$\text{SINR}_B^{C_n}$）为

$$\text{SINR}_B^{C_n} = \frac{P_{C_n,B} d_{C_n,B}^{-\alpha_0} |g_{C_n,B}|^2}{\sum_{i=1}^{I_n}\left(P_{V_h^i} d_{V_h^i,B}^{-\alpha_0} |g_{V_h^i,B}|^2 + P_{V_{m,x}^i} d_{V_{m,x}^i,B}^{-\alpha_0} |g_{V_{m,x}^i,B}|^2\right) + \sigma^2}, C_n \in \mathcal{C}', \{V_h^i, V_{m,x}^i\} \in \mathcal{G}_i \quad (4\text{-}70)$$

FD-D2D 模型下第 i 个簇内簇头 V_h^i 与其第 x 个簇成员 $V_{m,x}^i$ 通信时，由式（4-68）和式（4-69）得到 V_h^i 和 $V_{m,x}^i$ 复用 C_n 时的信干噪比（$\text{SINR}_{V_h^i}^{C_n}$ 和 $\text{SINR}_{V_{m,x}^i}^{C_n}$）分别为

$$\text{SINR}_{V_h^i}^{C_n} = \frac{P_{V_{m,x}^i} d_{V_{m,x}^i,V_h^i}^{-\alpha_2} |g_{V_{m,x}^i,V_h^i}|^2}{P_{C_n} d_{C_n,V_h^i}^{-\alpha_1} |g_{C_n,V_h^i}|^2 + \sum_{i,j \in \{1,2,\cdots,I_n\}, i \neq j}\left(P_{V_h^j} d_{V_h^j,V_h^i}^{-\alpha_2} |g_{V_h^j,V_h^i}|^2 + P_{V_{m,x}^j} d_{V_{m,x}^j,V_h^i}^{-\alpha_2} |g_{V_{m,x}^j,V_h^i}|^2\right) + n_{V_h^i}}$$

$$(4\text{-}71)$$

$$\text{SINR}_{V_{m,x}^i}^{C_n} = \frac{P_{V_h^i} d_{V_h^i,V_{m,x}^i}^{-\alpha_2} |g_{V_h^i,V_{m,x}^i}|^2}{P_{C_n} d_{C_n,V_{m,x}^i}^{-\alpha_1} |g_{C_n,V_{m,x}^i}|^2 + \sum_{\substack{i,j \in \{1,2,\cdots,I_n\} \\ i \neq j}}\left(P_{V_h^j} d_{V_h^j,V_{m,x}^i}^{-\alpha_2} |g_{V_h^j,V_{m,x}^i}|^2 + P_{V_{m,x}^j} d_{V_{m,x}^j,V_{m,x}^i}^{-\alpha_2} |g_{V_{m,x}^j,V_{m,x}^i}|^2\right) + n_{V_{m,x}^i}}$$

$$(4\text{-}72)$$

簇头 V_h^i 复用簇内 V-D2D 链路资源组播时 $V_{m,x}^i$ 的归一化信道容量为

$$C_{V_{m,x}^i} = \sum_{d=1}^{N_{D,g}} K_d^g \left(\log_2\left(1 + \text{SINR}_{V_{m,x}^i}^{C_n}\right)\right) \quad (4\text{-}73)$$

▶ 4.4.2 策略与簇间频谱复用准则

本小节提出基于 DLD 值的 HG-C 策略，该策略由分布式 VUE 完成以 DLD 值为度量的超边粗化，生成候选簇集合，再由基站完成关联簇集合分割任务。并在此基础上，提出基于道路属性的局部簇维护算法来简化簇维护过程。同时，针对簇间频谱复用问题，提出

兼顾簇间距和簇内成员数量的加权簇间频谱复用准则。

1. HG-C 策略中 DLD 的定义

根据文献[24]定义相关距离 $r_{V_p,V_q}(t)$、相关方向 $d_{V_p,V_q}(t)$、相关速度 $v_{V_p,V_q}(t)$ 和相关加速度 $a_{V_p,V_q}(t)$。它们的表达式分别为

$$r_{V_p,V_q}(t) = \sqrt{(x_{V_p}(t) - x_{V_p}(t))^2 + (y_{V_p}(t) - y_{V_p}(t))^2} \tag{4-74}$$

$$d_{V_p,V_q}(t) = \frac{\left|o_{V_q}(t) + o_{V_p}(t)\right|}{\left|o_{V_q}(t)\right| + \left|o_{V_p}(t)\right|} \tag{4-75}$$

$$v_{V_p,V_q}(t) = \frac{\min\left(\left|v_{V_p}(t)\right|, \left|v_{V_q}(t)\right|\right)}{\max\left(\left|v_{V_p}(t)\right|, \left|v_{V_q}(t)\right|\right)} \tag{4-76}$$

$$a_{V_p,V_q}(t) = \frac{\left|a_{V_p}(t) + a_{V_q}(t)\right|}{\left\|a_{V_p}(t)\right| + \left|a_{V_q}(t)\right\|} \tag{4-77}$$

$L_{V_x}(t) = (x_{V_x}(t), y_{V_x}(t))$ 为 t 时刻 V_x 的平面坐标($V_x, V_p, V_q \in \mathcal{V}$),$o_{V_q}(t) = o_{V_q}(t-1) + \arctan(y_{V_q}(t) - y_{V_q}(t-1) / x_{V_q}(t) - x_{V_q}(t-1))$ 为 VUE 的行驶方向角,$v_{V_x}(t)$ 为 t 时刻 V_x 的实时速度,$a_{V_x}(t)$ 为 t 时刻 V_x 的实时加速度。

为了适应不同场景,定义权重因子 $\boldsymbol{\beta} = \{\beta_1, \beta_2, \beta_3, \beta_4\}$ 来描述相关距离、相关方向、相关速度和相关加速度对 DLD 的重要程度,则 V_p 和 V_q 间的 DLD 值 $D_{V_p,V_q}(t)$ 与 V_p 的平均链路依赖度(Average Degree of Link Dependence,ADLD)$\bar{D}_{V_p}(t)$ 分别为[24]

$$D_{V_p,V_q}(t) = \begin{cases} 0, & \text{if } r_{V_p,V_q}(t) > d_{\max}^V, \text{or } d_{V_p,V_q}(t) < 0 \\ \beta_1 \dfrac{d_{\max}^V - r_{V_p,V_q}(t)}{d_{\max}^V} + \beta_2 d_{V_p,V_q}(t) + \beta_3 v_{V_p,V_q}(t) + \beta_4 a_{V_p,V_q}(t), & \text{其他} \end{cases} \tag{4-78}$$

$$\bar{D}_{V_p}(t) = \frac{1}{N_{\text{Nei}(V_p)}} \sum_{V_i \in \text{Nei}(V_p)} D_{V_p,V_i}(t) \tag{4-79}$$

式中,$\sum_{i=1}^{4} \beta_i = 1$,$\text{Nei}(V_p)$ 和 $N_{\text{Nei}(V_p)}$ 分别为 V_p 在 VUE 最大通信距离 $d_{\max}^V$ 约束下可以建立 FD-D2D 通信链路的邻居集合和邻居数量。

为了便于描述以 DLD 为度量的 HG-C 策略,定义 VUE 周期性交换的 Beacon 信息、簇信息列表与邻居列表的数据结构如图 4-14 所示。图 4-14 中,$c(V_n)$ 表示簇头 V_n 的簇成员集合;$\bar{D}_{V_n}^c(t) = \sum_{V_i \in c(V_n)} D_{V_n,V_i}(t) / N_{V_n}^c$ 表示簇内成员的平均链路依赖度,$N_{V_n}^c$ 表示 $c(V_n)$ 内

簇成员的数量。

节点ID	加速	加速度	位置
V_n	$v_{V_n}(t)$	$a_{V_n}(t)$	$L_{V_n}(t)$

Beacon信息的数据结构

簇头节点ID	ADLD	C-ADLD
$c(V_n)$	$\bar{D}_{V_n}(t)$	$\bar{D}_{V_n}^c(t)$

簇信息列表的数据结构

邻居节点ID	速度	加速度	位置	DLD	链路	ADLD
$V_m \in \mathrm{Nei}(V_n)$	$v_{V_m}(t)$	$a_{V_m}(t)$	$L_{V_m}(t)$	$D_{V_n,V_m}(t)$	$L(V_m,V_n)$	$\bar{D}_{V_m}(t)$
...	...	...	...	...	...	...

邻居列表的数据结构

图 4-14 数据结构

2. HG-C 策略中的簇生成

利用分布式 VUE 的计算能力协助基站实现 HG-C 策略,该策略将基于 DLD 的超边粗化与簇生成算法部署到分布式 VUE 端,将基于邻接矩阵的关联簇集合分割算法部署到基站端(整体流程如图 4-15 所示),降低基站计算能力的消耗。

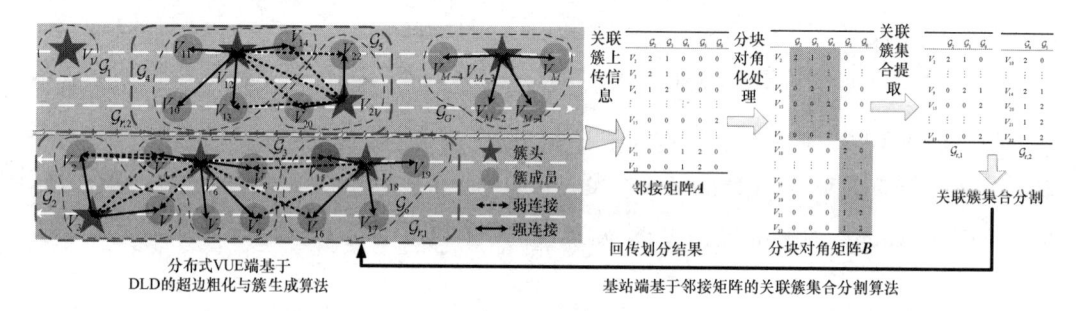

图 4-15 基于 HG-C 策略的簇生成流程

1)分布式 VUE 端基于 DLD 的超边粗化与簇生成算法

结合 HG 模型[25]与图 4-15 定义 VUE 协助基站生成的 HG 模型为

$$\mathcal{H}' = (\mathcal{V}', \mathcal{G}', \mathcal{W}') \tag{4-80}$$

式中,$\mathcal{V}' = \{V_1, V_2, \cdots, V_M\}$ 为 M 辆 VUE 组成的顶点集合;$\mathcal{G}' = \{\mathcal{G}_1, \mathcal{G}_2, \cdots, \mathcal{G}_{G'}\}$ 为超边粗化生成的超边集合(候选簇集合);$\mathcal{W}' = \{w(\mathcal{G}_1), w(\mathcal{G}_2), \cdots, w(\mathcal{G}_{G'})\}$ 为对应超边权重集合。

为了描述候选簇的簇成员与簇头间的权重,以及对超边粗化生成的候选簇集合进行分类,根据图 4-15 做出如下定义。

定义 1:若顶点 $V_q \notin \mathrm{Nei}(V_p^h)$,则表示 V_q 与 V_p^h 间不存在连接,$L(V_p^h, V_q) = 0$。

定义 2：若顶点 $V_q \in \text{Nei}(V_p^h)$，$V_q \notin c(V_p^h)$，则表示 V_q 与 V_p^h 间的连接为弱连接（Weak-Link），则 $L(V_p^h, V_q) = 1$。

定义 3：若顶点 $V_q \in \text{Nei}(V_p^h)$，$V_q \in c(V_p^h)$，则表示 V_q 与 V_p^h 间的连接为强连接（Strong-Link），则 $L(V_p^h, V_q) = 2$。特殊说明，簇头 V_p^h 的连接权重记为 $L(V_p^h, V_p^h) = 2$。

定义 4：若顶点 $V_n \in \mathcal{V}_{h'}$，（$\mathcal{V}_{h'}$ 为候选簇头组成的集合，$\mathcal{V}_{h'} \in \mathcal{V}$），且 $\text{Nei}(v_n) = \varnothing$，则表示临时簇头 V_n 是一个孤立顶点（孤儿车辆），如图 4-15 中的 $\mathcal{G}_1$。

定义 5：若顶点 $V_n \in \mathcal{V}_{h'}$，且 $\forall L(V_m, V_n) = 2$，$V_m \in \text{Nei}(V_n)$，则表示候选簇头 V_n 形成超边 $\mathcal{G}_n$ 为闭合超边（闭合簇），如图 4-15 中的 $\mathcal{G}_{G'}$。

定义 6：若顶点 $V_q, V_p \in \mathcal{V}_{h'}$，$V_q \neq V_p$，$\text{Nei}(V_q) \cap c(V_p) \neq \varnothing$ 或 $\text{Nei}(V_p) \cap c(V_q) \neq \varnothing$，则 V_q 与 V_p 对应的超边 $\mathcal{G}_q$ 和 $\mathcal{G}_p$ 间存在关联，故定义 $\mathcal{G}_r = \{\mathcal{G}_q, \mathcal{G}_p\}$ 为一个关联超边集合（关联簇集合，$\mathcal{G}_r \in \mathcal{G}$），如图 4-15 的中 $\mathcal{G}_{r,1} = \{\mathcal{G}_2, \mathcal{G}_3, \mathcal{G}_6\}$，$\mathcal{G}_{r,2} = \{\mathcal{G}_4, \mathcal{G}_5\}$。

分布式 DLD 基于 DLD 的超边粗化与簇生成算法（见算法 4-1）可以部署在任意 VUE 端，由 VUE 根据自身身份（孤儿车辆，闭合簇集合和关联簇集合的候选簇头，以及簇成员）执行对应程序，协助基站聚簇。

算法 4-1　分布式 VUE 端基于 DLD 的超边粗化与簇生成算法
输入：$d_{\max}^V$、Beacon 信息
Begin
步骤 1　V_n 接收 Beacon 信息，利用式（4-78）计算 $D_{V_n, V_m}(t)$，建立邻居列表，初始化 $L(V_m, V_n)$ 为 1，$V_m \in \text{Nei}(V_n)$
步骤 2　if $\text{Nei}(V_n) = \varnothing$
V_n 为孤儿车辆
步骤 3　else
V_n 根据式（4-79）计算 $\bar{D}_{V_n}(t)$，并广播给 V_n 的邻居 $\text{Nei}(V_n)$
步骤 4　更新邻居列表，找到最大 ADLD 值 $\bar{D}_{V_{\max}}(t)$，$V_{\max} \in \text{Nei}(V_n)$
步骤 5　　if $\bar{D}_{V_n}(t) < \bar{D}_{V_{\max}}(t)$
步骤 6　　　　V_n 向 $V_{\max}$ 发送加入请求，并重置 $L(V_{\max}, V_n) = 2$
步骤 7　　else
步骤 8　　　　标记 V_n 为候选簇头，形成粗化超边，更新候选簇的成员列表，令

$L(V_m, V_n) = 2$，$V_m \in c'(V_n)$

步骤 9　　　　end

步骤 10　　　if $\forall L(V_m, V_n) = 2$，$V_m \in \text{Nei}(V_n)$

步骤 11　　　　　$c'(V_n)$ 为闭合簇，则超边 $\mathcal{G}_{V_n}$ 内的车辆被划分为一个簇，记为 $c(V_n)$

步骤 12　　　　else 将邻居列表和簇成员列表发送给基站

步骤 13　　　　　if 收到基站的簇划分结果

步骤 14　　　　　根据基站划分的成员列表，向对应成员发送加入邀请，并执行步骤 9

步骤 15　　　　　else 收到簇头的加入邀请

步骤 16　　　　　　加入对应簇

步骤 17　　　　end

步骤 18　　end

步骤 19　　end

End

2）基站端基于邻接矩阵的关联簇集合分割算法

关联簇集合的候选簇头将邻居列表和簇成员列表上传给基站，基站根据收到的信息建立邻接矩阵，并对邻接矩阵进行分块对角化提取关联簇集合，如图 4-15 所示。然后，对提取出来的关联簇集合，以最大化簇内 VUE 与各候选簇头的连接权重为目标进行分割，最后将聚簇结果回传给对应簇头。基站端基于邻接矩阵的关联簇集合分割算法见算法 4-2。

算法 4-2　基站端基于邻接矩阵的关联簇集合分割算法

输入：候选簇头的邻居和簇信息

Begin

步骤 1　基站整合所有候选簇头的邻居信息建立邻接矩阵 A

步骤 2　对 A 进行分块对角化处理得到分块对角矩阵 B

步骤 3　提取矩阵 B 对角线上的非零块得到关联簇集合 $\mathcal{G}_r = \{\mathcal{G}_{r,1}, \mathcal{G}_{r,2}, \cdots, \mathcal{G}_{r,N_r}\}$ 的邻接矩阵

步骤 4　for $i = 1, i++, i <= N_r$

步骤 5　　对关联簇集合 $\mathcal{G}_{r,i}$ 邻接矩阵的列向量进行自由组合，取出行满秩的组

合组成有效簇头集合 $C_{r,i}^h$

    步骤 6   找出 $C_{r,i}^h$ 中簇头数量最少的组合，记为 $C_{r,i}^{h,\min}$

    步骤 7   if $C_{r,i}^{h,\min}$ 中的簇头组合大于 1

    步骤 8   找出集合 $C_{r,i}^{h,\min}$ 中权重最大的组合，删除其他组合

    步骤 9   end

    步骤 10   将 VUE 划分给连接权重最大的候选簇头

    步骤 11   end

    步骤 12   将分割结果发送给对应候选簇头

End

3．基于道路属性驱动的局部簇维护算法

考虑到簇生成后，一段时间内网络拓扑相对稳定，但是车辆的驶入和驶出引起的局部拓扑变换需要及时处理。为此，提出基于道路属性驱动的局部簇维护算法（见算法 4-3），该算法通过维护已存在的簇、生成新的簇和解散无法维持的簇来降低维护成本。

算法 4-3 基于道路属性驱动的局部簇维护算法

    步骤 1 车辆端周期性运行算法 4-1 的步骤 1～14，更新孤儿车辆、闭合簇集合和关联簇集合

    步骤 2 未发生簇头组合变动的关联簇集合，各簇头运行算法 4-1 的步骤 5～12 更新簇成员

    步骤 3 发生簇头组合更替的关联簇集合，继续运行算法 4-1 的步骤 14～20

4．簇间频谱复用准则

为了最大化簇间的频谱复用效率和公平性，根据簇的两个属性定义基于簇间距和簇内成员数量的加权簇间频谱复用准则如下。

$$\max \sum_{V_i,V_j \in \mathcal{V}_h, V_i \neq V_j} [\theta | L_{V_i}(t) - L_{V_j}(t) | - (1-\theta) | N_{C,V_i}(t) - N_{C,V_j}(t) |] \tag{4-81}$$

$$| L_{V_i}(t) - L_{V_j}(t) | \geqslant 2 d_{\max}^V \tag{4-82}$$

式中，θ 为簇间距占的权重因子；$L_{V_i}(t)$ 为 t 时刻簇头 V_i 的平面坐标；$N_{C,V_i}(t)$ 为 t 时刻簇头为 V_i 的簇的成员数量。

4.4.3 基于 ILA 理论的复用资源分配机制

4.5.2 节利用 HG-C 策略将部分基站承担的拓扑管理任务卸载到了分布式 VUE 端，不仅改善了网络拓扑的稳定性，还减少了基站的计算能力和带宽资源的消耗，但是基于 Underlay 模式的 FD-D2D 通信和簇间频谱复用使得同频干扰问题变得更加复杂。为了避免 FD-D2D 通信和簇间频谱复用应用过程对 CUE 产生严重干扰，以及保证 VUE 通信的 QoS（Quality of Service）。本节基于 ILA 理论，不依靠链路实时 CSI，仅根据信号功率路径损耗[26]，设计 VUE 的动态功率控制和复用资源的区域映射方法，降低复用资源分配的复杂度，并提高频谱效率。

1. 基于 ILA 理论分析 VUE 最大发射功率上界

假设 t 时刻 C_n 的发射功率为 P_{C_nB}，C_n 被 I_n^t 对 FD-D2D 链路复用。基站处接收到 C_n 的信号功率 $\bar{P}_{C_nB}$ 和复用 C_n 的 FD-D2D 链路叠加到基站处的干扰功率 P_{I,C_nB}^t 分别为

$$\bar{P}_{C_nB} = d_{C_n,B}^{-\alpha_0} P_{C_nB} \approx \bar{P}_{CB}, \quad (C_n \in \mathcal{C}') \tag{4-83}$$

$$P_{I,C_nB}^t = \sum_{i=1}^{I_n^t}(P_{V_h^i} d_{V_h^i,B}^{-\alpha_0} + P_{V_{m,x}^i} d_{V_{m,x}^i,B}^{-\alpha_0}) + \sigma^2 \leqslant w_B \approx \lambda_B \bar{P}_{CB} \tag{4-84}$$

式中，$\bar{P}_{CB}$ 为基站处所接收 CUE 信号的平均功率；$d_{C_n,B}$ 为 C_n 与基站间的距离；w_B 为蜂窝通信最大可容忍的干扰功率；λ_B 为 VUE 复用 CUE 信道时基站端的干扰信号比（Interference Signal Ratio，ISR）门限。

为了进一步分析不同位置处 VUE 可采用的 P_{max}^V，对式（4-84）进行变换得到基站处干扰功率期望 $\bar{P}_{I,C_nB}$ 满足的不等式为

$$\bar{P}_{I,C_nB} \leqslant E\left[2\sum_{i=1}^{I_n^t}(P_{max}^V(d_{V,B}^{min})^{-\alpha_0})\right] = 2\bar{I}_{d_{max}^V,M} P_{max}^V (d_{V,B}^{min})^{-\alpha_0} \tag{4-85}$$

式中，$d_{V,B}^{min}$ 为 $\mathcal{D}_{C_n}$ 中距基站最近 VUE 到基站的距离；$\bar{I}_{d_{max}^V,M} = E[\sum_{d=1}^{N_{C,V_n}} K_d(d_{max}^V,M)]$，为车流量取 M 和聚簇半径取 d_{max}^V 时 $\mathcal{D}_{C_n}$ 中 FD-D2D 链路数量的期望值（$\bar{P}_{I,C_nB}$ 中忽略高斯白噪声[27]）。

联立式（4-84）和式（4-85）得到以 $d_{V,B}^{min}$ 和 $d_{C,B}$ 为变量的 VUE 最大发射功率上界表达式为

$$P_{max}^V(d_{V,B}^{min}, d_{C,B}) \leqslant \frac{\lambda_B P_{max}^C}{2\bar{I}_{d_{max}^V,M}} \left(\frac{d_{V,B}^{min}}{d_{C,B}}\right)^{\alpha_0} \tag{4-86}$$

式中，P_{max}^C 为 CUE 的最大发射功率；$d_{C,B}$ 为 CUE 到基站距离。在式（4-86）约束下，VUE

可根据 QoS 需求动态地控制发射功率。

2. 基于 ILA 理论分析 VUE 与复用 CUE 的距离关系

忽略经过自干扰的影响[1]，FD-D2D 通信的接收端 V_i 遭受的干扰信号功率为

$$w_{V_i} = P_{C_n} d_{C_n,V_i}^{-\alpha_1} + \sum_{\mathcal{D}_i^{C_n},\mathcal{D}_j^{C_n} \in \mathcal{D}_{C_n}} (P_{V_h^j} d_{V_h^j,V_m}^{-\alpha_2} + P_{V_{m,x}^j} d_{V_{m,x}^j,V_i}^{-\alpha_2}), \ (\mathcal{D}_j^{C_n} = \{V_h^j, V_{m,x}^j\}) \quad (4\text{-}87)$$

由式（4-86）和 $d_{\max}^V$，得到 VUE 遭受的最大干扰信号功率 w_D 为

$$w_D = P_C^{\max}(d_{C,V})^{-\alpha_1} + 2(\overline{I}_{d_{\max}^V,M} - 1)(2d_{\max}^V)^{-\alpha_2} P_{\max}^V (d_{V,B}^{\min}, d_{C,B}) \geqslant w_{V_i} \quad (4\text{-}88)$$

式中，$d_{C,V}$ 为 CUE 到 VUE 的距离。

以基站为平面坐标系原点，记 C_n 的坐标为 $L_{C_n} = (x_n, y_n)$，道路上某一对 FD-D2D 链路的簇成员（或簇头）V_m 坐标为 $L_{V_m} = (a_m, b_m)$，则当 VUE 的 ISR 门限为 $\lambda_D \leqslant w_D/(d_{\max}^V)^{-\alpha_2} P_{\max}^V$ 时，满足 VUE 复用的 CUE 与 VUE 的距离关系不等式为

$$((a_m - x_n)^2 + (b_m - y_n)^2) \leqslant \left(\frac{P_C^{\max}(d_{\max}^V)^{\alpha_2}}{(\lambda_D - 2^{1-\alpha_2}(\overline{I}_{d_{\max}^V,M} - 1))} \right)^{\frac{2}{\alpha_1}} \left(\frac{\lambda_B P_{\max}^C}{2\overline{I}_{d_{\max}^V,M}} \right)^{2\alpha_1} \left(\frac{x_n^2 + y_n^2}{a_m^2 + b_m^2} \right)^{\alpha_0 \alpha_1} \quad (4\text{-}89)$$

3. 基于复用区域映射的资源分配机制

根据式（4-89）得到描述蜂窝小区内 C_n 与特定直行路段 $R_{\text{str-lane}}$ 复用关系函数为

$$f(x_n, y_n) = \frac{((a_m - x_n)^2 + (b_m - y_n)^2)(a_m^2 + b_m^2)^{\alpha_0 \alpha_1}}{(x_n^2 + y_n^2)^{\alpha_0 \alpha_1}} - \left(\frac{P_C^{\max}(d_{\max}^V)^{\alpha_2}}{(\lambda_D - 2^{1-\alpha_2}(\overline{I}_{d_{\max}^V,M} - 1))} \right)^{\frac{2}{\alpha_1}} \left(\frac{\lambda_B P_{\max}^C}{2\overline{I}_{d_{\max}^V,M}} \right)^{2\alpha_1}$$

(4-90)

若位于 (x_n, y_n) 处的 C_n 可以使任意 $(a_m, b_m) \in R_{\text{str-lane}}$ 满足 $f(x_n, y_n) > 0$ 的条件时，则 C_n 为直行道路 $R_{\text{str-lane}}$ 的可选复用 CUE。考虑到基站覆盖范围内直行道路位置固定的特点，可以将单向直行道路的可复用 CUE 集合筛选转化为可选复用 CUE 所处区域的确定，则利用点集定义得到 $R_{\text{str-lane}}$ 可复用资源所处的映射区域为

$$\mathcal{Z}_{R_{\text{str-lane}}} = \bigcup_{\substack{(a_m,b_m) \in R_{\text{str-lane}} \\ f(x_n,y_n)>0}} (x_n, y_n) \quad (4\text{-}91)$$

确定了 $R_{\text{str-lane}}$ 对应复用区域后，基站以最小化 CUE 与 VUE 间的互干扰功率为原则，先采用轮询的模式给每对 FD-D2D 链路复配复用资源，然后基于加权簇间频谱复用准则对满足簇间频谱复用准则的频谱资源进行簇间复用分配。需要说明的是，$\mathcal{Z}_{R_{\text{str-lane}}}$ 是对点集进

行快速凸包计算[28]后所得边界围成的区域，不同直行道路对应的复用区域可以重叠。因为基站以轮询的模式实现 FD-D2D 链路与 CUE 配对，已分配的资源除非满足簇间频谱复用准则，否则不会被再次分配。

若该分配机制下 C_n 被 $\bar{I}_{d_{\max}^V,M}$ 对 FD-D2D 链路复用，则被复用 C_n 所占频谱资源的归一化信道容量表达式为

$$\bar{C} = \log_2(1+\mathrm{SINR}_B^{C_n}) + \sum_{i=1}^{\bar{I}_{d_{\max}^V,M}} \log_2((1+\mathrm{SINR}_{V_h^i}^{C_n})(1+\mathrm{SINR}_{V_{m,x}^i}^{C_n'})) \tag{4-92}$$

式中，$\bar{I}_{d_{\max}^V,M}$ 对 FD-D2D 链路应位于不同 $R_{\text{str-lane}}$ 上，相应的 C_n 应处于与 $R_{\text{str-lane}}$ 对应的 $\mathcal{Z}_{R_{\text{str-lane}}}$ 集合的重叠区域。

4.4.4 仿真结果与性能分析

采用交通仿真建模软件 VISSIM 建立十字交叉路口模型，分别产生车流稀疏（车流量为 40 辆和 90 辆）和密集（车流量为 160 辆）环境下车辆的实时 TSI 信息作为分析对象，验证我们所提资源管理方案的有效性，其中参数设置如表 4-3 所示[21,23,24,29]。

表 4-3 参数设置

仿真参数	数值	仿真参数	数值
小区半径	500 m	蜂窝链路的 SINR 门限	12 dB
CUE 数量	500	基站处的干扰信号比（λ_B）	0.01
VUE 数量	40, 90, 160	路径损耗因子（$\alpha_0, \alpha_1, \alpha_2$）	3, 4, 3.5
高斯白噪声功率	−174 mW	DLD 的权重因子（β）	0.3, 0.1, 0.55, 0.05
CUE 的最大发射功率（$P_{\max}^C$）	23 dBm	车辆间最大通信距离	20~300 m
阴影衰落	2 dB	车辆速度	40~50 km/h

1. 簇生存时间和频谱复用效率的性能分析

本小节对 HG-C 策略（仿真图中简写为 HG）和基于 k-means 的聚簇策略进行仿真，利用统计学对仿真数据进行处理后得到图 4-16 所示的簇平均生存时间对比图和 HG-C 策略的簇内成员数量与最大通信距离（$d_{\max}^V$）关系图。从图 4-16 的主图中可以看出，随着车流量的增加簇平均生存时间均变小，但是不同车流量下 HG-C 策略生成簇的平均生存时间均比基于 k-means 聚簇策略长。而图 4-16 右上角的簇内成员数量与最大通信距离关系图显示，稀疏的环境中 $d_{\max}^V$ <100 m 后簇内成员数量缓慢增加，而车流密集的环境中 $d_{\max}^V$ >220 m 后数量还出现了一次剧增。结合上述分析可知，$d_{\max}^V$ 越小，通信拓扑越稳定，链路资源发现与维护开销越低，但是簇内成员数量较低导致可供簇间复用的频谱资源不足，影响频谱复用效率。为此，将对簇间频谱复用频率的效果进行仿真。

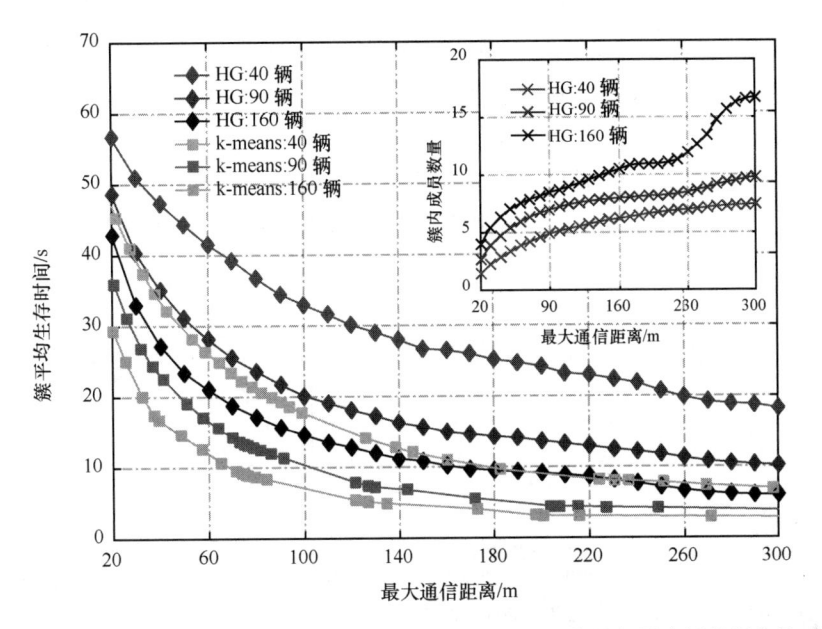

图 4-16 簇平均生存时间对比图和 HG-C 策略的簇内成员数量与最大通信距离关系图

考虑到频谱复用效率受簇间复用频次和簇内成员数量的影响，在图 4-16 的基础上，首先统计分析了 3 组车流量下频谱复用权重 θ 与簇间复用频次关系，结果如图 4-17 中的子图所示，从图 4-17 中可以看出，θ 的最优取值分别为 0、0 和 0.6。并基于 θ 的最优取值分析 d_{max}^V 取 100～300 m 时，d_{max}^V 与簇间复用频次的关系如图 4-17 中的主图所示，3 种车流量下 d_{max}^V 的最佳取值分别为 160 m、210 m 和 110 m。

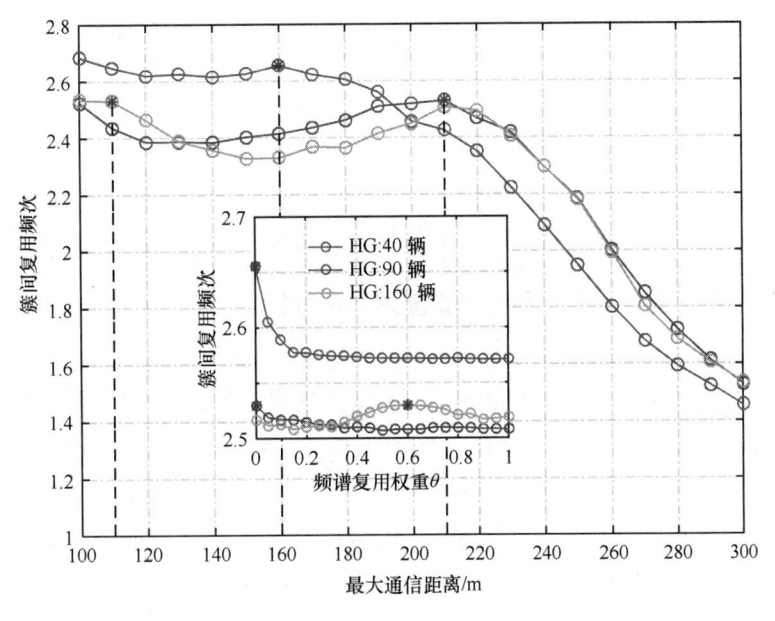

图 4-17 簇间复用频次分析

将对应最佳 $d_{\max}^V$ 取值作为 HG-C 策略中算法 4-1 的输入，仿真得到图 4-18 所示的聚簇结果。并对图 4-18 聚簇过程中分布式 VUE 和基站分别承担的聚簇任务量进行统计，结果如图 4-19 所示。从图 4-19 中可以看出，随着车流量的增加，网络拓扑也随之变得复杂，导致图 4-19 中基站承担的拓扑任务比重有所上升，但是车流量为 160 时基站承担的拓扑任务比重降低为 51.62%，这说明分布式 VUE 协助聚簇的策略十分有效。

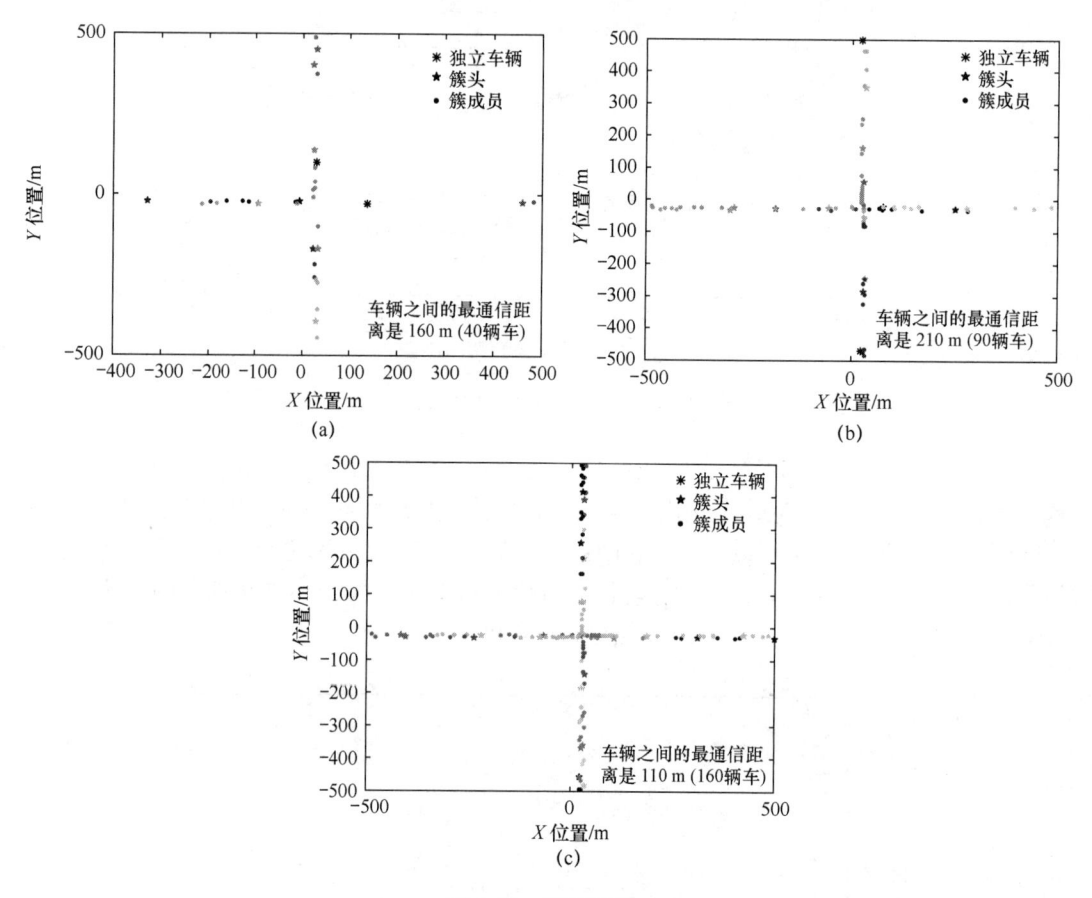

图 4-18 聚簇结果

2. VUE 的最大发射功率上界和频谱复用效率分析

下面在蜂窝满负荷的情况下，对基于 ILA 理论的 VUE 功率控制和复用资源分配机制进行仿真分析。首先，仿真得到已知 BS 和复用 CUE 位置时 VUE 最大发射功率上界（$P_{\max}^V$），如图 4-20 所示。从图 4-20 中可以看出，当 VUE 与 BS 的距离小于 100 m 时 $P_{\max}^V$ 的取值小于 −50 dBm，尤其当 CUE 与 BS 的距离大于 200 m 时 $P_{\max}^V$ 被限制得更低。从这个角度分析可知，FD-D2D 通信时，复用的 CUE 应尽可能靠近基站，同时基站应部署在离道路较远的位置。这表明基于 ILA 理论推导得到的 VUE 最大发射功率上界表达式(4-86)，可以在场景确定的情况下将复杂的 VUE 功率优化问题转化基于式（4-87）的 VUE 功率动态调节。

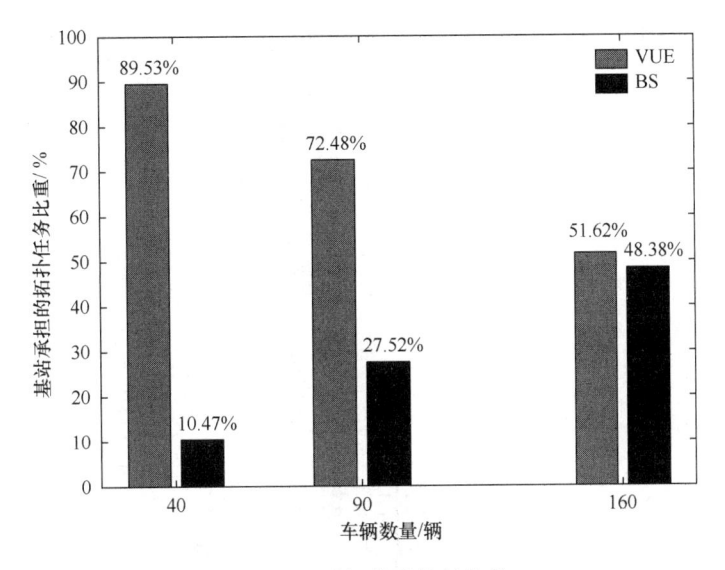

图 4-19 承担的聚簇任务量

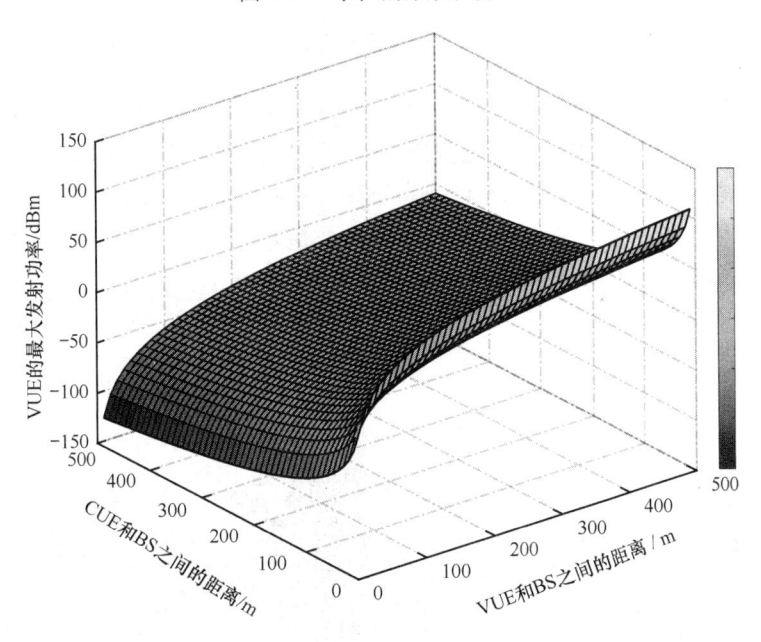

图 4-20 VUE 最大发射功率上界

根据所提 VUE 动态功率控制和复用资源分配机制，仿真得到 FD-D2D 车载通信模型中 λ_D 与簇内 V-D2D 链路和簇头组播时的平均信道容量如图 4-21 所示。图 4-21 中显示 λ_D 取 0~0.5 时，3 组不同车流量（40 辆、90 辆和 160 辆）下 V-D2D 链路单位带宽的平均信道容量处于 12~17 bit/s/Hz 之间；而簇头组播（Multicast）时各簇成员接收链路单位带宽的平均信道容量分别在 20 bit/s/Hz、45 bit/s/Hz 和 70 bit/s/Hz 附近波动。上述分析表明，FD-D2D 车载通信模型中簇头复用簇内成员的链路资源组播获得的平均信道容量增益是 HD 模式的 2~6 倍。

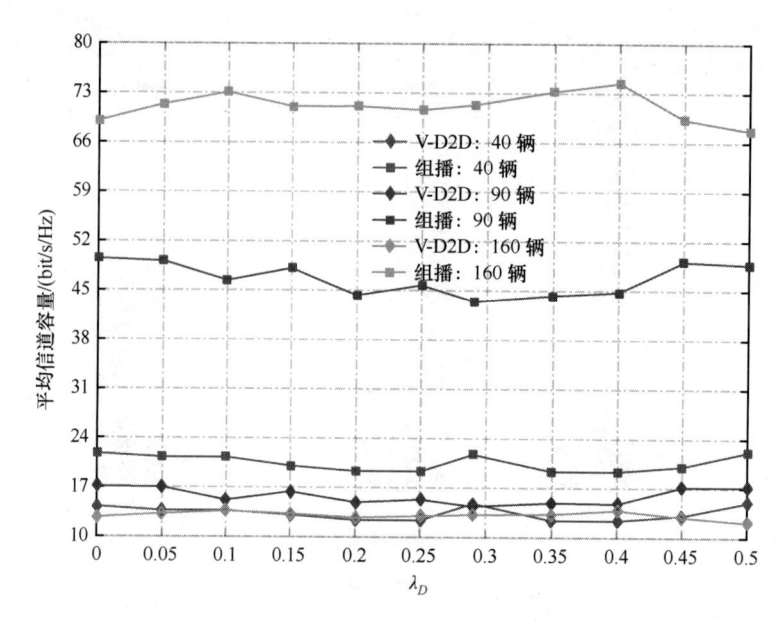

图 4-21　簇内 V-D2D 链路和簇头组播的平均信道容量

图 4-22 分析了 λ_D 取 0~0.5 时，传统蜂窝网络中 CUE、FD-D2D 车载通信模型、半双工 V-D2D 通信模型和 FD-D2D 车载通信模型中 CUE（图中分别简称 CUE、CUE+V-D2D+组播、CUE+V-D2D 和 CUE in V-D2D）通信时单位带宽的平均信道容量。从图 4-22 中可以看出，单位带宽下在 FD-D2D 车载通信模型中，CUE 的平均信道容量损失仅为 2 bit/Hz/s，而平均信道容量增益则达到 10 bit/Hz/s，较半双工 V-D2D 通信增加了 10%。

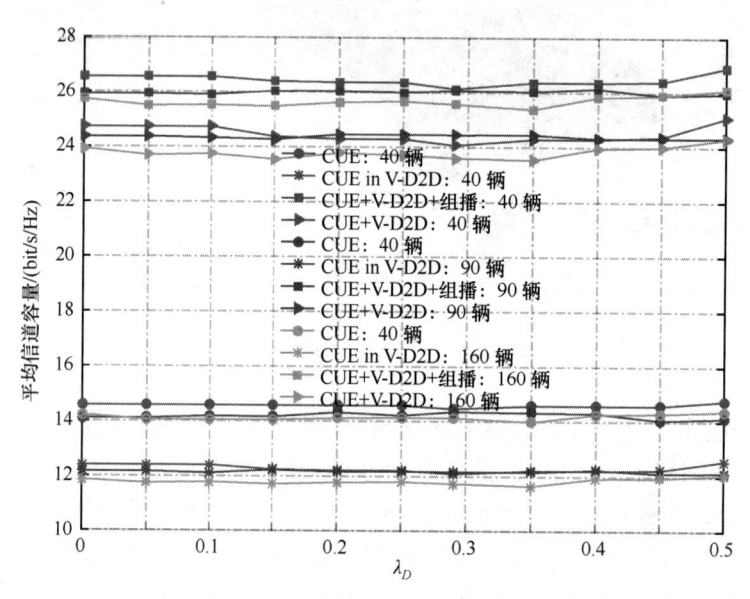

图 4-22　不同模式下通信时单位带宽的平均信道容量

4.5 本章小结

本章从以下3个方面对C-V2X车载通信全双工技术展开研究。

（1）车载通信应用中不同信源车辆发送的信息相互独立，节点调制方式往往不对称，加剧全双工模式残余自干扰造成的译码错误。针对这个问题，提出一种非对称编码的全双工车载通信方法。该方法引入网络编码DF-JM解决了非对称调制带来的误码率增大的问题，在全双工残余自干扰随功率动态变化情况下的优化约束条件，得到最优功率分配区间。

（2）针对车载通信系统时延问题，提出全双工双向中继车载协作通信系统的方案，AF物理层网络编码技术减小系统解码复杂度并能适应非对称车载信息传输。信道衰落服从Double-Nakagami分布，推导出了通用的系统中断概率简化表达式，并对车载协作通信系统可靠性的关键因素进行分析。数值分析结果与蒙特卡洛仿真结果吻合，同时验证了信息传输速率的非对称程度、自干扰信号的消除能力与Double-Nakagami衰落信道的形状衰落因子都会对系统的中断性能产生影响。

（3）在C-V2X系统中，快速移动导致D2D链路的网络拓扑不稳定，频繁重构的网络拓扑增加了同频干扰问题的复杂度和拓扑管理信令的数量，造成基站的计算能力和带宽资源浪费，为解决上述问题，建立了一种基于Underlay模式的FD-D2D车载通信模型。该模型以HG-C策略为基础对VUE进行聚簇，分别将超边粗化和细化分割部署在分布式VUE和基站端，降低了基站在链路资源发现和维护过程中承担的开销。同时，利用基于ILA理论的动态功率控制和频谱复用区域映射策略管理FD-D2D通信资源，发挥出了FD-D2D通信和簇间频谱复用的优势，提高了频谱复用效率。

参 考 文 献

[1] 张丹丹，王兴，张中山. 全双工通信关键技术研究[J]. 中国科学: 信息科学，2014，44(8): 951-964.

[2] 胡荣贻. 全双工无线中继理论性能分析和资源分配技术[D]. 北京: 北京邮电大学，2015.

[3] Zhang Z, Ma Z, Xiao M, et al. Two-timeslot two-way full-duplex relaying for 5G wireless communication networks[J]. IEEE Transactions on Communications，2016，64(7): 2873-2887.

[4] Li C, Chen Z, Wang Y, et al. Outage analysis of the full-duplex decode-and- forward two-way relay system[J]. IEEE Transactions on Vehicular Technology，2017，66(5): 4073-4086.

[5] Duarte M, Dick C, Sabharwal A. Experiment-driven characterization of full-duplex wireless systems[J]. IEEE Transactions on Wireless Communications，2012，11(12): 4296-4307.

[6] Rodriguez L J, Tran N H, Le-Ngoc T. Optimal power allocation and capacity of full-duplex AF relaying under residual self-interference[J]. IEEE Wireless Communications Letters，2014，3(2): 233-236.

[7] Ahmed E, Eltawil A M. All-digital self-interference cancellation technique for full-duplex systems[J]. IEEE Transactions on Wireless Communications，2015，14(7): 3519-3532.

[8] Bharadia D, McMilin E, Katti S. Full duplex radios[C]. ACM SIGCOMM Computer Communication Review. ACM, 2013, 43(4): 375-386.

[9] Sharma P K, Garg P. Outage analysis of full duplex decode and forward relaying over Nakagami-m channels[C]. Communications (NCC), 2013 National Conference on. IEEE, 2013: 1-5.

[10] Krikidis I, Suraweera H A, Smith P J, et al. Full-duplex relay selection for amplify-and-forward cooperative networks[J]. IEEE Transactions on Wireless Communications, 2012, 11(12): 4381-4393.

[11] Koc A, Altunbas I, Yongacoglu A. Outage Probability of Two-Way Full-Duplex AF Relay Systems over Nakagami-m Fading Channels[C]. Vehicular Technology Conference (VTC-Fall), 2016 IEEE 84th. IEEE, 2016: 1-5.

[12] Popovski P, Yomo H. Wireless network coding by amplify-and-forward for bi-directional traffic flows[J]. IEEE Communications Letters, 2007, 11(1):1-3.

[13] Chen Z, Liu H, Wang W. A novel decoding-and-forward scheme with joint modulation for two-way relay channel[J]. IEEE Communications Letters, 2010, 14(12): 1149-1151.

[14] 刘洪, 任术波, 项海格. 不均等双向解码转发机会中继通信性能分析[J]. 系统工程与电子技术, 2012, 34(11): 2344-2350.

[15] 肖海林, 金晓晴, 邱斌, 等. 非对称调制的双向全双工车载通信 BER 性能分析[J]. 系统工程与电子技术, 2018, 40(4):904-910.

[16] Ilhan H. Performance analysis of two-way AF relaying systems over cascaded Nakagami-m fading channels[J]. IEEE Signal Processing Letters, 2012, 19(6): 332-335.

[17] Akki A S, Haber F. A statistical model of mobile-to-mobile land communication channel[J]. IEEE Transactions on Vehicular Technology, 1986, 35(1): 2-7.

[18] Li C, Wang Y, Chen Z Y, et al. Performance analysis of the full-duplex enabled decode-and-forward two-way relay system[C]. Communications Workshops (ICC), 2016 IEEE International Conference on. IEEE, 2016: 559-564.

[19] Riihonen T, Werner S, Wichman R. Mitigation of loopback self-interference in full-duplex MIMO relays[J]. IEEE Transactions on Signal Processing, 2011, 59(12): 5983-5993.

[20] Gradshteyn I S, Ryzhik I M. In Table of Integrals, Series, and Products[J]. Mathematics of Computation, 2007, 20(96):1157-1160.

[21] Li Y, Jiang T, Sheng M, et al. QoS-Aware Admission Control and Resource Allocation in Underlay Device-to-Device Spectrum-Sharing Networks[J]. IEEE J. Sel. Area Comm, 2016, 34: 2874-2886.

[22] Ren Y, Liu F, Liu Z, et al. Power control in D2D-based vehicular communication networks[J]. IEEE Transactions on Veh Technol, 2015, 64: 5547-5562.

[23] 肖海林, 吴彬, 张中山, 等. 基于超图聚簇和干扰限制区域理论的全双工 D2D 车载通信资源管理方案研究[J]. 中国科学：信息科学, 2020, 20(1):1-19

[24] Liu F, Hou X, Liu Y. Capacity Improvement for Full Duplex Device-to-Device Communications Underlaying Cellular Networks[J]. IEEE Access, 2018, 6: 68373-68383.

[25] Chen Q, Wu F, Leng S, et al. Degree of link dependence-based LTE-V2V clustering and alarm information forwarding[C]. IEEE/CIC International Conference on Communications, China, 2016: 1-6.

[26] Yao Y, Chen X, Rao L, at al. LORA: Loss Differentiation Rate Adaptation Scheme for Vehicle-to-Vehicle

Safety Communications[J]. IEEE Transactions on Vehicular Technology, 2017, 66(3): 2499-2512.

[27] Liu Y, Shi K, Xu G, at al. Analysis of Packet Loss Characteristics in VANETs[C]. 2018 8th International Conference on Electronics Information and Emergency Communication (ICEIEC). IEEE, 2018: 219-222.

[28] Cadenas J, Megson G M. Rapid preconditioning of data for accelerating convex hull computations[J]. Electronics Letters, 2014, 50(4): 270-272.

[29] Ma X, Zhang J, Wu T. Reliability Analysis of One-Hop Safety-Critical Broadcast Services in VANETs[J]. IEEE Transactions on Vehicular Technology, 2011, 60(8): 3933-3946.

第 5 章
D2D 技术

5.1 引言

端到端通信技术又称为 D2D 通信技术。当两个需要通信的用户距离较近时，在基站的控制下使用 D2D 通信技术可以直接进行通信，而不用像传统蜂窝用户通信时需要基站的转发。在蜂窝网络中引入 D2D 通信技术可以减轻基站的负担，且用户之间直接通信可以降低通信时延。

将 D2D 通信技术引入蜂窝通信网络中，蜂窝用户的通信方式与传统蜂窝通信方式相同，通过基站的转发实现两个用户间的数据交换。D2D 用户在满足 D2D 通信的条件时可由基站控制选择频谱资源，不通过基站转发而直接进行通信。D2D 通信技术不仅在扩展系统容量、提高频谱利用率等方面可以大大提高传统蜂窝通信网络的性能指标，还能够降低通信时延，提升通信终端用户的 QoS。D2D 通信技术有两种通信模式，分别为 Overlay 模式和 Underlay 模式。

1. Overlay 模式

Overlay 模式主张在蜂窝通信频带内为 D2D 用户专门划分出一部分频谱资源，这种模式下 D2D 用户与传统蜂窝用户使用不同的频谱资源，彼此之间不会产生干扰，可保证两种用户通信的可靠性。文献[1]研究了一个基于蜂窝网 Overlay 模式的 D2D 网络，为蜂窝用户和 D2D 用户分别分配了不同的频谱资源，使得蜂窝用户与 D2D 用户之间不存在干扰。利用基站控制实现资源的分配，首先用数学方法确定了基于穷举搜索算法的 D2D 网络的最优和速率，分别给出了低信噪比和高信噪比条件下平均和速率的封闭近似解，在此基础上提出了一种次优的 D2D 调度方案来降低基站的计算复杂度。另外，文献 [1] 提出了一种分布式 D2D 调度方案来消除信道反馈开销，该次优方案在极大地降低计算复杂度的同时，可以获得接近最优的和速率，并且在信噪比渐近低或高时都可以获得最优的和速率。此外，文献 [1] 作者指出集中式 D2D 调度方案与分布式 D2D 调度方案的性能差距较小，尤其是在 D2D 用户数目值较小的情况下。虽然在 Overlay 模式下使用 D2D 通信技术不会对蜂窝用户产生干扰，但随着蜂窝小区中用户数目的增多，频谱资源明显紧缺，因此研究人员做了大量的 Underlay 模式下的研究工作。

2. Underlay 模式

无论是最先提出的 DSRC 技术还是 Overlay 技术，都为用户的直接通信划分了专用的频带，这种专用频带的划分保证了用户在通信时的干扰控制。但随着近年来用户的爆炸式增长，需要接入网络的用户越来越多，而频谱资源是一种有限的自然资源，划分专用频带的做法对频谱资源的利用率将大打折扣，已经显得不合时宜，因此众多研究人员将研究重点放在了 Underlay 模式下的通信。在 Underlay 模式下合理地进行资源分配可以有效降低同频干扰，体现出 D2D 通信技术提高系统容量、降低通信时延的优势。目前对于该模式下的研究主要有以下 3 种情况。

（1）一对一：为了降低算法的复杂度，该复用模式下规定一个 D2D 用户只复用一个蜂窝用户的资源，同时一个蜂窝用户的资源只能被一个 D2D 用户使用。

（2）一对多：该模式同样规定一个 D2D 用户只能复用一个蜂窝用户的资源，但一个蜂窝用户的资源可以被不同的 D2D 用户使用，此时系统中的干扰情况比一对一复用相对复杂，增加了共同使用同一资源的 D2D 用户带来的同频干扰。

（3）多对多：一个 D2D 用户可以复用多个蜂窝用户的资源，同时一个蜂窝用户的资源可以被多个 D2D 用户共同使用。这种情况下系统的干扰项将会增多，对资源分配的要求较高，同时算法的复杂度会上升。

蜂窝用户资源又可以分为上行资源和下行资源，D2D 用户可以选择复用这两种中的任意一种。图 5-1 所示分别为 Underlay 模式下复用蜂窝用户上行资源和下行资源时的情况。

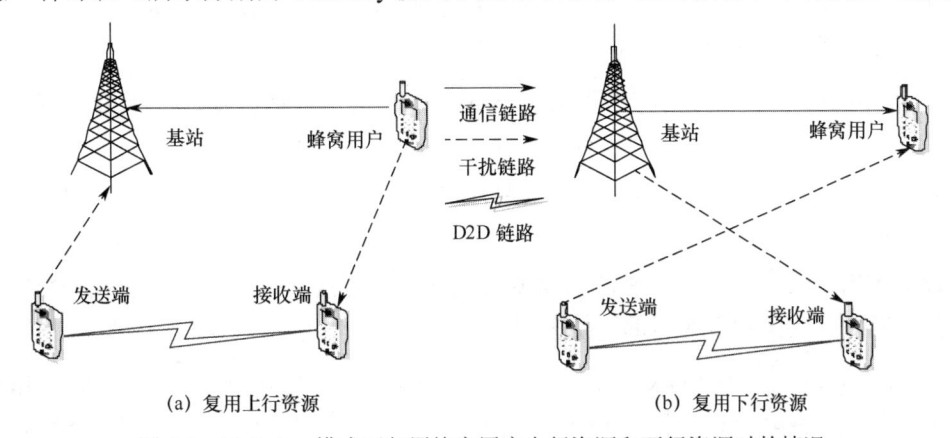

(a) 复用上行资源　　　　　　　　(b) 复用下行资源

图 5-1　Underlay 模式下复用蜂窝用户上行资源和下行资源时的情况

从图 5-1（a）中可以看出，复用上行资源时的干扰主要有 D2D 发送端对基站的干扰和蜂窝用户对 D2D 接收端的干扰。从图 5-1（b）中可以看出，复用下行资源时的干扰包括基站对 D2D 接收端的干扰及 D2D 发送端对蜂窝用户的干扰。由于复用上行资源时受干扰的是基站和 D2D 接收端，而基站的功能较为强大，对于基站的干扰能够得到较好处理。因此，相比于下行资源的干扰控制，用户复用上行资源较有优势。因此，我们考虑的资源分配也是基于复用蜂窝用户的上行资源开展的。

此外，在 Underlay 模式下，D2D 用户可以选择复用合适的蜂窝用户的频谱资源完成通信。由于 D2D 用户与蜂窝用户使用同一频谱资源通信，此时两者之间会产生同频干扰，如果复用的资源不恰当，则不仅不能体现 D2D 通信的优势，而且会对复用的蜂窝用户造成严重干扰。

5.2 时延 QoS 保证的 C-V2X 车载通信功率分配方法

正如 5.1 节的描述，基于蜂窝网的 V2V 通信技术具有覆盖范围更广、灵活性更强、数据传输速率更高等优点。蜂窝网下采用 D2D 技术支持 V2V 通信（本节称为 D2D-V 通信或 D2D-V），使用该技术车辆间的通信不用经过基站转发，从而减轻了基站的负担。在实际场景中，蜂窝小区中有数量较多的蜂窝用户和 D2D-V 车载用户。本节提出一种多个蜂窝用户多对 D2D-V 用户的功率分配方案，该方案同时考虑了蜂窝用户和 D2D-V 用户的干扰，采用有效容量模型提供 QoS 保障，通过拉格朗日对偶方法求解优化问题。

5.2.1 系统模型

考虑一个基于正交频分多址（Orthogonal Frequency Division Multiple Access，OFDMA）的蜂窝小区，该小区由一个基站、M 个蜂窝用户、N 对 D2D-V 用户构成。信道划分为 K 个正交子信道，每个子信道带宽为 B。蜂窝用户随机地分布在该小区内。用 $k=\{1,2,\cdots,K\}$ 表示可用子信道集合，$C=\{1,2,\cdots,M\}$ 表示蜂窝用户的集合，$V=\{1,2,\cdots,N\}$ 表示 D2D-V 对的集合。其中，$M \leqslant K$、$N \leqslant M$。在实际情况中，一个子信道只能分配给一个蜂窝用户[2]。系统模型如图 5-2 所示。

图 5-2 中用深浅不同的颜色区分不同的 D2D-V 用户。车辆在城市环境中的道路上行驶，基站位于小区的中心，假设基站能获得全部 CSI。D2D-V 用户通信时复用蜂窝用户的上行资源，并且所有 D2D-V 用户都采用 Underlay 模式通信，即所有 D2D-V 用户都复用蜂窝用户的上行资源。

D2D-V 用户复用蜂窝用户的上行资源必定会产生同频干扰，图 5-3 所示为 D2D-V 用户复用蜂窝用户的上行资源时的干扰模型。

图 5-3 中，以深色 D2D-V 用户受到的干扰为例，浅色用户对表示复用该蜂窝用户上行资源的其他 D2D-V 用户。图 5-3 中，一对 D2D-V 用户复用蜂窝用户的上行资源通信时，系统中的干扰主要有 D2D-V 用户发射端对基站的干扰、蜂窝用户对 D2D-V 用户接收端的干扰及复用同一蜂窝用户上行资源的其他 D2D-V 用户的干扰。如果蜂窝用户距离车辆接收端较近，则车辆接收端受到来自蜂窝用户的干扰较大。不解决干扰的问题势必会影响通信质量，使得 D2D-V 用户通信不但不能发挥其优点，而且会严重影响蜂窝用户的正常通信，导致系统性能下降。另外，车载通信的实时性较强，为满足车载通信的时延 QoS 需求，本节采用了有效容量模型，最终目标是使系统有效容量达到最大值，从而提升系统性能。要想达到有效容量最大的目标，必须提出一个有效的功率分配方案。

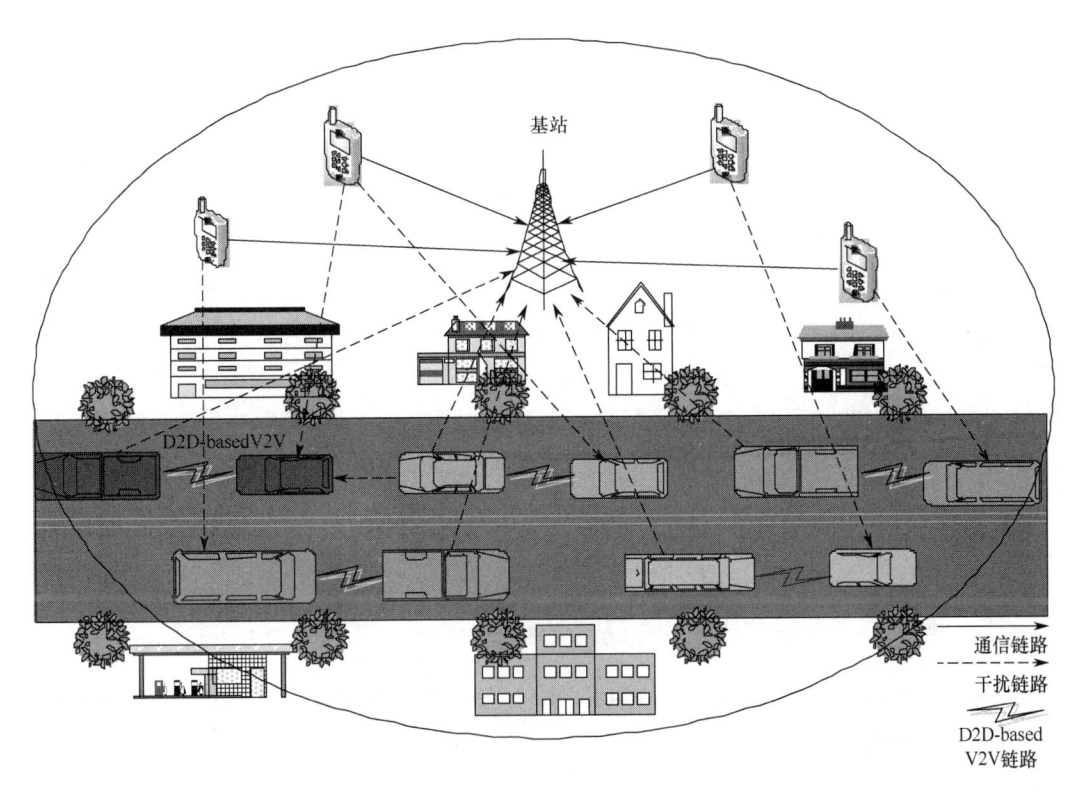

图 5-2 系统模型

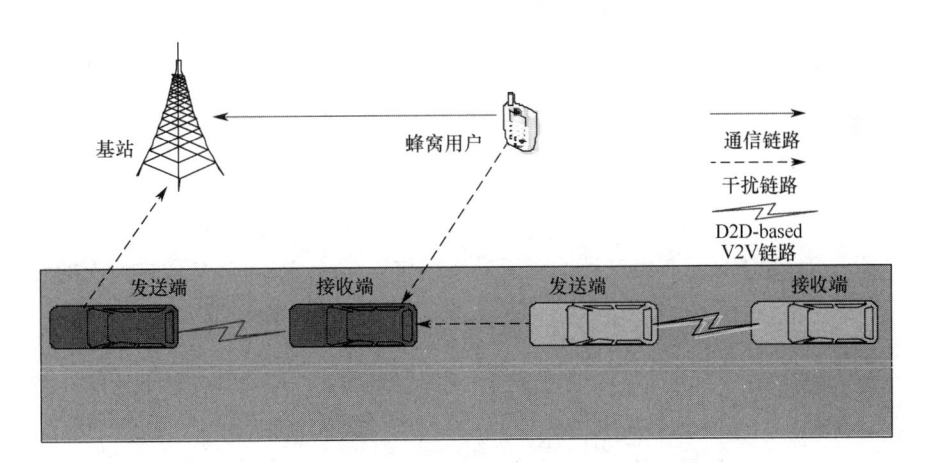

图 5-3 干扰模型

在一个时隙内第 n 对 D2D-V 用户通信用户的服务速率为

$$R_n^k = B\log_2\left(1 + \frac{P_n^k h_{n,n}^k}{N_0^k + P_c^k h_{m,n}^k + \sum_{i \neq n} P_i^k h_{i,n}^k}\right), \ n, i \in \mathcal{V}, k \in \mathcal{K} \quad (5\text{-}1)$$

式中，P_n^k 为 D2D-V 用户发送端的发送功率；$h_{n,n}^k$ 为第 n 个 D2D-V 用户发送端到接收端的信道增益；$\sum_{i\neq n} P_i^k h_{i,n}^k$ 为复用同一蜂窝用户上行资源的其他 D2D-V 用户的干扰；$P_c^k h_{m,n}^k$ 为蜂窝用户对 D2D-V 用户接收端的干扰；N_0^k 为子信道 k 上的噪声功率。

1. 有效容量模型

为了解决仅由物理层的信道状态信息无法满足应用层的 QoS 需求的问题，2003 年卡内基梅隆大学的 Dapeng Wu 和 Rohit Negi 在有效带宽（Effective Bandwidth，EB）理论的基础上提出了有效容量（Effective Capacity，EC）理论[3]。有效容量作为一个跨层模型，将链路层的队列状态信息融合到物理层的信道状态信息中。在该模型中，发射机只需要根据当前时刻的 CSI，通过控制底层的发射功率与子载波分配即可约束数据队列状态，满足应用层业务的 QoS 需求[4]。为确保数据的持续传输，Dapeng Wu 和 Rohit Negi 假设缓冲区永远是非空的。第 n 个 D2D-V 用户的有效容量表达式为

$$C_n^k(P_n^k,\theta_n) = -\frac{1}{\theta_n}\ln[E_h(e^{-\theta_n R_n^k(t)})], \quad n \in \mathcal{V} \tag{5-2}$$

式中，θ_n 为第 n 对 V2V 用户对的时延 QoS 指数；$E_h(\cdot)$ 为关于 h 的期望算子。基于系统模型，总的有效容量公式为

$$C(\boldsymbol{P},\theta) = \sum_{n=1}^{N}\sum_{k=1}^{K} -\frac{1}{\theta_n}\ln[E_h(e^{-\theta_n R_n^k(t)})], \quad n \in \mathcal{V}, k \in \mathcal{K} \tag{5-3}$$

由于车载业务中对时延 QoS 需求较高，因此车辆间通信时每个时隙都有数据传输。为保证车载业务的时延满足要求，不引起丢包，采用有效容量模型来达到时延约束的目的。

$$\boldsymbol{P} \in \mathcal{P} = \{\boldsymbol{P} \in \boldsymbol{R}_+^{N\times M} \mid \sum_{n=1}^{N}\sum_{k=1}^{K} P_n^k \leqslant P_{\max}\} \tag{5-4}$$

$\boldsymbol{P}$ 表示所有 D2D-V 用户发送端的发送功率的集合；$P_{\max}$ 为 D2D-V 用户最大的发射功率。

代入式（5-1）可得系统总的有效容量为

$$C(\boldsymbol{P},\theta) = \sum_{n=1}^{N}\sum_{k=1}^{K} -\frac{1}{\theta_n}\ln[E_h(e^{-\theta_n TB\log_2(1+\frac{P_n^k h_{n,n}^k}{N_0^k + P_c^k h_{m,n}^k + \sum_{i\neq n} P_i^k h_{i,n}^k})})], \quad n \in \mathcal{V}, k \in \mathcal{K} \tag{5-5}$$

另外，对于时延敏感业务，要满足一定的时延需求，要求其有效容量要大于其有效容量最小值门限，即

$$C_n^k(P_n^k,\theta_n) \geqslant C_n^{k,\min} \tag{5-6}$$

2. 时延 QoS 保证

随着无线通信技术的飞速发展，多媒体业务种类不断增长。车载业务不再单纯地限制

于数据的传输，如音频、在线娱乐等。这就导致对 QoS 需求不断增高。对于车载通信业务，首要的问题是安全数据的及时分发，因此在众多服务质量参数中时延是最关键的 QoS 参数。根据大偏差理论[5]，当队列的到达和服务过程是平稳的且各态历经的，队列长度可以收敛到一个稳态队长，即

$$-\lim_{Q^{\text{th}} \to \infty} \frac{\ln(\Pr\{Q(\infty) > Q^{\text{th}}\})}{Q^{\text{th}}} = \theta \tag{5-7}$$

式中，$Q(\infty)$ 为 D2D-V 用户的稳态队长；Q^{th} 为给定的队列门限值；$\theta(\theta>0)$ 为 QoS 指数，表示队列长度超过阈值概率随队列门限 Q^{th} 增大时的指数衰减速率，θ 越大时延忍耐度越小，表示系统可提供较紧的时延 QoS 保证。在时延敏感业务传输时，队列总是非空的，此时时延超过最大时延门限的概率近似为

$$\Pr\{Q \geqslant Q^{\text{th}}\} \approx \mathrm{e}^{-\theta Q^{\text{th}}} \leqslant \Delta \tag{5-8}$$

式中，Δ 为允许的最大队列门限超出概率。超出违反概率则会引起丢包。由此可得 QoS 指数的表达式为

$$\theta = -\frac{\ln \Delta}{Q^{\text{th}}} \tag{5-9}$$

3. 优化问题

我们的目标是通过有效的功率分配方案最大化系统的有效容量，满足车载通信低时延的要求。对此，下面利用能够联合物理层与链路层为系统提供时延 QoS 保证的有效容量模型刻画问题[6]。相应优化问题可表示为

$$\max_{\boldsymbol{P} \in \mathcal{P}} C(\boldsymbol{P}, \theta) \tag{5-10}$$

$$\text{s.t.} \quad C_n^k(P_n^k, \theta_n) \geqslant C_n^{k,\min}, \forall n \tag{5-10a}$$

$$0 \leqslant P_n^k \leqslant P_n^{\max}, \forall n \tag{5-10b}$$

$$\sum_{n=1}^{N} P_n^k h_{n,b}^k \leqslant I_{\text{th}}^{c,k} \tag{5-10c}$$

$$\frac{P_n^k h_{n,n}^k}{N_0^k + P_c^k h_{m,n}^k + \sum_{i \neq n} P_i^k h_{i,n}^k} \geqslant I_{\text{th}}^{n,k}, \forall n \tag{5-10d}$$

其中，式（5-10a）表示第 n 个 D2D-V 用户的时延约束；式（5-10b）表示 D2D-V 用户的发射功率不能超过最大值；式（5-10c）表示 D2D-V 用户通信时对蜂窝用户的干扰不能超过最大值，$I_{\text{th}}^{c,k}$ 为蜂窝用户所能容忍的最大干扰值；式（5-10d）表示 V2V 用户的信噪比限制，$I_{\text{th}}^{n,k}$ 为 D2D-V 用户的信噪比门限。

从有效容量表达式可以看出，有效容量函数为非凸函数，不利于求最优值。为方便计算，对有效容量做如下变形。

$$C(\boldsymbol{P},\theta) = \sum_{n=1}^{N}\sum_{k=1}^{K} -\frac{1}{\theta_n}\ln[E_h(\mathrm{e}^{-\theta_n TB\log_2(1+\frac{P_n^k h_{n,n}^k}{N_0^k + P_c^k h_{m,n}^k + \sum_{i\neq n}P_i^k h_{i,n}^k})})]$$

$$= \sum_{n=1}^{N}\sum_{k=1}^{K} -\frac{1}{\theta_n}\ln[E_h(\mathrm{e}^{\log_2(1+\frac{P_n^k h_{n,n}^k}{N_0^k + P_c^k h_{m,n}^k + \sum_{i\neq n}P_i^k h_{i,n}^k})})^{-\theta_n TB}] \quad (5\text{-}11)$$

$$= \sum_{n=1}^{N}\sum_{k=1}^{K} -\frac{1}{\theta_n}\ln[E_h(1+\frac{P_n^k h_{n,n}^k}{N_0^k + P_c^k h_{m,n}^k + \sum_{i\neq n}P_i^k h_{i,n}^k})^{\frac{-\theta_n TB}{\ln 2}}]$$

式（5-11）将有效容量表达式转换为凸函数的形式，由式（5-11）可以看出，最大化问题可等效为

$$\max_{\boldsymbol{P}\in\mathcal{P}} C(\boldsymbol{P},\theta) \Rightarrow \min_{\boldsymbol{P}\in\mathcal{P}} \sum_{n=1}^{N} E_h\left(1+\frac{P_n^k h_{n,n}^k}{N_0^k + P_c^k h_{m,n}^k + \sum_{i\neq n}P_i^k h_{i,n}^k}\right)^{\frac{-\theta_n TB}{\ln 2}} \quad (5\text{-}12)$$

对时延约束式（5-10a）变形，得

$$C_n^k(P_n^k,\theta_n) \geqslant C_n^{k,\min} \Rightarrow E_h\left(1+\frac{P_n^k h_{n,n}^k}{N_0^k + P_c^k h_{m,n}^k + \sum_{i\neq n}P_i^k h_{i,n}^k}\right)^{\frac{-\theta_n TB}{\ln 2}} \leqslant \mathrm{e}^{-\theta_n C_n^{k,\min}} \quad (5\text{-}13)$$

根据式（5-11）～式（5-13），优化问题可重写为

$$\min_{\boldsymbol{P}\in\mathcal{P}} \sum_{n=1}^{N} E_h\left(1+\frac{P_n^k h_{n,n}^k}{N_0^k + P_c^k h_{m,n}^k + \sum_{i\neq n}P_i^k h_{i,n}^k}\right)^{\frac{-\theta_n TB}{\ln 2}} \quad (5\text{-}14)$$

$$\text{s.t.} \quad E_h\left(1+\frac{P_n^k h_{n,n}^k}{N_0^k + P_c^k h_{m,n}^k + \sum_{i\neq n}P_i^k h_{i,n}^k}\right)^{\frac{-\theta_n TB}{\ln 2}} \leqslant \mathrm{e}^{-\theta_n C_n^{k,\min}}, \forall n \quad (5\text{-}14\text{a})$$

$$0 \leqslant \sum_{k=1}^{K} P_n^k \leqslant P_n^{\max}, \forall n \quad (5\text{-}14\text{b})$$

$$\sum_{n=1}^{N} P_n^k h_{n,b}^k \leqslant I_{\mathrm{th}}^{c,k} \quad (5\text{-}14\text{c})$$

$$\frac{P_n^k h_{n,n}^k}{N_0^k + P_c^k h_{m,n}^k + \sum_{i \neq n} P_i^k h_{i,n}^k} \geq I_{\text{th}}^{n,k}, \forall n \tag{5-14d}$$

5.2.2 功率分配

直接求解上述优化问题较为困难。由于原优化问题式（5-14）为凸函数，并且满足 Slater 准则，根据文献[7]可知强对偶性成立，这说明由拉格朗日函数得到的最好下界与原问题最优解之间的对偶间隙为零，此时采用拉格朗日对偶方法得到的解就是原问题的最优解。

1. 拉格朗日对偶方法

由于直接求解式（5-14）较为困难，所以可在目标函数中考虑原问题的约束条件，利用拉格朗日函数做进一步松弛。式（5-14）的部分拉格朗日函数表达式为

$$L(\boldsymbol{P}, \lambda) = \sum_{n=1}^{N} E_h \left(1 + \frac{P_n^k h_{n,n}^k}{N_0^k + P_c^k h_{m,n}^k + \sum_{i \neq n} P_i^k h_{i,n}^k}\right)^{\frac{-\theta_n TB}{\ln 2}} + \\ \sum_{n=1}^{N} \lambda_n \left(E_h \left(1 + \frac{P_n^k h_{n,n}^k}{N_0^k + P_c^k h_{m,n}^k + \sum_{i \neq n} P_i^k h_{i,n}^k}\right)^{\frac{-\theta_n TB}{\ln 2}} - \mathrm{e}^{-\theta_n C_n^{k,\min}} \right) \tag{5-15}$$

式中，$\lambda = [\lambda_1, \cdots, \lambda_n]^T$，为对偶变量，且 $\lambda \geq 0$。由拉格朗日函数得到相应的对偶函数为

$$G(\lambda) = \min_{\boldsymbol{P}} L(\boldsymbol{P}, \lambda) \tag{5-16}$$
$$\text{s.t. 式 （5-14b）～式 （5-14d）}$$

对偶函数表示的是原优化问题最优值的下界，在满足强对偶性时，通过寻找拉格朗日函数最好的下界可以得到原问题的最优值。对偶问题可表示为

$$\max_{\lambda} G(\lambda) \tag{5-17}$$
$$\text{s.t.} \quad \lambda \geq 0$$

根据对偶分解法[8]，优化问题可解耦为 N 个独立的问题。对于一个确定的 D2D-V 用户 n，有确定的 $h_{n,n}^k$，其对应的子问题为

$$\text{Sub}_n = \min_{P_n^k} (1 + \lambda_n) \left(1 + \frac{P_n^k h_{n,n}^k}{N_0^k + P_c^k h_{m,n}^k + \sum_{i \neq n} P_i^k h_{i,n}^k}\right)^{\frac{-\theta_n TB}{\ln 2}} \tag{5-18}$$
$$\text{s.t. 式 （5-14b）～式 （5-14d）}$$

2. 求最优对偶变量

得到对偶函数后，对偶变量的最优解可采用次梯度法求解，具体表达式为

$$\lambda_n^{t+1} = \left[\lambda_n^t + s \left(E_h \left(1 + \frac{P_n^k h_{n,n}^k}{N_0^k + P_c^k h_{m,n}^k + \sum_{i \neq n} P_i^k h_{i,n}^k} \right)^{\frac{-\theta_n TB}{\ln 2}} - e^{-\theta_n C_n^{k,\min}} \right) \right]^+ \tag{5-19}$$

$[x]^+ = \max(x,0)$，t 为迭代指数，s 为一个极小的步长。由于对偶问题是一个凸优化问题，式（5-19）将会收敛至最优对偶变量 λ^*。

3. 资源分配优化算法的步骤

结合拉格朗日对偶方法和上述分析，资源分配优化的步骤如下。

步骤 1：设置对偶变量的初始值，通过式（5-19）更新对偶变量，得到最优对偶变量 λ^*。

步骤 2：设置功率分配矩阵 ***P*** 初始值，迭代次数初始值 $i = 0$，最大迭代次数 $i^{\max}$，判断精度 ε。

步骤 3：遍历 N 个用户的 CSI，得到所有的 h。

步骤 4：求满足式（5-18）的 $P_n^{k^*}$。

步骤 5：当 $i = i^{\max}$ 或 $|\text{Sub}_n^{i+1} - \text{Sub}_n^i| \leqslant \varepsilon$ 时，停止迭代，输出优化后的功率分配矩阵 ***P**^**。

▶ 5.2.3 仿真结果与性能分析

本小节通过 MATLAB 仿真来验证拉格朗日对偶方法的有效性，并对仿真结果进行分析。考虑一个单小区场景，存在 M 个蜂窝用户和 N 个 D2D-V 用户。由于模型建立在城市街道环境下，车辆之间距离一般都在 D2D-V 通信范围内，所以假设所有车辆都通过 D2D-V 方式通信。并且由于现有频谱资源紧缺，所有车辆都采用 Underlay 模式进行通信，即所有车辆在通信时都复用蜂窝用户的频谱资源。考虑无线信道模型为大尺度衰落和瑞利衰落信道。本算法用 QoS 指数 θ 刻画车载通信的时延要求。为了便于分析，假设每个 D2D-V 用户只复用一个蜂窝用户的上行频谱资源，并且所有车辆的时延 QoS 需求相同。仿真中的参数选自 3GPP 标准规定的 LTE-OFDMA 系统的参数[9]。仿真参数设置如表 5-1 所示。

表 5-1　仿真参数设置

参 数 名	设 定 值	参 数 名	设 定 值
小区半径	500 m	路径损耗因子	−4
系统带宽	0.5 MHz	QoS 指数（θ）	$10^{-5} \sim 10^{-1}$
噪声谱密度	−174（dBm/Hz）	蜂窝用户数量	16
蜂窝用户发射功率	24 dBm	D2D-V 用户数量	32
V2V 用户最大发射总功率	24 dBm	D2D-V 通信范围	25~50 m

仿真中首先考察了算法的收敛性，当收敛精度小于规定值时，停止迭代。从图5-4中可以看出，随着迭代次数的增加，子问题Sub_n收敛。

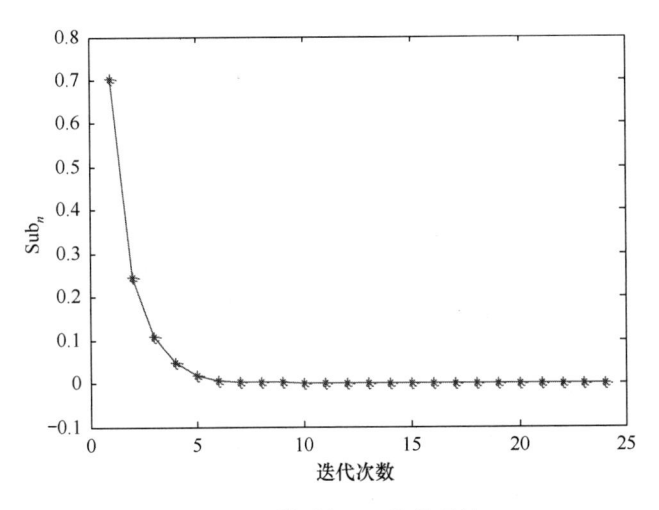

图5-4　子问题Sub_n的收敛性

为了比较性能，选取以下3种方案进行对比。

（1）文献[10]的和速率最大方案：得到所有链路CSI后，以和速率$\sum_{n=1}^{N}R_n$最大化为目标函数，求得最优功率分配矩阵$\boldsymbol{P}^*$。

（2）文献[11]提出随机功率分配方案：每个时隙开始时，在发送功率取值范围内，随机地为每个D2D-V用户重新分配发送功率，将新分配的发送功率$\boldsymbol{P}^t$与原发送功率$\boldsymbol{P}^{t-1}$进行比较，选取能使传输速率更大的一组作为最优功率分配$\boldsymbol{P}^*$。

（3）文献[12]提出恒定功率分配方案：系统中每个D2D-V用户以恒定的发送功率传输数据。

图5-5所示为QoS指数θ对系统有效容量的影响。当θ变大时，对应的QoS需求越高，因此系统有效容量随着θ单调递减。从图5-5中可以看出，提出的拉格朗日对偶方法具有较优性能，相比于和速率最大方案，所提方案在θ为10^{-4}和10^{-2}处性能分别提升了11%和14%。

由于频谱资源十分紧缺，一般需要几个D2D-V用户复用同一个蜂窝用户的上行频谱资源。为了便于分析，仿真时设定每两个D2D-V用户复用一个蜂窝用户的上行频谱资源。单个D2D-V用户通信时接收端所受干扰包括：蜂窝用户的干扰及复用该蜂窝用户的其他D2D-V用户发射端的干扰。

图5-6所示为QoS指数θ取值分别为10^{-4}、10^{-3}及10^{-2}时有效容量随干扰D2D-V用户对发射端功率的变化。从图5-6中可以看出，系统有效容量随着干扰D2D-V用户发射

端功率的增加而单调递减,可见干扰控制对提升系统性能的必要性。另外,从图 5-6 中也可以看出,θ 取值越大,即时延需求越紧,有效容量就越小。

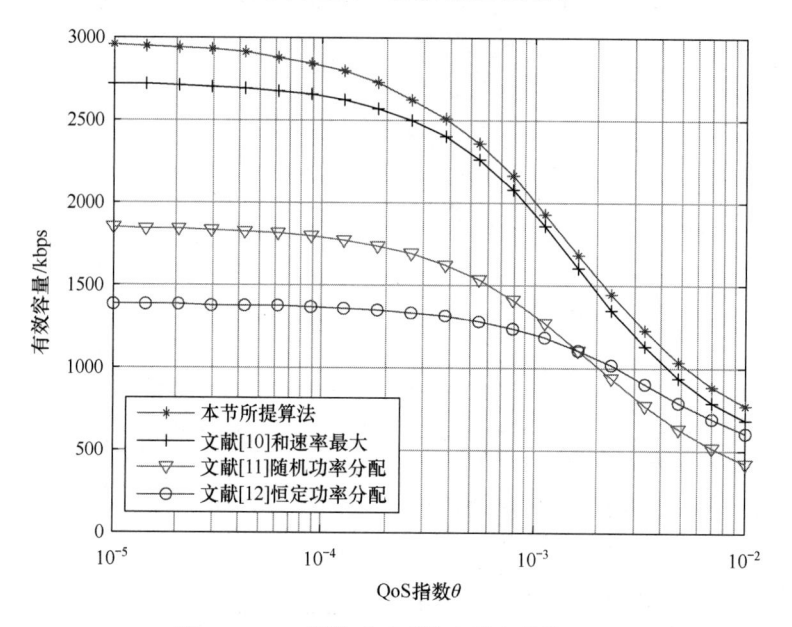

图 5-5 QoS 指数 θ 对系统有效容量的影响

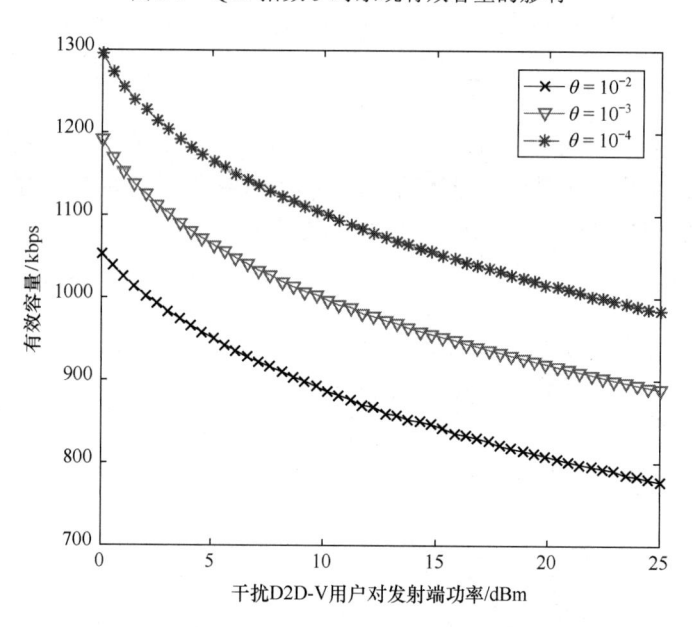

图 5-6 有效容量随干扰 D2D-V 用户对发射端功率的变化

图 5-7 所示为 D2D-V 用户与蜂窝用户间的距离 L 对系统有效容量的影响,其中 D 为 D2D-V 用户中发射端到接收端的距离。一般来说,蜂窝用户与 D2D-V 用户之间的距离越大,有效容量就会越大。这是因为 D2D-V 用户复用蜂窝用户的频谱资源时,两

者之间存在同频干扰。而当 D2D-V 用户与蜂窝用户的距离过小时，干扰值过大，将会严重影响 D2D-V 用户通信质量，相反，D2D-V 用户与蜂窝用户的距离较大时，D2D-V 用户通信质量较好。从图 5-7 中可以看出，当 L 值过小时，如 $L=50$，此时蜂窝用户距离 D2D-V 用户过近，导致系统有效容量接近于 0。随着 L 值的增大，系统性能有明显的改善。另外，可以看出 D2D-V 用户发射端到接收端的距离越远，有效容量越小。

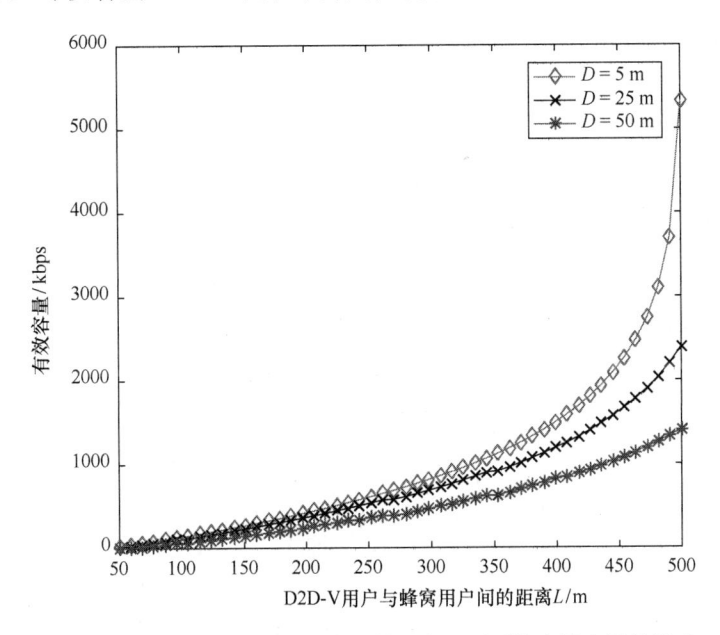

图 5-7　D2D-V 用户与蜂窝用户间的距离 L 对系统有效容量的影响

5.3　时变信道下 D2D-V 车载通信功率控制方法

D2D-V 车载用户与蜂窝用户之间的相互干扰也是制约 C-V2X 通信系统性能的主要因素，而合理有效的资源优化能够降低不同链路之间的相互干扰，以保证用户的 QoS。本节主要研究时变信道下 D2D-V 用户与蜂窝用户复用的共道干扰管理问题。为了利用资源优化实现干扰管理，同时便于实现该场景下的链路级和系统级仿真，首先采用一阶高斯马尔可夫模型刻画车载时变信道下的非完美 CSI 特性，即由于车载时变信道的非平稳性，采用相应的信道估计技术不易估计出车载时变信道的完美 CSI，真实的 CSI 信息由实际信道状态信息的估计值与信道增益估计误差两部分组成（本节主要利用该估计误差部分来衡量不完美 CSI 特性）[13]。本节进一步通过 D2D-V 用户间距离的变化来刻画车载通信的动态变化特性，利用随机几何理论对 C-V2X 系统中的共道干扰进行数学建模，通过 D2D-V 用户的功率控制进行干扰协调[14]。考虑到 D2D-V 用户复用蜂窝用户上行频谱资源的前提是首先保证蜂窝用户的性能需求，故本节将蜂窝用户的中断概率作为可靠性能约束条件，最终在保障蜂窝用户可靠性的基础上实现 D2D-V 用户的能效性能最大化。

5.3.1 系统模型

构建的 C-V2X 通信系统干扰模型如图 5-8 所示,假设在一个蜂窝小区中基站(Base Station,BS)的覆盖半径为 R。为提高 C-V2X 通信系统的频谱利用率,假设在 BS 覆盖范围内存在 M 对 D2D-V 用户与 K 个蜂窝用户同时复用带宽为 B 的上行链路信道资源。图 5-8 中,CUE_k 表示第 k 个蜂窝用户,VT_m 与 VR_m 分别表示第 m 对 D2D-V 用户的发射端与接收端。利用随机几何理论,进一步假设在 BS 覆盖范围内的 K 个蜂窝用户服从密度为 λ_c 的齐次泊松点过程(Poisson Point Process,PPP)Φ_c。M 对车载用户服从密度为 λ_v 的齐次泊松点过程 Φ_v,并且这些车载用户随机分布在城市道路或停车区域,通过 D2D-V 的通信方式实现临近车辆之间的如多媒体共享、文件传输等信息交互。为进一步进行 C-V2X 系统级和链路级的性能仿真,通过资源优化实现干扰管理,考虑 C-V2X 通信系统中车辆的移动特性及信道增益估计误差,BS 不能完好地估计各链路的 CSI,并且各 D2D-V 用户之间的通信距离具有时变特性。

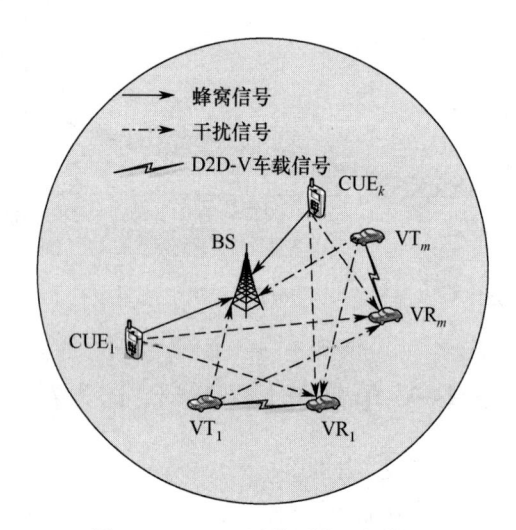

图 5-8　C-V2X 通信系统干扰模型

在 D2D-V 用户复用蜂窝用户的上行信道资源进行信息传输时,彼此之间会产生相互干扰。因此,VR_m 和 BS 收到的信号 y_{v_m} 和 y_0 分别表示为

$$y_{v_m} = \sum_{k=1}^{K}\sqrt{p_{c_k}}h_{k,m}d_{k,m}^{-\alpha}x_k + \sum_{l=1}^{M}\sqrt{p_{v_l}}h_{l,m}d_{l,m}^{-\alpha}x_l + n_m \qquad (5\text{-}20)$$

$$y_0 = \sum_{k=1}^{K}\sqrt{p_{c_k}}h_{k,0}d_{k,0}^{-\alpha}x_k + \sum_{l=1}^{M}\sqrt{p_{v_l}}h_{l,0}d_{l,0}^{-\alpha}x_l + n_0 \qquad (5\text{-}21)$$

式中,下标 0 为基站;m 和 l 分别为第 m 对及第 l 对 D2D-V 用户;k 为第 k 个蜂窝用户;p_{c_k} 和 p_{d_l} 分别为第 k 个蜂窝用户和第 l 对 D2D-V 用户信号的发射功率;x_k 和 x_l 均为对应

的单位功率信号；n_m 和 n_0 分别为相应链路的复高斯随机噪声，相互独立同分布，服从 $\mathcal{CN}(0,N_0)$；$d_{a,b}^{-\alpha}$ 表示路径损失；$d_{a,b}$ 表示节点 a 到节点 b 的距离；α 为路径损失因子；$h_{a,b}$ 表示节点 a 到节点 b 的信道增益，下标 $ab \in \{km,lm,k0,l0\}$。

5.3.2 车载时变信道下非完美 CSI 描述

在实际场景中，因车载无线通信环境的动态性与车载通信信道的时变性，完美的 CSI 即信道增益 $h_{a,b}$ 难以获取，特别是针对车载相关链路，因为车载终端的快速移动、反馈时延及信道增益估计误差的影响，所以其 CSI 常常表现为非完美性。为便于分析，采用一阶高斯马尔可夫过程（Gauss-Markov Process）来表示 V2X 通信链路不完美 CSI 的小尺度信道增益估计模型[15,16]。假设所有链路的信道增益 $h_{a,b}$ 均表示为

$$h_{a,b} = \sqrt{1-\varepsilon}\hat{h}_{a,b} + \sqrt{\varepsilon}\tilde{h}_{a,b} \tag{5-22}$$

假设 $\hat{h}_{a,b}$ 为采用最小均方差估计方法就能够获得的 $h_{a,b}$ 估计值，服从均值为 0、方差为 1 的复高斯分布；$\tilde{h}_{a,b}$ 为信道增益的变化部分且与 $\hat{h}_{a,b}$ 相互独立不相关，服从 $\mathcal{CN}(0,1)$；$\varepsilon \in [0,1]$，为信道增益估计误差。当链路因存在相对移动产生多普勒频偏时，ε 可表示[16]为

$$\begin{cases} \varepsilon = 1 - J_0^2(2\pi f_d T_s) \\ f_d = \dfrac{f_c v}{c} \end{cases} \tag{5-23}$$

式中，$J_0(.)$ 为第一类零阶贝塞尔函数；f_d 为最大多普勒频偏；f_c 为载波频率；v 为两节点之间的相对运动速度；c 为光速；T_s 为反馈时延。

基于以上假设且根据 Palm 理论，系统典型链路接收端位于坐标原点，不影响 PPP 的统计特性[17]。所以第 m 对 D2D-V 链路位于原点处的接收端对应的信干噪比（Signal-to-Interference-plus-Noise Ratio，SINR）可表示为[18]

$$\text{SINR}_{v_m} = \frac{(1-\varepsilon)|\hat{h}_{m,m}|^2 d_{m,m}^{-\alpha} p_{v_m}}{\varepsilon d_{m,m}^{-\alpha} p_{v_m} + I_c + I_v + N_0} \tag{5-24}$$

式中，$I_v = \sum_{l \in \Phi_v \setminus \{m\}} [(1-\varepsilon)|\hat{h}_{l,m}|^2 + \varepsilon] d_{l,m}^{-\alpha} p_{v_l}$，为除第 m 对 D2D-V 链路之外的其他 D2D-V 链路对第 m 对 D2D-V 链路的聚合干扰；$I_c = \sum_{k \in \Phi_c} [(1-\varepsilon)|\hat{h}_{k,m}|^2 + \varepsilon] d_{k,m}^{-\alpha} p_{c_k}$，为频谱复用的蜂窝链路对第 m 对 D2D-V 链路的聚合干扰。

同理，CUE_k 链路位于原点处接收端 BS 对应的 SINR 可表示为

$$\text{SINR}_{c_k} = \frac{(1-\varepsilon)|\hat{h}_{k,0}|^2 d_{k,0}^{-\alpha} p_{c_k}}{\varepsilon d_{k,0}^{-\alpha} p_{c_k} + I_c^{'} + I_v^{'} + N_0} \tag{5-25}$$

式中，$I_v^{'} = \sum_{m \in \Phi_v}[(1-\varepsilon)|\hat{h}_{m,0}|^2 +\varepsilon]d_{m,0}^{-\alpha} p_{v_m}$，为频谱复用的 D2D-V 链路对 CUE_k 链路的聚合干扰，除 CUE_k 之外的蜂窝链路对 CUE_k 链路的聚合干扰表示为 $I_c^{'} = \sum_{l \in \Phi_c \setminus \{k\}}[(1-\varepsilon)|\hat{h}_{l,0}|^2 + \varepsilon]d_{l,0}^{-\alpha} p_{c_l}$。

▶ 5.3.3　D2D-V 功率控制

首先推导了 D2D-V 链路平均总和速率（Average Sum Rate，ASR）的封闭表达式；然后在保证蜂窝用户最大中断性能的前提下，通过功率控制进行干扰协调，最大化 D2D-V 链路的总和能效。能效（Energy Efficiency，EE）定义为 ASR 与消耗总功率 $P_{v,\text{tot}}$ 的比值，即

$$\text{EE}_v = \frac{\text{ASR}_v}{P_{v,\text{tot}}} \tag{5-26}$$

1．D2D-V 用户平均总和速率数学描述

D2D-V 链路的 ASR 可表示为[17]

$$\text{ASR}_v = \lambda_d \pi R^2 \overline{R_v} \tag{5-27}$$

式中，$\overline{R_v}$ 为 D2D-V 链路的平均速率，即

$$\overline{R_v} = \sup_{\beta_v \geq 0} B\log(1+\beta_v) E(P(\text{SINR}_v > \beta_v)) \tag{5-28}$$

式中，B 为共享频谱的带宽；$P(\text{SINR}_v > \beta_v)$ 为 D2D-V 链路的成功传输概率；$E(\cdot)$ 为均值计算；β_v 为 D2D-V 链路能够成功传输信息的最低 SINR 门限值。

D2D-V 链路所对应的平均成功传输概率为

$$\begin{aligned}E(P(\text{SINR}_v > \beta_v)) &= E\left(P\left(\frac{(1-\varepsilon)|\hat{h}_{m,m}|^2 d_{m,m}^{-\alpha} p_{v_m}}{\varepsilon d_{m,m}^{-\alpha} p_{v_m} + I_c + I_v + N_0} > \beta_v\right)\right) \\ &= E\left(P\left(|\hat{h}_{m,m}|^2 > \frac{(\beta_v \varepsilon d_{m,m}^{-\alpha} p_{v_m} + I_c + I_v + N_0)}{(1-\varepsilon)d_{m,m}^{-\alpha} p_{v_m}}\right)\right)\end{aligned} \tag{5-29}$$

信道功率增益 $|\hat{h}_{m,m}|^2 \sim \exp(1)$。进一步令 p_v 和 p_c 分别表示每对 D2D-V 用户和每个蜂窝用户的传输功率。式（5-29）中 D2D-V 链路的成功传输概率可表示为

$$P(\text{SINR}_v > \beta_v) = \exp\left(-\frac{\varepsilon\beta_v}{1-\varepsilon} - N_0 s\right)\mathcal{L}_{I_c}(s)\mathcal{L}_{I_d}(s) \tag{5-30}$$

式中，$s = \dfrac{\beta_v d_{m,m}^{\alpha}}{(1-\varepsilon)p_v}$；$\mathcal{L}_{I_c}(s)$ 和 $\mathcal{L}_{I_d}(s)$ 分别表示聚合干扰 I_c 和 I_d 关于变量 s 的拉普拉斯变换。进一步可推导 $\mathcal{L}_{I_c}(s)$ 的表达式为

$$\begin{aligned}
\mathcal{L}_{I_c}(s) &= E_{I_c}\left[\exp\left(-s\sum_{k\in\Phi_c}[(1-\varepsilon)|\hat{h}_{k,m}|^2 + \varepsilon]d_{k,m}^{-\alpha}p_c\right)\right] \\
&\stackrel{(a)}{=} E_{\Phi_c}\left[\prod_{k\in\Phi_c} E_{d_{k,m}}[\exp(-s[(1-\varepsilon)|\hat{h}_{k,m}|^2 + \varepsilon]d_{k,m}^{-\alpha}p_c)]\right] \\
&\stackrel{(b)}{=} \exp\left[-2\pi\lambda_c \int_0^\infty E_{|\hat{h}_{k,m}|}(1-e^{-s[(1-\varepsilon)|\hat{h}_{k,m}|^2+\varepsilon]r^{-\alpha}p_c})r\,dr\right] \\
&\stackrel{(c)}{=} \exp\left[-\pi\lambda_c s^{\frac{2}{\alpha}}p_c^{\frac{2}{\alpha}}E_{|\hat{h}_{k,m}|}([(1-\varepsilon)|\hat{h}_{k,m}|^2+\varepsilon]^{\frac{2}{\alpha}})\times \Gamma\left(1-\frac{2}{\alpha}\right)\right] \\
&\stackrel{(d)}{=} \exp\left[-\pi\lambda_c s^{\frac{2}{\alpha}}p_c^{\frac{2}{\alpha}}\Gamma\left(1+\frac{2}{\alpha},\frac{\varepsilon}{1-\varepsilon}\right)\Gamma\left(1-\frac{2}{\alpha}\right)(1-\varepsilon)^{\frac{2}{\alpha}}e^{\frac{\varepsilon}{1-\varepsilon}}\right]
\end{aligned} \tag{5-31}$$

在式（5-31）中，等式（a）由拉普拉斯变换的定义 $\mathcal{L}_{I_c}(s) = E[\exp(-sI_c)]$ 得到，等式（b）由 $E_{\Phi}[\prod_{k\in\Phi_c}f(x)] = \exp[-\lambda\int_{R^2}(1-f(x))]$ 及 $\int_{R^2}f(x)dx = 2\pi\int_0^\infty xf(x)dx$ 计算得出，等式（c）及等式（d）可由随机几何理论得到，具体推导过程详见文献[18]和文献[19]。

$\mathcal{L}_{I_c}(s)$ 的表达式可简写为

$$\mathcal{L}_{I_c}(s) = \exp[-\lambda_c d_{m,m}^2 \beta_v^{\frac{2}{\alpha}} p_d^{\frac{2}{\alpha}} p_c^{\frac{2}{\alpha}} \Omega(\alpha,\varepsilon)] \tag{5-32}$$

式中，$\Omega(\alpha,\varepsilon) = \Gamma\left(1+\dfrac{2}{\alpha},\dfrac{\varepsilon}{1-\varepsilon}\right)\Gamma\left(1-\dfrac{2}{\alpha}\right)e^{\frac{\varepsilon}{1-\varepsilon}}\pi$，$\Gamma(a,x) = \int_x^\infty t^{a-1}e^{-t}dt$ 表示不完全伽玛函数，$\Gamma(x) = \int_0^\infty t^{x-1}e^{-t}dt$ 表示伽玛函数。同理可得，$\mathcal{L}_{I_d}(s)$ 的表达式可表示为

$$\mathcal{L}_{I_d}(s) = \exp[-\lambda_v d_{m,m}^2 \beta_v^{\frac{2}{\alpha}} \Omega(\alpha,\varepsilon)] \tag{5-33}$$

将式（5-31）和式（5-32）代入式（5-30），可得到典型 D2D-V 链路接收端的成功传输概率，即

$$P(\text{SINR}_v > \beta_v) = \exp\left(-\frac{\varepsilon\beta_v}{1-\varepsilon}\right)\exp\left(-\frac{\sigma^2\beta_v d_{m,m}^\alpha}{(1-\varepsilon)p_v}\right) \times$$
$$\exp\left[-d_{m,m}^2 \beta_v^{\frac{2}{\alpha}} \Omega(\alpha,\varepsilon)\left(\lambda_v + \lambda_c\left(\frac{p_c}{p_v}\right)^{\frac{2}{\alpha}}\right)\right] \tag{5-34}$$

同理可得，典型蜂窝用户的成功传输概率为

$$P(\text{SINR}_c > \beta_c) = \exp\left(-\frac{\varepsilon\beta_c}{1-\varepsilon}\right)\exp\left(-\frac{\sigma^2\beta_c d_{c,0}^\alpha}{(1-\varepsilon)p_c}\right) \times$$
$$\exp\left[-d_{c,0}^2 \beta_c^{\frac{2}{\alpha}} \Omega(\alpha,\varepsilon)\left(\lambda_c + \lambda_v\left(\frac{p_v}{p_c}\right)^{\frac{2}{\alpha}}\right)\right] \tag{5-35}$$

式中，β_c 为蜂窝链路的 SINR 门限值。

考虑 D2D-V 链路的时变特性，我们通过 D2D-V 链路通信距离 $d_{m,m}$ 的变化来刻画车载通信的时变特性，假设 D2D-V 链路通信距离的概率密度函数为[20]

$$f(d) = \frac{2d}{R_v} \tag{5-36}$$

式中，R_v 为建立的 D2D-V 链路的最大通信距离。考虑 C-V2X 系统噪声受限，高斯随机噪声相对于共道干扰对系统性能的影响较小，故忽略高斯随机噪声，即 $\sigma^2 = 0$。所以

$$E(P(\text{SINR}_v > \beta_v)) = \exp\left(-\frac{\varepsilon\beta_v}{1-\varepsilon}\right) E_X[e^{D_2 X^{\frac{2}{\alpha}} - D_3 X^{\frac{2}{\alpha}}}] \tag{5-37}$$

式中，$X = d_{m,m}^\alpha$；$D_3 = \lambda_c \beta_c^{\frac{2}{\alpha}} \Omega(\alpha,\varepsilon) p_v^{-\frac{2}{\alpha}} p_c^{\frac{2}{\alpha}}$；$D_2 = \lambda_v \beta_v^{\frac{2}{\alpha}} \Omega(\alpha,\varepsilon)$。当 $\alpha > 2$ 时，$e^{D_2 X^{\frac{2}{\alpha}} - D_3 X^{\frac{2}{\alpha}}}$ 是关于变量 X 的凸函数[21]，应用詹森（Jensen）不等式可知

$$E_X[e^{-D_1 X - D_2 X^{\frac{2}{\alpha}} - D_3 X^{\frac{2}{\alpha}}}] \geqslant e^{-D_1 E(X) - (D_2 + D_3) E(X)^{\frac{2}{\alpha}}} \tag{5-38}$$

进一步根据式（5-36），变量 X 的均值可表示为

$$E(X) = E(d_{m,m}^\alpha) = \int_0^{R_v} r^\alpha \frac{2r}{R_v^2} dr = \frac{2}{a+2} R_v^\alpha \tag{5-39}$$

结合式（5-37）～式（5-39）可得，D2D-V 链路的平均成功传输概率为

$$E(P(\text{SINR}_v > \beta_v)) = \exp\left(-\frac{\varepsilon\beta_d}{1-\varepsilon}\right)\exp\left(-(D_2 + D_3)\left(\frac{2}{\alpha+2}\right)^{\frac{2}{\alpha}} R_v^2\right) \tag{5-40}$$

将式（5-40）代入式（5-27）和式（5-28），D2D-V 链路的 ASR 可表示为

$$\text{ASR}_v = \lambda_d \pi R^2 B \log(1+\beta_v) \times \exp\left\{-(D_2+D_3)\left(\frac{2}{\alpha+2}\right)^{\frac{2}{\alpha}} R_v^2\right\} \tag{5-41}$$

式（5-41）可进一步简化为

$$\text{ASR}_{V2V} = a\lambda_v \exp(-b\lambda_v) \tag{5-42}$$

其中

$$a = \pi R^2 B \log(1+\beta_v) \exp\left(-\frac{\varepsilon\beta_v}{1-\varepsilon}\right) \times \exp\left(-\left(\frac{2}{\alpha+2}\right)^{\frac{2}{\alpha}} \beta_v^{\frac{2}{\alpha}} R_v^2 \Omega(\alpha,\varepsilon) \lambda_c \left(\frac{p_c}{p_v}\right)^{\frac{2}{\alpha}}\right) \tag{5-43}$$

$$b = \beta_v^{\frac{2}{\alpha}} \Omega(\alpha,\varepsilon) \left(\frac{2}{\alpha+2}\right)^{\frac{2}{\alpha}} R_v^2 \tag{5-44}$$

式（5-42）关于 D2D-V 用户接入密度 λ_v 的二阶导数可表示为 $\partial^2 \text{ASR}_{V2V}/\partial \lambda_v^2 = ae^{-b\lambda_v}(\lambda_v^2-1)$。当 $0 \leqslant \lambda_v \leqslant \sqrt{2}$ 时，二阶导数小于 0，所以 ASR_{V2V} 为凸函数且存在最大值。ASR_{V2V} 关于 λ_v 的一阶导数为 $\partial \text{ASR}_{V2V}/\partial \lambda_v = ae^{-b\lambda_v}(1-b\lambda_v)$，由此可得 ASR_{V2V} 最大时 $\partial \text{ASR}_{V2V}/\partial \lambda_v = 0$，D2D-V 用户最优接入密度为

$$\lambda_v^* = 1/b = 1/\beta_v^{\frac{2}{\alpha}} \Omega(\alpha,\varepsilon) \left(\frac{2}{\alpha+2}\right)^{\frac{2}{\alpha}} R_v^2 \tag{5-45}$$

由式（5-45）可知，D2D-V 用户最优接入密度取决于门限 β_v、信道增益估计误差 ε、路径衰落因子 α 及 D2D-V 用户最大通信距离 R_v。

2. 基于能效性能优化的 D2D-V 用户最优功率控制

在蜂窝用户的中断概率和 D2D-V 用户最大功率约束条件下，通过功率控制进行干扰协调，实现 D2D-V 用户的能效最大化。构建的上述约束条件下的能效优化问题可表示为

$$\max_{p_v} \text{EE}_v = \frac{\text{ASR}_v}{P_{v,\text{tot}}} \tag{5-46}$$

$$\text{s.t. } 1-P(\text{SINR}_c > \beta_c) \leqslant \theta_c \tag{5-46a}$$

$$0 \leqslant p_v \leqslant p_v^{\max} \tag{5-46b}$$

式（5-46）为能效优化目标函数，其中 $P_{v,\text{tot}} = \lambda_v \pi R^2 p_v$ 表示所有共道传输的 D2D-V 接入用户的总功率。式（5-46a）为蜂窝链路的中断概率约束条件，其中 θ_c 表示最大中断概率门限。式（5-46b）为 D2D-V 链路的传输功率约束，其中 $p_v^{\max}$ 表示 D2D-V 用户的最大传输功率。

将式（5-42）代入式（5-46）中，能效目标函数可表示为

$$EE_v = B\log(1+\beta_v)\left(\frac{\exp\left(-\lambda_v \beta_v^{\frac{2}{\alpha}} \Omega(\alpha,\varepsilon)\left(\frac{2}{\alpha+2}\right)^{\frac{2}{\alpha}} R_v^2\right)}{p_v} + \frac{\exp\left(-\lambda_c \beta_c^{\frac{2}{\alpha}} \Omega(\alpha,\varepsilon)\left(\frac{p_c}{p_v}\right)^{\frac{2}{\alpha}}\left(\frac{2}{\alpha+2}\right)^{\frac{2}{\alpha}} R_v^2\right)}{p_v}\right) \tag{5-47}$$

为简化分析，令路径损耗系数 α 为 4，式（5-47）可化简为

$$EE_v = \frac{A_1}{p_v} e^{-A_2(p_v)^{-\frac{1}{2}}} \tag{5-48}$$

式中，$A_1 = B\log(1+\beta_v) e^{-\frac{1}{\sqrt{3}}\sqrt{\beta_v}\Omega(\alpha,\varepsilon)\lambda_v R_v^2 - \frac{\varepsilon\beta_v}{1-\varepsilon}}$；$A_2 = \frac{1}{\sqrt{3}}\sqrt{\beta_v}\Omega(\alpha,\varepsilon)\lambda_c R_v^2 \sqrt{p_c}$。

忽略蜂窝链路通信距离的变化，将式（5-38）代入式（5-46a）中，化简可得

$$p_v \leqslant p_c \left(\frac{-\left[\ln(1-\theta_c)+\frac{\varepsilon\beta_c}{1-\varepsilon}\right]}{\lambda_v \beta_c^{\frac{1}{2}} R_{c,0}^2 \Omega(\alpha,\varepsilon)} - \frac{\lambda_c}{\lambda_v}\right)^2 = p_{v,\sup} \tag{5-49}$$

结合式（5-46b）的功率限制条件，可定义 D2D-V 链路的上限无线射频传输功率 $p_{v,u} = \min\{p_{v,\sup}, p_v^{\max}\}$。由此，可将原优化问题转化为

$$\max_{p_v} EE_v = \frac{A_1}{p_v} e^{-A_2(p_v)^{-\frac{1}{2}}} \tag{5-50}$$

$$\text{s.t.} \quad 0 \leqslant p_v \leqslant p_{v,u} \tag{5-50a}$$

式（5-50）中，EE_v 关于 p_v 的一阶导数与二阶导数分别为

$$\frac{\partial EE_v}{\partial p_v} = \frac{A_1}{p_v^2}\left(\frac{A_2}{2}(p_v)^{-\frac{1}{2}} - 1\right) e^{-A_2(p_v)^{-\frac{1}{2}}} \tag{5-51}$$

$$\frac{\partial^2 EE_v}{\partial p_v^2} = 2A_1 e^{-A_2(p_v)^{-\frac{1}{2}}} (p_v)^{-4} \left(p_v - \frac{7A_2}{8}(p_v)^{\frac{1}{2}} + \frac{A_2^2}{8}\right) \tag{5-52}$$

当 $\partial EE_v / \partial p_v = 0$ 时，对应的功率极值点为

$$p_v^* = \left(\frac{A_2}{2}\right)^2 = \frac{p_c \beta_v (\lambda_c \Omega(\alpha,\varepsilon) R_v^2)^2}{12} \tag{5-53}$$

令 $f(p_v) = p_v - \frac{7A_2}{8}(p_v)^{\frac{1}{2}} + \frac{A_2^2}{8}$，$p_{v1}$ 和 p_{v2} 分别为 $f(p_v) = 0$ 对应的解。其中，$p_{v1} = (A_2(7-\sqrt{17})/16)^2$，$p_{v2} = (A_2(7+\sqrt{17})/16)^2$。由此可知，当 $p_v \in (p_{v1}, p_{v2})$ 时，$f(p_d) \leqslant 0$，EE_v 为凹函数；反之，当 $p_v \in (0, p_{v1}) \bigcup (p_{v2}, \infty)$ 时，EE_v 为凸函数。结合式（5-50a）对应的功率约束条件及目标函数的凹凸性可知，使得 D2D-V 链路能效最大，对应的最优 D2D-V 用户的传输功率 p_v^{opt} 为

$$p_v^{\text{opt}} = \begin{cases} p_v^*, & 0 \leqslant p_v^* \leqslant p_{v,u} \\ p_{v,u}, & p_v^* > p_{v,u} \end{cases} \tag{5-54}$$

由以上推导可得，基于能效最大的 D2D-V 用户最优传输功率不仅与信道增益估计误差 ε、D2D-V 链路最大通信距离 R_v 有关，而且取决于极值点功率 p_v^* 与最大上限功率 $p_{v,u}$ 的相对大小。

5.3.4 仿真结果与性能分析

本小节分析时变信道下 C-V2X 通信系统的 D2D-V 链路总和速率及能效性能。在 MATLAB 平台系统仿真参数设置如下[17]：蜂窝基站覆盖半径 R 为 500 m、路径损耗系数 α 为 4、典型蜂窝链路的通信距离为 50 m、蜂窝用户的功率 p_c 为 20 dBm、D2D-V 用户的功率 p_v 为 10 dBm、最大蜂窝用户的中断概率门限 θ_c 为 0.1，蜂窝用户的 SINR 门限 β_c 和 D2D-V 用户的 SINR 门限 β_v 均为 0 dB。

图 5-9 所示为平均和速率（ASR）随蜂窝用户和 D2D-V 用户接入密度的三维变化图。图 5-10 所示为在不同的信道增益估计误差 ε、D2D-V 链路最大通信距离 R_v 及共道复用蜂窝个数 M 条件下，D2D-V 链路的 ASR 随 D2D-V 用户接入密度（λ_v）的变化曲线。由图 5-9 和图 5-10 可知，随着 λ_v 的增大，ASR 先增大后减小，存在极大值。因为当 λ_v 较低时，所提系统的共道干扰较小，增大 λ_v 可以增加接入的 D2D-V 用户数，从而一定程度上增加了 ASR；而当 λ_v 继续增大时，不能改善 ASR 的性能，共道干扰给 ASR 带来的影响较大，所以 ASR 随着 λ_v 的增加逐渐下降。由图 5-10 进一步分析可知，不同条件下 ASR 对应的最优接入密度 λ_v^* 不同，主要取决于信道增益估计误差 ε 及 D2D-V 链路最大通信距离 R_v，该实验结果与式（5-45）理论分析相符。同时，共道复用的蜂窝个数 M 越大，给 D2D-V 用户带来的共道干扰越大，故在实际应用中应根据 D2D-V 用户的性能指标合理选择共道复用的蜂窝用户个数。图 5-10 也验证了增大信道增益估计误差 ε 及 D2D-V 链路最大通信距离 R_v 都减小了 ASR。

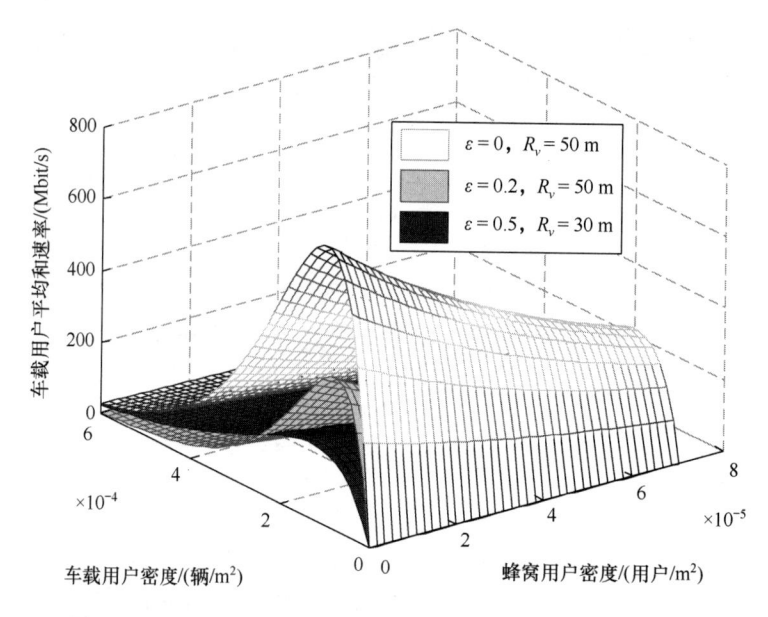

图 5-9 ASR 随蜂窝用户和 D2D-V 用户接入密度的三维变化图

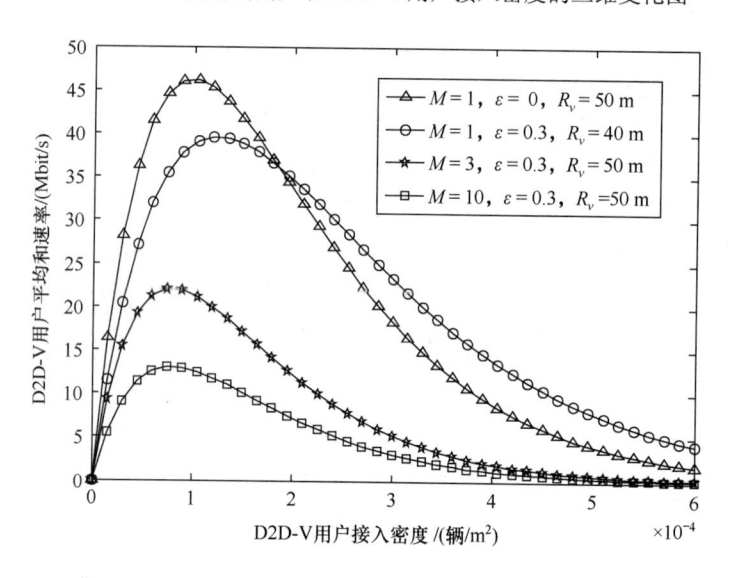

图 5-10 ASR 随 D2D-V 用户接入密度的变化曲线

图 5-11 所示为 D2D-V 链路最大通信距离 R_v 为 60 m 时,不同信道增益估计误差 ε 下 D2D-V 用户能效与 D2D-V 用户接入密度及传输功率的三维关系曲线。由图 5-11 可知,非完美 CSI 使得 D2D-V 用户能效降低,且当 $\varepsilon > 0.4$ 时,能效接近于 0。能效随着 D2D-V 用户接入密度的增大而减少,因为增加 D2D-V 接入密度导致 D2D-V 链路的中断概率增加,所以能效下降。图 5-11 也说明了在一定 D2D-V 用户接入密度条件下,存在 D2D-V 用户最优的传输功率值使得能效最大。

图 5-12 所示为不同 D2D-V 链路最大通信距离 R_v 下,采用最优功率控制策略时,D2D-V

用户能效随 D2D-V 用户接入密度的变化曲线。由图 5-12 可知,能效随着 D2D-V 用户接入密度的增加有较大幅度的减小,与图 5-11 相符。增大 D2D-V 用户的通信距离可降低 D2D-V 用户能效,因为通信距离的增大使得路径损失增加,在相同 D2D-V 用户的速率下,消耗的功率增加,所以 D2D-V 用户能效下降。

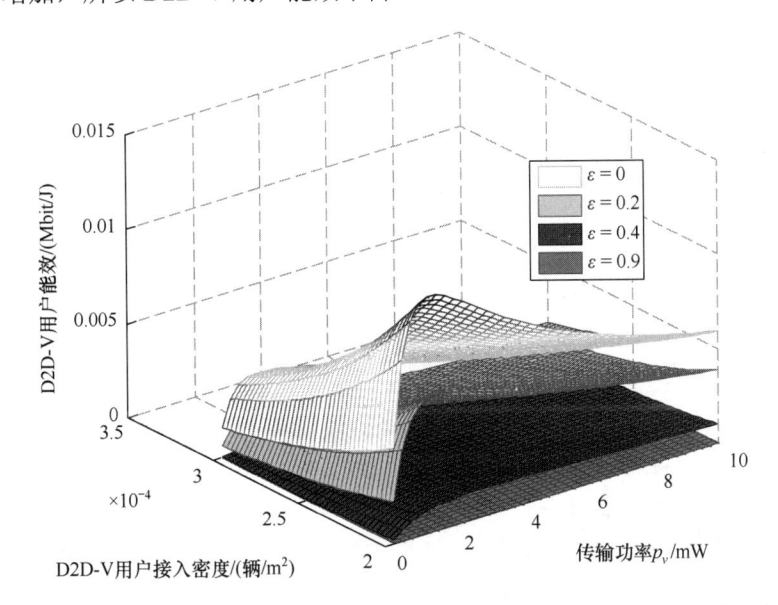

图 5-11 D2D-V 用户能效与 D2D-V 用户接入密度及传输功率的三维关系曲线

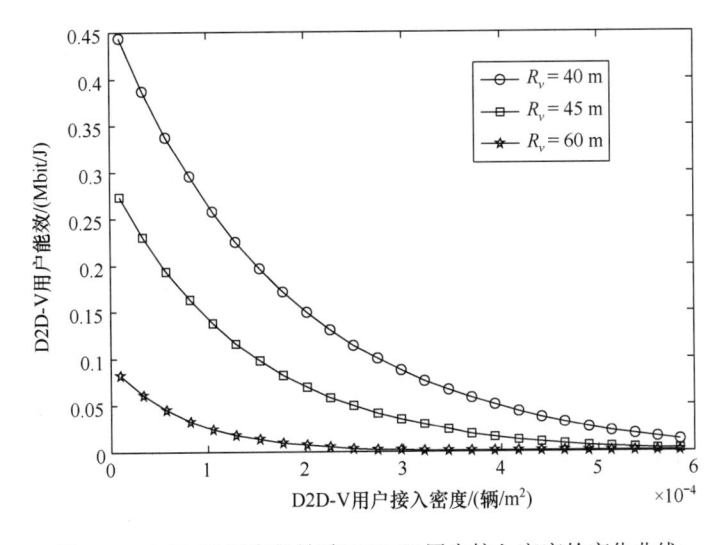

图 5-12 D2D-V 用户能效随 D2D-V 用户接入密度的变化曲线

图 5-13 所示为在 D2D-V 用户采用最优功率控制策略且不同蜂窝用户传输功率下,D2D-V 用户能效随 D2D-V 链路通信距离的变化曲线。由图 5-13 可知,增加蜂窝用户的功率使得蜂窝用户对 D2D-V 用户的干扰增加,D2D-V 用户需要更多的功率来协调蜂窝用户的干扰,所以能效随之下降。

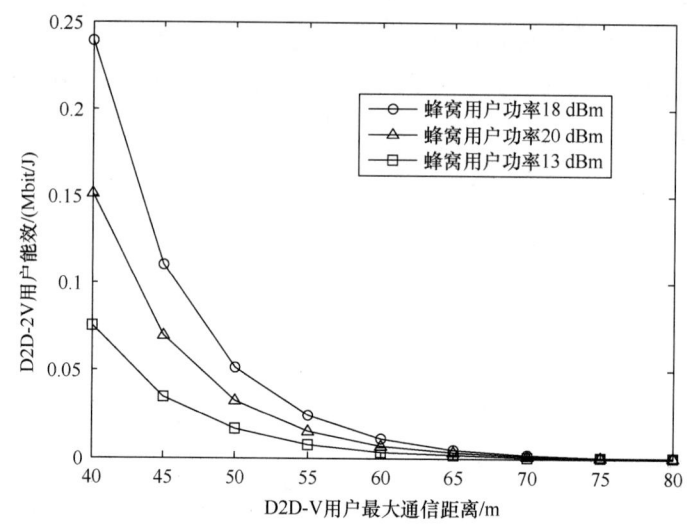

图 5-13 D2D-V 用户能效随 D2D-V 链路通信距离的变化曲线

图 5-14 对比了 D2D-V 用户采用本节所提的最优功率控制和文献[22]中的最大功率传输控制方法对应的能效随 D2D-V 链路通信距离的变化曲线。相同的信道增益估计误差 ε 下 D2D-V 用户采用本节所提的最优功率控制方法所对应的能效值始终大于文献[22]所提的最大功率传输控制方法所对应的能效值，且随着 D2D-V 用户传输距离的减小，这种能效性能优势逐渐增大。因为由前文所计算得出的最优功率解对应的式（5-54）可知，当传输距离 R_v 较大时，极值点功率 p_v^* 大于 D2D-V 用户的最大传输功率上界，所以两者对应的能效非常接近，而当 D2D-V 用户的平均通信距离逐渐减少时，极值点功率 p_v^* 始终位于可行域区间内，故能效优势逐渐突出。例如，当 ε 为 0.1 且 D2D-V 用户最大通信距离 R_v 为 40 m 时，最优功率控制方法所对应的 EE 为 0.15 Mbit/J，而文献[22]中的最大功率传输控制方法对应的 EE 为 0.118 Mbit/J，最优功率控制方法相对于文献[22]中所应用的最大功率传输控制方法，能效提高了 27%。由图 5-14 进一步可知，提高信道估计精度能有效提高 D2D-V 链路的能效。

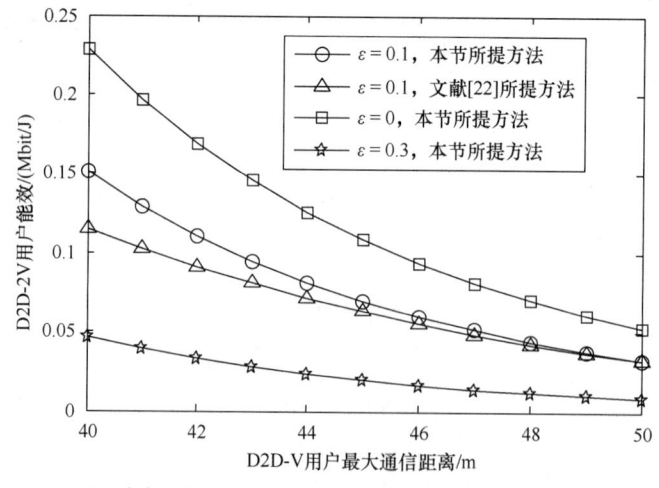

图 5-14 不同功率控制方法下能效随 D2D-V 链路通信距离的变化曲线

5.4 C-V2X D2D 车载通信能效优化方法

D2D 技术是一项很有前途的技术，除了高可靠性，在流量负载和功耗方面也具有多项优势。基于 D2D 的集中式 Cellular 网络可以提高 V2V 用户的能效，保证最佳的网络性能。一些研究已经考虑了 D2D-V 通信中的能效优化（Energy Efficiency Optimization，EEO）问题。

本节提出了 D2D-V 通信系统中的 EEO 方法，其中信息传输通常分为两类：车辆到基础设施（V2I）通信和车辆到车辆（V2V）通信[23]。基于 D2D 的 V2V 用户表示为 V-UE，基于小区的 V2I 用户表示为 C-UE。首先使用拉格朗日对偶方法来简化多约束条件下的 EEO 问题；然后使用 Dinkelbach 方法设计求解简化 EEO 问题，可用于去除问题的分母，并将原始的非凸优化问题以分数形式转换为减法形式来求解；最后边界约束方案（BCS）被设计用于功率分配以严格满足原始的多个约束。

5.4.1 系统模型

考虑在一个拥挤的十字路口场景下，D2D-V 通信系统模型如图 5-15 所示。考虑在单 Cellular 小区中，包括一个基站（Base Station，BS）、K 个 C-UE、M 个 V-UE 发射端（VT）、M 个 V-UE 接收端（VR）。每个 C-UE 被预先分配唯一（正交）子信道，以便减轻 C-UE 间干扰[24]。同时，每个 D2D 被分配以复用一个且仅一个子信道。另外，允许每对 D2D 以传统的 D2D 方式进行通信。

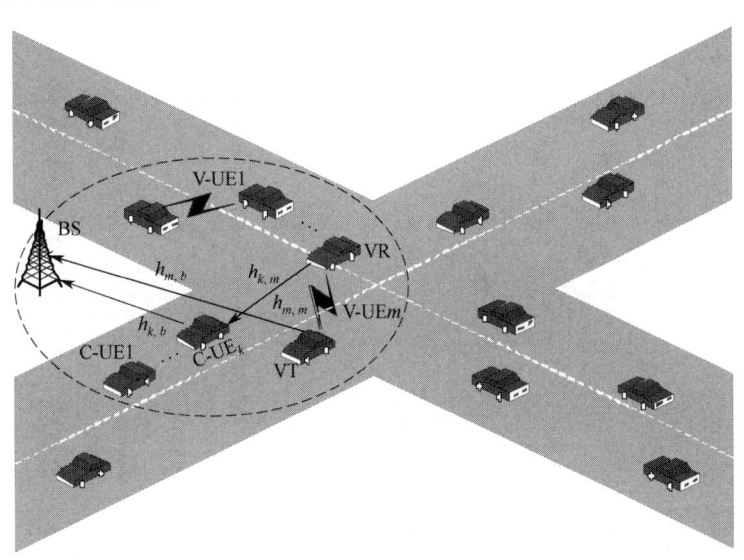

图 5-15 D2D-V 通信系统模型

根据图 5-15，在 V-UE 接收端和 BS 处接收到的信号表示为

$$y_m^d = \sqrt{p_m^d d_{m,m}^{-\alpha}} h_{m,m} s_m + \sum_k \rho_{k,m} \sqrt{p_k^c d_{k,m}^{-\alpha}} h_{k,m} s_k + \sigma^2 \tag{5-55}$$

$$y_k^c = \sqrt{p_k^c d_{k,b}^{-\alpha}} h_{k,b} s_k + \sum_m \rho_{k,m} \sqrt{p_m^d d_{m,b}^{-\alpha}} h_{m,b} s_m + \sigma^2 \qquad (5\text{-}56)$$

其中，$m \in \{1,2,\cdots,M\}$、$k \in \{1,2,\cdots,K\}$，各符号所代表的内容如下。

（1）p_m^d、p_k^c——第 m 对 V-UE 和第 k 个 C-UE 的发射功率。

（2）$d_{m,m}$、$d_{k,m}$、$d_{k,b}$、$d_{m,b}$——$m \to m$、$k \to m$、$k \to b$ 和 $m \to b$ 链路之间的距离，$d_{m,m}$ 表示第 m 对 V-UE 的 VT 和 VR 之间的距离。

（3）$h_{m,m}$、$h_{k,m}$、$h_{k,b}$、$h_{m,b}$——$m \to m$、$k \to m$、$k \to b$ 和 $m \to b$ 链路之间的信道增益，$h_{m,m}$ 表示第 m 对 V-UE 的 VT 和 VR 之间的信道增益。

（4）α——路径损耗指数。

（5）$\rho_{k,m}$——第 k 个 C-UE 的子信道是否被第 m 对 V-UE 复用。

（6）s_m、s_k——第 m 对 V-UE 和第 k 个 C-UE 的发射信号。

（7）σ^2——噪声功率。

假设连接至 BS 的 CSI 可以在 BS 处准确得知，即 $h_{k,b}$ 和 $h_{m,b}$ 已知。由于车和车之间的相对移动性，信道具有时变性，在数据传输期间，与 V-UE 相关的 CSI 与实际的信道不同[25]，即 CSI 也是一个过时的版本。因此，用一阶自回归模型（AR1）来描述这种过时的 CSI[26]，则 $h_{k,m}$ 被表示为

$$h_{k,m} = \xi_{k,m} \tilde{h}_{k,m} + \sqrt{1-\xi_{k,m}^2}\, \varsigma_{k,m} \qquad (5\text{-}57)$$

式中，$\tilde{h}_{k,m}$ 为 $h_{k,m}$ 的估计量，且 $\tilde{h}_{k,m} \sim \mathcal{CN}(0,1)$；$\xi_{k,m} \in [0,1]$ 为 $k \to m$ 链路的相关系数；$\varsigma_{k,m}$ 为信道增益的随机变化量，服从均值为 0、方差为 σ^2 的复高斯分布。$h_{m,m}$ 也和式（5-57）一样被定义。根据上述定义，则第 k 个 C-UE 和第 m 对 V-UE 所接收到的 SINR 分别表示为

$$\mathrm{SINR}_k = \frac{p_k^c h_{k,b}^2 d_{k,b}^{-\alpha}}{\rho_{k,m} p_m^d h_{m,b}^2 d_{m,b}^{-\alpha} + \sigma^2} \qquad (5\text{-}58)$$

$$\mathrm{SINR}_m = \frac{p_m^d d_{m,m}^{-\alpha} \xi_{m,m}^2 \tilde{h}_{m,m}^2 + p_m^d d_{m,m}^{-\alpha}(1-\xi_{m,m}^2)\varsigma_{m,m}^2}{\rho_{k,m} p_k^c (\xi_{k,m}^2 \tilde{h}_{k,m}^2 + (1-\xi_{k,m}^2))d_{k,m}^{-\alpha}\varsigma_{k,m}^2 + \sigma^2} \qquad (5\text{-}59)$$

令 $H_{k,b} = h_{k,b}^2 d_{k,b}^{-\alpha}$、$H_{m,b} = h_{m,b}^2 d_{m,b}^{-\alpha}$、$H_{m,m} = h_{m,m}^2 d_{m,m}^{-\alpha}$、$H_{k,m} = h_{k,m}^2 d_{k,m}^{-\alpha}$，则式（5-58）和式（5-59）可以简化为

$$\mathrm{SINR}_k = \frac{p_k^c H_{k,b}}{\rho_{k,m} p_m^d H_{m,b} + \sigma^2} \qquad (5\text{-}60)$$

$$\text{SINR}_m = \frac{p_m^d H_{m,m}}{\rho_{k,m} p_k^c H_{k,m} + \sigma^2} \tag{5-61}$$

根据 SINR，第 k 个 C-UE 和第 m 对 V-UE 的数据传输速率用香农公式表示为

$$R_{Ck} = \log(1 + \text{SINR}_k) \tag{5-62}$$

$$R_{Dm} = \log(1 + \text{SINR}_m) \tag{5-63}$$

最后，考虑功率损耗，第 m 对 V-UE 的功率损耗表示为

$$P_{Dm} = \frac{2}{M} p_m^0 + \eta \rho_{k,m} p_m^d \tag{5-64}$$

式中，$\frac{2}{M} p_m^0$ 为第 m 对 V-UE 链路的发射端和接收端的固定电路功率；η 为反映放大器效率的常数因子。

目前，现有的车辆装置具有 EH 的功能，其用于补充功率损耗的一部分。假设 V-UE 发射端能够收集能量，并且每个 V-UE 发射端已经配备了适当大小的太阳能电池板。考虑离散时间 EH 模型[27]，将传输时间分成几个时隙且考虑单位时隙的平均 EH。假设在单位时隙期间 V-UE 发射机设备 m 的平均 EH 表示为 E_m。对于 EH 值，我们使用国家可再生能源实验室（NREL）[28]提供的真实太阳能收集数据集。在白天，每秒太阳能收集数据的平均值和方差分别测量为 0.024 和 4.3。因此，式（5-64）可以重新表示为

$$P_{Dm} = \frac{2}{M} p_m^0 + \eta \rho_{k,m} p_m^d - E_m \tag{5-65}$$

通过上述分析，得到了数据传输速率和功耗的表达式，接着是对问题的制定。设计信道复用变量 $\rho_{k,m}$ 和功率分配值 p_m^d 来最大化 V-UE 链路的 EE 值，EE 定义为总速率与总功耗的比值。在保证 C-UE 和 V-UE 的最小 SINR 情况下，令 $R_{Dm} = R_{Dm}(p_m^d, \rho_{k,m})$、$P_{Dm} = P_{Dm}(p_m^d, \rho_{k,m})$，则问题的数学描述为

$$\max_{\{p_m^d, \rho_{k,m}\}} \text{EE} = \max \frac{\sum_{m=1}^{M} R_{Dm}(p_m^d, \rho_{k,m})}{\sum_{m=1}^{M} P_{Dm}(p_m^d, \rho_{k,m})} \tag{5-66}$$

$$\text{s.t.} \quad \text{SINR}_m \geqslant \gamma_m, \forall m \tag{5-66a}$$

$$\text{SINR}_k \geqslant \gamma_k, \forall k \tag{5-66b}$$

$$0 \leqslant p_m^d \leqslant p_{\text{total}}, \forall m \tag{5-66c}$$

$$\rho_{k,m} \in \{0,1\} \tag{5-66d}$$

其中，式（5-66a）和式（5-66b）分别表示 V-UE 和 C-UE 的 SINR 门限；式（5-66c）表示功率约束，且 p_{total} 表示允许的总发射功率；式（5-66d）表示信道复用变量的固定约束条件，1 表示第 k 个 C-UE 的子信道被第 m 对 V-UE 复用，0 则相反。

将式（5-60）和式（5-61）分别代入式（5-66a）和式（5-66b）中，则 EEO 问题被重新描述为

$$\max_{\{p_m^d, \rho_{k,m}\}} \text{EE} = \max \frac{\sum_{m=1}^{M} R_{Dm}(p_m^d, \rho_{k,m})}{\sum_{m=1}^{M} P_{Dm}(p_m^d, \rho_{k,m})} \tag{5-67}$$

$$\text{s.t.} \quad \frac{p_m^d H_{m,m}}{\rho_{k,m} p_k^c H_{k,m} + \sigma^2} \geq \gamma_m, \forall m \tag{5-67a}$$

$$\frac{p_k^c H_{k,b}}{\rho_{k,m} p_m^d H_{m,b} + \sigma^2} \geq \gamma_k, \forall k \tag{5-67b}$$

$$0 \leq p_m^d \leq p_{\text{total}}, \forall m \tag{5-67c}$$

$$\rho_{k,m} \in \{0,1\} \tag{5-67d}$$

5.4.2 拉格朗日和丁克尔巴赫方法

1. 拉格朗日方法简化 EEO 问题

令

$$w_1(\rho_{k,m}) = \frac{\gamma_m(\rho_{k,m} p_k^c H_{k,m} + \sigma^2)}{H_{m,m}}, \quad w_2(\rho_{k,m}) = \frac{p_k^c H_{k,b} - \sigma^2 \gamma_k}{\rho_{k,m} H_{m,b} \gamma_k} \tag{5-68}$$

通过式（5-67a）和式（5-67b）可以看出，$p_m^d \geq w_1(\rho_{k,m})$，$p_m^d \leq w_2(\rho_{k,m})$，根据不等式性质，$\min p_m^d$ 只需满足 $w_1(\rho_{k,m}) \leq \min p_m^d \leq w_2(\rho_{k,m})$，则式（5-67）当且仅当式（5-69）时有解。

$$w_1(\rho_{k,m}) \leq \min p_m^d \leq w_2(\rho_{k,m}) \tag{5-69}$$

$$\text{s.t.} \quad 0 \leq p_m^d \leq p_{\text{total}} \tag{5-69a}$$

$$\rho_{k,m} \in \{0,1\} \tag{5-69b}$$

当 $w_1(\rho_{k,m}) \leq w_2(\rho_{k,m})$ 时，很容易解得 $\min p_m^d$。这也说明了式（5-67）的可行性。

由于式（5-67）是一个非凸分式规划问题，并带有多个约束条件，因此直接求解比较困难。为求解问题，先采用拉格朗日方法将问题进行简化。拉格朗日是求某函数在约束条

件下的极值的方法[29]。该方法的主要思想是用一个新的参数 λ（拉格朗日乘子），将约束条件与原函数关联到一起，其形成的等式方程与变量的数量相等，最终求出原函数中各变量的解。

通过观察，约束条件式（5-67c）可以通过形式变换与式（5-67）结合，而使问题更容易处理：

$$\max_{\{p_m^d, \rho_{k,m}\}} EE = \max \frac{\sum_{m=1}^{M} R_{Dm}(p_m^d, \rho_{k,m})}{\eta \sum_{m=1}^{M} \rho_{k,m} p_m^d + 2p_m^0 - ME_m} \tag{5-70}$$

$$\text{s.t.} \quad \frac{p_m^d H_{m,m}}{\rho_{k,m} p_k^c H_{k,m} + \sigma^2} \geq \gamma_m, \forall m \tag{5-70a}$$

$$\frac{p_k^c H_{k,b}}{\rho_{k,m} p_m^d H_{m,b} + \sigma^2} \geq \gamma_k, \forall k \tag{5-70b}$$

$$\frac{\sum_{m=1}^{M}(p_m^d - p_{total})}{\eta \sum_{m=1}^{M} \rho_{k,m} p_m^d + 2p_m^0 - ME_m} \leq 0, \forall m \tag{5-70c}$$

$$\rho_{k,m} \in \{0,1\} \tag{5-70d}$$

根据拉格朗日方法的定义，加入拉格朗日乘子 λ 将式（5-70）可化为

$$L(p_m^d, \rho_{k,m}, \lambda) = \frac{\sum_{m=1}^{M} R_{Dm}(p_m^d, \rho_{k,m})}{\eta \sum_{m=1}^{M} \rho_{k,m} p_m^d + 2p_m^0 - ME_m} - \lambda \frac{\sum_{m=1}^{M}(p_m^d - p_{total})}{\eta \sum_{m=1}^{M} \rho_{k,m} p_m^d + 2p_m^0 - ME_m} \tag{5-71}$$

如果直接按式（5-71）求解，由于受到不等式的约束，所得解会出现问题，因为我们求解的是最大值，而这里的 $\dfrac{\sum_{m=1}^{M} p_m^d - p_{total}}{\eta \sum_{m=1}^{M} p_m^d + 2p_m^0 - \sum_{m=1}^{M} E_m(p_m^d, \rho_{k,m})}$ 不是 0，若将拉格朗日乘子 λ 调整成很大的正值，最后的函数结果将是正无穷。这种情况需要被排除，因此定义函数：

$$\theta_p(p_m^d, \rho_{k,m}) = \min_{\lambda \geq 0} L(p_m^d, \rho_{k,m}, \lambda)$$

这里的 p 代表 primal，假设

$$\frac{\sum_{m=1}^{M} p_m^d - p_{\text{total}}}{\eta \sum_{m=1}^{M} p_m^d + 2p_m^0 - \sum_{m=1}^{M} E_m(p_m^d, \rho_{k,m})} > 0$$

我们总可以调整 λ 来使得 $\theta_p(p_m^d, \rho_{k,m})$ 有最小值为负无穷。而只有式（5-70c）成立时，$\theta_p(p_m^d, \rho_{k,m}) = \text{EE}$，因此可以写作

$$\theta_p(p_m^d, \rho_{k,m}) = \begin{cases} \text{EE}, & p_m^d, \rho_{k,m} \text{ 满足主要约束条件} \\ \infty, & \text{其他} \end{cases} \tag{5-72}$$

这样将原始问题转化为求 $\max \theta_p(p_m^d, \rho_{k,m})$，即

$$\max \theta_p(p_m^d, \rho_{k,m}) = \max \min L(p_m^d, \rho_{k,m}, \lambda)$$

对于直接求解所要面对的多参数和不等式约束的问题，我们先考虑其对偶问题：

$$\theta_D(\lambda) = \max_{\{p_m^d, \rho_{k,m}\}} L(p_m^d, \rho_{k,m}, \lambda) \tag{5-73}$$

$$\text{s.t.} \quad \frac{p_m^d H_{m,m}}{\rho_{k,m} p_k^c H_{k,m} + \sigma^2} \geqslant \gamma_m, \forall m \tag{5-73a}$$

$$\frac{p_k^c H_{k,b}}{\rho_{k,m} p_m^d H_{m,b} + \sigma^2} \geqslant \gamma_k, \forall k \tag{5-73b}$$

$$\rho_{k,m} \in \{0,1\} \tag{5-73c}$$

$\theta_D(\lambda)$ 将问题转化为先求拉格朗日关于 p_m^d 的最大值，将 λ 看作固定值，之后在 $\theta_D(\lambda)$ 中求最小值。

假设 λ^* 是最优的对偶变量，$\{p_m^d(\lambda^*)\}$ 是式（5-70）的最优解，则为了找到 λ^*，可采用二分法[30]。

2. 丁克尔巴赫方法解决简化的 EEO 问题

式（5-73）所示问题是非凸的分数规划形式，分母包含所需的变量。如果直接求解这种形式的偏导数只会增加解决问题的复杂性。因此，丁克尔巴赫方法被设计用于解决简化的 EEO 问题。该问题可用于去除问题的分母 [式（5-73）] 并将原始非凸优化问题从分数形式转换为减法形式，这更有利于求解。根据以上分析，将多项式（5-71）中的同类项组合并将它们转换为下面的减法公式。

$$\max_{(p_m^d, \rho_{k,m}) \in V} \sum_{m=1}^{M} R_{Dm}(p_m^d, \rho_{k,m}) - \lambda \left[\sum_{m=1}^{M} (p_m^d - p_{\text{total}})\right] - \beta \left[\eta \sum_{m=1}^{M} \rho_{k,m} p_m^d + 2p_m^0 - ME_m\right] \tag{5-74}$$

式中，V 为满足约束条件式（5-73a）、式（5-73b）和式（5-73c）的解集合；β 为加入的一个参数，使得分数形式变换成减法形式。V 的定义为

$$V = \left\{ (p_m^d, \rho_{k,m}) \middle| \frac{p_m^d H_{m,m}}{\rho_{k,m} p_k^c H_{k,m} + \sigma^2} \geq \gamma_m, \frac{p_k^c H_{k,b}}{\rho_{k,m} p_m^d H_{m,b} + \sigma^2} \geq \gamma_k, \rho_{k,m} \in \{0,1\} \right\} \quad (5\text{-}75)$$

假设 $(\overline{p}_m^d, \overline{\rho}_{k,m})$ 是原始问题式（5-66）的最优解，令 $\beta = \beta^*$，则

$$\beta^* = \frac{\sum_{m=1}^{M} R_{Dm}(\overline{p}_m^d, \overline{\rho}_{k,m}) - \lambda^* \left[\sum_{m=1}^{M} (\overline{p}_m^d - p_{\text{total}}) \right]}{\eta \sum_{m=1}^{M} \overline{\rho}_{k,m} \overline{p}_m^d + 2 p_m^0 - M E_m} \quad (5\text{-}76)$$

显而易见，β^* 是最优的 EE 值。

3．边界约束方案

根据式（5-74）可以发现，该公式可以分成 M 个子式，并且第 m 个子式为

$$\max_{(p_m^d, \rho_{k,m}) \in V} R_{Dm}(p_m^d, \rho_{k,m}) - (\lambda + \beta \eta \rho_{k,m}) p_m^d - 2\beta p_m^0 + E_m \quad (5\text{-}77)$$

$$\text{s.t.} \ w_1(\rho_{k,m}) \leq p_m^d \leq w_2(\rho_{k,m}) \quad (5\text{-}77\text{a})$$

$$0 \leq p_m^d \leq p_{\text{total}} \quad (5\text{-}77\text{b})$$

$$\rho_{k,m} \in \{0,1\} \quad (5\text{-}77\text{c})$$

令

$$\Phi_m(\rho_{k,m}) = R_{Dm}(p_m^d(\rho_{k,m}), \rho_{k,m}) - \lambda p_m^d(\rho_{k,m}) - \beta P_{Dm}(p_m^d(\rho_{k,m}), \rho_{k,m}) \quad (5\text{-}78)$$

则式（5-77）可以被写为

$$\max_{\rho_{k,m} \in \{0,1\}} \Phi_m(\rho_{k,m})$$
$$\text{s.t.} \ w_1(\rho_{k,m}) \leq p_m^d \leq \min(p_{\text{total}}, w_2(\rho_{k,m})) \quad (5\text{-}79)$$

在 $\rho_{k,m}$ 确定的情况下，凸问题式（5-79）可以很容易地被求出解 p_m^d。对式（5-79）关于 p_m^d 求一阶导数，可以得到目标函数 $\Phi_m(\rho_{k,m})$ 的驻点 $\tilde{p}_m^d$ 为

$$\tilde{p}_m^d = \frac{1}{\lambda + \beta \eta \rho_{k,m}} - \frac{\rho_{k,m} p_k^c H_{k,m} + \sigma^2}{H_{m,m}} \quad (5\text{-}80)$$

对于单变量函数式（5-79），其最优值在区间边界处或驻点处。因此，通过 $\tilde{p}_m^d$、p_{total}、$w_1(\rho_{k,m})$ 和 $w_2(\rho_{k,m})$ 相互大小关系，给出解 p_m^d 的情况如下。

$$p_m^d = \begin{cases} p_{\text{total}}, & \min(w_2(\rho_{k,m}), \tilde{p}_m^d) \geqslant p_{\text{total}} \geqslant w_1(\rho_{k,m}) \\ w_1(\rho_{k,m}), & \min(p_{\text{total}}, w_2(\rho_{k,m})) \geqslant w_1(\rho_{k,m}) \geqslant \tilde{p}_m^d \\ w_2(\rho_{k,m}), & \min(p_{\text{total}}, \tilde{p}_m^d) \geqslant w_2(\rho_{k,m}) \geqslant w_1(\rho_{k,m}) \\ \tilde{p}_m^d, & \min(p_{\text{total}}, w_2(\rho_{k,m})) \geqslant \tilde{p}_m^d \geqslant w_1(\rho_{k,m}) \end{cases} \quad (5\text{-}81)$$

式（5-81）即为边界约束方案。结合拉格朗日和丁克尔巴赫方法与上述分析，基于拉格朗日和丁克尔巴赫方法的 EEO 算法如下。

算法 5-1 基于拉格朗日和丁克尔巴赫方法的 EEO 算法

步骤 1　初始化 $p_m^d, \lambda_1 \leftarrow 0$，$\lambda_2 \leftarrow 0$，$\lambda^{(1)} \leftarrow 0$，$m$，$M$，迭代数 $i \leftarrow 1$，最大迭代次数 $N_{\max}^i \leftarrow 20$

步骤 2　找到 λ_2 使得 $p_m^d(\lambda_2)$ 满足式（5-70c）

步骤 3　重复

步骤 4　$\lambda^{(i)} \leftarrow \dfrac{\lambda_1 + \lambda_2}{2}$

步骤 5　$\beta^{(i)} = \dfrac{\sum\limits_{m=1}^{M} R_{Dm}(p_m^d, \rho_{k,m}) - \lambda\left[\sum\limits_{m=1}^{M}(p_m^d - p_{\text{total}})\right]}{\eta \sum\limits_{m=1}^{M} \rho_{k,m} p_m^d + 2 p_m^0 - M E_m}$

步骤 6　更新 p_m^d 通过求解式（5-81）

步骤 7　end while

步骤 8　if $p_m^d(\lambda^{(i)})$ 满足式（5-70c） then

步骤 9　$\lambda_2 \leftarrow \lambda^{(i)}$

步骤 10　else

　　　　$\lambda_1 \leftarrow \lambda^{(i)}$

步骤 11　end if

步骤 12　until $i < N_{\max}^i$

步骤 13　输出 p_m^d, β^*

▶ 5.4.3　仿真结果与性能分析

在本节的数值分析中，将评估所提出的 EEO 算法的性能。建模车载通信系统，其中每个小区单元仅存在一个 BS，且 BS 的信号覆盖范围是 200 m，车辆的位置遵循泊松分布[31]，我们在车辆中随机选取单个 V-UE 来复用 C-UE 的信道链路，并且每个 V-UE 总是在相邻车辆之间配对的。V-UE 之间的最大通信距离为 25 m。除非另有说明，否则假设设置了 $p_{\text{total}} = 23$ dBm。V-UE 链路的固定电路功率 $p_m^0 = 23$ dBm，发射放大器效率 $\eta=5$，每个链路的噪声功率相等，为 -114 dBm。而且，SINR 阈值 $\gamma_m = 5$ dB，$\gamma_k = 9$ dB。对于车辆之间的信道功率增益，主要考虑路径损耗和瑞利衰落，其中设置路径损耗指数 $\alpha = 4$，并且该仿真是在 100 000 个随机信道上的平均能效性能的实现，所有仿真数值的精度为 10^{-4}。

首先研究本节所提算法的收敛性能。如图 5-16 所示，在不同的 V-UE 最大发射功率下，基于拉格朗日和丁克尔巴赫方法的 EEO 算法的收敛性能。从图 5-16 中可以看出，该算法均能在几次迭代中收敛，得到最优的 EE 值，证明了该算法的可行性。

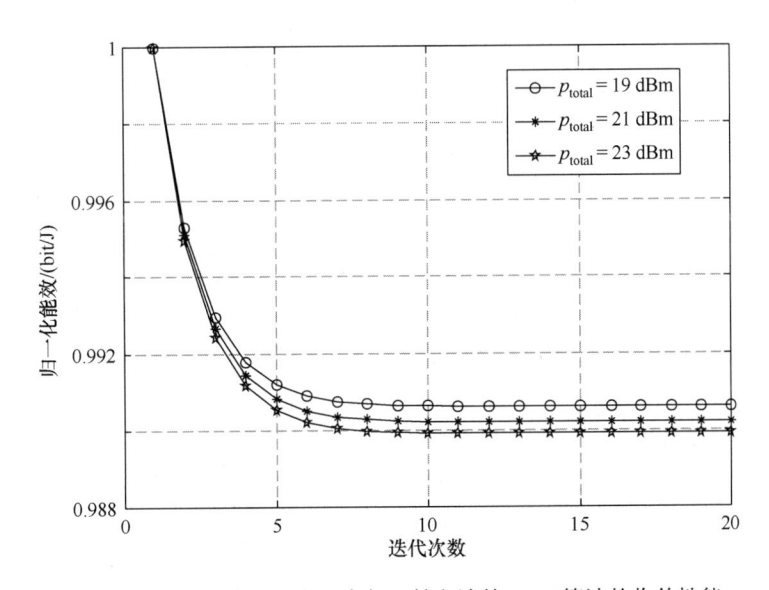

图 5-16 基于拉格朗日和丁克尔巴赫方法的 EEO 算法的收敛性能

图 5-17 所示为 4 种方案下的最优 EE。这 4 种方案的算法分别是基于拉格朗日和丁克尔巴赫方法的 EEO 算法、基于改进 GA 的 EEO 算法、有 EH 的等功率分配算法，以及无 EH 的等功率分配算法。在这 4 种方案中，无论 V-UE 之间的距离如何变化，所提出的方案都具有最大的 EE。与等功率分配算法相比，所提出的方案包含 EH，这可以保证最大的功率补充以增加 EE，而且通过 BCS 实现功率分配进一步优化了 EE。与改进 GA 的 EEO 算法相比，基于改进 GA 的 EEO 算法的复杂度为 $O(M!)$，而本节提出的算法复杂度为 $O(M^2)$，因此本节提出的算法在 EE 和复杂性方面均优于 EEO 算法。对于 4 种方案中的每一种，EE 随着 V-UE 之间距离的增加而减小。其原因是衰落随着 V-UE 之间的距离而增加。

图 5-18 所示为不同 p_{total} 下 V-UE 的 SINR 门限 γ_m 与 EE 的关系。从图 5-18 中可以看出，在不同的 p_{total} 下，均存在一个转折点，使得 EE 产生跳变且随着 γ_m 的增加不再改变。这说明了 C-UE 的 SINR 门限 γ_m 影响 EE 的变化。当 γ_m 过小时，不存在边界约束方案的

式（5-81）中的第 2 条。根据 $\tilde{p}_m^d$、p_{total} 和 $w_2(\rho_{k,m})$ 的固定大小关系，通过边界约束方案得到的功率分配值相同，因此得到的最优 EE 相同。随着 γ_m 的增大，由于总功率和 C-UE 的约束，EE 产生跳变且不再改变。在这种情况下，我们可以得到在 $\gamma_k = 9$ dB 时，提高 EE 的 γ_m 的分界点为 $\gamma_m = 4$ dB。

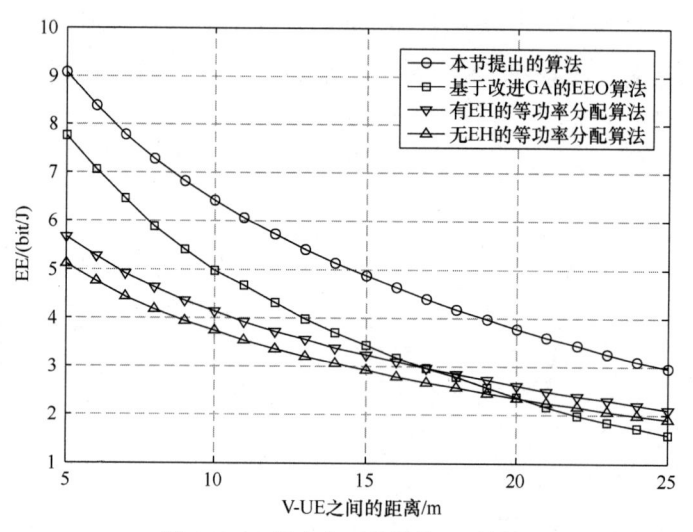

图 5-17　4 种方案下的最优 EE 比较

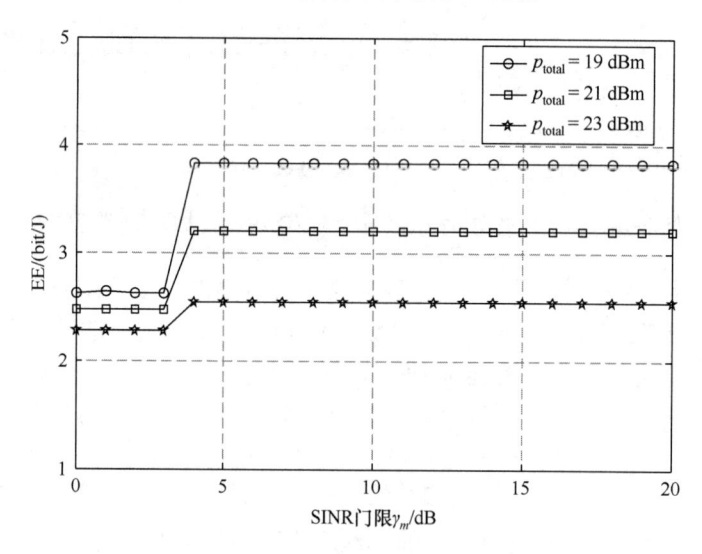

图 5-18　不同 p_{total} 下 V-UE 的 SINR 门限 γ_m 与 EE 的关系

图 5-19 所示为不同的 V-UE 门限 γ_m 下 EH 值 e_m 对 EE 的影响。从图 5-19 中可以明显看出，EE 随着 EH 值 e_m 的增大而增大，这也证明了 EH 可以提高 EE 性能的事实。另外，我们也可以观察到在 $\gamma_m = 5$ dB 时优化的 EE 值明显高于 $\gamma_m = 2$ dB 时优化的 EE 值。

图 5-20 所示为不同的 V-UE 的 SINR 门限 γ_m 下 V-UE 的总发射功率 p_{total} 与 EE 的关系。

从图 5-20 中可以看出，随着 p_{total} 的增大，EE 逐渐减小。当 $p_{\text{total}} < 10$ dBm 时，EE 随着 p_{total} 的增大改变得比较缓慢；当 $p_{\text{total}} > 10$ dBm 时，EE 随着 p_{total} 的增大减小的速率增快，这是由于 V-UE 和 C-UE 的 SINR 要求使得传输功率增加，因此可以得出重要的一个 V-UE 的总发射功率 p_{total} 门限值 $p_{\text{total}} = 10$ dBm。

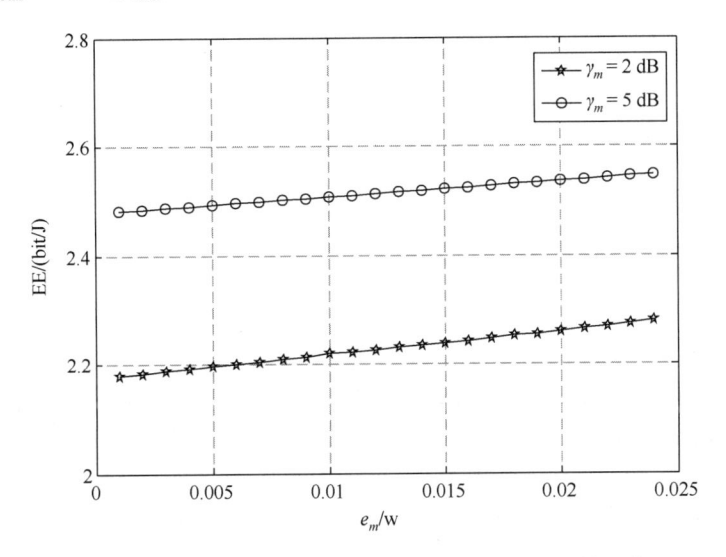

图 5-19　不同的 V-UE 门限 γ_m 下 EH 值 e_m 对 EE 的影响

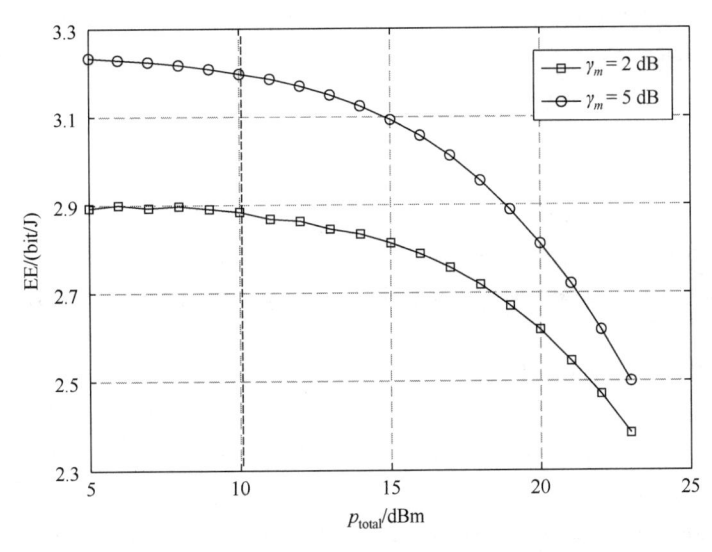

图 5-20　不同的 V-UE 的 SINR 门限 γ_m 下 V-UE 的总发射功率 p_{total} 与 EE 的关系

5.5 本章小结

本章首先研究了 OFDMA 蜂窝小区中的车载通信，以 D2D 技术支持 V2V 通信，在保证蜂窝用户干扰门限及 D2D-V 用户自身的通信需求的同时考虑了用户的时延 QoS 需求，提出了资源分配算法；然后针对时变信道下 C-V2X 通信系统中 D2D-V 用户与蜂窝用户频谱复用带来的共道干扰管理问题，提出了最优功率控制方案；最后基于 D2D 的集中式 Cellular 网络，提出联合拉格朗日方法和丁克尔巴赫方法最优化 V2V 用户的能量效率，保证最佳的网络性能。

参 考 文 献

[1] Jiahao D, Jiajia L, Yongpeng S, et al. Analytical modeling of resource allocation in D2D overlaying multihop multichannel uplink cellular networks[J]. IEEE Transactions on Vehicular Technology, 2017, 66(8):6633-6644.

[2] Mi X, Xiao L, Zhao M, et al. Statistical QoS-driven resource allocation and source adaptation for D2D communications underlaying OFDMA-based cellular networks [J]. IEEE Access, 2017, 5: 3981-3999.

[3] D Wu, R Negi. Effective capacity: a wireless link model for support of quality of service [J]. IEEE Transactions on Wireless Communications. 2003, 2(4): 630-643.

[4] Taufik Abrão, Shaoshi Yang, Lucas Dias Hiera Sampaio, et al. Achieving maximum effective capacity in ofdma networks operating under statistical delay guarantee [J]. IEEE Access, 2017, 5: 14333-14346.

[5] Cheng-Shang Chang. Stability, queue length, and delay of deterministic and stochastic queueing networks [J]. IEEE Transactions on Automatic Control, 1994, 39(5): 913-931.

[6] 李国睿, 周迪, 肖海林. 时延 QoS 保证的 D2D-V 车载通信功率分配方案[J].电子技术应用, 2019, 45(3):71-75.

[7] Boyd S, Vandenberghe L. Convex Optimization [M]. Cambridge, UK: Cambridge university press, 2004.

[8] Rui Zhang, Shuguang Cui, Ying-Chang Liang. On ergodic sum capacity of fading cognitive multiple-access and broadcast channels [J]. IEEE Transactions on Information Theory, 2009, 55(11): 5161-5178.

[9] 3GPP TR 25.814V7.1.0, Physical layer aspects for evolved UTRA [S].

[10] Andrea Abrardo, Marco Moretti. Distributed power allocation for D2D communications underlaying/overlaying OFDMA cellular networks [J]. IEEE Transactions on Wireless Communications, 2017, 16(3): 1466-1479.

[11] Hyang-Won Lee, Eytan Modiano, Long Bao Le. Distributed throughput maximization in wireless networks via random power allocation [J]. IEEE Transactions on Mobile Computing, 2012, 11(4): 577-590.

[12] Boulat A. Bash, Dennis Goeckel, Don Towsley. Asymptotic optimality of equal power allocation for linear estimation of WSS random processes [J]. IEEE Wireless Communications Letters, 2013, 2(3): 247-250.

[13] 袁雨晨. 高速移动环境下毫米波通信系统性能研究[D]. 成都: 电子科技大学, 2019.

[14] 邱斌, 肖海林. 不完美信道信息下 LTE-V2V 通信最优功率控制[J]. 系统工程与电子技术, 2018, 40(7):1608-1614.

[15] Ren Y, Liu F, Liu Z. Power control in D2D-based vehicular communication networks [J]. IEEE Transactions on Vehicular Technology, 2015, 64(12): 5547-5562.

[16] Liang L, Kim J B, Jha S, et al. Spectrum and power allocation for vehicular communications with delayed CSI feedback [J]. IEEE Wireless Communications Letters, 2017, 6(4): 458- 461.

[17] Yang Y, Zhang Y, Shi K, et al. Optimal power control for energy efficiency of device-to-device communication underlaying cellular networks[C]. IEEE 14th International Conference on Industrial Informatics (INDIN). IEEE, 2017: 1028-1031.

[18] Menmi A, Rezki Z, Aloui M. Power control for D2D underlay cellular networks with channel uncertainty[J]. IEEE Transactions on Wireless Communications, 2017, 16(2): 1330-1343.

[19] Sun J, Liu T, Wang X X, et al. Optimal mode selection with uplink data rate maximization for D2D-aided underlaying cellular networks [J]. IEEE Access, 2017, 4 (99): 8844-8856.

[20] Sum P, Shin K G, Zhang H L, et al. Transmit power control for D2D-underlaid cellular networks based on statistical features [J]. IEEE Transactions on Vehicular Technology, 2017, 66(5): 4110-4119.

[21] Lee N, Lin X, Andrews J G, et al. Power control for D2D underlaid cellular networks: Modeling, algorithms, and analysis [J]. IEEE Journal on Selected Areas in Communication, 2015, 33(1): 1-13.

[22] Shalmashi S, Bjornson E, Kountris M, et al. Energy efficiency and sum rate when massive MIMO meets device-to-device communication[C]. IEEE International Conference on Communication Workshop. IEEE, 2015: 627-632.

[23] Xiao H, Zhu D, Chronopoulos A T. Power allocation with energy efficiency optimization in cellular d2d-based V2X communication network[J]. IEEE Trans. Intelligent Transportation Systems, 2020, 21(12): 4947-4956.

[24] Zhang Z, Zhang P, Liu D, et al. SRSM-based adaptive relay selection for d2d communications[J]. IEEE Internet of Things Journal, 2018, 5(4): 2323-2332.

[25] Liang L, Kim J, Jha S C, et al. Spectrum and power allocation for vehicular communications with delayed csi feedback[J]. IEEE Wireless Communications Letters, 2017, 6(4): 458-461.

[26] Michalopoulos D S, Suraweera H A, Karagiannidis G K, et al. Amplify-and-forward relay selection with outdated channel estimates[J]. IEEE Transactions on Communications, 2012, 60(5): 1278-1290.

[27] He Y, Cheng X, Peng W, et al. A survey of energy harvesting communications: models and offline optimal policies[J]. IEEE Communications Magazine, 2015, 53(6): 79-85.

[28] NREL: Measurement and instrumentation data center [OL]. https://www.nrel.gov/midc/.

[29] Xie C, Waller S T. Stochastic traffic assignment, Lagrangian dual, and unconstrained convex optimization[J]. Transportation Research Part B-methodological, 2012, 46(8): 1023-1042.

[30] Raghunathan V, Ganeriwal S, Srivastava M B, et al. Emerging techniques for long lived wireless sensor networks[J]. IEEE Communications Magazine, 2006, 44(4): 108-114.

[31] Sun W, Strom E G, Brannstrom F, et al. Radio resource management for d2d-v communication[J]. IEEE Transactions on Vehicular Technology, 2016, 65(8): 6636-6650.

第 6 章
NOMA 技术

6.1 引言

ITS（智能运输系统）是 5G 移动通信系统中核心的应用场景之一，智能网联车辆提供着安全且可靠的自动驾驶及车载娱乐服务。然而，这些新应用的出现，对网络超高传输速率和超低通信延迟的需求都在不断增加。各种类型的 V2X 通信共享用于数据传输的相同无线介质，目前的车载通信网络仅能规范地满足这些新应用的部分需求[1]。正交频分复用技术是适用于车载通信的物理层方案，它能够适度缓解多普勒频移和多径衰落。NOMA 作为 5G 移动通信系统中一种很有前景的关键技术，其子信道依然采用正交频分复用传输，不但可以缓解车载通信中的小尺度衰落问题，而且可以显著提高车载通信网络的频谱效率、支持更多的用户连接并减少延迟[2]。因此，在协作车载通信系统中采用 NOMA 技术以支持高 QoS 的通信要求已经成为一种趋势。

从 1G 到 4G 的无线通信历史中，多址方案已成为区分不同无线系统的关键技术。传统的正交多址接入（Orthogonal Multiple Access，OMA）技术为多个用户分配正交时间和频率资源，并且每个用户的接收器可以利用这种正交性来简单地将其自己的信号与其他用户分离，以避免或减轻用户间的相互干扰。通过 OMA 技术，系统能够以合理的复杂度来获得多路复用增益。然而，5G 网络的数据流量比以往增加了 1000 倍，其系统区域的总体目标是每个空间和每个用户的输出更高且延迟更低，能够支持超大规模的设备连接却要比 4G 系统的能耗更少。因此，频谱效率成为处理这种爆炸性数据流量的关键挑战之一。非正交多址接入（Non Orthogonal Multiple Access，NOMA）技术利用叠加编码原理将多个用户复用到相同的时间和频率资源上，通过引入受控符号冲突来扩大用户连接数，使不同的用户能够在同一空间层中共享资源。所以，NOMA 技术可以将用户数量和频谱效率都增大许多倍，提高系统吞吐量并适应大规模设备连接。

NOMA 通常被分为两类，即功率域 NOMA 和码域 NOMA。码域 NOMA 的概念受到经典码分多址（Code Division Multiple Access，CDMA）系统的启发，其多个用户共享相同的时频资源，但采用不同的用户特定扩频序列。与 CDMA 相比，码域 NOMA 的扩频序列仅限于稀疏序列或非正交的低互相关序列。功率域 NOMA 通过为不同用户分配不同的功率电平来实现多址接入。在发射机侧，来自各用户的信号被叠加，然后在相同的信道上发送所得到的信号。在接收机侧，利用多用户检测算法得到所需信号。与依赖于时间、频率或码域的多址方案相比，NOMA 可以在功率域中为信道条件差的用户分配更多的功率，从而提高用户间的公平性。然而，传统的功率域 NOMA 无法严格地保证每个用户的 QoS。基于功率域的协作 NOMA 传输方案，可以选择拥有更好的信道条件的用户作为中继，以便提高信息传输的可靠性。下面简单地介绍依赖于连续干扰消除（Successive Interference Cancellation，SIC）接收机的功率域 NOMA 基本原理。

首先，假设系统中存在一个基站（Base Station，BS）和 K 个用户。在下行链路中，分配给 K 个用户的总功率被限制为 P ($P = \sum_{i=1}^{K} P_i, i = 1,2,\cdots,K$)，BS 发出的叠加信号为 $x = \sum_{i=1}^{K} \sqrt{P_i} x_i$。第 i 个用户接收到的信号 $y_i = h_i x + n_i$，其中 h_i 表示 BS 与第 i 个用户之间的信道增益，与功率密度 N_i 相关的 n_i 表示高斯噪声加上小区间干扰。在接收机处，SIC 根据信号功率由大到小的顺序进行多用户检测。在不失一般性的情况下，有 $|h_1|^2/N_1 \leqslant |h_2|^2/N_2 \leqslant \cdots \leqslant |h_K|^2/N_K$，则功率分配顺序为 $P_1 \geqslant P_2 \geqslant \cdots \geqslant P_K$。在干扰信号可以完全无差错地被解码的条件下，用户 i 的可实现速率为

$$R_i = W \cdot \log \left(1 + \frac{P_i |h_i|^2}{|h_i|^2 \sum_{j=i}^{i-1} P_j + N_i \cdot W} \right) \tag{6-1}$$

式中，W 为带宽。

6.2 协作 NOMA 车载通信

车辆跟驰作为一种单车道微观交通流模型[3]，它描述了后方车辆基于速度和位置等参数在不间断的车流中捕捉前方车辆的行驶状态，以便对前方车辆的行驶变化及时做出反应，从而有效地降低了交通事故的发生概率[4]。由此，本节在车辆跟驰场景下，根据实时交通流提出了一种动态调整车辆集群的分簇算法。

面对 5G 时代的到来，开发车载通信网络的主要挑战是不断增加的连接车辆数量所引起的严重数据拥塞和访问效率低的问题[5]。C-V2X 能够为 V2I 链路提供无线资源访问，但有限的频谱资源尚未得到充分有效的利用。为了响应绿色通信的倡导并提高频谱效率，功率控制方案对于 V2I 通信来说至关重要。NOMA 技术作为 5G 的新兴技术之一，它不仅可以满足不断增长的流量需求，还可以实现大规模的设备连接。通过将功率域 NOMA 技术引入到协作车载通信系统中，使得多辆车能够在同一信道上同时发送信息，以缓解车载通信中的有限传输容量和不可预测的传播延迟等资源冲突。而基于功率域的协作 NOMA 传输方案，既可以选择拥有更好的信道条件的用户作为中继，又可以在功率域中为信道条件差的用户分配更多的功率，提高了信息传输的可靠性和用户间的公平性。因此，本节在 C-V2X 系统下，基于协作 NOMA 技术研究了基站（Base Station, BS）与 CHV 之间下行链路的功率控制方案[6]。

6.2.1 车辆跟驰场景下分簇算法

为了使算法更适用于实际的城市交通场景,基于车辆跟驰的理念提出了一种动态的车辆分簇算法。首先,算法利用跟车距离对单车道上的车辆进行分簇;然后,根据相邻车辆的速度差和通信延迟间隔来调整群集的大小;最后,基于车辆间的相对速度和传输功率来为每个车辆集群选出合适的 CHV。

基于车辆跟驰的分簇场景如图 6-1 所示,所有车辆行驶在同一方向的单车道上。其中,椭圆所圈出的车辆为同一车辆集群,带有五角星标志的车辆是簇头车辆。从图 6-1 中可以看出,BS 首先向 CHV 发送消息;然后通过 CHV 之间相互通信来实现车辆群集间的信息共享。在整个通信过程中,每个车辆集群中的成员车辆仅需要从其所属的 CHV 处接收广播消息,总体上降低了通信的复杂度。

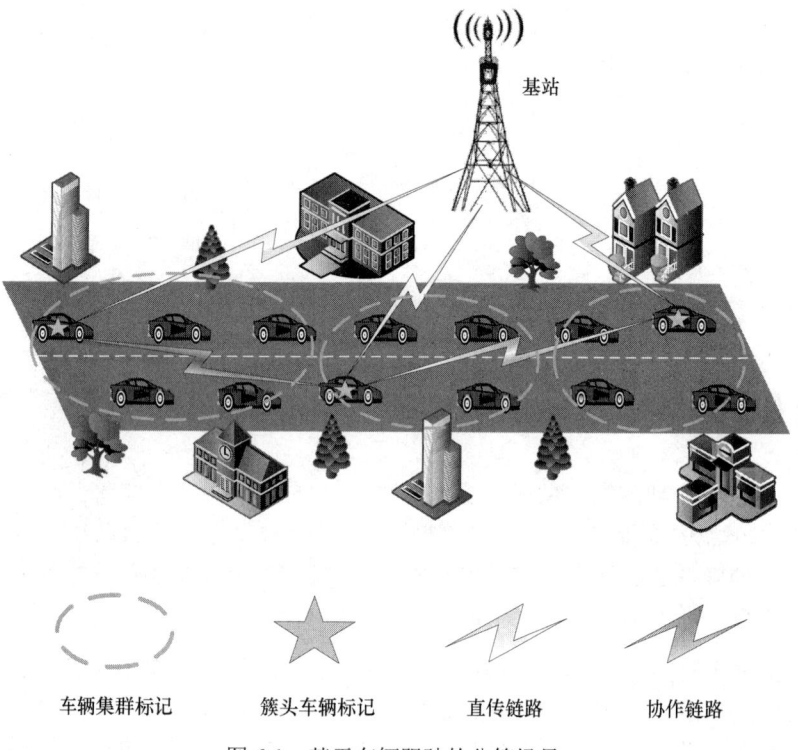

图 6-1 基于车辆跟驰的分簇场景

假设单向车道的某 BS 附近有 n 辆车,其中 $n=1, 2, \cdots, i$。车辆分簇的标准为相邻两车辆之间的跟车距离不大于安全车距且群集的覆盖范围在车辆传输半径内。根据相邻车辆间的跟车距离之差及每个车辆集群中所有车辆的跟车距离之和,可以得到

$$\begin{cases} |S_{i+1} - S_i| \leq d_{\min} \\ \sum_{i=1}^{w-1} S_i < D \end{cases} \quad (6\text{-}2)$$

式中，w 为一个车辆集群中所包含的车辆数，$w = 1, 2, \cdots, j$；$d_{\min}$ 为安全车距；D 为车辆传输半径；跟车距离 S_i 由下式给出。

$$S_i = d_{\min} + \Delta v \cdot \tau \tag{6-3}$$

式中，τ 为通信延迟间隔[7]；Δv 为相邻车辆之间的相对速度差，即

$$\Delta v = |v_i - v_{i-1}| \tag{6-4}$$

式中，v_i 为第 i 辆车的速度。

在道路上的所有车辆完成分簇后，接下来开始选取 CHV。已知 BS 在向车辆发送消息时，分配给每辆车的发送功率是不同的，并且集群内各辆车的行驶速度也有所不同。因此，为了选择具有较低相对速度和最佳发送功率的车辆作为 CHV，将 CHV 选择参数 M_c 定义为

$$M_c = \max_c \left[p_c \cdot \frac{P_V}{(w-1)} \cdot \sum_{\substack{j=1 \\ c \neq j}}^{w-1} \left| \overline{h}_{cj} \right|^2 \cdot (\overline{S}_{cj})^{-\alpha} \right] \tag{6-5}$$

式中，P_V 为每辆车自身的传输功率；α 为路径损耗因子；$\overline{h}_{cj}$ 为 CHV 与其成员车辆之间的平均信道增益，车间通信信道建模为具有零均值、每维方差是 Ω_{cj} 的 Dual-Rayleigh 衰落[5]；$p_c = P_c / P_T$ 为车辆的功率分配系数，其中 P_c 是 BS 将消息发送到某车辆集群中某车辆所需的发送功率，P_T 是 BS 向该集群内所有车辆发送消息所需的总发送功率；$\overline{S}_{cj}$ 为 CHV 与其成员车辆之间的平均归一化跟车距离。

$$\overline{S}_{cj} = \frac{d_{\min} + \Delta v_{cj} \cdot \overline{\tau}_{cj}}{\sum_{\substack{j=1 \\ c \neq j}}^{w-1} S_j} \tag{6-6}$$

式中，S_j 为成员车辆之间的跟车距离；$\overline{\tau}_{cj}$ 为 CHV 与其成员车辆之间通信延迟间隔的平均值。CHV 与其成员车辆之间的相对速度 Δv_{cj} 是通过计算每辆车与该集群中所有车辆之间的平均速度的标准偏差而得来的。

$$\Delta v_{cj} = \sqrt{\frac{1}{w-1} \sum_{\substack{j=1 \\ c \neq j}}^{w-1} \left(v_c - \frac{1}{w} \sum_{j=1}^{w} v_j \right)^2} \tag{6-7}$$

式中，v_c 和 v_j 分别为 CHV 和成员车辆的速度。

6.2.2 协作 NOMA 功率控制方法

1. 协作 NOMA 传输模型

基于 BS 与 CHV 下行链路的协作 NOMA 传输模型如图 6-2 所示，其中 BS 和 CHV-3 分别被视为源节点和目的节点，CHV-1 和 CHV-2 同时被视为目的节点及中继节点。BS 与 CHV-1、CHV-2、CHV-3 之间的距离满足 $d_{B1} < d_{B2} < d_{B3}$，每个 CHV 配备有单天线且运行

于半双工模式。该模型的消息传输过程依旧分为两个时隙。在第一时隙，BS 将叠加信息分别发送给 3 个 CHV，即直传链路 BS→CHV-1、BS→CHV-2 和 BS→CHV-3。在第二时隙，中继节点 CHV-1 和 CHV2 采用 AF 协作方式转发策略将解码后的信息分别传送给目的节点 CHV-2 和 CHV-3，即协作链路 CHV-1→CHV-2 和 CHV-2→CHV-3。对于只有接收端处于运动状态的 V2I 通信，一些理论分析和研究结果表明其通信链路的接收信号幅度可遵循瑞利分布[8]。而 V2V 通信的传播信道比 V2I 中的传播信道更加动态，产生的窄带脉冲响应的包络应该使用（双瑞利）分布建模[9]。由此，本节直传链路信道被建模为瑞利衰落，协作链路信道被建模为（双瑞利）衰落。

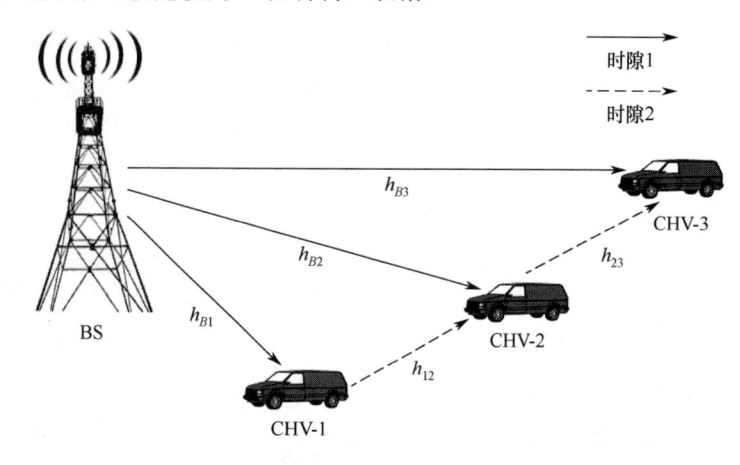

图 6-2 基于 BS 与 CHV 下行链路的协作 NOMA 传输模型

由 BS 发送给 3 个 CHV 的叠加信号表示为

$$x = \sqrt{P_B} \cdot \sum_{i=1}^{3} a_i x_i \quad (6\text{-}8)$$

式中，P_B 为 BS 总的发射功率；x_i（$i=1,2,3$）为第 i 个 CHV 的调制信号且满足 $E[|x_i|^2]=1$；a_i 为 BS 为第 i 个 CHV 所分配的功率系数且 $\sum_{i=1}^{3} a_i^2 \leqslant 1$，不失一般性地有 $0 < a_1^2 < a_2^2 < a_3^2$。

在第一时隙，CHV-1、CHV-2 和 CHV-3 所接收到的信号分别为

$$y^1_{B \to 1} = x h_{B1} + n_1 \quad (6\text{-}9)$$

$$y^1_{B \to 2} = x h_{B2} + n_2 \quad (6\text{-}10)$$

$$y^1_{B \to 3} = x h_{B3} + n_3 \quad (6\text{-}11)$$

其中，h_{Bi} 为瑞利信道衰落系数，其遵循均值为零、方差为 Ω_{Bi} 的复数高斯分布，$h_{B1} > h_{B2} > h_{B3}$；所有信道仅受方差为 N_0 的加性高斯白噪声 n_i 的影响。为了成功解码接收到的信号，使得链路 BS→CHV 的目标传输速率低于相应的可实现速率，可在每个 CHV 处使用连续干扰消除技术[10]。那么，对于传输链路 BS→CHV-1 则满足：

$$\begin{cases} R_{B\to1}^{x_3} \leqslant \log_2(1+\gamma_{B\to1}^{x_3}) \\ R_{B\to1}^{x_2} \leqslant \log_2(1+\gamma_{B\to1}^{x_2}) \end{cases} \tag{6-12}$$

式中，$R_{B\to1}^{x_3}$ 和 $R_{B\to1}^{x_2}$ 分别为信号 x_3 和 x_2 在 CHV-1 处的目标传输速率；$\gamma_{B\to1}^{x_3}$ 和 $\gamma_{B\to1}^{x_2}$ 分别为用于解码信号 x_3 和 x_2 的信干噪比（Signal to Interference plus Noise Ratio，SINR）。

$$\gamma_{B\to1}^{x_3} = \frac{\dfrac{P_B}{N_0}a_3^2|h_{B1}|^2}{\dfrac{P_B}{N_0}(a_1^2+a_2^2)|h_{B1}|^2+1} \tag{6-13}$$

$$\gamma_{B\to1}^{x_2} = \frac{\dfrac{P_B}{N_0}a_2^2|h_{B1}|^2}{\dfrac{P_B}{N_0}a_1^2|h_{B1}|^2+1} \tag{6-14}$$

则信号 x_1 在 CHV-1 处的可实现速率为

$$C_{B\to1}^{x_1} = \log_2(1+\gamma_{B\to1}^{x_1}) \tag{6-15}$$

式中，$\gamma_{B\to1}^{x_1}$ 为用于解码信号 x_1 的 SINR。

$$\gamma_{B\to1}^{x_1} = \frac{P_B a_1^2|h_{B1}|^2}{N_0} \tag{6-16}$$

对于传输链路 BS → CHV-2 则满足

$$R_{B\to2}^{x_3} \leqslant \log_2\left(1+\gamma_{B\to2}^{x_3}\right) \tag{6-17}$$

式中，$R_{B\to2}^{x_3}$ 为信号 x_3 在 CHV-2 处的目标传输速率；$\gamma_{B\to2}^{x_3}$ 为用于解码信号 x_3 的 SINR。

$$\gamma_{B\to2}^{x_3} = \frac{\dfrac{P_B}{N_0}a_3^2|h_{B2}|^2}{\dfrac{P_B}{N_0}(a_1^2+a_2^2)|h_{B2}|^2+1} \tag{6-18}$$

在 CHV-2 处成功解码信号 x_3 后，用于解码信号 x_2 的 SINR 由下式给出。

$$\gamma_{B\to2}^{x_2} = \frac{\dfrac{P_B}{N_0}a_2^2|h_{B2}|^2}{\dfrac{P_B}{N_0}a_1^2|h_{B2}|^2+1} \tag{6-19}$$

那么，信号 x_2 在 CHV-2 处的可实现速率为

$$C_{B\to2}^{x_2} = \log_2(1+\gamma_{B\to2}^{x_2}) \tag{6-20}$$

由于信号 x_3 的发射功率强于信号 x_2 和 x_1，因此用于在 CHV-3 处解码信号 x_3 的 SINR 直接由下式给出。

$$\gamma_{B\to3}^{x_3} = \frac{\dfrac{P_B}{N_0}a_3^2|h_{B3}|^2}{\dfrac{P_B}{N_0}(a_1^2+a_2^2)|h_{B3}|^2+1} \tag{6-21}$$

则信号 x_3 在 CHV-3 处的可实现速率为

$$C_{B\to3}^{x_3} = \log_2(1+\gamma_{B\to3}^{x_3}) \tag{6-22}$$

为了保证 CHV-3 所接收到的信号 x_3 和 x_2，以及 CHV-2 所接收到的信号 x_3 均能够在第一时隙内成功解码，需要满足：

$$\begin{cases} R_{B\to1}^{x_3} \leq \log_2(1+\gamma_{B\to1}^{x_3}) \\ R_{B\to1}^{x_2} \leq \log_2(1+\gamma_{B\to1}^{x_2}) \\ R_{B\to2}^{x_3} \leq \log_2(1+\gamma_{B\to2}^{x_3}) \end{cases} \tag{6-23}$$

在式（6-20）和 $\sum_{i=1}^{3}a_i^2 \leq 1$ 的约束下，各功率分配系数的取值范围为

$$a_1^2 \in \left(0, \frac{\gamma|h_{B1}|^2 - R_1 - R_2(1+R_1)}{\gamma|h_{B1}|^2(1+R_1)(1+R_2)}\right] \tag{6-24}$$

$$a_2^2 \in \left(0, \frac{R_2(\gamma|h_{B1}|^2+1)}{\gamma|h_{B1}|^2(1+R_1)(1+R_2)}\right] \tag{6-25}$$

$$a_3^2 \in \left(0, \frac{R_3|h_{B2}|^2(\gamma|h_{B1}|^2-R_1)+R_3|h_{B1}|^2(1+R_1)}{\gamma|h_{B1}|^2|h_{B2}|^2(1+R_1)}\right] \tag{6-26}$$

式中，$\gamma = \dfrac{P_B}{N_0}$；$R_1 = 2^{R_{B\to1}^{x_3}} - 1$；$R_2 = 2^{R_{B\to1}^{x_2}} - 1$；$R_3 = 2^{R_{B\to2}^{x_3}} - 1$。

在第二时隙，CHV-1 将解码后的信号 $y_{B\to1}^1$ 发送给 CHV-2。与此同时，CHV-2 将解码后的信号 $y_{B\to2}^1$ 发送给 CHV-3。其中，链路 CHV-1→CHV-2 和 CHV-2→CHV-3 均基于 AF 协作方式转发策略来实现协作传输，所对应的放大因子分别为[11]

$$\alpha = \sqrt{\frac{P_{V1}}{P_B|h_{B1}|^2+N_0}} \tag{6-27}$$

$$\beta = \sqrt{\frac{P_{V2}}{P_B|h_{B2}|^2+N_0}} \tag{6-28}$$

式中，P_{V1} 和 P_{V2} 分别为 CHV-2 和 CHV-3 的传输功率。所以，CHV-2 和 CHV-3 接收到的信号分别表示为

$$y_{1\to 2}^2 = \alpha y_{B\to 1}^1 h_{12} + n_{12} \tag{6-29}$$

$$y_{2\to 3}^2 = \beta y_{B\to 2}^1 h_{23} + n_{23} \tag{6-30}$$

协作链路 CHV-1 → CHV-2 和 CHV-2 → CHV-3 的信道被建模为双瑞利衰落，h_{12} 和 h_{23} 是两个独立且相同分布的复高斯随机变量的乘积[12]，即 $h_{12}=h_{12}^x h_{12}^y$、$h_{23}=h_{23}^x h_{23}^y$，其中每个随机变量的均值为零、每维方差为 Ω_V。下面将 a_3^2 的取值范围分为两种情况来分析协作链路的可实现速率。

情况 1：如果 $a_3^2 \in \left(0, \dfrac{R_4\gamma|h_{B1}|^2 \gamma_1 |h_{12}|^2 + R_4(\gamma|h_{B1}|^2 + \gamma_1|h_{12}|^2+1)}{\gamma|h_{B1}|^2 \gamma_1|h_{12}|^2(1+R_4)}\right]$，其中 $\gamma_1 = \dfrac{P_{V1}}{N_0}$，

$R_4 = 2^{R_{1\to 2}^{x_3}} - 1$，此时定义 $Z=0$。对于协作链路 CHV-1 → CHV-2 而言，调制信号 x_2 未能在 CHV-2 处成功解码，CHV-2 所接收到的信号不存在协作增益。因此，信号 x_2 在 CHV-2 处的信息可实现速率为

$$C_2^{Z=0} = \log_2(1+\gamma_{B\to 2}^{x_2}) \tag{6-31}$$

情况 2：如果

$$a_3^2 \in \left\{ \dfrac{R_4\gamma|h_{B1}|^2 \gamma_1 |h_{12}|^2 + R_4(\gamma|h_{B1}|^2 + \gamma_1|h_{12}|^2+1)}{\gamma|h_{B1}|^2 \gamma_1|h_{12}|^2(1+R_4)}, \dfrac{R_3|h_{B2}|^2(\gamma|h_{B1}|^2 - R_1) + R_3|h_{B1}|^2(1+R_1)}{\gamma|h_{B1}|^2|h_{B2}|^2(1+R_1)} \right\},$$

此时定义 $Z=1$。SIC 成功用于协作链路 CHV-1 → CHV-2，即

$$R_{1\to 2}^{x_2} \leqslant \log_2(1+\gamma_{1\to 2}^{x_3}) \tag{6-32}$$

式中，$R_{1\to 2}^{x_3}$ 为调制信号 x_3 在 CHV-2 处的目标传输速率；$\gamma_{1\to 2}^{x_3}$ 为用于解码调制信号 x_3 的相应 SINR。

$$\gamma_{1\to 2}^{x_3} = \dfrac{\dfrac{P_B}{N_0} a_3^2 |h_{B1}|^2 \dfrac{P_{V1}}{N_0}|h_{12}|^2}{\dfrac{P_B}{N_0}(a_1^2+a_2^2)|h_{B1}|^2 \dfrac{P_{V1}}{N_0}|h_{12}|^2 + \dfrac{P_B}{N_0}|h_{B1}|^2 + \dfrac{P_{V1}}{N_0}|h_{12}|^2 + 1} \tag{6-33}$$

在 CHV-2 处成功解码 x_3 后，用于解码 x_2 的 SINR 可以表示为

$$\gamma_{1\to 2}^{x_2} = \dfrac{\dfrac{P_B}{N_0} a_2^2 |h_{B1}|^2 \dfrac{P_{V1}}{N_0}|h_{12}|^2}{\dfrac{P_B}{N_0}a_1^2|h_{B1}|^2 \dfrac{P_{V1}}{N_0}|h_{12}|^2 + \dfrac{P_B}{N_0}|h_{B1}|^2 + \dfrac{P_{V1}}{N_0}|h_{12}|^2 + 1} \tag{6-34}$$

那么在情况 2 下，信号 x_2 在 CHV-2 处的可实现速率为

$$C_2^{Z=1} = \log_2(1 + \gamma_{B\to 2}^{x_2} + \gamma_{1\to 2}^{x_2}) \tag{6-35}$$

而对于协作传输链路 CHV-2→CHV-3，在 CHV-3 处用于解码信号 x_3 的 SINR 为

$$\gamma_{2\to 3}^{x_3} = \frac{\dfrac{P_B}{N_0}a_3^2|h_{B2}|^2 \dfrac{P_{V2}}{N_0}|h_{23}|^2}{\dfrac{P_B}{N_0}(a_1^2+a_2^2)|h_{B2}|^2 \dfrac{P_{V2}}{N_0}|h_{23}|^2 + \dfrac{P_B}{N_0}|h_{B2}|^2 + \dfrac{P_{V2}}{N_0}|h_{23}|^2 + 1} \tag{6-36}$$

最后，在 CHV-2 和 CHV-3 处执行最大比合并（MRC）技术来处理两个时隙所接收到的消息，则 CHV-1、CHV-2 和 CHV-3 所对应的调制信号的可实现速率分别表示为

$$C_1 = \frac{1}{2}\log_2(1 + \gamma_{B\to 1}^{x_1}) \tag{6-37}$$

$$C_2 = \left[\frac{1}{2}\log_2(1 + \gamma_{B\to 2}^{x_2})\right]^{1-Z} \cdot \left[\frac{1}{2}\log_2(1 + \gamma_{B\to 2}^{x_2} + \gamma_{1\to 2}^{x_2})\right]^{Z} \tag{6-38}$$

$$C_3 = \frac{1}{2}\log_2(1 + \gamma_{B\to 3}^{x_3} + \gamma_{2\to 3}^{x_3}) \tag{6-39}$$

2．V2I 功率控制方法

基于功率分配系数 a_i^2 所属的不同区间，这里提出了一种在 BS 发射功率受限时最大化 CHV 中的最小可实现速率的功率控制方案，以提高协作车载通信系统的吞吐量和 CHV 之间的公平性。该方案由下式给出

$$\begin{cases} \max\limits_{P_i} \min[C_1(P_i), C_2(P_i), C_3(P_i)] \\ \text{s.t.} \quad P_1 + P_2 + P_3 \leqslant P_B \\ \quad\quad P_i \geqslant 0, i = 1,2,3 \end{cases} \tag{6-40}$$

式中，P_B 为 BS 的总发射功率；$P_1 = a_1^2 P_B$、$P_2 = a_2^2 P_B$、$P_3 = a_3^2 P_B$ 分别为 BS 分配给 CHV-1、CHV-2、CHV-3 的发射功率。基于 $a_i^2 = P_B/P_i$，式（6-40）可以转换为

$$\begin{cases} \max\limits_{a_i^2} \min[C_1(a_i^2), C_2(a_i^2), C_3(a_i^2)] \\ \text{s.t.} \quad a_1^2 + a_2^2 + a_3^2 \leqslant 1 \\ \quad\quad a_i^2 \geqslant 0, i = 1,2,3 \end{cases} \tag{6-41}$$

由于式（6-41）中的目标函数是非凸的，所以很难直接获得最优解。如果目标函数是准凹函数，当其约束为凸函数时，那么优化问题是准凹的。而式（6-41）中的约束条件是线性的，这意味着其优化问题是准凹的。下面将该非凸优化问题转化成一系列线性优化问

题，并采用二分法来获得功率分配系数 a_i^2 的最优解。首先，将目标函数的子集记为[13]

$$C_\theta = \{\min[C_1(a_i^2), C_2(a_i^2), C_3(a_i^2)] \geqslant \theta, \theta \in R\} \quad (6\text{-}42)$$

然后，把目标函数的约束条件转化为

$$\begin{cases} a_1^2 \cdot \dfrac{P_B|h_{B1}|^2}{N_0} \geqslant 2^{2\theta}-1 \\ a_2^2 \cdot \dfrac{P_B|h_{B2}|^2}{a_1^2 P_B|h_{B2}|^2 + N_0} \geqslant 2^{2\theta}-1, \ (Z=0) \\ a_2^2 \times \left[\dfrac{\dfrac{P_B|h_{B2}|^2}{a_1^2 P_B|h_{B2}|^2 + N_0} + }{\dfrac{P_B|h_{B1}|^2 \dfrac{P_V}{N_0}|h_{12}|^2}{a_1^2 P_B|h_{B1}|^2 N_0 \dfrac{P_V}{N_0}|h_{12}|^2 + P_B|h_{B1}|^2 + P_V|h_{12}|^2 + N_0}}\right] \geqslant 2^{2\theta}-1, Z=1 \\ a_3^2 \times \left[\dfrac{\dfrac{P_B|h_{B3}|^2}{(a_1^2+a_2^2)P_B|h_{B3}|^2 + N_0} + }{\dfrac{P_B|h_{B2}|^2 \dfrac{P_V}{N_0}|h_{23}|^2}{(a_1^2+a_2^2)P_B|h_{B2}|^2 \dfrac{P_V}{N_0}|h_{23}|^2 + P_B|h_{B2}|^2 + P_V|h_{23}|^2 + N_0}}\right] \geqslant 2^{2\theta}-1 \end{cases} \quad (6\text{-}43)$$

其中，每个 CHV 具有相同的传输功率，即 $P_{V1}=P_{V2}=P_V$。显然，式（6-43）中的不等式是线性的。最后，找到对于某定值 θ（$\theta \geqslant 0$）满足以下约束条件的 a_i^2 的最优解。

$$\begin{cases} C_i \geqslant \theta \\ a_1^2+a_2^2+a_3^2 \leqslant 1 \\ a_i^2 > 0 \end{cases} \quad (6\text{-}44)$$

式中，C_i 为 3 个 CHV 中的最小可实现速率。假设 $\hat{\psi}$ 是式（6-43）的最优解，如果式（6-44）中的不等式是线性的，就认为 $\hat{\psi} \geqslant \theta$；否则，认为 $\hat{\psi} < \theta$。那么，式（6-44）可以转换为

$$\begin{cases} \min a_1^2+a_2^2+a_3^2 \\ \text{s.t. } C_i \geqslant \theta, i=1,2,3 \\ a_i^2 > 0 \end{cases} \quad (6\text{-}45)$$

为了获得式（6-45）的闭式解，特提出以下推论。

推论 1：对于某定值 θ，式（6-45）的最优解由下式给出。

$$a_1^2 = \frac{(2^{2\theta}-1)N_0}{P_B |h_{B1}|^2} \tag{6-46}$$

$$a_2^2 = \left[\frac{(2^{2\theta}-1)|h_{B2}|^2 + |h_{B1}|^2}{P_B |h_{B1}|^2 |h_{B2}|^2} \cdot (2^{2\theta}-1)N_0\right]^{1-Z} \cdot \left(\frac{2^{2\theta}-1}{c+d}\right)^Z \tag{6-47}$$

$$a_3^2 = \left(\frac{2^{2\theta}-1}{m+n}\right)^{1-Z} \cdot \left(\frac{2^{2\theta}-1}{p+q}\right)^Z \tag{6-48}$$

其中

$$c = \frac{P_B |h_{B1}|^2 |h_{B2}|^2}{(2^{2\theta}-1)|h_{B2}|^2 N_0 + |h_{B1}|^2 N_0} \tag{6-49}$$

$$d = \frac{P_B |h_{B1}|^2 P_V |h_{12}|^2}{(2^{2\theta}-1)P_V |h_{12}|^2 N_0 + P_B |h_{B1}|^2 N_0 + P_V |h_{12}|^2 N_0 + N_0^2} \tag{6-50}$$

$$e = \frac{(2^{2\theta}-1)N_0}{P_B |h_{B1}|^2} \cdot \left(2^{2\theta} + \frac{|h_{B1}|^2}{|h_{B2}|^2}\right) \tag{6-51}$$

$$f = \frac{(2^{2\theta}-1)N_0}{P_B |h_{B1}|^2} + \frac{2^{2\theta}-1}{c+d} \tag{6-52}$$

$$m = \frac{P_B |h_{B3}|^2}{e \cdot P_B |h_{B3}|^2 + N_0} \tag{6-53}$$

$$n = \frac{P_B |h_{B2}|^2 \cdot \frac{P_V}{N_0} |h_{23}|^2}{e \cdot P_B |h_{B2}|^2 \cdot \frac{P_V}{N_0} |h_{23}|^2 + P_B |h_{B2}|^2 + P_V |h_{23}|^2 + N_0} \tag{6-54}$$

$$p = \frac{P_B |h_{B3}|^2}{f \cdot P_B |h_{B3}|^2 + N_0} \tag{6-55}$$

$$q = \frac{P_B |h_{B2}|^2 \cdot \frac{P_V}{N_0} |h_{23}|^2}{f \cdot P_B |h_{B2}|^2 \cdot \frac{P_V}{N_0} |h_{23}|^2 + P_B |h_{B2}|^2 + P_V |h_{23}|^2 + N_0} \tag{6-56}$$

证明 1：针对式（6-45），构造拉格朗日函数可得

$$L(a_i^2, \alpha_i, \beta_i) = a_1^2 + a_2^2 + a_3^2 + \alpha_1\left(2^{2\theta} - 1 - a_1^2 \frac{P_B|h_{B1}|^2}{N_0}\right) +$$
$$\alpha_2\left[2^{2\theta} - 1 - a_2^2\left(\frac{P_B|h_{B2}|^2}{a_1^2 P_B|h_{B2}|^2 + N_0}\right)\right]^{1-Z} \cdot [2^{2\theta} - 1 - a_2^2(c+d)]^Z + \quad (6\text{-}57)$$
$$\alpha_3\left[2^{2\theta} - 1 - a_3^2(m+n)^{1-Z} \cdot (p+q)^Z\right] - \sum_{i=1}^{3}\beta_i \cdot a_i^2$$

式中，$\alpha_i \geq 0$、$\beta_i \geq 0$ 均为 KKT 乘子[14]。根据 KKT 条件，可以得到

$$\frac{\partial L}{\partial a_1^2} = 1 - \alpha_1 \frac{P_B|h_{B1}|^2}{N_0} - \beta_1 = 0 \quad (6\text{-}58)$$

$$\frac{\partial L}{\partial a_2^2} = 1 - \alpha_2\left(\frac{P_B|h_{B2}|^2}{a_1^2 P_B|h_{B2}|^2 + N_0}\right)^{1-Z} \cdot (c+d)^Z - \beta_2 = 0 \quad (6\text{-}59)$$

$$\frac{\partial L}{\partial a_3^2} = 1 - \alpha_3(m+n)^{1-Z} \cdot (p+q)^Z - \beta_3 = 0 \quad (6\text{-}60)$$

$$\beta_i \cdot a_i^2 = 0, \quad i = 1, 2, 3 \quad (6\text{-}61)$$

$$\alpha_1\left(2^{2\theta} - 1 - a_1^2 \frac{P_B|h_{B1}|^2}{N_0}\right) = 0 \quad (6\text{-}62)$$

$$\alpha_2\left(2^{2\theta} - 1 - a_2^2 \frac{P_B|h_{B2}|^2}{a_1^2 P_B|h_{B2}|^2 + N_0}\right)^{1-Z} \cdot [2^{2\theta} - 1 - a_2^2(c+d)]^Z = 0 \quad (6\text{-}63)$$

$$\alpha_3[2^{2\theta} - 1 - a_3^2(m+n)^{1-Z} \cdot (p+q)^Z] = 0 \quad (6\text{-}64)$$

$$2^{2\theta} - 1 - a_1^2 \frac{P_B|h_{B1}|^2}{N_0} \leq 0 \quad (6\text{-}65)$$

$$\left(2^{2\theta} - 1 - a_2^2 \frac{P_B|h_{B2}|^2}{a_1^2 P_B|h_{B2}|^2 + N_0}\right)^{1-Z} \cdot [2^{2\theta} - 1 - a_2^2(c+d)]^Z \leq 0 \quad (6\text{-}66)$$

$$2^{2\theta} - 1 - a_3^2(m+n)^{1-Z} \cdot (p+q)^Z \leq 0 \quad (6\text{-}67)$$

显然 $a_i^2 > 0$，根据式（6-61）可以得到 $\beta_i = 0$。由于 $\beta_i = 0$，根据式（6-58）~式（6-60）可以得出 $\alpha_i > 0$。根据式（6-62）~式（6-64）和 $\alpha_i > 0$，得出式（6-65）~式（6-67）都应为取等号的情况，也就是 $C_i = \theta$。由此，推论 1 得证。

为了确保 a_i^2 的最优解满足式（6-24）~式（6-26）和 $\sum_{i=1}^{3} a_i^2 \leq 1$，采用二分法来获得符合条件的 a_i^2 值。其中，将 ψ_L 和 ψ_U 设置为初始化 C_θ 的下限和上限，$\hat{a}_i^2$ 代表符合条件的 a_i^2 值，δ 为算法的精确度，具体算法如下。

算法 5-2　二分法

步骤 1　输入 ψ_L、ψ_U、δ、Z

步骤 2　设置 $\theta = \dfrac{\psi_U + \psi_L}{2}$

步骤 3　情况 1，令 $Z=0$，根据式（6-45）求解 a_i^2 的最优值

步骤 4　如果 $a_3^2 > \dfrac{R_4 \gamma |h_{B1}|^2 \gamma_1 |h_{12}|^2 + R_4(\gamma|h_{B1}|^2 + \gamma_1|h_{12}|^2 + 1)}{\gamma |h_{B1}|^2 \gamma_1 |h_{12}|^2 (1+R_4)}$，那么令

$$\hat{a}_3^2 = \dfrac{R_4 \gamma |h_{B1}|^2 \gamma_1 |h_{12}|^2 + R_4(\gamma|h_{B1}|^2 + \gamma_1|h_{12}|^2 + 1)}{\gamma |h_{B1}|^2 \gamma_1 |h_{12}|^2 (1+R_4)}$$

步骤 5　否则，令 $\hat{a}_3^2 = a_3^2$

步骤 6　情况 2，令 $Z=1$，根据式（6-45）求解 a_i^2 的最优值

步骤 7　如果 $a_3^2 > \dfrac{R_3 |h_{B2}|^2 (\gamma |h_{B1}|^2 - R_1) + R_3 |h_{B1}|^2 (1+R_1)}{\gamma |h_{B1}|^2 |h_{B2}|^2 (1+R_1)}$，那么令

$$\hat{a}_3^2 = \dfrac{R_3 |h_{B2}|^2 (\gamma |h_{B1}|^2 - R_1) + R_3 |h_{B1}|^2 (1+R_1)}{\gamma |h_{B1}|^2 |h_{B2}|^2 (1+R_1)}$$

步骤 8　否则，令 $\hat{a}_3^2 = a_3^2$

步骤 9　如果 $a_1^2 + a_2^2 + \hat{a}_3^2 \leq 1$，那么设置 $\psi_L = \theta$，$\hat{a}_1^2 = a_1^2$，$\hat{a}_2^2 = a_2^2$，$\hat{a}_3^2 = \hat{a}_3^2$，$\hat{\psi} = \theta$

步骤 10　否则，令 $\psi_U = \theta$

步骤 11　判断 $\psi_U - \psi_L \geq \delta$ 是否成立，若成立，则循环执行步骤 2~11；若不成立，则执行步骤 12

步骤 12　如果 $\hat{a}_2^2 > \dfrac{R_2(\gamma|h_{B1}|^2 + 1)}{\gamma |h_{B1}|^2 (1+R_1)(1+R_2)}$，那么令 $\hat{a}_2^2 = \dfrac{R_2(\gamma|h_{B1}|^2 + 1)}{\gamma |h_{B1}|^2 (1+R_1)(1+R_2)}$

步骤 13　否则，令 $\hat{a}_2^2 = \hat{a}_2^2$

步骤 14　如果 $\hat{a}_1^2 > \dfrac{\gamma|h_{B1}|^2 - R_1 - R_2(1+R_1)}{\gamma |h_{B1}|^2 (1+R_1)(1+R_2)}$，那么令 $\hat{a}_1^2 = \dfrac{\gamma|h_{B1}|^2 - R_1 - R_2(1+R_1)}{\gamma |h_{B1}|^2 (1+R_1)(1+R_2)}$

步骤 15　否则，令 $\hat{a}_1^2 = \hat{a}_1^2$

步骤 16　输出 $\hat{a}_1^2$，$\hat{a}_2^2$，$\hat{a}_3^2$

6.2.3 仿真结果与性能分析

本节提供了用于评估车辆分簇算法和功率控制方案性能的数值模拟结果,并与传统 NOMA[15]及固定 NOMA[16]算法进行了比较。其中,V2I 和 V2V 传输链路分别被建模为瑞利衰落信道和双瑞利衰落信道。

图 6-3 所示为车辆集群的覆盖范围与相邻车辆间的速度差和通信延迟间隔之间的三维关系图。其中的参数设定为:$d_{\min} = 20 \text{ m}$,$D = 100 \text{ m}$。三维曲面由浅色慢慢过渡为深色,表明随着相邻车辆间的速度差和通信延迟间隔的不断增大,车辆集群的覆盖范围在逐渐扩大,这意味着分簇算法能够根据实际交通和道路状况动态调整车辆群集大小。由于相邻车辆之间的跟车距离限制,从图 6-3 中可以看出,车辆集群的大小保持在 40~100 m 的范围内,避免了因车辆集群过大对车间通信质量造成的不利影响。

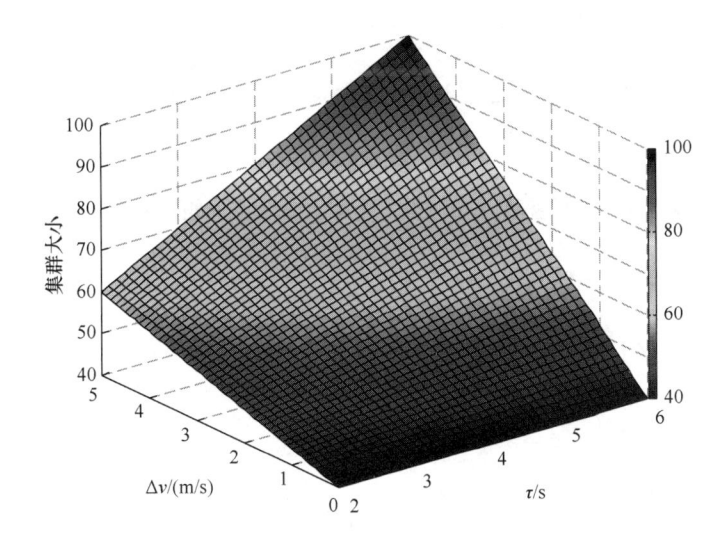

图 6-3 车辆集群的覆盖范围与相邻车辆间的速度差和通信延迟间隔之间的三维关系图

图 6-4 所示为在不同信道增益条件下,CHV 选择参数 M_c 与功率分配系数 p_c 和车间相对速度 Δv_{cj} 的关系。这里,将车辆集群的覆盖范围设置为 100 m,其余的参数取值为 $\alpha = 3$,$\overline{\tau}_{cj} = 5 \text{ s}$,$P_V = 27 \text{ dBm}$。图 6-4 中所示的"○""◇""*"这 3 条曲线分别对应于每维方差为 $\Omega_{cj}^1 = 3$、$\Omega_{cj}^2 = 5$ 和 $\Omega_{cj}^3 = 7$ 的双瑞利衰落系数 h_{cj}^1、h_{cj}^2 和 h_{cj}^3。在相同的条件下,"○"曲线所对应的 CHV 选择参数一直高于"◇"和"*"曲线,这意味着具有较大信道增益的车辆更倾向于成为 CHV。此外,随着 p_c 和 Δv_{cj} 的增加,M_c 的值先增大后减少,当 $p_c = 0.4$ 且 $\Delta v_{cj} = 2$ 时,可以得到 M_c 的极值点。该极值点有助于分簇算法选出在车辆的相对速度和传输功率之间具有最佳权衡的 CHV。

图 6-5~图 6-8 描述了所提出的功率控制算法的收敛性和 CHV 的最小可实现速率。其中

的参数设置为：$\delta = 10^{-5}$，$\psi_L = 0$ bit/s/Hz，$\psi_U = 1$ bit/s/Hz，$N_0 = 1$，$P_B = 30\,\text{dBm}$，$P_V = 27$ dBm，$\Omega_{B1} = 1$，$\Omega_{B2} = 8$，$\Omega_{B3} = 9$，双瑞利衰落信道的每维度方差设置为 $\Omega_V = 3$。为了不失一般性，将 BS 和 CHV 之间的归一化距离设置为：$d_{B1} = 0.5$，$d_{B2} = 0.7$，$d_{B3} = 1$；CHV 之间的归一化距离设置为：$d_{12} = 0.5$，$d_{23} = 0.5$；路径损耗因子为 $\alpha = 3$。

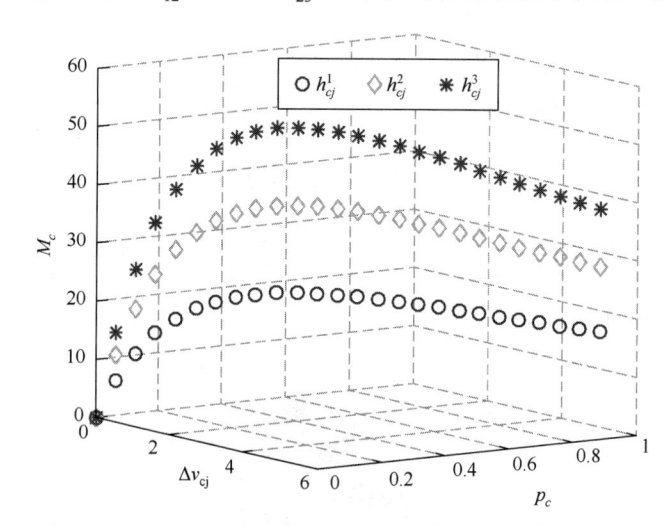

图 6-4　CHV 选择参数 M_c 与功率分配系数 p_c 和车间相对速度 Δv_{cj} 的关系

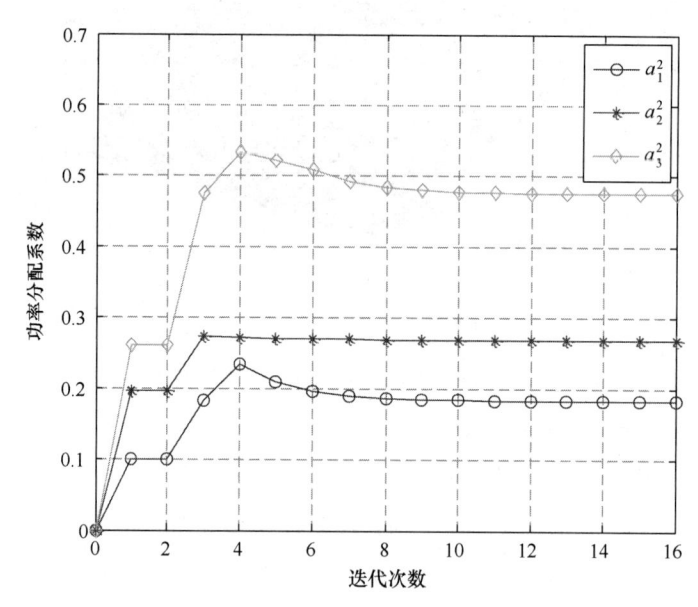

图 6-5　情况 1 中功率控制算法的收敛性

图 6-5 和图 6-6 分别给出了在情况 1 和情况 2 中所提出的功率控制算法的收敛性。根据功率分配系数所属的不同区间，经过几次迭代便可获得最优解。与功率分配系数 a_1^2 和 a_3^2 的迭代过程相比，功率分配系数 a_2^2 的迭代计算收敛最快，这意味着所提出的算法首先给

定了信道质量处于中等水平的 CHV 的功率分配系数,然后在信道质量最好和最差的 CHV 之间调整分配功率以提高用户间的公平性。

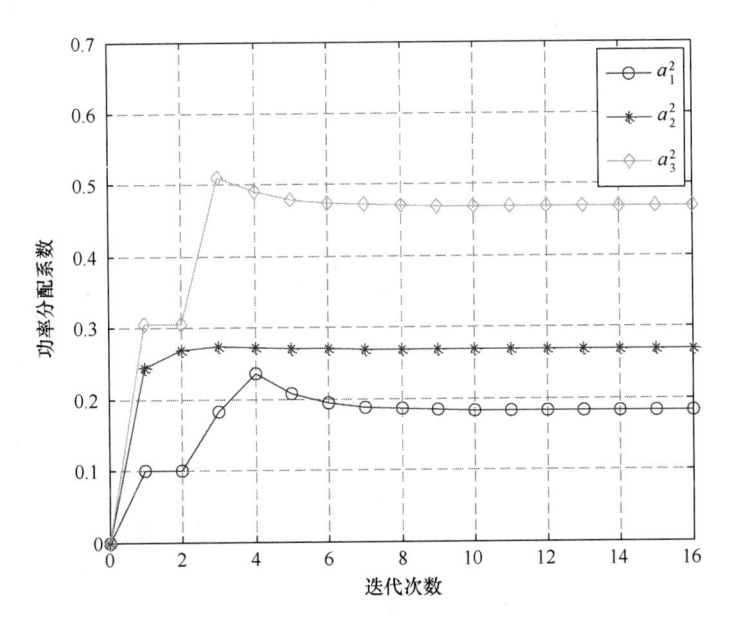

图 6-6　情况 2 中功率控制算法的收敛性

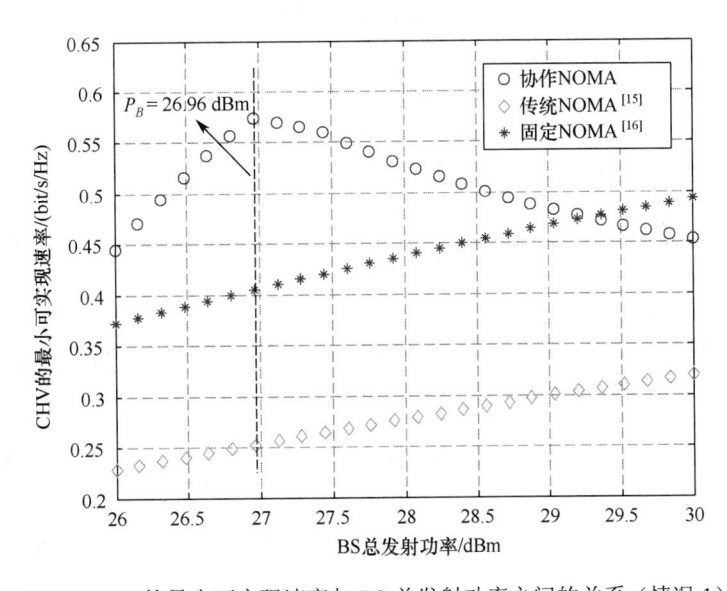

图 6-7　CHV 的最小可实现速率与 BS 总发射功率之间的关系(情况 1)

在情况 1 中,图 6-7 描绘了 3 种 NOMA 方案中 CHV 的最小可实现速率与 BS 总发射功率之间的关系。对于所提出的协作 NOMA 方案来说,随着 BS 总发射功率的增加,CHV 的最小可实现速率呈先增大后减小的趋势。这是因为 CHV-2 处仅接收到了来自 BS 所发送的消息，不存在协作链路带来的增益。一旦 BS 为其分配的功率有所减少，则会导致 CHV-2 处的信息可实现速率下降。从图 6-7 中可以看出，当 BS 总发射功率 P_B = 26.96 dBm 时，CHV 中的最小可实现速率 C_i 达到最大值 0.5715 bit/s/Hz，这表明所提方案仅牺牲了 BS 少量的发射功率，便提升了整个网络的吞吐量。

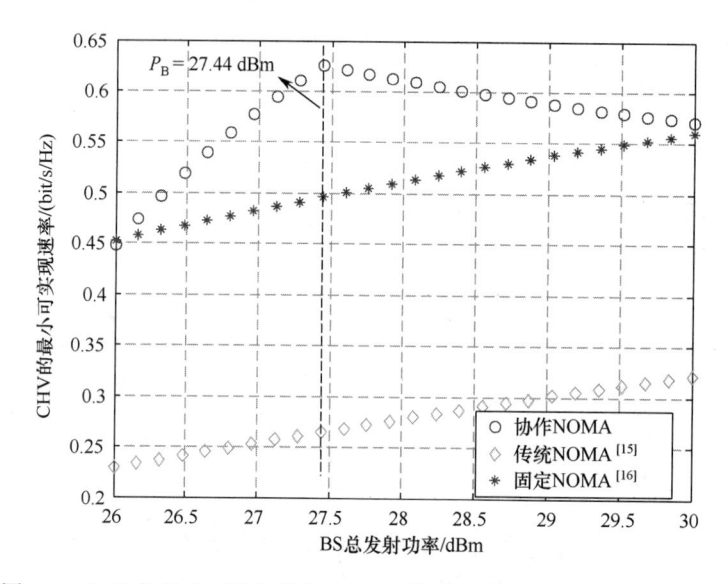

图 6-8 CHV 的最小可实现速率与 BS 总发射功率之间的关系（情况 2）

在情况 2 中，图 6-8 描绘了 3 种 NOMA 方案中 CHV 的最小可实现速率与 BS 总发射功率之间的关系。从图 6-8 中可以看到，协作 NOMA 方案中 CHV 的最小可实现速率一直高于传统 NOMA 方案和固定 NOMA 方案。而随着 BS 总发射功率的增加，协作 NOMA 方案对应的"○"曲线逐渐到达极值点（P_B = 27.44 dBm，C_i = 0.6253 bit/s/Hz），再次证实了所提方案不仅可以节省 BS 的发射功率，而且能够提升网络的吞吐量。此外，当 BS 具有相同的发射功率时，情况 2 中 CHV 的最小可实现速率相比情况 1 而言有所增大，凸显了链路 CHV-1→CHV-2 为该通信系统所贡献的协作增益。

图 6-9 所示为 CHV 的功率分配系数与目标传输速率之间的关系。为了确保 CHV 的可实现速率高于目标传输速率，CHV 的功率分配系数随着目标传输速率的增加而变大。在情况 2 中，CHV-2 从 CHV-1 处获得了协作增益，其功率分配系数 a_2^2 缓慢增长以降低 BS 的总发射功率；同时，BS→CHV-3 的信道质量较差，功率分配系数 a_3^2 的值在不断增大。与情况 1 相比，功率分配系数 a_2^2 和 a_3^2 在情况 2 中要更大一些，这是因为情况 2 通过增加 BS 的发射功率换取协作增益，以增大了 CHV 的最小可实现速率。

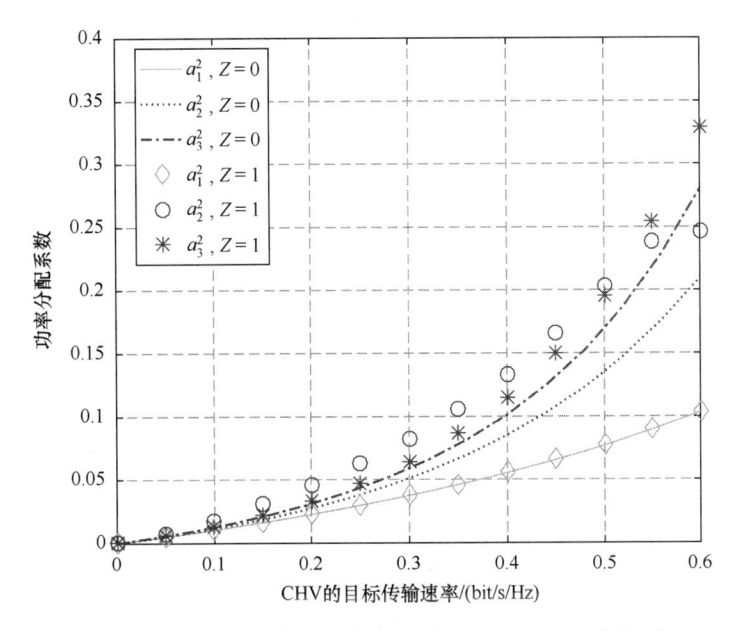

图 6-9　CHV 的功率分配系数与目标传输速率之间的关系

6.3　NOMA+全双工车载通信

全双工（Full-Duplex，FD）非正交多址接入（Non-Orthogonal Multiple Access，NOMA）车载协作通信网络中信道的广播特性使得车载通信安全性难以得到有效保障，且容易造成网络中断。本节提出一种以降低安全中断概率（Secrecy Outage Probability，SOP）为目标的全双工 NOMA 最优中继选择方案。该方案通过任意中继给窃听车辆用户发送干扰噪声和对全双工 NOMA 中继采用残余自干扰消除技术来联合保障合法车载用户安全高效的数据传输。

6.3.1　系统模型

在城市交通系统中，随着车辆的不断增加，相应的车辆通信需求加大，提高通信系统安全性能是我们急需解决的问题。由此，我们构建了 NOMA 环境下物理层安全智能车载协作通信系统模型，如图 6-10 所示。在图 6-10 中，深色的车辆是合法用户，浅色的车辆是窃听用户。虚线椭圆圈出的是近端车辆用户的集合实线椭圆圈出的是远端用户车辆集合，空中的无人机集合为中继。

由图 6-10 的场景图可建立图 6-11 所示的基站、中继、车辆用户传输平面示意图。该通信系统传输过程分为两个时隙[17]。在图 6-11 中，BS 为基站；D_1、D_2 均为合法车辆用户集合。其中 D_1 为 $u_1,u_2,\cdots,u_n$ 用户的集合，称为远端车辆用户（与基站距离远，信道状态差的车辆用户），D_2 为 $p_1,p_2,\cdots,p_n$ 用户的集合，称为近端车辆用户（与基站距离近，信道状态好的车辆用户);E 为非法车辆用户,非法车辆用户会窃听无人机中继转发给合法车辆用户的信息;$R_1 \cdots R_Z \cdots R_N$ 是无人机作为中继组成的一个组网。其中,R_Z 为干扰节点,通过发送人工噪声给非法车辆用户来干扰非法车辆用户窃听无人机中继转发给合法车辆用户的信息。其中,$R_1 \cdots R_Z \cdots R_N$ 各信道独立同分布。源节点 S 和目的节点 D_1、D_2 均配置单根天线,工作模式为 HD。所有无人机中继节点均配备一根收天线和一根发天线,执行解码转发(Decode-Forward,DF)协议且工作模式为 FD。FD 无人机中继具有同一时刻接收与转发信息的功能,发送信息的天线与接收信息的天线之间存在严重的环路自干扰(Loop Interference,LI),在进行干扰消除后仍会残留一些干扰。假设该通信系统所有信道均服从瑞利衰落且彼此相互独立,则 E 的信道状态信息(Channel State Information,CSI)未知。

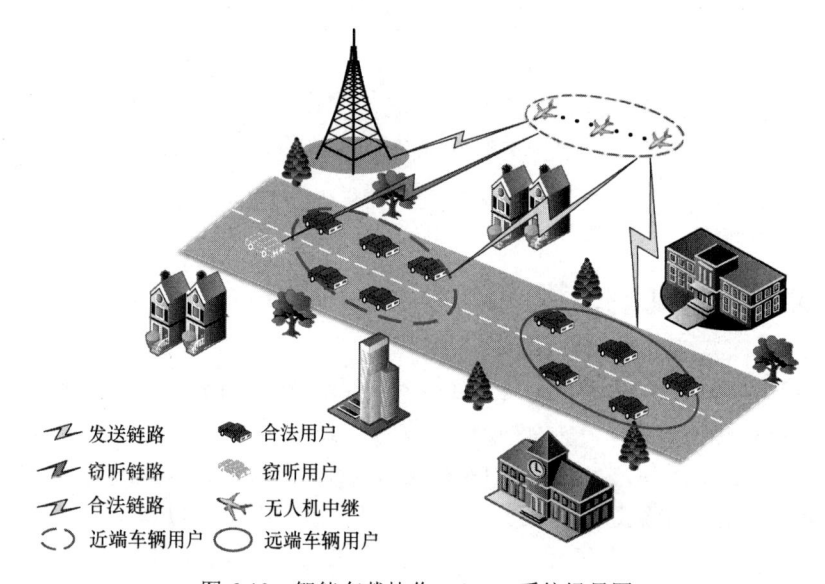

图 6-10 智能车载协作 NOMA 系统场景图

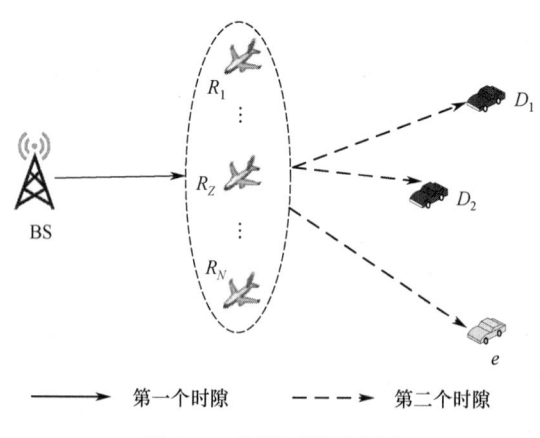

图 6-11 传输平面示意图

6.3.2 NOMA 安全传输策略

1. 无人机中继端信号接收和解码

在第一个时隙中,基站采取功率分配的方式把叠加信息发送给无人机中继 R。R 接收到基站发送的信息表示为

$$y_r(t) = \sqrt{P_s\alpha_1}h_{s,r_n}x_1(t) + \sqrt{P_s\alpha_2}h_{s,r_n}x_2(t) + \sqrt{P_r\alpha_1}h_{LI,r_n}x_1(t) + \sqrt{P_r\alpha_2}h_{LI,r_n}x_2(t) + n_r(t) \quad (6\text{-}68)$$

同理,在无人机中继 R,首先需要进行环路干扰消除。然后根据 NOMA 准则,对接收端信干噪比(SINR)值较大的近端车辆用户 D_2 信息执行 SIC 操作,远端车辆用户 D_1 的信息会先被解调出来,解调出 D_1 信息的 SINR 可以表示为

$$\gamma_r^{x_1} = \frac{\alpha_1 P_s |h_{s,r_n}|^2}{\alpha_2 P_s |h_{s,r_n}|^2 + \beta P_r |h_{LI,r_n}|^2 + \sigma_r^2} = \frac{\alpha_1 \rho_s |h_{s,r_n}|^2}{\alpha_2 \rho_s |h_{s,r_n}|^2 + \beta \rho_r |h_{LI,r_n}|^2 + 1} \quad (6\text{-}69)$$

在无人机中继 R,解调出远端车辆用户 D_1 信息后,近端车辆用户 D_2 信息的接收 SINR 可以写为

$$\gamma_r^{x_2} = \frac{\alpha_2 P_s |h_{s,r_n}|^2}{\beta P_r |h_{LI}|^2 + \sigma_r^2} = \frac{\alpha_2 \rho |h_{s,r_n}|^2}{\beta \rho_r |h_{LI}|^2 + 1} \quad (6\text{-}70)$$

由式(6-69)和式(6-70)可以得到,信号 x_1、x_2 从基站到中间节点的信道容量分别为[18]

$$C_{sx_1} = \frac{1}{2}\log_2(1+\gamma_r^{x_1}) = \frac{1}{2}\log_2\left(1 + \frac{\alpha_1 \rho_s |h_{s,r_n}|^2}{\alpha_2 \rho_s |h_{s,r_n}|^2 + \beta \rho_r |h_{LI,r_n}|^2 + 1}\right) \quad (6\text{-}71)$$

$$C_{sx_2} = \frac{1}{2}\log_2(1+\gamma_r^{x_2}) = \frac{1}{2}\log_2\left(1 + \frac{\alpha_2 \rho_s |h_{s,r_n}|^2}{\beta \rho_r |h_{LI}|^2 + 1}\right) \quad (6\text{-}72)$$

式中,x_1 和 x_2 分别为传输给远端车辆用户 D_1 和近端车辆用户 D_2 的消息;$h_{i,j}$ 为信道增益,其中 $i \in (s,r,z,LI)$,$j \in (D_1,D_2,r,e)$,n_i 表示不同节点处信道的高斯白噪声且为满足均值为 0、方差为 1 的复高斯变量。安全传输门限分别为 R_1、R_2,D_1 的功率分配系数为 α_1,D_2 的功率分配系数为 α_2,其中 $\alpha_1 > \alpha_2$,$\alpha_1 + \alpha_2 = 1$[19]。基站的发射功率为 P_s,无人机中继转发的功率为 P_r,干扰节点的发射功率为 P_z,$P_s = P_r$,此时 $\rho_r = \frac{P_r}{\sigma_r^2} = \rho = \frac{P_s}{\sigma_D^2} = \rho_s$、$\rho_z = \frac{P_z}{\sigma_z^2}$。FD 中继采用自干扰消除技术后,仍有未消除完全的干扰信号,$\beta \in [0,1]$ 是残余自干扰系数,代表自干扰的残留水平。当 $\beta = 0$ 时,认为自干扰完全消除;当 $\beta = 1$ 时,代表未进行任何自干扰消除操作。

2. 目的端接收信号

在第二个时隙中，假设存在能成功将信号解码并转发给合法车辆用户的无人机中继集合 C_R。从 C_R 中选择一个最优中继节点作为最优中继将解码的信号重编码，采用与基站相同的功率分配方式发送给合法车辆用户，D_1 自身信号接收结束后，解码得到需要的信息。D_2 采用 SIC 解码出 D_1 的信号后并删除，解码自身的信息。从剩下能够成功解码的无人机中继节点中任选一个中继节点给窃听车辆用户发送人工噪声，削弱窃听信道性能，保障信息安全传输。

在合法车辆用户端接收到的信息可以表示为

$$y_D = \sqrt{P_r\alpha_1}h_{r_n,D}x_1 + \sqrt{P_r\alpha_2}h_{r_n,D}x_2 + \sqrt{P_z}h_{J,D}x_J + n_D \tag{6-73}$$

即在远端车辆用户 D_1 处接收到的信息可以表示为

$$y_{D_1} = \sqrt{P_r\alpha_1}h_{r_n,D_1}x_1 + \sqrt{P_r\alpha_2}h_{r_n,D_2}x_2 + \sqrt{P_z}h_{J,D_2}x_J + n_{D_1} \tag{6-74}$$

根据 NOMA 的准则，远端车辆用户可以被优先解调出来，即优先解调出 D_1 信息的 SINR 表示为

$$\gamma_D^1 = \frac{\alpha_1 P_r |h_{r_n,D_1}|^2}{\alpha_2 P_r |h_{r_n,D_1}|^2 + P_z |h_{J,D_1}|^2 + \sigma_{D_1}^2} = \frac{\alpha_1 \rho |h_{r_n,D_1}|^2}{\alpha_2 \rho |h_{r_n,D_1}|^2 + \rho_z |h_{J,D_1}|^2 + 1} \tag{6-75}$$

在近端车辆用户 D_2 处接收到的信息可以表示为

$$y_{D_2} = \sqrt{P_r\alpha_1}h_{r_n,D_2}x_1 + \sqrt{P_r\alpha_2}h_{r_n,D_2}x_2 + \sqrt{P_z}h_{J,D_2}x_J + n_{D_2} \tag{6-76}$$

而在 D_2 端，会首先把 D_1 处的信息解调出来，再解调自身信息。此时，解调 D_1 信息的 SINR 为

$$\gamma_D^{1\to 2} = \frac{\alpha_1 P_r |h_{r_n,D_2}|^2}{\alpha_2 P_r |h_{r_n,D_2}|^2 + P_z |h_{J,D_2}|^2 + \sigma_{D_2}^2} = \frac{\alpha_1 \rho |h_{r_n,D_2}|^2}{\alpha_2 \rho |h_{r_n,D_2}|^2 + \rho_z |h_{J,D_2}|^2 + 1} \tag{6-77}$$

解调出 D_1 的信息后，D_2 信息的接收 SINR 可以写为

$$\gamma_D^2 = \frac{\alpha_2 P_r |h_{s,D_2}|^2}{P_z |h_{J,D_2}|^2 + \sigma_{D_2}^2} = \frac{\alpha_2 \rho |h_{s,D_2}|^2}{\rho_z |h_{J,D_2}|^2 + 1} \tag{6-78}$$

在窃听车辆用户 e 处接收到的中继转发的信息为

$$y_e = \sqrt{P_r\alpha_1}h_{r_n,e}x_1 + \sqrt{P_r\alpha_2}h_{r_n,e}x_2 + \sqrt{P_z}h_{J,e}x_J + n_e \tag{6-79}$$

信号 x_1、x_2 在窃听车辆用户 e 处的 SINR 表达式分别为

$$\gamma_{e_1} = \frac{\alpha_1 P_r |h_{r_n,e}|^2}{P_z |h_{J,e}|^2 + \sigma_e^2} = \frac{\alpha_1 \rho |h_{r_n,e}|^2}{\rho_z |h_{J,e}|^2 + 1} \tag{6-80}$$

$$\gamma_{e_2} = \frac{\alpha_2 P_r |h_{r_n,e}|^2}{P_z |h_{J,e}|^2 + \sigma_e^2} = \frac{\alpha_2 \rho |h_{r_n,e}|^2}{\rho_z |h_{J,e}|^2 + 1} \quad (6\text{-}81)$$

由式（6-75）、式（6-78）、式（6-80）和式（6-81）可以得到信号 x_1、x_2 从 R 到 D_1、D_2 与 e 的信道容量分别为[18]

$$C_{D_1} = \frac{1}{2}\log_2(1+\gamma_{D_1}) = \frac{1}{2}\log_2\left(1 + \frac{\alpha_1 \rho |h_{r_n,D_1}|^2}{\alpha_2 \rho |h_{r_n,D_1}|^2 + \rho_z |h_{J,D_1}|^2 + 1}\right) \quad (6\text{-}82)$$

$$C_{D_2} = \frac{1}{2}\log_2(1+\gamma_{D_2}) = \frac{1}{2}\log_2\left(1 + \frac{\alpha_2 \rho |h_{s,D_2}|^2}{\rho_z |h_{J,D_2}|^2 + 1}\right) \quad (6\text{-}83)$$

$$C_{e_1} = \frac{1}{2}\log_2(1+\gamma_{e_1}) = \frac{1}{2}\log_2\left(1 + \frac{\alpha_1 \rho |h_{r_n,e}|^2}{\rho_z |h_{J,e}|^2 + 1}\right) \quad (6\text{-}84)$$

$$C_{e_2} = \frac{1}{2}\log_2(1+\gamma_{e_2}) = \frac{1}{2}\log_2\left(1 + \frac{\alpha_2 \rho |h_{r_n,e}|^2}{\rho_z |h_{J,e}|^2 + 1}\right) \quad (6\text{-}85)$$

6.3.3 全双工中继选择方法

将系统分为两个时隙，在无人机中继处分为两种情况进行讨论，将分别对这两种情况的概率理论值进行求解，并得到 SOP 的闭式表达式。

1. 安全中继选择算法的理论分析

所有信道均为独立同分布，信道模平方服从指数分布[20]，在该系统中，安全中继选择方案旨在满足远端车辆用户服务质量（Quality of Service，QoS）前提下，选择出一个最优的中继使系统速率和最大，使近端车辆用户安全通信速率最大[21]。

第一个时隙：找出可用候选无人机中继集合 C_L，使在无人机中继端和两个车辆用户端均能满足 QoS 门限。其中，C_L 满足 $0 \leqslant C_L \leqslant N$，候选中继集合 C_L 可通过下式获得。

$$C_L = \left\{L : 1 \leqslant n \leqslant N, \frac{1}{2}\log(1+\gamma_r^{x_1}) \geqslant R_1, \frac{1}{2}\log(1+\gamma_D^1) \geqslant R_1\right\} \quad (6\text{-}86)$$

第二个时隙：在候选无人机中继集合 C_L 中，选择出的 R_n^* 使得 D_2 利用 SIC 消除 x_1 干扰后 $S \to D_2$ 链路的容量最大化。其表达式为

$$R_n^* = \underset{R_n \in C_L}{\arg\max}\left\{\frac{1}{2}\log(1+\gamma_{s,r_n,D_2}(x_2)) \middle| \frac{1}{2}\log(1+\gamma_D^{1\to 2}) \geqslant R_1\right\} \quad (6\text{-}87)$$

式中，$\gamma_{s,r_n,D_2}(x_2) = \min\{\gamma_r^{x_2}, \gamma_D^{x_2}\}$。

由式（6-83）、式（6-85）和式（6-86）可知，最大化近端车辆用户的保密速率转换为数学分析就是最大化 $|h_{r_n,D_2}|^2$。因此，选择近端车辆用户信道增益最好的中继节点作为中继来转发信息，这样就可以最大化近端车辆用户的保密速率。由于信道模平方遵从指数分布，即 $|h_{r_n,D_2}|^2$ 的累积分布函数（Cumulative Distribution Function，CDF）可以表示为[20]

$$P(\max(X) \leqslant x) = \begin{cases} \prod_{i=1}^{r} \Pr(|h_i| < x) = (1 - \lambda e^{-\lambda x})^r, & x \geqslant 0 \\ 0, & x < 0 \end{cases} \quad (6\text{-}88)$$

根据式（6-88）可知，概率密度函数（Probability Density Function，PDF）可以由 CDF 求导得到，因此 $|h_{r_n,D_2}|^2$ 的 PDF 为

$$f(\max(X)) \begin{cases} r(1 - e^{-\lambda x})^{r-1}, & x \geqslant 0 \\ 0, & x < 0 \end{cases} \quad (6\text{-}89)$$

2. 安全中继的概率分析

为分析了高信噪比场景中的 SOP，在协作 NOMA 智能车载网络通信系统中，考虑以下两种情况通信会发生中断，当情况（1）或情况（2）中的一种或一种以上发生时，则系统通信中断[22]。

（1）表示 R 或 D_1 不能成功地解码信号 x_1。

（2）表示 R 和 D_1 可以成功地解码信号 x_1，而 R 或 D_2 不能成功地解码信号 x_2。

那么，系统的安全中断概率可以表示为

$$P = P_1 + P_2 \quad (6\text{-}90)$$

P_1 可以具体表示为

$$P_1 = \Pr(|C_L = 0|) = \prod_{n=1}^{N} \left[1 - \underbrace{\Pr\left(\frac{1 + r_r^{X_1}}{1 + r_{e_1}} > \eta_1\right)}_{M_1} \underbrace{\Pr\left(\frac{1 + r_D^1}{1 + r_{e_1}} > \eta_1\right)}_{M_2} \right] \quad (6\text{-}91)$$

在发送高信噪比的情况下，由式（6-69）、式（6-75）和式（6-80）可知，式（6-91）中的 M_1、M_2 可以表示为

$$M_1 = \Pr\left(\frac{\alpha_1 |h_{s,r_n}|^2}{\alpha_2 |h_{s,r_n}|^2 + \beta |h_{LI,r_n}|^2} > \eta_1 \left(1 + \frac{\alpha_1 |h_{r_n,e}|^2}{\delta |h_{J,e}|^2} \right) - 1 \right) \quad (6\text{-}92)$$

$$M_2 = \Pr\left(\frac{\alpha_1 |h_{r_n,D_1}|^2}{\alpha_2 |h_{r_n,D_1}|^2 + \delta |h_{J,D_1}|^2} > \eta_1 \left(1 + \frac{\alpha_1 |h_{r_n,e}|^2}{\delta |h_{J,e}|^2} \right) - 1 \right) \quad (6\text{-}93)$$

其中，$\delta = \dfrac{\rho_z}{\rho}$，因噪声相同，可以得到 δ 也是干扰功率和发射功率的比值。

首先对 M_1 进行求解，已知信道的模平方服从指数分布，即可得 $\dfrac{|h_{r_n,e}|^2}{|h_{J,e}|^2}$ 的 CDF 为

$$F(Z) = F\left(\frac{|h_{r_n,e}|^2}{|h_{J,e}|^2} < Z\right) = F(|h_{r_n,e}|^2 < Z|h_{J,e}|^2)$$
$$= 1 - \int_0^\infty \lambda_{e_2} e^{-(\lambda_{e_1}Z + \lambda_{e_2})x} dx \qquad (6\text{-}94)$$
$$= \frac{\lambda_{e_1}Z}{\lambda_{e_1}Z + \lambda_{e_2}}$$

PDF 可以由 CDF 求导得到

$$f(Z) = \frac{\partial F(Z)}{\partial Z} = \frac{\lambda_{e_1}}{\lambda_{e_1}Z + \lambda_{e_2}} - \frac{\lambda_{e_1}^2 Z}{(\lambda_{e_1}Z + \lambda_{e_2})^2} \qquad (6\text{-}95)$$

由信道模平方服从指数分布，把 $|h_{J,D_1}|^2$ 作为参数 y_1，即可得到其 CDF 为

$$F(X) = F\left(\frac{\alpha_1 |h_{r_n,D_1}|^2}{\alpha_2 |h_{r_n,D_1}|^2 + \delta |h_{J,D_1}|^2} < X_1\right)$$
$$= 1 - \int_0^\infty \lambda_1 e^{-\left(\frac{\lambda_1 \delta X_1 + (\alpha_1 - \alpha_2 X_1)\lambda_2}{\alpha_1 - \alpha_2 X_1}\right)y_1} dy_1 \qquad (6\text{-}96)$$
$$= \frac{\lambda_1 \delta X_1}{\lambda_1 \delta X_1 + (\alpha_1 - \alpha_2 X_1)\lambda_2}$$

在发送信号高信噪比条件下，$\dfrac{\alpha_1 |h_{r_n,D_1}|^2}{\alpha_2 |h_{r_n,D_1}|^2 + \delta |h_{J,D_1}|^2}$ 取值范围为 $\left[0, \dfrac{\alpha_1}{\alpha_2}\right]$，根据式（6-93），及 $\alpha_1 + \alpha_2 = 1$ 可得 $\dfrac{|h_{r_n,e}|^2}{|h_{J,e}|^2}$ 最大值为

$$\frac{1 + \dfrac{\alpha_1}{\alpha_2}}{1 + \dfrac{\alpha_1}{\delta}\dfrac{|h_{r_n,e}|^2}{|h_{J,e}|^2}} > \eta_1 = \frac{|h_{r_n,e}|^2}{|h_{J,e}|^2} < \frac{\delta}{\alpha_1 \alpha_2 \eta_1} - \frac{\delta}{\alpha_1} \qquad (6\text{-}97)$$

即 $\dfrac{|h_{r_n,e}|^2}{|h_{J,e}|^2}$ 取值范围为 $\left[0, \dfrac{\delta}{\alpha_1 \alpha_2 \eta_1} - \dfrac{\delta}{\alpha_1}\right]$。

同理可得，把 $|h_{LI,r_n}|^2$ 作为 y_2，$\dfrac{\alpha_1|h_{s,r_n}|^2}{\alpha_2|h_{s,r_n}|^2+\beta|h_{LI,r_n}|^2}$ 的 CDF 为

$$F(X_2)=F\left(\frac{\alpha_1|h_{s,r_n}|^2}{\alpha_2|h_{s,r_n}|^2+\delta|h_{LI,r_n}|^2}<X_2\right)$$

$$=\frac{\lambda_3\beta X_2}{\lambda_3\beta X_2+(\alpha_1-\alpha_2 X_2)\lambda_2}$$

（6-98）

当 $\beta=0$ 时，$\dfrac{\alpha_1|h_{s,r_n}|^2}{\alpha_2|h_{s,r_n}|^2+\beta|h_{LI,r_n}|^2}$ 的取值范围为 $\left[0,\dfrac{\alpha_1}{\alpha_2}\right]$，即此时 $\dfrac{|h_{r_n,e}|^2}{|h_{J,e}|^2}$ 的取值范围为 $\left[0,\dfrac{\delta}{\alpha_1\alpha_2\eta_1}-\dfrac{\delta}{\alpha_1}\right]$。通过 $\dfrac{|h_{r_n,e}|^2}{|h_{J,e}|^2}$、$\dfrac{\alpha_1|h_{r_n,D_1}|^2}{\alpha_2|h_{r_n,D_1}|^2+\delta|h_{J,D_1}|^2}$、$\dfrac{\alpha_1|h_{s,r_n}|^2}{\alpha_2|h_{s,r_n}|^2+\beta|h_{LI,r_n}|^2}$ CDF 公式，并对式（6-93）中 M_2 表达式进行概率积分，可以得到 M_2 的表达式为

$$M_2=\int_0^{\frac{\delta}{\alpha_1\alpha_2\eta_1}-\frac{\delta}{\alpha_1}}\left(\frac{\left(\alpha_1-\alpha_2\left(\frac{\eta_1\alpha_1}{\delta}Z+\eta_1-1\right)\right)\lambda_2}{\lambda_1\delta\left(\frac{\eta_1\alpha_1}{\delta}Z+\eta_1-1\right)+\left(\alpha_1-\alpha_2\left(\frac{\eta_1\alpha_1}{\delta}Z+\eta_1-1\right)\right)\lambda_2}\right)\left(-\frac{\lambda_{e_1}^2 Z}{(\lambda_{e_1}+\lambda_{e_2})^2}+\frac{\lambda_{e_1}}{\lambda_{e_1}Z+\lambda_{e_2}}\right)dZ$$

（6-99）

然后对式（6-99）进行数学求解，可以得到 M_2 的表达式为

$$\left(\frac{\left(\begin{array}{l}-\alpha_2(\eta_1-1)\lambda_{e_1}\delta+\alpha_1(\alpha_2\eta_1\lambda_{e_2}+\lambda_{e_1}\delta)\binom{(\eta_1-1)\lambda_{e_1}\delta(\lambda_1\delta-\lambda_1\alpha_2)}{+\alpha_1(\alpha_2\eta_1\lambda_2\lambda_{e_2}+\lambda_1\lambda_{e_1}\delta-\eta_1\lambda_1\lambda_{e_2})}+\\ \alpha_1^2\eta_1\lambda_1\lambda_{e_1}\delta^2(\lambda_{e_2}+\lambda_{e_1}Z)\log(\lambda_{e_2}+\lambda_{e_1}Z)-\alpha_1^2\eta_1\lambda_1\lambda_{e_1}\delta^2(\lambda_{e_2}+\lambda_{e_1}Z)\cdot\\ \log(\alpha_1(\eta_1\lambda_1\delta Z+\lambda_2(\delta-\alpha_2\eta_1 Z))-(\eta_1-1)\delta(\alpha_2\lambda_2-\lambda_1\delta))\end{array}\right)}{((\eta_1-1)\lambda_{e_1}\delta(\lambda_1\delta-\alpha_2\lambda_2)+\alpha_1(\alpha_2\eta_1\lambda_2\lambda_{e_2}+\lambda_2\lambda_{e_1}\delta-\eta_1\lambda_1\lambda_{e_2}))^2(\lambda_{e_2}+\lambda_{e_1}Z)}\right)\bigg|_0^{\frac{\delta}{\alpha_1\alpha_2\eta_1}-\frac{\delta}{\alpha_1}}$$

（6-100）

接下来对式（6-92）中 M_1 进行求解，与 M_2 的求法相似，即

$$M_1=\int_0^{\frac{\delta}{\alpha_1\alpha_2\eta_1}-\frac{\delta}{\alpha_1}}\left(\frac{\left(\alpha_1-\alpha_2\left(\frac{\eta_1\alpha_1}{\delta}Z+\eta_1-1\right)\right)\lambda_2}{\lambda_3\beta\left(\frac{\eta_1\alpha_1}{\delta}Z+\eta_1-1\right)+\left(\alpha_1-\alpha_2\left(\frac{\eta_1\alpha_1}{\delta}Z+\eta_1-1\right)\right)\lambda_2}\right)\left(-\frac{\lambda_{e_1}^2 Z}{(\lambda_{e_1}+\lambda_{e_2})^2}+\frac{\lambda_{e_1}}{\lambda_{e_1}Z+\lambda_{e_2}}\right)dZ$$

（6-101）

最后对式（6-101）进行数学求解，可以得到 M_1 的数学表达式为

$$\left(-\lambda_2\lambda_{e_2} \left(\begin{array}{l} -\alpha_2(\eta_1-1)\lambda_{e_1}\delta + \alpha_1(\alpha_2\eta_1\lambda_{e_2}+\lambda_{e_1}\delta) \binom{(\eta_1-1)\lambda_{e_1}\delta(\lambda_3\beta-\lambda_3\alpha_2)}{+\alpha_1(\alpha_2\eta_1\lambda_2\lambda_{e_2}+\lambda_3\lambda_{e_1}\beta-\eta_1\lambda_3\lambda_{e_2})} + \\ \alpha_1^2\eta_1\lambda_3\lambda_{e_1}\delta\beta(\lambda_{e_2}+\lambda_{e_1}Z)\log(\lambda_{e_2}+\lambda_{e_1}Z) - \alpha_1^2\eta_1\lambda_3\lambda_{e_1}\delta\beta(\lambda_{e_2}+\lambda_{e_1}Z)\cdot \\ \log(\alpha_1(\eta_1\lambda_3\beta Z+\lambda_2(\delta-\alpha_2\eta_1Z))-(\eta_1-1)\delta(\alpha_2\lambda_2-\lambda_3\beta)) \end{array} \right) \middle/ ((\eta_1-1)\lambda_{e_1}\delta(\lambda_3\beta-\alpha_2\lambda_2)+\alpha_1(\alpha_2\eta_1\lambda_2\lambda_{e_2}+\lambda_2\lambda_{e_1}\delta-\eta_1\lambda_3\lambda_{e_2}))^2(\lambda_{e_2}+\lambda_{e_1}Z) \right) \Bigg|_0^{\frac{\delta}{\alpha_1\alpha_2\eta_1}-\frac{\delta}{\alpha_1}}$$

(6-102)

由式（6-100）、式（6-102）、式（6-91）可得出 P_1 的表达式为

$$P_1 = \prod_{n=1}^{N}[1-M_1M_2] \qquad (6\text{-}103)$$

其中，$\eta_1 = 2^{2R_1}$、$\eta_2 = 2^{2R_2}$ 是安全速率 R_1、R_2 的函数。

根据文献[22] P_2 可以具体表示为

$$P_2 = \Pr\left[\frac{1+\gamma_{s,r_n,D_2}(x_2)}{1+\gamma_{e_2}} < \eta_2 \middle| \frac{1+\gamma_D^{1\to2}}{1+\gamma_{e_1}} > \eta_1, |C_L \neq 0| \right] \qquad (6\text{-}104)$$

其中

$$\gamma_{s,r_n,D_2}(x_2) = \max_{r_n \in R_N}\left\{\gamma_{s,r_n,D_2}(x_2) \middle| \frac{1}{2}\log_2(1+\gamma_D^{1\to2}) \geqslant R_1 \right\} \stackrel{(a)}{=} \max_{r_n \in R_N}\{\gamma_{s,r_n,D_2}(x_2)\} \qquad (6\text{-}105)$$

在高信噪比情况下，由式（6-75）、式（6-77）可得 $\gamma_D^{1\to2} \approx \gamma_D^1$，式（6-104）可以写为

$$P_2 = \Pr\left(\frac{1+\gamma_{s,r_n,D_2}(x_2)}{1+\gamma_{e_2}} < \eta_2, |C_L|\neq 0|\right) = \sum_{l=1}^{N}\Pr\left(\frac{1+\gamma_{s,r_n,D_2}(x_2)}{1+\gamma_{e_2}} < \eta_2 \middle\| C_L|=l\right)\Pr(|C_L|=l)$$

(6-106)

其中，$\Pr\left(\dfrac{1+\gamma_{s,r_n,D_2}(x_2)}{1+\gamma_{e_2}} < \eta_2 \middle\| C_L|=l\right)$ 表示为

$$\Pr\left(\frac{1+\gamma_{s,r_n,D_2}(x_2)}{1+\gamma_{e_2}} < \eta_2 \middle\| C_L|=l\right) = \Pr\left(\frac{1+r_D^2}{1+r_{e_2}} > \eta_2\right) \qquad (6\text{-}107)$$

即在远端车辆用户信号安全传输的约束下，可以得到有 l 个中继节点成功解码信号，并完成近端车辆用户安全传输。

$|h_{r_n,D_2}|^2$ 的 CDF 与 PDF 分别满足式（6-88）与式（6-89），可以看出满足二项式，以及其二项式展开为

$$(a+b)^l = \sum_{n=0}^{l} C_l^n a^{l-n} b^n \tag{6-108}$$

在需要从 l 中选择出 $|h_{r_n,D_2}|^2$ 值最大的节点情况下，式（6-88）可以表示为

$$\begin{aligned}(1-e^{\lambda x})^l &= \sum_{n=0}^{l} C_r^l 1^{l-n}(-e^{\lambda x})^n \\ &= \sum_{n=0}^{l} C_r^l (-1)^n e^{\lambda x n}\end{aligned} \tag{6-109}$$

在高信噪比的条件下发送信号，$\Pr\left(\dfrac{1+\rho_{s,r_n,D_2}(x_2)}{1+\gamma_{e_2}} < \eta_2 \| C_L | = l\right)$ 代表了从 l 个中继节点中选择能够保障 D_2 安全传输最佳中继的概率

$$\Pr\left(\frac{1+\rho_{s,r_n,D_2}(x_2)}{1+\gamma_{e_2}} < \eta_2 \| C_L | = l\right) = P\left(\frac{1+\dfrac{\alpha_2 \max(|h_{r_n,D_2}|^2)}{\delta|h_{J,D_2}|^2}}{1+\dfrac{\alpha_2|h_{r_n,e}|^2}{\delta|h_{J,e}|^2}} > \eta_2\right) \tag{6-110}$$

与求 $\dfrac{\alpha_1|h_{r_n,D_1}|^2}{\alpha_2|h_{r_n,D_1}|^2 + \delta|h_{J,D_1}|^2}$ 的方法相同，将 $|h_{r_n,D_2}|^2$ 看作参数 x，即 $\dfrac{\alpha_2 \max(|h_{r_n,D_2}|^2)}{\delta|h_{J,D_2}|^2}$ 的 CDF 为

$$\begin{aligned}F(Y) &= F\left(\frac{\max|h_{r_n,D_2}|^2}{|h_{J,D_2}|^2} < Y\right) \\ &= \int_0^\infty \left(\sum_{n=0}^{l} C_l^n (-1)^n e^{-\lambda_1 Y x}\right) \lambda_2 e^{-\lambda_2 x} dx \\ &= \sum_{n=0}^{l} C_l^n (-1)^n \frac{\lambda_2}{\lambda_2 + \lambda_1 n Y}\end{aligned} \tag{6-111}$$

由上述内容可知，$\dfrac{|h_{r_n,e}|^2}{|h_{J,e}|^2}$ 的取值条件为 $\left[0, \dfrac{\delta}{\alpha_1 \alpha_2 \eta_1} - \dfrac{\delta}{\alpha_1}\right]$，这个约束条件在近端车辆用户安全传输中依然适用，当超出这个范围时，说明中继节点已经不能保证远端车辆用户的安全传输，不存在可以成功解码信息并满足远端车辆用户约束无人机中继节点。因此，在求解 $\Pr\left(\dfrac{1+\gamma_{s,r_n,D_2}(x_2)}{1+\gamma_{e_2}} < \eta_2 \| C_L | = l\right)$ 时依然适用。与 M_1、M_2 求法相同，即式（6-110）

可以写为

$$P\left(\frac{\max(|h_{r_n,D_2}|^2)}{|h_{J,D_2}|^2} > \eta_2 \frac{|h_{r_n,e}|^2}{|h_{J,e}|^2} + \frac{\delta(\eta_2-1)}{\alpha_2}\right) = \int_0^{\frac{\delta}{\alpha_1\alpha_2\eta_2} - \frac{\delta}{\alpha_1}} \left(1 - \sum_{n=0}^{l} C_l^n (-1)^n \frac{\lambda_2}{\lambda_2 + \lambda_1 n\left(\eta_2 Z + \frac{\delta(\eta_2-1)}{\alpha_2}\right)}\right)$$

$$\left(-\frac{\lambda_{e_1}^2 Z}{(\lambda_{e_1} Z + \lambda_{e_2})^2} + \frac{\lambda_{e_1}}{\lambda_{e_1} Z + \lambda_{e_2}}\right) \mathrm{d}Z$$

（6-112）

根据文献[21]可得 $h = \Pr\left(\dfrac{1+\gamma_{s,r_n,D_2}(x_2)}{1+\gamma_{e_2}} < \eta_2 \| C_L | = l\right)$，即

$$\Pr\left(\frac{1+\gamma_{s,r_n,D_2}(x_2)}{1+\gamma_{e_2}} < \eta_2 \| C_L | = l\right) = \sum_{n=0}^{l} C_l^n (-1)^n \mathcal{A} \Big|_0^{0, \frac{\delta}{\alpha_1\alpha_2\eta_2} - \frac{\delta}{\alpha_1}} + \frac{\lambda_{e_1} Z}{\lambda_{e_1} Z + \lambda_{e_2}} \Big|_0^{\frac{\delta}{\alpha_1\alpha_2\eta_2} - \frac{\delta}{\alpha_1}}$$

（6-113）

其中

$$\mathcal{A} = \frac{\alpha_2 \lambda_2 \lambda_{e_1} \lambda_{e_2} \begin{pmatrix} \alpha_2 \lambda_2 \lambda_{e_1} + \delta\lambda_1 \lambda_{e_1} n - \eta_2 \delta\lambda_1 \lambda_{e_1} n + \alpha_2 \eta_2 \lambda_1 \lambda_{e_1} - \\ \alpha_2 \eta_2 \lambda_1 n(\lambda_{e_2} + \lambda_{e_1} Z)\log(\lambda_{e_2} + \lambda_{e_1} Z) + \\ \alpha_2 \eta_2 \lambda_1 n(\lambda_{e_2} + \lambda_{e_1} Z)\log((\eta_2-1)\delta\lambda_1 n + \alpha_2(\lambda_2 + \eta_2\lambda_1 nZ)) \end{pmatrix}}{((\eta_2-1)\delta\lambda_1\lambda_{e_1} n + \alpha_2(\lambda_2\lambda_{e_1} - \eta_2\lambda_1\lambda_{e_2} n))^2 \times (\lambda_{e_2} + \lambda_{e_1} Z)}$$

$\Pr(|C_L|=l)$ 计算如下。

$$\Pr(|C_L|=l) = \binom{N}{l} \prod_{n=1}^{N-1}\left[1 - \Pr\left(\frac{1+\gamma_r^{x_1}}{1+\gamma_{e_1}} > \eta_1\right)\Pr\left(\frac{1+\gamma_D^1}{1+\gamma_{e_1}} > \eta_1\right)\right] \cdot \prod_{n=N-l+1}^{N-1}\left[\Pr\left(\frac{1+\gamma_r^{x_1}}{1+\gamma_{e_1}} > \eta_1\right)\Pr\left(\frac{1+\gamma_D^1}{1+\gamma_{e_1}} > \eta_1\right)\right]$$

（6-114）

由式（6-91）、式（6-100）和式（6-102），式（6-114）可以写成

$$\Pr(|C_L|=l) = \sum_{l=1}^{N} \binom{N}{l}(1-M_1 M_2)^{N-l}(M_1 M_2)^l \tag{6-115}$$

将式（6-113）、式（6-115）代入式（6-104），最终可得

$$P_2 = \sum_{l=1}^{N} \binom{N}{l}(1-M_1 M_2)^{N-l}(M_1 M_2)^l h \tag{6-116}$$

其中，$\lambda_{e_1} = \rho_r d_{r_n,e}^{-v}$，$\lambda_1 = \rho_r d_{r_n,D_1}^{-v}$，$\lambda_2 = \rho_r d_{r_n,D_2}^{-v}$，$\lambda_3 = \rho_s d_{s,r_n}^{-v}$，$\rho_r = \rho_s = \dfrac{P_r}{\sigma_D^2}$。

最后把 P_1、P_2 代入式（6-90），便得到系统的 SOP 闭式表达式，以此可以计算出系统的安全传输概率，能够有效衡量我们提出的最佳安全中继选择方案的性能。之后对 SOP 公式的参数数值进行分析。

6.3.4 仿真结果与性能分析

这里分析了基于全双工 NOMA 车载中继选择通信系统的安全特性，数值分析过程中 $\alpha_1 + \alpha_2 = 1$，$\alpha_1 > \alpha_2$，假设服从高斯白噪声的方差为：$\sigma_r^2 = \sigma_{D_1}^2 = \sigma_{D_2}^2 = \sigma_{LI}^2 = \sigma_e^2 = \sigma^2 = 1$，$\rho_s = \rho_r = \rho$，$P_s = P_r = P$，$\rho = \dfrac{P}{\sigma^2}$。参数设置如表 6-1 所示。

表 6-1 参数设置

参　　数	数　　值
中继数目 N	10 个
远端车辆用户门限值 R_1	2.1
近端车辆用户门限值 R_2	1.0
远端车辆用户功率分配系数 α_1	0.9
近端车辆用户功率分配系数 α_2	0.1
干扰功率与发射功率的干扰比值 δ	1.0
残余自干扰系数 β	0.5
基站到中继的距离 d_{sr}	1.0 m
中继到远端车辆用户的距离 d_{r1}	0.5 m
中继到近端车辆用户的距离 d_{r2}	1.0 m
中继到窃听车辆用户的距离 d_{re}	1.0 m

图 6-12 所示为合法车辆用户的功率分配系数对系统 SOP 的影响。从图 6-12 中可以看出，随着发射功率 P、α_1 与 α_2 差值的增大，系统 SOP 均不断减小，且当发射功率 P 的值约为 30 dB 时，系统 SOP 值趋于稳定，尽管继续增大发射功率，系统 SOP 也不会变化太大。图 6-12 中子图描绘的是固定发射功率 $P = 25$ dB 下，α_2 对系统 SOP 的影响。由 $\alpha_1 + \alpha_2 = 1$，$\alpha_1 > \alpha_2$ 可知，随着 α_2 的增加，α_1 逐渐减小，随之 α_1 与 α_2 差值减小。从子图中可以看出，随着 α_1 与 α_2 差值的减小，系统 SOP 不断增大，系统安全性能变差。所以选择合适的信噪比，增大两个车辆用户的功率分配之差可以增强协作 NOMA 系统的安全性。

图 6-13 所示为远端车辆用户的功率分配系数 α_1 与安全传输门限速率 R_1 对系统 SOP 的影响。由图 6-13 可知，当功率分配系数 α_1 相同时，远端车辆用户 R_1 增大，系统 SOP 增大；当 R_1 相同时，随着 α_1 增大，系统 SOP 减小，系统安全性能变好。这样就得出了与图 6-13 相同的结论，远、近端车辆用户的功率分配差值越大，系统的安全性能越好。因此，考虑了远端车辆用户的安全传输的约束下，最大化近端车辆用户的安全传输门限速率，当其值设置得越小时，说明对远端车辆用户信道状态的要求越高，这时对远端车辆用户信

号的功率分配相应要求越高；当其值设置较大时，说明对远端车辆用户信道状态的要求低，远端车辆用户只需要分配适当的功率就可以进行安全的传输。

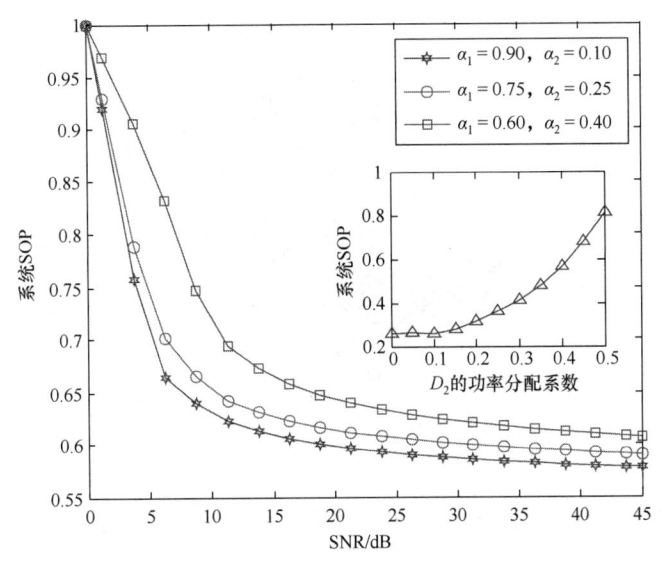

图 6-12　合法车辆用户的功率分配系数对系统 SOP 的影响

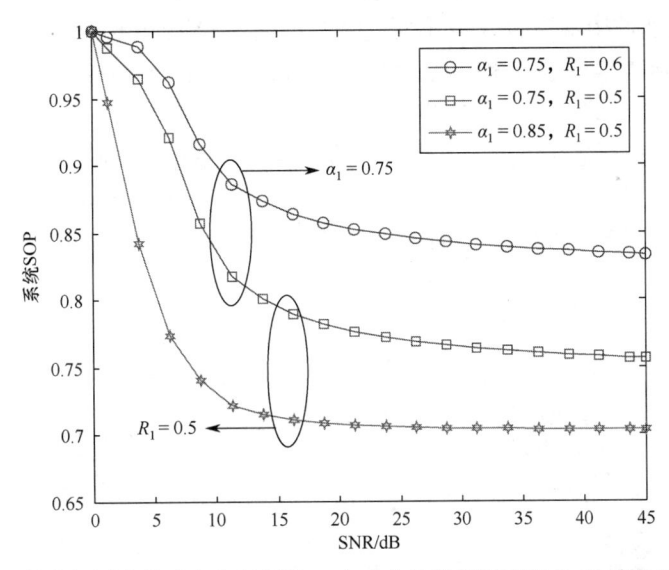

图 6-13　远端车辆用户的功率分配系数 α_1 与安全传输门限速率 R_1 对系统 SOP 的影响

图 6-14 所示为高信噪比下干扰功率和发射功率的比值 δ 与残余自干扰系数 β 对系统 SOP 的影响。从图 6-14 中可以看出，当比值 δ 由 0 增加到 1，取相同残余自干扰系数 β 时，随着比值 δ 的增加，系统 SOP 先减小后增大。当残余自干扰系数 β 由 0 增加到 1，取相同的比值 δ 时，系统 SOP 随着 β 值的减小而减小。由此可以得出，在全双工协作网络中，若残余自干扰未能很好消除，则可以通过改变比值 δ 使系统性能变好；若噪声影响较小时，则残余自干扰成为性能优劣的主要决定因素。因此，采用更加先进的自干扰消除技术与选

择合适的干扰功率，不但可以有效地提高系统性能，而且是提升全双工协作系统性能的重要途径。

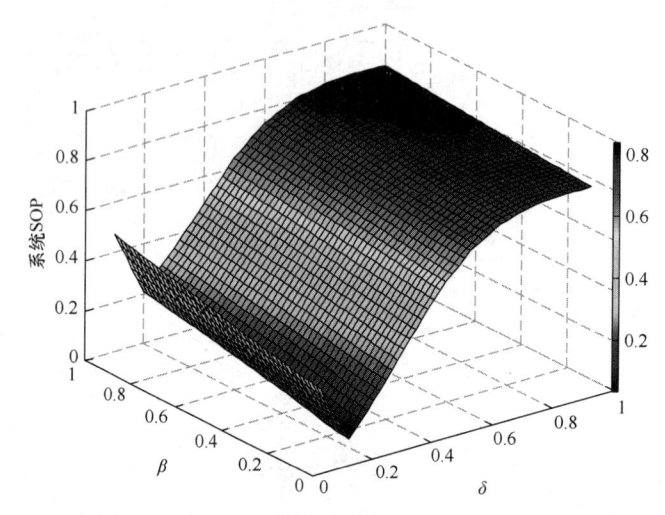

图 6-14　高信噪比下干扰功率和发射功率的比值 δ 与残余自干扰系数 β 对系统 SOP 的影响

图 6-15 所示为不同的中继数目 N 对系统 SOP 的影响。从图 6-15 中可以看出，随着发射功率 p 的增加，中继数目 N 取不同值时的系统 SOP 均随 p 的增加而减小，最后趋于平缓。因此可以恰当地增加 p 来提高系统性能。此外，从图 6-15 中还可以看出，随着 N 的增加，系统 SOP 逐次递减，由此得出增加 N 可以有效地提高系统性能。但是随着 N 的增加，系统 SOP 虽然一直在下降，但是下降的幅度越来越小。而随着 N 的增加，对系统整体要求和复杂度也会大幅提高。所以适当地增加 N，可以极大地减小系统的中断概率，在保证较低系统复杂度的同时，有效提高系统的安全性能。

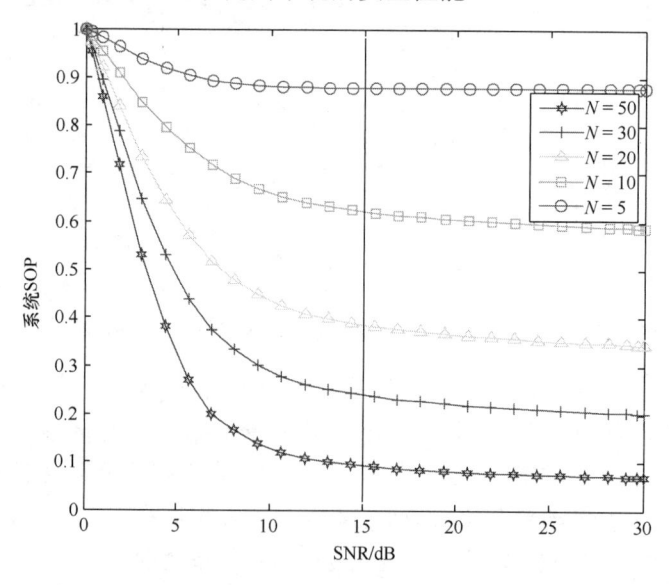

图 6-15　不同的中继数目 N 对系统 SOP 的影响

6.4 本章小结

本章基于微观交通流车辆跟驰模型提出了一种动态更新车辆集群的分簇算法。该算法能够根据实际交通和道路状况动态调整车辆集群的大小。为了提高协作车载通信系统的吞吐量和 CHV 之间的公平性，在 C-V2X 系统下，基于协作 NOMA 技术研究了 BS 与 CHV 之间下行链路的 V2I 功率控制方案。数值分析结果表明，本章所提出的分簇算法能够选择在车辆相对速度和传输功率之间具有最佳权衡的 CHV；在 BS 总发射功率相同的条件下，与传统 NOMA 和固定 NOMA 相比，本章所提出的协作 NOMA 功率控制方案能够显著提高 CHV 的最小可实现速率。接着，我们提出了一种基于安全中断概率的全双工 NOMA 车载中继选择方案，通过任意中继给窃听车辆用户发送干扰噪声和对全双工 NOMA 中继采用残余自干扰消除技术来联合保障合法车载用户安全高效数据传输。数值分析也验证了我们的理论结果。值得说明的是，通过合理的参数设置，可极大地减小系统的安全中断概率，在保证较低系统复杂度的同时，有效提高系统的安全性能。

参 考 文 献

[1] Zitouni R, Tohme S. Non-orthogonal multiple access for vehicular networks-based software-defined radio[C]. 2018 14th International Wireless Communications & Mobile Computing Conference (IWCMC). IEEE, 2018: 1142-1147.

[2] Chen C, Wang B, Zhang R. Interference hypergraph-based resource allocation (IHG-RA) for NOMA-integrated v2x networks[J]. IEEE Internet of Things Journal, 2019, 6(1):161-170.

[3] Hao S, Yang L, Shi Y. Data-driven car-following model based on rough set theory[J]. IET Intelligent Transport Systems, 2018, 12(1):49-57.

[4] Li Y, Zhang L, Zheng H, et al. Nonlane-discipline-based car-following model for electric vehicles in transportation-cyber-physical systems[J]. IEEE Transactions on Intelligent Transportation Systems, 2018, 19(1): 38-47.

[5] Bithas P S, Efthymoglou G P, Kanatas A G. V2V cooperative relaying communication under interference and outdated CSI[J]. IEEE Transactions on Vehicular Technology, 2018, 67(4): 3466-3480.

[6] Xiao H, Chen Y, Ouyang S, et al. Power control for clustering car-following V2X communication system with non-orthogonal multiple access[J]. IEEE Access, 2019, 7: 68160-68171.

[7] Vinel A, Campolo C, Petit J, et al. Trustworthy broadcasting in IEEE 802.11 p/WAVE vehicular networks: delay analysis[J]. IEEE Communications Letters, 2011, 15(9): 1010-1012.

[8] Wang Q, Fan P, Letaief K B. On the Joint V2I and V2V scheduling for cooperative VANETs with network coding[J]. IEEE Transactions on Vehicular Technology, 2012, 61(1):62-73.

[9] Duy T T, Alexandropoulos G C, Tung V T, et al. Outage performance of cognitive cooperative networks with relay selection over double-Rayleigh fading channels[J]. IET Communications, 2016, 10(1): 57-64.

[10] Liu Y, Qin Z, Elkashlan M, et al. Enhancing the physical layer security of non-orthogonal multiple access in large-scale networks[J]. IEEE Transactions on Wireless Communications, 2017, 16(3):1656-1672.

[11] Abbasi O, Ebrahimi A, Mokari N. NOMA inspired cooperative relaying system using an AF relay[J]. IEEE Wireless Communications Letters, 2019, 8(1): 261-264.

[12] Chelli A, Zedini E, Alouini M S, et al. Throughput and delay analysis of HARQ with code combining over double Rayleigh fading channels[J]. IEEE Transactions on Vehicular Technology, 2018, 67(5): 4233-4247.

[13] Timotheou S, Krikidis I. Fairness for non-orthogonal multiple access in 5G Systems[J]. IEEE Signal Processing Letters, 2015, 22(10):1647-1651.

[14] Tseng F S, Lin C T, Wu W R. Optimum transceiver designs in two-hop amplify-and-forward mimo relay systems with sic receivers[J]. IEEE Transactions on Vehicular Technology, 2015, 64(3):985-997.

[15] Ding Z, Peng M, Poor H V. Cooperative non-orthogonal multiple access in 5G systems[J]. IEEE Communications Letters, 2015, 19(8): 1462-1465.

[16] Ding Z, Fan P, Poor H V. Impact of user pairing on 5G non-orthogonal multiple access[J]. IEEE Transactions on Vehicular Technology, 2014, 65(8):6010-6023.

[17] Seyfi M, Muhaidat S, Liang J, et al. Relay selection in dual-hop vehicular networks[J]. IEEE Signal Processing Letters, 2011,18(2): 134-137.

[18] Chen J, Yang L, Alouini M. Physical layer security for cooperative NOMA systems[J]. IEEE Transactions on Vehicular Technology, 2018,67(5): 4645-4649.

[19] Ding Z, Dai L, Poor H V. MIMO-NOMA design for small packet transmission in the internet of things[J]. IEEE Access, 2016,4: 1393-1405.

[20] Guo H, Yang Z, Zhang L, et al. Joint cooperative beamforming and jamming for physical-layer security of decode-and-forward relay networks[J]. IEEE Access, 2017,5: 19620-19630.

[21] Lei H, et al. Secrecy outage analysis for cooperative NOMA systems with relay selection schemes[J]. IEEE Transactions on Communications, 2019,67(9): 6282-6298.

[22] Feng Y, Yan S, Liu C, et al. Two-stage relay selection for enhancing physical layer security in non-orthogonal multiple access[J]. IEEE Transactions on Information Forensics and Security, 2019,14(6): 1670-1683.

第 7 章
组播通信技术

7.1 引言

组播又称为多目标广播、多播，组播通信可将数据传给有效传输范围内经过筛选的子集合，具备广播与单播通信等优点，可以避免单播传输中出现的数据重复复制和带宽重复占用，以及广播时带宽资源的浪费问题。3GPP 中的多媒体广播/组播服务（Multimedia Broadcast/Multicast Service，MBMS）可以为车载安全数据多播业务提供技术支持，可以有效减少车载安全应用共享的数据和信令数量，以及提高频谱资源效率。车载通信中的单播、组播和广播通信示意图如图 7-1 所示。

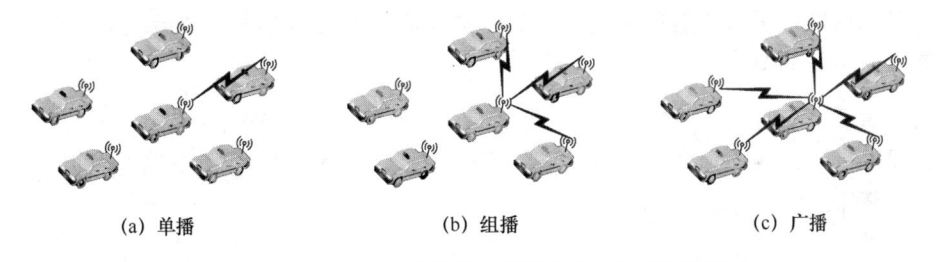

(a) 单播　　　　　　(b) 组播　　　　　　(c) 广播

图 7-1　车载通信中的单播、组播和广播通信示意图

单播又称为点对点通信，通常经过多跳机会路由，将数据转发给目的用户。组播是在广播的基础上，不同于广播直接将数据分发给目的用户，而是先将信息发送给距离较远的路由器，并由路由器协作将数据发送给特定用户，扩大了传输范围，提高了接收信息的目的节点的占比率。在 C-V2X 通信中，组播需要构建稳定的路由树，而车辆节点的移动速度快等车联网特性使得网络拓扑结构频繁变化，路由树难以维持，算法表现不佳，因此单播是车联网的主要数据传输方式。文献[1]借助机会路由思想，通过结合考虑地理位置、车辆速度、道路交通信息来选择最佳中继节点，确保将数据经过中继节点存储转发到目的节点，以提高数据传输速率。文献[2]和文献[3]主要考虑地理位置影响因素，采用贪婪和边界模式，相较于文献[4]能够进一步提高链路的有效性。文献[5]和文献[6]借助机会路由思想，通过预测车辆的行驶路径对最佳中继进行选择。然而，当交通拥堵时，车辆聚集，数据请求量大，容易造成网络拥堵的现象，则需要同时将数据转发给多个用户，单播通信方式不能同时转发多个数据给用户。基于广播特性的组播通信方式，可以同时传输同样的信息给具有相同信息请求的用户。而且，相比单播通信方式，减轻了发送源的负担，减少

了通信延时，改善了网络拥堵的状况。组播选择在远端开始复制分发消息，相比广播的传输范围较大，避免了广播的洪泛传输的距离限制，有效减少了功率损耗[7]。

7.2 车载社交网络中数据传输组播技术

为了有效地提高整个系统的数据传输速率，应对5G新型智能联网汽车普及数据传输速率的爆炸式增长，本节提出一种车载社交网络[8~10]的混合中继选择算法与功率分配策略。基于社会网络属性，将两种方式联合应用到车载协作通信中，灵活应对交通流的变化，实现适合两种模式的最优中继选择，确保C-V2X链路的可用性和可靠性。其主要工作如下。

（1）建立物理层和社交网络结合的双层模型，根据车辆的密度决定采用组播或单播的通信方式。在此模型的基础上，评估记录由业务需求者提供，然后由基站进行计算，最终得出实时更新的评估数据分发到各用户处。

（2）提出一种中继节点的信任度评估方法，通过评估节点的认知度、情感和行为信任度来综合对中继节点进行评估，并将评估后的中继节点根据基于贝叶斯的决策论分成不同级别。在组播通信方式中，提出一种社区划分算法，利用社会个体的兴趣爱好对不同的个体进行社区划分，在每个社区当中，结合社会强度和物理距离划分组播集群，其余车辆节点的情况均通过单播方式进行通信。然后，选择适合两种转发方式的最优中继提供协作，将数据转发到目的节点。

（3）对联合单播-组播通信方式的社会车载协作通信系统进行最优功率分配，结合几何规划理论，可以相应地执行功率分配的最优化，以提高V2X协作通信用户和蜂窝用户（CU）的总体用户传输速率。

7.2.1 系统模型

在城市环境中，V2X用户信道传输质量与其重用蜂窝用户的信道质量密切相关，处于边缘的用户信号覆盖强度较弱，用户可以利用V2X协作通信来提高QoS。应对智能网联汽车的普及带来的数据传输速率爆炸问题，组播通信方式可以有效提高数据传输速率，然而目前相关研究大多数采用单播通信方式。为了能够有效地提高传输速率，需要根据车辆密度采用组播或默认使用单播通信方式。当协作用户由于自私性等人类社会属性不提供协作时，将严重影响网络传输性能。对于V2X发送用户来说，协作用户可以分为积极协作用户、观察用户（良性用户和中性用户）和自私用户3类。V2X发送用户可以从可靠的用户中选择合作伙伴，并结合功率分配，以确保提高传输速率。为了有效选择最优中继节点并进行功率分配，建立了一个双层模型，如图7-2所示。该模型包涵了社会领域和物理领域，每个物理领域的车辆节点在社会领域都有对应的人类节点。结合社交网络因素，针对基于OFDMA正交频分多址接入的C-V2X协作通信的功率分配进行研究。还应考虑上行链路资源共享的场景，因为与FDD系统中的下行链路频谱相比，上行链路频谱利用不足，这意味着信号干扰较低。双层模型具体分为社会和物理两个领域。

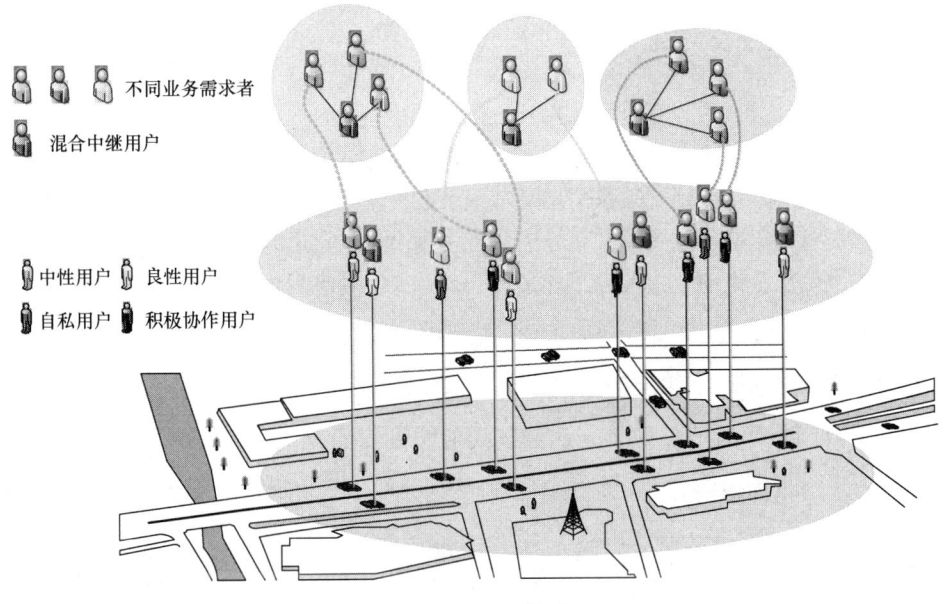

图 7-2 双层模型

1．社会领域

社区中的用户都对某些特定的信息具有需求。显然，只有在一个社区的用户才能够构建成为组播集群。

由于用户之间的物理属性和社会关系不同，并非所有的用户都可以通过 V2X 进行协作通信[11,12]，所以在实际场景中，将同时存在着组播通信方式和单播通信方式。社交关系信息不仅反映了用户对数据的需求程度，还反映了用户之间的信任程度。强关系相关链路信任度高，并且更期望相应的用户以 V2X 模式进行通信。因此，为了获得更高的数据传输速率，应合理地利用社会关系。

2．物理领域

基站收集所有用户的物理属性和社会属性，并为每个用户进行分配功率。用户分为蜂窝用户和直通通信用户。前者可以通过基站与他人通信；后者不需要通过基站就可以直接进行通信，即发射端和接收端直接通信。此类用户复用蜂窝用户的资源，存在干扰影响。

3．问题形成

（1）车联社交网络拓扑频繁变化，生命周期较短，如何联合两种通信方式到 V2X 协作通信中？

（2）为了确保能筛选实际可靠的中继用户，如何完善用户的信任度评估算法？

（3）在复用上行链路资源的情况下，结合最优中继集合，如何对蜂窝用户及 V2X 协作通信用户进行最优功率分配，降低干扰，以达到提高数据传输速率的最终目的？

7.2.2 组播算法描述

基站收集所有用户的移动信息,如用户之间的物理距离和社交关系。根据车辆密度的大小调用相应的通信方式,车辆比较密集区域采用组播通信方式,在这些密集区域以外的车辆节点采用单播通信方式。其中,社交关系信息是从记录在移动网络中的历史交互获得的。蜂窝用户和潜在的 V2X 组播集群通过聚类方案导出。当密度小于一定值时,采用单播通信方式。非自私用户作为中继协作节点通过决策方案和最优公式选择。功率分配将在 7.2.4 节中讲述。

组播-单播混合中继选择算法与功率分配策略步骤如下。

步骤 1:节点收到单播报文。

步骤 2:判断本邻居节点数目。达到某阈值跳到步骤 3;没有达到,跳到步骤 4。

步骤 3:采用组播通信方式,通过社会关系划分社区,利用社会物理图模型形成集群,转向步骤 5。

步骤 4:采用结合社交属性和物理属性的单播通信方式,检测报文的目的节点是否为当前节点,若为同一节点,则直接传输数据并跳到步骤 7;否则进行下一步。

步骤 5:对中继节点进行信任度评估,通过决策方法将不同的中继节点进行决策分级,在可靠中继集合中选取最优中继节点。

步骤 6:最后进行功率分配,以进一步提高数据传输速率。

步骤 7:完成数据传输。

该算法的详细流程如图 7-3 所示。

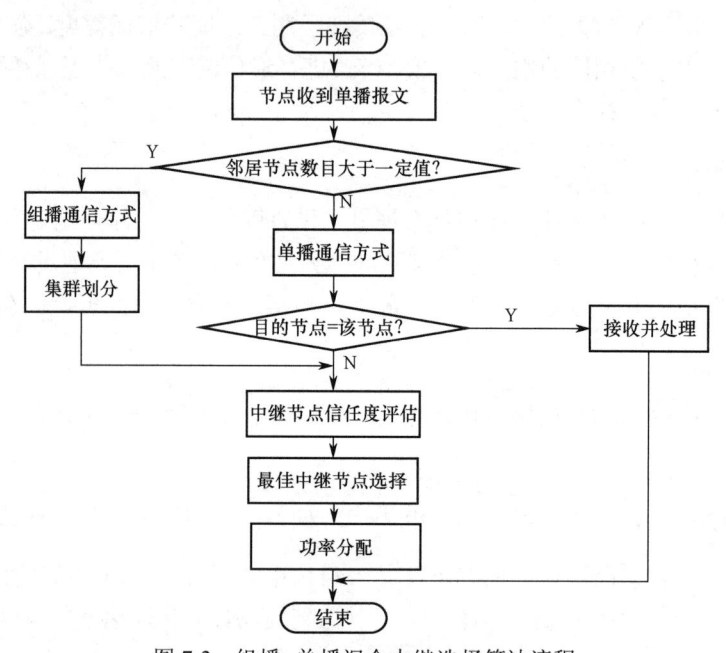

图 7-3 组播-单播混合中继选择算法流程

1. 邻居节点数目的判断

依据地图拥堵路况，车距小于安全距离，此时判断节点密度较大。当密度大于一定值时，根据物理社会信息生成物理社交图。然后，根据内容兴趣将涉及的用户划分为不同的社区。

2. 组播通信方式下基于社区划分的集群形成算法

1）兴趣爱好的计算

在车载社会网络中，社区的划分依据的是用户的共同兴趣。用户对请求内容的感兴趣程度可以依据同一时间特定内容的请求量，或者同一内容量的请求时长。假设网络中有 n 个用户，用户 V_{u_i} 分别具有 m_i 兴趣内容，$M_{V_{u_i}} = (a^1_{V_{u_i}}, a^2_{V_{u_i}}, a^3_{V_{u_i}}, \cdots, a^{m_i}_{V_{u_i}})$ 由于不同用户的兴趣内容可能重叠，所以完整的兴趣内容集合表达为

$$S = M_{V_{u_1}} \bigcup M_{V_{u_2}} \bigcup M_{V_{u_3}} \cdots \bigcup M_{V_{u_i}} = \{b_1, b_2, b_3, \cdots, b_p\} \tag{7-1}$$

通过从 BS 中得知请求时间的内容，可以估计用户对不同兴趣内容的兴趣程度。来自 BS 的较大内容请求时间清楚地表明对这样的内容具有较高的兴趣度。通过将请求时间的特定内容的比例与请求时间的总内容进行比较，用户 V_{u_i} 在时间 t 的所有内容的兴趣程度为

$$F_{V_{u_i}}(t) = (f^{b_1}_{V_{u_i}}(t), f^{b_2}_{V_{u_i}}(t), f^{b_3}_{V_{u_i}}(t) \cdots f^{b_p}_{V_{u_i}}(t)) \tag{7-2}$$

其中

$$0 \leqslant f^{b_p}_{V_{u_i}}(t) \leqslant 1 \tag{7-3}$$

因为同一时间 t 不同的用户请求的总内容量不一样，所以特定的内容存在不同兴趣程度，即 $f^{b_1}_{V_{u_i}}(t)$ 与 $f^{b_1}_{V_{u_j}}(t)$ 存在不一性，通过用户之间的兴趣契合度 $D(V_{u_i}, V_{u_j})$ 分析对不同兴趣程度的用户进行社区划分。

$$D(V_{u_i}, V_{u_j}) = \begin{cases} 0, & V_{u_i} = V_{u_j} \\ \displaystyle\sum_{Z=1}^{P} \frac{\left| f^{b_Z}_{V_{u_i}}(t) - f^{b_Z}_{V_{u_j}}(t) \right|}{P}, & 其他 \end{cases} \tag{7-4}$$

用户之间进行信息交互，当请求同一内容的时间量不同或信息量不同时，用户转发内容 b_Z 的态度是不同的，可以表现出积极性、中性和消极性。对于用户 V_{u_i}，当内容 b_Z 的兴趣度为 $f^{b_1}_{V_{u_j}}(t) = 0.5$ 时，用户转发消息的积极性不会受到影响。然而，当内容 b_Z 的兴趣程度 $f^{b_1}_{V_{u_j}}(t) > 0.5$ 时，如对某种广告内容较感兴趣，内容转发者就会提升转发消息的积极性，并且随着兴趣程度 $f^{b_Z}_{V_{u_j}}(t)$ 的增加而增加，反之亦然。因此，通过影响因子 Θ 将用户的兴趣

程度变化引起的附加影响表达为

$$\Theta = \begin{cases} e^{x-\frac{1}{2}} - 1, & f_{V_{u_j}}^{bz}(t) > 0.5 \\ 0, & f_{V_{u_j}}^{bz}(t) = 0.5 \\ 1 - e^{\frac{1}{2}-x}, & f_{V_{u_j}}^{bz}(t) < 0.5 \end{cases} \quad (7\text{-}5)$$

最终的感兴趣的程度表达为

$$E_{i-j}^t = (1 - D(V_{u_i}, V_{u_j}))(1 + \Theta) \quad (7\text{-}6)$$

为了方便后面的描述，我们将所有车辆节点依据感兴趣的程度 E_{i-j}^t 划分成不同的社区：$B = \{B_b \mid b = 1, 2, \cdots, b\}$。

2）车辆节点集群形成

（1）物理因素影响。由于交通道路环境复杂，车辆所处地势较低，周边具有较多高楼建筑，复杂的环境对车辆之间传输的信号造成了阻挡，车辆之间的距离过远将无法形成集群，所以集群形成的物理属性应当考虑到集群的地理位置的影响，并引入物理图作为地理位置距离影响。

$$g_b^p = (y_b, \varepsilon_b^b) \quad (7\text{-}7)$$

$$\varepsilon_b^b = \{(m,n) : e_{m,n}^p = 1, \forall m, n \in y_b\} \quad (7\text{-}8)$$

式中，y_b 为社区 B_b 的顶点集合；ε_b^b 为边缘集合。当 $l_{m,n}^p \leqslant l_{\text{thrd}}^p$ 时，有 $e_{m,n}^p = 1$。

（2）社会因素影响。连接强度表示车辆节点之间的亲密程度。社会关系可以按照不同的标准将车辆节点划分为强连接关系和弱连接关系[13]。车辆之间交互频繁则社会关系较为密切，在社会关系上属于强连接；反之，属于弱连接。强连接有助于在集群当中组播信息，因此，在连接强度上引入社会图。

$$g_b^s = (y_b, \varepsilon_b^s) \quad (7\text{-}9)$$

$$\varepsilon_b^s = \{(m,n) : e_{m,n}^s \in [0,1], \forall m, n \in y_b\} \quad (7\text{-}10)$$

式中，ε_b^s 为边缘集合，$e_{m,n}^s \geqslant e_{\text{thrd}}^s$，说明节点之间的相互信任具有较强的社会关系。

结合物理领域和社会领域的影响得出集群的划分物理-社会结构。

$$g_b^{ps} = (y_b, \varepsilon_b^{ps}) \quad (7\text{-}11)$$

$$\varepsilon_b^{ps} = \{(m,n) : e_{m,n}^{ps} = e_{m,n}^p * e_{m,n}^s, \forall m, n \in y_b\} \quad (7\text{-}12)$$

由于满足物理条件时 $e_{m,n}^p = 1$，所以 $e_{m,n}^{ps} \geqslant e_{m,n}^s$ 就可以建立节点 m 与节点 n 之间的链路，即可划分成集群。

依据 ε_b^{ps} 划分的集群用 y_b 表示为

$$y_b = \{y_{b,\tau} \mid \tau = 1,2,\cdots,Y_b\} \tag{7-13}$$

集群形成算法步骤描述如下。

步骤 1：首先根据 E_{i-j}^t 获取不同社区集合 B。

步骤 2：将不同社区集合 B 中活跃的节点筛选出来，令 y_b 作为社区集群的活跃的节点集合，并初始化为 $u_b = y_b$。

步骤 3：在社区集群 y_b 中，选择满足 $\tilde{y} = \{y \in y_b \mid \varepsilon_b^{ps} \geqslant \varepsilon_{\text{thrd}}^{ps}\}$ 的 y 作为中继候选集合 $\tilde{y}$，通过后续的中继信任度选择算法从该集合选出最优中继。

步骤 4：$n = 0$，将 u_b 当中的剩余节点 x，即 $x \neq \tilde{y}$，如果 x 满足 $e_{x,\tilde{y}}^{ps} \geqslant e_{\text{thrd}}^s$，$e_{x,\tilde{y}}^p = 1$，$\forall x \in u_b^n - \{\tilde{y}\}$，那么将 x 划分到组播集群 $w(\tilde{y})$ 中，直到所有节点都遍历一遍。如果存在有 $|w(\tilde{y})| > \text{thrd}$，则终止节点遍历。

步骤 5：$u_b^{n+1} = u_b^n - w(\tilde{y})$，如果 $|u_b^{n+1}| < 1$，那么形成组播通信方式集群结束；否则，返回步骤 2，$n++$。

7.2.3 最优中继选择

由于自私性，协作用户表现出来的不协作的行为将会影响链路的建立，进而影响数据传输速率。协作用户的信任度可以从认知和行为两个方面进行分析。为了计算并实时更新用户的信任度，需要用户记录基本的信息到 BS 中，并由 BS 进行计算。计算信任度之后再做决策分析。

1. 判断中继节点的信任度

协作用户的信任度越高越可靠，因此，通过判别用户的信任度对车辆中继节点进行筛选。按照心理学分析，影响用户的信任度主要基于互动下的认知与行为两个方面。在银行中，用户的信任管理来源于用户成功还贷的次数，因此，在车载社会网络中，车辆之间的信任度可以由车辆之间交互的成功次数作为记录。在社会关系中，人与人之间接认识，可提供担保。人在选购银行产品时，会进行很久的甄选，如果存在关系较强的人在银行提供咨询，那么信任度就上升了，从而选购的时间就简短了。因此，在车载社会网络中，交互的时间长短，也反映了用户之间的信任度。

1）交互强度对信任度的影响

用户通过交互认识和了解得出的信任度称为直接信任度。业务需求节点 S 能够和中继节点 r_i 直接相互传输信息，表明彼此认识和了解，对于对方而言其信任度较高。当业务需求节点 S 需要进行协作通信时，中继节点 r_i 将积极帮助业务需求节点 S 完成信息的传送。因此，可以通过每次交互完成之后反馈的评价计算出中继节点 r_i 的信任度，判定中继节点

r_i 的信任等级。为了提高信任度的实时性和准确性，把总交互时长分为若干个时间区块，设为 $t_1, t_2, \cdots, t_n$。在第 n 个交互时间区内，假设业务需求节点 S 和中继节点 r_i 之间进行交互的次数为 T，中继节点直接信任度估计如下。

$$\mathrm{DC}_{s\text{-}r_i}^{t_n} = \begin{cases} \sum_{x=0}^{T} \dfrac{R_{s\text{-}r_i}^{x}}{T}, & T \neq 0 \\ 0, & T = 0 \end{cases} \quad (7\text{-}14)$$

式中，$\mathrm{DC}_{s\text{-}r_i}^{t_n}$ 为中继节点直接信任度，当 $T=0$ 时，不存在交互，即 $\mathrm{DC}_{s\text{-}r_i}^{t_n} = 0$；$\sum_{x=0}^{T} R_{s\text{-}r_i}^{x}$ 为中继节点 r_i 协助业务需求节点 S 传输数据后节点 S 所做的总体满意程度评价。其中，$R(S, r_i)$ 为用户的满意评价函数，为购买方体验服务之后反馈的评价如下。

$$R(S, r_i) = \begin{cases} 1, & \text{满意} \\ 0, & \text{不满意} \\ e, & \text{其他} \end{cases} \quad (7\text{-}15)$$

用户间接认识和了解得出的信任度称为间接信任度。在现实当中，业务需求节点 S 与某些中继节点 r_i 缺乏机会接触，需要通过推荐者 I_{s_k} 的推荐信息，业务需求节点 S 才能与中继节点 r_i 获得间接的认知和了解，计算出对方的间接信任度。显然，业务需求节点 S 与推荐者 I_{s_k} 之间的关系强度会影响业务需求节点 S 与中继节点 r_i 之间的间接信任度。也就是说，业务需求节点 S 与推荐者 I_{s_k} 之间的关系强度越强，表明推荐者 I_{s_k} 提供的中继节点 r_i 信息也越可靠，业务需求节点 S 与中继节点 r_i 之间的间接信任度也越高。

E 为中继节点 r_i 与周边用户 o_{r_v} 的平均相遇次数。当周边用户 o_{r_v} 与中继节点 r_i 的相遇次数超过了均值 E 时，此类周边用户 o_{r_v} 记为中继节点 r_i 的相邻用户 $\Pi(n_{r_i})$。

$$\Pi(n_{r_i}) = \{S_{r_v} \in V \mid S_{r_v} \geq E\} \quad (7\text{-}16)$$

假设这里有 h 个推荐者 I_{s_k}，表示为 $\Pi(I_{s_k}) = \{I_{s_1}, I_{s_2}, I_{s_3}, \cdots, I_{s_k}\}$。当中继节点 r_i 的相邻用户 $\Pi(n_{r_i})$ 与推荐者 I_{s_k} 之间的共同用户多时，说明存在较多推荐用户，推荐次数上升，业务需求节点 S 对中继节点 r_i 的信任度也随之上升。因此，关系比率为

$$B_{k\text{-}r_i}^{t_n} = \dfrac{\left| \Pi(n_{r_i}) \cap \Pi(I_{s_k}) \right|}{\left| \Pi(n_{r_i}) \right|} \quad (7\text{-}17)$$

最后所得间接信任度为

$$\mathrm{IDC}_{s\text{-}r_i}^{t_n} = \dfrac{\sum_{k=1}^{h} \mathrm{DC}_{s\text{-}k}^{t_n} B_{k\text{-}r_i}^{t_n}}{\sum_{k=1}^{h} B_{k\text{-}r_i}^{t_n}} \quad (7\text{-}18)$$

综上所述，结合用户交互过程中的直接信任度与间接信任度，节点的信任度计算为

$$C_{s\text{-}r_i}^{t_n} = w_d \text{DC}_{s\text{-}r_i}^{t_n} + w_{id} \text{IDC}_{s\text{-}r_i}^{t_n} \tag{7-19}$$

其中，$w_d + w_{id} = 1$，$w_d = 1 - \mathrm{e}^{-T_{i\text{-}j}^{t_n}}$。$w_d$ 与 w_{id} 均为信任调节因子，其大小与业务需求节点 S 对直接信任度和间接信任度的重视程度有关。w_d 由业务需求节点 S 及推荐者 I_{s_k} 与中继节点 r_i 的交互次数来决定，当业务需求节点 S 与中继节点 r_i 交互次数较多时，w_d 的取值较大；反之，则较小。

2）交互行为对信任度的影响

信任度是基于级联互助行为的，总体来说，级联互助行为可以分为直接和间接两种情况。当业务需求节点 S 要向最前方的目的车辆节点 d 传输数据时，两种不同的传输路径间接传送的时间较长，虽然互助可以说明用户之间有一定的信任度，但是因为传输时间长短不同，所以有必要对用户之间的信任度进行分析。显然，在给定的时间中，协作传输数据时间比较短表明用户之间的信任度比较高。行为信任度可以表达为

$$\theta_{s\text{-}r_i}^{t_n} = \begin{cases} \exp^{-t_{s\text{-}r_i}^{t_n}}, & \text{直接或间接级联协作} \\ 0, & \text{其他} \end{cases} \tag{7-20}$$

式中，$t_{s\text{-}r_i}^{t_n}$ 为 D2D 协作通信平均消耗时间。

根据计算式（7-19）及式（7-20）得出条件概率为

$$\Pr(F_{r_i}(C_{i\text{-}j}^{t_n}, \theta_{s\text{-}r_i}^{t_n}) \mid [C_{s\text{-}r_i}^{t_n}, \theta_{s\text{-}r_i}^{t_n}]) = \frac{\Pr([C_{s\text{-}r_i}^{t_n}, \theta_{s\text{-}r_i}^{t_n}] \mid F_{r_i}(C_{s\text{-}r_i}^{t_n}, \theta_{s\text{-}r_i}^{t_n})) \Pr(F_{r_i}(C_{s\text{-}r_i}^{t_n}, \theta_{s\text{-}r_i}^{t_n}))}{\Pr(C_{s\text{-}r_i}^{t_n}, \theta_{s\text{-}r_i}^{t_n})} \tag{7-21}$$

则用户的信任评级划分为

$$\begin{cases} V_1 = \{(C_{s\text{-}r_i}^{t_n}, \theta_{s\text{-}r_i}^{t_n}) \mid L \geqslant \alpha'\} \\ V_2 = \{(C_{s\text{-}r_i}^{t_n}, \theta_{s\text{-}r_i}^{t_n}) \mid \beta' < L < \alpha'\} \\ V_3 = \{(C_{s\text{-}r_i}^{t_n}, \theta_{s\text{-}r_i}^{t_n}) \mid L \leqslant \beta'\} \end{cases} \tag{7-22}$$

式中，α' 与 β' 均为阈值。通过式（7-22）将用户分的信任评分划分为 3 个等级：V_1 为信任评分较差的用户，即恶意用户，由于从未接触过，信任度为零的中性用户也认为是不可信的用户；V_2 为信任度良好的用户，即良性用户；V_3 为信任评分极好的用户，即积极协作用户。

2. 选择最优中继的方法

为了能够有效地传输数据，应该筛选出一个最优中继用户。在车流量大，车辆分布密集的环境中，数据传输速率对于用户之间的通信有着重要的影响。因此，数据传输速率 R_{s,r_i} 应作为中继选择的重要指标，对中继做出选择。将 P_S 作为业务需求节点 S 的发射功率，

信道服从瑞利衰落，h_{s,r_i} 为信道衰落因子，N_0 为信道高斯白噪声。V2X 用户和小区用户复用相同的资源，以 P_{phone} 为手机用户的发射功率，存在同频干扰为 $P_{\text{phone}}h_{\text{phone},r_i}$，周边同频干扰为 $\sum_{v=1}^{m} P_{o_{r_v}} h_{o_{r_v},r_i}$。在业务需求节点 S 与中继节点 r_i 通信过程中受到的干扰为

$$I_{s,r_i} = \sum_{v=1}^{m} P_{o_{r_v}} h_{o_{r_v},r_i} + P_{\text{phone}} h_{\text{phone},r_i} \tag{7-23}$$

根据香农定理，得出业务需求节点 S 与中继节点 r_i 的数据传输速率为

$$R_{s,r_i} = B \log \left(1 + \frac{P_s h_{s,r_i}}{I_{s,r_i} + N_0} \right) \tag{7-24}$$

在车流量大、车辆分布密集的环境中，用户的交互时间长短对于用户之间的通信有着重要的影响。以 $\overline{t_{s\text{-}r_x}^{\text{duration}}}$ 表示用户交互的时间长短，对应的 $\arg m(s,r_x)$ 最大的则为最优中继用户。

$$\arg m(s,r_x) = \alpha R_{s,r_x} + (1-\alpha) \overline{t_{s,r_x}^{\text{duration}}} \tag{7-25}$$

式中，α 为权重因子，对于选择最优中继用户至关重要。这里，影响通信环境的是用户的密度和用户的移动速度。假设用户的密度为 θ_k，用户的移动速度为 V_i，σ 为密度与速度的比例因子，则权重因子 α 表示为

$$\alpha = 1 - \exp\left(-\frac{\theta_k}{\sigma V_i}\right) \tag{7-26}$$

▶ 7.2.4 功率分配策略

假设 $V_{j,B}^t$ 和 $V_{j,x}^r$ 分别表示 V2X 用户的发送方和接收方，$p_{i,j}^C$ 和 $p_{i,j}^V$ 分别表示蜂窝用户与 V2X 用户共享上行链路资源时的发射功率，用 $G_{i,B}$ 表示蜂窝用户 C_i 到基站 eNB 的信道增益，$G_{j,B}$ 表示 $V_{j,x}^t$ 到基站之间的信道干扰，$G_{j,V_{j,x}^r}$ 表示 $V_{j,x}^t$ 与 $V_{j,x}^r$ 之间的信道增益，$G_{i,V_{j,x}^r}$ 表示 C_i 到 $V_{j,x}^r$ 之间的信道干扰，N_0 表示干扰噪声，则蜂窝用户的信干噪比为

$$\text{SINR}_{i,j}^C = \frac{p_{i,j}^C G_{i,B}}{p_{i,j}^V G_{j,B} + N_0} \tag{7-27}$$

V2X 用户的信干噪比为下面两种情况。

当采用单播通信方式时，接收方的 SINR 为

$$\text{SINR}_{i,j}^D = \frac{p_{i,j}^V G_{j,V_{j,x}^r}}{p_{i,j}^C G_{i,V_{j,x}^r} + N_0} \tag{7-28}$$

组播通信方式分为多速率组播和单速率组播，采用组播通信方式的集群，接收方的 SINR 为

$$\text{SINR}_{i,j}^V = \min_{x \in D_j/\{\tilde{y}\}} \frac{p_{i,j}^V G_{j,V_{j,x}^r}}{p_{i,j}^C G_{i,V_{j,x}^r} + N_0} \tag{7-29}$$

$$= \min\left(\frac{p_{i,j}^V G_{j,V_{j,1}^r}}{p_{i,j}^C G_{i,V_{j,1}^r} + N_0}, \frac{p_{i,j}^V G_{j,V_{j,2}^r}}{p_{i,j}^C G_{i,V_{j,2}^r} + N_0}, \cdots, \frac{p_{i,j}^V G_{j,V_{j,x}^r}}{p_{i,j}^C G_{i,V_{j,x}^r} + N_0}\right)$$

由香农定理得知，蜂窝用户在被 V2X 用户公用上行链路资源时的数据传输速率为

$$R_{i,j}^C = \frac{W}{M} \log_2(1 + \text{SINR}_{i,j}^C) \tag{7-30}$$

V2X 用户在公用蜂窝用户上行链路资源时的数据传输速率为

$$R_{i,j}^V = \frac{W}{M} \log_2(1 + \text{SINR}_{i,j}^V) \tag{7-31}$$

通过控制 V2X 用户与蜂窝用户的功率，得出最优化功率分配策略，以提高数据传输速率，即

$$(p_{i,j}^{V,m}, p_{i,j}^{C,m}) = \arg\max_{(p_{i,j}^V, p_{i,j}^C) \in R} R_{i,j} \tag{7-32}$$

V2X 用户及蜂窝用户作为发射端受到最大发射功率的限制，作为接收端受到最小信干噪比的限制，得出最优化问题包含的一系列子约束问题，形成一个可行域，即

$$\begin{aligned}R = \{(p_{i,j}^V, p_{i,j}^C) : 0 \leqslant p_{i,j}^V \leqslant p_j^{D,\max}, 0 \leqslant p_{i,j}^C \leqslant p_i^{C,\max} \\ \text{SINR}_{i,j}^C(p_{i,j}^V, p_{i,j}^C) \geqslant \Gamma_{c,i}, \text{SINR}_{i,j}^V(p_{i,j}^V, p_{i,j}^C) \geqslant \Gamma_{v,j}\}\end{aligned} \tag{7-33}$$

从总数据传输速率可以看到，蜂窝用户的数据传输速率 R_i^C 一定时，影响系统整体数据传输速率的是 $R_{i,j}^C$ 与 $R_{i,j}^V$。

$p_{\max}^C$、$p_{\max}^V$ 分别表示蜂窝用户和 V2X 用户的最大发射功率，$\zeta_{i,\min}^C$、$\zeta_{j,\min}^V$ 分别表示蜂窝用户和 V2X 用户能成功接收到信号的最小信干噪比。因此，根据物理属性的限制，通过几何规划分析，符合条件的功率分配值应该同时满足下面的条件。

$$\begin{cases}\text{SINR}_{i,j}^C(p_{i,j}^V, p_{i,j}^C) = \dfrac{p_i^C g_{i,B}}{\sigma_N^2 + p_j^d g_{i,B}} \geqslant \zeta_{i,\min}^C \\ \text{SINR}_{i,j}^V(p_{i,j}^V, p_{i,j}^C) = \dfrac{p_i^C g_{i,B}}{\sigma_N^2 + p_j^V g_{i,B}} \geqslant \zeta_{j,\min}^V \\ 0 \leqslant p_i^C \leqslant p_{\max}^C \\ 0 \leqslant p_j^V \leqslant p_{\max}^V\end{cases} \tag{7-34}$$

在全局功率约束条件下，功率问题简化为数学理论的凸优化问题，使用几何规划方法，得出功率分配最优解。可行集合如图 7-4 所示。最优功率示意图如图 7-5 所示。

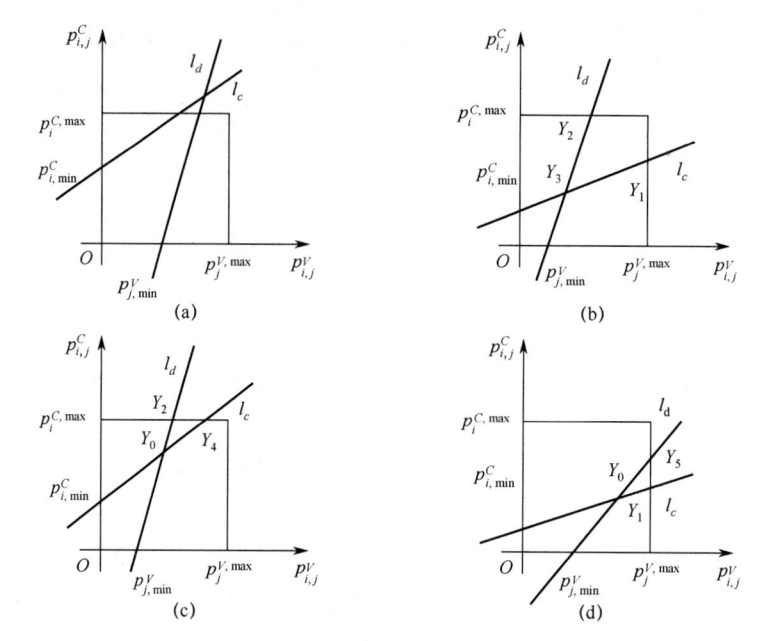

图 7-4 可行集合

从图 7-4 中可以看出，$Y_0(p_{i,j}^{V,Y_0}, p_{i,j}^{C,Y_0})$ 表示 $\text{SINR}_{i,j}^C(p_{i,j}^V, p_{i,j}^C) = \Gamma_{c,i}$ 与 $\text{SINR}_{i,j}^C(p_{i,j}^V, p_{i,j}^C) = \Gamma_{v,i}$ 的交点，$Y_1(p_{i,j}^{V,\max}, p_{i,j}^{C,Y_1})$ 表示 $\text{SINR}_{i,j}^C(p_{i,j}^V, p_{i,j}^C) = \Gamma_{c,i}$ 与 $p_{\max}^V$ 的交点，$Y_2(p_{i,j}^{V,Y_2}, p_{i,j}^{C,\max})$ 表示 $\text{SINR}_{i,j}^C(p_{i,j}^V, p_{i,j}^C) = \Gamma_{c,i}$ 与 $p_{\max}^V$ 的交点，$Y_3(p_{i,j}^{V,\max}, p_{i,j}^{C,\max})$ 表示 $p_{\max}^V$ 与 $p_{\max}^C$ 的交点，$Y_4(p_{i,j}^{V,Y_4}, p_{i,j}^{C,\max})$ 表示 $\text{SINR}_{i,j}^C(p_{i,j}^V, p_{i,j}^C) = \Gamma_{c,i}$ 与 $p_{\max}^C$ 的交点，$Y_5(p_{i,j}^{C,Y_5}, p_{i,j}^{V,\max})$ 表示 $\text{SINR}_{i,j}^V(p_{i,j}^V, p_{i,j}^C) = \Gamma_{v,j}$ 与 $p_{\max}^V$ 的交点。所以，$p_{i,j}^{C,Y_0}$、$p_{i,j}^{V,Y_0}$、$p_{i,j}^{C,Y_1}$、$p_{i,j}^{V,Y_2}$、$p_{i,j}^{C,Y_4}$、$p_{i,j}^{V,Y_5}$ 分别表示为

$$\begin{cases} p_{i,j}^{C,Y_0} = \dfrac{(G_{j,d_{j,x}^r} + G_{j,B})\Gamma_{c,i}N_0}{G_{j,d_{j,x}^r}G_{j,B} - \Gamma_{c,i}\Gamma_{v,i}G_{i,d_{j,x}^r}G_{j,B}} \\[2mm] p_{i,j}^{V,Y_0} = \dfrac{(G_{i,d_{j,x}^r} + G_{i,B})\Gamma_{v,i}N_0}{G_{j,d_{j,x}^r}G_{i,B} - \Gamma_{c,i}\Gamma_{v,i}G_{i,d_{j,x}^r}G_{j,B}} \\[2mm] p_{i,j}^{C,Y_1} = \dfrac{\Gamma_{c,i}(p_j^{V,\max}G_{i,B} + N_0)}{G_{i,B}} \\[2mm] p_{i,j}^{V,Y_2} = \dfrac{\Gamma_{v,j}(p_i^{C,\max}G_{i,d_{j,x}^r} + N_0)}{G_{j,d_{j,x}^r}} \\[2mm] p_{i,j}^{C,Y_4} = \dfrac{p_i^{C,\max}G_{i,B} - \Gamma_{c,i}N_0}{\Gamma_{c,i}G_{j,B}} \\[2mm] p_{i,j}^{V,Y_5} = \dfrac{p_i^{V,\max}G_{i,d_{j,x}^r} - \Gamma_{v,i}N_0}{\Gamma_{v,j}G_{i,d_{j,x}^r}} \end{cases} \quad (7\text{-}35)$$

结论 1：最优值 $(p_{i,j}^{V,m}, p_{i,j}^{C,m})$ 出现于 $(p_{i,j}^{V,m}, p_{i,j}^{C,m}) = (p_{i,j}^{V,m} = p_{i,j}^{V,\max})$ 或 $(p_{i,j}^{V,m}, p_{i,j}^{C,m}) = (p_{i,j}^{C,m} = p_{i,j}^{C,\max})$。

证明：反证法。

根据约束条件式（7-33）可知，R 要么为闭合区间，要么为空集。针对非空集 R，令 ∂R 为 R 边界，有 $R' = \{R\}/\partial R$。

进一步假设一个节点 $V_1(p_{i,j}^{V,m}, p_{i,j}^{C,m})$ 在 R' 上，如图 7-5（a）所示，直线过 V_1 与边界交于 $V_2(p_{i,j}^{V,b}, p_{i,j}^{C,b})$，$l = \dfrac{p_{i,j}^{C,m}}{p_{i,j}^{V,m}} \geq 0$。令 $p_{i,j}^{C,b} = \sigma p_{i,j}^{C,m}$，且 $\sigma > 1$。由于 $l = \dfrac{p_{i,j}^{C,b} - p_{i,j}^{C,m}}{p_{i,j}^{V,b} - p_{i,j}^{V,m}}$，所以 $p_{i,j}^{V,b} = \sigma p_{i,j}^{V,m}$。将点放入数据传输速率公式 [见式（7-30）]，由于 $\sigma > 1$，σ 属于正实数，且传输功率均为实数，可得

$$R_{i,j}(\sigma p_{i,j}^V, \sigma p_{i,j}^C) = \frac{W}{M} \log_2((1+a_1)(1+a_2)^{X_j}) > R_{i,j}(\sigma p_{i,j}^V, \sigma p_{i,j}^C)$$

其中，$a_1 = \dfrac{p_{i,j}^C G_{i,B}}{p_{i,j}^V G_{j,B} + \dfrac{N_0}{\delta}}$，$a_2 = \min\limits_{x \in D_j/\{\tilde{y}_j\}} \dfrac{p_{i,j}^V G_{i,d_{j,x}^r}}{p_{i,j}^C G_{j,d_j^r} + \dfrac{N_0}{\delta}}$。随着 σ 的增大，$R_{i,j}(\sigma p_{i,j}^V, \sigma p_{i,j}^C) > R_{i,j}(p_{i,j}^{V,m}, p_{i,j}^{C,m})$，与假设的 $(p_{i,j}^{V,m}, p_{i,j}^{C,m})$ 为最优功率分配矛盾，得证 $(p_{i,j}^{V,m}, p_{i,j}^{C,m}) \in \partial R$，即最优功率必定是 V2X 用户的功率达到最大值，即 $p_{i,j}^{V,m} = p_{i,j}^{V,\max}$，或者蜂窝用户的功率达到最大值，即 $p_{i,j}^{C,m} = p_{i,j}^{C,\max}$。

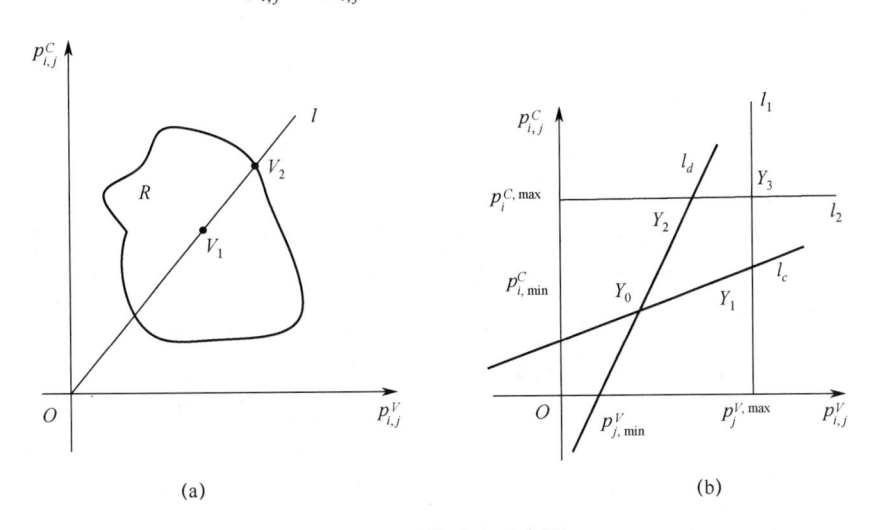

图 7-5 最优功率示意图

结论 2：最优功率 $(p_{i,j}^{V,m}, p_{i,j}^{C,m})$ 分配在交点处。

证明：R 与 ∂R 的值随着约束条件的参数变化而变化，根据约束条件，∂R 为图 7-5 中的四条边界。

$l_1: p_{i,j}^C = p_i^{C,\max}$，$l_2: p_{i,j}^V = p_j^{V,\max}$，$l_d: \text{SINR}_{i,j}^V = \Gamma_{v,j}$，$l_c: \text{SINR}_{i,j}^C = \Gamma_{c,i}$。令 $l_n' : l_n' \bigcap \partial R$（$n=1$ to 4），并且，$R_{i,j}(p_{i,j}^{V,m}, p_{i,j}^{C,m}) = \dfrac{W}{M}\log_2((1+\text{SINR}_{i,j}^C)(1+\text{SINR}_{i,j}^V)^{X_j})$。若 $(p_{i,j}^V, p_{i,j}^C) \in l_2'$，则 $\dfrac{\partial^2 R}{\partial (p_{i,j}^C)^2} \geq 0$，若 $(p_{i,j}^V, p_{i,j}^C) \in l_1'$，则 $\dfrac{\partial^2 R}{\partial (p_{i,j}^V)^2} \geq 0$，若 $(p_{i,j}^V, p_{i,j}^C) \in l_d' \bigcup l_c'$，则 $R_{i,j}$ 为单调递增函数。因此，$R_{i,j}(p_{i,j}^V, p_{i,j}^C)$ 为单调递增函数，最优解 $(p_{i,j}^{V,m}, p_{i,j}^{C,m})$ 在拐角处。

根据结论 1 可知，最优功率存在于图 7-4（b）中的 $\overline{Y_2Y_3}$ 或 $\overline{Y_1Y_3}$，或者图 7-4（c）中的 $\overline{Y_2Y_4}$ 或图 7-4（d）中的 $\overline{Y_1Y_5}$。图 7-4（a）中没有交集。根据结论 2 可知，图 7-4（b）中的最优功率 $(p_{i,j}^{V,m}, p_{i,j}^{C,m})$ 为 $\{Y_1, Y_2, Y_3\}$，图 7-4（c）中的最优功率 $(p_{i,j}^{V,m}, p_{i,j}^{C,m})$ 为 $\{Y_2, Y_4\}$，图 7-4（d）中的最优功率 $(p_{i,j}^{V,m}, p_{i,j}^{C,m})$ 为 $\{Y_1, Y_5\}$。$(p_{i,j}^{V,m}, p_{i,j}^{C,m}) \arg\max\limits_{(p_{i,j}^V, p_{i,j}^C) \in R} R_{i,j}$ 应为 $\{Y_1, Y_2, Y_3, Y_4, Y_5\}$ 上的值。

▶ 7.2.5 仿真结果与性能分析

本节的评估主要集中在我们所提出的组播–单播混合中继选择算法与功率分配策略的性能。为此，将不考虑工作中提出的自私用户[7]的社会意识的合作网络中继选择（SRS）算法作为基线机制进行比较。RS 则是文献[7]中提出的最优中继选择算法，RS 算法根据物理信道的情况对中继节点进行筛选，然后进行频谱分配。针对不同占比的自私用户，本节所提算法、考虑到社会意识的 SRS 算法及仅考虑物理影响因素的 RS 算法的识别率、接入率和主要目标的数据传输成功率分别如下所述。

不同占比的自私用户的可用中继识别率如图 7-6 所示。显然，可用中继识别率随着自私用户的增加而减少，因为相应增加的用户自私性会影响获得信息的准确性，然后影响评估的准确性。本节所提算法在自私用户占比为 0~0.2 时，比不考虑社会属性的中继选择算法或单一考虑社会意识 SRS 的中继选择算法偏低。自私用户占比较少的时候，物理影响因素 ε_b^p 占主导地位。同时考虑到社会物理属性方面的影响，出于物理因素的考虑，实际可用中继并未达到 100%。随着自私用户的占比增加，本节所提算法的可用中继识别率趋势稳定，基本保持在 80%，而另外两种中继识别率快速下降，其原因在于此时的社会属性影响比重逐渐上升，基于社交意识来选择中继用户的 SRS 算法或不考虑自私用户的 RS 算法，所选的中继可用率较低。当自私用户的占比较低时，本节所提算法可以选择一些良性自私用户以避免选择恶意自私用户，因此所选中继可用性基本上保持稳定。

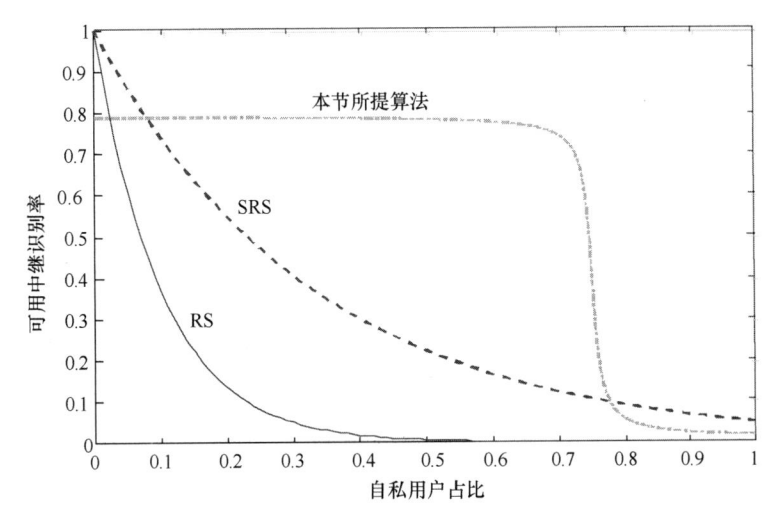

图 7-6　不同占比的自私用户的可用中继识别率

不同自私用户占比的 V2X 用户接入率如图 7-7 所示。显然，V2X 用户接入率随着自私用户占比的增加而减少，因为不断增长的自私用户降低了链路成功建立。而且，V2X 用户减少，V2X 组播集群减小，蜂窝用户增多，V2X 集群与蜂窝用户功率分配方案也有着密切的关联，下面将进一步进行分析。本节所提方案比现有的方案保持了更大的 V2X 访问率，相对于基于社交意识来选择的 SRS 算法或不考虑自私用户的 RS 算法来说，访问率平均高出 10%。在这种情况下，由于混合两种通信方式，所以组播通信方式使得 V2X 用户的数量增加，有利于大量用户入网，并充分考虑了用户自私和各种网络情况引起的非协作行为。

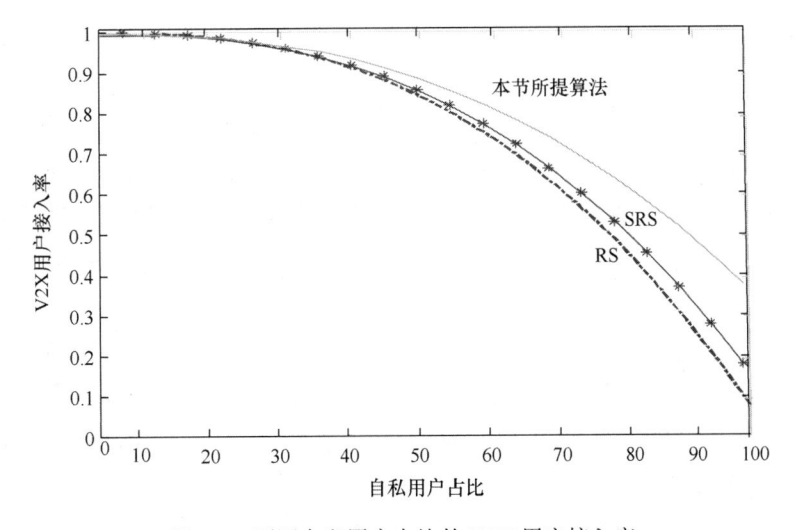

图 7-7　不同自私用户占比的 V2X 用户接入率

不同物理因素 d 值和社会因素 s 值的 V2X 用户占比如图 7-8 所示。在图 7-8 中，s 分别为 0.3、0.5 和 0.7。CUs（蜂窝）用户随着 d 的增加而减小，随着 s 的增加而增加。s 值越低，社会属性限制越低，较易形成集群，使得更多初始用户成为潜在的 V2X 用户，V2X 用户数量受到物理因素 d 值和社会因素 s 值的共同影响。V2X 用户随着 d 的增加先快速增加后逐渐平稳。这是因为 V2X 用户的数量大部分是由集群决定的。由于我们考虑到了两种通信方式的切换，所以当自私用户逐渐增加时，保持了较高的 V2X 用户接入率，进而减轻了网络负担，有利于提高整体系统的服务质量。

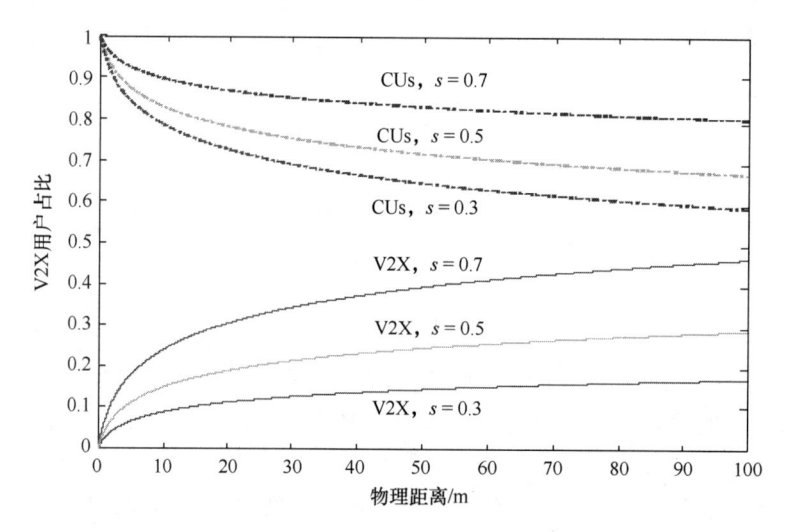

图 7-8　不同物理因素 d 值和社会因素 s 值的 V2X 用户占比

7.3　C-V2X 车载安全数据传输组播技术

车载通信业务的需求加剧了基站功率消耗，降低了其数据传输的可靠性。本节提出了一种蜂窝网络下基于两阶段组播的车载安全数据传输中继选择策略，以节约系统总功耗为前提来确定中继选择范围，计算出基站功耗最小的最优组播半径 x_0，并选择距最优组播半径 x_0 最近的车辆作为中继。基于中继的社会属性建立基站群体和中继群体间的非对称演化博弈模型，设计了不影响安全数据传输的中继娱乐数据发送功率动态再分配的奖惩机制。

7.3.1　系统模型

根据数据应用与需求对象将车载通信中的数据分为集体需求的安全数据和个体需求的娱乐数据，并假设每辆车的安全数据和娱乐数据请求同时发生，分别采用车载安全数据两阶段组播传输（Two-Stage Multicast Transmission of Vehicle Security Data，TSMT-VSD）和基于 QoS 的单播技术传输[14~17]。

1. 蜂窝网络下的车载通信 TSMT-VSD 模型

如图 7-9 所示，有 K 辆具有蜂窝和 V-D2D 通信能力的车辆向基站发出安全数据请求，记为 $V=\{V_k, k=1,2,\cdots,K(K=u+v)\}$。下面结合文献[14]给出 TSMT-VSD 的信道模型与数据接收成功率定义。

1）TSMT-VSD 信道模型

蜂窝网络下的 TSMT-VSD 信道模型，假设第一阶段基站进行安全数据组播的发射功率为 $P_{\text{BS,two}}(x_0)$（x_0 为基站的可靠组播半径），车辆 V_k 处的接收信号和信噪比分别为

$$S_{1,V_k}(x_k) = \sqrt{P_{\text{BS,two}}(x_0)} H_{1,V_k}(x_k) d \tag{7-36}$$

$$\text{SNR}_{1,V_k}(x_k) = \frac{P_{\text{BS,two}}(x_0) |H_{1,V_k}(x_k)|^2}{\sigma^2} \tag{7-37}$$

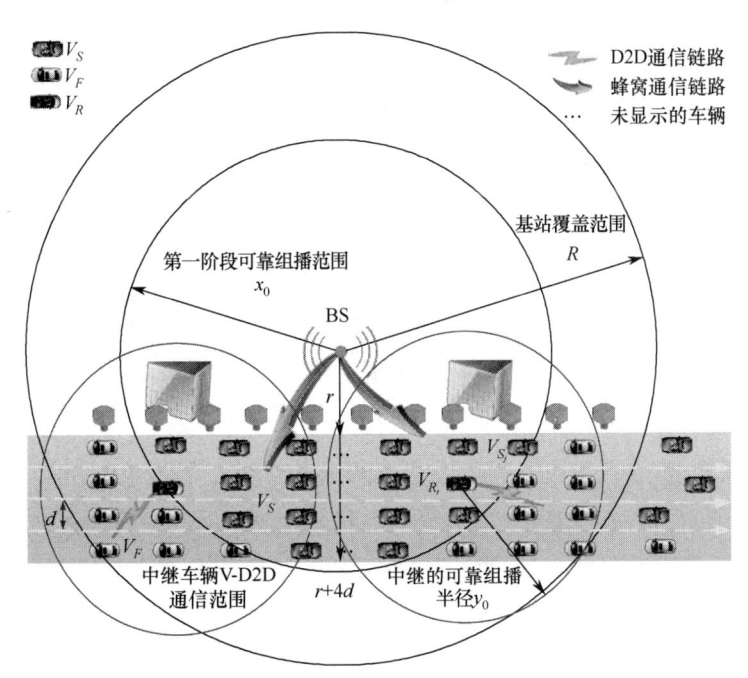

图 7-9 安全数据两阶段组播模型

假设 SNR_{two} 为车辆接收信噪比门限，$\text{SNR}_{1,V_k} \geqslant \text{SNR}_{\text{two}}$ 代表第一阶段车辆成功接收到数据，记为 $V_S = \{V_{S_i}, i = 1, 2, \cdots, u(K \geqslant u > 0)\}$；$\text{SNR}_{1,V_k} < \text{SNR}_{\text{two}}$ 代表第一阶段车辆未成功接收到数据，记为 $V_F = \{V_{F_j}, j = 1, 2, \cdots, v(K > v \geqslant 0)\}$。第二阶段根据中继选择策略选出协作中继 $V_R = \{V_{R_t}, t = 1, 2, \cdots, t(K > t \geqslant 0)\}$，通过 V-D2D 技术以 $P_{V_{R_t},\text{two}}(y_0)$ 为 V_F 提供数据中继（y_0 为中继的可靠组播半径），则最大比合并后 V_{F_j} 端的接收信号和信噪比分别为

$$\begin{aligned} S_{2,V_{F_j}}(y_{ij}, x_{F_j}) &= \sqrt{P_{\text{BS,two}}(x_0)} H^*_{1,V_{F_j}}(x_{F_j}) Y_1(x_{F_j}) + \sqrt{P_{V_{R_t},\text{two}}(y_0)} H^*_{2,V_{F_j}}(y_{ij}) Y_2(y_{ij}) \\ &= (P_{\text{BS,two}}(x_0) |H_{1,V_{F_j}}(x_{F_j})|^2 + P_{V_{R_t},\text{two}}(y_0) |H_{2,V_{F_j}}(y_{ij})|^2) d + \\ &\quad (\sqrt{P_{\text{BS,two}}(x_0)} H^*_{1,V_{F_j}}(x_{F_j}) \eta_1 + \sqrt{P_{V_{R_t},\text{two}}(y_0)} H^*_{2,V_{F_j}}(y_{ij}) \eta_2) \end{aligned} \tag{7-38}$$

$$\mathrm{SNR}_{2,V_{F_j}}(y_{ij},x_{F_j}) = \frac{(P_{\mathrm{BS,two}}(x_0)|H_{1,V_{F_j}}(x_{F_j})|^2 + P_{V_{R_t},\mathrm{two}}(y_0)|H_{2,V_{F_j}}(y)|^2)}{\sigma^2} \quad (7\text{-}39)$$

$H_{1,V_k}(x_k) = \sqrt{A_1 x_k^{-\gamma}} H_{\mathrm{BS},V_k}(x_k)$ 和 $H_{2,V_{ij}}(y_{ij}) = \sqrt{A_2 x_0^{-\gamma}} H_{2,V_{ij}}(y_{ij})$ 分别为基于正交频分复用的下行链路、复用蜂窝下行链路的 V-D2D 链路的功率损耗系数,服从复高斯分布;x_k 和 x_{F_j} 分别为 V_k、V_{F_j} 到基站的距离;d 为单位字符数传输能耗;γ 为路径衰落系数;高斯白噪声功率为 $\sigma^2 = N_0 B$;y_{ij} 为 V_{S_i} 到 V_{F_j} 的距离;A_1 和 A_2 为两个恒参。

2)TSMT-VSD 数据接收成功率分析

TSMT-VSD 两个阶段的接收成功率模型分别为

$$S_{\mathrm{CM},1}(x_k) = P(\mathrm{SNR}_{1,V_k}(x_k) \geq \mathrm{SNR}_{\mathrm{two}}) = \exp\left(-\frac{\mathrm{SNR}_{\mathrm{two}} \cdot \sigma^2}{P_{\mathrm{BS,two}}(x_0) \cdot A_1 x_k^{-\gamma}}\right) \quad (7\text{-}40)$$

$$S_{\mathrm{CM},V_{Fj}} = S_{\mathrm{CM},2}(y_{ij},x_{F_j}) = P(\mathrm{SNR}_{2,V_F}(y_{ij},x_{F_j}) \geq \mathrm{SNR}_{\mathrm{two}})$$

$$= \begin{cases} \dfrac{\lambda_2 y_{ij}^{\gamma} \exp(-\lambda_1 x_{F_j}^{\gamma}) - \lambda_1 x_{F_j}^{\gamma} \exp(-\lambda_2 y_{ij}^{\gamma})}{\lambda_2 y_{ij}^{\gamma} - \lambda_1 x_{F_j}^{\gamma}}, & \lambda_2 y_{ij}^{\gamma} \neq \lambda_1 x_{F_j}^{\gamma} \\ 1 - (1 + \lambda_1 x_{F_j}^{\gamma}) \exp(-\lambda_1 x_{F_j}^{\gamma}), & \lambda_2 y_{ij}^{\gamma} = \lambda_1 x_{F_j}^{\gamma} \end{cases} \quad (7\text{-}41)$$

式中,$\lambda_1 = \mathrm{SNR}_{\mathrm{two}} \sigma^2 / P_{\mathrm{BS,two}}(x_0) A_1$;$\lambda_2 = ((\mathrm{SNR}_{\mathrm{two}} \sigma^2)/(P_{V_{R_t},\mathrm{two}}(y_0) A_2))$。式(7-41)大于或等于零(文献[8]已经证明)。因此,根据式(7-41)定义 TSMT-VSD 的数据接收成功率 S_{CM} 为 V_F 中数据接收成功率最低车辆的数据接收成功率,具体为

$$S_{\mathrm{CM}} = \{S_{\mathrm{CM},V_{F_1}}, S_{\mathrm{CM},V_{F_2}}, \cdots, S_{\mathrm{CM},V_{F_v}}\}_{\min} \quad (7\text{-}42)$$

2. 蜂窝网络下的车载通信 TSMT-VSD 模型

假设安全数据和娱乐数据的请求和传输同步,娱乐数据传输信道就可以采用 TSMT-VSD 第一阶段基站到中继的信道模型,则中继的安全数据和娱乐数据的接收信噪比和信道容量分别为

$$\mathrm{SNR}_{V_R}(x_{R_t}) = \mathrm{SNR}_{V_R^s}(x_{R_t}) = \mathrm{SNR}_{V_R^e}(x_{R_t}) = \frac{P_{\mathrm{BS},V_R^e}(x_{R_t})|H_{1,V_{R_t}}(x_{R_t})|^2}{\sigma^2} \quad (7\text{-}43)$$

$$C_{V_{R_t}^s} = C_{V_{R_t}^s} = B \log_2(1 + \mathrm{SNR}_{V_{R_t}}(x_{R_t})) \quad (7\text{-}44)$$

式中,$P_{\mathrm{BS},V_{R_t}^e}(x_{R_t})$ 为娱乐数据发射功率;x_{R_t} 为中继 V_{R_t} 到基站的距离。

7.3.2 TSMT-VSD 中继选择策略与基站奖惩机制

首先，考虑到车辆快速移动时，基站进行 TSMT-VSD 需要频繁更换中继，借鉴文献[15]中的最优位置下的中继选择策略，根据车辆的分布特点提出了唯一最优位置中继选择策略。其次，将基站对中继的威慑力（威慑力表现为基站可以拒绝娱乐数据请求，或者降低娱乐数据传输质量）应用到奖惩机制的设计中；同时，利用文献[18～20]中的演化博弈理论将特定位置基站和 V_R 间的随机博弈拓展到整个蜂窝网络，使博弈可以重复进行，设计了不影响安全数据传输的基于非对称演化博弈模型的娱乐数据发送功率动态再分配机制。

1. TSMT-VSD 中继选择策略

1）理论分析

针对蜂窝网络下 TSMT-VSD 中继选择策略，根据文献[15]和文献[20]中车辆安全数据接收成功率要求 S_{CM}=99.999% 建立唯一最优中继位置分析模型，结合式（7-40）至式（7-42）可得 TSMT-VSD 理论总功耗表达式为

$$P_{\text{tot}}(x_0, y_0) = P_{\text{BS,two}}(x_0) + 2 \times P_{V_R,\text{two}}(y_0) \tag{7-45}$$

其中，基站组播功率 $P_{\text{BS,two}}(x_0)$ 由式（7-40）推导得到的表达式为

$$P_{\text{BS,two}}(x_0) = \left(-\frac{\text{SNR}_{\text{two}} \cdot \sigma^2}{A_1 x_0^{-\gamma} \ln(S_{\text{CM},1})} \right) \tag{7-46}$$

由式（7-41）和式（7-42）联合推导出关于 S_{CM} 和 $P_{V_R,\text{two}}(y_0)$ 的非线性方程为

$$S_{\text{CM}} = \begin{cases} \dfrac{\lambda_2 y_{ij}^{\gamma} \exp(-\lambda_1 x_{F_j}^{\gamma}) - \lambda_1 x_{F_j}^{\gamma} \exp(-\lambda_2 y_{ij}^{\gamma})}{\lambda_2 y_{ij}^{\gamma} - \lambda_1 x_{F_j}^{\gamma}}, & \lambda_2 y_{ij}^{\gamma} \neq \lambda_1 x_{F_j}^{\gamma} \\ 1 - (1 + \lambda_1 x_{F_j}^{\gamma}) \exp(-\lambda_1 x_{F_j}^{\gamma}), & \lambda_2 y_{ij}^{\gamma} = \lambda_1 x_{F_j}^{\gamma} \end{cases} \tag{7-47}$$

式中，$\lambda_1 = \text{SNR}_{\text{two}} \sigma^2 / P_{\text{BS,two}}(x_0) A_1$；$\lambda_2 = ((\text{SNR}_{\text{two}} \sigma^2)/(P_{V_R,\text{two}}(y_0) A_2))$。将式（7-46）计算出的 $P_{\text{BS,two}}(x_0)$ 代入式（7-47）后，在 S_{CM} 的约束下求解中继转发功率 $P_{V_R,\text{two}}(y_0)$。以 TSMT-VSD 节约总功耗为前提，结合式（7-45）～式（7-47）定义如下非线性多约束的唯一最优中继位置分析模型。

$$\min P_{\text{BS,two}}(x_0) \tag{7-48}$$

$$\text{s.t. } P_{\text{tot}}(x_0, y_0) \leq P_{\text{BS,one}}(R) \tag{7-49}$$

$$x_0 + y_0 \geq R \tag{7-50}$$

$$0 \leq y_0 \leq Y \tag{7-51}$$

$$R - Y \leq x_0 \leq R \tag{7-52}$$

其中，式（7-48）为目标函数；式（7-49）表示 TSMT-VSD 模型的功耗不会超过基站直接组播；式（7-50）用于确保 TSMT-VSD 的可靠覆盖；式（7-51）用于确保 V-D2D 通信的有效性；式（7-52）约束第一阶段基站组播半径的取值。由唯一最优中继位置分析模型得到理论最优组播半径 x_0 和最大的 V-D2D 通信距离 y_0 后，结合车辆的分布特点进一步分析 x_0 和 y_0。

2）场景优化

根据图 7-9 所示模型建立以基站为原点的车辆平面坐标系如图 7-10 所示，均匀分布在 n 条车道上车辆的数目 K 服从泊松分布[21]，记每条车道上为 $m = \lfloor K/n \rfloor$ 辆车（$\lfloor * \rfloor$ 表示向上取整），车辆与基站相对距离矩阵为 $X = \{x_{i,j}^{\text{BS},k} \mid i=1,\cdots,n; j=1,\cdots,m; k=1,\cdots,K\}$，其中 i 表示车道标号，j 表示 i 车道上的第 j 号车，k 表示 K 辆车中的第 k 号车。

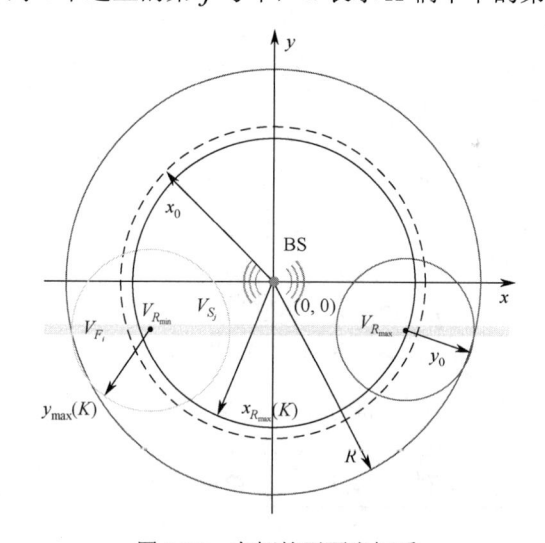

图 7-10 车辆的平面坐标系

由 x_0 和 x 找出 V_S（V_S 由位于 x 轴正负半轴最靠近 x_0 的两辆车组成），与基站间的距离记为 R_R，则基站实际的组播半径 $x_{R_{\max}}(K) = \max\{R_R\}$，中继实际的最大转发距离为 $y_{\max}(K) = R - \min\{R_R\}$，代入式（7-45）至式（7-47）可得不同车辆数目 K 下 TSMT-VSD 总功耗，以及基站和中继的功耗分别为

$$P_{\text{tot}}(x_{R_{\max}}(K), y_{\max}(K)) = P_{\text{BS,two}}(x_{R_{\max}}(K)) + 2 \times P_{V_R,\text{two}}(x_{R_{\max}}(K), y_{\max}(K)) \quad (7\text{-}53)$$

$$P_{\text{BS,two}}(x_{R_{\max}}(K)) = \left(-\frac{\text{SNR}_{\text{two}} \cdot \sigma^2}{A_1 x_k^{-\gamma} \ln(S_{\text{CM}})}\right) \quad (7\text{-}54)$$

$$S_{\text{CM}} = \begin{cases} \dfrac{\lambda_2 y_{ij}^{\gamma} \exp(-\lambda_1 x_{F_j}^{\gamma}) - \lambda_1 x_{F_j}^{\gamma} \exp(-\lambda_2 y_{ij}^{\gamma})}{\lambda_2 y_{ij}^{\gamma} - \lambda_1 x_{F_j}^{\gamma}}, & \lambda_2 y_{ij}^{\gamma} \neq \lambda_1 x_{F_j}^{\gamma} \\ 1 - (1 + \lambda_1 x_{F_j}^{\gamma}) \exp(-\lambda_1 x_{F_j}^{\gamma}), & \lambda_2 y_{ij}^{\gamma} = \lambda_1 x_{F_j}^{\gamma} \end{cases} \quad (7\text{-}55)$$

式中，$\lambda_1 = \text{SNR}_{\text{two}}\sigma^2/P_{\text{BS,two}}(x_{R_{\max}}(K))A_1$；$\lambda_2 = ((\text{SNR}_{\text{two}}\sigma^2)/(P_{V_R,\text{two}}(x_{R_{\max}}(K), y_{\max}(K))A_2))$。

3）能效对比

为了分析中继选择策略的性能，根据式（7-54）给出安全数据传统组播时基站的功耗 $P_{\text{BS,one}}(R)$ 和 TSMT-VSD 的能效比如下。

$$P_{\text{BS,one}}(R) = \left(-\frac{\text{SNR}_{\text{two}} \cdot \sigma^2}{A_1 x_k^{-\gamma} \ln(S_{\text{CM}})}\right) \tag{7-56}$$

$$\text{PSIL}_{P_{\text{tot}}} = \frac{P_{\text{BS,one}}(R) - P_{\text{tot}}(x_{R_{\max}}(K))}{P_{\text{BS,one}}(R)} \tag{7-57}$$

$$\text{PSIL}_{P_{\text{BS,two}}} = \frac{P_{\text{BS,one}}(R) - P_{\text{BS,two}}(x_{R_{\max}}(K))}{P_{\text{BS,one}}(R)} \tag{7-58}$$

2. 基于非对称演化博弈模型的中继娱乐数据发送功率动态再分配机制

与文献[22]中的 TMU 不同，为了保证安全数据的可靠传输，基站可以对 V_{R_t} 的 $P_{\text{BS},V_{R_t^e}}(x_{R_t})$ 利用奖惩因子 $\alpha = \{\theta, \rho | 0 \leq \theta \leq 1, \rho \geq 1\}$ 进行再分配，其中惩戒因子 θ 与 $P_{\text{BS},V_{R_t^e}}(x_{R_t}(K))$ 呈正比例，当 $\theta = 0$ 时，表示基站拒绝 V_{R_t} 提供娱乐数据；ρ 为奖励因子。基站重新分配后 V_{R_t} 的娱乐数据服务的信噪比和信道容量表达式分别为

$$\text{SNR}'_{V_{R_t^e}}(x_{R_t}(K)) = \frac{\alpha \cdot P_{\text{BS},V_{R_t^e}}(x_{R_t}(K))|H_{1,V_{R_t}}(x_{R_t}(K))|^2}{\sigma^2} \tag{7-59}$$

$$C'_{V_{R_t^e}} = B\log_2(1 + \text{SNR}'_{V_{R_t^e}}(x_{R_t}(K))) \tag{7-60}$$

确定了奖惩机制的设计方案后，结合文献[18,19,23,24]建立基于非对称演化博弈理论的蜂窝网络下中继群体（Relay Group，RG）和基站群体（BS Group，BSG）物理层协作通信自私性抑制模型，建立 RG 和 BSG 内的个体随机配对博弈收益矩阵，如表7-1所示。

表7-1 RG 和 BSG 内的个体随机配对博弈的收益矩阵

中继（收益记为 a）	基站（收益记为 b）	
	奖励	惩罚
协作	a_{11}, b_{11}	a_{12}, b_{12}
自私	a_{21}, b_{21}	a_{22}, b_{22}

进一步得到基于再分配机制下的基站收益矩阵 **R** 和中继的收益矩阵 **B** 分别为

$$\boldsymbol{R} = \begin{bmatrix} a_{11} = C_{B,A} - C_{R,C} & a_{12} = -C_{R,C} - C_{B,D} \\ a_{21} = C_{B,A} & a_{22} = -C_{B,D} \end{bmatrix} \tag{7-61}$$

$$\boldsymbol{B} = \begin{bmatrix} b_{11} = C_{B,E} - C_{B,A} & b_{12} = C_{B,E} + C_{B,D} \\ b_{21} = -C_{B,E} - C_{B,A} & b_{22} = -C_{B,E} + C_{B,D} \end{bmatrix} \quad (7\text{-}62)$$

式中，$C_{B,E} = C_{V_{R^s}}$ 为 V_R 协作时基站的固定收益；$C_{B,A}$ 为 V_R 被基站奖励时获得的额外收益；$C_{B,D}$ 为 V_R 被基站惩罚时遭受的额外损失；$C_{R,C}$ 为 V_R 协作基站的成本。

$$C_{B,E} = B\log_2\left(1 + \frac{P_{\text{BS},V_{R^s}}(x_R(K))|H_{1,V_R}(x_R(K))|^2}{\delta^2}\right) \quad (7\text{-}63)$$

$$C_{R,C} = B\log_2\left(1 + \frac{P_{V_R,\text{two}}(x_R(K))|H_{1,V_R}(x_R(K))|^2}{\delta^2}\right) \quad (7\text{-}64)$$

$$C_{B,A} = B\log_2\left(1 + \frac{\rho \cdot P_{\text{BS},V_{R^e}} x_R(K)|H_{1,V_R}(x_R(K))|^2}{\delta^2}\right) - C_{B,E} \quad (7\text{-}65)$$

$$C_{B,D} = B\log_2\left(1 + \frac{\theta \cdot P_{\text{BS},V_{R^e}} x_R(K)|H_{1,V_R}(x_R(K))|^2}{\delta^2}\right)^{-1} + C_{B,E} \quad (7\text{-}66)$$

从式（7-63）至式（7-66）中可以看出，R 和 B 不对等，且在不对称演化博弈模型中，RG 和 BSG 间进行静态博弈，RG 和 BSG 内的个体通过模仿者动态方程调整策略，因此当未达到演化稳定或不存在演化稳定时，在 RG 内自私个体比例 p 和 BSG 内惩罚个体比例 q 是不断变化的，最优的 α 取值难以计算。为此，结合非对称演化博弈的特点对再分配机制进行优化得到动态调节方程为

$$q(1-\theta)P_{\text{BS},V_{R^e}}(x_R(K)) = (1-q)(\rho-1)P_{\text{BS},V_{R^e}}(x_R(K)) \quad (7\text{-}67)$$

式（7-67）经过化简后得到由 q（不考虑 $q=0$ 的极端条件）和 θ 构成的二元动态再分配方程为

$$\rho(q,\theta) = \theta + \frac{1-\theta}{1-q} \quad (7\text{-}68)$$

由式（7-68）可知，当 RG 和 BSG 间博弈达到演化稳定时，q 为定值，可简化为 $\rho(\theta)$。因此，利用文献[19]在标准的基站和中继期望收益函数的基础上得到 RG 和 BSG 两个对称的子演化博弈的期望收益函数分别为

$$U_R^{'} = (1-p)(C_{B,A} - C_{R,C}) - C_{B,D} \quad (7\text{-}69)$$

$$U_B^{'} = C_{B,E}(1-2q) - C_{B,A}(1-q) + C_{B,D}q \quad (7\text{-}70)$$

由式（7-61）、式（7-62）和式（7-69）、式（7-70）可以得到非对称演化博弈演化稳定时的模仿者动态方程分别为

$$\frac{dp_i}{dt} = p_i\left[\left(\boldsymbol{R}\begin{bmatrix}1-p\\p\end{bmatrix}\right)_i - U_R'\right] = 0 \tag{7-71}$$

$$\frac{dq_j}{dt} = q_j[([1-q \quad q]\boldsymbol{B})_i - U_B']=0 \tag{7-72}$$

从式（7-71）中可以看出，RG 存在 $p=0$ 的演化稳定状态，但难以采用文献[18]中的步骤进行证明。

7.3.3 VISSIM 仿真平台

时间维度上连续的 TSI 对于车载安全数据传输系统可靠性的分析而言至关重要，而真实的以时间为尺度的车辆行驶数据的获取十分困难。由德国 PTV 公司开发的微观交通仿真软件 VISSIM 采用 R. Wiedemann 教授提出的车辆跟随模型，可以实现基于时间间隔和驾驶行为的微观交通仿真建模。有学者对 VISSIM 软件模拟生成的车辆的 TSI 数据与真实测量的 TSI 数据进行了对比，分析结果表明该软件采用的车辆跟随模型可以精确地模拟车辆行驶行为[25,26]。VISSIM 能够通过无交通信号灯场景下的车辆避让、减速带和行驶导流等参数的设置建模各种交通场景，同时该软件具备强大的交通评估能力，可以输出各种交通指标，如车辆的实时位置、速度和加速度等信息。VISSIM 建模可以分为路网搭建、交通参数配置及仿真参数设置 3 个阶段[27,28]。下面将以城市交叉路口场景为例介绍 VISSIM 仿真建模的过程。

1．路网搭建

交叉路口的路网搭建，需要先选择左边工具栏的路网设置按钮，进入路网设置模式。然后在工作区域右击，按住鼠标左键沿着道路行驶方向拖动，松开后弹出对话框，路段 2 的设置如图 7-11 所示。接下来设置道路的编号、长度、车道宽度和车道数量，并进入对话框的 Other 选项卡，自动生成对向车道，按照上述操作依次绘制完东、西、南、北 4 条路段。最后，分别将不同的路段连接起来构成路网，路段的连接示意图如图 7-12 所示。

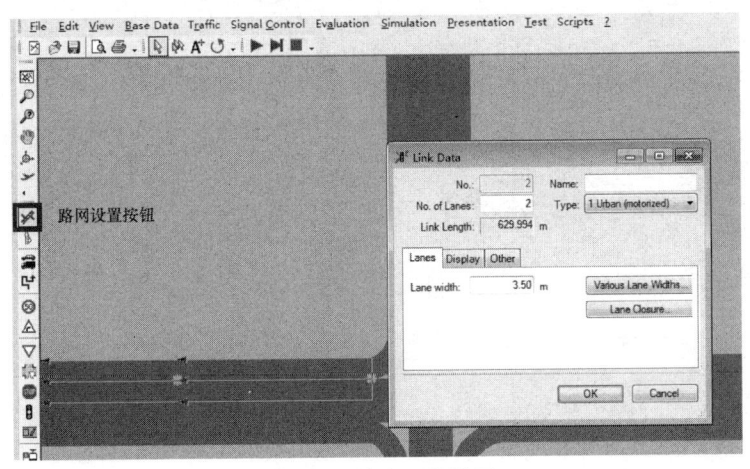

图 7-11 路段 2 的设置

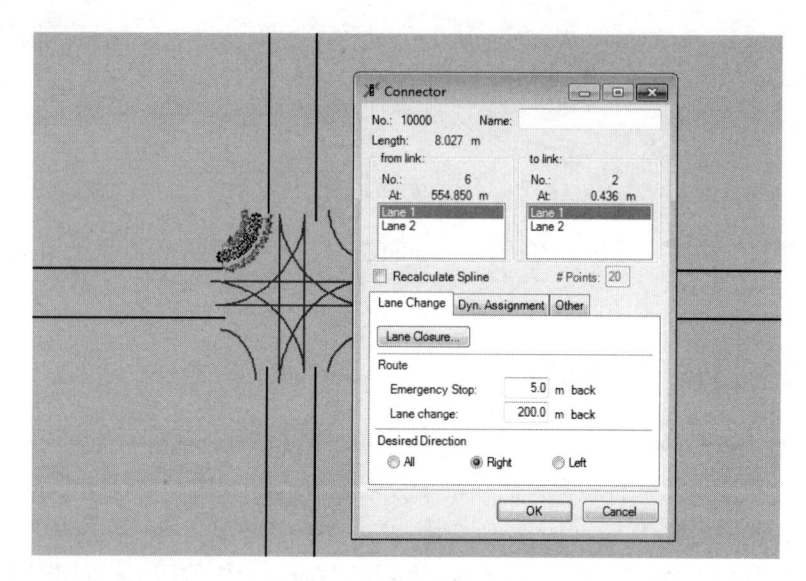

图 7-12　路段的连接示意图

2．微观交通流参数配置

前面建立了一个十字交叉路口的仿真路网,接下来对路网的微观交通流参数以行驶规则进行设置。

（1）设置道路上不同类型车辆比重和期望速度,如图 7-13 所示。

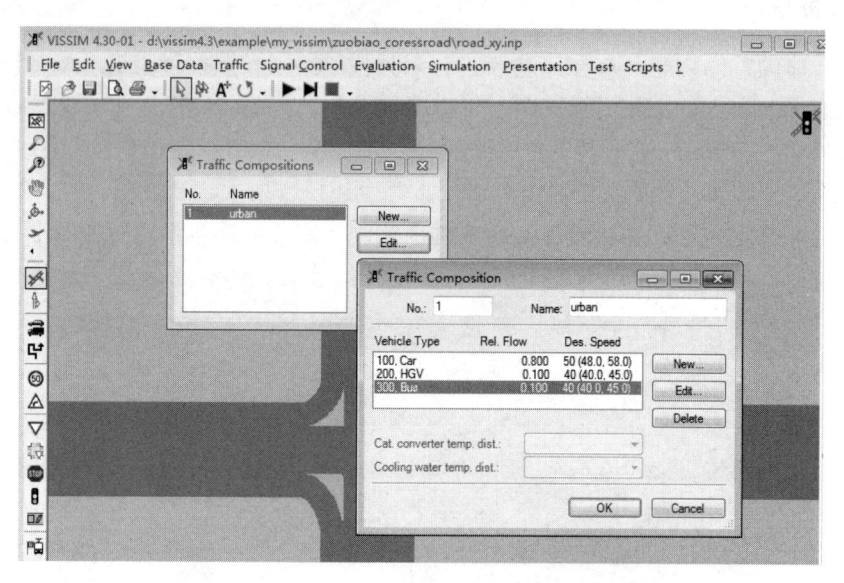

图 7-13　设置道路上不同类型车辆比重和期望速度

（2）设置交叉路口的避让规则,其中浅色路段优先通行,而深色路段需要为浅色路段让行,如图 7-14 所示。

图 7-14　交叉路口的避让规则设置

（3）当车辆行驶至路口处时需要减速慢行，以确保行车安全，图 7-15 中交叉路口的减速带为边框所围区域。

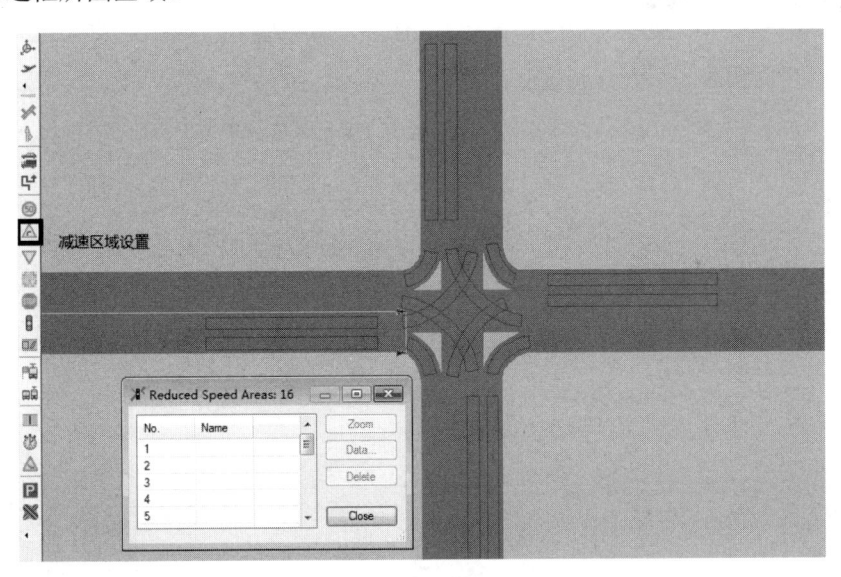

图 7-15　减速带设置

（4）设置交叉路口的交通灯信息，交通灯放置及其周期设置如图 7-16 所示。

（5）VISSIM 中车辆的行驶方向是以一定的概率随机产生的，图 7-17 所示为路段 3 上车辆行驶方向的概率设置。

2．仿真模拟设置

前面介绍了交叉路口路网搭建和交通参数的配置，接下来对模拟仿真时的参数配置和仿真演示进行说明。

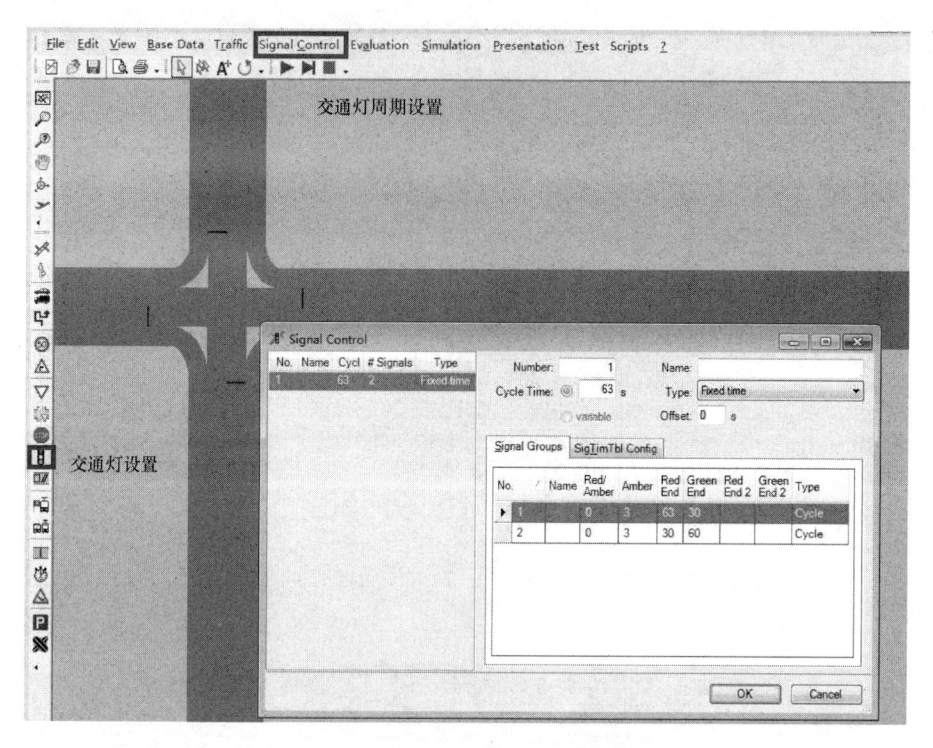

图 7-16　交通灯放置及其周期设置

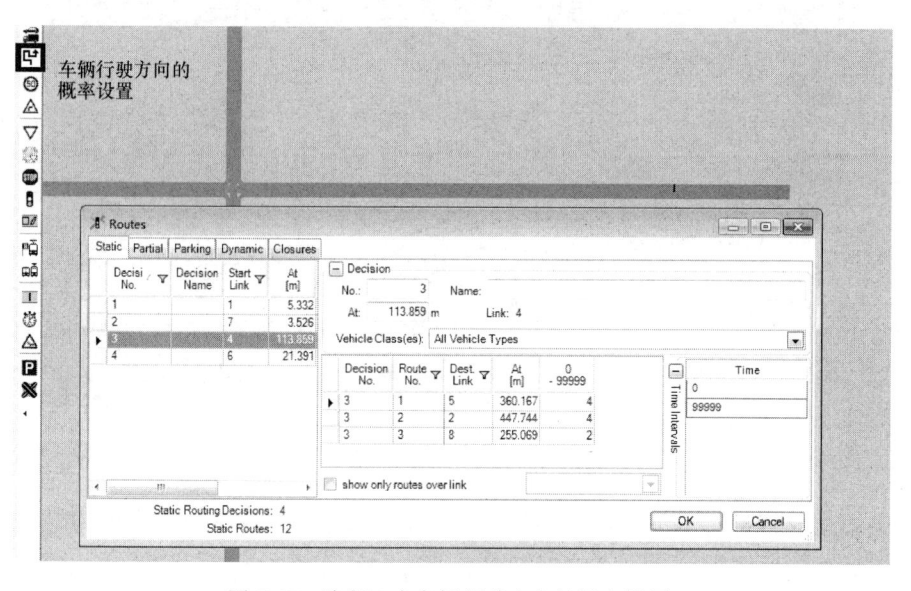

图 7-17　路段 3 上车辆行驶方向的概率设置

首先，设置仿真的道路行驶规则、时间长度，以及机器仿真时间与真实时间的比率，具体设置如图 7-18 所示；然后，设置仿真时需要记录输出的 TSI，如图 7-19 所示；最后，设置各方向驶入方向端设置车流量及车流组成，其中东边道路路段 4 上的车流量和车流类型设置如图 7-20 所示。

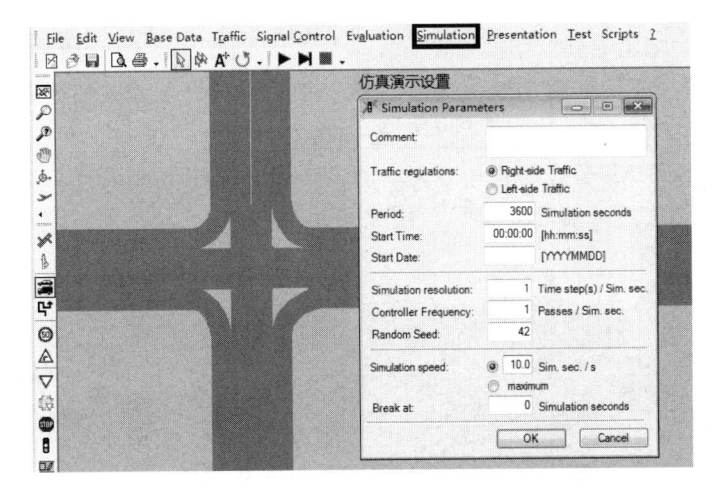

图 7-18　仿真参数设置

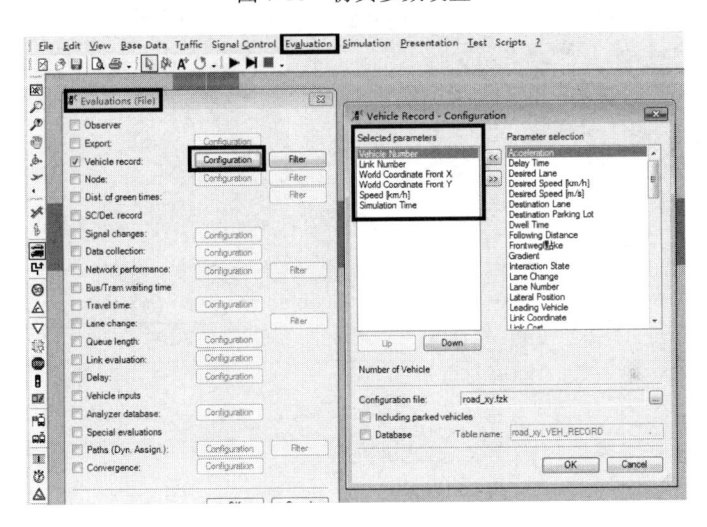

图 7-19　仿真输出的参数设置

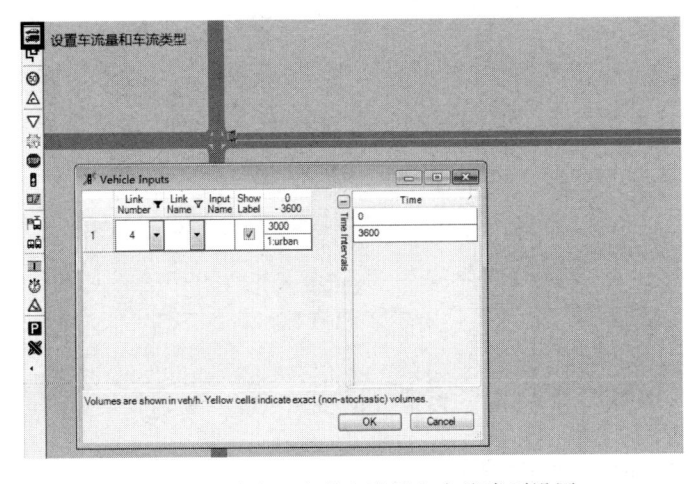

图 7-20　路段 4 上的车流量和车流类型设置

对仿真参数、输出数据及车流量设置完毕后,开始对交叉路口场景的车辆运行进行模拟仿真,3D 仿真演示图如图 7-21 所示。完成仿真后,打开工程文件找到仿真输出的 TSI 数据文件 road_xy.fzp,打开该文件得到如图 7-22 所示 TSI 数据,将该文件转存为 TXT 格式的文件以供 MATLAB 验证时使用。为了验证本节所提的车载安全传输系统的有效性,需要多组不同车流密度下的 TSI 信息,因此需要修改图 7-20 所示的车流量设置参数,以得到所需的数据。

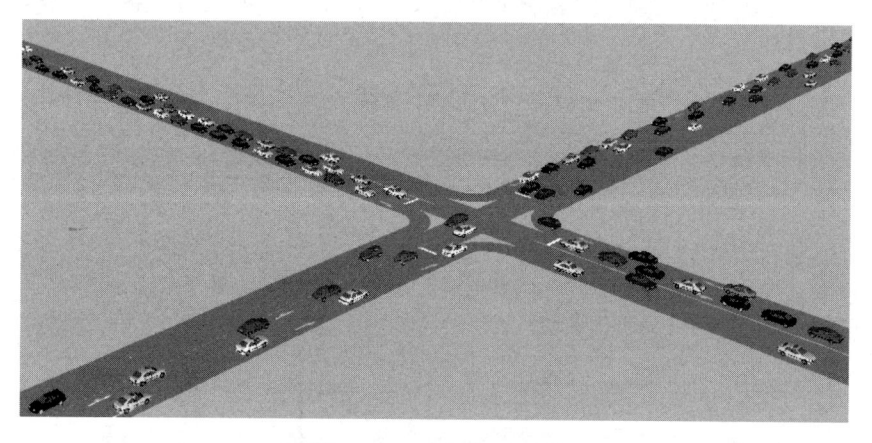

图 7-21 3D 仿真演示图

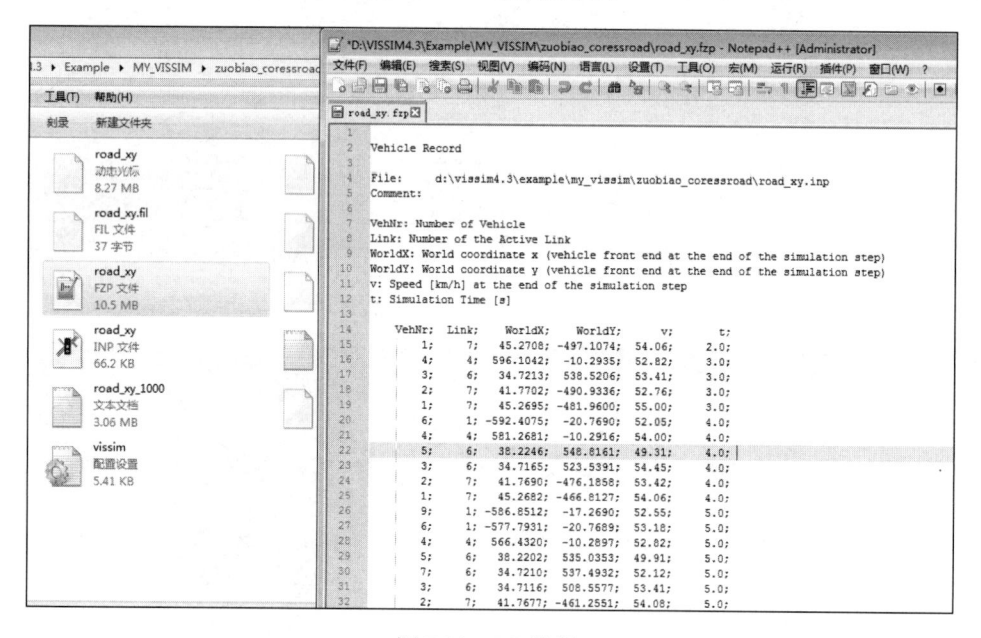

图 7-22 TSI 数据

7.3.4 仿真结果与性能分析

首先利用 VISSIM 软件对城郊地区的道路进行建模,然后基于所建的模型模拟生成不同交通流量下的 TSI 数据，实时 3D 交通演示图如图 7-23 所示。

图 7-23 实时 3D 交通演示图

根据文献[14]和文献[15]设置空旷地区车载通信仿真参数，如表 7-2 所示，验证本节所提的中继选择策略和奖惩机制在降低基站功耗和保证可靠性时的优越性。

表 7-2 参数设置

参　　数	数　　值
载波频率	5.9 GHz
频率带宽 B	20 MHz
蜂窝网络到车辆的路径损耗 A_1	2.36×10^{-2}
协作传输路径损耗 A_2	1.67×10^{-4}
路径损耗参数 γ	2.61
噪声功率谱 N_0	-174 dBm
接收信噪比门限 $\mathrm{SNR}_{\mathrm{two}}$	3 dB
小区覆盖半径 R	1500 m
基站与道路的距离 r	300 m
车道数目 n	4

1. 中继选择策略对比分析

仿真得到了本节与文献[15]中提出的 TSMT-VSD 中继选择策略下理论功耗对比图，基站组播半径对总功耗和基站功耗的影响如图 7-24 所示。以 $P_{\mathrm{BS,one}}(R)$ 为参考，得到 TSMT-VSD 实现节约系统总功耗时的 x_0，并对两种方案的理论数值进行分析。

仅从图 7-24 中理论数值结果来评价，文献[15]的策略性能更优。但是考虑到车载场景的特殊性，$x_{R_{\max}}(K)$ 和 $y_{\max}(K)$ 会随着车辆数目 K 而变化，通过蒙特卡洛方法对文献[21]

中车辆分布进行统计性分析得到了 $x_{R_{\max}}(K)$ 和 $y_{\max}(K)$ 与理论数值间的关系，蒙特卡洛模拟理论值的偏移如图 7-25 所示。

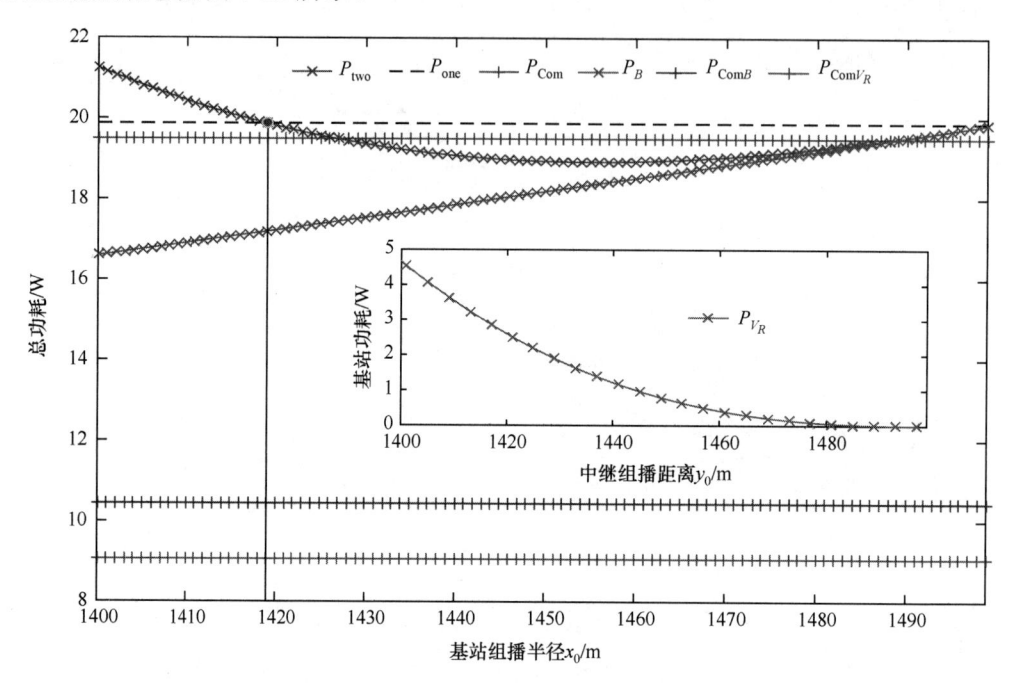

图 7-24　基站组播半径对总功耗和基站功耗的影响

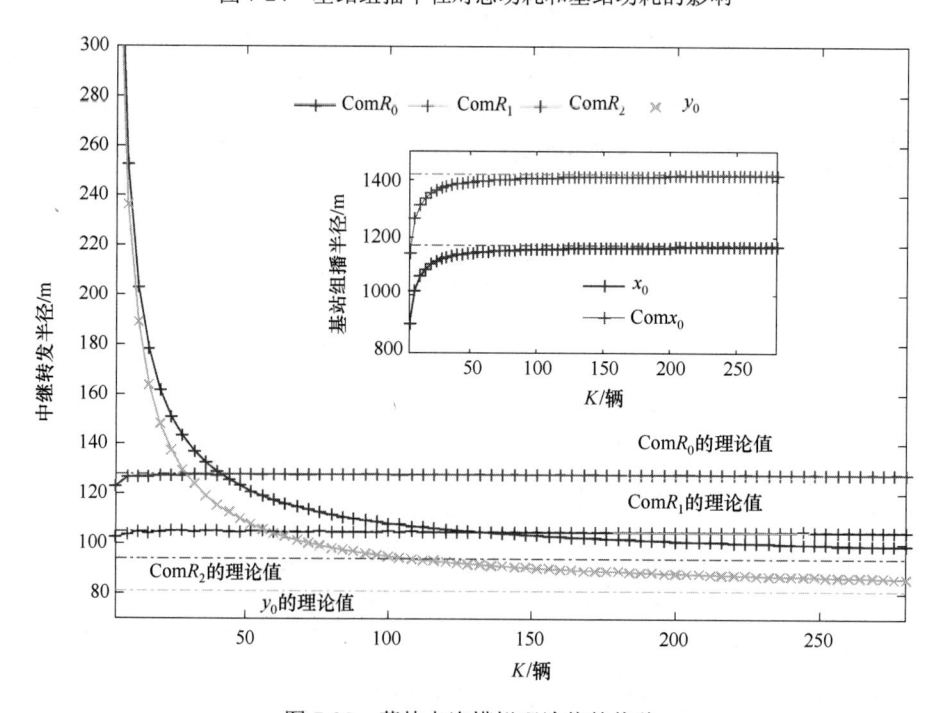

图 7-25　蒙特卡洛模拟理论值的偏移

从图 7-25 中可以看出，K 较小时 $\text{Com}x_r$ 和 x_r [x_r 为 $x_{R_{\max}}(K)$ 的简写] 远小于理论值，随着 K 的增大逐渐接近理论值，但是对比策略的最外层中继实际转发半径 $\text{Com}R_{2r}$ 和 y_r [y_r 为 $y_{\max}(K)$ 的简写] 却始终大于理论值。为了确定 $\text{Com}R_{2r}$ 和 y_r 对整体功耗的影响，在图 7-25 的基础上进一步仿真分析了实际功耗与理论功耗，蒙特卡洛模拟实际功耗和理论对比如图 7-26 所示。

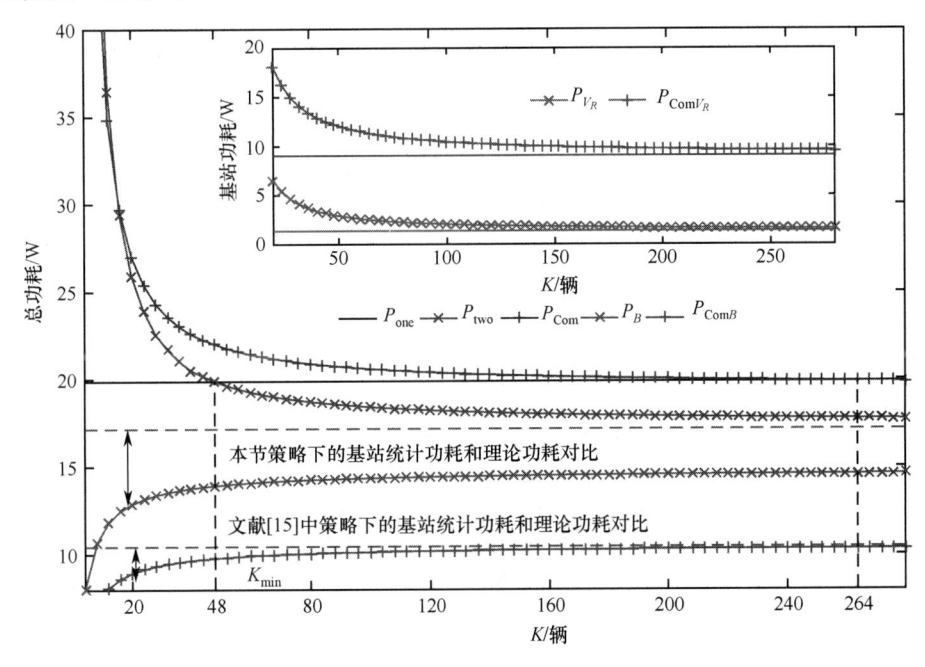

图 7-26　蒙特卡洛模拟实际功耗和理论对比

在图 7-26 中，P_B 明显小于理论值，而 $P_{\text{Com}B}$ 只是略小于理论值，P_{V_R} 和 $P_{\text{Com}V_R}$ 则均大于理论值。与文献[15]相比，本节所提策略的节约总能耗的门限 $K_{\min}$ 更小，应用更广泛。

2．非对称演化博弈模型下中继和基站群体演化分析

在前文仿真的基础上，分析提出的中继娱乐数据发送功率动态再分配机制对 RG 内自私者抑制效果。当 θ 分别取 0.8、0.3 和 0 时，利用式（7-71）仿真得到 RG 内自私者演化动态图，如图 7-27 所示。

从图 7-27 中可以看出，随着 θ 的减小，p 值的减小并不明显，但是当 θ 取 0 时，p 值稳定时为 0，中继的自私性被完全抑制，式（7-68）可改写为

$$\rho(q) = \frac{1}{1-q} \tag{7-73}$$

在此基础上，以式（7-73）中的动态再分配机制仿真得到中继群体自私比例 p 和基站群体惩罚比例 q 演化相位图，如图 7-28 所示。

从图 7-28 中可以看出，BSG 和 RG 间的唯一演化稳定策略为 $(p,q)=(0,1/3)$，BSG

个体被认为以1/3的拒绝为中继提供娱乐数据来威慑 RG，使其服从调度，同时被奖励中继的 $P_{\mathrm{BS},V_{R^e}}(x_R(K))$ 增加 50%。

(a) $\theta = 0.8$

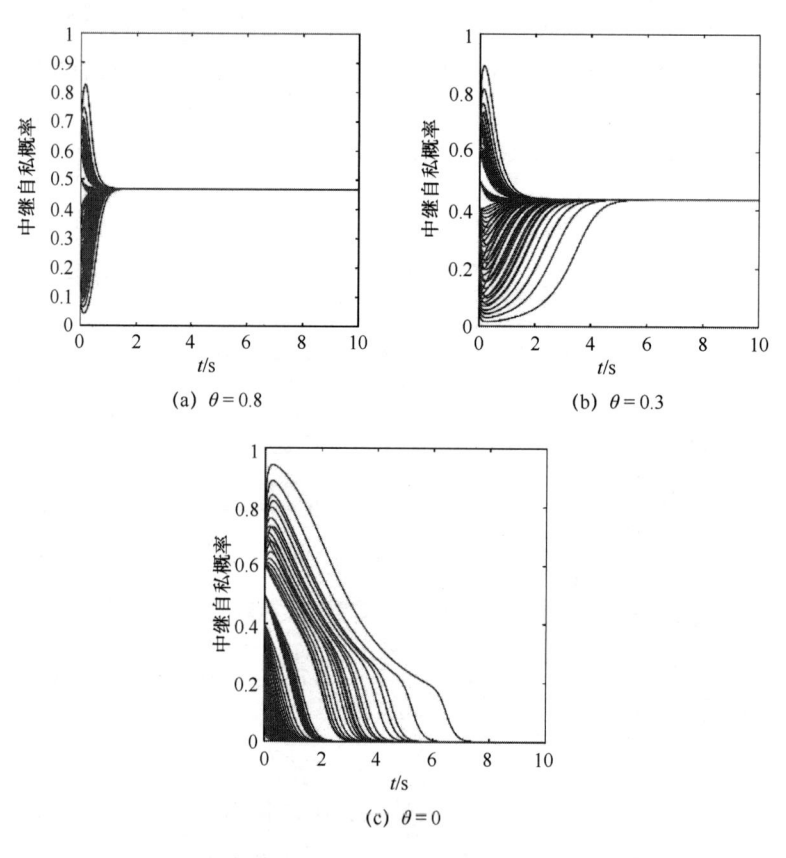

(b) $\theta = 0.3$

(c) $\theta = 0$

图 7-27　RG 内自私者演化动态图

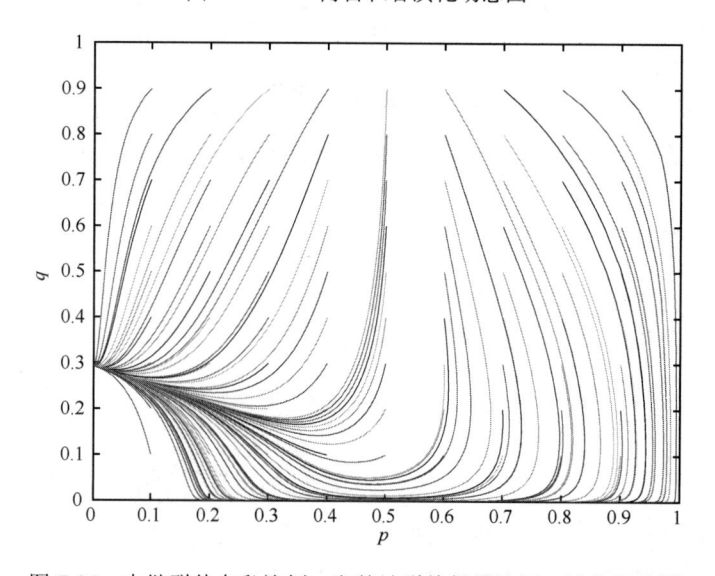

图 7-28　中继群体自私比例 p 和基站群体惩罚比例 q 演化相位图

3. 功耗分析

通过前面的分析，说明当 $\theta = 0$ 时本节所提的奖惩机制可保证 TSMT-VSD 的可靠性。进一步讲，仿真分析了本节和文献[15]中中继选择策略下的 TSMT-VSD 的能效比，节能效果对比如图 7-29 所示。

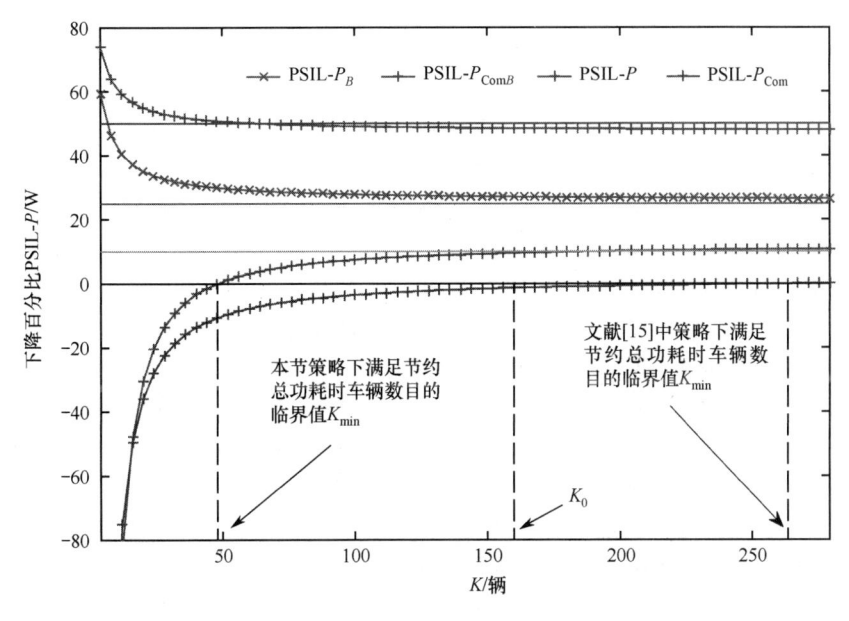

图 7-29 节能效果对比

从图 7-29 中可以看出，当 K 大于 K_{min} 时，本节所提中继选择方案开始节约总功耗，基站功耗降低 25%以上，而且当 K 增大到 K_0 以后，系统总功耗降低 10%左右。相比较而言，文献[15]中策略下基站功耗降低 50%左右，但是在节约总功耗方面的性能低下。

7.4 本章小结

本章首先研究了车载社交网络组播技术，针对 C-V2X 车载协作通信中用户数据传输速率低的问题，提出了车载社交网络的混合中继选择算法与功率分配策略，并在物理层模型基础上构建了虚拟社交网络层模型。通过混合使用两种通信方式，评估中继用户信任度后划分信任等级，筛选出信任度高且价格合理的最优中继选择，再通过几何规划进行功率分配。然后我们研究了 C-V2X 车载安全数据传输组播技术，提出了基于唯一最优位置中继选择策略的 TSMT-VSD 方案，设计了中继娱乐数据发送功率的再分配机制抑制来中继自私性，进而建立了蜂窝网络下 BSG 和 RG 的非对称演化博弈模型。基于 VISSIM 仿真平台，我们验证了提出的奖惩机制可以保证 TSMT-VSD 的可靠性同时在车辆数目 K 大于 K_{min} 并且可以保证节约 TSMT-VSD 总功耗的前提下，使基站提供安全数据服务的功耗降低 25%以上。

参 考 文 献

[1] Biswas S, Morris R. Opportunistic routing in multi-hop wireless networks[J]. Microcomputer Information, 2015, 34(1): 69-74

[2] Ma R, Xia N, Chen H H, et al. Mode selection, radio resource allocation, and power coordination in D2D communications[J]. IEEE Wireless Communications, 2017, 24(3): 112-121.

[3] Karp B, Kung H T. GPSR: Greedy perimeter stateless routing for wireless networks[C]. Proceedings of the 6th Annual International Conference on Mobile Computing and Net., Boston: ACM, 2000: 243-254.

[4] Yan Y, Dan F, Shuping D. Inter-vehicle cooperation channel estimation for IEEE 802.11p V2I communications[J]. Journal of Communications and Networks, 2017, 19(3):227-238.

[5] Cunha F D, Vianna A C, Mini R A F, et al. How effective is to look at a vehicular network under a social perception[A]. Wireless and Mobile Computing, Networking and Communications (WiMob), 2016 IEEE 9th International Conference[C]. IEEE, 2016: 154-159.

[6] Bitsch L J A, Viol N, Goliath A, et al. SimBetAge: utilizing temporal changes in social networks for pocket switched networks[C]. Proceedings of the 1st ACM workshop on User-provided networking: challenges and opportunities, ACM, 2014, 13-1.

[7] Cheng J J, Cheng J L, Zhou M C, et al. Routing in Internet of Vehicles: A Review[J]. IEEE Transactions on Intelligent Transportation Systems, 2015, 16(5): 2339-2352.

[8] Wang F, Li Y, Wang Z, et al. Social community-aware resource allocation for D2D communications underlaying cellular networks[J]. IEEE Transactions on Veh. Technology, 2016, 65(5): 3628-3640.

[9] Zhao Y, Li Y, Mao H, et al. Social-community-aware long-range link establishment for multihop D2D communication networks[J]. IEEE Transactions on Vehicular Technology, 2016, 65(11): 9372-9385.

[10] Hoang T D, Le L B, Le-Ngoc T. Resource allocation for D2D communication underlaid cellular networks using graph-based approach[J]. IEEE Transactions on Wireless Communications, 2016, 15(10): 7099-7113.

[11] 肖海林, 刘小兰, 林潇瑜, 等. C-V2X 下基于信用卡风险评估的中继选择算法[J]. 电子科技大学学报, 2020, 49(1): 71-80.

[12] Busi R V, Venkataraman S, Negi A. Communication and data trust for wireless sensor networks using D−S theory[J]. IEEE Sensors Journal, 2017, 17(12): 3921-3929.

[13] Zhang R, Cheng X, Yang L, et al. Interference graph-based resource allocation (InGRA) for D2D communications underlaying cellular networks[J]. IEEE Transactions on Vehicular Technology, 2015, 64(8): 3844-3850.

[14] Zhou Y, Liu H, Pan Z, et al. Energy-efficient two-stage cooperative multicast: effect of user density[J]. IEEE Transactions on Vehicular Technology, 2016, 65(9):7297-7307.

[15] Zhou Y, Liu H, Pan Z, et al. Two-stage cooperative multicast transmission with optimized power consumption and guaranteed coverage[J]. IEEE Journal on Selected Areas in Communications, 2014, 32(2):274-284.

[16] Calabuig D, Martin-Sacristan D, Monserrat J F, et al. Distribution of road hazard warning messages to

distant vehicles in intelligent transport systems[J]. IEEE Transactions on Intelligent Transportation Systems, 2018, 19(4):1152-1165.

[17] 肖海林，吴彬，张中山. C-V2X 下车载安全数据两阶段组播的中继选择与功耗分析[J]. 电子学报, 2019, 47(11):2248-2255.

[18] Khan A, Abolhasan M, Wei N. An evolutionary game theoretic approach for stable and optimized clustering in VANETs[J]. IEEE Transactions on Vehicular Technology, 2017, 67 (5): 4501-4513.

[19] Tuyls K, Perolat J, Lanctot M, et al. Symmetric decomposition of asymmetric games[J]. Scientific Reports, 2018, 8(1):1015.

[20] Molina-Masegosa R, Gozalvez J. LTE-V for Sidelink 5G V2X vehicular communications: a new 5g technology for short-range vehicle-to-everything communications[J]. IEEE Vehicular Technology Magazine, 2017, 12(4):30-39.

[21] Sun W, Strom E G, Brannstrom F, et al. Radio resource management for D2d-Based V2V communication[J]. IEEE Transactions on Vehicular Technology, 2016, 65(8):6636-6650.

[22] Hu B, Zhao H V, Jiang H. Wireless Multicast Using Relays: Incentive mechanism and analysis[J]. IEEE Transactions on Vehicular Technology, 2013, 62(5):2204-2219.

[23] Ju P J, Wei S. Repeated game analysis for cooperative mac with incentive design for wireless networks[J]. IEEE Transactions on Vehicular Technology, 2016, 65:5045−5059.

[24] 黄开枝，洪颖，罗文宇，等. 基于演化博弈机制的物理层安全协作方法[J]. 电子与信息学报, 2015, 37(1):193-199.

[25] 史国旺. IVIS-SIM 车联网集成仿真平台设计及开发[D]. 大连: 大连理工大学, 2013.

[26] 王秀峰. 车联网中 V2V 多跳广播关键技术研究[D]. 哈尔滨: 哈尔滨工业大学, 2015.

[27] 刘博航，安桂江. 交通仿真实验教程[M]. 北京: 人民交通出版社, 2015.

[28] 吴彬. C-V2X 下车载安全数据传输系统研究[D]. 桂林：桂林电子科技大学, 2020.

第 8 章
虚拟小区与 NB-IoT 技术

8.1 引言

近几年提出的以用户为中心的虚拟小区技术是 5G 超密集网络中的主流技术之一。关于虚拟小区技术的 3GPP 标准是由电信科学技术研究院（China Academy of Telecommunications Technology，CATT）于 2016 年 4 月第一次提出的，并随后得到演进与运用[1]。作为 5G 的新兴技术之一，虚拟小区技术主要用于缓解 5G 超密集网络部署中所面临的小区间干扰多，以及由于移动用户在短时间内多次遍历小区边界而导致的频繁切换和移动性管理引起的开销等压力。图 8-1 所示为以用户为中心的虚拟小区参考模型图。这种新兴的虚拟小区技术与传统的以基站为中心的观点相反，虚拟小区架构是通过将用户放在中央并将其与周围的多个接入点（Access Point，AP）关联而形成的，这种架构克服了传统小区构造的局限性。此外，网络可以通过多个接入点的联合操作来构建特定于用户的虚拟小区，并且此关联模式适用于用户移动场景，从而创建了一个与用户一起移动并始终围绕用户的虚拟小区。当 AP 足够密集地进行部署时，可以完全避免小区边缘体验[2]，有效缓解小区间的干扰，为用户提供稳定的以用户为中心的服务。

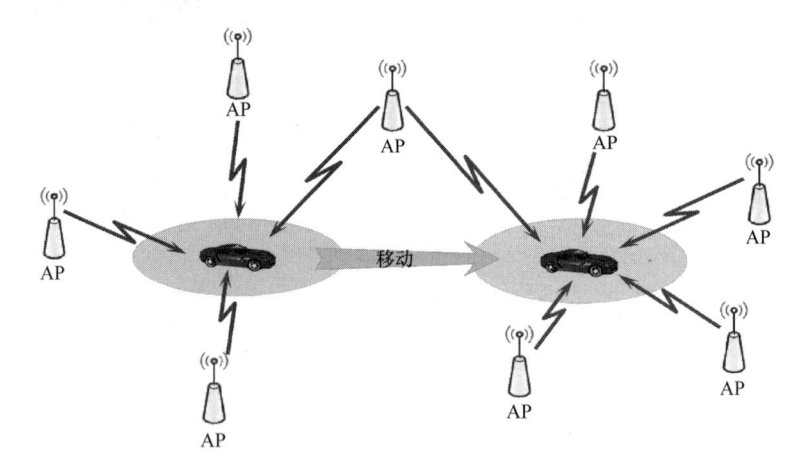

图 8-1　以用户为中心的虚拟小区参考模型图

以用户为中心的虚拟小区技术的关键点是 AP 组的形成和虚拟小区的协作传输，即如何选择 AP 组来构建虚拟小区及虚拟小区内的 AP 组如何协作进行传输，以显著提高用户

第 8 章 虚拟小区与 NB-IoT 技术

的性能，这是虚拟小区技术旨在提高的主要性能指标之一。目前，虚拟小区技术通常与协作多点（CoordInated Multipoint，CoMP）技术相结合，通过多个 AP 进行联合传输，并协同通过调度和波束成形技术来提高系统性能，以达到降低小区干扰的目的，提供以用户为中心的服务。然而，虚拟小区技术的一个特别具有挑战性的应用是车辆到万物（Vehicle-to-Everything，V2X）通信[3]，如何针对具有移动特性的车辆用户来形成虚拟小区，使用哪种传输方法及如何使用虚拟小区以优化网络资源，已成为当前将虚拟小区技术应用到 V2X 通信中的关键问题。

物联网（Internet of Thing，IoT）是互联网的演进，通过传感技术、移动通信技术等实现物与物的连接，达到数据采集、信息交互等目的。基于蜂窝的窄带物联网（NarrowBand Internet of Thing，NB-IoT）技术以较强的优势，以及强大的兼容性，使得此技术成为目前移动蜂窝网络的最佳技术之一。在 NB-IoT 技术产生后，配备 NB-IoT 模块的车辆，城市路灯和电气水表等设备数量迅速增长。根据 Machina 研究预测，NB-IoT 和其他低功率广域系统的连接量将在 2024 年占据 14%[4]。由于 NB-IoT 技术应用的多样性，它可以广泛地与其他技术相结合，如认知无线电、能量收集和设备到设备通信等，克服了物联网设备的覆盖距离短及高功耗问题。NB-IoT 系统的构建是基于蜂窝系统的，目前业界一致认可 NB-IoT 系统结构。NB-IoT 系统架构如图 8-2 所示，分为 NB-IoT 终端、NB-IoT 基站、NB-IoT 核心网、NB-IoT 云平台、NB-IoT 垂直行业中心。

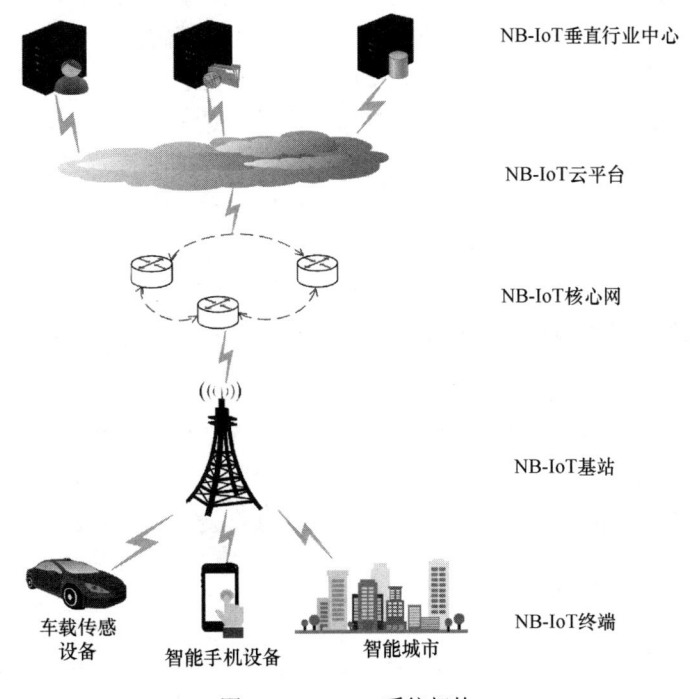

图 8-2 NB-IoT 系统架构

（1）NB-IoT 终端：主要指各种 NB-IoT 通信设备，包括车载传感设备、智能手机设备等。

（2）NB-IoT 基站：主要指移动通信中已经部署的基站。NB-IoT 的部署方式分为 3 种，即独立部署、带内部署和保护带部署。独立部署是指单独采用一个蜂窝频段进行部署，不与蜂窝频段发生重叠；带内部署是指使用现有蜂窝频段中的物理资源块进行 NB-IoT 的部署，即与蜂窝系统共存；保护带部署是指利用蜂窝边缘未使用的保护频段进行部署，以最大化利用频谱资源。

（3）NB-IoT 核心网：NB-IoT 核心网属于整个信息网络的传输中心，是基站与云平台间的连接桥梁，主要对流量大小进行控制，并完成信息的交互。

（4）NB-IoT 云平台：NB-IoT 云平台将收到的各种业务数据进行汇聚处理，并将不同类型的 NB-IoT 业务数据分发到对应的垂直行业中心或回传给终端设备。

（5）NB-IoT 垂直行业中心：主要作用是根据所获得的 NB-IoT 业务信息，对 NB-IoT 用户设备进行控制。

8.2 车载通信虚拟小区技术

在数据流量和系统容量及用户服务质量需求的推动下，超密集网络（Ultra-Dense Network，UDN）被提出，并作为 5G 系统的一种有效的局域解决方案。UDN 代表了一种新兴的模型，通过网络基础设施密集化来减小用户与接入点之间的距离以提高系统性能[5, 6]。在这种新兴的体系架构下，V2X 通信是 5G-UDN 瞄准的一个重要用例[7]。然而，车辆用户将在超密集部署场景中遭受严重干扰及频繁切换，从而导致不必要的开销[8]。所有上述缺点都会减弱 UDN 下 V2X 通信的性能。为解决 UDN 存在的这些问题，以用户为中心的虚拟小区（Virtual Cell，VC）技术在 UDN 中的应用已成为不可阻挡的趋势。当车辆在各 AP 的覆盖区域之间移动时，这些 AP 可以通过构成一个 VC，以支持 V2X 服务[9]。同时，为了管理 VC 系统，确保 VC 中每辆车公平地获得资源共享，有效的资源管理机制是非常必要的[10]。

因此，我们提出一种以多车辆用户为中心的动态 VC 形成方案，用于通过车辆的移动跟踪来自适应地更新 VC。同时，我们提出一种近似算法来解决以多车辆用户为中心的 VC 中资源管理的最大最小公平问题，进而在整个服务 VC 中更好地支持 V2X 服务。

8.2.1 系统模型

考虑具有大量轻量级 AP 的以多车辆用户为中心的 UDN 场景。定义 $J = \{1,\cdots,J\}$ 为 AP 集合，$K = \{1,\cdots,K\}$ 为车辆的集合，且每个 AP 和车辆都具备单个天线。UDN 中基于 VC 技术的车载通信模型如图 8-3 所示。车辆随机分布在二维平面内，并且平面内相对靠近的车辆被视为一组热点（Hot Points，HS），用集合 $H = \{H_1,\cdots,H_N\}$ 表示。车辆的每个

HS 选择其服务的 AP 来形成 VC，其中 VC 由集合 $V = \{V_1, \cdots, V_N\}$ 表示，并且这些轻量级 AP 由基于云的智能交通系统（Intelligent Traffic System，ITS）服务器管理。在考虑的机制中，假设所有 VC 都是独立且不重叠的，即 $V_n \cap V_{n'} = \varnothing$，$n \neq n'$。同样，每个 HS 也是 H 的不相交子集，即 $H_n \cap H_{n'} = \varnothing$，$n \neq n'$。这里通过组播的传输方式将数据发送给车辆，组播技术可以支持移动和多用户共享资源的通信场景[11]，其可适用于 V2X 通信。并且，利用波束成形技术，可以将包含公共 V2X 数据的同一波束发送给地理位置上彼此靠近的车辆，提供服务[12]。因此，每个 VC 中的 AP 形成一个天线阵列，协作将公共 V2X 消息发送给 HS 中的车辆。

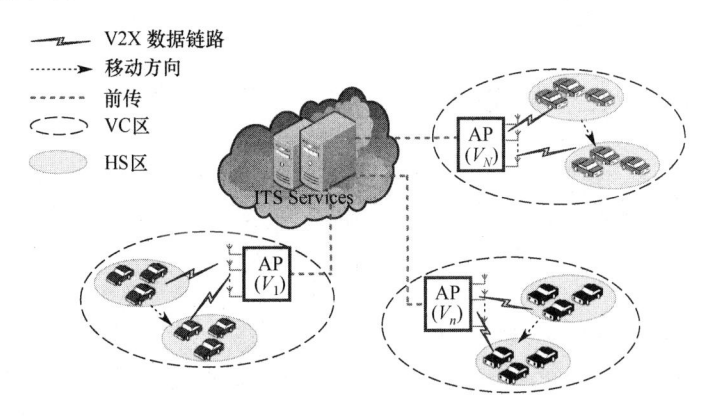

图 8-3　UDN 中基于 VC 技术的车载通信模型

1. 车辆移动模型

为了便于描述，定义 $x_j \in \mathbb{R}^2$ 为 j-th AP 的位置，$u_k \in \mathbb{R}^2$ 表示车辆 k 的位置，并将位于 HS 中心的车辆位置作为 HS 的位置坐标，用 $u_{H_n} \in \mathbb{R}^2$ 表示。由于车辆的移动性，每个 HS 的位置将始终发生变化。为了跟随 HS 的移动，网络应不断地重新配置 VC，且在具有 T_v 个时隙的移动周期 $T_{\max}$ 内，以多用户为中心的 VC 约束为

$$d_{H_n,j,t} = \left| u_{H_n,t} - x_{j,t} \right| < d_R \tag{8-1}$$

式中，$d_{H_n,j,t}$ 为在时隙 t（$t \in [1, T_v]$）时 j-th AP 与热点 H_n 间的距离；d_R 为 AP 的最大通信半径。

考虑到车辆在道路上行驶时，道路状况将导致车辆调整其速度和移动方向的情况，因此，采用高斯马尔科夫移动模型[13]来描述车辆的移动特征，即

$$v_{k,t} = \zeta_v v_{k,t-1} + (1-\zeta_v)\gamma_v + \zeta_s(X_{v,t-1}\sqrt{1-\zeta_v^2}) \tag{8-2}$$

$$\theta_{k,t} = \zeta_\theta \theta_{k,t-1} + (1-\zeta_\theta)\gamma_\theta + \zeta_s(X_{\theta,t-1}\sqrt{1-\zeta_\theta^2}) \tag{8-3}$$

式中，ζ_v 和 ζ_θ 均为随机性调整参数；γ_v 和 γ_θ 分别为车辆移动速度和移动方向的渐进均值；X_v 和 X_θ 均为独立不相关的静态高斯变量；ζ_s 为一个用于控制随机性的切换参数。

由于车辆的速度和移动方向可以基于上一时隙获得，因此在时隙 t 时车辆 k 的位置可以表示为

$$u_{k,t} = u_{k,t-1} + \Delta u_k \tag{8-4}$$

式中，Δu_k 为车辆的位置增量，其在二维平面坐标中的分量为 Δu_k^x、Δu_k^y 可以用关于初速度 $v_{k,0}$ 和初始移动方向 $\theta_{k,0}$ 的关系式来表示，即

$$\Delta u_k^x = \begin{cases} \dfrac{1}{2}\cos\theta_{k,0}\{(1+\zeta_v)v_{k,0} + (1-\zeta_v)\gamma_v + \zeta_s\sqrt{1-\zeta_v^2}X_{v,0}\}, & t=1 \\[2ex] \left\{(1+\zeta_v)\zeta_v^{t-1}[v_{k,0}-\gamma_v] + 2\gamma_v + \zeta_s\sqrt{1-\zeta_v^2} \times \left(\zeta_v^{t-1}X_{v,0} + \sum_{t'=0}^{t-2}\zeta_v^{t-t'-2}[X_{v,t'}+X_{v,t'+1}]\right)\right\} \times \\[2ex] \dfrac{1}{2}\cos\left(\zeta_\theta^{t-1}\theta_{k,0} + (1-\zeta_\theta^{t-1})\gamma_\theta + \zeta_s\sqrt{1-\zeta_\theta^2}\sum_{t'=0}^{t-2}\zeta_\theta^{t-t'-2}X_{\theta,t'}\right), & t \geqslant 2 \end{cases}$$

$$\tag{8-5}$$

$$\Delta u_k^y = \begin{cases} \dfrac{1}{2}\sin\theta_{k,0}\{(1+\zeta_v)v_{k,0} + (1-\zeta_v)\gamma_v + \zeta_s\sqrt{1-\zeta_v^2}X_{v,0}\}, & t=1 \\[2ex] \left\{(1+\zeta_v)\zeta_v^{t-1}[v_{k,0}-\gamma_v] + 2\gamma_v + \zeta_s\sqrt{1-\zeta_v^2} \times \left(\zeta_v^{t-1}X_{v,0} + \sum_{t'=0}^{t-2}\zeta_v^{t-t'-2}[X_{v,t'}+X_{v,t'+1}]\right)\right\} \times \\[2ex] \dfrac{1}{2}\sin\left(\zeta_\theta^{t-1}\theta_{k,0} + (1-\zeta_\theta^{t-1})\gamma_\theta + \zeta_s\sqrt{1-\zeta_\theta^2}\sum_{t'=0}^{t-2}\zeta_\theta^{t-t'-2}X_{\theta,t'}\right), & t \geqslant 2 \end{cases}$$

$$\tag{8-6}$$

2. 信道模型

在 UDN 中，标准的路径损耗模型非常理想化，不足以区分视距（Line-of-Sight，LoS）传输和非视距（Non-Line-of-Sight，NLoS）传输。因此，本节采用 3GPP 提出的两部分路径损耗模型[14,15]。定义 $\xi_{k,j}$ 为 j-th AP 与车辆 k 之间的路径损耗，则 $\xi_{k,j}$ 可以表示为

$$\xi_{k,j,t} = \begin{cases} D_L c_{k,j,t}^{-\alpha_L}, & \text{LoS Pr: } P_L(c_{k,j,t}) \\ D_{NL} c_{k,j,t}^{-\alpha_{NL}}, & \text{NLoS Pr: } P_{NL}(c_{k,j,t}) \end{cases} \tag{8-7}$$

其中，$c_{k,j,t}$ 表示在时隙 t 时 j-th AP 与车辆 k 之间的三维距离。假设 j-th AP 与车辆 k 的绝对天线高度差为 $l_{k,j}$，在时隙 t 时 j-th AP 与车辆 k 之间的距离为 $d_{k,j,t}$，则 $c_{k,j,t}^2 = (d_{k,j,t})^2 + l_{k,j}^2$。同时，$D_L$ 和 D_{NL} 表示参考距离 $d_{k,j}=1$ 时的路径损耗，α_L 和 α_{NL} 分别表示视距传输和非视距传输下的路径损耗指数。此外，$P_L(c_{k,j,t})$ 和 $P_{NL}(c_{k,j,t})$ 分别表示在时隙 t 时视距传输和非视距传输发生的概率，满足 $P_{NL}(c_{k,j,t}) = 1 - P_L(c_{k,j,t})$，且 $P_{NL}(c_{k,j,t})$ 可以表示为

$$P_{\mathrm{NL}}(c_{k,j,t}) = \begin{cases} 5\exp\left(-\dfrac{R_1}{c_{k,j,t}}\right), & 0 < c_{k,j,t} < \overline{c} \\ 1 - 5\exp\left(-\dfrac{c_{k,j,t}}{R_2}\right), & c_{k,j,t} > \overline{c} \end{cases} \tag{8-8}$$

在这里，R_1 和 R_2 表示形态参数，并且 $\overline{c}$ 满足 $\overline{c} = R_1/\ln 10$。根据文献[14]可知，可以将路径损耗建模为由 LoS 传输增益 $D_{\mathrm{L}} c_{k,j,t}^{-\alpha_{\mathrm{L}}}$，NLoS 传输增益 $D_{\mathrm{NL}} c_{k,j,t}^{-\alpha_{\mathrm{NL}}}$，以及 LoS 传输发生的概率 $P_{\mathrm{L}}(c_{k,j,t})$ 和 NLoS 传输发生的概率 $P_{\mathrm{NL}}(c_{k,j,t})$ 组成的期望增益值，即 $\overline{\xi}(d_{k,j,t}) = D_{\mathrm{L}} c_{k,j,t}^{-\alpha_{\mathrm{L}}} P_{\mathrm{L}}(c_{k,j,t}) + D_{\mathrm{NL}} c_{k,j,t}^{-\alpha_{\mathrm{NL}}} P_{\mathrm{NL}}(c_{k,j,t})$。因此，由式（8-7）和式（8-8）可进一步将路径损耗表示为

$$\overline{\xi}(d_{k,j,t}) = \begin{cases} 5\exp\left(\dfrac{-R_1}{\sqrt{d_{k,j,t}^2 + l_{k,j}^2}}\right)\left(\dfrac{D_{\mathrm{NL}}}{[d_{k,j,t}^2 + l_{k,j}^2]^{\frac{-\alpha_{\mathrm{NL}}}{2}}} - \dfrac{D_{\mathrm{L}}}{[d_{k,j,t}^2 + l_{k,j}^2]^{\frac{-\alpha_{\mathrm{L}}}{2}}}\right) + \\ \dfrac{D_{\mathrm{L}}}{[d_{k,j,t}^2 + l_{k,j}^2]^{\frac{-\alpha_{\mathrm{L}}}{2}}}, \qquad 0 < d_{k,j,t} < \sqrt{\overline{c}^2 - l_{k,j}^2} \\ 5\exp\left(\dfrac{-\sqrt{d_{k,j,t}^2 + l_{k,j}^2}}{R_2}\right)\left(\dfrac{D_{\mathrm{L}}}{[d_{k,j,t}^2 + l_{k,j}^2]^{\frac{-\alpha_{\mathrm{L}}}{2}}} - \dfrac{D_{\mathrm{NL}}}{[d_{k,j,t}^2 + l_{k,j}^2]^{\frac{-\alpha_{\mathrm{NL}}}{2}}}\right) + \\ \dfrac{D_{\mathrm{NL}}}{[d_{k,j,t}^2 + l_{k,j}^2]^{\frac{-\alpha_{\mathrm{NL}}}{2}}}, \qquad d_{k,j,t} > \sqrt{\overline{c}^2 - l_{k,j}^2} \end{cases} \tag{8-9}$$

值得注意的是，由于在城市环境中存在大量的建筑物，NLoS 传输发生的概率将高于 LoS 传输，所以传播近似受到均值为 0、方差为 1 的瑞利衰落影响[15,16]，在这里用 $h_{k,j,t}$ 表示 j-th AP 与车辆 k 间的小尺度衰落。此外，由于车辆的移动性，V2X 信息在传输时会受到通信路径中障碍物的影响，这将导致阴影衰落。考虑到在 UDN 中阴影衰落具有相关性[14,17]，故采用文献[18]定义的具有相关性的阴影衰落模型，其中，相关系数为 τ_s，阴影衰落服从均值为 0、标准差为 σ_s 的高斯分布，并用 $\varsigma_{k,j,t}$ 表示 j-th AP 与车辆 k 间的阴影衰落。

3. 下行链路传输模型

考虑下行链路传输模型中设定在 VC 的 V_n 内所有 AP 采用波束成形技术联合传输共同信息 s_n 到热点区域 H_n，则车辆 k 在时隙 t 时接收的下行链路信号为

$$y_{k,t} = \sqrt{p_n} \boldsymbol{g}_{k,V_n,t} \boldsymbol{m}_{V_n} s_{n,t} + \sum_{n' \neq n} \sqrt{p_{n'}} \boldsymbol{g}_{k,V_{n'},t} \boldsymbol{m}_{V_{n'}} s_{n',t} + z_{k,t} \tag{8-10}$$

式中，$s_{n,t}$ 服从均值为 0、方差为 p_n 的高斯分布；$\boldsymbol{m}_{V_{n'}} \in \mathbb{C}^{|V_n| \times 1}$ 表示来自 VC 的 V_n 的归一化

波束成形向量；$z_{k,t} \sim \mathcal{CN}(0,\sigma_0^2)$ 为加性高斯白噪声，$g_{k,V_n,t} \in \mathbb{C}^{1\times|V_n|}$ 表示 VC 的 V_n 到车辆 k 的信道增益矢量，可以表示为

$$g_{k,V_n,t} = [g_{k,1,t},\cdots,g_{k,|V_n|,t}] \tag{8-11}$$

式中，$g_{k,j,t}$ 为 j-th AP 到车辆 k 的信道增益。根据文献[19]，$g_{k,j,t}$ 可以表示为

$$g_{k,j,t} = h_{k,j,t}\sqrt{\bar{\xi}(d_{k,j,t})\varsigma_{k,j,t}} \tag{8-12}$$

一些相关的理论和仿真研究表明，所有 VC 之间的信息都可以建模为不相关的信息[3]，因此，令 $\rho_n = p_n/\sigma_0^2$，车辆 k 的 SINR 可以表示为

$$\begin{aligned}\gamma_{k,t} &= \frac{\mathbb{E}[g_{k,V_n,t}m_{V_n}m_{V_n}^{\dagger}g_{k,V_n,t}^{\dagger}\rho_n]}{1+\mathbb{E}[\sum_{n'\neq n}g_{k,V_{n'}}(t)m_{V_{n'}}m_{V_{n'}}^{\dagger}g_{k,V_{n'},t}^{\dagger}\rho_{n'}]}\\ &= \frac{m_{V_n}^{\dagger}G_{k,V_n,t}^{\dagger}m_{V_n}\rho_n}{1+\sum_{n'\neq n}m_{V_{n'}}^{\dagger}G_{k,V_{n'},t}^{\dagger}m_{V_{n'}}\rho_{n'}}\end{aligned} \tag{8-13}$$

这里，$G_{k,V_n,t} \in \mathbb{C}^{|V_n|\times|V_n|}$ 是一个对角矩阵，其对角线位置的元素为 $|h_{k,j,t}|^2\bar{\xi}(d_{k,j,t})\varsigma_{k,j,t}$，则其可表示为

$$G_{k,V_n,t} = \begin{bmatrix} |h_{k,1,t}|^2\bar{\xi}(d_{k,1,t})\varsigma_{k,1,t} & 0 & 0 & 0 \\ 0 & |h_{k,2,t}|^2\bar{\xi}(d_{k,2,t})\varsigma_{k,2,t} & 0 & 0 \\ 0 & 0 & \ddots & 0 \\ 0 & 0 & 0 & |h_{k,|V_n|,t}|^2\bar{\xi}(d_{k,|V_n|,t})\varsigma_{k,|V_n|,t} \end{bmatrix} \tag{8-14}$$

每个 VC 组播数据到其所服务的热点区域，考虑到以多个用户为中心的体系结构中，可达到的最大公共数据速率由最小 SINR 决定，并且每个 AP 具有最大传输功率 $P_{\max}$ 限制。因此，制定受 AP 功率约束的最大化最小 SINR 公平问题，即

$$\begin{aligned}&\max_{m_{V_n}}.\ \min_{k\in[1,|H_n|]}\cdot\frac{m_{V_n}^{\dagger}G_{k,V_n,t}^{\dagger}m_{V_n}\rho_n}{1+\sum_{n'\neq n}m_{V_{n'}}^{\dagger}G_{k,V_{n'},t}^{\dagger}m_{V_{n'}}\rho_{n'}}\\ &\text{s.t.}\ \ |m_j|^2\rho_n\leqslant\frac{P_{\max}}{\sigma_0^2},\\ &\quad j\in[1,|V_n|],\ t\in[1,T_v]\end{aligned} \tag{8-15}$$

➤ 8.2.2 以多车辆为中心的动态虚拟小区

本小节设计一个以多车辆用户为中心的动态 VC 形成方案。当车辆热点基于自身的智能感知系统连接到网络时，VC 中的每个 AP 组都会由分布式的基于云的基础设置创建，

并由本地 ITS 服务器维持。值得注意的是，不同的 AP 通过一个快速回馈链路连接到 ITS 服务器以执行资源管理功能。一旦 VC 建立，网络将根据车辆热点的移动状态和无线环境自适应地更新 VC 中的 AP 组，以支持车辆的移动并维持通信的连续，这个过程不需要用户的参与，所有的 AP 将通过相应算法来形成 VC，以便提供以多车辆用户为中心的服务。以多车辆用户为中心的动态 VC 形成方案主要分为 3 个阶段，即移动跟踪阶段、匹配阶段、VC 形成阶段，具体内容总结如下。

1. 移动跟踪阶段

本阶段通过基于马尔可夫移动模型来预测和跟踪 HS 的位置。首先，根据式（8-2）和式（8-3）可知，中心车辆在下一个时隙的移动状态是基于当前移动状态来预测的。根据递推方法，可以得到当前移动状态与初始移动状态的关系式（8-4）至式（8-6），进而可预测下一时隙的移动状态。最后，通过位置增量对用户的移动状态进行跟踪，预测下一时隙的位置，从而判断用户与周围 AP 之间的距离。如果 j-th AP 到热点 H_n 的距离满足 $d_{H_n,j,t} > d_R$，那么将 AP 置为睡眠状态（也称为空闲状态）；否则，将 AP 置为活跃状态，并进入匹配阶段。

2. 匹配阶段

本阶段采用改进的基于距离的盖尔沙普利（Gale-Shapley，GS）算法进行稳定配对。首先，所有车辆热点和活跃 AP 根据距离而各自生成距离优先排序表；其次，每个车辆热点根据排序表里的顺序向距离最近的且未被拒绝的 AP 发送握手信号；如果 AP 未与其他车辆热点建立关联且从未接收到来自其他车辆热点的握手请求，那么车辆热点与 AP 进行匹配，否则 AP 选择距离自己最近的车辆热点进行关联服务，并拒绝其他车辆热点的握手请求。循环执行配对程序直到所有车辆热点均关联到 AP，或者被所有 AP 拒绝为止。

3. VC 形成阶段

本阶段中，对于活跃且未建立关联的 AP，根据自身的排序表，选择最近的车辆热点来建立关联服务以形成以多车辆用户为中心的 VC。与此同时，VC 将通过动态配置进行更新。

上述以多车辆用户为中心的动态 VC 形成方案见算法 8-1。

算法 8-1　以多车辆用户为中心的动态 VC 形成方案
步骤 1　初始化：随机产生初始位置 AP $\boldsymbol{x}_{j,0}$，HS $\boldsymbol{u}_{H_n,0}$，令 $\mathcal{J}_a$ 表示活跃 AP 且 $\mathcal{J}_a \leftarrow \varnothing$
步骤 2　while $t < T_v$ do
步骤 3　移动跟踪阶段
步骤 4　计算 $\boldsymbol{u}_{H_n,t} = \boldsymbol{u}_{H_n,t-1} + \Delta \boldsymbol{u}_{H_n,t}$，得到接入点 $\forall j \in \mathcal{J}$ 和热点 $\forall H_n \in \mathcal{H}$ 间的距

离 $\{d_{H_n,j,t}\}$

步骤 5   if $d_{H_n,j,t} > d_R$ for $\forall H_n \in \mathcal{H}$，$j \in \mathcal{J}$

步骤 6   then

步骤 7   AP j 置为睡眠状态

步骤 8   else

步骤 9   AP j 置为活跃状态

步骤 10 $\mathcal{J}_a \leftarrow \mathcal{J}_a \cup \{j\}$ 并进入匹配阶段

步骤 11   end if

步骤 12   匹配阶段（改进的 GS 算法）

步骤 13   分别基于 AP j 和 HS H_n 间的距离生成各自排序表

步骤 14   HS H_n 发送一个握手信号给排序表中第一个 AP

步骤 15   如果 AP j 未与其他热点建立关联且未收到其他握手信号，那么与当前热点建立关联，V_n = (HS H_n, AP j)

步骤 16   重复步骤 13 ~ 15 直到建立稳定匹配

步骤 17   输出匹配集 $\mathcal{V}$

步骤 18   VC 形成阶段

步骤 19   for $\forall j \in \mathcal{J}_a$

步骤 20   if $\sum_{H_n}$(HS H_n, AP j) = 0

步骤 21   then

步骤 22   找到最近 HS 建立关联

步骤 23   更新 $\mathcal{V}$ 以形成 VC

步骤 24   end if

步骤 25   end for

步骤 26   end while

为了分析算法 8-1 的计算复杂度，令 N_{H_n} 和 N_j 分别为热点 H_n 和活跃 j-th AP 的排序成员总数。在移动跟踪阶段，接入点的工作状态（睡眠状态或活跃状态）由其到所有热点间的距离决定，因此，该阶段的计算复杂度为 $O(|\mathcal{H}||\mathcal{J}|)$。在匹配阶段，所有的 HS 和活

跃 AP 根据自身的排序表和连接状态进行配对，因此该阶段的计算复杂度为 $O(\sum_{H_n \in \mathcal{H}} N_{H_n} \log N_{H_n})$。在 VC 形成阶段，所有的活跃 AP 根据自身连接状态，选择相应的 HS 来建立连接并形成 $|\mathcal{H}|$ 个 VC，则计算复杂度为 $O(\sum_{j \in \mathcal{J}_a} N_j)$。综上所述，算法 8-1 的计算复杂度为

$$O\left(|\mathcal{H}||\mathcal{J}| + \sum_{H_n \in \mathcal{H}} N_{H_n} \log N_{H_n} + \sum_{j \in \mathcal{J}_a} N_j\right) \tag{8-16}$$

由于 HS 的总数 $|\mathcal{H}|$，以及 AP 总数 $|\mathcal{J}|$ 是有限的，因此，算法 8-1 可以在多项式时间内完成。

8.2.3 虚拟小区车载通信资源管理

本小节目标是，在 8.2.2 节所设计的以多车辆用户为中心的 VC 框架下，解决式（8-15）所描述的资源管理最大最小 SINR 公平问题以实现车辆热点内部资源共享的公平性。值得注意的是，由于每个 VC 中的所有 AP 可以协作地将公共消息发送到同一 VC 中的车辆用户，所以每个 VC 中不存在内部干扰，系统中的车辆热点仅受相应时隙处的 VC 间干扰的影响[3, 20]。同时，在以用户为中心的 VC 架构下的资源管理与传统蜂窝网络不同，VC 中考虑的资源管理是基于用户与位于自身 VC 中 AP 间的资源管理，而不是基于所有 AP 或小区的[6]。因此，在不失一般性的前提下，进行与文献[21]和文献[22]类似的处理，即将小区间干扰进行预定义设置，从而设计波束来优化 SINR。预定义一个固定干扰水平来近似 VC 间干扰，即令 $\beta_{k,t} := \sum_{n' \neq n} \boldsymbol{m}_{V_{n'}}^\dagger \boldsymbol{G}_{k,V_{n'},t}^\dagger \boldsymbol{m}_{V_{n'}} \rho_{n'}$ 表示所有 VC 间干扰总和，从而减少计算负荷。在这种情况下，式（8-15）可转化为

$$\begin{aligned}
&\max_{\boldsymbol{m}_{V_n}} . \min_{k \in [1,|H_n|]} . \boldsymbol{m}_{V_{n'}}^\dagger \boldsymbol{\mathcal{G}}_{k,t} \boldsymbol{m}_{V_{n'}} \\
&\text{s.t.} \quad |m_j|^2 \leqslant \frac{P_{\max}}{\rho_n} \\
&\quad j \in [1,|V_n|], \ t \in [1,T_v]
\end{aligned} \tag{8-17}$$

其中，$\boldsymbol{\mathcal{G}}_{k,t} := \boldsymbol{G}_{k,V_n,t} p_n / (\sigma_0^2 + \beta_{k,t}) \in \mathbb{C}^{|V_n| \times |V_n|}$，$\boldsymbol{\mathcal{G}}_{k,t} \geqslant \boldsymbol{0}$。显然，式（8-17）是非线性凸优化问题，难以直接解决。受文献[23]的启发，为了解决这个问题，首先将式（8-17）从复数域转换为实数域。定义 $\tilde{\boldsymbol{m}}_{V_n} := \left[\text{Re}\{\boldsymbol{m}_{V_n}\}^\text{T}, \text{Im}\{\boldsymbol{m}_{V_n}\}^\text{T}\right]^\text{T} \in \mathbb{R}^{2|V_n| \times 1}$，矩阵 $\tilde{\boldsymbol{\mathcal{G}}}_{k,t} \in \mathbb{R}^{2|V_n| \times 2|V_n|}$ 为

$$\tilde{\boldsymbol{\mathcal{G}}}_{k,t} = \begin{bmatrix} -\boldsymbol{\mathcal{G}}_{k,t} & \boldsymbol{0} \\ \boldsymbol{0} & -\boldsymbol{\mathcal{G}}_{k,t} \end{bmatrix} \leqslant \boldsymbol{0}, \ k \in [1,|H_n|] \tag{8-18}$$

进而，将式（8-17）所描述的优化问题等价为定义在实数域的非凸非光滑问题。

$$\begin{aligned}&\max_{\tilde{m}_{V_n}} \min_{k\in[1,|H_n|]} \tilde{m}_{V_n}^{\mathrm{T}}(-\tilde{\mathcal{G}}_{k,t})\tilde{m}_{V_n}\\&\text{s.t.} \quad \left|\tilde{m}_{V_n}(j)\right|^2 + \left|\tilde{m}_{V_n}(j+|V_n|)\right|^2 \leq \frac{P_{\max}}{p_n}\\&\qquad j\in[1,|V_n|],\ t\in[1,T_v]\\&\Leftrightarrow \min_{\tilde{m}_{V_n}} \max_{k\in[1,|H_n|]} \tilde{m}_{V_n}^{\mathrm{T}}\tilde{\mathcal{G}}_{k,t}\tilde{m}_{V_n}\\&\text{s.t.} \quad \left|\tilde{m}_{V_n}(j)\right|^2 + \left|\tilde{m}_{V_n}(j+|V_n|)\right|^2 \leq \frac{P_{\max}}{p_n}\\&\qquad j\in[1,|V_n|],\ t\in[1,T_v]\end{aligned} \quad (8\text{-}19)$$

然后，通过连续凸逼近（Successive Convex Approximation，SCA）[24]迭代过程构造式（8-19）的非凸目标的非光滑凸替代函数。因此，在每次迭代 i 中，原始的非凸函数被其具有凸性的分段线性函数近似代替。优化问题可重新表达为

$$\begin{aligned}&\min_{\tilde{m}_{V_n}}. \max_{k\in[1,|H_n|]}. \boldsymbol{a}_{k,t}^{(i)}\tilde{m}_{V_n} + b_{k,t}^{(i)}\\&\text{s.t.} \quad \left|\tilde{m}_{V_n}(j)\right|^2 + \left|\tilde{m}_{V_n}(j+|V_n|)\right|^2 \leq \frac{P_{\max}}{p_n}\\&\qquad j\in[1,|V_n|],\ t\in[1,T_v]\end{aligned} \quad (8\text{-}20)$$

式（8-20）所描述的问题是一个非光滑凸的 SCA 子问题，其中，$\boldsymbol{a}_{k,t}^{(i)} = (2\tilde{\mathcal{G}}_{k,t}\tilde{m}_{V_n}^{(i)})^{\mathrm{T}} \in \mathbb{R}^{1\times 2|V_n|}$，$b_{k,t}^{(i)} = -\tilde{m}_{V_n}^{(i)\mathrm{T}}\tilde{\mathcal{G}}_{k,t}\tilde{m}_{V_n}^{(i)} \in \mathbb{R}$。由于对数指数和函数可以作为逐点最大值函数的可微近似[25]，因此式（8-20）的非光滑凸形式可以进一步表示为

$$\begin{aligned}&\min_{\tilde{m}_{V_n}}. \log\left\{\sum_{k=1}^{|H_n|}\exp(\boldsymbol{a}_{k,t}^{(i)}\tilde{m}_{V_n} + b_{k,t}^{(i)})\right\}\\&\text{s.t.} \quad \left|\tilde{m}_{V_n}(j)\right|^2 + \left|\tilde{m}_{V_n}(j+|V_n|)\right|^2 \leq \frac{P_{\max}}{p_n}\\&\qquad j\in[1,|V_n|],\ t\in[1,T_v]\end{aligned} \quad (8\text{-}21)$$

受文献[26]的启发，提出一种 PALM-SCA 算法以逐步获得最优解。首先将式（8-21）涉及的变量进行降维处理，即令

$$\hat{\boldsymbol{m}}_j := [\tilde{m}_{V_n}(j), \tilde{m}_{V_n}(j+|V_n|)]^{\mathrm{T}} \in \mathbb{R}^{2\times 1},\ j\in[1,|V_n|] \quad (8\text{-}22)$$

$$\hat{\boldsymbol{a}}_{k,j}^{(i)} := [\boldsymbol{a}_{k,t}^{(i)}(j), \boldsymbol{a}_{k,t}^{(i)}(j+|V_n|)] \in \mathbb{R}^{1\times 2},\ k\in[1,|H_n|] \quad (8\text{-}23)$$

式中，变量 $\hat{\boldsymbol{m}}_j$ 由 j-th AP 波束向量的实部部分和虚部部分构成；变量 $\hat{\boldsymbol{a}}_{k,j}^{(i)}$ 由 j-th AP 线性向量的实部部分和虚部部分构成。因此可以得到在时隙 t 时，关于二维波束向量的约束集为

$$D_{j,t} := \left\{ \hat{m}_j \in \mathbb{R}^{2\times 1} \middle| \|\hat{m}_j\|_2 \leqslant \sqrt{\frac{P_{\max}}{p_n}}, j \in [1, |V_n|] \right\} \tag{8-24}$$

定义非空闭凸集 $D_{j,t}$ 的指示函数定义为

$$I_{D_{j,t}}(\hat{m}_j) := \begin{cases} 0, & \hat{m}_j \in D_{j,t} \\ +\infty, & \text{other} \end{cases}, j \in [1, |V_n|] \tag{8-25}$$

式中，指示函数 $I_{D_{j,t}}(\hat{m}_j)$ 是一个恰当的下半连续函数。

通过以上一系列操作，可以将式（8-21）所描述的约束最小化问题等效为最小化一个关于序列 $\{(\hat{m}_1^{(i)}, \hat{m}_2^{(i)}, \cdots, \hat{m}_{|V_n|}^{(i)})\}$ 的连续可微耦合函数与 $|V_n|$ 个恰当的下半连续函数之和，进而得到如下具有 $|V_n|+1$ 块的无约束优化问题：

$$\min_{\{\hat{m}_j | j=1,\cdots,|V_n|\}} \cdot \log\left\{ \sum_{k=1}^{|H_n|} \exp\left(\sum_{j=1}^{|V_n|} \hat{a}_{k,j,t}^{(i)} \hat{m}_j + b_{k,t}^{(i)} \right) \right\} + \sum_{j=1}^{|V_n|} I_{D_{j,t}}(\hat{m}_j) \tag{8-26}$$

定义

$$\Psi(\hat{m}_1, \hat{m}_2, \cdots, \hat{m}_{|V_n|}) := \log\left\{ \sum_{k=1}^{|H_n|} \exp\left(\sum_{j=1}^{|V_n|} \hat{a}_{k,j,t}^{(i)} \hat{m}_j + b_{k,t}^{(i)} \right) \right\} + \sum_{j=1}^{|V_n|} I_{D_{j,t}}(\hat{m}_j) \tag{8-27}$$

$$F(\hat{m}_1, \hat{m}_2, \cdots, \hat{m}_{|V_n|}) := \log\left\{ \sum_{k=1}^{|H_n|} \exp\left(\sum_{j=1}^{|V_n|} \hat{a}_{k,j,t}^{(i)} \hat{m}_j + b_{k,t}^{(i)} \right) \right\} \tag{8-28}$$

进而，对数指数函数部分 $F(\hat{m}_1, \hat{m}_2, \cdots, \hat{m}_{|V_n|})$ 在 $\hat{m}_j$ 处的梯度为

$$\nabla_{\hat{m}_j} F(\hat{m}_1, \hat{m}_2, \cdots, \hat{m}_{|V_n|}) = \frac{\sum_{k=1}^{|H_n|} \hat{a}_{k,j,t}^{(i)T} \exp\left(\sum_{j=1}^{|V_n|} \hat{a}_{k,j,t}^{(i)} \hat{m}_j + b_{k,t}^{(i)} \right)}{\sum_{k=1}^{|H_n|} \exp\left(\sum_{j=1}^{|V_n|} \hat{a}_{k,j,t}^{(i)} \hat{m}_j + b_{k,t}^{(i)} \right)} \tag{8-29}$$

并令

$$\mathcal{F}_{\hat{m}_j}(\hat{m}_1, \hat{m}_2, \cdots, \hat{m}_{|V_n|}) = := \nabla_{\hat{m}_j} F(\hat{m}_1, \hat{m}_2, \cdots, \hat{m}_{|V_n|}) \tag{8-30}$$

在这里有如下推论。

推论 1：对于任意固定的序列 $\{\hat{m}_{j'} | j'=1,\cdots,|V_n|, j' \neq j\}$，函数 $\mathcal{F}_{\hat{m}_j}(\hat{m}_1, \hat{m}_2, \cdots, \hat{m}_{|V_n|})$ 属于模为 $L_{j,0}$ 的利普希茨（Lipschitz）函数。同时，函数 $\mathcal{F}_{\hat{m}_j}(\hat{m}_1, \hat{m}_2, \cdots, \hat{m}_{|V_n|})$ 在 $\mathbb{R}^{2|V_n|}$ 的有界子集上是 Lipschitz 连续的。

证明：

函数 $\mathcal{F}_{\hat{m}_j}(\hat{m}_1, \hat{m}_2, \cdots, \hat{m}_{|V_n|})$ 在 $\hat{m}_j$，$j \in [1, |V_n|]$ 处的梯度为

$$\nabla_{\hat{m}_j} \mathcal{F}_{\hat{m}_j} = \frac{\left\{ \sum_{k_1=1}^{|H_n|-1} \sum_{k_2=k_1+1}^{|H_n|} \left[\left\| \hat{a}_{k_1,j,t}^{(i)} - \hat{a}_{k_2,j,t}^{(i)} \right\|_2^2 \times \exp\left(\sum_{j=1}^{|V_n|} \hat{a}_{k_1,j,t}^{(i)} \hat{m}_j + b_{k_1,t}^{(i)} \right) \times \exp\left(\sum_{j=1}^{|V_n|} \hat{a}_{k_2,j,t}^{(i)} \hat{m}_j + b_{k_2,t}^{(i)} \right) \right] \right\}}{\left[\sum_{k=1}^{|H_n|} \exp\left(\sum_{j=1}^{|V_n|} \hat{a}_{k,j,t}^{(i)} \hat{m}_j + b_{k,t}^{(i)} \right) \right]^2}$$

(8-31)

由于 $\hat{a}_{k_1,j,t}^{(i)} \neq \hat{a}_{k_2,j,t}^{(i)}$，所以

$$\nabla_{\hat{m}_j} \mathcal{F}_{\hat{m}_j}(\hat{m}_1, \hat{m}_2, \cdots, \hat{m}_{|V_n|}) > 0 \tag{8-32}$$

令 $\boldsymbol{P} = [P_{\max}, P_{\max}, \cdots, P_{\max}] \in \mathbb{R}^{|V_n| \times 1}$，由于 $\|\hat{m}_j\|_2^2 \leq P_{\max}/p_n$，且 $b_{k,t}^{(i)} > 0$，则实多项式部分 $\sum_{j=1}^{|V_n|} \hat{a}_{k,j,t}^{(i)} \hat{m}_j + b_{k,t}^{(i)}$ 满足如下不等式：

$$\sum_{j=1}^{|V_n|} \hat{a}_{k,j,t}^{(i)} \hat{m}_j + b_{k,t}^{(i)} \geq \frac{\boldsymbol{P}}{p_n} \cdot \mathrm{diag}(\tilde{\mathcal{G}}_{k,t}) \tag{8-33}$$

$$\sum_{j=1}^{|V_n|} \hat{a}_{k,j,t}^{(i)} \hat{m}_j + b_{k,t}^{(i)} \leq \sum_{j=1}^{|V_n|} \left| \hat{a}_{k,j,t}^{(i)} \hat{m}_j \right| + b_{k,t}^{(i)} \tag{8-34}$$

又因 n_x 维空间的范数不等式满足：

$$\|\boldsymbol{x}\|_2 \leq \|\boldsymbol{x}\|_1 \leq \sqrt{n_x} \|\boldsymbol{x}\|_2 \tag{8-35}$$

则实多项式部分 $\sum_{j=1}^{|V_n|} \hat{a}_{k,j,t}^{(i)} \hat{m}_j + b_{k,t}^{(i)}$ 满足：

$$\sum_{j=1}^{|V_n|} \left| \hat{a}_{k,j,t}^{(i)} \hat{m}_j \right| + b_{k,t}^{(i)} \leq \sqrt{(|V_n|+1) \left[\sum_{j=1}^{|V_n|} \left| \hat{a}_{k,j,t}^{(i)} \hat{m}_j \right|^2 + \left| b_{k,t}^{(i)} \right|^2 \right]} \tag{8-36}$$

进而

$$\sum_{j=1}^{|V_n|} \hat{a}_{k,j}^{(i)} \hat{m}_j + b_{k,t}^{(i)} \leq \sqrt{(|V_n|+1) \left[\sum_{j=1}^{|V_n|} \frac{P_{\max}}{p_n} \left\| \hat{a}_{k,j,t}^{(i)} \right\|_2^2 + \left| b_{k,t}^{(i)} \right|^2 \right]} \tag{8-37}$$

所以，通过以上理论推导，函数 $\mathcal{F}_{\hat{m}_j}(\hat{m}_1, \hat{m}_2, \cdots, \hat{m}_{|V_n|})$ 在 $\hat{m}_j$，$j \in [1, |V_n|]$ 处的梯度满足如下关系：

$$\nabla_{\hat{\boldsymbol{m}}_j}\mathcal{F}_{\hat{\boldsymbol{m}}_j} \leqslant \left\{\sum_{k_1=1}^{|H_n|-1}\sum_{k_2=k_1+1}^{|H_n|}\left\|\hat{\boldsymbol{a}}_{k_1,j,t}^{(i)}-\hat{\boldsymbol{a}}_{k_2,j,t}^{(i)}\right\|_2^2 \times \exp\left(\sqrt{(|V_n|+1)\left[\sum_{j=1}^{|V_n|}\frac{P_{\max}}{p_n}\left\|\hat{\boldsymbol{a}}_{k_1,j,t}^{(i)}\right\|_2^2+\left|b_{k_1,t}^{(i)}\right|^2\right]}\right) \times \right.$$

$$\left. \exp\left(\sqrt{(|V_n|+1)\left[\sum_{j=1}^{|V_n|}\frac{P_{\max}}{p_n}\left\|\hat{\boldsymbol{a}}_{k_2,j,t}^{(i)}\right\|_2^2+\left|b_{k_2,t}^{(i)}\right|^2\right]}\right)\right\} \times \left[\sum_{k=1}^{|H_n|}\exp\left(\frac{P}{p_n}\cdot\operatorname{diag}(\tilde{\mathcal{G}}_{k,t})\right)\right]^{-2}$$

(8-38)

从式（8-32）和式（8-38）中可以看出，$\nabla_{\hat{\boldsymbol{m}}_j}\mathcal{F}_{\hat{\boldsymbol{m}}_j}(\hat{\boldsymbol{m}}_1,\hat{\boldsymbol{m}}_2,\cdots,\hat{\boldsymbol{m}}_{|V_n|})$在可行域上是有界的，此外函数$\nabla_{\hat{\boldsymbol{m}}_j}F(\hat{\boldsymbol{m}}_1,\hat{\boldsymbol{m}}_2,\cdots,\hat{\boldsymbol{m}}_{|V_n|})$是连续可微的，则$\nabla_{\hat{\boldsymbol{m}}_j}F(\hat{\boldsymbol{m}}_1,\hat{\boldsymbol{m}}_2,\cdots,\hat{\boldsymbol{m}}_{|V_n|})$在$\hat{\boldsymbol{m}}_j,j\in\left[1,|V_n|\right]$处是 Lipschitz 连续的。由此，推论 1 得证。

因此，设置

$$L_{j,0} := \max \nabla_{\hat{\boldsymbol{m}}_j}\mathcal{F}_{\hat{\boldsymbol{m}}_j}, \quad j=1,\cdots|V_n| \tag{8-39}$$

取$\mu_j > 1$为恰当选择的步长，然后设置

$$C_{j,q} := \mu_j L_{j,q}, \quad j=1,\cdots|V_n| \tag{8-40}$$

最后，通过以下方式更新迭代序列$\{(\hat{\boldsymbol{m}}_1^{(i)},\cdots,\hat{\boldsymbol{m}}_{|V_n|}^{(i)})\}$

$$\hat{\boldsymbol{m}}_{j,q+1}^{(i)} \in \underset{\hat{\boldsymbol{m}}_j^{(i)}}{\arg\min}\left\{I_{D_{j,t}}(\hat{\boldsymbol{m}}_j^{(i)})+\frac{C_{j,q}}{2}\left\|\hat{\boldsymbol{m}}_j^{(i)}-\hat{\boldsymbol{m}}_{j,q}^{(i)}\right\|_2^2+\right.$$
$$\left.\left\langle\hat{\boldsymbol{m}}_j^{(i)}-\hat{\boldsymbol{m}}_{j,q}^{(i)},\mathcal{F}(\hat{\boldsymbol{m}}_{1,q+1}^{(i)},\cdots,\hat{\boldsymbol{m}}_{j-1,q+1}^{(i)},\hat{\boldsymbol{m}}_{j,q}^{(i)},\cdots,\hat{\boldsymbol{m}}_{|V_n|,q}^{(i)})\right\rangle\right\}$$

(8-41a)

$$C_{j,q+1} := \max\{C_{j,q},\eta_j\}, \quad j\in[1,|V_n|] \tag{8-41b}$$

使用邻近映射的概念可得

$$\hat{\boldsymbol{m}}_{j,q+1}^{(i)} := \underset{\hat{\boldsymbol{m}}_j^{(i)}}{\arg\min}\left\{I_{D_{j,t}}(\hat{\boldsymbol{m}}_j^{(i)})+\frac{C_{j,q}}{2}\left\|\hat{\boldsymbol{m}}_j^{(i)}-\hat{\boldsymbol{m}}_{j,q}^{(i)}\right\|_2^2+\right.$$
$$\left\langle\hat{\boldsymbol{m}}_j^{(i)}-\hat{\boldsymbol{m}}_{j,q}^{(i)},\mathcal{F}(\hat{\boldsymbol{m}}_{1,q+1}^{(i)},\cdots,\hat{\boldsymbol{m}}_{j-1,q+1}^{(i)},\hat{\boldsymbol{m}}_{j,q}^{(i)},\cdots,\hat{\boldsymbol{m}}_{|V_n|,q}^{(i)})\right\rangle+$$
$$\left.\frac{1}{2C_{j,q}}\left\|\mathcal{F}(\hat{\boldsymbol{m}}_{1,q+1}^{(i)},\cdots,\hat{\boldsymbol{m}}_{j-1,q+1}^{(i)},\hat{\boldsymbol{m}}_{j,q}^{(i)},\cdots,\hat{\boldsymbol{m}}_{|V_n|,q}^{(i)})\right\|_2^2\right\}$$
$$=\operatorname{prox}_{C_{j,q}}^{I_{D_{j,t}}}\left(\hat{\boldsymbol{m}}_{j,q}^{(i)}-\frac{1}{C_{j,q}}\mathcal{F}(\hat{\boldsymbol{m}}_{1,q+1}^{(i)},\cdots,\hat{\boldsymbol{m}}_{j-1,q+1}^{(i)},\hat{\boldsymbol{m}}_{j,q}^{(i)},\cdots,\hat{\boldsymbol{m}}_{|V_n|,q}^{(i)})\right)$$

(8-42)

其中，$\operatorname{prox}_{C_{j,q}}^{I_{D_{j,t}}}$是关于函数$I_{D_{j,t}}(\hat{\boldsymbol{m}}_j^{(i)})$的邻近映射。因此，将式（8-41）所描述的极小化问题等价为$|V_n|$个邻近问题如下：

$$\hat{m}_{j,q+1}^{(i)} := \text{prox}_{C_{j,q}}^{I_{D_{j,t}}} \left(\hat{m}_{j,q}^{(i)} - \frac{1}{C_{j,q}} \mathcal{F}(\hat{m}_{1,q+1}^{(i)}, \cdots, \hat{m}_{j-1,q+1}^{(i)}, \hat{m}_{j,q}^{(i)}, \cdots, \hat{m}_{|V_n|,q}^{(i)}) \right) \quad (8\text{-}43a)$$

$$C_{j,q+1} := \max\{C_{j,q}, \eta_j\}, \ j \in [1, |V_n|] \quad (8\text{-}43b)$$

由于 $I_{D_{j,t}}(\hat{m}_j^{(i)})$ 为一个指示函数，因此邻近映射退化为非空集合 $D_{j,t}, j=1,\cdots|V_n|$ 上的投影算子，即

$$\hat{m}_{j,q+1}^{(i)} := \text{proj}_{D_{j,t}} \left(\hat{m}_{j,q}^{(i)} - \frac{1}{C_{j,q}} \mathcal{F}(\hat{m}_{1,q+1}^{(i)}, \cdots, \hat{m}_{j-1,q+1}^{(i)}, \hat{m}_{j,q}^{(i)}, \cdots, \hat{m}_{|V_n|,q}^{(i)}) \right) \quad (8\text{-}44a)$$

$$C_{j,q+1} := \max\{C_{j,q}, \eta_j\}, \ j \in [1, |V_n|] \quad (8\text{-}44b)$$

这里有如下推论。

推论2：目标函数 $\Psi(\hat{m}_1, \hat{m}_2, \cdots, \hat{m}_{|V_n|}): \mathbb{R}^{|V_n|} \to \mathbb{R} \cup \{+\infty\}$ 是一个恰当的下半连续凸函数，其中 $F(\hat{m}_1, \hat{m}_2, \cdots, \hat{m}_{|V_n|})$ 是一个平滑的凸耦合项，因此由 PALM 生成的有界序列 $\{\hat{m}_{j,q}^{(i)} | j=1,\cdots|V_n|\}_{q \in \mathbb{N}}$ 汇聚到函数 $\Psi(\hat{m}_1, \hat{m}_2, \cdots, \hat{m}_{|V_n|})$ 极小值点。

证明：根据文献[26]中关于半代数的例子，可以得到以下推断。

（1） $f_k := \sum_{j=1}^{|V_n|} \hat{a}_{k,j,t}^{(i)} \hat{m}_j + b_{k,t}^{(i)}$ 为实多项式函数，故其属于半代数函数。

（2） $\log\left\{\sum_{k=1}^{|H_n|} \exp(f_k)\right\}$ 为半代数的复合函数，故其属于半代数函数。

（3） $D_{j,t} := \left\{\hat{m}_j \in \mathbb{R}^{2\times 1} \middle| \|\hat{m}_j\|_2 \leq \sqrt{P_{\max}/p_n}, j \in [1,|V_n|]\right\}$ 为半代数集，故其指示函数 $I_{D_{j,t}}(\hat{m}_j)$ 属于半代数函数。

经过上述分析可得，目标函数 $\Psi(\hat{m}_1, \hat{m}_2, \cdots, \hat{m}_{|V_n|})$ 是由 $|V_n|+1$ 个半代数函数组成的，则其在定义域的任意一点都满足 Kurdyka-Lojasiewicz（KL）性质[27]。另外，目标函数 $\Psi(\hat{m}_1, \hat{m}_2, \cdots, \hat{m}_{|V_n|})$ 的水平集是有界的，根据文献[26]中的理论可知，函数 $\Psi(\hat{m}_{1,q}, \hat{m}_{2,q}, \cdots, \hat{m}_{|V_n|,q})$ 的序列值是非增的，因此，序列 $\{\hat{m}_{1,q}, \hat{m}_{2,q}, \cdots, \hat{m}_{|V_n|,q}\}$ 属于有界序列。由文献[28]和文献[29]可知，对于一个恰当的凸下半连续函数，如果其满足 KL 性质，且由 PALM 产生的序列 $\{\hat{m}_{1,q}, \hat{m}_{2,q}, \cdots, \hat{m}_{|V_n|,q}\}$ 是有界的，那么序列收敛到函数的最小值点，同时，函数值收敛到最小值。由此，推论2得证。

综上所述，整个算法见算法8-2。由于所提算法在每次迭代时产生的计算复杂度主要取决于梯度和二阶导数的形成，所以产生的计算复杂度为 $O(|V_n||H_n|)$。

算法 8-2 邻近交替线性最小连续凸近似算法

步骤 1 初始化：在约束条件的可行域内初始化一个序列 $\tilde{\boldsymbol{m}}_{V_n}^{(0)}$，设置 $i := 0$

步骤 2   repeat:

步骤 3   对于 $q = 0,1,\cdots$ 按如下计算序列 $\{\hat{\boldsymbol{m}}_{j,q}^{(i)} | j = 1,\cdots |V_n|\}_{q \in \mathbb{N}}$；

步骤 4   取任意正常数 $\{\eta_j | j = 1,\cdots |V_n|\}$

步骤 5   for $j = 1,\cdots |V_n|$ do

步骤 6   Lipschitz 模值更新

步骤 7   if $q = 0$

步骤 8   then

步骤 9 $L_{j,0} = \max \dfrac{\partial \mathcal{F}_{\hat{\boldsymbol{m}}_j}}{\partial \hat{\boldsymbol{m}}_j}$, $j = 1,\cdots |V_n|$

步骤 10   else

步骤 11 $L_{j,q} := \max\{L_{j,q-1}, \eta_j\}$

步骤 12   end if

步骤 13   波束向量更新

步骤 14   取 $\mu_j > 1$，令 $C_{j,q} := \mu_j L_{j,q}$，则

步骤 15 $\hat{\boldsymbol{m}}_{j,q+1}^{(i)} := \underset{\hat{\boldsymbol{m}}_j^{(i)}}{\arg\min} \left\{ I_{D_{j,t}}(\hat{\boldsymbol{m}}_j^{(i)}) + \dfrac{C_{j,q}}{2} \left\| \hat{\boldsymbol{m}}_j^{(i)} - \hat{\boldsymbol{m}}_{j,q}^{(i)} \right\|_2^2 + \left\langle \hat{\boldsymbol{m}}_j^{(i)} - \hat{\boldsymbol{m}}_{j,q}^{(i)}, \mathcal{F}(\hat{\boldsymbol{m}}_{1,q+1}^{(i)},\cdots,\hat{\boldsymbol{m}}_{j-1,q+1}^{(i)},\hat{\boldsymbol{m}}_{j,q}^{(i)},\cdots,\hat{\boldsymbol{m}}_{|V_n|,q}^{(i)}) \right\rangle \right\}$

$:= \mathrm{proj}_{D_{j,t}} \left(\hat{\boldsymbol{m}}_{j,q}^{(i)} - \dfrac{\mathcal{F}(\hat{\boldsymbol{m}}_{1,q+1}^{(i)},\cdots,\hat{\boldsymbol{m}}_{j-1,q+1}^{(i)},\hat{\boldsymbol{m}}_{j,q}^{(i)},\cdots,\hat{\boldsymbol{m}}_{|V_n|,q}^{(i)})}{C_{j,q}} \right)$

步骤 16   直到找到最优解 $\hat{\boldsymbol{m}}_j^{(i)}$，令

步骤 17 $\tilde{\boldsymbol{m}}_{V_n}^{(i)}(j) := \hat{\boldsymbol{m}}_j^{(i)}(1)$

步骤 18 $\tilde{\boldsymbol{m}}_{V_n}^{(i)}(j+|V_n|) := \hat{\boldsymbol{m}}_j^{(i)}(2)$

步骤 19   end for

步骤 20   设置 $i := i+1$

步骤 21   直到满足算法下最优解结束

8.2.4 仿真结果与性能分析

在本小节中,我们提供数值结果以评估所提方案的性能,仿真平台采用 MATLAB。在仿真设置中,AP 的分布服从齐次泊松点过程。同时,HS 的初始位置采用随机的方式生成。仿真参数设置如表 8-1 所示。

表 8-1 仿真参数设置

仿真参数	数值
AP 数量[3]	100
HS 数量[3]	3
每个 HS 中车辆数量[3]	3
AP 最大传输功率[3]	26 dBm
时隙长度	0.5 s
移动周期	5 s
移动模型参数[14]	$\zeta_v = 0.5$, $\zeta_\theta = 0.5$, $\zeta_s = 1$ $X_v = 0.2$, $X_\theta = 0.1$
路损模型参数[18]	$D_L = 10^{-10.38}$, $D_{NL} = 10^{-14.54}$ $\alpha_L = 2.09$, $\alpha_{NL} = 3.75$ $R_1 = 0.156$ km, $R_2 = 0.03$ km $\bar{c} = \dfrac{R_1}{\ln 10}$, $l = 0.0085$ km
阴影衰落参数[17]	$\sigma_s = 10$ dB, $\tau_s = 0.5$

图 8-4 所示为本节所提的以多车辆用户为中心的动态 VC 系统架构。从图 8-4 中可以看出,通过算法 8-1,车辆热点与周围的 AP 建立关联,以形成以多车辆用户为中心的 VC 系统,VC 中的 AP 组协作服务多车辆用户。每个 VC 内的 AP 数量是不定的,这取决于车辆热点区域的位置及周围处于睡眠状态的 AP 密集度。值得注意的是,DUVC 是动态的机制,会随着车辆用户的移动而进行自适应更新,这里只能截取某一时隙的 VC 匹配图。

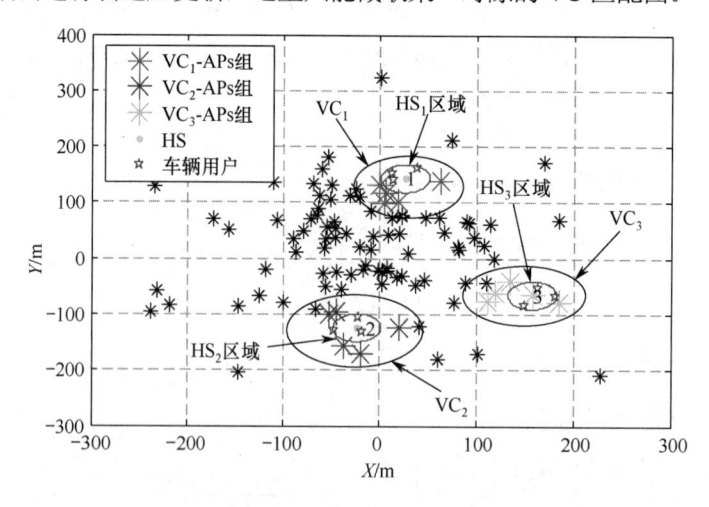

图 8-4 以多车辆用户为中心的动态 VC 系统架构

第 8 章 虚拟小区与 NB-IoT 技术

图 8-5 所示为车辆热点在不同移动状态下，其所属 VC 的自适应更新率（VCs 更新率）。这里车辆热点的初始速度 $v_{k,0}$ 设置为 4 m/s、8 m/s、12 m/s、16 m/s [5]，初始方向设置为 $\theta_{k,0}=0$。从图 8-5 中可以清楚地看出，车辆热点在移动过程中，VC 会不断进行自适应更新，以支持车辆用户的移动性，且对于速度较快的车辆热点，在移动周期内其所属的 VC 更新率较大。值得注意的是，在初始阶段，更新率保持在 0，也就是说，VC 一直维持不变。经过一定的时间后，发生跃变，这表明一旦建立 VC，VC 在一定程度上会支持用户的移动。接着，当用户移动到一定位置时，VC 内一些 AP 将不能再继续服务车辆用户，这时 ITS 服务器将根据用户的状态信息不断对 VC 内的 AP 进行更新，即安排新的 AP 加入用户的 VC 中，同时将除去不能继续服务用户的 AP，并将其安排给其他用户，或者将其置为睡眠状态。

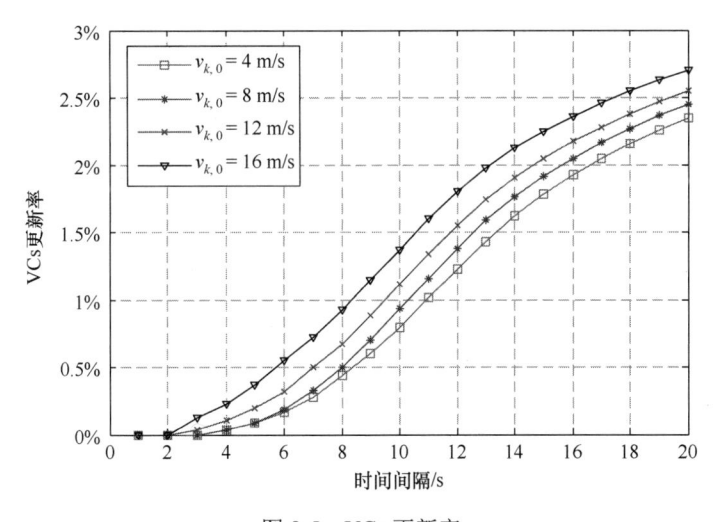

图 8-5 VCs 更新率

图 8-6 所示为在不同的预定义干扰水平下算法收敛性能，并与文献[23]中的 Nesterov SCA 算法进行对比。这里，根据文献[21]，设置预定义干扰水平值 β_k 为 -37 dBm、-40 dBm、-42 dBm。从图 8-6 中可以看出，经过 30 次迭代后，本节所提算法 8-2 与 Nesterov SCA 算法均达到收敛，且很明显本节提出的算法具有更高的性能。此外，值得注意的是，在较低的干扰水平情况下，得到的平均最小 SINR 更大。因此，为了更进一步改善 V2X 通信的性能，可以在未来的工作中通过有效地干扰管理机制降低 VC 间的干扰。

图 8-7 所示为 VC 大小（VC 中的 AP 个数）对平均最小 SINR 的影响。固定每个热点区域中的车辆数量 $|H_n|=3$，并且设置预定义干扰水平值 $\beta_k = -40$ dBm。将本节所提的算法 8-2 与文献[21]中的 Centralized 算法、文献[12]中的 MU 算法及 Nesterov SCA 算法进行性能比较。结果表明，一方面，对于更大的 VC，平均最小 SINR 更高，这是由于每单位面积的连接数量的增加，显著提高了平均最小 SINR；另一方面，通过对比 4 种算法可得，Centralized 算法和 MU 算法中的平均最小 SINR 在这些方案中性能较低。与 Centralized 算法和 MU 算法相比，Nesterov SCA 算法可帮助 VC 系统显著提高 SINR。而与 Nesterov SCA 算法相比，本节所提的算法更进一步提高了 VC 的平均最小 SINR。

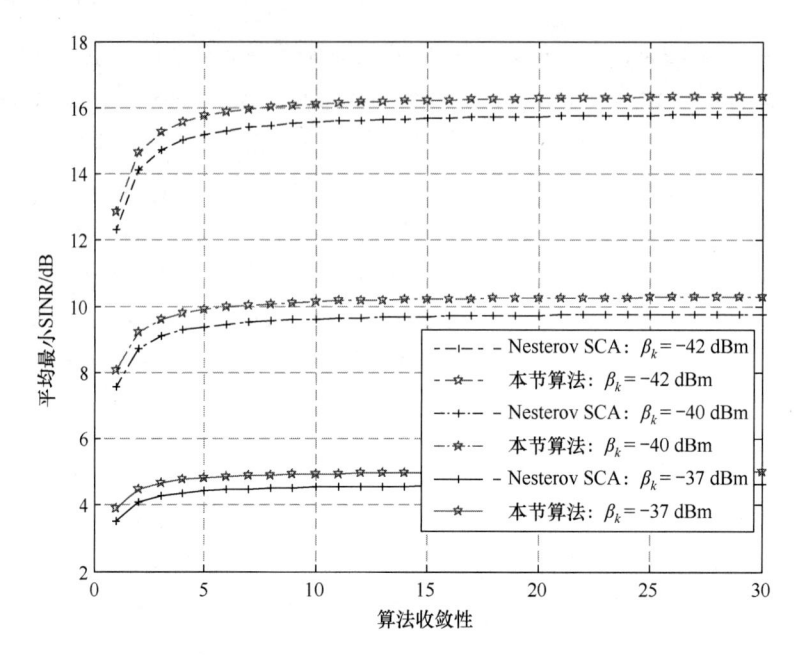

图 8-6　算法收敛性能

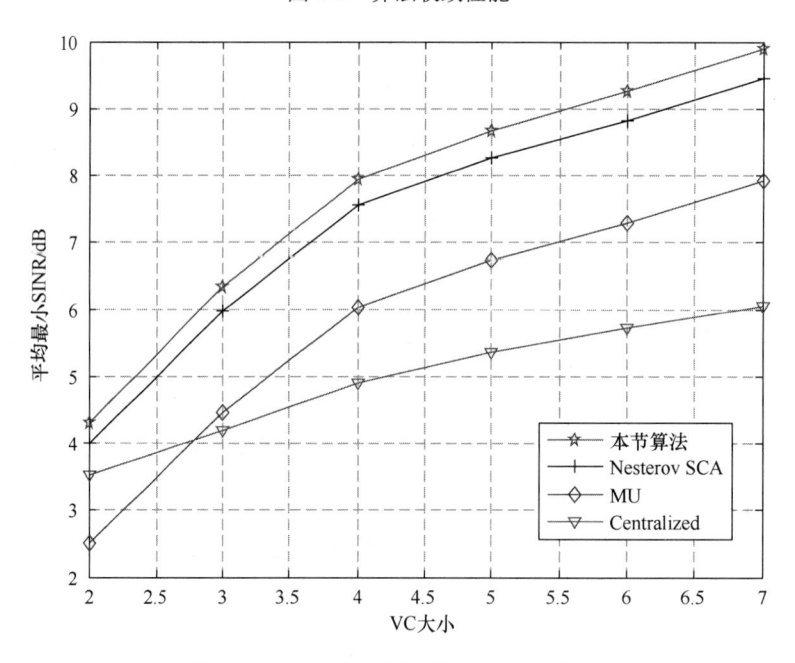

图 8-7　VC 大小对平均最小 SINR 的影响

图 8-8 所示为热点区域中的车辆数量对平均最小 SINR 的影响。固定每个 VC 中的 AP 数量 $|V_n|=3$，并且设置预定义干扰水平值 $\beta_k = -40$ dBm。从图 8-8 中可以看出，随着热点区域中车辆数量的增加，平均最小 SINR 显著降低，这主要是因为随着组播组的大小增加，管理 VC 变得困难。此外，图 8-8 还显示了我们所提的算法 8-2 相对于 Centralized 算

法、MU 算法、Nesterov SCA 算法的性能优势，即在相同的车辆数量情况下，我们所提的算法所获得的平均最小 SINR 更大。

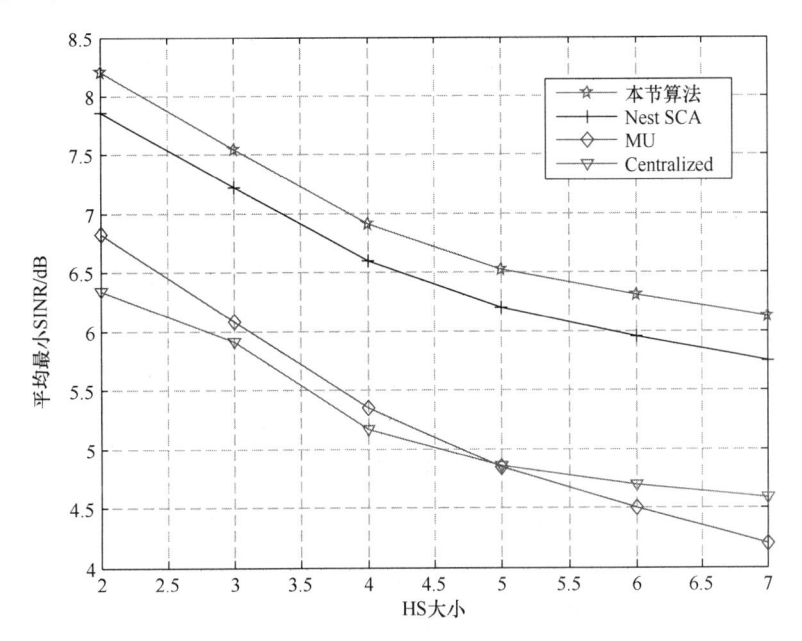

图 8-8　热点区域中的车辆数量对平均最小 SINR 的影响

8.3　车载通信 NB-IoT 技术

在动态和超密集无线环境下，越来越多资源受限的通信设备面临着连接挑战。为满足大规模设备连接的需求，3GPP 引入了一种新的无线接入技术，即 NB-IoT。该技术能够针对蜂窝网环境提供更好的覆盖范围，同时具有支持大规模设备连接、超低设备成本及低功耗等优点[30]。然而，由于 NB-IoT 技术的频谱有限，如何有效利用有限频谱资源、支持大量用户设备的服务成为关键问题。因此，本节将 NB-IoT 技术应用到车载通信中，对其资源管理问题进行研究，提出一种非正交多址接入（Non-Orthogonal Multiple Access，NOMA）技术辅助的服务质量（Quality-of-Service，QoS）约束下 NB-IoT 车载设备通信资源管理方案。该方法考虑上行链路中，在满足用户 QoS 需求下，多 NB-IoT 车载设备共享子载波的资源管理建立最大化系统和速率的问题，支持大量 NB-IoT 车载设备的连接。

8.3.1　系统模型

考虑具有单个基站 BS 和多个 NB-IoT 车载设备的蜂窝覆盖场景。其中，基站和每个 NB-IoT 车载设备均设置为单根天线。基于 NB-IoT 标准，一个物理资源块被用于为 NB-IoT 车载设备提供蜂窝覆盖[31]。NB-IoT 系统的传输模式分为单载波传输和多载波传输。单载波传输可以支持的子载波间隔为 3.75 kHz；多载波传输可以支持的子载波间隔为 15 kHz

和 3.75 kHz。因此，系统带宽 W 可以分为 48 个子载波和 12 个子载波传输的情况。特别地，上行链路传输可支持子载波间隔为 3.75 kHz 的单载波传输模式[32,33]，这里我们考虑一个具有 48 个子载波且子载波间隔为 3.75 kHz 的物理资源块，通过上行链路方式进行信息传输。定义 $\mathcal{S}=\{1,\cdots,S\}$ 为系统子载波集合，且 $|\mathcal{S}|=48$。定义 $\mathcal{K}=\{1,\cdots,K\}$ 为 NB-IoT 车载设备的集合。NOMA 辅助下的基于 NB-IoT 技术的车载通信模型如图 8-9 所示。多个 NB-IoT 车载设备分布在蜂窝覆盖区域内，并通过上行链路传输数据到基站。与当前用于 NB-IoT 中上行链路传输的单载波正交多址接入机制不同，采用基于功率域的 NOMA 机制进行上行链路数据传输，使得多个 NB-IoT 车载设备可以共享同一子载波。

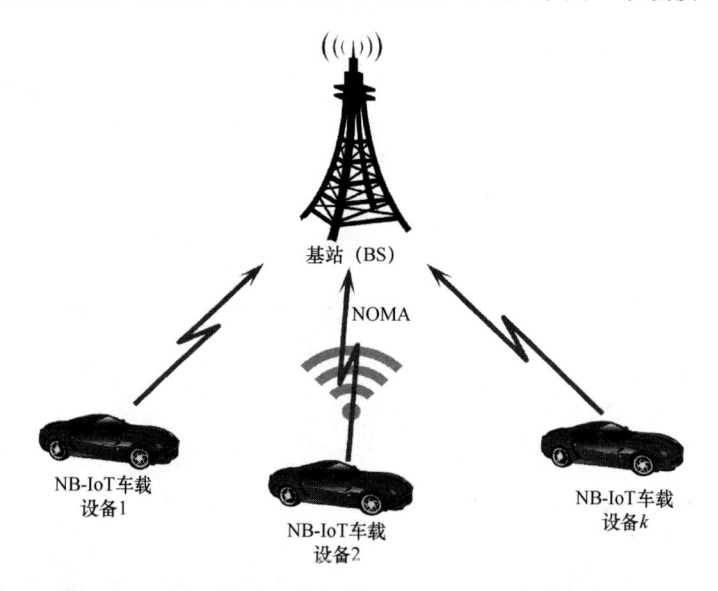

图 8-9 NOMA 辅助下的基于 NB-IoT 技术的车载通信模型

假设每个 NB-IoT 车载设备的信道状态信息是可获得的，通过上行链路的传输，基站接收到来自子载波 s 上的信号可表示为

$$y_s = \sum_{k\in\mathcal{K}} \sqrt{p_{k,s}} g_{k,s} x_{k,s} + z_s \tag{8-45}$$

式中，$p_{k,s}$ 为 NB-IoT 车载设备 k 在子载波 s 上用于传输数据的传输功率；$g_{k,s}$ 为 NB-IoT 车载设备 k 在子载波 s 上的信道增益，其包含大尺度衰落部分和小尺度衰落部分；$x_{k,s}$ 为 NB-IoT 车载设备 k 向基站发送的信息；$z_s \sim \mathcal{CN}(0,\sigma^2)$ 为服从均值为 0、方差为 σ^2 的加性高斯白噪声。

在功率域 NOMA 上行链路中，当多个用户的信号在功率域上重叠时，接收端基站可通过连续干扰消除机制从重叠信号中解码来自不同用户的信号。假设 $|g_{k,s}|^2 p_{k,s} > |g_{k+1,s}|^2 p_{k+1,s}$，则相较于用户设备 $k+1$，基站优先解码出 NB-IoT 车载设备 k 的信号。因此，NB-IoT 车载设备 k 在子载波 s 上的 SINR 可表示为

$$\gamma_{k,s} = \frac{|g_{k,s}|^2 p_{k,s}}{N_0 w_s + \sum_{k'=k+1}^{K} |g_{k',s}|^2 p_{k',s}} \qquad (8\text{-}46)$$

式中，N_0 为噪声功率谱密度；w_s 为单个子载波的带宽；$\sum_{k'=k+1}^{K} |g_{k',s}|^2 p_{k',s}$ 为因存在未解码的信号，而产生的干扰值。

进而，NB-IoT 车载设备 k 在子载波 s 上的传输速率可以表示为

$$\begin{aligned} R_{k,s} &= w_s \log_2(1+\gamma_{k,s}) \\ &= w_s \log_2\left(1 + \frac{|g_{k,s}|^2 p_{k,s}}{N_0 w_s + \sum_{k'=k+1}^{K} |g_{k',s}|^2 p_{k',s}}\right) \end{aligned} \qquad (8\text{-}47)$$

为保证每个 NB-IoT 车载设备的服务质量，满足用户传输速率的要求，设定每个 NB-IoT 车载设备均有一个最小的数据传输速率，用户在子载波上的数据传输速率必须大于最小数据传输速率，即

$$\sum_{s\in\mathcal{S}} R_{k,s} \geqslant R_{\text{th}}, \forall k \in \mathcal{K} \qquad (8\text{-}48)$$

考虑到每个 NB-IoT 车载设备均有一个最大发射功率 $P_{\max}$ 的限制，每个 NB-IoT 车载设备在其所有分配的子载波上的传输功率总值需要小于其最大发射功率，则建立功率约束条件为

$$\sum_{s\in\mathcal{S}} p_{k,s} \leqslant P_{\max}, \forall k \in \mathcal{K} \qquad (8\text{-}49)$$

$$p_{k,s} \geqslant 0, \forall k \in \mathcal{K}, \forall s \in \mathcal{S} \qquad (8\text{-}50)$$

我们的目标是在满足 QoS 约束下，最大化上行链路的系统和速率，则优化问题可以表示为

$$\max_{\boldsymbol{P}} \sum_{k\in\mathcal{K}} \sum_{s\in\mathcal{S}} R_{k,s} \qquad (8\text{-}51)$$

$$\text{s.t} \quad \sum_{s\in\mathcal{S}} R_{k,s} \geqslant R_{\text{th}}, \forall k \in \mathcal{K} \qquad (8\text{-}51\text{a})$$

$$\sum_{s\in\mathcal{S}} p_{k,s} \leqslant P_{\max}, \forall k \in \mathcal{K} \qquad (8\text{-}51\text{b})$$

$$p_{k,s} \geqslant 0, \forall k \in \mathcal{K}, \forall s \in \mathcal{S} \qquad (8\text{-}51\text{c})$$

其中，$\boldsymbol{P} \in \mathbb{R}^{K\times S}$ 为用户的功率分配矩阵。需要特别注意的是，NB-IoT 车载设备 k 在子载波 s 上的传输功率满足 $p_{k,s} \geqslant 0$，当 $p_{k,s} = 0$ 时，表示子载波 s 未被分配给 NB-IoT 车

载设备 k。

8.3.2 NB-IoT 车载通信资源管理

对于式（8-51）所描述的优化问题，在其目标函数和约束条件式（8-51a）中，由于分母部分均存在功率分配变量，所以该优化问题为非凸优化问题。为了求解该问题，需要将非凸优化问题转化为凸优化问题。首先，将目标函数简化为功率分配变量仅存在于分子中的表达式，即

$$\sum_{k\in\mathcal{K}}\sum_{s\in\mathcal{S}}R_{k,s} = \sum_{k\in\mathcal{K}}\sum_{s\in\mathcal{S}}w_s\log_2\left(1+\frac{|g_{k,s}|^2 p_{k,s}}{N_0 w_s + \sum_{k'=k+1}^{K}|g_{k',s}|^2 p_{k',s}}\right)$$

$$= \sum_{s\in\mathcal{S}}w_s\log_2\left(1+\frac{\sum_{k\in\mathcal{K}}|g_{k,s}|^2 p_{k,s}}{N_0 w_s}\right) \quad (8-52)$$

进而，式（8-51）所描述的非凸优化问题可等价为

$$\max_{\boldsymbol{P}}\ \sum_{s\in\mathcal{S}}w_s\log_2\left(1+\frac{\sum_{k\in\mathcal{K}}|g_{k,s}|^2 p_{k,s}}{N_0 w_s}\right) \quad (8-53)$$

$$\text{s.t}\ \sum_{s\in\mathcal{S}}R_{k,s}\geqslant R_{\text{th}}, \forall k\in\mathcal{K} \quad (8\text{-}53\text{a})$$

$$\sum_{s\in\mathcal{S}}p_{k,s}\leqslant P_{\max}, \forall k\in\mathcal{K} \quad (8\text{-}53\text{b})$$

$$p_{k,s}\geqslant 0, \forall k\in\mathcal{K}, \forall s\in\mathcal{S} \quad (8\text{-}53\text{c})$$

进一步，令

$$\beta_k = \frac{|g_k|^2}{N_0 W} \quad (8\text{-}54)$$

式中，g_k 为 NB-IoT 车载设备 k 到基站的信道增益。NB-IoT 车载设备 k 的总数据传输速率可表示为

$$\sum_{s\in\mathcal{S}}R_{k,s} = W\log_2\left(1+\frac{\beta_k\sum_{s\in\mathcal{S}}p_{k,s}}{1+\beta_k\sum_{k'=k+1}^{K}\sum_{s\in\mathcal{S}}p_{k',s}}\right) \quad (8\text{-}55)$$

通过联合式（8-53a）和式（8-55），可以将非凸的约束条件式（8-53a）转化为凸的约束条件，即

$$W \log_2 \left(1 + \frac{\beta_k \sum_{s \in \mathcal{S}} p_{k,s}}{1 + \beta_k \sum_{k'=k+1}^{K} \sum_{s \in \mathcal{S}} p_{k',s}}\right) \geqslant R_{\text{th}} \tag{8-56}$$

$$\Rightarrow (2^{\frac{R_{\text{th}}}{W}} - 1)\left(1 + \beta_k \sum_{k'=k+1}^{K} \sum_{s \in \mathcal{S}} p_{k',s}\right) - \beta_k \sum_{s \in \mathcal{S}} p_{k,s} \leqslant 0$$

通过上述理论转换，式（8-51）所描述的原始非凸优化问题可以转化为

$$\min_{\mathbf{P}} \ -\sum_{s \in \mathcal{S}} w_s \log_2 \left(1 + \frac{\sum_{k \in \mathcal{K}} |g_{k,s}|^2 p_{k,s}}{N_0 w_s}\right) \tag{8-57}$$

$$\text{s.t} \quad (2^{\frac{R_{\text{th}}}{W}} - 1)\left(1 + \beta_k \sum_{k'=k+1}^{K} \sum_{s \in \mathcal{S}} p_{k',s}\right) - \beta_k \sum_{s \in \mathcal{S}} p_{k,s} \leqslant 0, \forall k \in \mathcal{K} \tag{8-57a}$$

$$\sum_{s \in \mathcal{S}} p_{k,s} - P_{\max} \leqslant 0, \forall k \in \mathcal{K} \tag{8-57b}$$

$$p_{k,s} \geqslant 0, \forall k \in \mathcal{K}, \forall s \in \mathcal{S} \tag{8-57c}$$

由于式（8-57）所描述的问题的目标函数是凸的，且约束条件式（8-57a）、式（8-57b）、式（8-57c）属于仿射函数。因此，式（8-57）所描述的问题为凸优化问题。为解决此优化问题，在满足 QoS 约束下，可采用拉格朗日分解法[34]以获得有效的功率分配。根据拉格朗日的定义，拉格朗日函数可以表示为

$$\begin{aligned}L(\mathbf{P}, \mu_k, \lambda_k) = &-\sum_{s \in \mathcal{S}} w_s \log_2 \left(1 + \frac{\sum_{k \in \mathcal{K}} |g_{k,s}|^2 p_{k,s}}{N_0 w_s}\right) + \\ &\sum_{k \in \mathcal{K}} \mu_k \left\{(2^{\frac{R_{\text{th}}}{W}} - 1)\left(1 + \beta_k \sum_{k'=k+1}^{K} \sum_{s \in \mathcal{S}} p_{k',s}\right) - \beta_k \sum_{s \in \mathcal{S}} p_{k,s}\right\} + \\ &\sum_{k \in \mathcal{K}} \lambda_k \left(\sum_{s \in \mathcal{S}} p_{k,s} - P_{\max}\right)\end{aligned} \tag{8-58}$$

式中，μ_k 和 λ_k 均为拉格朗日乘子，且满足不等式 $\mu_k > 0$、$\lambda_k > 0$。进一步对拉格朗日函数式（8-58）进行求导运算，可得

$$\frac{\partial L(\boldsymbol{P},\mu_k,\lambda_k)}{\partial p_{k,s}} = \lambda_k - \mu_k \beta_k - \frac{|g_{k,s}|^2}{\left(N_0 w_s + \sum_{k \in \mathcal{K}}|g_{k,s}|^2 p_{k,s}\right)\ln 2} \quad (8\text{-}59)$$

则功率分配最优解的 Karush-Kuhn-Tucker（KKT）条件满足：

$$\frac{\partial L(\boldsymbol{P},\mu_k,\lambda_k)}{\partial p_{k,s}} \begin{cases} = 0, \text{if } p_{k,s} > 0 \\ \leq 0, \text{if } p_{k,s} = 0 \end{cases} \quad (8\text{-}60)$$

通过求解可得最佳功率分配为

$$p_{k,s}^* = \max\left\{\frac{1}{(\lambda_k - \mu_k \beta_k)\ln 2} - \frac{\left(N_0 w_s + \sum_{k'' \neq k}|g_{k'',s}|^2 p_{k'',s}\right)}{|g_{k,s}|^2}, 0\right\}, \forall k \in \mathcal{K}, \forall s \in \mathcal{S} \quad (8\text{-}61)$$

其中，最优解中的拉格朗日乘子 μ_k 和 λ_k 根据梯度法进行迭代更新求得，即

$$\mu_k^{i+1} = \mu_k^i + t\left[\left(2^{\frac{R_{\text{th}}}{W}} - 1\right)\left(1 + \beta_k \sum_{k'=k+1}^{K}\sum_{s \in \mathcal{S}} p_{k',s}\right) - \beta_k \sum_{s \in \mathcal{S}} p_{k,s}\right], \forall k \in \mathcal{K}, \forall s \in \mathcal{S} \quad (8\text{-}62)$$

$$\lambda_k^{i+1} = \lambda_k^i + t\left(\sum_{s \in \mathcal{S}} p_{k,s} - P_{\max}\right), \forall k \in \mathcal{K}, \forall s \in \mathcal{S} \quad (8\text{-}63)$$

这里，t 为步长，且满足 $0 < t < 1$。

结合上述分析，满足 QoS 约束下的基于拉格朗日梯度法的主要步骤总结如下。

（1）在可行域内初始化上行链路的传输功率矩阵 $\boldsymbol{P}^{(0)}$，并且令初始迭代次数 $i=1$。

（2）根据式（8-61），在可行域内随机产生拉格朗日乘子 $\mu_k^{(0)}$、$\lambda_k^{(0)}$，且满足不等式 $\mu_k^{(0)} > 0$、$\lambda_k^{(0)} > 0$。

（3）将拉格朗日乘子 μ_k 和 λ_k 的值代入式（8-59）中，计算拉格朗日函数梯度，以确定算法的搜索方向。

（4）再根据式（8-62）和式（8-63）更新拉格朗日乘子 μ_k 和 λ_k。

（5）将拉格朗日乘子 μ_k 和 λ_k 的值代入式（8-60）中，计算功率分配矩阵。

（6）循环步骤（3）～（5），一直到算法收敛为止。

（7）最后，输出最佳功率分配矩阵 $\boldsymbol{P}$，结束算法。

满足 QoS 约束下的基于拉格朗日梯度法流程图如图 8-10 所示。

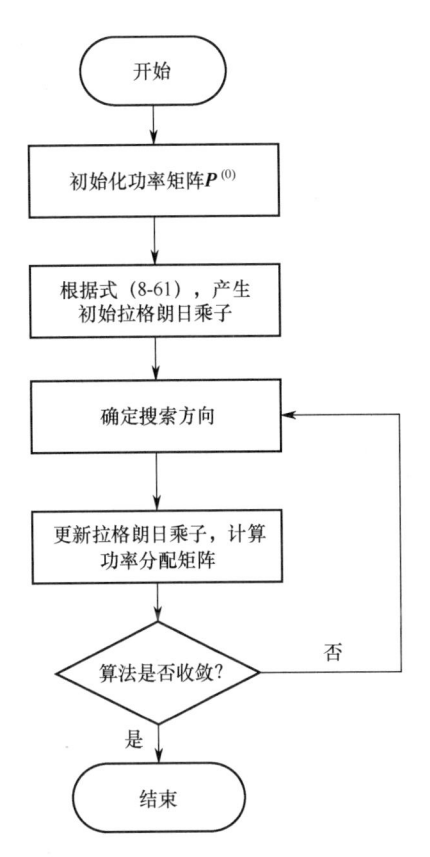

图 8-10　满足 QoS 约束下的基于拉格朗日梯度法流程图

8.3.3　仿真结果与性能分析

在本节数值分析中，采用 MATLAB 仿真平台，评估我们所提的 NOMA 辅助的 QoS 约束下上行 NB-IoT 车载设备通信资源管理方案的系统性能，并与基于 OMA 机制的上行链路资源管理方案进行比较。考虑存在一个基站覆盖的蜂窝小区，其覆盖半径为 500 m，在蜂窝覆盖范围内存在位置服从齐次泊松点分布[33]的 NB-IoT 车载设备。该系统采用一个带宽为 180 kHz 的物理资源块用于上行链路传输，其中子载波间隔为 3.75 kHz，载波总数为 48。信道增益 $g_{k,s}=h_{k,s}d_{k,s}^{-\alpha}$，其中，$h_{k,s}$ 为服从瑞利分布的小尺度衰落，$d_{k,s}$ 为 NB-IoT 车载设备到 BS 的距离，α 为路径损耗指数。参照文献[33]的仿真参数值，主要的仿真参数设置如表 8-2 所示。

表 8-2　主要的仿真参数设置

仿真参数	数值
BS 覆盖半径	500 m
物理资源块带宽	180 kHz
子载波带宽	3.75 kHz
子载波总数	48

（续表）

仿 真 参 数	数 值
NB-IoT 车载设备最大传输功率	23 dBm
功率谱密度	−173 dBm/Hz
路径损耗指数	3

首先，验证本节 NB-IoT 的资源管理算法的收敛性。其中，NB-IoT 车载设备的数量设置为 10，最小数据速率阈值范围设置为 0.1～20 kbps。图 8-11 所示为在不同的 NB-IoT 车载设备上行最大传输功率设置下，满足 QoS 约束下的基于拉格朗日梯度法的收敛性能。通过数值结果图可知，算法在迭代 20 次以内即可达到收敛，得到最优的功率分配，并获得最大的系统和速率。因此，证明了该方案的可行性。

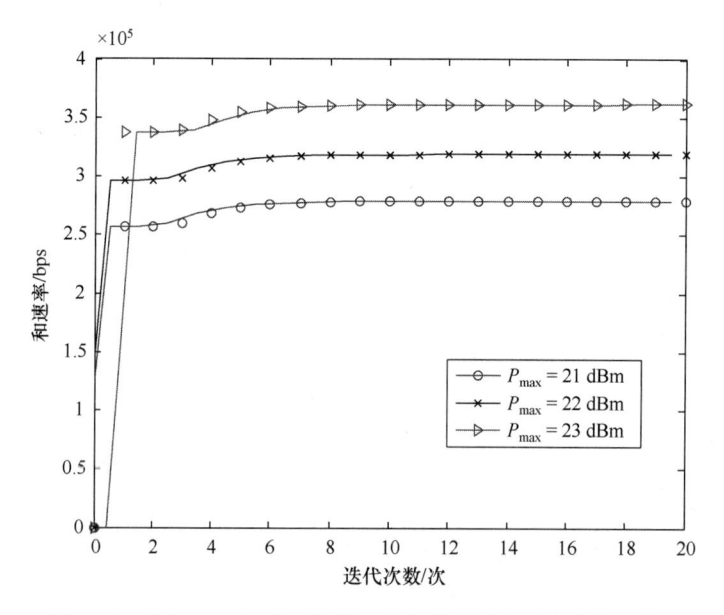

图 8-11　满足 QoS 约束下的基于拉格朗日梯度法的收敛性能

图 8-12 所示为系统和速率与 NB-IoT 车载设备的上行最大传输功率之间的关系，其中 n 为每个子载波最多可支持共享的 NB-IoT 车载设备个数。同样，NB-IoT 车载设备的数量设置为 10，最小数据速率阈值范围设置为 0.1～20 kbps。通过仿真结果图可知，随着 NB-IoT 车载设备的上行最大传输功率的增加，系统和速率呈上升趋势。此外，将本节所提的基于 NOMA 辅助的 QoS 约束下 NB-IoT 上行链路资源管理方案与基于 OMA 机制的上行链路资源管理方案进行比较可得，基于 NOMA 机制的上行链路资源管理方案可以获得更高的和速率。

图 8-13 所示为归一化和速率与 NB-IoT 车载设备数量的关系。NB-IoT 车载设备的上行最大传输功率设置为 23 dBm，最小数据传输速率阈值范围设置为 0.1～20 kbps。通过数值分析图可知，归一化和速率随着车载设备数量的增加而呈上升趋势。此外，通过比较本

节所提的 NOMA 辅助的 QoS 约束下上行 NB-IoT 车载设备通信资源管理方案与基于 OMA 机制的上行链路资源管理方案可得，我们所提的基于 NOMA 机制的上行链路方案所获得的总吞吐量性能高于基于 OMA 机制的上行链路资源管理方案。

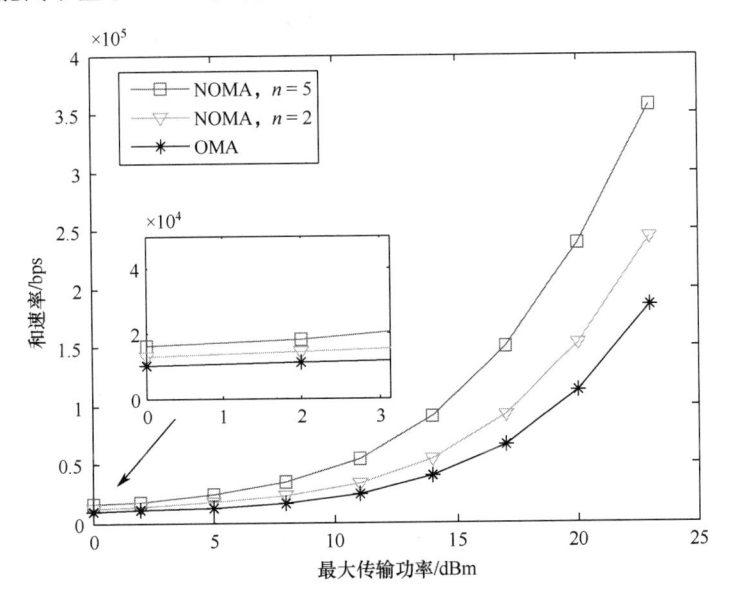

图 8-12 系统和速率与 NB-IoT 车载设备的上行最大传输功率之间的关系

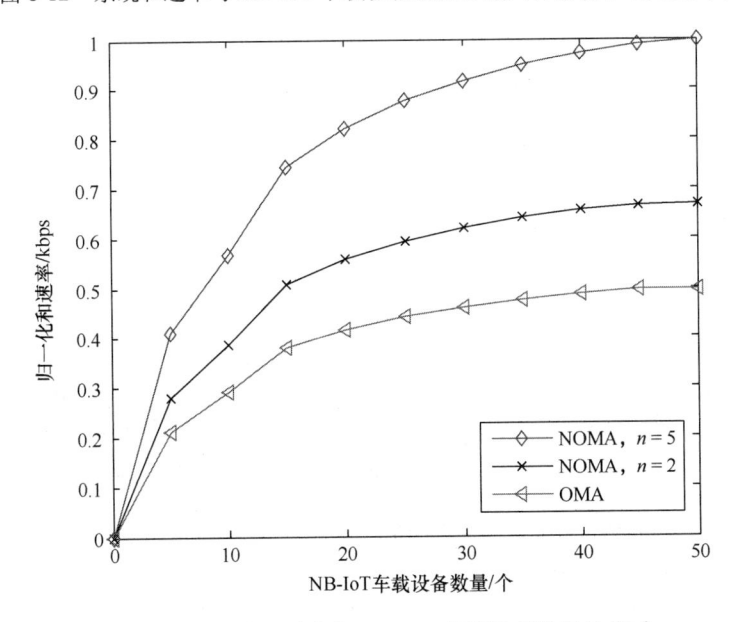

图 8-13 归一化和速率与 NB-IoT 车载设备数量的关系

图 8-14 所示为满足 QoS 约束的 NB-IoT 车载设备数量，并将本节所提的 NOMA 辅助的 QoS 约束下上行 NB-IoT 车载设备通信资源管理方案与基于 OMA 机制的上行链路资源管理方案进行比较。NB-IoT 车载设备的上行最大传输功率设置为 23 dBm，最小数据传输

速率阈值范围设置为 0.1~20 kbps。通过数值分析可得，在一个物理资源块内，随着 NB-IoT 车载设备数量的增加，基于 OMA 机制的上行链路资源管理方案所达到 QoS 保证的用户数量维持在 48 个以内，这是因为 OMA 方案中每个子载波最多支持一个用户设备的连接服务。而本节基于 NOMA 机制的上行链路资源管理方案随着 NB-IoT 车载设备数量的增加，满足 QoS 的用户数量呈上升趋势，且数量高于 OMA 机制的方案所支持的连接用户。

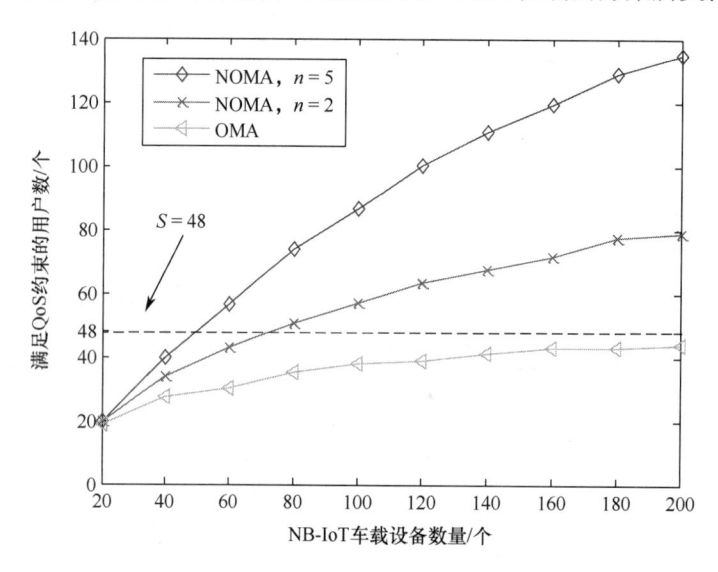

图 8-14　满足 QoS 约束的 NB-IoT 车载设备数量

8.4　本章小结

本章首先在 5G-UDN 环境下，提出了一种动态的以多车辆用户为中心的虚拟小区形成方案，以通过车辆的移动跟踪来自适应更新虚拟小区。在以多车辆用户为中心的虚拟小区架构上，制定 AP 单功率约束下为解决虚拟小区中资源共享的公平性问题，提出了一种 PALM SCA 算法求解该优化问题。数值结果表明，我们所提的求解算法比 Centralized 算法、MU 算法、Nesterov SCA 算法具有更高的性能。然后，在 5G 大规模连接背景下，对 NB-IoT 车载设备通信中的资源管理问题进行了研究，提出了一种 NOMA 辅助的 QoS 约束下上行 NB-IoT 车载设备通信资源管理方案，制定了满足 QoS 约束的系统和速率优化问题。与 OMA 机制的上行资源管理方案相比，我们所提的资源管理方案可以显著增加 NB-IoT 系统中满足 QoS 要求的 NB-IoT 车载设备数量，提高了系统和速率。

参 考 文 献

[1]　3GPP. R2-162571: Introduction of Virtual Cell, 2016.

[2]　Andrews J G. 5G: New air interface and radio access virtualization [OL]. Available: http://

www.huawei.com/minisite/has2015/img/5g radio whitepaper.pdf, Apr. 2015.

[3] Sahin T, Klugel M, Zhou C, et al. Virtual cells for 5G V2X communications[J]. IEEE Communications Standards Magazine, 2018, 2(1): 22-28.

[4] Yu C, Yu L, Wu Y, et al. Uplink scheduling and link adaptation for narrowband internet of things systems[J]. IEEE Access, 2017, 5: 1724-1734.

[5] Kamel M, Hamouda W, Youssef A. Ultra-dense networks: a survey[J]. IEEE Communications Surveys & Tutorials, 2016, 18(4): 2522-2545.

[6] Chen S, Qin F, Hu B, et al. User-centric ultra-dense networks for 5G: challenges, methodologies, and directions[J]. IEEE Wireless Communications, 2016, 23(2):78-85.

[7] Lianghai J, Weinand A, Han B, et al. Multi-RATs support to improve V2X communication[C]. IEEE Wireless Communications and Networking Conference (WCNC), 2018.

[8] Kuo P, Mourad A. User-centric multi-RATs coordination for 5G heterogeneous ultra-dense networks[J]. IEEE Wireless Communications, 2018, 25(1): 6-8.

[9] Fallgren M, Abbas T, Allio S, et al. Multicast and broadcast enablers for high-performing cellular V2X systems[J]. IEEE Transactions on Broadcasting, 2019, 65(2): 454-463.

[10] Xiao H, Zhang X, Chronopoulos A T, et al. Resource management for multi-user-centric v2x communication in dynamic virtual-cell-based ultra-dense networks[J]. IEEE Transactions on Communications, 2020, 68(10):6346-6358.

[11] Chen E, Tao M. ADMM-based fast algorithm for Multi-group multicast beamforming in large-scale wireless systems[J]. IEEE Transactions on Communications, 2019, 65(6): 2685-2698.

[12] Gopalakrishnan B, Sidiropoulos N D. High performance adaptive algorithms for single-group multicast beamforming[J]. IEEE Transactions on Signal Processing, 2015, 63(16): 4373-4384.

[13] He R, Ai B, Stuber G L, et al. Mobility model-based non-stationary mobile-to-mobile channel modeling[J]. IEEE Transactions on Wireless Communications, 2018, 17(7): 4388-4400.

[14] Perez L D, Ding M, Claussen H, et al. Towards 1Gbps/UE in cellular systems: understanding ultra-dense small cell deployments[J]. IEEE Communications Surveys & Tutorials, 2015, 17(4): 2078-2101.

[15] Galiotto C, Pratas N K, Doyle L, et al. Effect of LOS/NLOS propagation on ultra-dense networks[J]. Computer Networks, 2017, 120:126-140.

[16] Lin Y, Zhang R, Yang L, et al. Secure user-centric clustering for energy efficient ultra dense networks: design and optimization[J]. IEEE Journal on Selected Areas in Communications, 2018, 36(7): 1609-1621.

[17] Lu S, May J, Haines R J. Efficient modeling of correlated shadow fading in dense wireless multi-hop networks[C]. IEEE Wireless Communications & Networking Conference, 2014.

[18] Ding M, Lopez-Perez D. On the performance of practical ultra-dense networks: the major and minor factors[C]. The 2017 International Workshop on Spatial Stochastic Models for Wireless Networks (SpaSWiN), 2017:1-8.

[19] Kim J, Lee H, Chong S. Virtual cell beamforming in cooperative networks[J]. IEEE Journal on Selected Areas in Communications, 2014, 32(6): 1126-1138.

[20] Zhang Y, Bi S, Zhang Y A. User-centric joint transmission in virtual-cell-based ultra-dense networks[J]. IEEE Transactions on Vehicular Technology, 2018, 67(5): 4640-4644.

[21] Tervo O, Pennanen H, Christopoulos D, et al. Distributed optimization for coordinated beamforming in multicell multigroup multicast systems: power minimization and SINR balancing[J]. IEEE Trans. Signal Process, 2018, 66(1): 171-185.

[22] Son K, Lee S, Yi Y, et al. Refim: a practical interference management in heterogeneous wireless access networks[J]. IEEE Journal on Selected Areas in Communications, 2011, 29(6): 1260-1272.

[23] Konar A, Sidiropoulos N D. Fast approximation algorithms for a class of non-convex QCQP problems using first-order methods[J]. IEEE Trans. Signal Process, 2017, 65(13): 3494-3509.

[24] Scutari G, Facchinei F, Lampariello L. Parallel and distributed methods for nonconvex optimization–Part I: Theory [J]. IEEE Transactions on Signal Processing, 2017, 65(8):1929-1944.

[25] Boyd S, Vandenberghe L. Convex optimization[M]. Cambridge, U.K.: Cambridge Univ. Press, 2004.

[26] Bolte J, Sabach S, Teboulle M. Proximal alternating linearized minimization for nonconvex and nonsmooth problems[J]. Mathematical Programming, 2014, 146(1-2):459-494.

[27] Bolte J, Daniilidis A, Lewis A. The Lojasiewicz inequality nonsmooth subanalytic functions with applications to subgradient dynamical systems[J]. SIAM Journal on Optimization, 2007, 17(4): 1205-1233.

[28] Attouch H, Bolte J. On the convergence of the proximal algorithm for nonsmooth functions involving analytic features[J]. Mathematical Programming, 2009, 116(1-2):5-16.

[29] Attouch H, Bolte J, Svaiter B F. Convergence of descent methods for semi-algebraic and tame problems: proximal algorithms, forward–backward splitting, and regularized Gauss–Seidel methods[J]. Mathematical Programming, 2009, 137: 91-129.

[30] Wang Y P E, Lin X, Adhikary A, et al. A primer on 3GPP narrowband internet of things[J]. IEEE Communications Magazine, 2017, 55(3):117-123.

[31] Mostafa A E, Zhou Y, Wong V W S. Connection density maximization of narrowband IoT systems with NOMA[J]. IEEE Transactions on Wireless Communications, 2019, 18(10): 4708-4722.

[32] Xia N, Chen H H, Yang C S. Radio resource management in machine-to-machine communications-a survey[J]. IEEE Communications Surveys & Tutorials, 2018, 20(1): 791-828.

[33] Shahini A, Ansari N. NOMA aided narrowband IoT for machine type communications with user clustering[J]. IEEE Internet of Things Journal, 2019, 6(4): 7183-7191.

[34] Malik H, Pervaiz H, Alam M M, et al. Radio resource management scheme in NB-IoT systems[J]. IEEE Access, 2018, 6: 15051-15064.

第 9 章
区块链技术

9.1 引言

随着智能车辆的普及,越来越多的车辆具备各种传感器等信息传输设备,这些设备能够及时将车辆周围状况、车辆自身的信息及车辆所在位置等信息发送出去,发出的信息称为车载信息。车载信息往往在车辆与车辆之间、车辆与路边单元之间、车辆与基站之间进行传递,将车、路、环境形成一个称之为车载通信系统的整体。建立车载通信对于改善道路安全、支持车载互联网应用、为驾驶员提供各种重要的实时交通信息具有极其重要的意义。本节主要研究车载信息的传输方案,提高车载信息传输的实时性,为车辆用户提供更加安全便捷的驾驶环境。

信息传输在车载网中扮演着重要的角色,许多学者针对车载网的信息传输进行了相关研究。由于网络容量有限,且车载网是高度动态拓扑的网络,目前依然存在包括车载信息传输时延大、信息量大和传输过程中容易被外界干扰等问题。尤其在交通状况复杂的交叉路口,信息传输过程中存在的问题尤为明显。为了提高车载信息的实时性与准确性,缩短信息传输过程中的时延,分簇的概念便被提出并被应用于车载网[1]中。通过对车辆分簇可以减少信息传输的总数据量,并提高信道利用率,从而减少交通事故的发生。因此,研究基于分簇的车载信息传输方案具有非常现实的意义。

此外,在车载网中,大量的车辆节点同时、连续地发送和接收数据包,这些数据包可能包含车辆用户的个人信息等隐私内容。由于数据传输时可能存在恶意用户破坏传输机制,所以车载通信的过程中存在安全和隐私问题也不容忽视。为保护车辆用户的个人隐私,每辆车都配备了一组虚构的标识符,称之为假名。目前的安全标准,如 IEEE 1609.2 和 ETSI 102941 V1.1.1—2012,将假名视为由证书颁发机构(Certificate Authority,CA)认证的公钥,并存储在车辆的车载单元(On Board Unit,OBU)中。为了减少对车辆位置的跟踪,车辆应经常更换假名。较高的假名更换频率是提供良好隐私保护程度的重要参数。但频率取值应合理,以免影响通信性能。值得说明的是,为了避免假名的可链接性,所有的通信标识符(如 MAC 和 IP 地址)都应该随着假名同时更改。区块链作为一种新兴的技术[2,3],其假名根据大量交易记录,对交易地址进行关联,将已知的信息地址进行标签化,结合现实中的背景知识,给个人用户的地址打上专属标签。区块链中每个区块都由区块头和区块主体构成的,前一区块会通过区块头与下一区块进行块间连接,最终形成一条链状区块链。

每个块中都存有该块的版本号、前一个块的哈希值、Merkle 根、随机数、时间戳、当前块的哈希值。

将区块链与车载网融合后，车载网的具体结构分为网关、节点服务、共识网络、信任中心等。车载网将通过车内的传感器、GPS 及路边单元等收集车辆的实时状态信息，通过无线通信将信息传输至区块链，结合车辆的云和雾结构存储大量的交通信息，经过网关对公钥私钥进行处理，对信息进行隐私保护。每个基站都要负责账户管理、安全认证、数据访问、事件通知等，通过对信息进行处理，在共识网络上实现数据共享和存储，实现在高速路上车辆的智能缴费、智能停车及交叉路口交通灯的控制。与此同时，信任中心通过对车辆进行假名分发，使车辆编号由假名信息取代，以保证车辆节点的隐私安全。

9.2 城市场景下基于分簇的 V2X 车载信息传输方案

分簇是一种在动态变化的移动节点环境下实现相对稳定的集群结构，其主要目标是实现在移动节点下实现相对稳定的集群结构。将分簇的方法应用到车载网中，通过分簇机制，簇内的每个车辆节点将车载信息传输数据传输至簇头，每个簇头收到的信息包括车辆的编号、位置、速度、车辆类型、时间标识等。所有簇内成员的信息在簇头处汇总计算，可以得到道路信息及簇的平均速度。当一辆车是独立节点时（该车辆不在任何簇头的通信范围内），它将会存储信息包直到加入一个簇或能与基站通信，并将其车载信息传输到一个簇头或发送给基站。由于簇头经常需要管理簇成员，簇头效率大小与无线传输范围及车辆密度密切相关，对于移动自组织网，当簇头与簇内其他节点具有更多的相似性时，这些节点离簇头更近，离开簇头通信范围的概率更小，簇结构使能够在长时间稳定，而簇的稳定性对于降低网络成本和提高网络性能至关重要。

正如 9.1 节所述，分簇能够减少车载信息传输时延，提高车载信息的实时性与准确性。因此，本节提出一种基于分簇的 V2X 车载广播信息传输策略。该策略首先对低功耗自适应分簇（Low Energy Adaptive Clustering Hierarchy，LEACH）算法[4~6]进行改进，以传输速率最大的车辆用户作为簇头车辆，并采用注水算法为簇头分配功率；然后，对车载信息进行紧急信息和非紧急信息分类传输。对于紧急信息，通过簇头实现信息中继转发，利用一次中继、二次中继缩短通信时延；对于非紧急信息，在信道空闲时利用蜂窝通信进行广播。

9.2.1 系统模型

在城市场景下随机选取某一段单向车道，对行驶中的车辆与道路一侧的单基站进行分析。车辆在行驶过程中常常需要发送或接收信息，由于信道资源有限，传统的单播通信在收发信息时往往会造成信道拥塞。为了提高信道利用率，应对道路上的车辆进行分簇，选择合适的车辆作为簇头车辆。V2X 通信场景图如图 9-1 所示。当车载广播信息传输时，车辆与不同传输对象进行通信时采用不同的传输方式。在 V2X 通信场景图中以红色标记的车辆为簇头，以簇头车辆所在位置为圆心，以簇头车辆的有效通信半径为半径。簇头车辆与基站通信时采用 V2I 方式，簇头车辆与簇内其他车辆通信采用 V2V 方式。

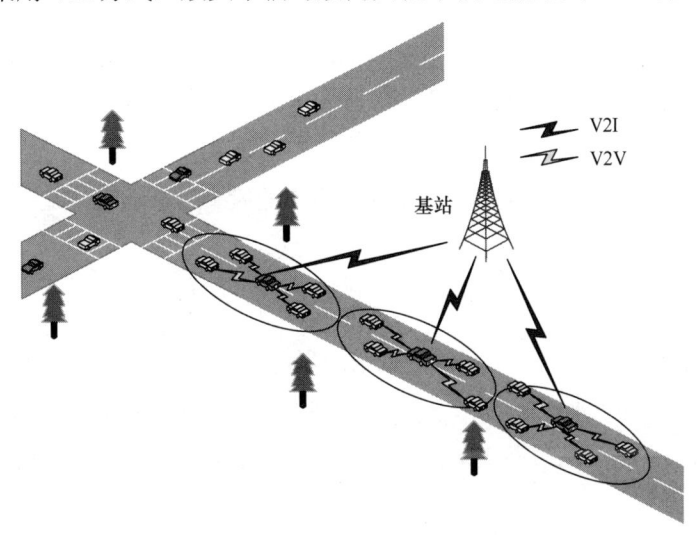

图 9-1　V2X 通信场景图

对于一条单向车道，在已知所有车辆与基站间链路信息的条件下，分别记录基站与各车辆之间的上行、下行传输速率。假设以车辆有效通信半径的两倍为段长，将道路平均分为 A 段，A_i 表示第 i 段内车辆的数目。由图 9-1 可知，V2X 通信场景为理想状况下，所有簇头车辆的位置对应于每一路段的中心位置，但是当簇头车辆所在位置不是簇的中心位置时，存在部分车辆无法与簇头车辆直接通信，此外，也会存在部分车辆同时位于两个簇头车辆的有效通信半径内，这些特殊的车辆节点在信息传输时可以根据收发信息车辆的间距选择不同的传输策略。

1．功率分配

传统的 LEACH 算法周期性地随机产生簇头车辆，由簇头车辆将簇内的车辆所发送的数据进行整理汇总。这种随机选择的簇头车辆，其节点能量可能不足以支持远距离的通信，从而影响整个 V2X 网络的性能。改进的 LEACH 算法在每个道路区间段内优先选择基站到车辆传输速率最大的车辆节点作为簇头车辆，这些车辆传输速率大，更有利于进行信息传输。由于信息在传输过程中受到大尺度衰落的影响，式（9-1）计算了在段 A_i 内基站到车辆 j 的下行信息传输率 V_j。

$$V_j = B\log_2\left(1 + \frac{P_{T_j} \cdot L^{-\alpha}}{\sigma_j^2}\right), \ j=1,2,\cdots,A_i \tag{9-1}$$

式中，B 为信道带宽；P_{T_j} 为基站到车辆 j 的发射功率；L 为车辆到基站的距离；α 为路径损耗指数；σ_j 为基站到车辆 j 的信道噪声。

选择满足基站到车辆下行信道传输速率最大的车辆作为簇头车辆，即簇头车辆 b 的信息接收速率满足 $v_b = \arg\max(V_j)$。假设整个基站覆盖范围内的车辆将会被分为 J 个簇，且基站的发射功率一定，对于基站通信范围内的簇头车辆，由于基站到车辆的传输信道存在大尺度衰落，考虑基站到每个簇头车辆的实际距离分布，距离基站最远的簇头车辆接收信息的信道条件最差。

为了获得最大的总速率，利用注水原理对不同的簇头进行功率分配，每个簇头车辆分得功率可由下式计算得到。

$$P_{T_b} = (v_b - \sigma_b^2)^+, \ b = 1, 2, \cdots, J \tag{9-2}$$

式中，P_{T_b} 为基站到簇头车辆 b 相应的传输信道所分配的功率；v_b 为簇头车辆 b 的传输速率，在注水原理中代表"水面高度"；σ_b^2 为簇头车辆 b 相应的传输信道中噪声干扰的功率，符号 $x^+ = \max\{0, x\}$。基站到其通信范围内所有簇头车辆的功率和为基站的总发射功率 P_T，满足 $\sum_{b=1}^{J}(v_b - \sigma_b^2)^+ = P_T$。

2. 信道利用率

信息传输的过程中存在着路径损耗，当信息的发送者与接收者之间的距离为 d_0 时，信号在自由空间中的路径损耗 $L(d, f)$ 表达式为

$$L(d, f) = 32.4 + 20\log d + 20\log f \tag{9-3}$$

式中，d 为信号在传输过程中经过的距离；f 为发送信号的中心频率。

车载信息在传输过程中，能量损耗会造成信号质量衰减。为确保车载信息的正确性，车辆接收来自基站的信号时，信号的信噪比需要高于蜂窝通信的信噪比阈值 β_1。同理，簇内通信的信噪比需要高于 V2V 的信噪比阈值 β_2。通信信噪比大于其对应信噪比阈值是信息成功传输的条件。

信道利用率从时间角度计算，可表示为信息成功传输所需要的时延 T_d 与整个发送周期 TTI（100 ms）[7] 的比率，即信道利用率 γ 为

$$\gamma = \frac{T_d}{\text{TTI}} \tag{9-4}$$

$$\text{s.t.} \ \log_2\left(\frac{P_{T_b} L_b H_b}{\sigma_b^2}\right) \geqslant \beta_1 \tag{9-5}$$

$$\log_2\left(\frac{P_{t_j} L(d_{bj}, f_{bj}) H_{bj}}{\sigma_{bj}^2}\right) \geqslant \beta_2 \tag{9-6}$$

$$b = 1, 2, \cdots, A \tag{9-7}$$

$$j = 1, 2, \cdots, A_i \tag{9-8}$$

式中，L_b 为基站到簇头车辆 b 对应的路径损耗；H_b 为基站到簇头车辆 b 对应的信道增益；H_{bj} 为簇头车辆 b 到簇内车辆 j 对应的信道增益；P_{t_j} 为簇头 b 到簇内车辆 j 的发射功率。

3．广播通信时延分析

信息成功传输需要经历等待和传输两个阶段，即时延 T_d 分为两部分：一部分为等待时延 T_w；另一部分为传输时延 T_t。时延 T_d 的表达式为

$$T_d = T_w + T_t \tag{9-9}$$

将车载广播信息分类，突发事件类信息定义为紧急信息，其他信息均为非紧急信息，其中紧急信息的传输按照先到先服务执行。紧急信息和非紧急信息的到达率 λ_e 和 λ_n，在时间 τ 内，车辆发出 k 条紧急信息，p 条非紧急信息。其分布律满足[5]

$$P[N(t+\tau) - N(t) = k] = \frac{\mathrm{e}^{-\lambda_e \tau} (\lambda_e \tau)^k}{k!} \tag{9-10}$$

$$P[M(t+\tau) - M(t) = p] = \frac{\mathrm{e}^{-\lambda_n \tau} (\lambda_n \tau)^p}{p!} \tag{9-11}$$

式中，$N(t)$ 为时刻 t 发出紧急信息的数量；$M(t)$ 为 t 时刻发出非紧急信息的数量。

一个调度周期内紧急信息、非紧急信息的个数均值为 $E(k)$、$E(p)$，一个调度周期内的信息总量满足

$$C_1 E(k) + C_2 E(p) \leqslant \frac{C}{10} \tag{9-12}$$

式中，C_1、C_2 分别为每条紧急信息、非紧急信息的信息量；C 为信道容量。

信息经由簇头车辆转发，其信道忙时概率 ρ 与簇内车辆数目 A_i 有关

$$\rho = \frac{(C_1 E(k) + C_2 E(p)) \cdot 10}{C \cdot A_i} \tag{9-13}$$

一个周期内的平均等待时延 T_w 为

$$T_w = \frac{\rho}{1-\rho} \cdot \frac{1}{\mu_f} \tag{9-14}$$

式中，μ_f 为平均服务率。

紧急信息、非紧急信息的平均等待时间为

$$T_{w_e} = \frac{C_1 E(k) T_w}{C_1 E(k) + C_2 E(p)} \tag{9-15}$$

$$T_{w_n} = \frac{C_2 E(p) T_w}{C_1 E(k) + C_2 E(p)} \tag{9-16}$$

▶ 9.2.2 车载紧急信息传输策略

车辆在行驶过程中突发事件难以预料，而人的反应时间有限，因此研究车载广播信息的传输策略，找到一种减少信息通信时延的方法具有重要意义。不同的信息类型对传输时延的要求不同，将所有车载广播信息分类，突发事件类信息定义为紧急信息，其他信息均为非紧急信息。及时对紧急信息广播，能够为司机提供安全相关的信息和前方危险的预测信息。车辆遇到紧急情况广播紧急信息，因此，信息传输方案对紧急信息的可靠性和时延方面较为严苛。

1. 一次中继传输策略模型

当有交通事故发生时，传输紧急信息采用广播通信的方式，即事故车辆将紧急信息发送给簇头车辆。簇头车辆收到信息后对簇内车辆进行广播，当接收该信息的车辆位于发送信息的簇头车辆的有效通信半径内时，均可以收到该紧急信息。这种情况下可以直接利用 V2V 传递信息，无须经过基站的转发。

簇头车辆在收到紧急信息后，对收到的紧急信息进行转发。传输时延为

$$T_{t_e} = \frac{s}{v} + \frac{\omega}{\overline{C}_v} \tag{9-17}$$

式中，s 为簇头车辆发出的紧急信息从发出到接收所经过的路程；v 为载有紧急信息的电磁波在信道上的传播速率；ω 为传输信息量的大小。

车辆间的平均传输速率 $\overline{C}_v$ 为[9]

$$\overline{C}_v = \frac{1}{A_i} \sum_{j_1, j_2 \in A_i} \left(B_{v_{j_1 j_2}} \log_2 \left(1 + \frac{P_{j_1 j_2} L(d_{j_1 j_2}, f_{j_1 j_2}) H_{j_1 j_2}}{\sigma_{j_1 j_2}^2} \right) \right) \tag{9-18}$$

式中，$B_{v_{j_1 j_2}}$ 为车辆间传输链路的带宽；$P_{j_1 j_2}$ 为车辆 j_1 到车辆 j_2 的发射功率；$H_{j_1 j_2}$ 为车辆 j_1 到车辆 j_2 对应的信道增益；$d_{j_1 j_2}$ 为车辆 j_1 到车辆 j_2 的距离；$f_{j_1 j_2}$ 为车辆 j_1 向车辆 j_2 发送信号的中心频率。

当车辆所在位置超出簇头车辆的有效通信半径但不超过两倍的有效通信半径时，提出通过一次中继传输策略传输紧急信息。在车辆与簇头车辆之间找到与两者距离之和最小的第三辆车作为中继转发信息。如图 9-2 所示，以簇头车辆的通信半径 R 为簇的半径，以发送信息的簇头车辆 O_T 为圆心，车辆 O_R 收到紧急信息后，将紧急信息广播至其通信范围内

的其他车辆，这些车辆均可看成以 R 为半径的圆上的中继车辆。同样，当发送紧急信息的簇头车辆与相邻的簇头车辆满足大于一倍有效通信半径而不超过两倍有效通信半径时，簇头车辆也可以被看成车辆 O_R。簇头车辆 O_T 到一次中继车辆形成的连线与车辆行驶的方向夹角为 α_T，中继车辆到车辆 O_R 的连线与该车辆行驶方向形成的夹角为 α_R。

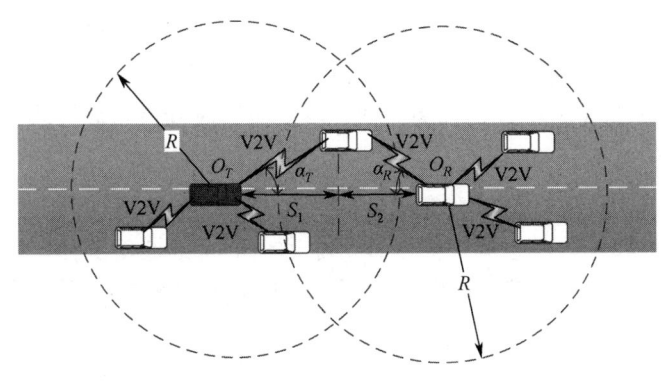

图 9-2 一次中继通信示意图

信息传输的时间可以按照信息经过的路程除以传输速率计算。为减少信息传输时延，讨论相邻簇间的信息传输过程，一次中继传输策略的传输总路径为

$$S_{\text{once}} = \frac{S_1}{\cos(\alpha_T)} + \frac{S_2}{\cos(\alpha_R)} \tag{9-19}$$

$$\text{s.t.} \quad s \in (R, 2R) \tag{9-20}$$

$$\alpha_T, \alpha_R \in \left(-\frac{\pi}{4}, \frac{\pi}{4}\right) \tag{9-21}$$

将式（9-19）代入式（9-17）中可得一次中继传输的时延为

$$t_{\text{once}} = \frac{S_{\text{once}}}{v} + \frac{\omega}{\overline{C}_v} \\
= \frac{(S_1 \cdot \tan(\alpha_T) + S_2 \cdot \tan(\alpha_R))\overline{C}_v + v\omega}{v\overline{C}_v} \tag{9-22}$$

同理，如果接收信息的车辆 O_R 为簇头车辆，同样以 R 为半径，那么其周围随机分布多辆车。如果满足一次中继传输策略的条件，也可以按照一次中继传输策略进行车载信息的传输。与发送信息的簇头车辆 O_T 的信息传输策略类似，接收信息的簇头车辆 O_R 同样可以把收到的紧急信息广播至簇内其他车辆。

2. 二次中继传输策略模型

当两车之间的距离大于或等于两倍的有效通信半径，且小于三倍的有效通信半径时，一次中继传输策略已经不能满足紧急信息的传输需求了，进一步提出二次中继传输策略。

通过在两车之间进行两次中继来传输紧急信息,即在一次中继之后,再找到一辆车作为二次中继为车辆转发紧急信息,选择二次中继车辆的方法与选择一次中继车辆的方法一样,均为选择距离信息发送者和接收者最近的车辆作为中继。

发送信息的簇头车辆 O_T 与一次中继车辆通信,该簇头车辆 O_T 与一次中继车辆的连线与道路的夹角为 α_T,接收信息的车辆与二次中继通信,作为二次中继的车辆与接收信息的车辆 O_R 的连线与道路的夹角为 α_R。以发送信息的"簇头"车辆 O_T 为圆心,以簇头车辆 O_T 的有效通信半径 R 为半径,作为一次中继的车辆收到信息后,将信息转发给二次中继车辆,由二次中继车辆再次转发将信息传递给车辆 O_R,接收信息的车辆 O_R 将紧急信息发送给其通信范围内的其他所有车辆。与一次中继传输策略相同,当发送紧急信息的簇头车辆与相邻的簇头车辆也满足大于或等于两倍的有效通信半径,且小于三倍的有效通信半径时,相邻的簇头车辆也可以被看成接收信息的车辆 O_R。图 9-3 所示为二次中继通信示意图。

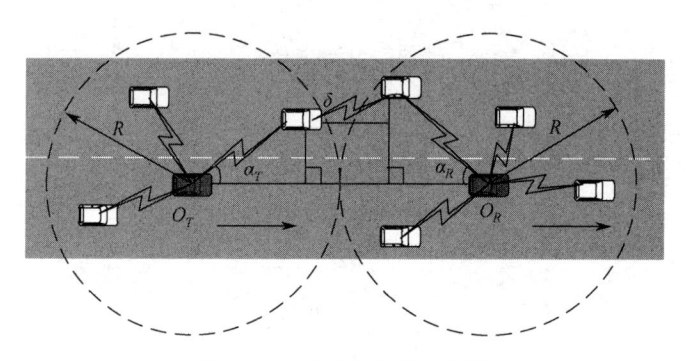

图 9-3 二次中继通信示意图

二次中继传输策略的传输总路径为

$$S_{\text{twice}} = \frac{R(2\cos\gamma + 2 - \cos\alpha_T - \cos\beta_R)}{\cos\gamma} \quad (9\text{-}23)$$

$$\text{s.t.} \quad s \in (2R, 3R) \quad (9\text{-}24)$$

将式(9-23)代入式(9-17)中,则二次中继传输策略的传输时延为

$$t_{\text{twice}} = \frac{S_{\text{twice}}}{v} + \frac{\omega}{\overline{C_v}} = \frac{(2\cos\gamma + 2 - \cos\alpha_T - \cos\beta_R)RC_v + v\omega\cos\gamma}{vC_v\cos\gamma} \quad (9\text{-}25)$$

▶ 9.2.3 车载非紧急信息传输策略

非紧急信息在信道空闲时利用蜂窝通信进行信息传输,蜂窝传输示意图如图 9-4 所示。发送信息的簇头车辆通过 V2V 将此非紧急信息发送到其有效通信半径内的其他车辆,同时,发送信息的簇头车辆通过 V2I 将非紧急信息发送至基站,然后基站对其通信范围内的

簇头车辆进行广播,继续传输非紧急信息,最后接收非紧急信息的各簇头车辆将非紧急信息发送给其通信范围内的其他车辆。

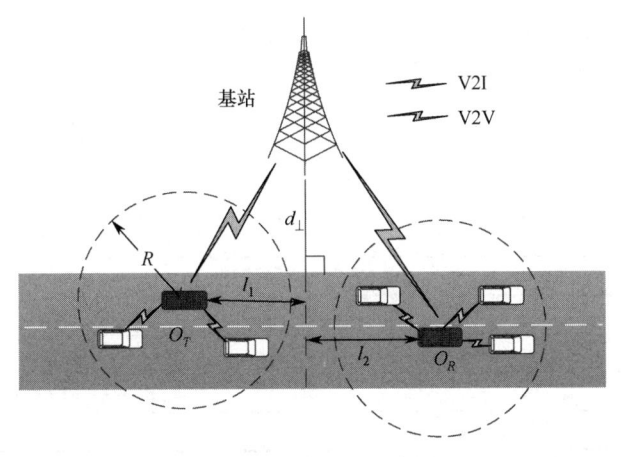

图 9-4 蜂窝传输示意图

信息从发送信息的车辆到接收信息的簇头车辆经历的时间 T_{t_1} 为

$$T_{t_1} = \frac{\sqrt{d_\perp^2 + l_1^2} + \sqrt{d_\perp^2 + l_2^2}}{v} + \frac{\omega}{v_b} \quad (9\text{-}26)$$

式中,$d_\perp$ 为基站到道路的最短距离;l_1 为发送信息的簇头车辆到基站关于道路的投影长度;l_2 为接收信息的簇头车辆到基站关于道路的投影长度。

接收信息的簇头车辆将信息广播给簇内的其他车辆,簇内的任一车辆接收信息需要的时间 T_{t_2} 为

$$T_{t_2} = \frac{s'}{v} + \frac{\omega}{\overline{C_v}} \quad (9\text{-}27)$$

式中,s' 为簇头车辆与簇内将要接收信息的车辆之间的距离。

当一条广播信息从一个簇头车辆发出传递给相邻簇内的车辆时,需要经过两段时间,总传输时延 T_{t_f} 为

$$\begin{aligned} T_{t_f} &= T_{t_1} + T_{t_2} \\ &= \frac{\sqrt{d_\perp^2 + l_1^2} + \sqrt{d_\perp^2 + l_2^2} + s'}{v} + \frac{\omega}{v_b} + \frac{\omega}{\overline{C_v}} \end{aligned} \quad (9\text{-}28)$$

9.2.4 仿真结果与性能分析

为验证分簇算法在车载信息传输方案中的作用,仿真分析了不同信息到达率、簇内车

辆数目对信道利用率及时延的影响。我们参考 IEEE 802.11p 协议[10]设置了仿真参数，如表 9-1 所示。

表 9-1 仿真参数表

仿 真 参 数	参 数 值
电磁波在信道上的传播速率	3×10^8 m
初始能量	0.5 J
V2V 信道带宽	40 MHz
V2I 信道带宽	5 MHz
信息大小	256 bit
基站发射功率	40 dBm
车载终端发射功率	20 dBm
V2V、V2I 信噪比阈值	10 dBm
信息服务率	0.7

在基站的发射功率为 40 dBm 时，如图 9-5 所示，V2I 传输信噪比随着收发消息车辆间距离的增大而减小，且与 V2I 传输信噪比阈值在 3200 m 处交于一点，这表示基站下行传输时的覆盖范围半径为 3200 m。由于信号传输过程中存在大尺度衰落，造成超出基站下行传输时的覆盖范围后，车辆接收到的信号质量较差，无法完整传输信息。

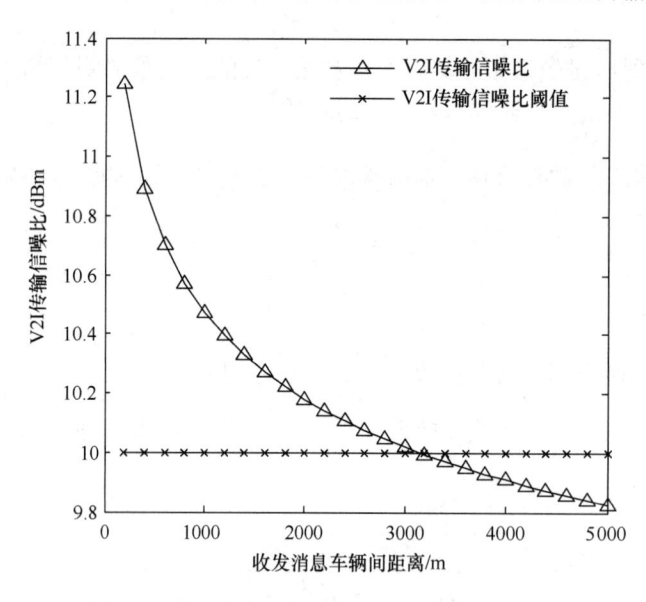

图 9-5 收发消息车辆间的距离与信噪比关系图

在簇头车辆的发射功率为 20 dBm 时，如图 9-6 所示，V2V 传输信噪比随着收发消息车辆间距离的增大而减小，且与 V2V 传输信噪比阈值在 200 m 处交于一点，这说明簇头车辆的有效通信半径为 200 m。超出此范围后能量损耗严重，接收者收到的数据包可能已经损坏。

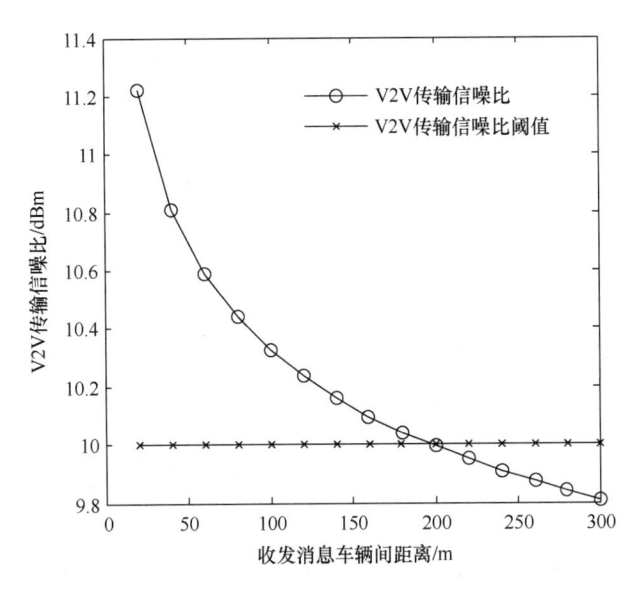

图 9-6 车辆到车辆间的距离与信噪比关系图

不同信息到达率下的信道利用率如图 9-7 所示。当簇内车辆数目一定时，信道利用率随着信息到达率数目的增加而增加；当信息到达率一定时，簇内车辆数目越多，信道利用率越高。这验证了改进的 LEACH 算法能够通过分簇有效提高信道利用率。通过仿真可知，分簇后比分簇前信道利用率至少提高了 14.49%。

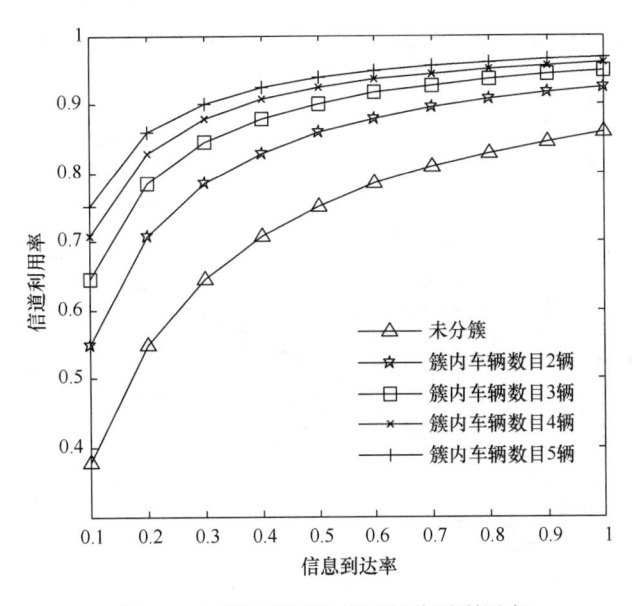

图 9-7 不同信息到达率下的信道利用率

如图 9-8 所示，车辆的平均等待时延随着信息到达率的增加而增加，随着簇内车辆数目的增加而减少，说明信息到达率越高，信息传输过程中的平均等待时延数值越大。同时，说明了在改进的 LEACH 算法中，信息的传输时延会受到簇内车辆数目的影响。

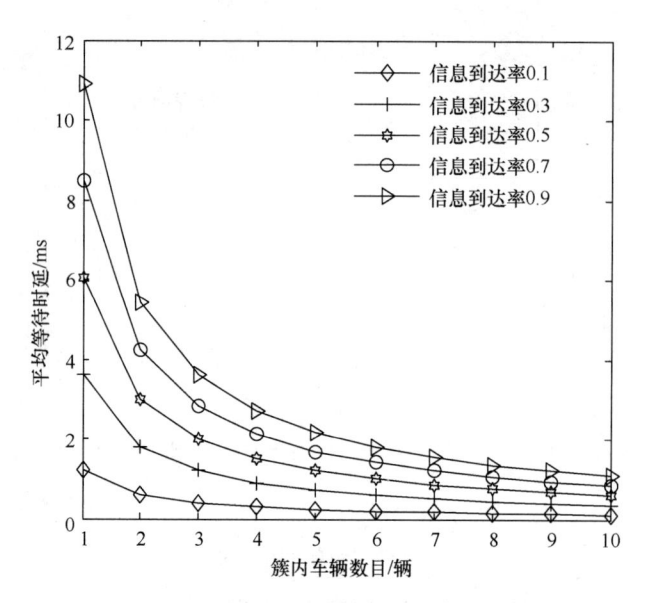

图 9-8　不同分簇状态下的平均等待时延

如图 9-9 所示，将改进的 LEACH 算法与文献[10～12]中提出的 P-SEP、传统的 LEACH、5G 中的虚拟小区（Virtual Cell，VC）3 种不同分簇的算法进行对比。通过循环仿真 1000 轮，改进的 LEACH 算法传输数据量大于 P-SEP、传统的 LEACH 算法的传输数据量。这是由于在簇头车辆更新过程中，利用中继转发扩大了簇头车辆传输信息的可通信范围，减少了的基站到车辆的信息传输次数，而每轮重新选择基站到车辆传输速率大的车辆作为簇头车辆，能够减少信息从基站到簇头车辆的传输时延[13]。但是，与 5G 中的虚拟小区相比，每轮传输数据量大致相当。

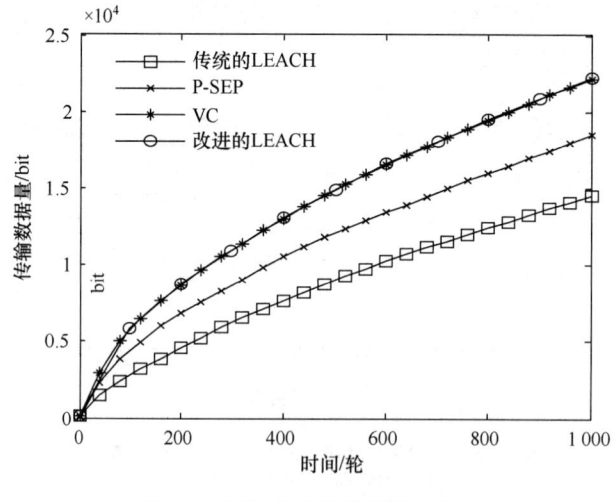

图 9-9　不同算法传输数据量对比

如图 9-10 所示，将改进的 LEACH 算法与 5G 中的虚拟小区在信息传输时延的对比，改进的 LEACH 算法使得 1000m 内紧急信息通信时延比虚拟小区中通信时延平均减少 2.21 ms。

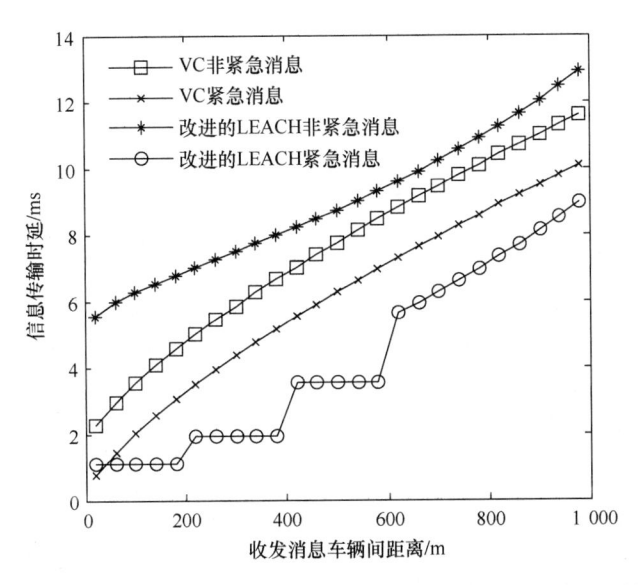

图 9-10 改进的 LEACH 算法与 5G 中的虚拟小区在信息传输时延的对比

9.3 交叉路口处基于分簇的 V2X 车载信息传输方案

车辆在交叉路口前等待交通灯变绿的时刻，能够利用 V2X 获取实时交通信息，并发送自己的车辆 ID、位置、速度和时间戳等信息给控制交叉路口信号灯的基站。由于道路交叉路口经常被建筑物包围，两辆车在交叉路口不同道路上的无线传播会受到建筑物等障碍物的阻挡。因此，两辆车在经过交叉路口时无法看到对方，可能导致车辆相撞。交叉路口的交通灯能够对交通流进行有效的疏导，在司机遵守交通规则的情况下避免事故的发生，但是传统的交通灯红绿灯变换时间相等，造成了车辆停车时不必要的等待时延，所以交叉路口车辆拥堵的发生率高于一般路段[14]。文献[15]将基于队列和基于延迟的交通信号配时算法相结合形成通用加权控制方案，根据服务质量要求提供更灵活的交通信号控制。在交叉路口处，邻近车辆广播包含有关它们的身份、位置、速度等相关信息，通常这些信息不需要加密就可以发送。然而，数据共享的同时其安全隐私问题不容忽视[16~18]，为了避免通过第三方信任机构监督产生的额外开销，使用假名保护司机的隐私。为了防止车辆跟踪，这些假名需要经常更换[19]，大多数区块链都使用假名机制实现隐私保护。如果交叉路口处部分车辆发布虚假信息，扰乱正常的交通秩序，那么这些恶意车辆不仅会危及交通系统的安全，而且乘客的生命安全也会受到威胁[20]。区块链是一种颠覆性的技术，已经在从加密货币到物联网的许多领域中得到了应用，这些应用都是使用区块链代替第三方机构监督[21]。区块链具有去中心化、点对点传输、透明、可追踪、不可篡改、数据安全等特点[22]，能够很好地解决目前车联网中存在的安全和隐私问题。

因此，为减少城市交叉路口的交通拥堵的发生率，并保护车载用户的隐私安全，提出基于 V2X 动态分簇的车载信息传输方案。该方案首先设计了维持簇稳定的动态车辆分簇方法；然后通过交通灯配时算法对交通流进行疏导，减少交叉路口的交通拥堵现象；最后将区块链与车联网结合，建立车辆信任管理机制，在信息共享的同时防止车载信息被恶意篡改，保障车载通信安全。

9.3.1 应用场景及系统建模

1. V2X 网络模型

交叉路口旁边的基站可以通过 V2X 实时收集交叉路口的车辆信息，根据车辆需求对交通灯的变换进行控制。车辆运行至交叉路口附近时会将其周边的交通信息及其自身的相关信息传输至基站，其中各车辆前进方向对基站调控交通灯变换至关重要。图 9-11 所示为 V2X 车载网通信及交通控制模型，南北方向为绿灯，南北方向直行的车辆与右转的车辆均可直接通行，东西方向为红灯，车辆在停止线前等待交通灯变换后通行。此路口中的 V2X 车载网通信主要分为两部分：道路上的 V2V 通信和车辆与基站间的 V2I 通信。车辆通信时信息传输主要取决于车辆，对交叉路口的车辆进行分簇可以降低网络组织的成本消耗。当车辆进入交叉路口处基站的通信范围内时，车辆可以对基站直接通信，距离路口较远的车辆可通过多跳通信将信息传输至基站。

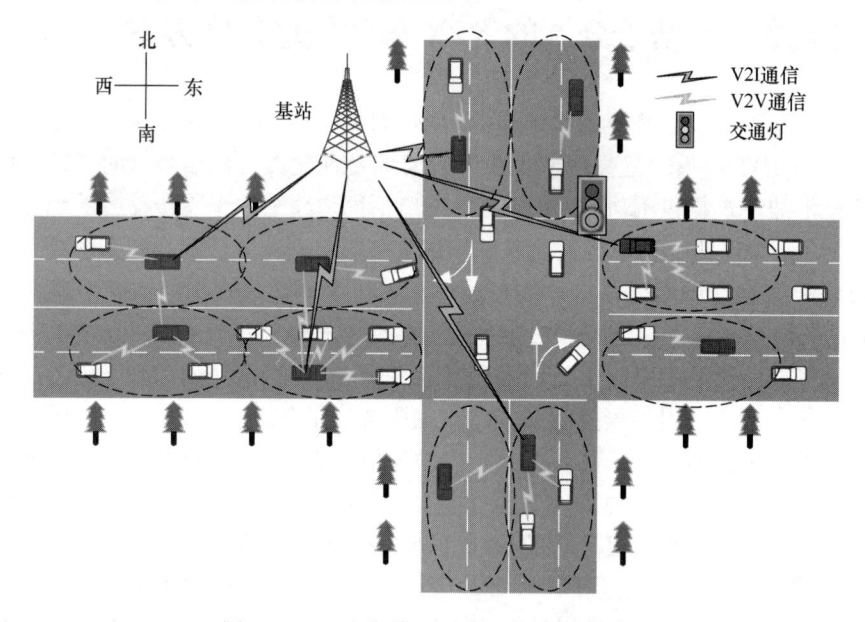

图 9-11 V2X 车载网通信及交通控制模型

城市环境下车辆的行驶状况复杂，为便于研究，假设车辆知道自己的行车路线，并且只有车辆在相同的方向可以被分成同一个簇，经过每个路口时都有能够对交叉路口交通灯进行控制的基站，车辆与基站间 V2I 通信，簇内的车辆采用 V2V 进行通信。基于以上假设，基站通过 V2X 网络获得交叉路口的实时交通信息，通过交通灯配时算法对交通灯进行调控。

2．动态分簇算法

由于道路交通情况复杂，车辆在道路上行驶速度时快时慢，为了形成大小合适且相对稳定的车辆簇，需要建立能够根据车辆位置改变的动态分簇机制。在每次分簇的开始时期，会根据车辆通信半径及各车辆位置形成合适的簇的大小。为了避免初始形成一个过大或过小的簇，将每条道路段根据道路长度和车辆通信范围分割成若干个小段，每个小段的长度为两倍的车辆通信半径，每次进行车辆分簇时，都会根据每辆车的具体位置将其分配到固定路段的车辆簇中。车辆在道路上的最初分簇示意图如图 9-12 所示。

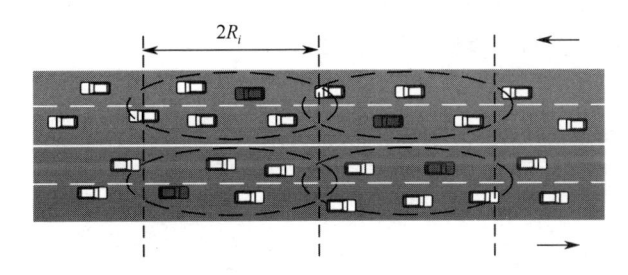

图 9-12　车辆在道路上的最初分簇示意图

在每个小段内对所有车辆进行簇头的选择，每辆车在传输信息时都采用临近传播的方式。为提高车辆分簇的稳定性，我们提出了车辆动态分簇算法。该算法首先通过分析车辆发出的车载信息来计算车辆间的相似度，然后计算了基站到车辆下行信道传输速率，最后将相似度与信道传输速率分别归一化后求和，选择和最大的车辆作为簇头车辆。当簇内其他车辆与簇头车辆具有较强的相似性时，簇内其他车辆则会离簇头车辆更近，离开簇头车辆通信范围的概率也就更小，车辆形成的簇也就更稳定。

车辆的动态分簇算法通过道路长度及车辆通信范围确定簇的大小与位置，利用车辆的相对位置、车辆行驶的方向和车辆要到达的目标等信息形成相似函数 $s(i,j)$，结合基站到车辆传输速率，选择合适的车辆作为簇头车辆。相似函数用来表示车辆 i 与车辆 j 的相似性，数值越大相似度越低。相似函数的公式为

$$s(i,j) = n_j \frac{d_{ij}}{\left\| \boldsymbol{X}_i' - \boldsymbol{X}_j' \right\|} \tag{9-29}$$

$$\boldsymbol{X}_i = \begin{bmatrix} x_i \end{bmatrix} \quad \boldsymbol{X}_i' = \begin{bmatrix} x_i + v_{x,i}\tau \\ y_i + v_{y,i}\tau \end{bmatrix} \tag{9-30}$$

式中，$\boldsymbol{X}_i$ 为车辆 i 的当前时间的位置矩阵；$\boldsymbol{X}_i'$ 为在当前速度下，经过时间 τ 之后的向量；n_j 为相邻车辆 j 的数量；$d_{ij} = \left| \boldsymbol{X}_i - \boldsymbol{X}_j \right|$ 为车辆 i 和车辆 j 的距离。

车联网中的车辆节点属于动态网络节点,在车辆行驶的过程中不断向周围车辆发出信息,这些信息不但有车辆位置、状态相关的信息,而且有基站与车辆通信时信息传输信道的有关信息。由此,可计算出基站传输速率 C_i 为

$$C_i = B\log_2\left(1 + \frac{P_T \cdot L^{-\alpha}}{\sigma_i^2}\right) \tag{9-31}$$

式中,B 为信道带宽;P_T 为基站发射功率;L 为车辆到基站的距离;α 为路径损耗指数;σ_i 为基站到车辆 i 的信道噪声。

选择簇头车辆时要考虑车辆间相似度和基站与车辆间信息传输速率这两个条件的综合结果。为便于计算,将车辆间相似度和基站与车辆间信息传输速率分别进行了归一化并对两者求和,选择和最大的车辆作为簇头车辆。

$$CH_i = \arg\max_j \left\{ \frac{s(i,j)}{\max s(i,j)} + \frac{C_i}{\max C_i} \right\} \tag{9-32}$$

道路 m_i 是车辆 i 在道路 m 上行驶,α_{ij} 是一个二进制的判断公式,车辆 i 和车辆 j 在同一条道路上时 α_{ij} 为"1",反之则为"0",描述如下。

$$\alpha_{ij} = \begin{cases} 1 & \text{if } m_i = m_j \\ 0 & \text{if } m_i \neq m_j \end{cases} \tag{9-33}$$

此外,还要判断车辆行驶方向是否一致,只有方向相同的车辆才有可能被分到同一个簇。当车辆 i 的速度方向 d_i 与车辆 j 的速度方向 d_j 一致时,β_{ij} 为"1";反之则为"0",描述如下。

$$\beta_{ij} = \begin{cases} 1 & \text{if } d_i = d_j \\ 0 & \text{if } d_i \neq d_j \end{cases} \tag{9-34}$$

在同一条道路上对行驶方向相同的车辆进行分簇,考虑车辆 i 的通信半径 R_i,道路 n 的长度为 l_n,则道路 n 分为 $CH_n = \dfrac{l_n}{2R_i}$ 个簇,在簇头车辆 m 的通信范围内满足式(9-35)的车辆 j 即为簇成员车辆。

$$0 < \alpha_{mj}\beta_{mj}d_{mj} < R_m \tag{9-35}$$

城市车联网的高度动态拓扑,不断有车辆加入簇和离开簇,因此建立簇的维护机制必不可少。当一个车辆节点离开原先的簇而进入一个新簇时,激活簇的维护机制,使得车辆节点加入合适的新簇。当不属于任何簇的一辆车进入分簇的区域内时,需要判断新加入的车辆 i 是否在簇头的通信半径内,即满足式(9-36)的车辆才可以加入到簇成员列表中。

$$0 < \alpha_{iCH_n}\beta_{iCH_n}d(i, CH_n) \leqslant R_{CH_n} \tag{9-36}$$

第 9 章　区块链技术

同理,当簇内的车辆驶离簇头的通信范围时,也会将其从原来的簇成员列表中删除。作为独立节点的车辆(该车辆不在任何车辆的通信范围内)将会存储信息数据包直到进入簇头车辆或交叉路口基站的通信范围内时。当簇头车辆不在交叉口基站的通信范围内时,它会使用控制通道广播一个交通信息数据包到正在同一方向行驶的邻近簇头。当簇头车辆在交叉路口控制基站的通信范围内时,它会直接向交叉路口控制代理发送交通信息数据包。此外,由于簇头的通信链路有限,簇内车辆的数目有一个上限,所以当簇内汽车数目超过该上限时,按照选择簇头的方法再选出一个簇头。

▶ 9.3.2　车载信息安全的交通灯配时算法

随着车辆数目与日俱增,交通拥堵现象也随之加剧,交叉路口的拥堵现象更为严重。交通灯具有疏导道路堵塞的作用,设置合理的交通灯配时算法,能够进一步提高道路通行能力,有效缓解交叉路口的拥堵状况。交通灯配时算法以车辆通过路口的最短时延为目标,根据基站收集到的车辆相关信息设置红绿灯的相位数与周期时间。车辆向基站发送信息时会透露用户身份,并且存在部分车辆出于某些原因发送虚假信息,对交通灯控制系统的运行造成不良影响。

1. 改进的 Webster 算法

Webster 算法是一种常用的交通灯配时算法。传统的 Webster 算法针对早中晚各特殊时段的车流量情况设置了不同的交通灯配时方案,因此传统的 Webster 算法能够缓解上下班高峰期时车流量较多造成的交通拥堵现象。然而,节假日或道路出现突发状况时,传统的 Webster 算法无法及时做出相应的改变,为了解决 Webster 算法实时性不高的问题,对 Webster 算法进行改进。改进后的算法能够通过各车道进出口的车流量信息计算出绿灯间隔时间,在满足车道通行能力的条件下设置各道路实际绿灯时间,计算最佳信号周期,减少各车辆在交叉路口的等待时间,降低交通灯变换的损失时间。

图 9-13 所示为经典的 8 个互不冲突的交通信号。将各种交通信号用不同的数字表示,结合实际情况设置数据对来表示信号的变化组合,所有信号组合方式的集合为 $A = \{(1,2),(1,5),(2,6),(3,4),(3,7),(4,8),(7,8)\}$。基站通过收到的车辆信息,计算得到交叉路口的车流量信息,进而对交通信号组合进行设置。

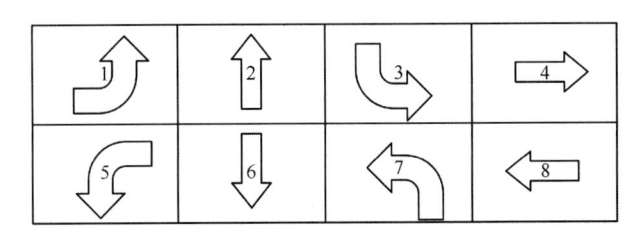

图 9-13　经典的 8 个互不冲突的交通信号

改进的 Webster 算法根据基站收到的实时车流量信息,改变交通灯各相位变换时间和交通灯变换的最佳信号周期。首先根据基站统计的各相交通车流量得到交叉路口交通流量比之和 Y_{sum} 为

$$Y_{\text{sum}} = \sum_{a=1}^{n} y_a = \sum_{a=1}^{n} \frac{q_a}{s_a} \tag{9-37}$$

式中，q_a 为第 a 相的车流量；s_a 为对应的饱和流量。

交叉路口处的车流量相对较高，通过交通信号配时调控车辆的通行。交通灯为经过交叉路口的车辆设置安全通过的时间，一部分车辆通过时就会有其他冲突车道的车辆被禁止通信，则交叉路口处每辆车平均等待时延公式[23]为

$$d = \frac{c(1-\lambda)^2}{2(1-\lambda x)} + \frac{x^2}{2q(1-x)} - 0.65\left(\frac{c}{q^2}\right)^{0.5} x^{(2+5\lambda)} \tag{9-38}$$

式中，x 为饱和度，是实际流量与可通过交叉路口的最大流量之比；c 为周期时间；q 为车辆的到达率；λ 为相位绿信比。

交叉路口处每相路口车流总的等待时延之和是交叉口总等待时间 D，式（9-39）用来求出交叉路口处所有车辆的总等待时间最小的情况，同时需要满足交通灯的周期在最小阈值以上。

$$\min D = \sum_{a=1}^{n} d_a \cdot q_a \tag{9-39}$$

$$c \geq \frac{L_T}{1-y_{\max}} \tag{9-40}$$

式中，d_a 为第 a 相车流车辆的平均等待时延；q_a 为第 a 相的车流量；c 为交通灯的周期；$y_{\max}$ 为交叉路口某一相车流量的最大值；L_T 为在已知交叉路口各相交通灯状态下，每个相位信号的损失时间之和。

为方便计算，将式（9-38）的第二、三项由车辆到达率随机波动产生的误差忽略不计，对总延误公式求导使 $\dfrac{\mathrm{d}D}{\mathrm{d}c}=0$，得到车辆时延最短的最佳信号周期 c_o 为

$$c_o = \frac{1.5L_T + 5}{1 - Y_{\text{sum}}} \tag{9-41}$$

第 a 相绿灯的显示时间 G_a[24]为

$$G_a = (c_o - L_T)\frac{y_a}{Y_{\text{sum}}} - T_{\text{NG}} + l_{T_a} \tag{9-42}$$

式中，T_{NG} 为对应时段的非绿灯时间；l_{T_a} 为相位信号的损失时间。

为方便计算，第 a 相信号的绿信比公式简化为

$$\lambda_a = \frac{G_a}{c} \approx \frac{(c_o - L_T)y_a}{cY_{\text{sum}}} \qquad (9\text{-}43)$$

总的绿信比为

$$\lambda = \sum_{a=1}^{n} \lambda_a = \frac{c_o - L_T}{c} \qquad (9\text{-}44)$$

饱和度 x 的计算公式为

$$x = \frac{1}{n}\sum_{a=1}^{n} x_a = \frac{1}{n}\sum_{a=1}^{n} \frac{q_a}{Q_a \cdot N_v} \qquad (9\text{-}45)$$

式中，x_a 为第 a 相道路车辆的饱和度；Q_a 为第 a 相道路车辆的通行能力；N_v 为路口通过的平均车辆数。

第 a 相道路车辆的通行能力可表示为

$$Q_a = (c_o - L_T)\frac{y_a s_a}{Y_{\text{sum}} c} \qquad (9\text{-}46)$$

传统的 Webster 算法在计算车辆的等待时延时，没有考虑红灯变绿灯后，车辆从停车点驶过停止线的时间[26]，改进后的 Webster 算法将这一时间计入车辆平均等待时延公式。则式（9-38）变为

$$d = \frac{c(1-\lambda)^2}{2(1-\lambda x)} + \frac{x^2}{2q(1-x)} - 0.65\left(\frac{c}{q^2}\right)^{0.5} x^{(2+5\lambda)} + \frac{s_t + s_v}{v_c} \qquad (9\text{-}47)$$

式中，s_t、s_v 分别为在交叉路口处车辆停车点到停车线的距离和车辆自身的长度；v_c 为车辆经过交叉路口时的速度。

2．交通灯配时算法设计

综上，将改进后的 Webster 算法步骤描述如下。

步骤1：由基站收集整理的各路口的车流量信息设计对应的信号组合方案，估算各车道的饱和流量 s_a。

步骤2：通过设计各相车道的流量比 $y_a = \dfrac{q_a}{s_a}$，计算出交叉路口的流量比之和 Y_{sum}。

步骤3：比较交叉路口的车流量之和是否在车道通行能力的阈值范围内（$Y \leq 0.9$），若是，则进行步骤4；否则，返回步骤1重新设计信号相位方案。

步骤4：计算最佳信号周期 c_o，记录各项实际显示的绿灯时间 G_a。

步骤5：输出各车辆经过交叉路口时的等待时间、信号灯的损失时间。

9.3.3 基于区块链的车辆信任管理方案

在车联网中引入区块链技术形成安全的车辆信任管理方案,该方案要求所有的簇头车辆收到信息后对信息的可信度进行评分,设置奖励机制鼓励车辆用户将评分结果及自己的签名信息形成新的信息块广播出去,减少虚假信息对交通系统的干扰。此外,所有的车辆都由信任中心定期随机分配假名。车辆用户在发送信息时均使用假名作为公钥,通过假名实现车辆信息的隐私保护。

方案的详细设计主要分为车载信息评分、车辆信任值的变化、基站产生区块、分布式共识4部分。图9-14所示为基于区块链的车辆信任管理方案设计图。

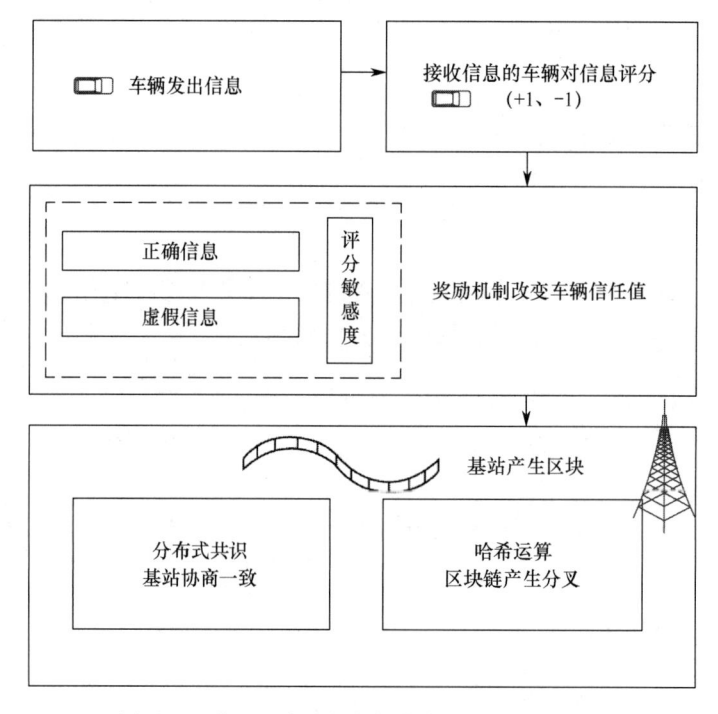

图9-14 基于区块链的车辆信任管理方案设计图

1. 车载信息评分

车辆用户发出广播信息后,簇头车辆或其他车辆收到信息后将解析数据包并判断信息内容是否正确,对正确的信息加一分,错误的信息减一分,信息传送到基站时会根据信息的分数判断信息是否可信。车辆发出消息获得的评分越高,车辆的信任值就越大,车辆发送信息的过程可以描述为

$$x_T \to x_R : (\text{message}, \text{sign}, \text{timestamp}) \tag{9-48}$$

式中,x_T 为发送信息的车辆;x_R 为接收信息的车辆;message 为车辆发出的信息;sign 为用户签名相关信息;timestamp 为消息发出的时间戳。

对同一事故 k 会有 n 辆车发出相关信息，接收信息的车辆 x_R 根据发出信息的车辆的信任值及相同信息的数量判断信息的可信度 rel_k。

$$\text{rel}_k = \sum_{i=1}^{n} \frac{c_i}{\max_{i \in n} c_i} \cdot \frac{N_{ik}}{N_k} \tag{9-49}$$

式中，c_i 为车辆 i 的信任值；$\max_{i \in n} c_i$ 为所有接收的信息中最大的信任值；N_{ik} 为与车辆 i 信息一致的数量；N_k 为 x_R 接收的关于事故 k 的所有信息。

接收信息的车辆 x_R 将计算所有事故 k 的消息的可信度并记为集合 $\text{REL}_k = \{\text{rel}_1^k, \text{rel}_2^k, \cdots, \text{rel}_n^k\}$，由贝叶斯定理可知，事故 k 发生的概率为

$$p\left(\frac{k}{\text{REL}_k}\right) = \frac{p(k) \cdot \prod_{k=1}^{N} p\left(\frac{\text{rel}_i^k}{k}\right)}{p(k) \cdot \prod_{k=1}^{N} p\left(\frac{\text{rel}_i^k}{k}\right) + p(\bar{k}) \cdot \prod_{k=1}^{N} p\left(\frac{\text{rel}_i^k}{\bar{k}}\right)} \tag{9-50}$$

当事故 k 发生的概率大于 0.5 时，认为该事件发生，评分为 1；反之，评分为-1。当虚假信息占据比例较大时，就会被认为是正确的，从而产生错误的评分。

2. 车辆信任值的变化

当信息传输至基站时，基站根据车辆签名信息对发布虚假信息的车辆进行信任值扣除，奖励提高发布正确信息车辆的信任值，并发布与事故 k 相关的区块链。信息传输可能会有发布虚假信息的车辆用户企图通过修改自己的签名信息隐藏自己的身份，为防止车辆发布错误的签名信息，设置所有车辆用户 i 签名采用一个不可修改的数字签名算法[27]。

$$\text{sign}_i = \{G_{\text{sig}}^i, K_{\text{sig}}^i, S_{\text{sig}}^i, V_{\text{sig}}^i\} \tag{9-51}$$

在车辆用户 i 进行签名时，该算法将一个随机长度 λ 作为生成函数 G_{sig}^i 的输入，得到公共参数 $pp_{\text{sig}}^i = \lambda G(1^\lambda)$；将 pp_{sig}^i 作为加密函数 K_{sig}^i 的输入，即 $K_{\text{sig}}^i(pp_{\text{sig}})$，可以生成一个秘钥对 $(pk_{\text{sig}}^i, sk_{\text{sig}}^i)$；将私钥 sk_{sig}^i 和信息 message 作为签名函数 S_{sig}^i 的输入，可以生成一个信息 message 的数字签名 key；将公钥 pk_{sig}^i、信息 message 和数字签名 key 作为验证函数 V_{sig}^i 的输入，如果信息正确，那么车辆用户 i 的信任值加一。

车辆信任值的变化与其发出虚假信息所占的比例相关，车辆 i 的信任值 Δc_i 的变化量可以由正确信息和虚假信息所占的比例及评分敏感度计算得到。

$$\Delta c_i = \frac{n_{kt}^{i\ 4} + n_{kf}^{i\ 4}}{(n_{kt}^{i\ 3} + n_{kf}^{i\ 3})(n_{kt}^i + n_{kf}^i)} \tag{9-52}$$

式中，n_{kt}^i 和 n_{kf}^i 分别为正确信息和虚假信息所占的比例，两者共同对信任值的变化产生影响。

3. 基站产生区块

交叉路口的路况复杂，所有车辆发出的广播信息在不断传输，基站一直在形成新的区块，假设在链上有 h 个块，那么区块链的深度就是 h，区块链的结构为

$$\text{BlockChain} = \text{Block}_1 \| \text{Block}_2 \| \cdots \| \text{Block}_h \tag{9-53}$$

区块链中每个区块都由区块头和区块主体构成，前一区块会通过区块头与下一区块进行块间连接，最终形成一条链状区块链，其结构如图 9-15 所示，每个块中都保存有信息 message、前一个块的哈希值、Merkle 树的根节点、随机数、时间戳，以及当前块的哈希值。

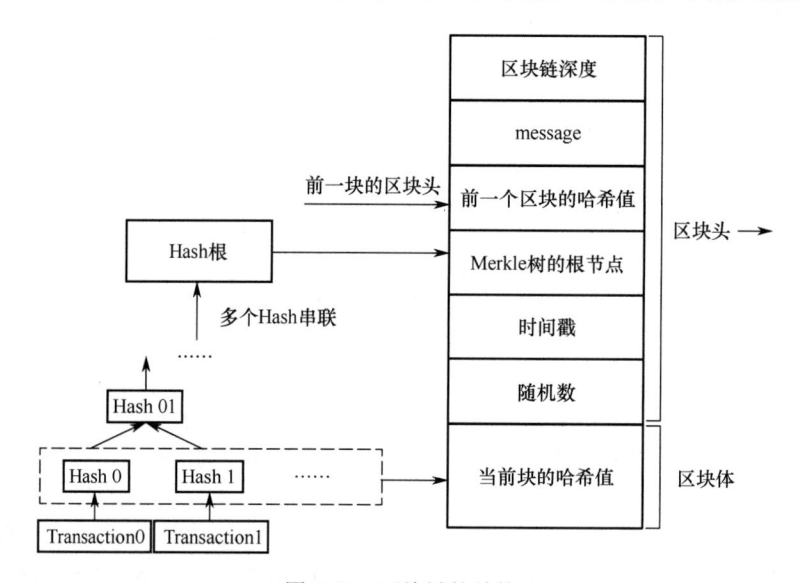

图 9-15 区块链的结构

对组成一个 Merkle 树，计算块的哈希值，一个新的块结构描述为

$$\text{Block}_{\text{new}} = (\text{Block}_{\text{header}}, \text{hash}_{\text{per}}, \text{hash}_{\text{new}}, \text{hash}_{\text{next}}, \text{sign}) \tag{9-54}$$

式中，hash_{per}、hash_{new} 和 $\text{hash}_{\text{next}}$ 分别为前一个块的哈希值、当前块的哈希值和后一个块的哈希值；sign 是各车辆传输信息时的标记信息（包含各自的签名）。这些内容共同构成新的区块体，哈希率 H_{rate} 与信任值 c_i 的变化都会造成区块产生的时延。

信任值的变化影响着哈希运算时的全零位个数 N_z，进而使得哈希值 S_{hash} 随之改变[27]。

$$N_z = \left\lfloor \mathrm{e}^{-(\eta \cdot \sum \Delta c_i + \mu)} \right\rfloor \tag{9-55}$$

$$S_{\text{hash}} = 2^{N_h - N_z} - 1 \tag{9-56}$$

式中，$\lfloor \cdot \rfloor$ 为向下取整；η 和 μ 均为转化因子；N_h 为哈希的总位数；N_z 为二进制哈希运算时全零位的个数。

基站单位时间内产生区块的概率 P_g 为

$$P_g = 1 - \prod_{\text{bs}=1}^{\text{total}} \left(1 - \frac{1}{2^{N_{\text{bs}}}}\right)^{H_{\text{rate}}} \quad (9\text{-}57)$$

式中，total 为基站的总个数；N_{bs} 为基站 bs 进行哈希运算时前端全零的位数。

4．分布式共识

基站在整个区块链中承担协商一致的工作，由于车辆不断移动并要求快速响应，在达成协议的过程中短时间内的共识算法比通过计算的算法要好，如工作证明（Proof of Work，PoW）算法。因此，基于拜占庭错误容忍算法[28,29]来设计共识机制。在协商一致的阶段，基站有一组待认证的信息，每个基站都尽力接收在协商一致的网络中已经被广播的信息。然后，基站对信息进行时间戳、sign 等信息的验证。验证信息并列出所有的候选集 cs_{s_z} 的并集：

$$CS'_{\text{bs}} = cs_{\text{bs}_1} \cup cs_{\text{bs}_2} \cup cs_{\text{bs}_3} \cup \cdots cs_{\text{bs}_{\text{total}}} \quad (9\text{-}58)$$

对每个信息的验证都会由基站对候选集进行投票，没有及时投票的基站将会被视为弃权，不计入总数。对于每条信息，如果肯定票数 m 所占的比率不超过总数的 $\frac{2}{3}$，那么它将返回候选集，选择下一条信息。

基站在验证地址、输入信息 message 和 sign 时，由于区块链的产生存在时延，车辆还在不断发出新的信息，此时产生新的区块可能与上一区块有相同的高度，区块链便会出现分叉的情况。区块链理论上的分叉概率 P_f 为

$$P_f = 1 - (1 - (1/2^{N_{\text{bc}}}))^{\mu \cdot H_{\text{rate}} \cdot N_{\text{total}}} \quad (9\text{-}59)$$

式中，N_{bc} 为区块链的节点个数。式（9-59）表明分叉概率与基站个数及基站运行哈希运算的能力相关。

9.3.4 软件开发平台搭建

搭建车联网驾驶场景虚拟仿真测试平台，建立模型底层通信相关协议和车辆节点移动性，模拟车辆的移动、通信等属性。我们采用了开源车联网模拟仿真框架 Veins，将基于离散事件的网络模拟器 OMNeT++（Objective Modular Network Testbed in C++）与道路交通模拟器 SUMO（Simulation of Urban Mobility）进行实时交互，在特定时间戳后执行多条命令，将信息传输到车辆。OMNeT++ 是一个具有扩展性、分模块的网络模拟器，可以模拟真实网络的各种情况。SUMO 是一个开源的道路交通仿真器，可以模拟一个给定交通需求的道路交通模型，如车辆以特定的行为通过设置的路网进行相关测试等。SUMO 可以对车辆行驶状态、路径选择、交通灯变换等内容进行详细描述，从而建立逼真的交通仿真场景。图 9-16 所示为车联网仿真测试平台 Veins 的结构框图。

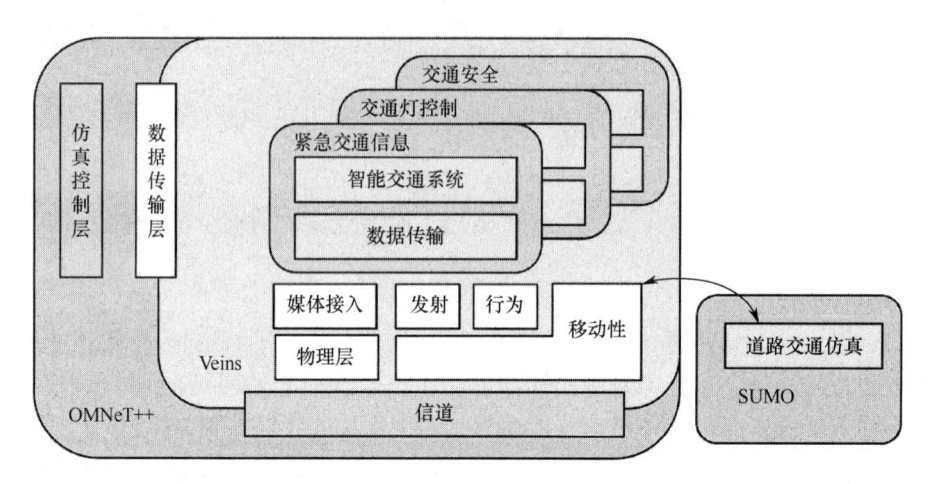

图 9-16 车联网仿真测试平台 Veins 的结构框图

首先建立一个交叉路口场景，4 条车道均为长 200 m 的双车道，在交叉路口设置红绿灯控制交通流。通过道路交通模拟器 SUMO 对 Webster 算法、本节改进的 Webster 算法及优化循环时间 tlsCoordinator 算法分别进行测试。一般情况下，为保证交通系统的安全，设置城市环境下车辆速度最高不超过 60 km/h。

在安全车速范围内，首先进行了一个交叉路口的车辆交通状况模拟。在 0～1000 s 范围内，设置 120 辆车依次通过交叉路口。图 9-17 所示为使用 SUMO 软件在一个交叉路口仿真时的截图，图中小三角形代表车辆，尖角的指向为车辆行进正方向。

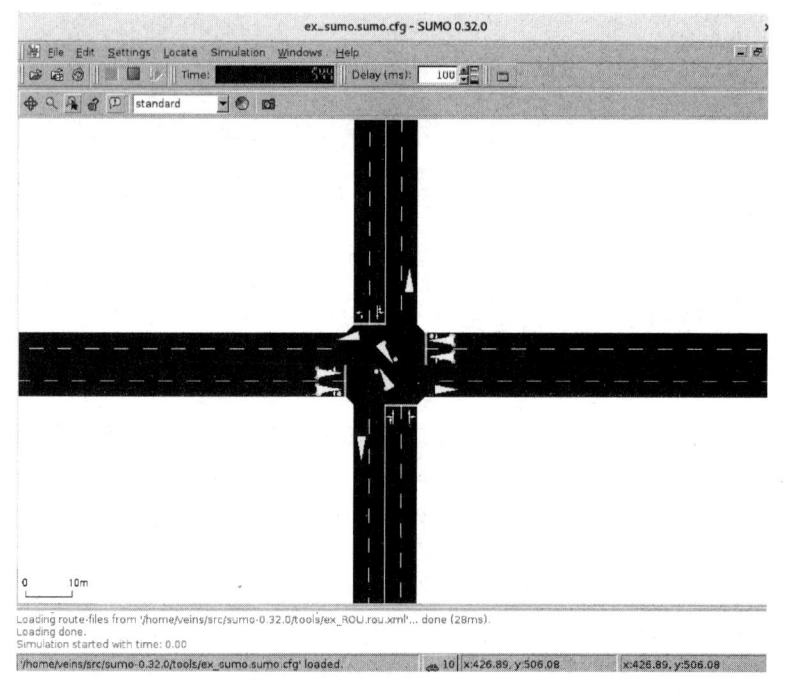

图 9-17 使用 SUMO 软件在一个交叉路口的仿真时的截图

为使仿真更加贴近真实场景,从网站下载某市市区的道路地图,将地图转化为 SUMO 能够识别的形式对特定区域的城市交通进行了模拟。图 9-18 所示为转换后的示意图。

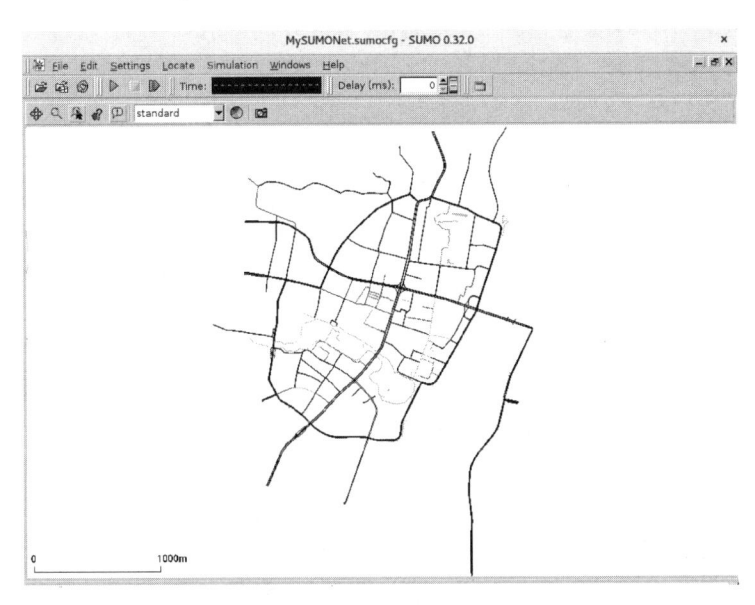

图 9-18 转换后的示意图

在 Veins 平台上对图 9-18 中某市市区地图进行车载通信仿真,在交通场景参数管理部分进行初始化时载入包含某市市区地图的发起函数,根据载入地图的尺寸对程序进行修正,要求 PlaygroundSize 部分比实际地图覆盖范围大,将路网文件、车辆行驶路线、地形文件写入函数,由于实际地形复杂,通过 Netconvert 函数转换得到的地图文件交通灯并不完全符合实际,在 SUMO 的 Edit 进行编辑,修改地图道路,使得交通灯位置与实际相符。另外,为了避免由于道路不合理中断导致的拥堵,将地图中不合实际的道路去除。图 9-19 所示为调整前后的交叉路口交通灯位置状况。

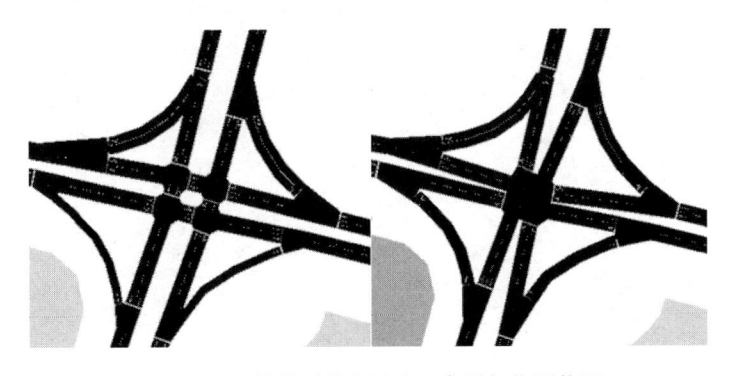

图 9-19 调整前后的交叉路口交通灯位置状况

将修改完成的 SUMO 中的路网、地形、车辆轨迹等文件导入 OMNeT++软件中，OMNeT++主要用于通信网络和分布式系统的仿真，OMNeT++网络仿真执行 IEEE 802.11p 标准。移动节点传输的信息包括车辆 ID、车辆位置、车辆速度、车辆目的地和时间戳等交通信息，在正常车辆运行时设置一辆车出现事故并发出信息，模拟信息传输的过程。仿真参数设置如表 9-2 所示。

表 9-2 仿真参数设置

仿 真 参 数	值	仿 真 参 数	值
仿真时间	1000 s	信标间隔	1 s
数据传输间隔	1 s	车辆数目	1000 辆
仿真范围大小	4000 m×4000 m×50 m	事故发生时间	75 s
发射功率	20 mW	转化因子 μ	−3
比特率	4 Mbps	转换因子 η	0.01

9.3.5 仿真结果与性能分析

在单个交叉路口场景下，分别在不同车速下运行 Webster 算法、改进的 Webster 算法及优化循环时间 tlsCoordinator 算法，在 SUMO 软件中运行对交通灯进行控制，输出每辆车在交叉路口等待时延的总和。为便于计算，对所有等待时求和取平均得到车辆在交叉路口的平均等待时延。图 9-20 显示了 3 种算法在不同车速下运行后，车辆在交叉路口的平均等待时延变化情况。对仿真结果进行分析，发现在单个交叉路口处，通过改进的 Webster 算法控制交通灯时对应车辆的平均等待时延最少，优化循环时间 tlsCoordinator 算法控制的交通灯与传统的 Webster 算法运行效果相当。在实际场景中，交叉十字路口环境下车速较低，故采用韦伯斯特配时法能够有效缩短车辆的等待时延，减少不必要的时间损耗。

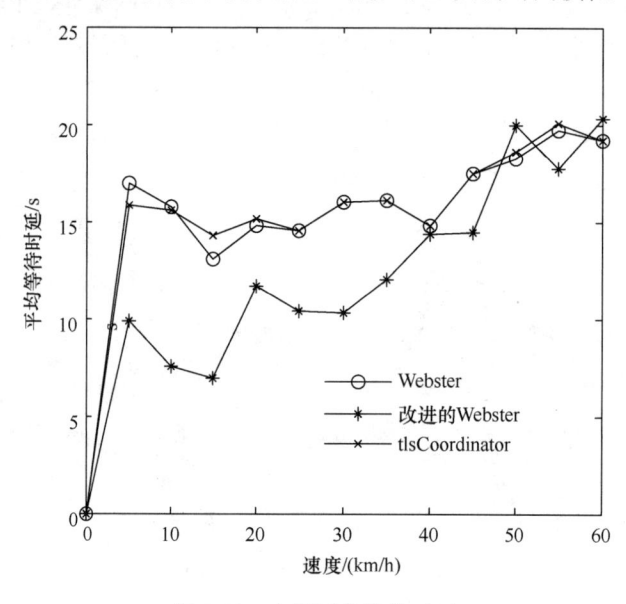

图 9-20 车辆平均等待时延

交通灯系统发生红绿灯变换时存在损失时间，图 9-21 所示显示了交叉路口的交通灯各相信号的平均损失时间。分析实验结果可知，车辆运行速度为 10～20 km/h 时，信号各相的平均损失时间较短，且车辆的平均等待时间也较短。因此，在实际生活中，当车辆行驶至交叉路口附近时，降低车速在 10～20 km/h 范围内能够使道路通行更为顺畅。

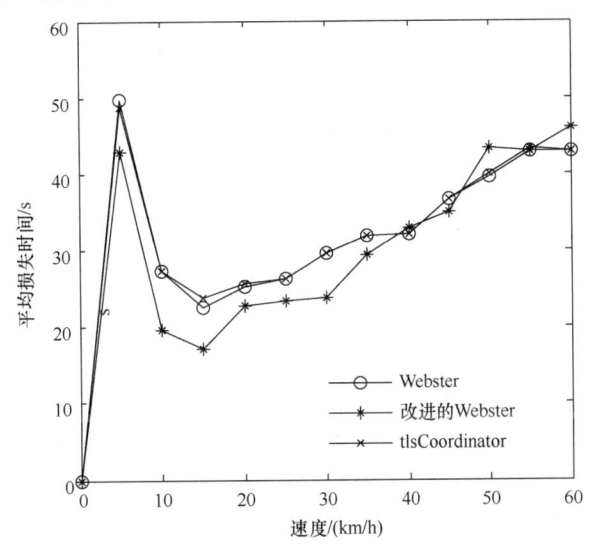

图 9-21 交叉路口的交通灯各相信号的平均损失时间

通过程序指令加入车流文件，并生成随机车速，在 0～1000 s 范围内，再次分别运行 Webster 算法、改进的 Webster 算法及优化循环时间 tlsCoordinator 算法。通过 SUMO 软件对交通灯进行控制，模拟真实道路交通条件下，3 种算法对交通系统的改善。记录其仿真结果对应的车辆平均等待时延及交通系统平均损失时间，如图 9-22 和图 9-23 所示。由仿真可知，在真实道路环境下改进的 Webster 算法在减少车辆时延、节约交通系统损失时间的效果更为显著。

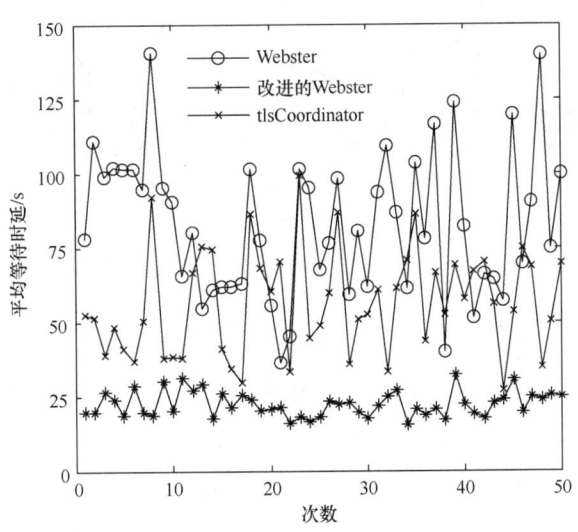

图 9-22 真实道路环境下车辆平均等待时延

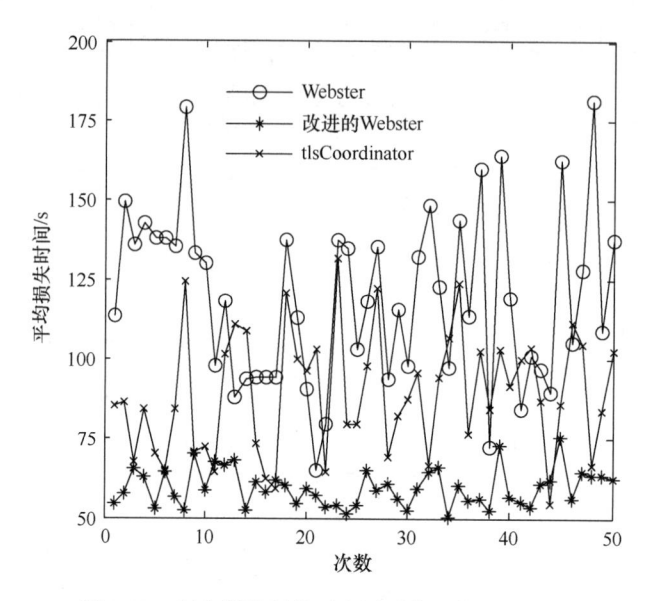

图 9-23　真实道路环境下交通系统平均损失时间

选取某交叉路口进行观测，对比运行大约 200 s 后，使用改进的 Webster 算法有效减缓了交通拥堵现象。图 9-24 所示为使用改进的 Webster 算法后，截取了开始时刻和运行 200 s 的结束时刻交叉路口的车流量对比图。从图 9-24 中可以看出，改进的 Webster 算法能够有效减缓路口拥堵。

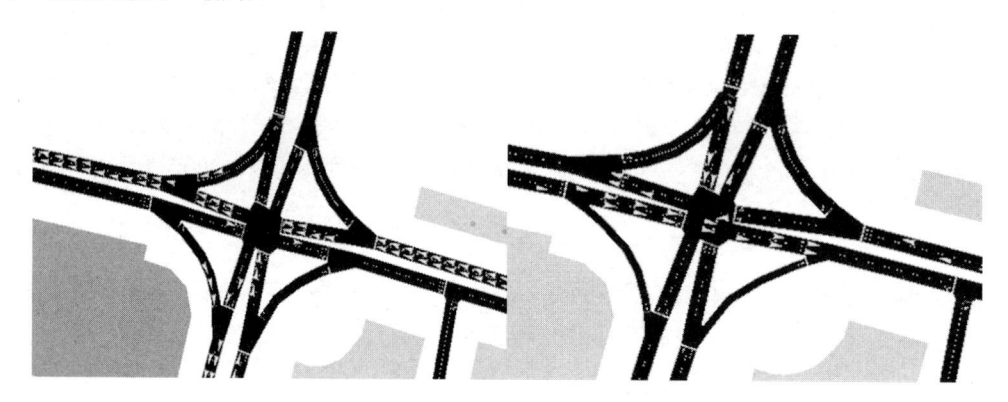

图 9-24　车流量对比图

车辆在行驶过程中，难免会发生意外事故，将事故信息及时发布出去能够减少二次事故的发生概率，为人民生命财产安全提供保障。然而，存在部分恶意车辆用户发布虚假信息，使得信息的评分机制出现错误结果，虚假消息的占比对评分结果存在一定的影响。图 9-25 仿真了车辆发出虚假消息比例对基站得到错误评分比例的影响，$p(e)$ 表示事件的先验概率，不同先验概率下这种影响也会有所差别。

区块链在对车载信息维护时也会存在时延，该时延主要与哈希率和信任值有关，哈希率代表区块单位时间执行哈希的次数，与传统的工作量证明（Proof of Work，PoW）算法相比，本节使用的信任管理区块能够使信任值越大的车辆时延越短，使车辆信任值等信息快速更新，而 PoW 算法中区块产生时延不会随着信任值的变化而改变。区块链时延如图 9-26 所示。

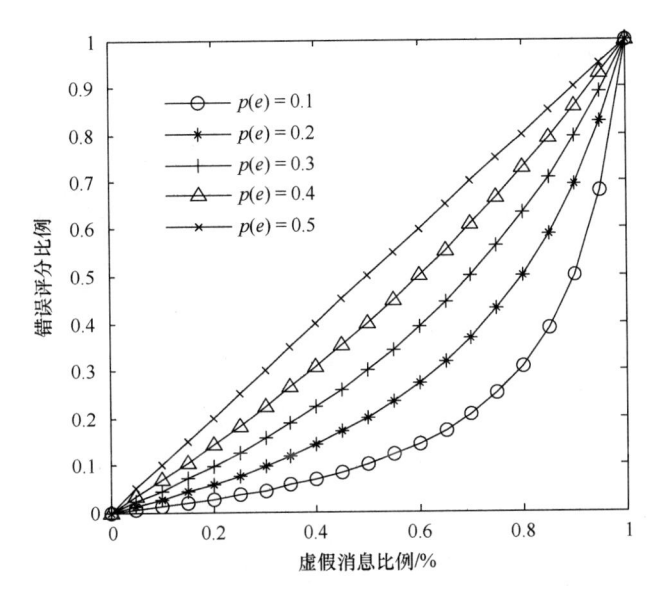

图 9-25 车辆发出虚假消息比例对基站得到错误评分比例的影响

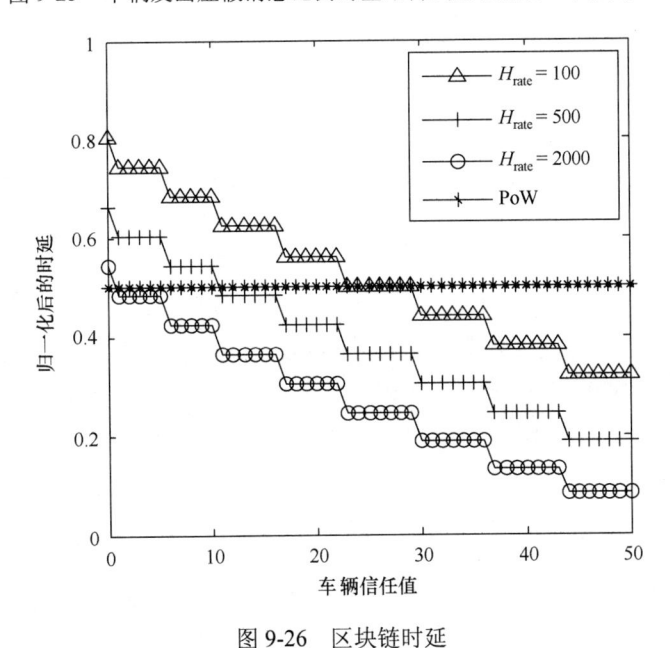

图 9-26 区块链时延

区块链传输时存在分叉现象，实验设置哈希率为 100，通过重复实验 500 次测得 1000 个区块传输过程中出现的分叉次数。仿真实验得到的概率值在分叉概率的理论值 0.3171 的上下浮动（见图 9-27），这说明仿真实验中区块链的分叉过程与理论计算推断的一致，证明了理论的正确性。

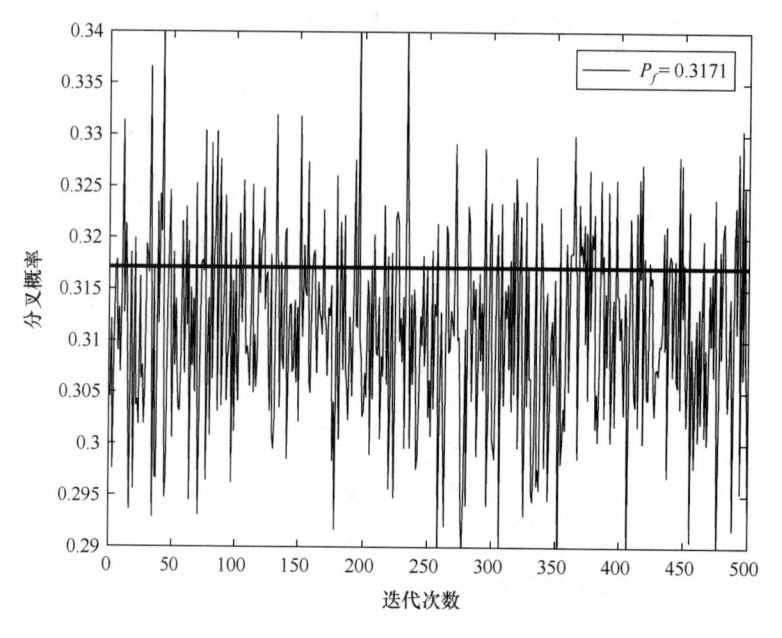

图 9-27　区块链分叉概率

9.4 本章小结

　　首先，通过分析广播通信时延的影响因素，提出了基于分簇的 V2X 车载广播信息传输策略，旨在减少为车载广播信息的通信时延。该策略为了进一步缩短紧急信息的通信时延，提高信道利用率，改进了传统的 LEACH 算法。改进的 LEACH 算法选择基站到车辆传输速率最大的车辆作为簇头车辆，然后对信息进行分类传输，设置紧急信息优先传输，非紧急信息利用信道空闲时期传输，并利用中继转发减少时延。然后，选取了交叉路口作为具体场景进行分析，通过设置交通灯疏导车辆的通行，优化交通灯配时算法减少车辆的等待时间。最后，为保证交通系统不被恶意车辆破坏，设置基于区块链的车辆信任管理体系，减少虚假信息对 V2X 系统的影响。

参 考 文 献

[1] Wang J, Liu K, Xiao K, et al. Dynamic clustering and cooperative scheduling for vehicle-to-vehicle communication in bidirectional road scenarios[J]. IEEE Transactions on Intelligent Transportation Systems, 2018, 19(6): 1913-1924.

[2] Gai K, J Guo, L Zhu, et al. Blockchain meets cloud computing: a survey[J] IEEE Communications Surveys & Tutorials, 2020, 22(3): 2009-2030.

[3] Zhang Y, Kasahara S, Shen Y, et al. Smart contract-based access control for the internet of things[J]. IEEE Internet of Things Journal, 2019, 6(2): 1594-1605.

[4] Heinzelman W R, Chandrakasan A, Balakrishnan H. Energy-efficient communication protocol for wireless microsensor networks[J]. Proceedings of the 33rd Annual Hawaii International Conference on System Sciences, 2000(2): 1-10.

[5] 孙健, 李宏智, 郭灵波, 等. VANET 中一种安全消息拥塞控制机制[J]. 通信学报, 2014, 35(5): 134-140.

[6] 李婉莹. 基于分簇的 V2X 车载信息传输方案研究[D]. 桂林：桂林电子科技大学, 2020.

[7] Niesen U, Ekambaram V N, Jose J, et al. Intervehicle range estimation from periodic broadcasts[J]. IEEE Transactions on Vehicular Technology, 2017, 66(12): 10637-10646.

[8] 王雄, 唐亮, 卜智勇, 等. 一种基于 SDN 的车联网协作传输算法[J]. 计算机应用与软件, 2017, 34(11): 166-171.

[9] He J, Tang Z, Fan Z, et al. Enhanced collision avoidance for distributed lte vehicle to vehicle broadcast communications[J]. IEEE Communications Letters, 2018, 22(3): 630-633.

[10] Naranjo P G V, Shojafar M, Mostafaei H, et al. P-SEP: a prolong stable election routing algorithm for energy-limited heterogeneous fog-supported wireless sensor networks[J]. Journal Of Supercomputing, 2017, 73(2): 733-755.

[11] Bahbahani M S, Alsusa E. A cooperative clustering protocol with duty cycling for energy harvesting enabled wireless sensor networks[J]. IEEE Transactions on Wireless Communications, 2018, 17(1): 101-111.

[12] Sahin T, Klugel M, Zhou C, et al. Virtual cells for 5g v2x communications[J]. IEEE Communications Standards Magazine, 2018, 2(1): 22-28.

[13] 李婉莹, 邱斌, 蒋为, 等. 基于"分簇"的 V2X 车载广播信息传输策略[J]. 现代电子技术, 2020, 43(11): 10-19.

[14] Qiu H J F, Ho I W-H, Tse C K, et al. A methodology for studying 802.11p VANET broadcasting performance with practical vehicle distribution[J]. IEEE Transactions on Vehicular Technology, 2015, 64(10): 4756-4769.

[15] Wu J, Ghosal D, Zhang M, et al. Delay-based traffic signal control for throughput optimality and fairness at an isolated intersection[J]. IEEE Transactions on Vehicular Technology, 2018, 67(2): 896-909.

[16] Laplante P A, Amaba B. Blockchain and the internet of things in the industrial sector[J]. It Professional, 2018, 20(3): 15-18.

[17] Orman H. Blockchain: the Emperor's New PKI?[J]. IEEE Internet Computing, 2018, 22(2): 23-28.

[18] Xu L, Chen L, Gao Z M, et al. Supporting blockchain-based cryptocurrency mobile payment with smart devices[J]. IEEE Consumer Electronics Magazine, 2020, 9(2): 26-33.

[19] Saini I, Saad S, Jaekel A. Evaluating the effectiveness of pseudonym changing strategies for location privacy in vehicular ad‐hoc network[J]. Security and Privacy, 2019.

[20] Dorri A, Steger M, Kanhere S S, et al. BlockChain: A distributed solution to automotive security and privacy[J]. IEEE Communications Magazine, 2017, 55(12): 119-125.

[21] Kshetri N, Voas J. Blockchain in developing countries[J]. It Professional, 2018, 20(2): 11-14.

[22] Dinh T T A, Liu R, Zhang M H, et al. Untangling blockchain: a data processing view of blockchain

systems[J]. IEEE Transactions on Knowledge and Data Engineering, 2018, 30(7): 1366-1385.

[23] Pandit K, Ghosal D, Zhang H M, et al. Adaptive traffic signal control with vehicular Ad hoc Networks[J]. IEEE Transactions on Vehicular Technology, 2013, 62(4): 1459-1471.

[24] Alkandari A, Al-Shaikhli I F, Alhaddad A, et al. Optimization of traffic control methods comparing with dynamic webster with dynamic cycle time (DWDC) using simulation software [C]. 2014 10th International Conference on Natural Computation, New York: IEEE. 2014: 1071-1076.

[25] 安靖波. 面向通行能力性能指标改进优化的智能交通配时算法研究[D]. 长春：吉林大学, 2019.

[26] Li L, Liu J Q, Cheng L C, et al. CreditCoin: A privacy-preserving blockchain-based incentive announcement network for communications of smart vehicles[J]. IEEE Transactions on Intelligent Transportation Systems, 2018, 19(7): 2204-2220.

[27] Yang Z, Yang K, Lei L, et al. Blockchain-based decentralized trust management in vehicular networks[J]. IEEE Internet of Things Journal, 2019, 6(2): 1495-1505.

[28] Liu K, Feng L, Dai P, et al. Coding-assisted broadcast scheduling via memetic computing in SDN-based vehicular networks[J]. IEEE Transactions on Intelligent Transportation Systems, 2018, 19(8): 2420-2431.

[29] Xiao H, Li W, Zhang W, Chronopoulos A T. Joint clustering and blockchain for real-time information security transmission at the crossroads in C-V2X networks[J]. IEEE Internal of Things Journals, pp (99): 1-13.

第 10 章
边缘计算——计算卸载技术

10.1 引言

移动边缘计算（Mobile Edge Computing，MEC）是一种网络架构，可部署在蜂窝网络的边缘，实现云计算功能和信息技术服务环境[1]。作为一种有前景的边缘技术，MEC 是 5G 架构的重要组成部分，旨在为客户提供灵活快速部署新应用程序和服务的解决方案，为应用程序开发人员和内容提供商提供云计算功能和位于网络边缘的信息技术服务环境。将一部分 MEC 单位部署在靠近用户设备的基站侧，从而提高数据处理能力，提供超低延迟、高带宽及对应用程序可利用的无线网络信息的实时访问。此外，MEC 还提供了一个新的生态系统和价值链。运营商可以向授权的第三方开放其无线接入网络（Radio Access Network，RAN），使它们能够灵活快速地向用户、企业等提供应用和服务。通过在网络边缘部署各种服务和缓存内容，进一步减轻核心网数据拥塞问题。

目前，虚拟现实、增强现实等新型应用的兴起，需要提供大量计算资源，并且对时延要求较高。未来 5G 网络将会支持泛在的云计算，MEC 服务器可以在 RAN 侧提供云计算功能，将用户设备直接连接到最近的支持云服务的网络边缘，使得用户设备的业务请求不用转发到核心网，而可以直接卸载到计算功能强大的近端云处理，这样不仅可以减小核心网的拥塞问题，还能极大地减小数据传输时延，提升用户体验。然而，由于用户设备的卸载任务必须通过传统的无线通信网传输到 MEC 处理，任务的处理结果也必须通过无线通信网才能反馈给用户设备，所以当网络中有大量用户设备同时进行任务卸载时，它们之间势必会相互干扰。不同类型的用户设备对时延敏感程度有所不同，需要优先保证高时延敏感度用户设备的传输需求，同时又不能对低时延敏感度用户设备的传输性能造成过大影响。为此，必须进行合理的频谱资源分配才能保证用户设备任务的高效卸载和传输时延需求。另外，MEC 的计算能力终究有限，不能容纳过多的用户设备同时进行任务卸载，否则，势必造成 MEC 计算资源枯竭，任务计算时间大大增加，得不偿失。因此，需要设计合理的任务卸载决策方案和 MEC 计算资源分配方案，以保证任务的高效卸载和处理，降低系统总体开销。综合研究频谱资源分配、任务卸载决策和 MEC 计算资源分配是提高基于 MEC 的下一代无线网络性能的关键。

10.2 计算卸载物理层安全的 D2D-V 频谱复用接入机制

随着大数据和车联网通信技术的发展，ITS 中产生了各种数据敏感型和计算敏感型需求的应用，如自动驾驶、车载视频交互等。这些应用的处理需要车辆终端节点的大量计算资源。然而，由于单个车载通信终端节点计算资源是有限的，上述计算敏感型应用不能很好地被满足。为解决上述问题，作为 5G 的一种关键技术，移动边缘计算（Mobile Edge Computing，MEC）技术常被用于车载通信环境下满足各种数据敏感型和计算敏感型应用的需求。计算卸载作为 MEC 的一种方式，资源有限的车辆用户通过 V2I 上行链路的方式将一部分计算任务卸载给连接有边缘服务器的基站，此方式在一定程度上解决了车载终端节点资源的不足[5~9]。然而，由于 C-V2X 计算卸载网络无线通信链路的广播特性及车载节点的高速移动性，以 V2I 通信方式的卸载链路面临着一些安全威胁，如 DoS 攻击、鉴别攻击、窃听等。因此，在基于 C-V2X 计算卸载网络中保障卸载信息的安全至关重要。

事实上，C-V2X 系统中 D2D-V 用户和蜂窝用户采用 Underlay 模式复用相同的信道资源而产生共道干扰。此共道干扰影响蜂窝用户与 D2D-V 用户的通信可靠性，因此通过干扰协调、干扰避免、干扰消除等干扰管理技术手段来降低或消除这种"有害"因素。但从物理层安全（PLS）的角度来看，此共道干扰可当作一种协作干扰信号，对蜂窝用户和 D2D-V 用户造成干扰的同时，同样也会对窃听用户造成干扰，降低窃听信道的容量，从而增加恶意窃听用户获取合法信息的难度，能给 D2D-V 用户带来一定的安全增益。本节，我们以 C-V2X 计算卸载为研究场景，研究时变信道下基于计算卸载物理层安全的 D2D-V 频谱复用的接入机制。该机制将有效接入的 D2D-V 用户看作 V2I 卸载用户的协作有益干扰节点，通过优化 D2D-V 用户的接入资源，实现 V2I 卸载链路安全吞吐量及所提系统单位面积总频谱效率最大化。

10.2.1 计算卸载物理层安全通信系统模型

本节提出的 C-V2X 计算卸载物理层安全通信系统模型如图 10-1 所示，假设在城市拥堵的十字交叉路口存在一个蜂窝车载用户（简称 C-VU）通过 V2I 上行链路的方式卸载它自身的计算任务到集成有 MEC 边缘服务器的蜂窝基站中。在该基站覆盖的范围内存在若干个随机分布的恶意被动窃听节点正窃听着该 V2I 卸载信息,这些窃听节点服从密度为 λ_e 的齐次 PPP 分布，窃听节点集合表示为 Φ_e。在该模型中，假设只有一个计算卸载车辆，然而该模型可以扩展到有多个车辆同时卸载的场景，因为通过正交频分复用技术可实现多个不同 C-VU 同时将计算资源卸载到相同或不同的 BS 接收端。为进一步提高 C-V2X 计算卸载网络的频谱利用率，允许若干对位置临近的车辆用户通过 D2D 的方式复用 C-VU 卸载链路的频谱资源进行数据交换（如实现临近车辆之间娱乐信息交互、多媒体共享、文件传输等）[10~11]。本节将这些车辆用户对简称为 D2D-V 用户对，同时这些 D2D-V 用户对服从密度为 λ_v 的齐次 PPP 分布，D2D-V 用户对集合表示为 Φ_v。D2D-V 对频谱复用所产生的共道干扰一方面不利于 V2I 卸载链路的吞吐量,另一方面可有效地抵御恶意窃听节点的窃听。为此,实现物理层安全的关键在于如何优化 D2D-V 链路的动态接入资源来保证 C-VU 计算卸载链路的安全。

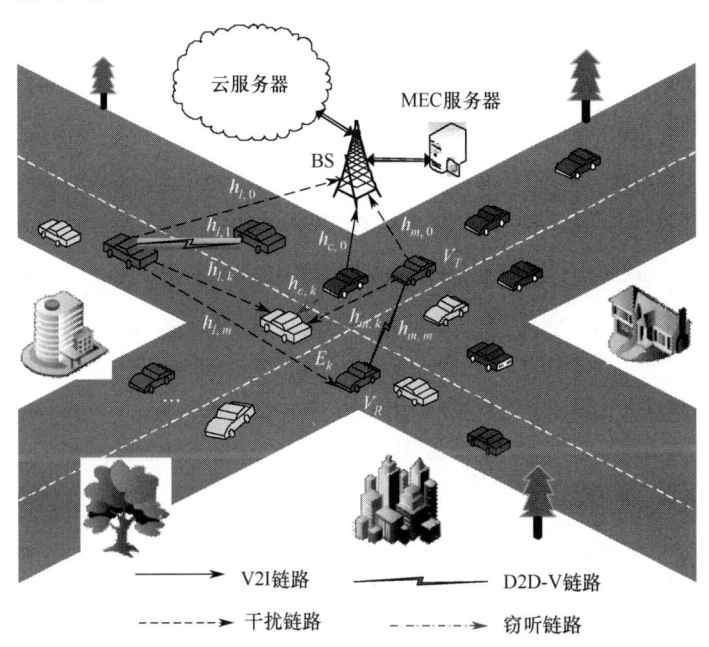

图 10-1 C-V2X 计算卸载物理层安全通信系统模型

在图 10-1 中,每个节点均配置单天线,此外,每个 V2X 通信信道包括大尺度衰落与小尺度衰落。采用通用的路径损失模型 $d_{i,j}^{-\alpha/2}$ 来表示大尺度衰落,其中 α 为路径损失因子且 $\alpha > 2$ [12]。在 C-V2X 计算卸载网络中由于车载节点的移动性与车载环境的动态变化性,在车载时变信道下获取完美的 CSI 非常困难。为此,本节同样采用第 5 章所采用的一阶高斯马尔科夫过程来表示 V2X 通信链路不完美 CSI 的小尺度信道增益估计模型。故第 $i \rightarrow j$ 条链路的小尺度衰落 $h_{i,j}$ 信道增益模型表示为

$$h_{i,j} = \sqrt{1-\varepsilon}\hat{h}_{i,j} + \sqrt{\varepsilon}\tilde{h}_{i,j} \tag{10-1}$$

$\hat{h}_{i,j}$ 表示采用最小均方差估计方法能够获得的 $h_{i,j}$ 的信道增益估计值,$\tilde{h}_{i,j}$ 表示信道增益估计误差,$\hat{h}_{i,j}$ 与 $\tilde{h}_{i,j}$ 相互独立不相关且都服从 $\mathcal{CN}(0,1)$ 分布。$\varepsilon \in [0,1]$ 表示信道增益估计误差系数,ε 越小表示信道增益估计越准确,如 $\varepsilon = 0$ 时表示信道为完美 CSI 估计,$\varepsilon = 1$ 时表示信道未获得任何 CSI 信息。针对 Jakes 衰落信道模型,$\varepsilon = 1 - J_0^2(2\pi f_d T)$,其中 $J_0(\cdot)$ 表示第一类零阶贝塞尔函数,$f_d = v f_c/c$ 为最大多普勒频偏,f_c 为载波频率,v 为车辆相对运动速度,c 为光速,T 为车辆信道反馈时延[13]。

在以上 C-V2X 计算卸载网络的部署下,BS 端和第 k 个窃听节点分别接收到的 SINR

表示为

$$\gamma_0 = \frac{(1-\varepsilon)|\hat{h}_{c,0}|^2 d_{c,0}^{-\alpha} P_c}{\varepsilon d_{c,0}^{-\alpha} P_c + I_{m,0} + N_0} \quad (10\text{-}2)$$

$$\gamma_k = \frac{(1-\varepsilon)|\hat{h}_{c,k}|^2 d_{c,k}^{-\alpha} P_c}{\varepsilon d_{c,k}^{-\alpha} P_c + I_{m,k} + N_0}, k \in \Phi_e \quad (10\text{-}3)$$

式中，$d_{c,0}$ 表示 C-VU 与 BS 之间的距离；$I_{m,0} = \sum_{m \in \Phi_v}[(1-\varepsilon)|\hat{h}_{m,0}|^2 + \varepsilon]d_{m,0}^{-\alpha} P_v$ 和 $I_{m,k} = \sum_{m \in \Phi_v}[(1-\varepsilon)|\hat{h}_{m,k}|^2 + \varepsilon]d_{m,k}^{-\alpha} P_v$ 分别表示从 D2D-V 复用对到 BS 与第 k 个窃听节点的共道干扰；P_c 与 P_v 分别表示 C-VU 用户与每对 D2D-V 用户的传输功率。同理，第 m 对 D2D-V 接收端接收到的 SINR 可表示为

$$\gamma_m = \frac{P_v(1-\varepsilon)|\hat{h}_{m,m}|^2 d_{m,m}^{-\alpha}}{\varepsilon d_{m,m}^{-\alpha} P_v + I_{c,m} + I_{l,m} + N_0} \quad (10\text{-}4)$$

式中，$I_{c,m} = P_c[(1-\varepsilon)|\hat{h}_{c,m}|^2 + \varepsilon]d_{c,m}^{-\alpha}$ 表示从 C-VU 到第 m 对 D2D-V 接收端的聚合干扰；$I_{l,m} = \sum_{l \in \Phi_v \backslash \{m\}} P_v[(1-\varepsilon)|\hat{h}_{l,m}|^2 + \varepsilon]d_{l,m}^{-\alpha}$ 表示从其他 D2D-V 用户对第 m 对 D2D-V 接收端的聚合干扰。注意，所有 V2X 通信链路接收端的高斯白噪声的方差都为 N_0。我们主要讨论干扰受限的 C-V2X 计算卸载网络，故 N_0 相对于内层和外层的聚合干扰可忽略，即 $N_0 \to 0$[14]。因此，在本章的剩余部分，将式（10-2）、式（10-3）和式（10-4）的 SINR 用信干比（Signal-to-Interference-Ratio，SIR）代替。

10.2.2 计算卸载物理层安全性能尺度

本节引入安全吞吐量与单位面积频谱效率作为衡量本章所提系统模型的性能尺度。就安全性能而言，Wyner 所提出的编码加密传输机制常用来保护私密信息以免被窃听。本节分别用 R_t 和 R_s 来表示码字传输速率与安全信息速率，$R_e = R_t - R_s$ 表示防止窃听的安全冗余速率。为简化分析，本节假设所有用户采用相同的 R_t 和 R_s。为计算安全吞吐量，本节先计算 V2I 卸载用户的连通中断概率和安全中断概率，二者可分别用来衡量 C-V2X 系统的可靠性及安全性。

传输中断定义为合法接收端的信道容量小于其码字传输速率 R_t，表示合法接收端无法实现无差错解码，故连通中断概率（Connection Outage Probability，COP）定义为

$$P_{\text{cop}} = \Pr\{\log_2(1+\gamma_b) \leq R_t\} \quad (10\text{-}5)$$

式中，$\Pr\{\cdot\}$ 表示概率函数，γ_b 表示合法接收端的 SINR。

同时，安全中断定义为窃听信道容量大于其安全冗余速率 R_e，表示所传输信息未达到规定的保密程度。故安全中断概率（Secrecy Outage Probability，SOP）定义为

$$P_{\text{sop}} = \Pr(\max_{k \in \Phi_e} C_{E_k} > R_e) \tag{10-6}$$

式中，$C_{E_k} = \log_2(1+\gamma_k)$ 表示窃听节点集合 Φ_e 中第 k 个窃听节点的信道容量。

安全吞吐量定义为私密信息可靠并安全传输的信息速率，单位为 bps/Hz[14~16]。安全吞吐量既考虑了系统的可靠性又考虑了系统的安全性，故采用安全吞吐量作为衡量所提系统的保密性能指标之一。根据文献[14~16]中的定义，安全吞吐量 T 可表示为

$$T = (1-P_{\text{sop}})(1-P_{\text{cop}})R_s \tag{10-7}$$

单位面积频谱效率 η 作为衡量频谱利用率的关键指标，其定义为单位面积中每带宽信道成功传输信息的比特率，单位为 bps/Hz/m² [17, 18]。因此，单位面积频谱效率 η 可表示为

$$\eta = \lambda(1-P_{\text{cop}})R_t \tag{10-8}$$

式中，λ 表示有效的接入密度。

10.2.3 D2D-V 链路动态接入机制与中断性能分析

1. D2D-V 链路动态接入机制

D2D-V 链路动态接入机制是系统有效利用共道干扰、保护无线通信安全的重要措施。每对 D2D-V 复用对能否接入到所提系统取决于复用对的链路信道质量，依赖于系统能获取第 m 对 D2D-V 复用对的信道估计值 $\hat{h}_{m,m}$ 与估计误差 ε 的事实。第 m 对 D2D-V 复用对是否复用 V2I 的信道资源接入卸载网络，取决于自身链路的信道质量是否大于或等于接入门限值 G。故集合 Φ_v 内的所有 D2D-V 链路的统计接入概率 p_s 可表示为

$$p_s = \Pr\{(1-\varepsilon)|\hat{h}_{m,m}|^2 d_{m,m}^{-\alpha} \geqslant G\} = \exp\left(-\frac{Gd_{m,m}^{\alpha}}{1-\varepsilon}\right) \tag{10-9}$$

式中，$d_{m,m}$ 表示为第 m 对 D2D-V 复用对收发端之间的距离。

从式（10-9）中可知，接入门限值 G 的大小影响接入概率 p_s，从而在一定程度上决定了安全吞吐量与单位面积频谱效率的大小。当接入门限值 G 较大时，系统允许较少的 D2D-V 复用对被激活，对于窃听节点来说其受到的干扰减小，故安全中断性能降低。当接入门限值 G 较小时，系统允许较多的 D2D-V 复用对被激活，对于窃听节点来说其受到的干扰增大，然而该干扰降低了 C-VU 用户的连通性能。为便于后文的阐述，本节将实际激活的 D2D-V 复用对所表示的用户集合等效为有效接入密度为 $\lambda_{v,a} = p_s\lambda_v$ 的齐次 PPP 过程。

2. 系统中断性能分析

1）连通中断性能

在干扰受限的 C-V2X 计算卸载网络中，根据式（10-2）、式（10-4）和式（10-5）可知，V2I 卸载链路和 D2D-V 复用链路的 COP 可分别表示为定理 10-1 与定理 10-2 的形式。

定理 10-1 V2I 卸载链路的 COP 可表示为

$$P_{\text{cop},c} = 1 - \exp\left(-\frac{\varepsilon \beta_{R_t}}{1-\varepsilon}\right) \exp\left[-\pi \lambda_{v,a} \left(\frac{P_v}{P_c}\right)^{\frac{2}{\alpha}} \Omega(\alpha,\varepsilon) \beta_{R_t}^{\frac{2}{\alpha}} d_{c,0}^2\right] \quad (10\text{-}10)$$

式中，$\beta_{R_t} = 2^{R_t} - 1$；$\Omega(\alpha,\varepsilon) = \Gamma\left(1+\frac{2}{\alpha}, \frac{\varepsilon}{1-\varepsilon}\right) \Gamma\left(1-\frac{2}{\alpha}\right) e^{\frac{\varepsilon}{1-\varepsilon}}$。由此可知，V2I 卸载链路的 COP 依赖于系统参数 ε、$\lambda_{v,a}$ 和 R_t。

证明：V2I 卸载链路的 COP 可表示为

$$\begin{aligned}
P_{\text{cop},c} &= \Pr\{\log_2(1+\gamma_b) \leqslant R_t\} \\
&= E_{\Phi_v}\left[\Pr\left(|\hat{h}_{c,0}|^2 \leqslant \frac{\beta_{R_t}}{P_c(1-\varepsilon)d_{c,0}^{-\alpha}}(\varepsilon d_{c,0}^{-\alpha} P_c + I_{m,0})\right)\right] \\
&\stackrel{(a)}{=} 1 - \exp\left(-\frac{\varepsilon \beta_{R_t}}{1-\varepsilon}\right) E_{\Phi_v}\left[\exp\left(-\frac{\beta_{R_t} d_{c,0}^{\alpha}}{P_c(1-\varepsilon)} I_{m,0}\right)\right] \\
&\stackrel{(b)}{=} 1 - \exp\left(-\frac{\varepsilon \beta_{R_t}}{1-\varepsilon}\right) \mathcal{L}_{I_{m,0}}(s)
\end{aligned} \quad (10\text{-}11)$$

式中，$s = \frac{\beta_{R_t} d_{c,0}^{\alpha}}{P_c(1-\varepsilon)}$，等式（a）成立是因为 $|\hat{h}_{c,0}|^2 \sim \exp(1)$，等式（b）中 $\mathcal{L}_{I_{m,0}}(\cdot)$ 表示干扰 $I_{m,0}$ 的拉普拉斯变换。$\mathcal{L}_{I_{m,0}}(\cdot)$ 的具体推导过程如下。

$$\begin{aligned}
\mathcal{L}_{I_{m,0}}(s) &= E_{\Phi_v}\left[\exp\left(-s \sum_{m \in \Phi_v} [(1-\varepsilon)|\hat{h}_{m,0}|^2 + \varepsilon] d_{m,0}^{-\alpha} P_v\right)\right] \\
&\stackrel{(c)}{=} E_{\Phi_v}\left[\prod_{m \in \Phi_v} E_{d_{m,0}}[\exp(-s[(1-\varepsilon)|\hat{h}_{m,0}|^2 + \varepsilon] d_{m,0}^{-\alpha} P_v)]\right] \\
&\stackrel{(d)}{=} \exp\left[-2\pi \lambda_{v,a} \int_0^\infty E_{|\hat{h}_{m,0}|}\left(1 - e^{-s\left[(1-\varepsilon)|\hat{h}_{m,0}|^2 + \varepsilon\right] r^{-\alpha} P_v}\right) r \, dr\right]
\end{aligned}$$

第 10 章 边缘计算——计算卸载技术

$$\stackrel{(e)}{=} \exp\left[-\pi\lambda_{v,a}s^{\frac{2}{\alpha}}P_v^{\frac{2}{\alpha}}E_{|\hat{h}_{m,0}|}\left(\left[(1-\varepsilon)|\hat{h}_{m,0}|^2+\varepsilon\right]^{\frac{2}{\alpha}}\right)\times \Gamma\left(1-\frac{2}{\alpha}\right)\right]$$

$$\stackrel{(f)}{=} \exp\left[-\pi\lambda_{v,a}s^{\frac{2}{\alpha}}P_v^{\frac{2}{\alpha}}\Gamma\left(1+\frac{2}{\alpha},\frac{\varepsilon}{1-\varepsilon}\right)\Gamma\left(1-\frac{2}{\alpha}\right)(1-\varepsilon)^{\frac{2}{\alpha}}\mathrm{e}^{\frac{\varepsilon}{1-\varepsilon}}\right] \quad (10\text{-}12)$$

式中，等式（c）成立是因为小尺度衰落变量相互独立，等式（d）成立是因为 PPP 过程的概率产生泛函（Probability Generating Functional，PGFL）性质[14]，等式（e）成立是因为随机变量的指数分布特性，等式（f）可根据文献[19]中的附录 B 推导得出。将 $s=\dfrac{\beta_{R_t}d_{c,0}^{\alpha}}{P_c(1-\varepsilon)}$ 代入式（10-12）中，得到

$$\mathcal{L}_{I_{m,0}}(s)=\exp\left[-\pi\lambda_{v,a}\left(\frac{P_v}{P_c}\right)^{\frac{2}{\alpha}}\Omega(\alpha,\varepsilon)\beta_{R_t}^{\frac{2}{\alpha}}d_{c,0}^2\right] \quad (10\text{-}13)$$

将式（10-13）代入式（10-11）中，可以获得 V2I 卸载链路的 COP 封闭表达式，如式（10-10）所示。由此，完成了定理 10-1 的证明。

同理，进一步采用类似的方法推导出典型 D2D-V 链路的 COP 封闭表达式。

定理 10-2 典型 D2D-V 链路的 COP 可表示为

$$P_{\mathrm{cop},v}=1-\frac{1}{1+K(\alpha)}\exp\left\{-\frac{\varepsilon\beta_{R_t}}{1-\varepsilon}-K(\alpha)\left(\frac{\varepsilon}{1-\varepsilon}\right)^{\frac{2}{\alpha}}-\pi\lambda_{v,a}\Omega(\alpha,\varepsilon)\beta_{R_t}^{\frac{2}{\alpha}}d_{m,m}^2\right\} \quad (10\text{-}14)$$

式中，$K(\alpha)=\left(\dfrac{P_c}{P_v}\right)^{\frac{2}{\alpha}}\dfrac{d_{m,m}^2\beta_{R_t}^{\frac{2}{\alpha}}}{(128R/45\pi)^2}$。由式（10-14）可知，典型 D2D-V 链路的 COP（$P_{\mathrm{top},v}$）也依赖于系统参数 ε、$\lambda_{v,a}$ 和 R_t。综合式（10-10）和式（10-14）可知，$P_{\mathrm{cop},c}$ 和 $P_{\mathrm{cop},v}$ 都随着 $\lambda_{v,a}$ 的增大而增大，不完美 CSI（即表现为 ε 不为 0）降低了所提系统的连通性能。

证明：典型 D2D-V 链路的 COP 可表示为如下形式。

$$\begin{aligned}P_{\mathrm{cop},v}&=\Pr\{\log_2(1+\gamma_m)\leqslant R_t\}\\ &=E_{\Phi_v\setminus\{m\}}[\Pr(|\hat{h}_{m,m}|^2\leqslant s(\varepsilon d_{m,m}^{-\alpha}P_v+I_{l,m}+I_{c,m}))]\\ &=1-\exp\left(-\frac{\varepsilon\beta_{R_t}}{1-\varepsilon}\right)\mathcal{L}_{I_{l,m}}(s)\cdot\mathcal{L}_{I_{c,m}}(s)\end{aligned} \quad (10\text{-}15)$$

式中，$s=\dfrac{\beta_{R_t}d_{m,m}^{\alpha}}{P_v(1-\varepsilon)}$，类似于式（10-12）的推导过程，$\mathcal{L}_{I_{l,m}}(s)$ 可表示为

$$\mathcal{L}_{I_{l,m}}(s) = \exp[-\pi\lambda_{v,a}\Omega(\alpha,\varepsilon)\beta_{R_t}^{\frac{2}{\alpha}}d_{m,m}^2] \tag{10-16}$$

同理，$\mathcal{L}_{I_{c,m}}(s)$ 可表示为

$$\begin{aligned}
\mathcal{L}_{I_{c,m}}(s) &= E[\exp(-sP_c[(1-\varepsilon)|\hat{h}_{c,m}|^2 + \varepsilon]d_{c,m}^{-\alpha})] \\
&= E_{d_{c,m}}\left[\int_0^\infty \exp\left(-\frac{\beta_{R_t}d_{m,m}^\alpha}{P_v(1-\varepsilon)}P_c[(1-\varepsilon)x + \varepsilon]d_{c,m}^{-\alpha}\right)\exp(-x)\mathrm{d}x\right] \\
&= E_{d_{c,m}}\left[\frac{1}{1+\frac{\beta_{R_t}P_c}{P_v}\left(\frac{d_{m,m}}{d_{c,m}}\right)^\alpha}\right]E_{d_{c,m}}\left[\exp\left(-\frac{\beta_{R_t}P_c\varepsilon}{P_v(1-\varepsilon)}\left(\frac{d_{m,m}}{d_{c,m}}\right)^\alpha\right)\right] \tag{10-17}\\
&\stackrel{(a)}{=} \frac{\exp\left(-K(\alpha)\left(\frac{\varepsilon}{1-\varepsilon}\right)^{\frac{2}{\alpha}}\right)}{1+K(\alpha)}
\end{aligned}$$

式中，等式（a）成立是因为根据文献[19]所述结论，采用了如下近似，即

$$E\left[\mathrm{e}^{-\frac{k}{d_{c,m}^\alpha}}\right] \approx \mathrm{e}^{-\frac{k^{\frac{2}{\alpha}}}{E[d_{c,m}]^2}}, \quad E_{d_{c,m}}\left(1/\left(1+\frac{k}{d_{c,m}^\alpha}\right)\right) \approx 1/\left(1+\frac{k^{\frac{2}{\alpha}}}{E[d_{c,m}]^2}\right) \text{ 和 } E[d_{c,m}] = \frac{128R}{45\pi}$$

。进一步，将式（10-16）和式（10-17）代入式（10-15）中，获得典型 D2D-V 链路的 COP 封闭表达式，如式（10-14）所示。由此，完成了定理 10-2 的证明。

2）安全中断性能

在干扰受限的 C-V2X 计算卸载网络中，根据式（10-3）和式（10-6）可知，V2I 卸载链路的安全中断概率 SOP 可表示为定理 10-3 的形式。

定理 10-3 V2I 卸载链路的 SOP 可表示为

$$P_{\mathrm{sop},c} = 1 - \exp\left\{-\frac{\lambda_e\exp\left(\frac{\varepsilon\beta_{R_e}}{\varepsilon-1}\right)}{\lambda_{v,a}\left(\frac{P_v}{P_c}\right)^{\frac{2}{\alpha}}\Omega(\alpha,\varepsilon)\beta_{R_e}^{\frac{2}{\alpha}}}\right\} \tag{10-18}$$

式中，$\beta_{R_e} = 2^{R_t - R_s} - 1$。

证明：考虑非共谋窃听场景[14]，V2I 卸载链路的 SOP 可表示为如下形式。

$$\begin{aligned}
P_{\text{sop},c} &= \Pr(\max_{k \in \Phi_e} C_{E_k} > R_e) \\
&= 1 - \Pr(\max_{k \in \Phi_e} \gamma_k < \beta_{R_e}) \\
&= 1 - E_{\Phi_e, \Phi_v}\left(\prod_{e \in \Phi_e} \Pr(\gamma_k < \beta_{R_e})\right) \\
&= 1 - E_{\Phi_e}\left(\prod_{e \in \Phi_e}(1 - \Pr(|\hat{h}_{c,k}|^2 > \frac{(\varepsilon d_{c,k}^{-\alpha}P_c + I_{m,k})d_{c,k}^\alpha}{P_c(1-\varepsilon)}))\right) \\
&= 1 - E_{\Phi_e}\left(\prod_{e \in \Phi_e}\left(1 - \exp\left(-\frac{\varepsilon \beta_{R_e}}{1-\varepsilon}\right)\mathcal{L}_{I_{m,k}}\left(\frac{r^\alpha}{P_c(1-\varepsilon)}\right)\right)\right) \\
&= 1 - \exp\left(-2\pi\lambda_e \int_0^\infty \exp\left(-\frac{\varepsilon \beta_{R_e}}{1-\varepsilon}\right)\mathcal{L}_{I_{m,k}}\left(\frac{r^\alpha}{P_c(1-\varepsilon)}\right)r\mathrm{d}r\right)
\end{aligned} \quad (10\text{-}19)$$

式中的推导过程类似于式（10-12），$\mathcal{L}_{I_{m,k}}(\cdot)$ 表示 $I_{m,k}$ 的拉斯变换。类似于式（10-12），$\mathcal{L}_{I_{m,k}}(\cdot)$ 表示为

$$\mathcal{L}_{I_{m,k}}(\cdot) = \exp\left(-\pi\lambda_{v,a}\left(\frac{P_v}{P_c}\right)^{\frac{2}{\alpha}}\Omega(\alpha,\varepsilon)\beta_{R_e}^{\frac{2}{\alpha}}d_{m,k}^2\right) \quad (10\text{-}20)$$

进一步将式（10-20）代入式（10-19）中，可得到 $P_{\text{sop},c}$ 表示为如下形式。

$$\begin{aligned}
P_{\text{sop},c} &= 1 - \exp\left(-2\pi\lambda_e \int_0^\infty \exp\left(-\frac{\varepsilon \beta_{R_e}}{1-\varepsilon} - \pi\lambda_{v,a}\left(\frac{P_v}{P_c}\right)^{\frac{2}{\alpha}}\Omega(\alpha,\varepsilon)\beta_{R_e}^{\frac{2}{\alpha}}r^2\right)r\mathrm{d}r\right) \\
&= 1 - \exp\left\{-\frac{\lambda_e \exp\left(-\dfrac{\varepsilon \beta_{R_e}}{1-\varepsilon}\right)}{\lambda_{v,a}\left(\dfrac{P_v}{P_c}\right)^{\frac{2}{\alpha}}\Omega(\alpha,\varepsilon)\beta_{R_e}^{\frac{2}{\alpha}}}\right\}
\end{aligned} \quad (10\text{-}21)$$

由此，完成了定理 10-3 的证明。

目前，我们已经完成了所提系统的 COP 与 SOP 通用封闭表达式的推导，为下一节构建的优化问题求解奠定了基础。由式（10-10）和式（10-18）可知，有效接入密度参数 $\lambda_{v,a}$ 所带来的共道干扰对于 V2I 卸载链路的可靠性能 $P_{\text{cop},c}$ 与安全性能 $P_{\text{sop},c}$ 的影响作用相反。提高 V2I 卸载链路的可靠性能，其安全性能会有所下降。这就意味着，选择一个合适恰当的参数 $\lambda_{v,a}$（接入门限值 G）对于 V2I 卸载链路的可靠性能和安全性能至关重要。为此，下一节将分别求出最大化 V2I 卸载链路的安全吞吐量与最大化系统单位面积频谱效率所对应的 D2D-V 频谱复用最优接入门限值。

10.2.4 D2D-V 频谱复用的最优接入门限值

1. 基于安全吞吐量优化的 D2D-V 频谱复用最优接入门限值

根据定理 10-1 与定理 10-2 所述，D2D-V 频谱复用对接入 V2I 链路的共享频谱资源，意味着增加了 V2I 链路和典型 D2D-V 链路的连通中断概率 COP。然而，根据定理 10-3 的分析结果可知，接入的 D2D-V 链路复用对越多，V2I 链路的安全性能越强。因此，需要合理控制 D2D-V 链路的接入数量，从而在确保 D2D-V 链路的可靠性能的同时，进一步增强 V2I 链路的安全吞吐量性能。

根据式（10-7）所对应安全吞吐量的定义，结合定理 10-1 与定理 10-3 对 V2I 卸载链路的 COP 和 SOP 封闭表达式的推导。安全吞吐量 T_c 可表示为

$$T_c = R_s \exp\left\{-\frac{\varepsilon\beta_{R_t}}{1-\varepsilon} - \pi p_s \lambda_v \left(\frac{P_v}{P_c}\right)^{\frac{2}{\alpha}} \Omega(\alpha,\varepsilon)\beta_{R_t}^{\frac{2}{\alpha}} d_{c,0}^2 - \frac{\lambda_e \exp\left(-\frac{\varepsilon\beta_{R_e}}{1-\varepsilon}\right)}{p_s \lambda_v \left(\frac{P_v}{P_c}\right)^{\frac{2}{\alpha}} \Omega(\alpha,\varepsilon)\beta_{R_e}^{\frac{2}{\alpha}}}\right\} \quad (10\text{-}22)$$

由式（10-22）可知，所述的安全吞吐量 T_c 主要取决于 D2D-V 链路接入概率 p_s 或动态接入门限值 G。T_c 是关于 p_s 的准凸函数，即通过调整 p_s（或 G）能使安全吞吐量 T_c 最大。为此，首先构建的典型 D2D-V 通信链路连通性保障约束条件下的 V2I 链路安全吞吐量优化模型可表示为

$$\underset{p_s}{\text{maximize}} \quad T_c \quad (10\text{-}23)$$

$$\text{s.t.} \quad 0 \leqslant P_{\text{cop},v} \leqslant \delta_v \quad (10\text{-}23\text{a})$$

$$0 \leqslant p_s \leqslant 1 \quad (10\text{-}23\text{b})$$

式（10-23）为目标优化函数，式（10-23a）为 D2D-V 链路的连通可靠性约束条件，其中 δ_v 为最大连通中断概率值，式（10-23b）表示 D2D-V 链路接入概率的约束条件。根据式（10-14）中 D2D-V 链路的连通中断概率 $P_{\text{cop},v}$ 的表达式，式（10-23）所对应的多约束条件不等式可转化为式（10-24）中关于 p_s 的单变量约束问题。

$$\begin{cases} p_s \leqslant -\dfrac{\ln\left((1-\delta_v)(1+K(\alpha))\right) + \dfrac{\varepsilon\beta_{R_t}}{1-\varepsilon} + K(\alpha)\left(\dfrac{\varepsilon}{1-\varepsilon}\right)^{\frac{2}{\alpha}}}{\lambda_v \pi \Omega(\alpha,\varepsilon)\beta_{R_t}^{\frac{2}{\alpha}} d_{m,m}^{\alpha}} = p_{s,1} \\ 0 \leqslant p_s \leqslant 1 \end{cases} \quad (10\text{-}24)$$

由式（10-22）可知，最大安全吞吐量 T_c 的目标相当于最小化 $-\ln T_c$，为进一步简化目标

函数的构成，本节定义为

$$\begin{cases} a = \pi \lambda_v \left(\dfrac{P_v}{P_c}\right)^{\frac{2}{\alpha}} \Omega(\alpha,\varepsilon) \beta_{R_t}^{\frac{2}{\alpha}} d_{v,0}^2 \\ b = \dfrac{\lambda_e \exp\left(-\dfrac{\varepsilon \beta_{R_e}}{1-\varepsilon}\right)}{\lambda_v \left(\dfrac{P_v}{P_c}\right)^{\frac{2}{\alpha}} \Omega(\alpha,\varepsilon) \beta_{R_e}^{\frac{2}{\alpha}}} \end{cases} \quad (10\text{-}25)$$

由此，式（10-23）所对应的优化模型简写为

$$\underset{p_s}{\text{maximize}} \quad f(p_s) = a p_s + \dfrac{b}{p_s}$$
$$\text{s.t. } 0 \leqslant p_s \leqslant \min(p_{s,1}, 1) \quad (10\text{-}26)$$

式中，目标函数 $f(p_s)$ 关于 p_s 的一阶导数与二阶导数可表示为

$$\begin{cases} \dfrac{\partial f(p_s)}{\partial p_s} = a - \dfrac{b}{p_s^2} \\ \dfrac{\partial^2 f(p_s)}{\partial p_s^2} = \dfrac{2b}{p_s^3} \end{cases} \quad (10\text{-}27)$$

当 $\dfrac{\partial f(p_s)}{\partial p_s} = 0$ 时，得到

$$p_{s,T}^* = \sqrt{\dfrac{b}{a}} = \left(\dfrac{P_c}{P_v}\right)^{\frac{2}{\alpha}} \dfrac{1}{\lambda_v \Omega(\alpha,\varepsilon) \beta_{R_t}^{\frac{1}{\alpha}} \beta_{R_e}^{\frac{1}{\alpha}} d_{c,0}} \sqrt{\exp\left(\dfrac{\varepsilon \beta_{R_e}}{\varepsilon-1}\right) \lambda_e / \pi} \quad (10\text{-}28)$$

由式（10-27）可知，$f(p_s)$ 关于 p_s 的二阶导数 $\dfrac{\partial^2 f(p_s)}{\partial p_s^2} \geqslant 0$ 总是成立的。因此，$f(p_s)$ 是关于 p_s 的准凸函数。故最大化安全吞吐量 T_c 的最优接入概率值 $p_{s,T}^{\text{opt}}$ 仅存在于边界点或函数极值点。因此，所述优化模型中最优接入概率值 $p_{s,T}^{\text{opt}}$ 可表示为

$$p_{s,T}^{\text{opt}} = \begin{cases} p_{s,T}^*, & \text{当 } 0 \leqslant p_s^* \leqslant \min(p_{s,1},1) \text{ 时} \\ \min(p_{s,1},1), & \text{其他} \end{cases} \quad (10\text{-}29)$$

将所述最优接入概率值 $p_{s,T}^{\text{opt}}$ 代入式（10-9）可得到 D2D-V 频谱复用链路连通中断概率约束下，V2I 链路安全吞吐量最大时所对应的 D2D-V 频谱复用最优接入门限值 $G_{T,\text{opt}}$ 为

$$G_{T,\text{opt}} = (\varepsilon-1) d_{m,m}^{-\alpha} \ln(p_{s,T}^{\text{opt}}) \quad (10\text{-}30)$$

根据式（10-30）可知，为权衡 V2I 卸载链路的安全性能与可靠性能，最优接入门限值能根据时变信道下不同信道估计误差的动态车载环境自适应调节，维持 D2D-V 链路的频谱复用方式下的干扰可控，同时最大化 V2I 卸载链路的安全吞吐量。

2. 基于单位面积总频效优化的 D2D-V 频谱复用最优接入门限

下面将考虑在 V2I 链路安全中断性能约束条件下，如何通过合理设计 D2D-V 频谱复用最优接入门限值，实现所提系统单位面积总频谱效率（Area Spectral Efficiency，ASE）最大化。所提系统总 ASE 等于 D2D-V 频谱复用链路的 ASE 和 V2I 链路的 ASE 之和。本节采用 η_v 和 η_c 分别表示 D2D-V 频谱复用链路的 ASE 和 V2I 链路的 ASE。根据定义，η_v 可表示为

$$\begin{aligned}\eta_v &= p_s \lambda_v (1 - P_{\text{cop},v}) \log(1+\beta_{R_t}) \\ &= p_s \lambda_v \log(1+\beta_{R_t}) \frac{1}{1+K(\alpha)\beta_{R_t}^{\frac{2}{\alpha}}} \times \\ & \exp\left\{-\frac{\varepsilon\beta_{R_t}}{1-\varepsilon} - K(\alpha)\beta_{R_t}^{\frac{2}{\alpha}}\left(\frac{\varepsilon}{1-\varepsilon}\right)^{\frac{2}{\alpha}} - \pi p_s \lambda_v \Omega(\alpha,\varepsilon)\beta_{R_t}^{\frac{2}{\alpha}} d_{m,m}^2\right\} \\ &= A p_s \exp(-B p_s)\end{aligned} \quad (10\text{-}31)$$

其中

$$A = \lambda_v \log(1+\beta_{R_t}) \frac{1}{1+K(\alpha)\beta_{R_t}^{\frac{2}{\alpha}}} \exp\left\{-\frac{\varepsilon\beta_{R_t}}{1-\varepsilon} - K(\alpha)\beta_{R_t}^{\frac{2}{\alpha}}\left(\frac{\varepsilon}{1-\varepsilon}\right)^{\frac{2}{\alpha}}\right\} \quad (10\text{-}32)$$

$$B = \pi \lambda_v \Omega(\alpha,\varepsilon) \beta_{R_t}^{\frac{2}{\alpha}} d_{m,m}^2 \quad (10\text{-}33)$$

根据文献[17]可知，V2I 链路的 ASE（η_c）可表示为

$$\eta_c = \frac{(1-P_{\text{cop},c})\log(1+\beta_{R_t})}{\pi R^2} = C \exp(-D p_s) \quad (10\text{-}34)$$

其中

$$\begin{cases} C = \log(1+\beta_{R_t})\exp\left(-\dfrac{\varepsilon\beta_{R_t}}{1-\varepsilon}\right)/\pi R^2 \\ D = \pi \lambda_v \left(\dfrac{P_v}{P_c}\right)^{\frac{2}{\alpha}} \Omega(\alpha,\varepsilon)\beta_{R_t}^{\frac{2}{\alpha}} d_{c,0}^2 \end{cases} \quad (10\text{-}35)$$

根据式（10-31）和式（10-34）可知，本节构建的 V2I 卸载链路安全性能约束条件下的系统总 ASE 最大化优化模型可表示为

$$\underset{p_s}{\text{maximize}} \quad \eta_{\text{tot}} = \eta_v + \eta_c \tag{10-36}$$

$$\text{s.t.} \quad 0 \leqslant P_{\text{sop},c} \leqslant \sigma_c \tag{10-36a}$$

$$0 \leqslant p_s \leqslant 1 \tag{10-36b}$$

式（10-36）为目标优化函数，式（10-36a）为 V2I 链路的安全中断概率约束条件，其中 σ_c 为最大安全中断概率值。式（10-36b）表示 D2D-V 链路接入概率的约束条件。

根据式（10-18）V2I 链路安全中断概率 $P_{\text{sop},c}$ 的表达式，式（10-36）所对应的多约束条件不等式可转化为式（10-37）关于 p_s 的单变量约束问题。

$$\begin{aligned}\underset{p_s}{\text{maximize}}\ \eta_{\text{tot}} &= Ap_s \exp(-Bp_s) + C\exp(-Dp_s)\\ \text{s.t.}\ p_{s,3} &\leqslant p_s\\ 0 &\leqslant p_s \leqslant 1\end{aligned} \tag{10-37}$$

其中

$$p_{s,3} = \frac{\lambda_e \exp\left(-\dfrac{\varepsilon \beta_{R_e}}{1-\varepsilon}\right)}{-\lambda_v \left(\dfrac{P_v}{P_c}\right)^{\frac{2}{\alpha}} \ln(1-\sigma_c)\Omega(\alpha,\varepsilon)\beta_{R_t}^{\frac{2}{\alpha}}} \tag{10-38}$$

总频效 ASE η_{tot} 关于 p_s 的一阶导数为

$$\frac{\partial \eta_{\text{tot}}}{\partial p_s} = A\mathrm{e}^{-Bp_s} - ABp_s\mathrm{e}^{-Bp_s} - CD\mathrm{e}^{-Dp_s} \tag{10-39}$$

当 $\dfrac{\partial \eta_{\text{tot}}}{\partial p_s} = 0$ 时，可将式（10-39）进一步表示为

$$(1-Bp_s) = \frac{CD}{A}\mathrm{e}^{(B-D)p_s} \tag{10-40}$$

根据文献[17]的附录 B 中的求解方法，式（10-40）中满足一阶最优化条件的 p_s 可表示为

$$p_s = \frac{1}{B} + \frac{1}{D-B}W\left(-\frac{CD(D-B)\mathrm{e}^{-(D-B)/B}}{AB}\right) \tag{10-41}$$

式中，$W(\cdot)$ 表示"朗博"函数[14,17]，其定义为 $f(x) = x\mathrm{e}^x$ 的反函数。因此，所述优化模型中最优接入概率值 $p_{s,\eta}^{\text{opt}}$ 可表示为

$$p_{s,\eta}^{\text{opt}} = \max\{\min\{p_s,1\},p_{s,3}\} \tag{10-42}$$

同理，根据式（10-9）和式（10-42），V2I 链路安全性能约束下，所提系统总频效 ASE 最大化时，所对应的 D2D-V 频谱复用最优接入门限值 $G_{\text{ASE,opt}}$ 可表示为

$$G_{\text{ASE,opt}} = (\varepsilon - 1) d_{m,m}^{-\alpha} \ln(p_{s,\eta}^{\text{opt}}) \tag{10-43}$$

综上所述，本节已分别求解得到了 D2D-V 链路连通中断概率约束下的 V2I 链路安全吞吐量最大化时所对应的 D2D-V 链路最优接入门限值 $G_{T,\text{opt}}$，以及 V2I 链路安全性能约束下所提系统总 ASE 最大化时所对应的 D2D-V 链路最优接入门限值 $G_{\text{ASE,opt}}$。10.3 将分析不同系统参数对系统性能的影响，进一步通过数值仿真验证所提理论的正确性。

10.3 仿真结果与性能分析

本节将在 MATLAB 平台通过数值仿真来验证本章所提理论的正确性。本节仿真分析不同系统参数如 R_t、R_e、ε、$\lambda_{v,a}$、λ_e、δ_v 和 σ_c 对系统连通性能和安全性能的影响。系统仿真参数如下[14]：$\alpha = 4$，$R = 500$ m，$d_{c,0} = 100$ m，$d_{m,m} = 40$ m，$P_c = 30$ dBm 和 $P_v = 10$ dBm。另外，编码传输速率 $R_t = 3.5$ bps/Hz，安全冗余速率 $R_e = 3$ bps/Hz，无特殊说明情况下，信道估计误差系数 $\varepsilon = 0$。

图 10-2 描绘了不同信道估计误差系数 ε（$\varepsilon = 0, 0.2, 0.5$）下连通中断概率随码字传输速率 R_t 的变化曲线。由图 10-2 可知，针对不同的信道估计误差，随着码字传输速率 R_t 的不断增加，V2I 链路的连通中断概率 $P_{\text{cop},c}$ 和 D2D-V 链路的连通中断概率 $P_{\text{cop},v}$ 都呈现先增加后趋于 1 的趋势，这是因为码字传输速率 R_t 的增加使得 V2I 链路和 D2D-V 链路的瞬时信道容量大于 R_t 的概率逐渐减少。该数值结果与式（10-10）和式（10-14）对应的解析结果相吻合。当固定 R_t 不变时，信道估计误差系数 ε 的增加也增加了连通中断概率 $P_{\text{cop},c}$ 和 $P_{\text{cop},v}$，这是因为车载时变信道下不完美 CSI 的程度越高，连通性能越差。

图 10-3 描绘了不同信道估计误差系数 ε 与有效接入密度 $\lambda_{v,a}$ 下，V2I 链路的连通中断概率 $P_{\text{cop},c}$ 和安全中断概率 $P_{\text{sop},c}$ 分别随码字传输速率 R_t 与安全冗余速率 R_e 的变化曲线。由图 9-3 可知，V2I 链路的 $P_{\text{cop},c}$ 与 $P_{\text{sop},c}$ 之间存在性能折中，同时信道估计误差系数 ε 与有效接入密度 $\lambda_{v,a}$ 的增加都能有效提升 V2I 链路的安全性能。然而，V2I 链路的安全中断概率 $P_{\text{sop},c}$ 随着安全冗余速率 R_e 的增加而降低，这是因为大的安全冗余速率 R_e 能够进一步增强 V2I 链路的安全性能。

图 10-4 描绘了不同链路的中断概率性能随着接入概率 p_s 的变化曲线，其中 D2D-V 链路的密度和窃听节点的密度分别为 $\lambda_v = 20 \times 10^{-5} /\text{m}^2$ 和 $\lambda_e = 0.5 \times 10^{-5} /\text{m}^2$。由图 10-4 可知，V2I 链路的连通中断概率 $P_{\text{cop},c}$ 和 D2D-V 链路的连通中断概率 $P_{\text{cop},v}$ 都随着接入概率 p_s 的增加而增大，相反，V2I 链路的安全中断概率 $P_{\text{sop},c}$ 随着接入概率 p_s 的增加而减小。究

其原因是，D2D-V 链路的接入概率越大，使得激活的有效 D2D-V 复用对越多，故以此带来的共道干扰降低了 V2I 链路和 D2D-V 链路的连通性能。然而，这种共道干扰对于抗窃听是有利的，故 V2I 链路安全中断概率下降，表现为安全性能增强。图 10-4 的结果进一步验证了图 10-2 和图 10-3 结果的正确性。

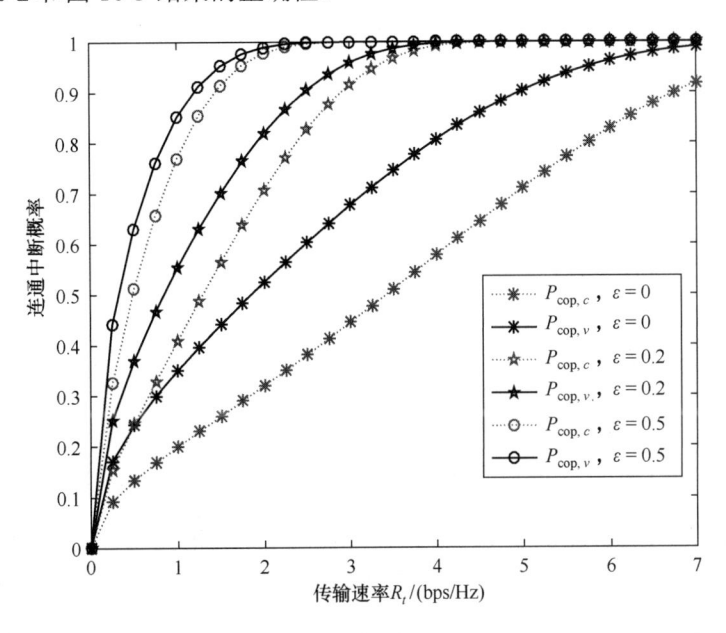

图 10-2　不同信道估计误差系数 ε 下连通中断概率随码字传输速率 R_t 的变化曲线

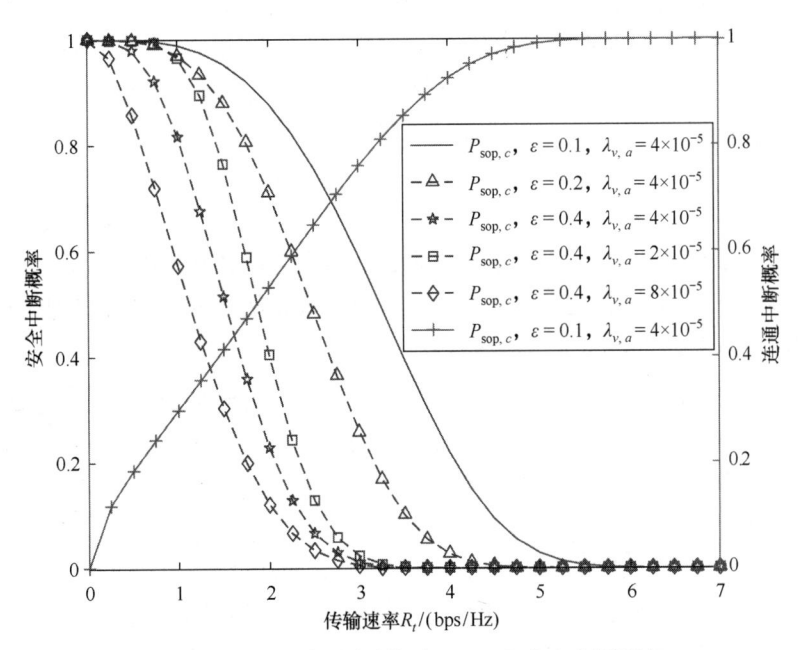

图 10-3　V2I 链路的连通中断概率 $P_{\text{cop},c}$ 和安全中断概率 $P_{\text{cop},c}$ 分别随码字传输速率 R_t 和安全冗余速率 R_e 的变化曲线

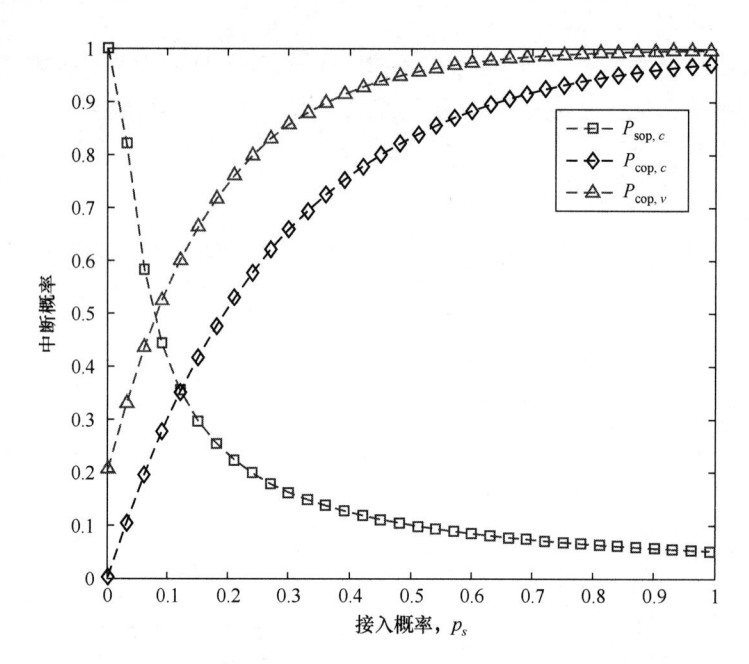

图 10-4　不同链路的中断概率性能随着接入概率 p_s 的变化曲线

图 10-5 描绘了 V2I 链路的安全吞吐量 T_c 和总 ASE η_{tot} 随 D2D-V 接入门限值 G 的变化曲线。由图 10-5 可知，安全吞吐量 T_c 和总 ASE η_{tot} 都随着接入门限值 G 的增大变为先增大到某一极值点，而后逐渐减小的趋势。这意味着，存在不同的接入门限值 G_1 和 G_2 能分别最大化安全吞吐量 T_c 和总 ASE η_{tot}。这是因为，增大接入门限值意味着减小 D2D-V 链路接入概率。当参数 G 较小时（$G < G_1$），总 ASE 和安全吞吐量都随着 G 的增大而增加，因为大的接入门限值能进一步增强 V2I 链路的连通性。然而，当参数 G 在中等范围时（$G_1 < G < G_2$），D2D-V 链路频谱复用所带来的共道干扰对于抗窃听的有利影响大于其对连通性能的影响，故安全吞吐量 T_c 继续增加而总 ASE 呈现出下降的趋势。如果参数 G 继续增大即当 $G > G_2$ 时，D2D-V 链路频谱复用所带来的共道干扰对于安全吞吐量和总 ASE 的影响都较大，干扰呈现出不利的因素，因此 V2I 链路的安全吞吐量和总 ASE 的变化曲线都表现为逐渐下降的趋势。由此可知，合理设计 D2D-V 接入门限值 G 对于所提系统的不同安全性能和频效性能需求至关重要。

图 10-6 描绘了不同条件下安全吞吐量 T_c 随接入门限值 G 的变化曲线。由图 10-6 可知，在相同的 D2D-V 链路的密度 λ_v 和信道估计误差系数 ε 下，V2I 链路安全吞吐量 T_c 最大化时的最优接入门限值 G_1 随着窃听节点密度 λ_e 的减少而增大。这是因为参数 λ_e 的减少使得窃听链路容量降低，以致较少的 D2D-V 链路共道干扰就足以保证系统安全。同时，在相同的窃听节点密度 λ_e 和信道估计误差系数 ε 下，增大 D2D-V 链路的密度 λ_v 对改善 V2I 链路安全吞吐量 T_c 的作用不显著，这是因为增大 D2D-V 链路的密度 λ_v 的同时，虽然降低了 V2I 链路的安全中断概率，但是 V2I 链路的连通中断概率也随着增加，故安全吞吐量 T_c 并无明显提升。从图 10-6 中可知，信道估计误差系数 ε 的增加，安全吞吐量 T_c 显著减低。

例如，当 $\lambda_v = 10 \times 10^{-5}$ /m², $\lambda_e = 1 \times 10^{-5}$ /m² 时，参数 ε 的值从 0 增加到 0.2 时，安全吞吐量 T_c 的最大值相对减少了 86%。

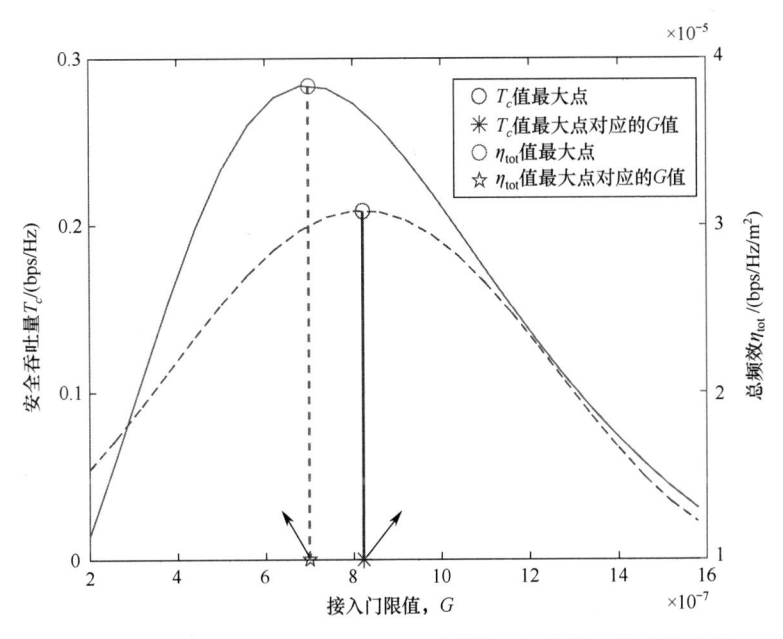

图 10-5 安全吞吐量 T_c 和总 ASE η_{tot} 随着接入门限值 G 的变化曲线

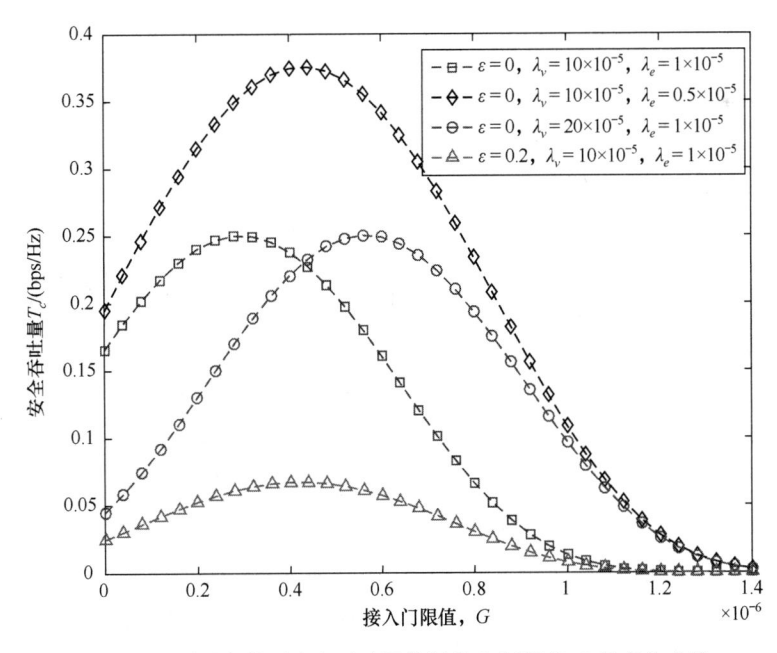

图 10-6 不同条件下安全吞吐量 T_c 随接入门限值 G 的变化曲线

图 10-7 描绘了不同条件下安全吞吐量最大时的最优接入门限值 G_1 随信道估计误差系数 ε 的变化曲线。由图 10-7 可知，随着参数 ε 的增大，最优接入门限值 G_1 先逐渐增大后

不断减小。究其原因是在参数 ε 相对较小时，大的接入门限值能增加连通性能，从而平衡了车载时变信道下由于信道估计误差对性能的影响。然而，当参数 ε 继续增大时，信道估计误差导致的干扰越来越大，为了维持 V2I 卸载链路的安全速率，故最优接入门限值 G_1 表现为逐渐下降的趋势。另外，对于给定不变的参数 ε，增大窃听节点密度 λ_e 使得最优接入门限值 G_1 减少，因为需要更多的 D2D-V 链路产生的共道干扰来抵抗窃听者的窃听。同时，码字传输速率 R_t 的提高也能增大最优接入门限值 G_1，这是因为大的接入门限值使得 V2I 链路的连通性能更加稳定。比较图 10-7 中的 4 条变化曲线可知，随着参数 ε 的增大，最优接入门限值 G_1 之间的差异值越来越小并趋近于 0。这是因为大的信道估计误差时安全吞吐量的值比较小，优化接入门限值对安全吞吐量的提升效果不明显。

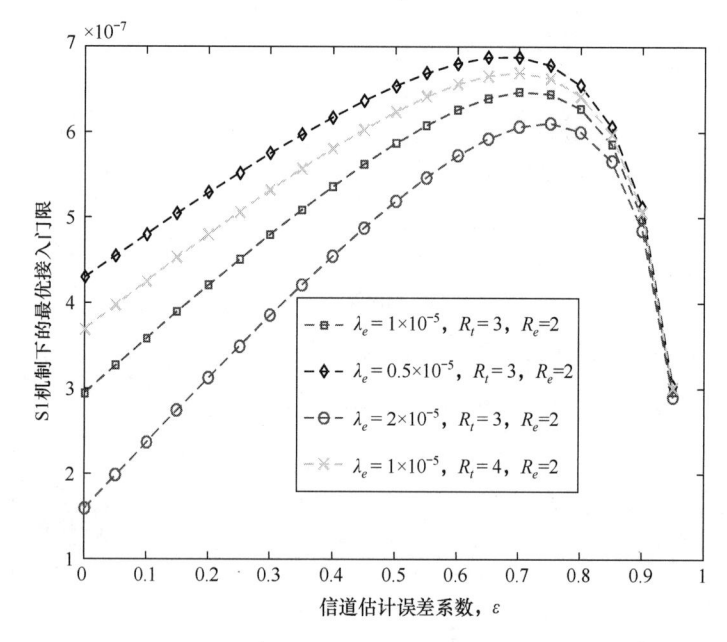

图 10-7　不同条件下安全吞吐量最大时的最优接入门限值 G_1 随信道估计误差系数 ε 的变化曲线

图 10-8 描绘了最大安全吞吐量随 D2D-V 链路连通中断概率限制 δ_v 的变化曲线。其中，仿真参数设置如下：$R_t = 0.8$ bps/Hz，$R_e = 0.2$ bps/Hz，$\lambda_v = 20 \times 10^{-5}$ /m² 和 $\lambda_e = 1 \times 10^{-5}$ /m²。结果显示，随着 D2D-V 链路连通中断概率限制值 δ_v 的增大，最大安全吞吐量先逐渐增加，然后趋近于某一个固定值，这是因为在 D2D-V 通信链路连通性保障约束条件下，根据式（10-29），最优接入概率值 $p_{s,T}^{opt}$ 取决于边界点 $p_{s,1}$ 或极值点 $p_{s,T}^*$。例如，当 $\delta_v < 0.7$ 时，边界点 $p_{s,1}$ 的值小于极值点 $p_{s,T}^*$，因此最大安全吞吐量随着 D2D-V 链路连通中断概率限制 δ_v 的增大而增加。反之，当边界点 $p_{s,1}$ 的值大于极值点 $p_{s,T}^*$ 时，最大安全吞吐量的值维持不变。进一步分析可知，增大 D2D-V 用户对间的距离，路径损失增加，导致连通性下降，进一步降低了安全吞吐量。在相同的 D2D-V 用户对间的距离条件下，车载时变信道下车辆运动导致的信道估计误差系数越大，导致的 V2I 计算卸载的安全吞吐量越小。

第 10 章 边缘计算——计算卸载技术

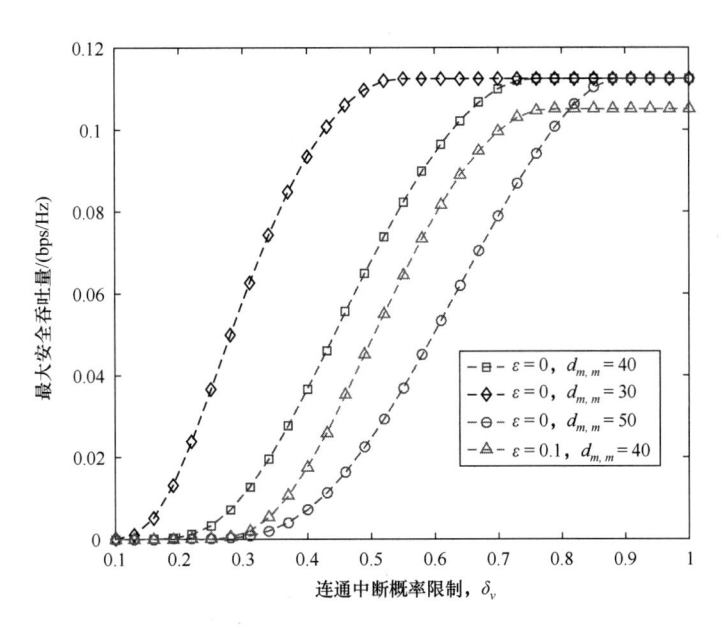

图 10-8 最大安全吞吐量随 D2D-V 链路连通中断概率限制 δ_v 的变化曲线

图 10-9 描绘了在不同的窃听节点的密度 λ_e 下，总 ASE 随 V2I 链路安全中断概率限制 σ_c 的变化曲线。结果显示，随着 V2I 链路安全中断概率限制值 σ_c 的增大，总 ASE 变为逐渐增加的趋势，这意味着增加总 ASE 导致了 V2I 链路的安全性能一定程度上的下降。同时固定限制值 σ_c 不变，参数 $\lambda_e = 1 \times 10^{-5} /m^2$ 对应的总 ASE 值小于参数 $\lambda_e = 0.5 \times 10^{-5} /m^2$ 时对应的总 ASE 值。这是因为参数 λ_e 的增大导致了接入门限值降低，从而导致了由 D2D-V 链路复用对系统产生的干扰增加，故总 ASE 性能下降。

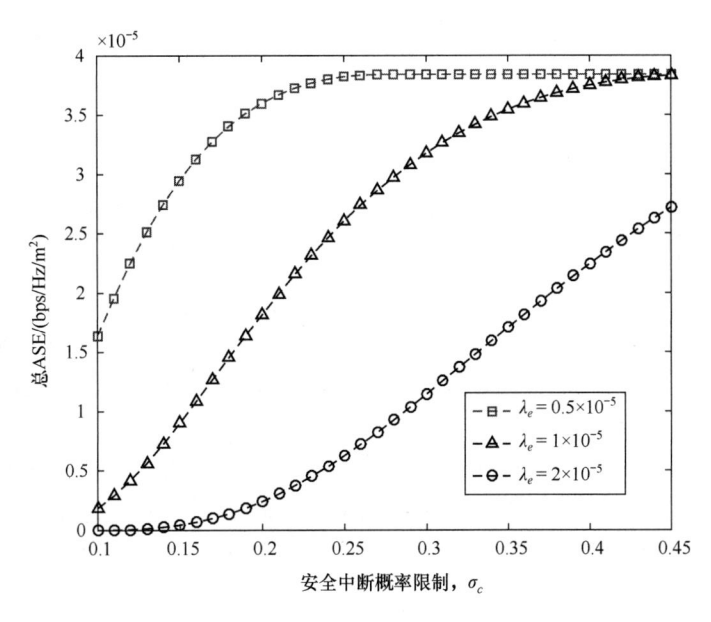

图 10-9 总 ASE 随 V2I 链路安全中断概率限制 σ_c 的变化曲线

图 10-10 描绘了不同接入机制下最大安全吞吐量随窃听节点密度 λ_e 的变化曲线。实验结果表明，所考虑的接入机制下最大安全吞吐量都随着窃听节点密度 λ_e 的增大而减小。值得说明的是，所提机制相对于文献[20~23]中所述的其他机制，其最大安全吞吐量性能最优。例如，随着参数 λ_e 的增大，所提机制相对于文献[20]中的完全接入机制所对应的安全吞吐量性能增益逐渐减小。这是因为当窃听密度较小时，所有潜在的 D2D-V 链路同时复用 V2I 链路资源导致 V2I 链路的连通性能恶化。然而，当窃听密度较大时，D2D-V 链路复用产生的共道干扰对于 V2I 链路的安全性能是有利的。另外，所提机制相对于文献[22]中基于 D2D-V 用户相对距离的接入机制所呈现的性能优势在高窃听节点密度区域更为明显。这就意味着，所提机制能够在不同的车载时变信道条件下通过有效地选择和控制 D2D-V 用户的频谱接入门限值，从而进一步改善所提系统的安全吞吐量性能。

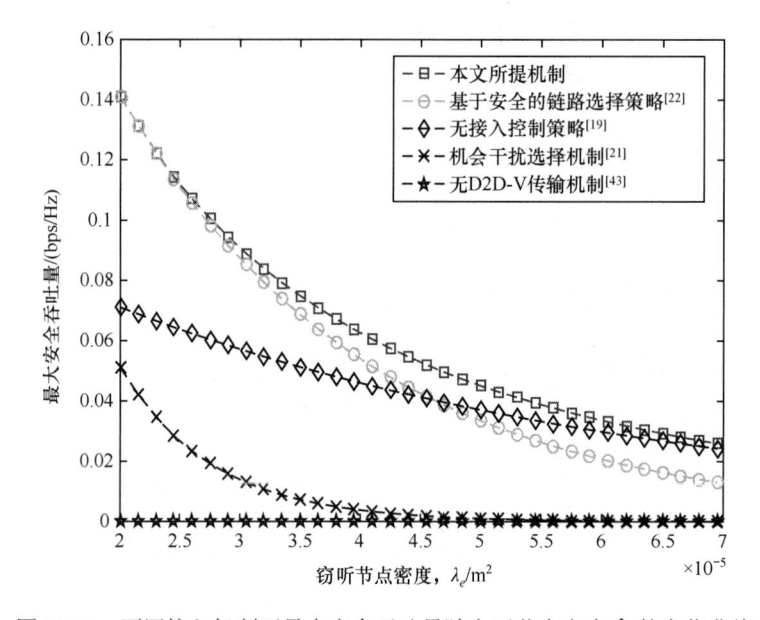

图 10-10　不同接入机制下最大安全吞吐量随窃听节点密度 λ_e 的变化曲线

10.4　本章小结

从物理层安全的角度来看，D2D-V 用户和蜂窝用户信道复用所产生的共道干扰可当作一种协作有益干扰信号，从而带来一定的安全增益。本章针对 C-V2X 的计算卸载网络中 V2I 卸载链路的物理层安全问题，提出了一种车载时变信道下的 D2D-V 链路频谱复用的物理层安全动态接入机制。该机制在不完美 CSI 条件下考虑了车辆的速度信息与信道反馈延时信息，通过合理设置 D2D-V 频谱复用的接入门限值，在动态车载时变信道条件下将 D2D-V 用户频谱复用所产生的共道干扰用于抵御窃听，从而实现 D2D-V 接入链路对 V2I 链路的干扰可控并保障物理层安全。本章首先提出了 C-V2X 的计算卸载物理层安全通信系统模型，根据 D2D-V 链路频谱复用的动态接入机制推导了 V2I 链路与 D2D-V 链路的 COP 与 SOP 的表达式。在此基础上，本章分别构建了在 D2D-V 通信链路可靠性约束下 V2I 卸载链路安全吞吐量最大化优化模型与 V2I 卸载链路安全性能约束条件下的系统总频谱效率最大化优化模型，并分别求解得到了上述优化问题的最优动态接入门限值。最后，本章分析了信道估计误差、窃听用户密度等系统参数对所提系统最优 D2D-V 用户接入门限值和安全性能的影响。数值仿真实验结果表明，本章所提的安全接入机制下对应的安全吞吐量的值均优于其他接入机制下对应的性能值，这进一步说明了该机制能够在不同的车载时变信道条件下实现 D2D-V 链路接入门限的动态变化。

参 考 文 献

[1] Abbas N, Zhang Y, Taherkordi A, et al. Mobile edge computing: a survey[J]. IEEE Internet of Things Journal, 2017, 5(1): 450-465.

[2] Zahed M I A, Ahmad I, Habibi D, et al. A review on green caching strategies for next generation communication networks [J]. IEEE Access, 2020, 8: 212709-212737.

[3] Li L, Zhao G, Blum R S. A survey of caching techniques in cellular networks: research issues and challenges in content placement and delivery strategies[J]. IEEE Communications Surveys & Tutorials, 2018, 20(3): 1710-1732.

[4] Peng M, Yu Y, Xiang H, et al. Energy-efficient resource allocation optimization for multimedia heterogeneous cloud radio access networks [J]. IEEE Transactions on Multimedia, 2016, 18(5):879-892.

[5] 朱婉婷. 面向城市道路的车联网紧急消息可靠传输机制研究[D]. 北京:北京交通大学, 2017.

[6] Liu P J, Li J L, Sun Z W. Matching-based task offloading for vehicular edge computing[J]. IEEE Access, 2019, 7: 27628-27640.

[7] 张海波, 栾秋季, 朱江, 等. 基于移动边缘计算的 V2X 任务卸载方案[J]. 物联网学报, 2018, 2(3): 36-43.

[8] 王寒松. 车联网中基于 MEC 的计算任务卸载策略研究[D]. 北京: 北京邮电大学, 2019.

[9] Qiu B, Xiao H, Chronopoulos A T, Ouyang S. Optimal access scheme for security provisioning of C-V2X computation offloading network with imperfect CSI[J]. IEEE Access, 2020, 8(1): 9680-9691.

[10] Ren Y, Liu F, Liu Z. Power control in D2D-based vehicular communication networks [J]. IEEE Transactions on Vehicular Technology, 2015, 64(12): 5547-5562.

[11] Cheng N, Zhou H, Lei L, et al. Performance analysis of vehicular device-to-device underlay communication[J]. IEEE Transactions on Vehicular Technology, 2017, 66(6): 5409-5421.

[12] Yuan Y, Wang C X, Cheng C, et al. Novel 3D geometry-based stochastic models for non-isotropic MIMO vehicle-to-vehicle channels[J]. IEEE Transactions on Wireless Communications, 2014, 13(1): 298-309.

[13] Liu Z, Han X, Liu Y, Wang Y. D2D-based vehicular communication with delayed CSI feedback[J]. IEEE Acccss, 2018, 6: 52857-52866.

[14] Liu X, Zheng K, Liu X, et al. Towards secure and energy-efficient CRNs via embracing interference: a stochastic geometry approach[J]. IEEE Access, 2018, 6(1): 36757-36770.

[15] Wang L, Liu J, Chen M, et al. Optimization-based access assignment scheme for physical-layer security in

D2D communications underlaying a cellular network[J]. IEEE Transactions on Vehicular Technology, 2018, 67(7): 5766-5777.

[16] Zhou X, Ganti R K, Andrews J G, et al. On the throughput cost of physical layer security in decentralized wireless networks[J]. IEEE Transactions on Wireless Communications, 2011, 10(8): 2764-2775.

[17] Ma Y, Zhou L, Gu Z, Song Y, Wang B. Channel access and power control for mobile crowdsourcing in device-to-device underlaid cellular networks[J]. Wireless Communications & Mobile Computing, 2018: 1-13.

[18] Sum P, Shin K G, Zhang H L, et al. Transmit power control for D2D-underlaid cellular networks based on statistical features [J]. IEEE Transactions on Vehicular Technology, 2017, 66(5): 4110-4119.

[19] Menmi A, Rezki Z, Aloui M. Power control for D2D underlay cellular networks with channel uncertainty[J]. IEEE Transactions on Wireless Communications, 2017, 16(2): 1330-1343.

[20] Wang L, Liu X. Secure cooperative communication scheme for vehicular heterogeneous networks[J]. Vehicular Communications, 2018, 11: 46-56.

[21] Yue J, Ma C, Yu H, Zhou W. Secrecy-based access control for device-to-device communication underlaying cellular networks[J]. IEEE Communications Letters, 2013, 17(11): 2068-2071.

[22] Tolossa Y J, Vuppala S, Kaddoum G, Abreu G. On the uplink secrecy capacity analysis in D2D-enabled cellular network[J]. IEEE Systems Journal, 2018, 12(3): 2297-2307.

[23] Vuppala S, Abreu G. Unicasting on the secrecy graph[J]. IEEE Transactions on Information Forensics Security, 2013, 8(9): 1469-1481.

第 11 章
认知无线电技术

11.1 引言

认知车载网络系统网络架构(Cognitive Radio Vehicular Ad-Hoc Network,CR-VANET)如图 11-1 所示,主要由车辆、路边单元(Road Side Unit,RSU)等组成。装有认知无线电(Cognitive Radio,CR)设备的车辆,作为次用户(Secondary User,SU)对各授权频谱进行周期性频谱感知,并通过车载自组网的控制信道,将空闲频段的相关信息周期性上报给其所接入的 RSU;假设 RSU 为认知车载网络系统的集中控制中心(功能类似小基站 Small Base Station,SBS),RSU 接收其所覆盖范围内的车载用户感知结果等信息并融合,将所检测得到的空闲频谱资源组成频谱池,再根据车载用户上报的频谱请求及相关信息,将空闲频谱资源分配给车载用户。频谱池[1]的建立有利于 RSU 将可用频谱资源高效地分配给车载用户,实现认知 C-V2X 车载通信。

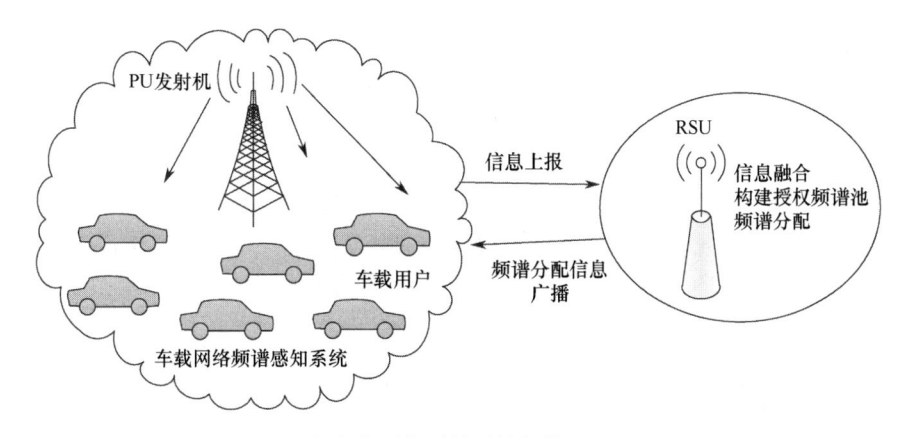

图 11-1 认知车载网络系统网络架构(CR-VANET)

在实际网络中,由于主用户(Primary User,PU)的地理分布特性及车辆的移动,车载用户能够接入授权频谱的机会随着时域及空域上的改变而发生变化,网络拓扑结构也会随着车辆的移动而变化。为了方便研究,假设在每个频谱感知和分配周期内,车载网络的拓扑结构和可用频谱资源等都将保持不变。

11.2 频谱感知

我们感知的主要对象是数字地面电视广播系统（Digital Video Broadcasting Terrestrial，DVB-T）信号，采用的方式是 PU 发射机检测，利用 SU 的感知值来判定 PU 是否存在，并通过 RSU 来进行最终判决该频段是否可用。认知车载网络中，感知按照如下的过程进行：一个队列中的所有 SU 接收 DVB-T 频段信号。SU 射频前端将整个频段按照预设的子频段带宽分段，并采用基于信任度的自适应加权双门限频谱感知算法进行频谱检测来判断该子频段是否空闲，将感知结果进行判决之后传播给 RSU。当一个子频段感知完成之后，认知用户自动切换到下一子频段进行感知，直到将所有的频段感知完成。

11.2.1 系统建模

车载环境下的频谱感知模型如图 11-2 所示。

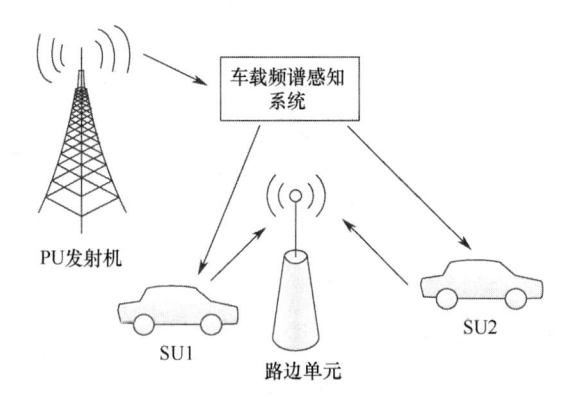

图 11-2 车载环境下的频谱感知模型

充当 SU 的车载用户，可以在不对 PU 产生影响的条件下机会式地利用 PU 的可用频段。SU 在利用空闲频段进行通信前一定要准确及时地对 PU 信号进行检测，并准确地判断出该频段中是否出现了 PU 信号。因此，从概率论的角度上讲，可以用基于 PU 信号占用情况的二元假设问题来对频谱感知模型进行描述。

$$x(t) = \begin{cases} w(t), H_0 \\ h(t)p(t)+w(t), H_1 \end{cases} \tag{11-1}$$

式中，H_0 代表 PU 未占用授权频段的情况，此时表示有频谱空洞；H_1 代表 PU 在使用授权频段的状态，此时表示非频谱空洞；$w(t)$ 为加性高斯白噪声信号；$p(t)$ 为 PU 的发射机信号；$x(t)$ 为待检测信号；$h(t)$ 表示信道响应。

在频谱感知中，会经常用到以下三个指标来衡量感知性能的好坏：虚警概率、检测概率和漏检概率。虚警概率常用 P_f 表示，它的含义为：在 PU 没有用授权频段，存在"频谱空洞"的情况下，SU 未准确探测到该状况的概率。检测概率常用 P_d 表示，它的含义为：SU 准确探测出 PU 对授权频段使用情况的概率。漏检概率常用 P_m 表示，它的含义为：在 PU 占用授权频段情况下，SU 检测为"频谱空洞"的概率。因此在式（11-1）的基础上，根据接收信号 $x(t)$ 来构造统计量 C，然后再将 C 与设定的门限值 V_{th} 进行比较，并采用对应的判定准则实行判决获得检测结果。因此，P_d、P_f 和 P_m 可以分别表示如下。

$$\begin{cases} P_f = P(C > V_{th} \mid H_0) \\ P_d = P(C > V_{th} \mid H_1) \\ P_m = P(C < V_{th} \mid H_1) \end{cases} \quad (11\text{-}2)$$

式中，$P(\cdot)$ 表示概率函数。其中，$P_m = 1 - P_d$。因此，由式（11-2）可知，检测概率的高低是衡量 CR 系统好坏的重要标准。而频谱感知技术的优劣则决定了 CR 系统的性能。

11.2.2 能量检测算法

能量检测算法是基于功率的、非相关的算法，它不必事先知道 PU 的先验信息，只需要通过检测输入信号某一段时间内的积累量是否超过门限 V_{th} 来判定用户信息是否存在。因此它仅通过能量来判定"频谱空洞"。根据式（11-1），采样后的信号可用如下形式表示。

$$x(k) = \begin{cases} w(k), H_0 \\ p(k) + w(k), H_1 \end{cases} \quad (11\text{-}3)$$

式中，$k = 1, 2, 3, \cdots, M$，M 表示采样点数；$x(k)$ 表示接收信号的第 k 个采样数据；$p(k)$ 表示 PU 信号的第 k 个采样数据；$w(k)$ 表示噪声信号的第 k 个采样数据。

下面利用时域信号求出能量的统计值 C，并依据以下准则进行判决。

$$C_i = \sum_{k=1}^{M} |x_i(k)|^2 \begin{cases} \geqslant V_{th}; 判决为 H_1 \\ < V; 判决为 H_0 \end{cases} \quad (11\text{-}4)$$

式中，C_i 是第 i 个 SU 的感知能量值；$x_i(k)$ 是第 i 个 SU 接收到的第 k 个采样数据。我们认为 PU 信号与噪声信号近似为高斯分布，即 $p(k) \sim N(0, \sigma_p^2)$，$w(k) \sim N(0, \sigma_w^2)$，$y(k) \sim N(0, \sigma_p^2 + \sigma_w^2)$。因此，统计量 C_i 在二元假设模型下的分布可以用下式表示[56]。

$$C_i \sim \begin{cases} \chi_M^2, H_0 \\ \chi_M^2(2\phi), H_1 \end{cases} \quad (11\text{-}5)$$

式中，χ_M^2 和 $\chi_M^2(2\phi)$ 都符合一种名叫中心卡方的分布，在这两个分布中，它们的自由度都是 M，且后者分布中它的非中心参数是 2ϕ，有 $\phi = \dfrac{E_s}{N_0}$，E_s 是我们所接收的信号的能量值，N_0 是噪声的单边带频谱密度。

由中心极限定理可知，在满足 M 很大的情况下，我们可以近似地认为 C_i 是符合高斯分布的[2]，有

$$H_0 : C_i \sim N(M\sigma_{w,i}^2, 2M\sigma_{w,i}^4) \tag{11-6}$$

$$H_1 : C_i \sim N(M(1+\gamma_i)\sigma_{w,i}^2, 2M(1+\gamma_i)^2\sigma_{w,i}^4) \tag{11-7}$$

式中，$\gamma_i = \dfrac{\sigma_x^2}{\sigma_{w,i}^2}$，$\gamma_i$ 是第 i 个 SU 接收信号的瞬时信噪比；$\sigma_{w,i}$ 是第 i 个 SU 的高斯白噪声的方差。

因此，能量检测在理想高斯信道下的虚警概率 P_f 和检测概率 P_d 如下。

$$P_f = Q\left[\frac{V_{\text{th}} - M\sigma_w^2}{\sqrt{2M}\sigma_w^2}\right] \tag{11-8}$$

$$P_d = Q\left[\frac{V_{\text{th}} - M(1+\gamma_i)\sigma_w^2}{\sqrt{2M}(1+\gamma_i)\sigma_w^2}\right] \tag{11-9}$$

式中，P_d 是信噪比的函数。不同的信噪比 P_d 的表达式也不同，所以 P_d 不适用于非高斯信道。而 P_f 则与信噪比无关，因此，在给定 P_f 的情况下，由上述表达式可知能量检测的门限值为

$$V_{\text{th}} = \sqrt{2M}\sigma_w^2 Q^{-1}(P_f) + M\sigma_w^2 \tag{11-10}$$

11.2.3 自适应加权双门限频谱感知算法

1. 基于信任度的双门限检测算法

传统的单门限能量检测算法，由于门限值只有一个，所以最终的检测结果不是 H_0 就是 H_1，若周围环境有突发的噪声或其他因素，也就是在具有低信噪比的时候，由于噪声的介入，该检测算法很容易受到影响，会对 PU 使用频谱的优先权和 SU 及时接入系统都产生影响。因此，为了克服这个问题，我们基于一个门限值得到了双门限检测方法，并运用它比较判决 C_i，准则如下。

$$\begin{cases} C_i \leqslant V_{\text{th}0} : H_0 \\ V_{\text{th}0} < C_i < V_{\text{th}1} : \text{暂不判决} \\ C_i \geqslant V_{\text{th}1} : H_1 \end{cases} \tag{11-11}$$

式中，$V_{\text{th}0}$、$V_{\text{th}1}$ 表示双门限值，且有 $V_{\text{th}0} < V_{\text{th}1}$，这样就产生了一个安全判决的空间范围。当检测能量值 C_i 位于 $(V_{\text{th}0}, V_{\text{th}1})$ 之间时，暂不做判决，将信息暂做保留，传入路边单元，等待下一步精确判决。

由 11.2.2 节得到的单门限 V_{th}，双门限检测算法的高、低门限 V_{th1}、V_{th0} 可以由下式得出：

$$V_{\text{th1}} = aV_{\text{th}}, V_{\text{th0}} = V_{\text{th}} / a \tag{11-12}$$

式中，$a>1$ 为门限调整因子，且 a 的大小是可以进行调节的，我们根据无线信道所处的环境的优劣程度来对它进行调整，以得到最合适的检测效果。在该算法中，对认知用户的检测统计量均值和方差引入了置信区间[3]的判断，并对位于两门限之外的检测结果做出了如下定义的信任度[4]判决。

H_0 条件下，单个认知用户感知到的结果的信任度为

$$t_0 = \mu_{0,i}^2 - M\sigma_{0,i}^2 / 2 \tag{11-13}$$

由式（11-6）得

$$t_0 = (M\sigma_{g,i}^2)^2 - 2M\sigma_{g,i}^4 M / 2 = 0 \tag{11-14}$$

由于实际采样过程中，噪声的不确定性和采样点的限制，t_0 不可能完全为 0，所以在这里引入修正因子 ε，修正 t_0 为

$$-\varepsilon \leqslant t_0 \leqslant \varepsilon$$

式中，ε 为无限趋近于 0 的数值。

H_1 条件下，单个认知用户感知到的结果的信任度为

$$t_1 = \mu_{1,i}^2 - M\sigma_{1,i}^2 / 2 \tag{11-15}$$

由式（11-7）得

$$t_1 = [M(1+\gamma_i)\sigma_{g,i}^2]^2 - 2M(1+2\gamma_i)\sigma_{g,i}^4 M / 2 = M^2\gamma_i^2\sigma_{g,i}^4 = M^2\sigma_p^4 \tag{11-16}$$

式中，σ_p^2 为主用户的方差。一般情况下，因为采样数目过大，所以 $t_1 \gg \varepsilon$。

由于 C_i 由有限个相互独立的随机采样 $|x_i(k)|^2$ 组成，所以 $\mu_{j,i}$ 和 $\sigma_{j,i}^2$ 的估计值可以由 $|x_i(k)|^2$ 的估计均值和估计方差得到，即

$$\hat{\mu}_{j,i} = \sum_{k=1}^{M} \frac{1}{M} \sum_{k=1}^{M} |x_i(k)|^2 \tag{11-17}$$

$$\hat{\sigma}_{j,i}^2 = \sum_{k=1}^{M} \frac{1}{M} \sum_{k=1}^{M} \left[|x_i(k)|^2 - \frac{1}{M} \sum_{k=1}^{M} |x_i(k)|^2 \right]^2, \quad i=1,2,3,\cdots,N, j=0,1 \tag{11-18}$$

若单个认知用户感知结果为 H_0，利用式（11-17）、式（11-18）计算出估计均值和估计方差，并对所求的估计均值和估计方差进行如下判断。

期望 μ 的置信区间求解如下。

当不知道总体 X 的方差时，我们用采样方差 S^2 代替它，有

$$T = \frac{\overline{X} - \mu}{\sqrt{\frac{S^2}{n}}} \sim t(n-1) \tag{11-19}$$

则对给定的显著水平 $\partial^{[3]}$，令

$$P\left\{\left|\frac{\overline{X} - \mu}{\sqrt{\frac{S^2}{n}}}\right| \leqslant t_{\frac{\partial}{2}}(n-1)\right\} = 1 - \partial \tag{11-20}$$

查 t 分布表[3]可得 $t_{\frac{\partial}{2}}(n-1)$ 的值。

$$P\left\{\overline{X} - \frac{S}{\sqrt{n}} t_{\frac{\partial}{2}}(n-1) \leqslant \mu \leqslant \overline{X} + \frac{S}{\sqrt{n}} t_{\frac{\partial}{2}}(n-1)\right\} = 1 - \partial \tag{11-21}$$

则 μ 的置信度为 $1-\partial$ 的置信区间为

$$\left[\overline{X} - \frac{S}{\sqrt{n}} t_{\frac{\partial}{2}}(n-1), \overline{X} + \frac{S}{\sqrt{n}} t_{\frac{\partial}{2}}(n-1)\right] \tag{11-22}$$

方差 σ^2 的置信区间求解如下。

选取 $K = \frac{(n-1)S^2}{\sigma^2} \sim \chi^2(n-1)$，则由

$$P\left(\chi^2_{1-\frac{\partial}{2}} < \frac{(n-1)S^2}{\sigma^2} < \chi^2_{\frac{\partial}{2}}\right) = 1 - \partial \tag{11-23}$$

得 σ^2 的置信区间为

$$\left[\frac{(n-1)S^2}{\chi^2_{\frac{\partial}{2}}(n-1)}, \frac{(n-1)S^2}{\chi^2_{1-\frac{\partial}{2}}(n-1)}\right] \tag{11-24}$$

式中，$\overline{X}$ 为样本平均值；S^2 为样本方差；n 为样本个数；∂ 为显著水平；$t_{\frac{\partial}{2}}(n-1)$ 和 $\chi^2_{\frac{\partial}{2}}(n-1)$ 均可通过查 t 分布表和 χ 分布表[3]得到。

当单个认知用户感知结果为 H_0 时，若所求出的均值和方差均在式（11-22）、式（11-24）所求出的置信区间中，则将该数据代入式（11-13）计算出信任参数 t_0，若符合 $-\varepsilon \leqslant t_0 \leqslant \varepsilon$ 则说明该感知结果可信，该认知用户将感知到的结果发送给路边单元，否则自动丢弃数据；

若求出的期望和方差不在所求出的置信区间内，说明所求值不准确，则需要重新对其进行计算。同理，当单个认知用户感知结果为 H_1 时，利用式（11-17）、式（11-18）计算出估计均值和估计方差，并且判断所求数值是否在置信区间内，若在，则代入式（11-15）计算出信任参数 t_1，当 $t_1 \gg \varepsilon$ 时说明该感知结果可信，认知用户将该感知结果发送给路边单元，否则自动丢弃数据；若不正确，则重新进行计算。

2．基于自适应加权的能量检测

由 11.2.2 节可知，采用双门限算法进行频谱感知时，当 SU 的检测能量值位于安全判决区间内，也就是在两门限值之间时，我们暂不进行判决，而是将信息保留，采用新的方法对该情况进行判决。在这里我们采用基于信噪比和距离加权的能量检测。

我们知道认知用户的检测统计量容易受到信道衰落、阴影衰落等影响引起路径损耗，而检测统计量的准确与否直接影响我们的判定结果。因此，该算法将每个 SU 接收到的信噪比和 SU 与 PU 之间的距离考虑在内，由路边单元根据基于自适应加权的能量检测算法把不同的权重值分配给每个位于双门限之间的检测值，并进行最终判决。由于路边单元在实行权值调节的过程中引入了信噪比因子和路径损耗因子，所以该方法在一定程度上改善了由路径损耗造成的检测概率降低的现象。

设一个队列中有 U 个 SU，Y 个用户检测值在 $V_{\text{th}0}$ 和 $V_{\text{th}1}$ 之外，直接判决结果为 0 或 1，则有 $U-Y$ 个认知用户检测值落在 $V_{\text{th}0}$ 和 $V_{\text{th}1}$ 之间，此时无法判决，认知用户将感知结果进行置信区间判决后发送给路边单元，路边单元根据自适应加权准则进行计算判决。

加权后的判决规则如下。

$$\begin{cases} B=0, 0 \leqslant \sum_{i=1}^{U-Y} \omega_i C_i \leqslant V_{\text{th}} \\ B=1, \sum_{i=1}^{U-Y} \omega_i C_i > V_{\text{th}} \end{cases} \tag{11-25}$$

式中，U 为所有接收到广播的 SU 个数；Y 为感知能量 C_i 在 $V_{\text{th}0}$ 和 $V_{\text{th}1}$ 之外的 SU 个数；$U-Y$ 为感知能量 C_i 在 $V_{\text{th}0}$ 和 $V_{\text{th}1}$ 之间的 SU 个数；ω_i 为第 i 个 SU 的权重因子。加权检测的虚警概率 P_{fp} 和检测概率 P_{dp} 分别表示为

$$P_{fp} = P(\sum_{i=1}^{U-Y} \omega_i C_i < V_{\text{th}} \mid H_1) \tag{11-26}$$

$$P_{dp} = P(\sum_{i=1}^{U-Y} \omega_i C_i \geqslant V_{\text{th}} \mid H_1) \tag{11-27}$$

下面介绍加权的准则。

信噪比权重因子表达式为

$$\omega_{\gamma_i} = \frac{\gamma_i}{\sum_{i=1}^{U-Y} \gamma_i} \tag{11-28}$$

式中，γ_i 为第 i 个认知用户接收到的信噪比。

下式表示了所收信号功率损耗和距离间的关系。

$$P(\text{dB}) = 10\lambda \log_{10} d \tag{11-29}$$

式中，λ 为路径损耗指数。

认知用户接收到的信噪比为

$$\gamma_i = \text{SNR} - P(\text{dB}) = \text{SNR} - 10\lambda \log_{10} d \tag{11-30}$$

式中，SNR 为主用户发射端的信噪比。

所以信噪比权重因子具体表示如下。

$$\omega_{\gamma_i} = \frac{\text{SNR} - 10\lambda \log_{10}(d_i)}{\sum_{i=1}^{U-Y} \text{SNR} - 10\lambda \log_{10}(d_i)} \tag{11-31}$$

由该式可知，SU 与 PU 之间的距离反比于收到的信号能量。

距离权重因子为

$$\omega_{d_i} = 1 - \frac{\log_{10}(d_i)}{\sum_{i=1}^{U-Y} \log_{10}(d_i)} \tag{11-32}$$

式中，d_i 为第 i 个 SU 到 PU 之间的距离。

不同的 SU，它的信噪比与权重值成反比；且距离越大，权重越小，本节在文献[5]的基础上引入修正因子 $\beta = U - Y$，它表示能量值位于两门限之间的 SU 个数。对于单个 SU 而言，为了保持信噪比权重和距离权重之和为 β，得到第 i 个 SU 的权重值为

$$w_i = \frac{\beta}{2}(\omega_{\gamma_i} + \omega_{d_i}) \tag{11-33}$$

即

$$w_i = \frac{\beta}{2}[\frac{\text{SNR} - 10\lambda \log_{10}(d_i)}{\sum_{i=1}^{U-Y} \text{SNR} - 10\lambda \log_{10}(d_i)} + (1 - \frac{\log_{10}(d_i)}{\sum_{i=1}^{U-Y} \log_{10}(d_i)})] \tag{11-34}$$

路边单元对这 $U-Y$ 个 SU 的能量进行融合，因为 C_i 是符合自由度为 M 的独立卡方分布，所以 $\sum_{i=1}^{\beta} w_i C_i$ 也服从该分布。

$$\sum_{i=1}^{\beta} w_i C_i \sim \begin{cases} \chi_{M\beta}^2, & H_0 \\ \chi_{M\beta}^2(2\sum_{i=1}^{\beta}(w_i\gamma_i)), & H_1 \end{cases} \quad (11\text{-}35)$$

3. 联合检测算法判决

前面剖析了能量检测、基于信任度的双门限检测与加权检测算法，并把它们的相关知识做了详细说明。由于能量检测方法所具有的种种优点使得它被广泛地应用，然而在信道环境不好的情况下，该算法的性能会大大降低，在由于较强的衰落而引起信号的信噪比下降的车载信道下使用该方法时，会使感知系统的性能大大降低。因此，对于车载信道下的频谱感知，我们并不能完全依赖传统的能量检测方法。而加权检测引入了信噪比权重因子和距离权重因子，它不仅能够对能量值位于双门限之间的 SU 进行判决，还能够降低能量损耗大的信号对检测结果造成的影响，此外，利用基于信任度的检测方法对位于双门限之外的能量值进行判决，能够使算法的检测性能有很好的提高。

因此，针对传统的能量检测的不足之处，综合考虑了加权检测和信任度检测的优势所在，研究得出了基于信任度的混合加权双门限检测算法，此外，置信区间的引入使得系统对认知节点检测结果信任度的判断准确性更高。首先把信号的能量值 C_i 求解出来。然后把所求得的值与我们预先设置好的双门限进行对比，若 $V_{\text{th}0} < C_i < V_{\text{th}1}$，则我们将能量值发送给路边单元，并由路边单元按照加权准则对其加权之后进行再次判决。利用基于信任度的检测方法进行判决，并将判决结果发送给路边单元。最后，由路边单元对接收到该队列中的所有感知结果进行融合并利用式（11-35）的"或"准则对其进行最终判决。

$$R = \begin{cases} 1, & \sum_{i=1}^{Y} G_i + B > 1 \\ 0, & \text{其他} \end{cases} \quad (11\text{-}36)$$

联合检测算法流程如图 11-3 所示。

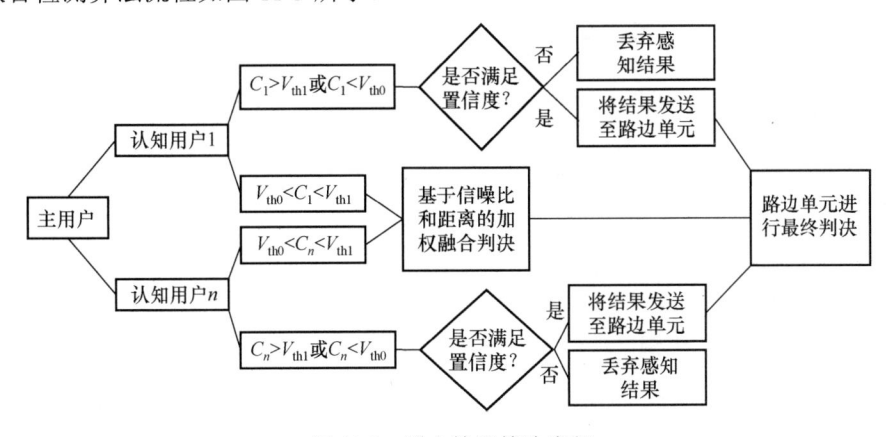

图 11-3 联合检测算法流程

式中，B 表示路边单元进行加权判决的结果；G_i 表示路边单元接收到的基于信任度判决的结果；Y 为感知能量 C_i 在 V_{th0} 和 V_{th1} 之外的 SU 个数。

由以上分析可得，算法的检测概率 P_d^* 与虚警概率 P_f^* 分别为

$$P_d^* = P(C_i > V_{th1} | H_1) + P(V_{th0} < C_i < V_{th1})P_{dp} \qquad (11\text{-}37)$$

$$P_f^* = P(C_i < V_{th0} | H_1) + P(V_{th0} < C_i < V_{th1})P_{fp} \qquad (11\text{-}38)$$

11.2.4 车载环境下的信道仿真模型

由于 CR-VANET 中的 SU 并不是静态的，它具有很高的移动速度，再加上它所处的环境的复杂性，所以种种原因会导致它的信道环境不再单一。此外，我们知道，信道的特点又会对与频谱感知性能紧密联系的待测信号的参数造成影响，因此，为了探讨车载设备的频谱感知性能好坏，我们不仅需要考虑车载移动下信道的情况，还要综合 CR-VANET 所面临的外界环境状况，如市区、城郊、空旷的偏远地区等[6]。

我们令文中 PU 信号是载波频率为 789.4 MHz、带宽为 6 MHz 的 BPSK 信号，则可利用表 11-1 得到各种环境下车载信道的相关参数值[7]。

表 11-1 不同环境下车载信道的参数值

环境 参数	城 市	郊 区	偏远地区	高 速
n_p	7	3	2	4
P_{dB}/ dB	[0, −7.8, −8, −9.2, −9, −8.5, −8.5]	[0, −9, −10]	[0, −10]	[0, −9.8, −8.5, −8]
d_{cor}/ m	5	250	250	250
m_τ/ μs	1.041	0.209	0.156	0.255
σ_τ	0.612	0.204	0.134	0.212
f_d/ Hz	22	22	44	74
σ_s	12	8.3	8.3	8.3

表中各个参数代表的含义如下：n_p 代表信号所经路径的数量；P_{dB} 代表不同路径下的功率增益；d_{cor} 代表相干距离；m_τ 代表多径效应中的时延扩展 τ 的平均值；σ_τ 代表多径效应中的时延扩展 τ 的方差；f_d 代表最大多普勒频移；σ_s 代表阴影衰落因子的方差。

由于反射、散射、多径等因素的影响，在考虑车载信道时，我们必须把影响它的小尺度衰落作为主要因素去考虑[8]。在多径信道中，常用相干带宽这个参数来表征它的特征。我们这样定义信道的相干带宽 B_τ：若一个信道在某个带宽内的响应是常数，则称这个带宽为相干带宽。若 $B_\tau > B_s$，则该信道称为平坦衰落，其中 B_s 是传输信号的带宽。与此相反，若 $B_\tau < B_s$，则该信道是频率选择性衰落。信道的相干带宽与延迟拓展往往满足如下关系：$B_\tau \propto \dfrac{1}{\sigma_\tau}$，其中 σ_τ 为延迟扩展的均方根。而对于本节研究对象为带宽为 6 MHz 的 BPSK 信号而言，由于 $B_c \approx \dfrac{1}{5\sigma_\tau} \ll B_s$，所以我们可以断定车载移动信道为频率选择性衰落信道[7]。

依据前面的研究，我们将大尺度衰落、小尺度衰落和高斯白噪声进行综合考虑，由此可以得出主用户 $p(t)$ 在经过车载移动信道后为

$$x(t) = \sqrt{L_s}h(\tau,t)p(t) + w(t) \tag{11-39}$$

式中，$w(t)$ 代表加性高斯白噪声；L_s 表示阴影衰落因子；$h(\tau,t)$ 为瑞利选择性衰落信道响应。可以用下式对它进行表示。

$$h(\tau,t) = \sum_{i=0}^{n_p} a_i(t)\delta(t-\tau_i(t)) \tag{11-40}$$

式中，τ_i 是一个表示第 i 条路径的延迟扩展的随机变量，它的均值是 m_τ，方差是 σ_τ，$a_i(t)$ 是幅度衰落，它决定了第 i 条路径的功率增益 $P_{\mathrm{dB},i}$。

综上所述，车载移动信道仿真模型如图 11-4 所示[7,9]。

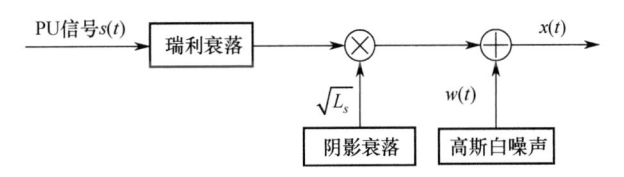

图 11-4 车载移动信道仿真模型

11.2.5 仿真结果与性能分析

本节中的 PU 信号为 BPSK，它的各个参数如下：载频为 789.4 MHz；带宽为 6 MHz；码率为 10.71 MHz。因为 A/D 自身的局限性，所以使得我们在对接收信号进行检测前需要对它采取下变频的操作，把它变到 10 MHz，我们认为相干距离均小于各个车辆间的距离，也就是它们的阴影效应都服从独立分布。采样率为 27.42 MHz，采样点数 N 为 1024，虚警概率 $P_{fp} = P_f = 0.01$，门限值可由式（11-10）和式（11-12）计算得出，且进行信道仿真时模型的参数取值参考表 11-1。我们仿真 1000 次。

各个信道下能量检测的检测概率如图 11-5 所示，我们分别在高斯信道、瑞利信道及城市中的车载移动信道下对能量检测方法进行了仿真，并在图中对它们进行了对比。由图 11-5 可知，信噪比的大小直接影响着算法的检测概率，并且因为车载移动信道具有较强的衰落特性，使得信号在传播中严重衰减，这就造成了低信噪比的情况，直接导致了该信道下的检测概率最低的现象。由图 11-5 可知，当信噪比等于 −10 dB 时，车载移动信道下的检测概率不足 0.1；当信噪比为 5 dB 时，检测概率不足 0.8，很明显，该算法已经很难满足频谱感知技术的要求了。

因此，为了提高车载移动信道下的检测概率，本节算法结合了引入置信区间的信任度判决方法和自适应加权判决方法的长处。

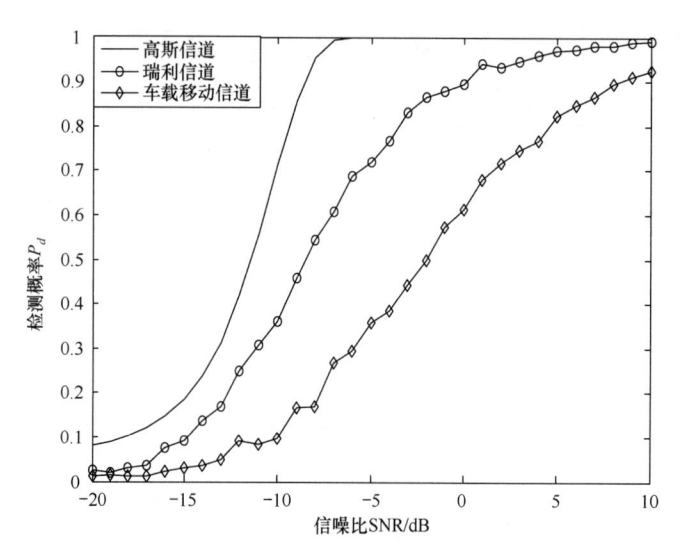

图 11-5　各个信道下能量检测的检测概率

城市场景中本节算法和能量检测算法检测概率对比如图 11-6 所示，图中对比了本节算法和能量检测方法两种算法下信噪比与检测概率大小的关系。该图的仿真是在城市中的车载移动信道下进行的。在仿真中，我们取门限调整因子 $a=1.2$。由图 11-6 可知，相比于传统的能量检测，本节算法有着较高的检测概率，当信噪比小于 −10 dB 时，本节算法检测概率比能量检测算法高 0.172~0.353；当信噪比大于 −10 dB 时，本节算法检测概率比能量检测算法高 0.096~0.386。

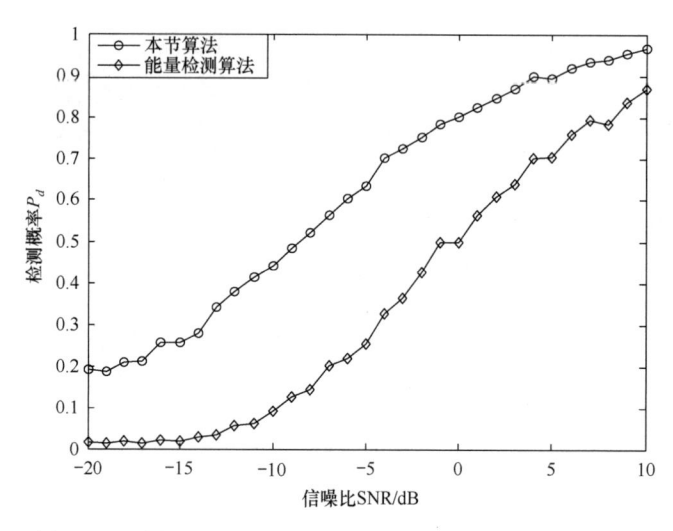

图 11-6　城市场景中本节算法和能量检测算法检测概率对比

偏远地区场景中本节算法与能量检测概率对比如图 11-7 所示。同样取 $\alpha=1.2$。由图 11-7 可知，当信噪比小于 −10 dB 时，本节算法的检测概率比能量检测算法高 0.205 ~ 0.367；当信噪比大于 −10 dB 时，本节算法的检测概率比能量检测算法高 0.063 ~ 0.435。此外，通过比较图 11-6 与图 11-7 可知，在偏远地区场景中的检测概率要比城市场景中的略高,这是因为偏远地区场景中的信道衰落要比城市场景中的低。对比能量检测算法,本节所使用的算法在低信噪比下的检测概率得到了一定的改善,并且两种算法检测概率间的差随着信噪比的提高而在逐渐减少,这表明在信噪比较高情况下感知能量位于两门限之间的概率将减小,这也会在一定程度上使计算量减少。由此可知,相比于能量检测算法,本节算法有着较好的性能。

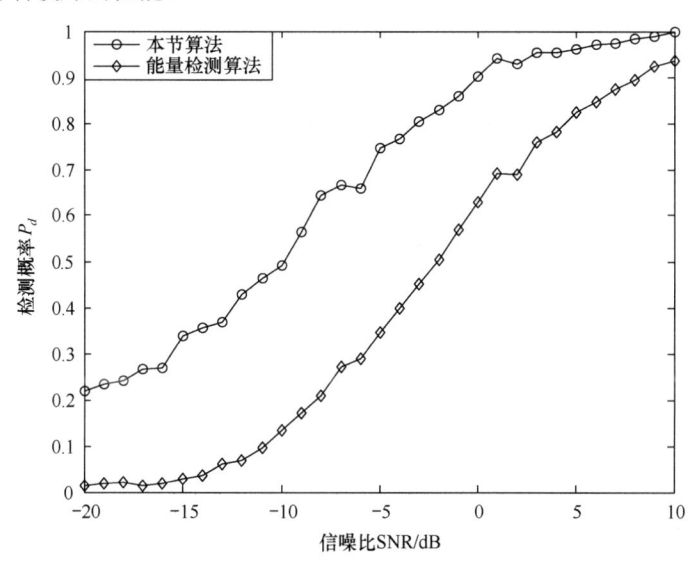

图 11-7 偏远地区场景中本节算法与能量检测概率对比

城市场景中不同 a 下本节算法的检测概率与信噪比的关系如图 11-8 所示。由图 11-8 可知,在相同的信噪比下,本节算法的检测概率会随着 a 的增加而变大,但是 a 越大,落入双门限之间的能量值也可能会相应变多,这就需要对更多的能量值进行权值分配,会使算法的计算量变大。因此,我们要根据实际情况对 a 进行取值。

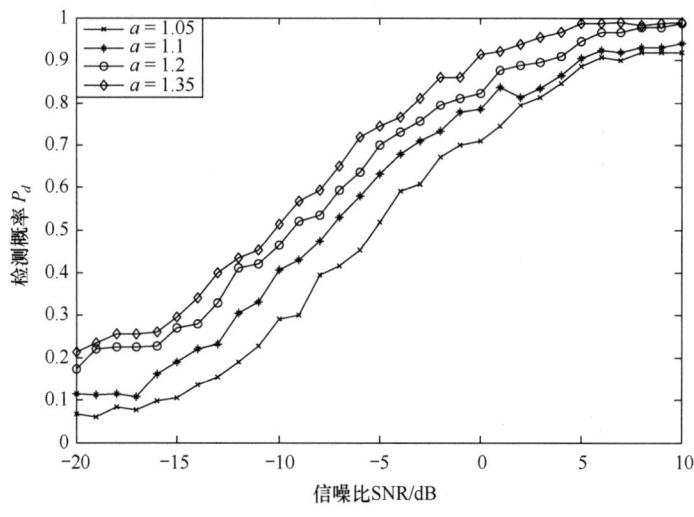

图 11-8 城市场景中不同 a 下本节算法的检测概率与信噪比的关系

11.3 频谱分配

在 11.2 节中完成频谱感知后，需要对可用的频段进行分配。在认知车载网络中，各个 SU 的行驶快慢和所处的地方不一样，导致空闲频段在时间上、空间上的可被利用的时间长短也不一样。本节根据空闲频段可被利用的时间长短和信道所具有的增益，得出了基于混合模拟退火的布谷鸟搜索算法的频谱分配算法，使用这种方法进行分配时，不仅能使吞吐量得到明显提高，也能避免不同 SU 在同一时间内对同一可用频段使用时互相造成干扰。

11.3.1 系统建模

在图 11-1 中，PU 个数为 K，SU 个数为 M，和若干个路边单元。该网络中 PU 频段个数为 N，且信道与频段一一对应。我们假设 PU 的相关信息已经被 SU 所知。此外，当不同的 PU 使用相同的频段时，它们自身所具备的特性是一样的，它们对频段的利用情况也一样的，如授权频段被利用和未被利用的时长，SU 完成对频谱的感知，并把感知结果传至路边单元，路边单元根据一定的准则实现对空闲频段的合理分配。

模型中的 PU 分布情况是符合泊松分布的[10]，即

$$n_{p,n} \sim \text{Poisson}(k;\rho_{p,n}) \tag{11-41}$$

式中，$n_{p,n}$ 为授权频段 n 上 PU 的数目；$\rho_{p,n}$ 为授权频段 n 上 PU 的平均密度，$n \in 1,2,\cdots,N$。

由 SU 的运动性，可以用以下 3 种情况将它们的状态表示出来。① H_0：位于没有使用频段的 PU 的覆盖范围里；② H_1：位于正在使用频段的 PU 覆盖范围里；③ H_2：没有位于正在使用频段的 PU 通信里程内。因此，频谱资源能否被 SU 感知到可用除了与有没有被 PU 占用有关，还与有没有位于 PU 的通信范围之内有关。

假设 SU 已经利用相关信息判断出各个授权频段的状态，以常用的授权频段活动状态模型为依据，则上面所说的两种状态 H_0 和 H_1 的可用时间长短满足参数是 λ_{idle}、λ_{busy} 的指数分布的[11]

$$T_{\text{idle},n} \sim \exp(\lambda_{\text{idle},n}), T_{\text{busy},n} \sim \exp(\lambda_{\text{busy},n}) \tag{11-42}$$

为了不对 PU 造成干扰，SU 只能对在时间和空间都处于空闲状态的授权频段进行利用。所以，授权频段对认知车辆是否可用的状态可归纳为以下两种情况：可用（OFF）和不可用（ON），且它们之间的转换过程如下。

(1) ON → OFF：SU 离开了正在使用授权频段的 PU 的覆盖区或 PU 停止使用频段。

(2) OFF → ON：SU 进入了正在使用授权频段的 PU 的覆盖区或 PU 恢复使用

频段。车载用户的状态转移过程如图 11-9 所示。

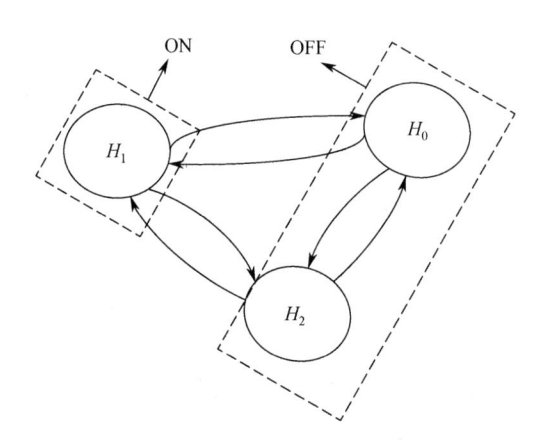

图 11-9 车载用户的状态转移过程

上面所说的这两种状态的相互转变的过程符合马尔科夫过程。因此，我们可以对授权频段是否可用的状态进行模型构建，该模型就是连续时间的马尔科夫链，故频段 n 的可用时间长短也是一个指数分布，且它的参数为 $\lambda_{\text{OFF},n}$[10]。

$$T_{\text{OFF},n} \sim \exp(\lambda_{\text{OFF},n}) \tag{11-43}$$

它的分布参数为

$$\lambda_{\text{OFF}} = \frac{\chi_n \omega_{\text{busy},n}}{1 - \chi_n \omega_{\text{busy},n}} \left(\lambda_{\text{busy},n} + \frac{v_m}{R_n} \right) \tag{11-44}$$

式中，$\chi_n = 1 - \exp(-\pi \rho_{p,n} R_n^2)$ 表示任一时间点上主用户对频段 n 的覆盖率；v_m 表示 SU 行驶的速率，且 χ_n 和 v_m 都是平均值；R_n 表示 PU 的保护半径，且在该半径内，SU 不可以和 PU 一起利用相同的频段 n；$\omega_{\text{busy},n} = 1 - (\lambda_{\text{busy},n} / \lambda_{\text{idle},n} + \lambda_{\text{busy},n})$ 表示主用户 $u_{P,n}$ 占用频段 n 的稳态概率。

因此，用 $T_{\text{OFF},n}$ 表示频段 n 的可用时长，若 SU 对它进行使用时，它的可用时长已经经过了 t，则剩下的可用时长不低于 $T(T < \infty)$ 的概率如下。

$$P_n(T) = \frac{P_n(T_{\text{OFF},n} \geq t+T)}{P_n(T_{\text{OFF},n} \geq t)} = e^{-\lambda_{\text{OFF},n} T} \tag{11-45}$$

由式（11-45）可知，$P_n(T)$ 的大小决定 SU 在 $[t,t+T]$ 内可以实现信息传输的概率，也就是说，它的值越大对 SU 通信越有好处。

我们认为网络中 M 个 SU 已经完成了对 N 个频段的感知过程，得到了空闲频谱，然后利用矩阵 $\boldsymbol{L} = \{l_{m,n} \mid l_{m,n} \in \{0,1\}\}_{M \times N}$ 对其进行表示。且 $l_{m,n} = 1$ 表示频段 n 对于用户 m 是可

被利用的，$l_{m,n}=0$ 则表示频段 n 对于用户 m 是不可被利用的。

因为不同的信道所具备的增益也是不同的，而它又与信息进行传输时的速度息息相关，所以传输速度也会因为信道的不同而发生变化。我们可用式（11-46）表示出用户 m 在信道 n 上进行传输时所具有的速率。

$$C_{m,n} = w\log_2(1 + \frac{\omega|h_{m,n}|^2}{\sigma^2})\qquad(11\text{-}46)$$

式中，w 表示各个信道的带宽；ω 表示 SU 发射信号时所具有的功率大小；$h_{m,n}$ 表示信道增益；σ^2 表示噪声的方差，且 $m \in 1,2,\cdots,M$。

当 SU 在 t 时间点对频段 n 发起使用时，仅当 n 可供 SU 使用的时间最少为 T 时，它在 $[t,t+T]$ 时间内才能够进行连续的信息传输。因此，我们将空闲频段可供 SU 使用的时间长短与信息进行传输时所具有的速率这两个因素进行综合考虑，在时间 T 内，SU 在利用空闲频段进行通信时可以传输的信息量可用式（11-47）进行求解。

$$S_m = \sum_{n=1}^{N} x_{m,n} T \cdot P_n(T) C_{m,n}\qquad(11\text{-}47)$$

式中，$x_{m,n}$ 代表了频谱分配情况，当 $x_{m,n}=1$ 时，说明将频段 n 分给了用户 m；当 $x_{m,n}=0$ 时，表示未进行分配。$P_n(T)$ 含义如式（11-45）所示。

网络吞吐量的定义[12]：网络中所有 SU 在 $[t,t+T]$ 内，成功传输的数据总量是 $\sum_{m\in M}\sum_{n\in N} TC_{m,n}$，则吞吐量表示为 $\sum_{m\in M}\sum_{n\in N} C_{m,n}$。使 CR-VANET 中的吞吐量达到最大值，就是使时间 T 内完成传输的数据总量达到最大值，可用式（11-48）～式（11-51）描述该目标函数。

$$\max U(x)\qquad(11\text{-}48)$$

$$\text{s.t.}\quad x_{m,n} \in \{0,1\};\qquad(11\text{-}49)$$

$$x_{m,n} = 0;\ \text{if}\ l_{m,n}=0;\qquad(11\text{-}50)$$

$$x_{m,n} + x_{k,n} = 1;\ \text{if}\ R_m + R_k > d_{m,k};\ m \neq k\qquad(11\text{-}51)$$

式中，$U(x)=\sum_{m=1}^{M} S_m$；R_m 和 R_k 是 SU m 和 k 的传输半径；$d_{m,k}$ 是两者之间的距离。

只有当用户 m 对 n 可用时，该频段才可被分给 SU，所以式（11-50）说明了若 SU 对 n 不可用时，$x_{m,n}=0$。此外，采用 SU 间的距离和各自的传输半径来对两者同时接入 n 时会不会造成干扰进行判决，式（11-51）说明了当两用户 m 和 k 之间的距离比两者的传输半径和小时，它们之间只有一个用户能使用该频段。

上面所阐述的优化问题是一个0-1规划问题,且它是非线性的,这是NP难问题[13],要想实现对它的直接解答会有难度。本章利用混合模拟退火的布谷鸟搜索算法来解决这个难题。

11.3.2 频谱分配算法

我们提出混合模拟退火的布谷鸟搜索(SA-CS)算法。在该算法处于局部最优的情况下,并没有对该鸟巢进行迭代,而是利用模拟退火方法来更新部分鸟巢,得到新的较优个体,再继续实行迭代寻优,从而使该算法的搜索精度得到了很好的提高,同时也解决了鸟巢陷入局部最优的问题。

1. 退火时机的判断准则

判断鸟巢是否需要进行模拟退火操作是以评价最优鸟巢适应度值的变化率[14]为依据的。如式(11-52)所示,其基本思想为:当前迭代的最优鸟巢适应度值与前面第 y 次迭代值差的绝对值,再与本次适应度值的绝对值进行对比,若其结果比设定的阈值(取0.005)小,则进行模拟退火[15]。

$$\frac{\left|f(x_{\text{best}}^t) - f(x_{\text{best}}^{t-10})\right|}{\left|f(x_{\text{best}}^t)\right|} < 0.005, \quad t > 10 \tag{11-52}$$

2. 鸟巢的更新准则

模拟退火(SA)算法的全局搜索性能很好,但它的效率并不高,在SA-CS算法中只是利用模拟退火来加强布谷鸟搜索(CS)算法[16]的搜索性能,鸟巢的更新准则如下。

$$x_j^{t+1} = x_j^t + \text{stepsize} \otimes N(0,1) \tag{11-53}$$

$$\text{stepsize} = \alpha \cdot \text{step} \otimes (x_j^t - x_{\text{best}}^t) \tag{11-54}$$

式中,x_j^t 为鸟巢 j 第 t 次迭代后的位置;$N(0,1)$ 为维数为 D 的标准正态分布;$\otimes$ 为点对点乘法;α 为步长因子;step 为由 Le'vy 分布得到的随机步长;x_{best}^t 为第 t 次迭代的最优鸟巢。

用 P_a 代表鸟蛋被宿主鸟察觉到的发现概率,产生随机数 $r, r \in (0,1)$,且它满足均匀分布,若 $r > P_a$,则按照式(11-55)的规则更新所发现的鸟巢位置,并用更新后的代替之前的,求得所有的适应度值,且将最好的进行保存。

$$X_j^{(t+1)} = X_j^{(t)} + \beta \oplus H(P_a - r) \oplus (X_p^{(t)} - X_g^{(t)}) \tag{11-55}$$

式中,$\beta, r \in (0,1)$;$X_p^{(t)}$、$X_g^{(t)}$ 是第 t 代的两个随机选择的鸟巢位置;$H(\cdot)$ 为 Heaviside 函数。

3. 种群编码

因为频谱分配变量具备 0-1 特点，所以我们要使用的布谷鸟搜索算法实质上是一种基于二进制的算法。因此，在利用该算法进行求解问题之前，我们需要利用式（11-56）对鸟巢位置实现编码，且这个编码是基于二进制的。在该算法中，我们用来更新鸟巢位置的准则仍然不变，即鸟巢位置仍位于实属空间中，而所求的解则位于二进制空间中[17]。

$$x_{ji} = \begin{cases} 0, \text{其他} \\ 1, \ \eta < \dfrac{1}{1+\exp(-x_{j,i}^*)} \end{cases} \quad (11\text{-}56)$$

式中，$i \in 1,2,\cdots,D$；$\eta \in u(0,1)$；$x_{j,i}^*$ 的含义是第 j 个原鸟巢位置的第 i 维变量，它是变量可以被编码为 1 的概率；$x_{j,i} \in \{0,1\}$ 为对其进行编码之后的值。

因为可用频谱矩阵中的变量 $l_{m,n}$ 会影响频谱分配变量 $x_{m,n}$，也就是说，只有当 $l_{m,n} = 1$ 时，所对应的频段才是可被利用的，所以，我们可以以此为依据将所求解的维数进行简化，把矩阵 L 中值是 1 的元素与鸟巢位置中的元素进行一一映射，即我们可以把优化维数设为

$$D = \sum_{m=1}^{M}\sum_{n=1}^{N} l_{m,n} \quad (11\text{-}57)$$

4. 无干扰的分配矩阵及适应度函数

将鸟巢的位置向量 $\boldsymbol{X}_j = [x_{j,1}, x_{j,2}, \cdots, x_{j,D}]$ 映射为如下的 $M \times N$ 维的分配矩阵。

$$\boldsymbol{X}' = \{x_{m,n} \mid x_{m,n} \in \{0,1\}\}_{M \times N} \quad (11\text{-}58)$$

且该分配矩阵满足以下条件。

$$x_{m,n} \cdot x_{k,n} = 0, \ \text{if} \ c_{m,k,n} = 1, \ \forall m, k < M, \ n < N \quad (11\text{-}59)$$

该式的各个参数的含义如下。两个不同的认知用户是 m、k；授权频段是 n；认知用户个数是 M；空闲频段个数是 N；$x_{m,n}$ 和 $x_{k,n}$ 含义为是否将可用频段 n 分配给了认知用户 m 和 k；$c_{m,k,n}$ 是车辆用户 m、k 同时对授权频段 n 进行使用时是否会有干扰产生。

适应度表征了鸟巢对周围环境的适应能力大小，为了形象地表示出鸟巢对周围所处环境的适应度的好坏，这里我们引入另一个概念：适应度函数。它可以很好地表征出不同鸟巢的适应度，进而可以很好地体现鸟巢好坏与否[17]。适应度函数为

$$f(x) = U(x) = \sum_{m=1}^{M}\sum_{n=1}^{N} x_{m,n} T \cdot P_n(T) C_{m,n} \quad (11\text{-}60)$$

因此，鸟巢的适应度的大小直接影响它是否能被留到下一代的概率。

5．SA-CS 算法的步骤

SA-CS 算法的步骤描述如下。

（1）初始化相关参数。设种群的数目为 Q，并以可用频谱矩阵为依据得到搜索空间维数 D，最大迭代次数 N_{iter}，步长因子 α，发现概率 P_a。

（2）初始化种群。随机生成 Q 个鸟巢，即 $X^{(0)} = [X_1^{(0)}, X_2^{(0)}, \cdots, X_Q^{(0)}]$。求出各个鸟巢的适应度值，并把最优的保留下来。

（3）对鸟巢位置进行 Le'vy 迭代。运用式（11-53）、式（11-54）更新鸟巢位置，求出更新后的适应度值，并与之前的鸟巢比较，留下两者中较好的。

（4）由式（11-52）对该算法进行判断，看其是否达到局部最优，若达到，则我们任意抽取部分鸟巢执行模拟退火机制，并把余下的未被抽取到的鸟巢进行交叉，然后把经历以上两种处理之后的鸟巢合起来，求出它们的适应度值，且将最优的进行保存，转入步骤（5）；若未陷入局部最优，则直接转入步骤（5）。

（5）鸟巢宿主以发现概率 P_a 发现外来鸟蛋。生成满足均匀分布的随机数 $r, r \in (0,1)$，若 $r > P_a$，则把所发现的鸟巢按照式（11-55）进行更新，并用新的代替旧的，求出所有鸟巢的适应度值，然后对最优的进行保留。

（6）将历史最优解进行记录，若没有达到终止迭代的条件，则转入步骤（3）继续重复此过程。

11.3.3 仿真结果与性能分析

在对该算法进行的仿真中，我们根据文献[18]来给出可用频谱矩阵 $\boldsymbol{L}$ 和 SU 之间的距离。相关参数设置如下：PU 的保护半径 $R_n = 2\text{ km}$；SU 的平均速度是 4 m/s；发射功率是 50 mW；带宽是 1 MHz；$\lambda_{\text{idle},n}$、ω_{busy} 是 $[0,1]$ 上的随机数；$h_{m,n}$ 均服从瑞利分布；每个频段上 PU 密度是 $1/\text{km}^2$；噪声功率是 10^{-15} W；时隙 $T = 1\text{ s}$；发现概率 $P_a = 0.25$；种群数为 50；GA 中交叉概率为 0.8，变异概率为 0.01。设最大迭代次数为 1000，并仿真 50 次后对其结果求均值。

如图 11-10 和图 11-11 所示，它们均对本节算法和基于遗传算法的频谱分配方法进行了仿真分析，对比了两种算法下迭代次数和网络吞吐量间的关系。其中，在图 11-10 中，$M = N = 5$；在图 11-11 中，$M = N = 20$。由图 11-10 和图 11-11 可知，当两种算法都满足收敛时，本节算法获得的网络吞吐量都比遗传算法的高，图 11-10 中高出了 4.71 kbit/s，图 11-11 中高出了 53.2 kbit/s。从图 11-10 和图 11-11 中的结果可知，混合模拟退火的布谷鸟搜索算法相比于遗传算法有着较为突出的寻优能力。

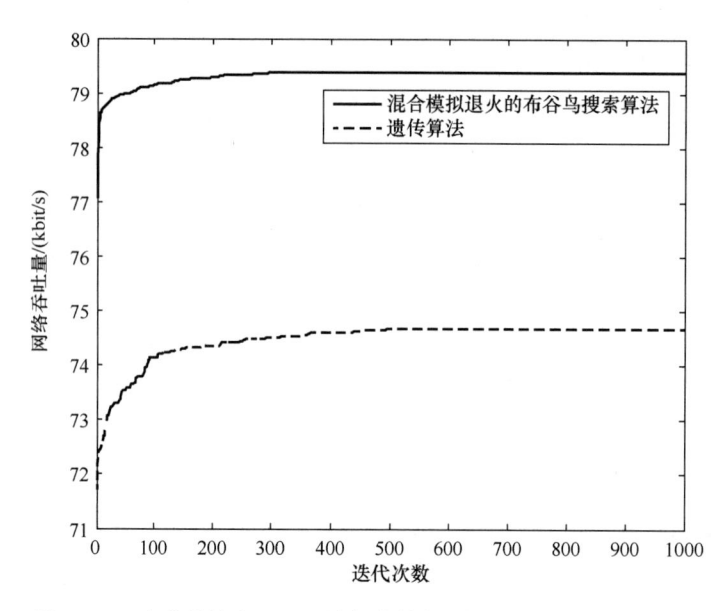

图 11-10 本节算法和 GA 下迭代次数和网络吞吐量关系的对比一

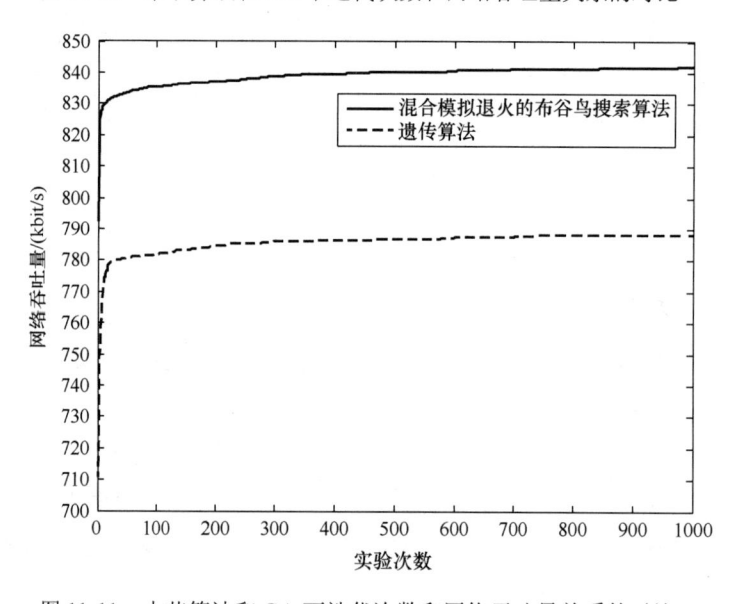

图 11-11 本节算法和 GA 下迭代次数和网络吞吐量关系的对比二

本节算法和 GA 下实验次数和网络吞吐量的关系对比如图 11-12 所示，它对两种算法在 $M=N=20$ 的情况下进行了仿真，表明了实验次数和网络吞吐量之间的关系，从图 11-12 中可知，在每一次实验中，本节算法获得的吞吐量都比遗传算法获得的高，这就更深一步地体现了本节算法性能的优越性。

本节算法和 GA 下频谱数与平均吞吐量的关系如图 11-13 所示，它对频谱数 N 和网络平均吞吐量进行了仿真，表示出了两者的关系。其中，平均吞吐量是网络中每个 SU 平均获得的吞吐量，此时 $M=30$。由图 11-13 可知，利用本节算法进行频谱分配获得的平均吞吐量要高于利用遗传算法所获得的,且网络的平均吞吐量会随着频谱数的增多而变大。

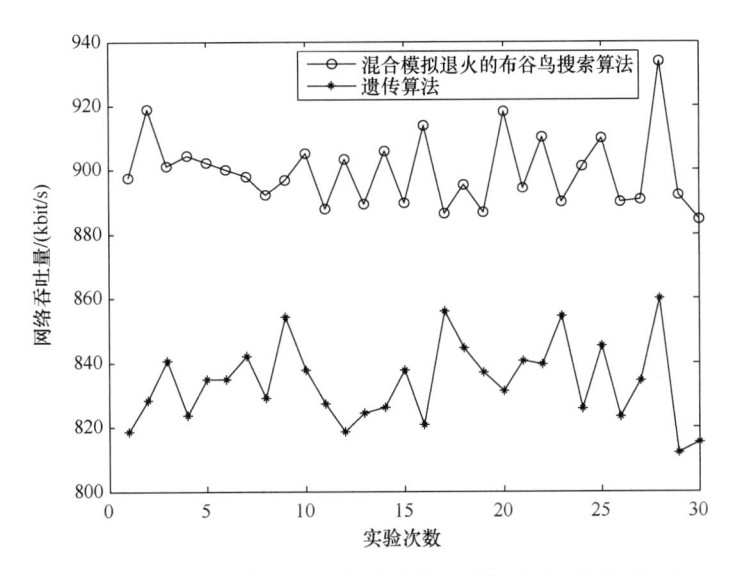

图 11-12　本节算法和 GA 下实验次数和网络吞吐量的关系对比

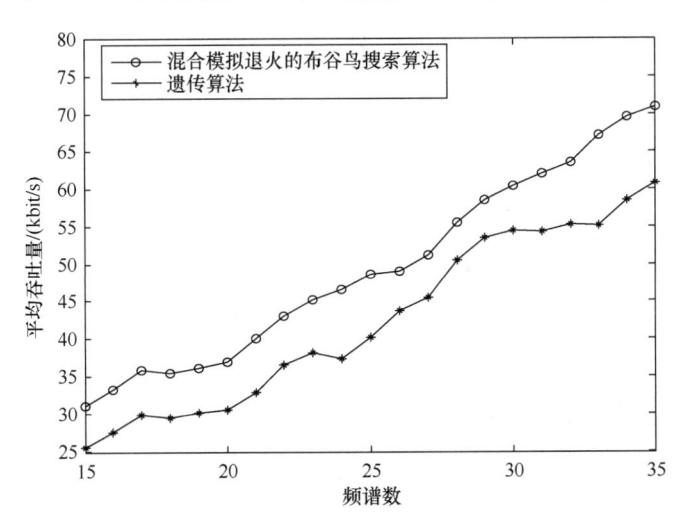

图 11-13　本节算法和 GA 下频谱数与平均吞吐量的关系

11.4　本章小结

本章在认知车载网络架构下,研究由 RSU 组成的虚拟 C-V2X 车载通信,频谱感知和分配技术则是需要重点探究的对象。在频谱感知方面,因为车载移动环境很复杂,导致信噪比变得很低,这就使传统的能量检测算法检测得不准确,进而提出了基于信任度的自适应加权双门限频谱感知算法适合于车载移动环境下的频谱感知。而在频谱分配方面,传统的算法忽视了以下两个问题：信道增益、空闲频谱可用时长的变化情况，从而提出一种基于混合模拟退火的布谷鸟搜索算法的频谱分配方法，将可用频谱和算法中的鸟巢位置进行了一一映射，并采用混合模拟退火的布谷鸟搜索算法对其进行频谱分配，实现最大化网络吞吐量。

参 考 文 献

[1] 张磊, 罗涛, 刘蔚. 认知车载网络中基于 QoS 保障的频谱共享新策略[J]. 通信学报, 2011, 32(11): 159-167.

[2] Digham F F, Alouini M S, Simon M K. On the Energy Detection of Unknown Signals Over Fading Channels[J]. IEEE Transactions on Communications, 1967, 5(1): 21-24.

[3] 陈爱江, 张文良. 概率论与数理统计[M]. 北京: 中国质检出版社, 2011.

[4] 张学军, 鲁友, 田峰, 等. 基于信任度的双门限协作频谱感知算法[J].物理学报, 2014, 63(07): 362-372.

[5] Nuttall A. Some integrals involving the QM function[J]. IEEE Transactions on Information Theory, 1975, 21(1):95-99.

[6] 肖曼琳. 车载认知无线电中的信号检测与参数估计技术研究[D]. 成都：电子科技大学，2013.

[7] Xiao M, Wei P. Cooperative spectrum sensing for ATSC white space in vehicular environments[J]. Journal of Computational Information Systems, 2013, 9 (12): 4329-4336.

[8] Semmar A, Chouinard J-Y, Pham V H, et al. Digital broadcasting television channel measurements and characterization for SIMO mobile reception[J]. IEEE Transactions on Broadcasting, 2006, 52(4):450-463.

[9] 刘海博. 车辆自组织网络信道建模与仿真研究[D]. 福州：福建师范大学, 2011.

[10] Min A W, Kim K H, Singh J P, et al. Opportunistic spectrum access for mobile cognitive radios[C]// INFOCOM, 2011 Proceedings. IEEE, 2011: 2993-3001.

[11] Cheng N, Zhang N, Lu N, et al. Opportunistic spectrum access for CR-VANETS: a game-theoretic approach[J]. IEEE Transactions on Vehicular Technology, 2014, 63(1): 237-251.

[12] Gupta P, Kumar P R. The capacity of wireless networks[J]. IEEE Transactions on Information Theory, 2000, 46(2): 388-404.

[13] Tragos E Z, Zeadally S, Fragkiadakis A G, et al. Spectrum assignment in cognitive radio networks: a comprehensive survey[J]. IEEE Communications Surveys & Tutorials, 2013, 15(3): 1108-1135.

[14] Fu G, Wang S, Liu S, et al. A PSO with dimension mutation operator[J]. Engineering Journal of Wuhan University, 2005, 38(4): 79-83.

[15] EI-Naggar K M，Alrashidi M R, Alhajri M F，et al. Simulated annealing algorithm for photovoltaic parameters identification[J]. Solar Energy, 2012, 86(1)：266-274.

[16] Khodier M. Optimisation of antenna arrays using the cuckoo search algorithm[J]. IET Microwaves Antennas & Propagation, 2013, 7(6): 458-464.

[17] Bhattacharjee K K, Sarmah S P. A binary cuckoo search algorithm for knapsack problems[C]//Industrial Engineering and Operations Management (IEOM), 2015 International Conference on. IEEE, 2015.

[18] Ghandour A J, Fawaz K, Artail H, et al. Improving vehicular safety message delivery through the implementation of a cognitive vehicular network[J]. Ad Hoc Networks, 2013, 11(8): 2408-2422.

第 12 章
可见光技术

12.1 引言

随着交通堵塞现象时常发生，车主缺乏足够的信息来源了解前方的道路状况，尤其伴随着当前无线频谱资源缺少导致信道拥塞现象频繁发生，会造成越来越堵的情况。与此相比，可见光通信则更具有优势，其频谱更加丰富，并且安全性较高。可见光频段的频谱非常丰富，不但在使用时不会受到限制，而且也不会造成无线电频谱的占用。在光线不足的情况下，人的视野中可视区域大幅度减少，会发生一些突发情况。利用可见光，车主能了解路面状况，从而规避危险。基于可见光的 V2V 通信平台利用可见光的传输来达到车辆用户间的通信，从而达到减少交通堵塞和规避危险的目的。其原理为传输信号在通信平台上进行调制，用可见光在两辆车之间进行通信，就是将光通信和 LED 的灯光技术相结合，同时也能实现照明功能，车主可以通过该系统实时了解前方道路的情况，从而做出行车决策。这样做可有效减少道路堵塞、规避危险、保证人身安全等。本章对基于可见光的 V2V 通信平台做一个总体设计。

12.2 可见光的 V2V 通信平台设计

12.2.1 系统的总体构成

基于可见光的 V2V 通信平台分为发送端和接收端两部分。工作时，在发送端，首先对即将传输的信号进行调制编码，然后利用放大模块对信号进行放大，最后将信号加载到 LED 的光源上，通过调节电压的变化来对发光功率进行调整，这样就可以进行信号传输，实现通信的目的；在接收端，通过接收 LED 发出的不断高速变化的光信号，并将其传输至光电检测器中，光电二极管将光信号转换成电信号，由于光电效应形成的电流十分微弱，所以通过放大模块对电信号进行放大，最后将放大的电信号输送至下一模块进行解调，使其恢复成初始信号，从而完成基于可见光的通信信号传输。本章所设计的车载可见光通信系统实现了字符传输和视频传输功能。图 12-1 所示为车载可见光通信系统。

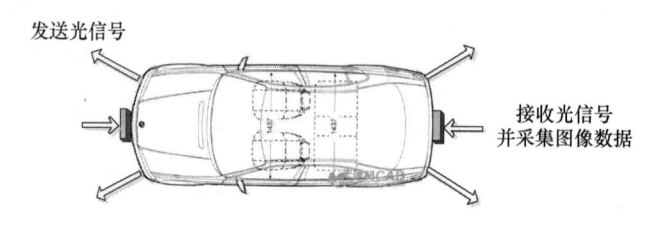

图 12-1 车载可见光通信系统

在发送端，车载可见光通信系统首先将传输的视频或字符信息送入主控芯片 MCU，然后对信息进行调制编码。由于通过调制后，调制信号非常微弱不足以驱动 LED 发亮，所以先将其通过放大模块进行放大，然后加载到 LED 上使其发亮并进行通信。在接收端，光电检测器接收光信号后，利用光电效应将光信号转换成电流信号，然后通过放大模块对电信号进行放大，再通过解调模块将电信号恢复到原始的字符或视频信息，最终完成由发送端到接收端的可见光信号传输过程。

▶ 12.2.2 可见光的发送端

图 12-2 所示为车载可见光通信系统发送端。对于发送端，主要是完成调制编码或视频信息采集，然后将信号通过放大电路进行放大，驱动 LED 发亮。下面主要介绍的功能是字符传输和视频传输。对于字符传输采用了 OOK 调制的方法，其工作的原理是通过单极性不归零码来进行控制的。OOK 是把载波的幅度取作 0 和 1。通过载波进行的幅度上下的改变，这样就能够对数字信息进行传输了。其表达式为

$$e_{\text{OOK}}(t) = \sum_{n} k_n g(t - nT_s) \cos \omega_c t \tag{12-1}$$

式中，$k_n = 1$ 的概率为 P，$k_n = 0$ 的概率为 $1 - P$。

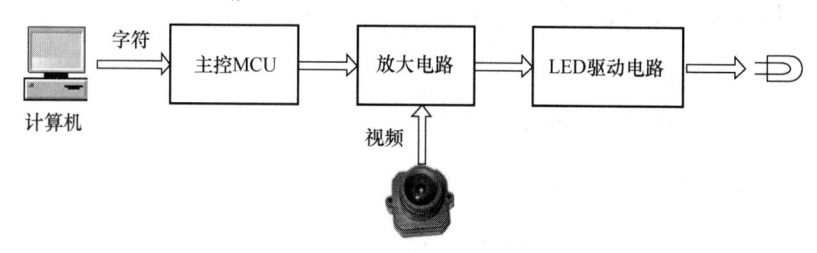

图 12-2 车载可见光通信系统发送端

对于视频传输，主要采用模拟信号进行传输的方式。对于视频传输来说，其模拟信号可以由连续变化的电压信号来表达，可以使 LED 的发光强度按电压信号的变化规律而变化。该平台实现的功能为视频传输和字符串传输，下面介绍字符传输的通信电路和视频传输的通信电路。

1. 字符传输的通信电路

发送端 PC 输入字符，通过串口软件助手，将字符发送到主控芯片上，主控芯片将字

符串转换成的二进制代码进行调制,因此使用到 USB 接口进行串口通信。串口通信模块主要由一个主控芯片和一个转换控制芯片构成。主控制芯片所使用的 STM32,是一款基于 ARM Cortex-M 内核 STM32 系列的微型控制器,它的电源电压为 2~3.6 V,工作的峰值频率是 72 MHz,其晶体振荡器的频率是 4~16 MHz,其中还包括 32 kHz 的 RTCC 振荡器,多达 9 个通信接口,并且支持 USART 接口,能支持同步通信和半双工通信。可见光串口通信原理如图 12-3 所示。

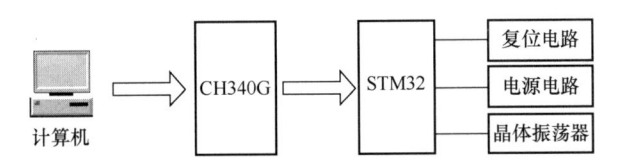

图 12-3 可见光串口通信原理

对于字符传输而言,计算机通过编写字符串进行字符传输。发送端模块是通过 USB 串口与计算机相连的,所以需要进行 RS-232 协议和 USB 协议的转换。通过使用 CH340G 芯片构建转换电路,并使用全速 USB,能够使用 3 V、3.3 V 和 5 V 的电压。通过 CH340G,能实现 RS-232 装置和 USB 接口的连接。CH340G 串口通信电路如图 12-4 所示。STM32 串口的发送引脚 U1TXD 为 PA9,STM32 串口的接收引脚 U1RXD 为 PA10,所以将 PA9 与 CH340G 的 TXD 相连,PA10 与 CH340G 的 RXD 相连。

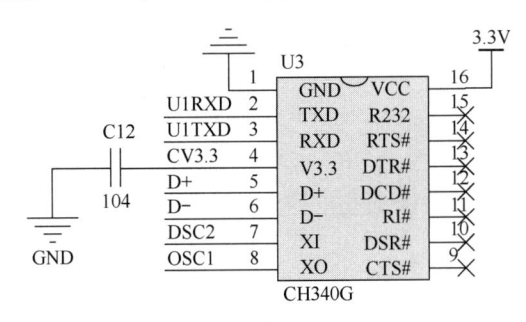

图 12-4 CH340G 串口通信电路

由于需要在计算机上编写字符串发送到主控芯片 MCU,即需要一个串口通信软件完成二进制转换处理,以便完成串口通信的部分功能。该平台用到的是一个开源的串口通信软件,输入想要传输的字符串,然后发送,即可通过串口发送到主控芯片 MCU 上。其字符信息是经过串口通信模块输入到主控芯片 MCU 的,经过调制编码处理,然后输出到 LED 驱动电路上,但是 LED 的输入信号是编码调制模块直接输出的信号,由于调制电流的幅度太小,LED 光的变化不能明显地表现出来,所以必须对调制信号进行放大。对于字符传输来说,需要将调制后的数字信号通过 S8550 三极管放大,驱动 LED 发亮。这里采用 S8550 来设计,S8550 作为一种三极管,有着较低的电压、较大的电流等特点,广泛应用于功率放大电路、开关电路、推挽功放电路等、本系统用 S8550 放大电路,如图 12-5 所示。

图 12-5 所示为三极管驱动 LED 电路，S8550 为 PNP 三极管，在这个电路中起到开关的作用，并且它可以控制三种状态，也就是截止、放大、饱和，在这里主要用到的是两种状态，其中，截止状态使二极管不通电，而饱和状态使二极管通电发光，当 U2TXD 处在高电平时，Q1 的发射极发生反偏现象，也就是集电极产生反偏，使得三极管截止，LED 不亮。当 U2TXD 处在低电平时，其结果相反，在这种情况下，LED 发亮。

2. 视频传输的通信电路

车载可见光通信系统的发送端的摄像头能实时捕捉视频画面并形成电信号（模拟信号），其电流幅度太小，通常情况下是微安级别的，不能驱动其发光，所以要通过放大电路进行放大，这里采用了 S9013 三极管。图 12-6 所示为 S9013 放大电路。S9013 三极管能够将电流放大。S9013 工作在放大状态，用于模拟信号的传输同时能改变波形，从而改变 AV 的光照强度。SEND 为发送端的摄像头采集的模拟信号，同时为了使三极管工作在放大状态不失真地将信号进行放大，就要保证 S9013 的发射结产生正偏，同时集电结产生反偏，为了能够让 S9013 的各个部位都处在我们需要的位置，就需要添加 R18。R18 能为 S9013 的基极提供偏置电流，使 S9013 处在静态的一个工作点。

图 12-5　S8550 放大电路

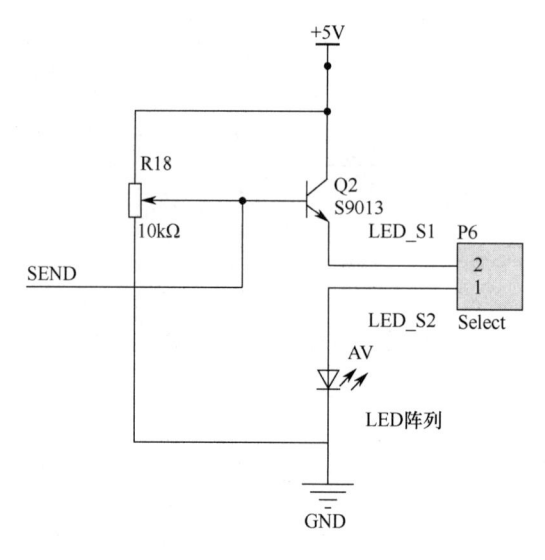

图 12-6　S9013 放大电路

3. LED 的选用

红外光通信是通过红外波段内的近红外线进行信号的传输，其信号光源为红外 LED。利用 PPM 调制，然后将调制信号加载到红外光波上，红外光的工作波长为 800～900 nm，红外光通信的数据传输易受遮挡物的影响，且使用大功率红外发射器时易对人眼造成极大的损伤，由于红外光发射功率需要受到限制，所以能够传输的距离也会受到限制。而白光的通信，信号光源是白光 LED，工作波长为 380~780 nm。白色的光的发射功率所受到的限制很小。因此红外光通信，同时考虑到可见光系统的照明功能，我们使用白光 LED。LED 的发光晶片是由 P 型和 N 型半导体组成的。在进行正向电压的使用时，通过 N 区进入 P 区电子及通过 P 区到 N 区进入的空穴分别与 P 型的空穴和 N 型的电子复合，就会有剩余的能量，而它们会通过光来释放出来，从而发光。与之相反，在进行反方向电压的使用时，一些载流子会由于扩散运动而被阻止，不能够实现上述过程，因此不会产生光。

白光 LED 主要分为三种。第一种是 PC-LED，通过发光芯片发出蓝色光，其中有一部分蓝色光通过照射在荧光粉上实现黄光的发生，其他的蓝色光穿过荧光粉并向外，这样蓝色光和黄色光就结合在一起变成了白光。第二种是 RGB-LED，其内含有三种发光芯片即红、蓝、绿，三种光通过混合形成白光。第三种是 UV-LED，通过紫外线来照射红、蓝、绿三色混合的荧光粉来发出白光。与 RGB-LED 相比，PC-LED 容易制备且成本低，UV-LED 容易散射出紫外线，会对人眼造成损伤。

我们选取 PC-LED 作为发光光源，选用 1 W 的 LED 作为发光体，其照明距离能达到 200 cm。

根据电路原理图，进行发送端的 PCB 的版图制作，在绘制 PCB 版图时，需注意以下几点：①元器件的封装要跟实物匹配，同时考虑到元器件的大小，在布局时，距离要考虑好；②布线要规范，避免绕线，同时更多地考虑使用短线，布线时不要离板子太近；③带有极性的元器件要标明极性。

图 12-7 所示为使用 Altium Design 绘制的发送端电路的 PCB 版图。

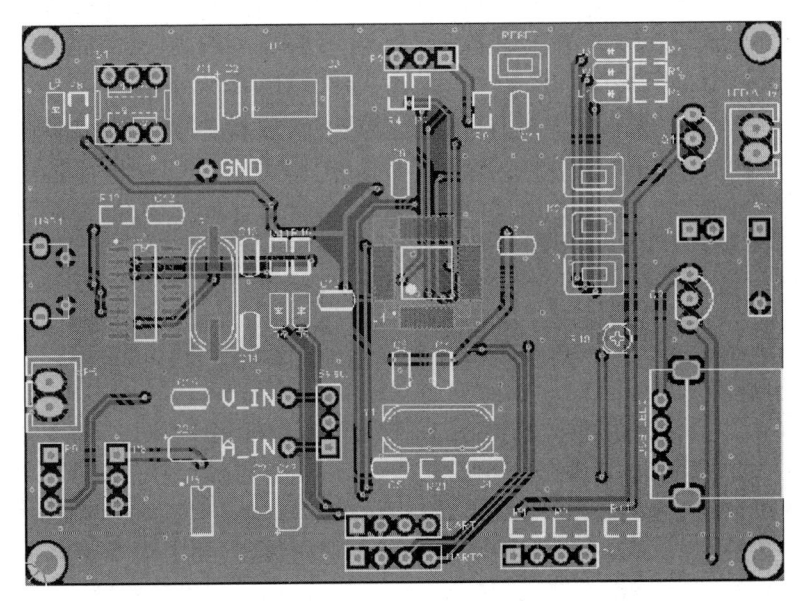

图 12-7　发送端电路的 PCB 版图

12.2.3 可见光的接收端

光信号通过发送端进行发送，接收端接收光信号，并在电路中将接收到的光信号转换为电信号，然后利用放大模块对信号进行放大，再进行解调等相关处理。在接收电路中，包含光电检测电路、放大模块和稳压电路等。利用在接收电路上的光电二极管，可以将从发送端传输过来的光信号转换为电信号，但是在进行光电转换之后的电流会非常小。考虑到后续电路的电流正常采样使用，设计了放大模块，此模块可以将光电转换后的微弱的电信号进行放大。由于字符信号和视频信号处理过程不同，我们在接收端分别针对字符传输和视频传输设计了接收电路。图 12-8 和图 12-9 分别为字符接收端电路设计图和视频接收端电路设计图。

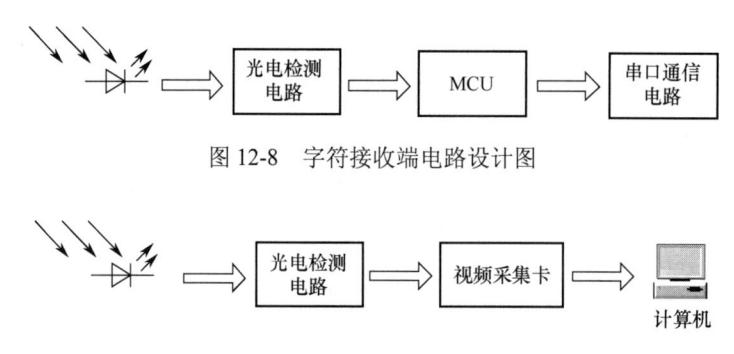

图 12-8 字符接收端电路设计图

图 12-9 视频接收端电路设计图

1. 字符接收

图 12-10 所示为字符接收的光电检测电路。通过光电二极管，可以把接收到的光信号变成电信号。对于光电二极管来说，主要有两种，分别是 PIN 和 APD。第一种光电二极管（PIN）在光照下，其 I 层将光子吸收就形成电子−空穴对，然后其在内部的电子场变成光电流。第二种光电二极管（APD）雪崩倍增的效应在强外电场的作用下放大光电流。对于选择光电检测器而言，需要考虑以下几点：首先其工作频段在可见光光谱范围内（380～780 nm），然后要求光电检测器的性能符合要求。PIN 光电二极管具有电路简单，并且在使用时效率很高的特点，而 APD 光电二极管比较适合于高速调制信号，其输出电流比第一种的要大，但是其易受噪声影响。相比之下，我们选择的是 PIN 光电二极管。对于字符传输电路而言，选取的光电二极管其直径为 9 mm，接收的波长范围为 400～780 nm。同时选取 LM393 芯片，如果正向电压相较于负向电压高，就会产生高电平；相反，如果正向电压相较于负向电压低，就会产生低电平，电平电压为 0 V，从而实现比较作用。光敏二极管和 R15 分压输入 LM393 的正向输入的端口，可调电位器分压输入端口 R14 为 LM393 的负向输入的端口。根据元器件的参数手册，选取 R14 和 R15 的阻值为 10 kΩ，LM393 的负向输入电压固定。当有光照时，对于光电二极管来说，电阻非常小，所以它和 R15 构成的分压电压就会下降，这时正向的输入电压就会比负向的输入电压小，所以输出的电压就是 0V。而当没有光照时，其电阻就会非常大，光电二极管和 R15 组成的

分压电压增大。LM393 的正向的输入端分压电压变大，超过负向的输入端，LM393 输出电压为电源电压 3.3 V。

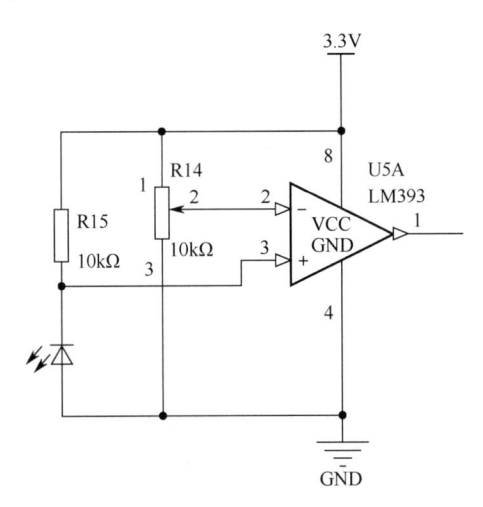

图 12-10　字符接收的光电检测电路

2．视频接收

视频接收电路是由光电检测电路及放大电路构成的,视频接收电路如图 12-11 所示。其中，光电检测电路包括光电检测器 D9 和电阻 R19 两部分，D9 是高速的光电检测器，D9 接收视频传输的可见光，通过光电转换形成微弱电流，再通过 OPA2846 进行放大，最后 V_OUT 输出。对于视频传输而言，选取的光电二极管的直径是 9 mm，其可以接收的波长范围为 400～1100 nm。D9 可以等效为一个光控电阻。D9 和 R19 组成一个反相运算放大电路。根据数据手册，D9 的等效阻值 R 为 100 Ω，则

$$-\frac{R_{19}}{R}=200 \tag{12-2}$$

OPA2846 为高速宽带和双通道的运算放大器，并且能输出较高的增益带宽和噪声比较低的电压反馈的运算放大器。

将 D9 收到的光照的强弱作为输入信号去修改 D9 的等效阻值，使得输出变化，通过 R16 向 V_OUT 传导，C18、C19、C24、C25 作为滤波电容，R20 为平衡电阻，其阻值为

$$R_{20}=\frac{R_{19}\cdot R}{R_{19}+R}=100\ \Omega \tag{12-3}$$

为了保障电路的工作电压，设计了稳压电路，如图 12-12 所示。AMS1117 是三端线性稳压器，其工作的基本原理是：采集输出的电压，并且把采集到的电压反馈，用调节电路来对阻抗进行调整，如果输出的电压比较低，就通过调整使阻抗相应降低，这样可以把

调整管的压降变小；相反，如果输出的电压比较高，可以把阻抗相应增大，这样就能使调整管的压降变大，通过这种调节机制，可以使输出的电压能够保持相对的稳定。当最大输入电压为 10 V 时，在最大输入电压之内输出电压都是 3.3 V，起到稳压的作用。AMS1117 有多种电压，如 1.2 V、1.8 V、2.5 V、3.3 V 和 5 V 等，选取 AMS1117 芯片并设计 5 V 转 3.3 V 电路，电路中 C1、C2、C3 是滤波电容，其作用是将电源中的纹波进行过滤，使电路工作在稳定的电压下。

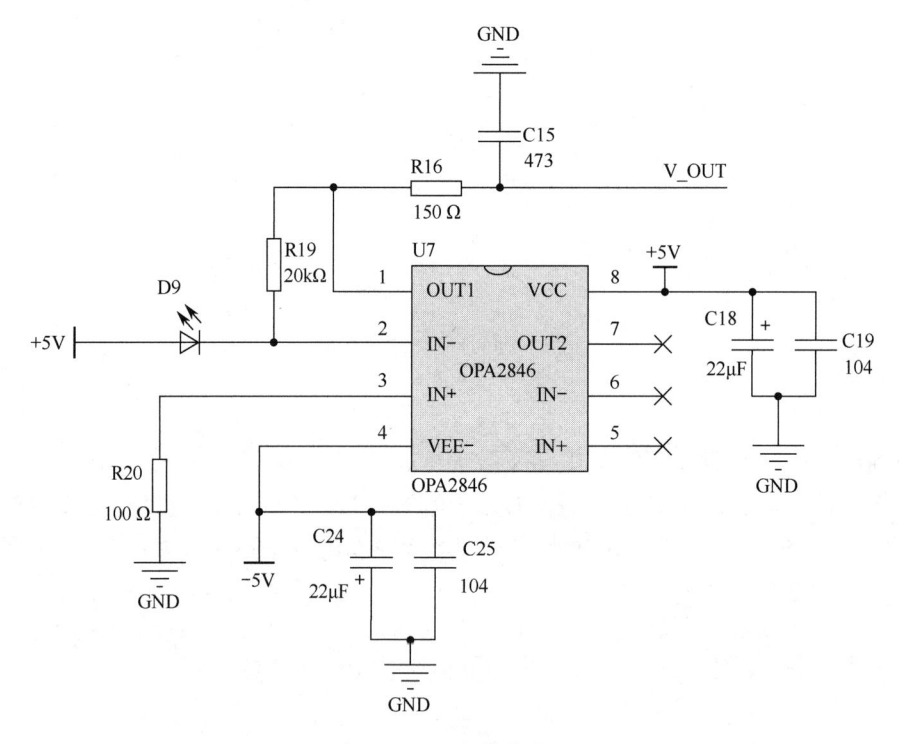

图 12-11　视频接收电路

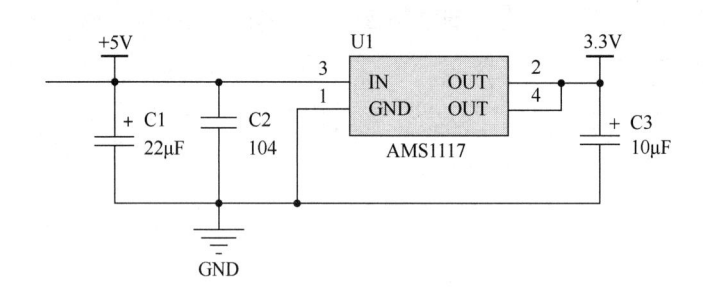

图 12-12　稳压电路

根据接收端的电路原理图，使用 Altium Design 绘制接收端电路的 PCB 版图，如图 12-13 所示。

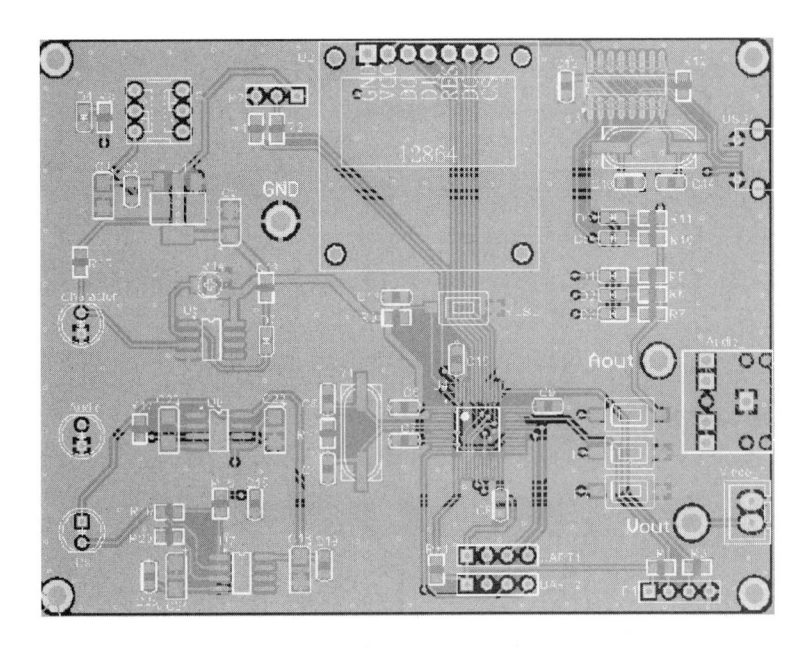

图 12-13　接收端电路的 PCB 版图

12.3　系统搭建和测试

对于本章的车载可见光通信系统的搭建和测试，平台分为两部分，分别为发送端和接收端，其实物图如图 12-14 和图 12-15 所示。

图 12-14　发送端实物图

图 12-15　接收端实物图

12.3.1　字符传输

首先进行系统的搭建，将 Keil 编译器安装到系统中，这样在系统中就可以进行编译了。然后再将 CH340G 驱动安装到系统中，其作用是连接计算机和串口。首先使用 Keil 编译器编写程序，然后再将程序编译成 HEX 格式的文件，最后再通过串口编程软件将 HEX 格式文件烧录到 STM32 中。

其次对字符传输功能进行测试，通过 PC 端的串口软件输入字符，并且发送，通过硬件的发送端电路进行可见光信息的发送，通过硬件的接收端电路接收数据，实现光电转换，由 STM32 进行解调，最后传回至 PC 端的串口软件。

在发送端的计算机上，利用串口软件将"GUET"进行发送，如图 12-16 所示的发送端串口软件界面，在软件界面中将"GUET"输入并且将其发送出去。字符通过串口传送到主控芯片 MCU，然后传输到 LED 上面，这样就发出了光信号。

针对主控芯片 MCU 接收串口传来的 ASCII 数据。首先设定 USART_RX_BUF 来接收存储数据，同时设定 USART_RX_STA 用来控制 USART_RX_BUF，并且使用 USART_RX_BUF 对数据进行存储，在传输过程中，将有效的数据进行计数，然后存储到 USART_RX_STA 中。在 USART_RX_STA 中，Bit13~0 为接收到的有效字节数目；Bit14 接收到 0x0d；Bit15 为接收完成标志。若 USART_RX_STA 仅接收到 0x0d，没有接收到 0x0a，则表示接收不正确，这样数据接收会重新进行。若 USART_RX_STA 接收到 0x0d 和 0x0a，这样表明接收完成。主控芯片 MCU 通过 USART_RX_BUF 接收数据，同时将接收到的 ASCII 数据通过编码处理后，就能够变成高低电平构成的 0、1 序列了。

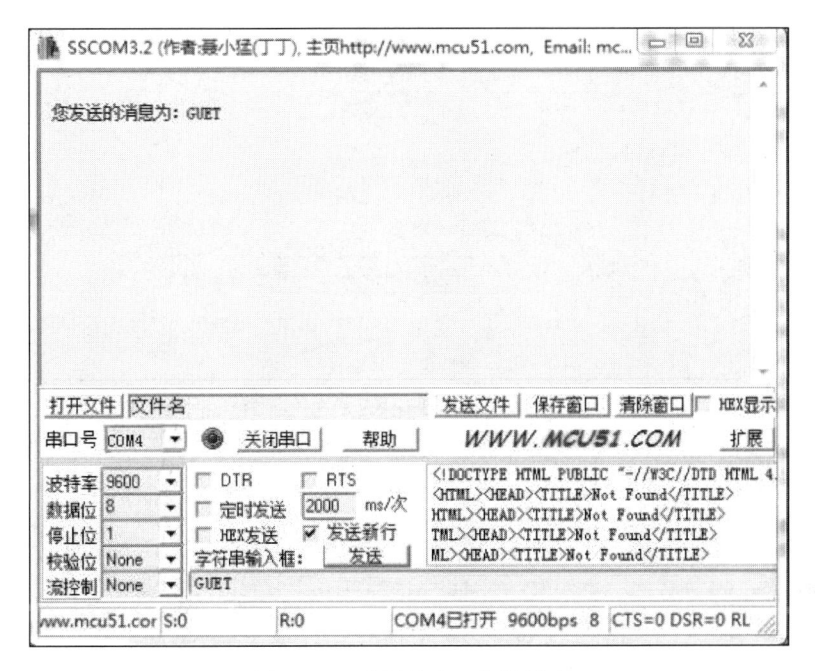

图 12-16　发送端串口软件界面

通过使用微控制器上外设 UART 进行数据接收。首先开启 UART 和对应 GPIO 的时钟、配置相应 I/O 口工作在复用模式、UART 波特率、数据宽度、奇偶校验及中断优先级等参数。UART 接收到数据后将触发中断，在中断入口函数中，首先从 UART 的 DR 寄存器读取本次接收的数据，然后清空接收超时检测标志，判断接收数据缓冲区 USART_RX_BUF 是否溢出，如果数据溢出将重置数据接收指针 USART_RX_STA 使得新接收的数据又从 USART_RX_BUF 的起始地址开始存放，否则将接收到的数据存入接收数据缓冲区并令接收指针加 1，当本次收到数据 0X0A 且上一次收到的数据为 0X0D 时，说明收到数据结束符，本次接收完毕；当上次收到数据 0X0D 且本次收到的数据不为 0X0A 时，说明接收数据出错，需要重置数据接收指针 USART_RX_STA 重新开始进行数据的接收。在编写 UART 驱动程序的过程中，将基于 fputc 函数的 printf 系列函数输出都重定向到 UART 端口，为程序调试和人机交互提供了极大方便。串口通信流程图如图 12-17 所示。

在本次实验中，计算机发送端发送了"GUET"字符串，主控芯片 MCU 接收后将其进行编码，通过使用计算机 Protues 软件仿真测试后，可以得出"GUET"转换成二进制信号的波形，如图 12-18 所示。

从图 12-18 中可以看出二进制数据为 101000111-01010101-01000101-01010100，与"GUET"相对应，表明串口通信成功。主控芯片 MCU 通过 OOK 调制方法对二进制信号进行调制，使用软件仿真可以得到调制后的波形。

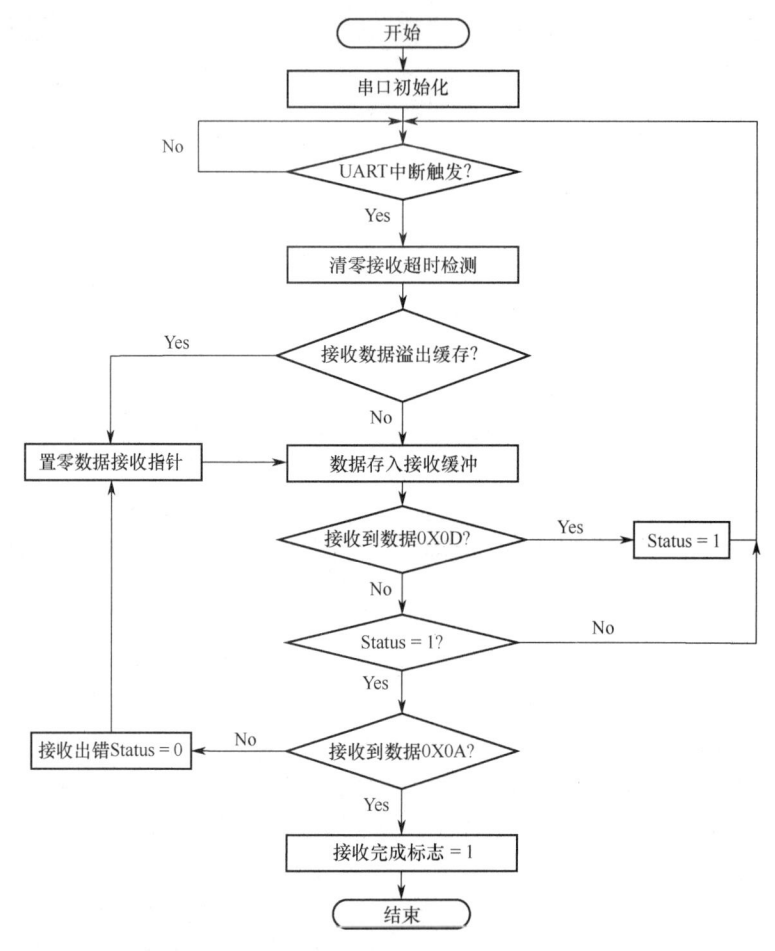

图 12-17 串口通信流程图

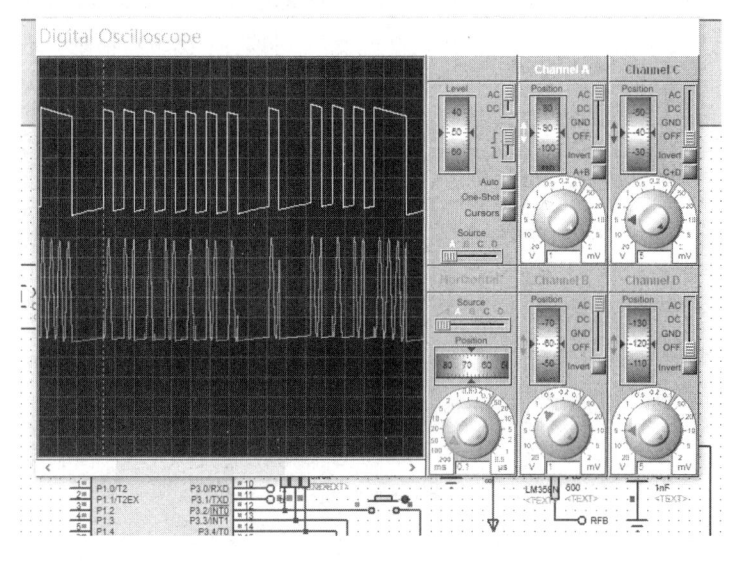

图 12-18 调制波形

第 12 章 可见光技术

最后将得到的调制信号加载到 LED 上。

在接收端，将接收到的光信号，通过处理，由主控芯片 MCU 通过串口发送到接收端的计算机上，通过串口软件显示出来，接收端串口软件界面如图 12-19 所示。

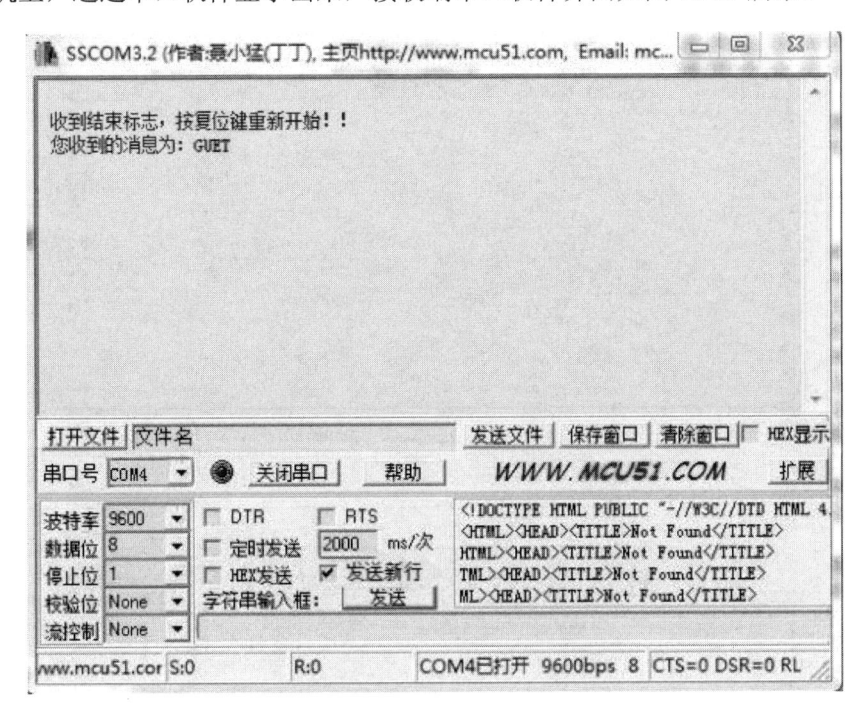

图 12-19　接收端串口软件界面

12.3.2 视频传输

可见光发送端的摄像头接收到视频信息，进而形成电信号，然后将电信号通过放大电路进行放大，最后加载到 LED 上，样就可以使用 LED 进行发射了。在接收端，收到 LED 发射的可见光，接收端的光电检测电路就能够将光信号转换成电信号，而此时的电信号还是比较微弱的，因此需要进一步处理，将电信号通过放大模块进行放大，放大后的电信号为模拟信号，通过将模拟信号转换成数字信号后，就能在接收端显示视频信息。可见光发射机系统中视频采集卡是一种将模拟视频信号转换成数字信号的设备，该平台此次采用的是 USB 视频采集卡，如图 12-20 所示，可以通过 USB 接口直接与计算机相连，能同时支持 Windows 7、Windows 10 操作系统的计算机。

图 12-20　视频采集卡

通过视频采集卡储存在硬盘的数字信号可以使用视频播放软件进行播放。接收端中所采用的视频播放软件为 Honestech TVR 2.5，该视频播放软件具有很多功能，包括实时的视频放送、视频回放及存储等。图 12-21 所示为 Honestech TVR 2.5 界面，图 12-22 所示为可见光系统传输的视频信号，发送端所采集的手势信号经可见光传输，通过 Honestech TVR 2.5 播放。

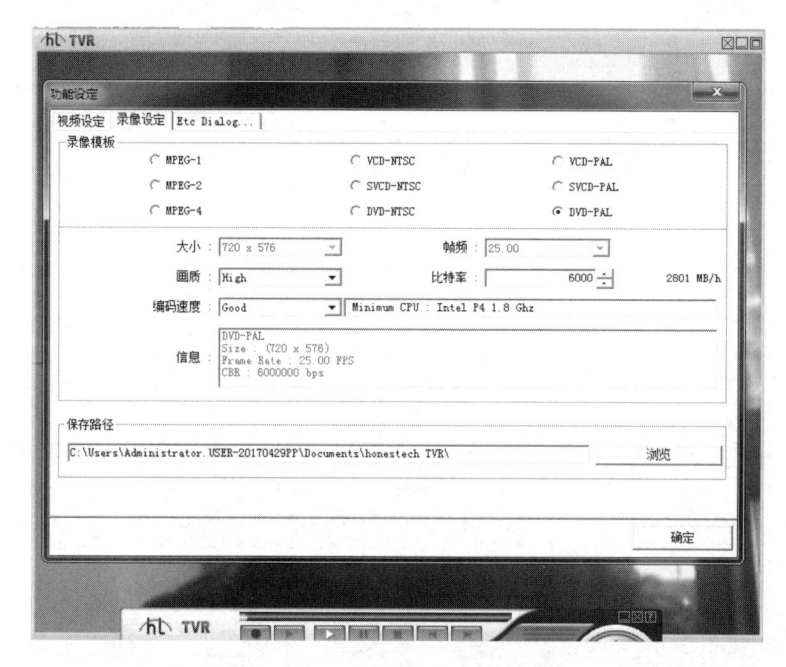

图 12-21　HonestechTVR 2.5 界面

图 12-22　可见光系统传输的视频信号

12.4 本章小结

本章设计了基于可见光通信的 V2V 通信平台。该平台分为两部分，分别为发送端和接收端。本章针对发送端的串口电路、放大电路和接收端的光电检测电路进行了设计。通过对可见光通信平台的搭建和测试，表明该平台能完成字符传输功能和视频传输功能。

参 考 文 献

[1] 陈杨. 车联网路由协议研究[D]. 成都：电子科技大学, 2014.
[2] 刘纪勇. 基于 GPSR 协议的 VANET 路由算法[D]. 吉林：吉林大学, 2016.
[3] 王一妹. LED 照明通信系统的研究[D]. 沈阳：沈阳工业大学, 2015.
[4] 王先. 基于 STM32 的室内 LED 可见光通信系统研究[D]. 济南：山东大学, 2014.
[5] 董岳. 可见光通信中收发端技术的研究与实现[D]. 济南：山东大学, 2014.
[6] 吴琪. V2V 可见光通信平台设计与功率控制研究[D]. 桂林：桂林电子科技大学, 2020.
[7] 陈明方. 基于可见光通信的车辆身份识别系统关键技术研究[D]. 成都：西南交通大学, 2015.
[8] 施赠恩, 冯浩杰, 唐妍, 等. 基于高亮度 LED 汽车灯的可见光通信系统[J]. 科技展望, 2016, 26(22).
[9] 郭炼祥. 城市车载自组织网路由协议的研究[D]. 广州：华南理工大学, 2011.
[10] 管瑞. 可见光通信载波序号 OFDM 调制方法研究[D]. 南京：东南大学, 2018.
[11] 杨洋. 可见光通信系统中的 OFDM 调制技术研究[D]. 北京：北京邮电大学, 2018.
[12] 沈振民. 基于 LED 的室内可见光通信信道建模及光学接收端研究[D]. 北京：北京理工大学, 2014.

附录 A 缩略词对照表

缩略语	英文全称	中文
ITS	Intelligent Transportation System	智能交通系统
V2X	Vehicle-to-Everything	车载通信技术
C-V2X	Cellular Vehicle-to-Everything	基于蜂窝网的车载通信技术
V2V	Vehicle-to-Vehicle	车与车
V2I	Vehicle-to-Infrastructure	车与路
V2P	Vehicle-to-Pedestrian	车与人
V2N	Vehicle-to-Network	车与网络/云平台
3GPP	3rd Generation Partnership Project	第三代合作伙伴计划
CSMA	Carrier Sense Multiple Access	载波侦听多路访问
LTE	Long Term Evolution	长期演进
BS	Base Station	基站
DSRC	Dedicated Short Range Communication	专用短程通信
5G	Fifth Generation	第五代移动通信
D2D	Device-to-Device	终端直通
D2D-V	Device-to-Device-based V2V	终端直通车与车通信
MIMO	Multiple Input Multiple Output	多输入多输出
SISO	Single Input Single Output	单输入单输出
LoS	Line of Sight	视距
NLoS	Non Line of Sight	非视距
CIR	Channel Impulse Response	信道冲击响应
AoA	Angular of Arrival	到达角
AoD	Angular of Departure	离开角
ST-CF	Space-Time Correlation Function	空时相关函数
ACF	Auto Correlation Function	自相关函数
CCF	Spatial Cross-Correlation Function	空间相关函数
AWGN	Additive White Gaussian Noise	加性高斯白噪声
PPP	Poisson Point Process	泊松点过程
SINR	Signal-to-Interference-plus-Noise Ratio	信干噪比
SNR	Signal-to-Noise Ratio	信噪比
SIR	Signal-to-Interference- Ratio	信干比

附录 A 缩略词对照表

（续表）

缩略语	英文全称	中文
CSI	Channel State Information	信道状态信息
PDF	Probability Density Function	概率密度函数
ASR	Average Sum Rate	平均总和速率
EE	Energy Efficient	能效
MEC	Mobile Edge Computing	移动边缘计算
CJ	Cooperative Jamming	协作干扰
PLS	Physical Layer Security	物理层安全
PGFL	Probability Generating Functional	概率产生泛函
COP	Connection Outage Probability	连通中断概率
SOP	Secrecy Outage Probability	安全中断概率
ASE	Area Spectral Efficiency	单位面积总频谱效率
QoS	Quality of Service	服务质量
AR1	First-order Autoregressive	一阶自回归
AF	Amplify-and-Forward	放大转发
DF	Decode-and-Forward	译码转发
HDAF	Hybrid Decode Amplify Forward	混合译码放大转发
MGF	Moment Generating Function	矩生成函数
MPSK	Multiple Phase Shift Keying	多进制相移键控
M-QAM	M-ary Quadrature Amplitude Modulation	多进制正交幅度调制
ASER	Average Symbol-Error-Eate	平均误码率
MRC	Maximal Ratio Combining	最大比合并
CDF	Cumulative Distribution Function	累积分布函数
CHV	Cluster-Head Vehicles	簇头车辆
IHDAF	Incremental HDAF	增强混合译码放大转发
TDD	Time Division Duplexing	时分双工
FDD	Frequency Division Duplexing	频分双工
RSI	Residual Self-Interference	残余自干扰信号
PNC	Physical Layer Network Coding	物理层网络编码
DF-JM	Decode-and-Forward with Joint Modulation	联合调制的译码转发
MAC	Multiple Access Channel	多址接入
QPSK	Quadrature Phase Shift Keying	正交相移键控
VEU	Vehicle Users	车辆用户
FD	Full Duplex	全双工
CEU	Cellular Users	蜂窝用户
ILA	Interference Limited Area	干扰限制区域

（续表）

缩略语	英文全称	中文
OMA	Orthogonal Multiple Access	正交多址接入
EEO	Energy Efficiency Optimization	能效优化
NOMA	Non-Orthogonal Multiple Access	非正交多址接入
SIC	Successive Interference Cancellation	连续干扰消除
LI	Loop Interference	环路自干扰
MBMS	Multimedia Broadcast/Multicast Service	多媒体广播/组播服务
TSMT	Two-Stage Multicast Transmission	两阶段组播传输
VSD	Vehicle Security Data	车辆安全数据
V-D2D	Vehicular Device-to-Device	车载终端直通车与车通信
HG-C	Hypergraph Clustering	超图聚簇
AP	Access Point	接入点
CoMP	Coordinated Multipoint	协作多点
NB-IoT	Narrow Band Internet of Things	窄带物联网
UDN	Ultra-Dense Networks	超密集网络
VC	Virtual Cell	虚拟小区
HS	Hot Points	热点
SCA	Successive Convex Approximation	连续凸逼近
DUVC	Dynamic User-Centric VC	动态用户中心虚拟小区
PALM	Proximal Alternating Linearized Minimization	近端交替线性化最小化
MU	Multiplicative Update	乘法更新
IoT	Internet of Things	物联网
BC	Blockchain	区块链
CA	Certificate Authority	证书颁发机构
OBU	On Board Unit	车载单元
GPS	Global Positioning System	全球定位系统
RAN	Radio Access Network	无线接入网络
CON	Computation-Offloading Network	计算卸载网络
CR	Cognitive Radio	认知无线电
SBS	Small Base Station	小基站
RSU	Road Side Unit	路边单元
PU	Primary User	主用户
SU	Secondary User	次用户
VANET	Vehicular Ad-Hoc Network	车载自组织网络
GA	Genetic Algorithm	遗传算法
VLC	Visible Light Communication	可见光通信技术

附录 A 缩略词对照表

（续表）

缩 略 语	英 文 全 称	中 文
ADF	Adaptive Decode and Forward	自适应译码转发
FDF	Fixed Decode and Forward	固定译码转发
BPSK	Binary Phase Shift Keying	二进制相移键控
BCSI	Broadcast with Side Information	边信息广播
BER	Bit Error Ratio	比特出错率
DLD	Degree of Link Dependence	链路依赖度
PPP	Poisson Point Process	泊松点过程
CDMA	Code Division Multiple Access	码分多址
BSG	Base Station Group	基站群体
RG	Relay Group	中继群体
LEACH	Low Energy Adaptive Clustering Hierarchy	低功耗自适应分簇
DVB	Digital Video Broadcasting	数字视频广播
DVB-T	Digital Video Broadcasting Terrestrial	数字地面电视广播系统
SA	Simulated Annealing	模拟退火算法
EC	Effective Capacity	有效容量
EB	Effective Bandwidth	有效带宽
CATT	China Academy of Telecommunications Technology	电信科学技术研究院

反侵权盗版声明

电子工业出版社依法对本作品享有专有出版权。任何未经权利人书面许可，复制、销售或通过信息网络传播本作品的行为；歪曲、篡改、剽窃本作品的行为，均违反《中华人民共和国著作权法》，其行为人应承担相应的民事责任和行政责任，构成犯罪的，将被依法追究刑事责任。

为了维护市场秩序，保护权利人的合法权益，我社将依法查处和打击侵权盗版的单位和个人。欢迎社会各界人士积极举报侵权盗版行为，本社将奖励举报有功人员，并保证举报人的信息不被泄露。

举报电话：（010）88254396；（010）88258888
传　　真：（010）88254397
E-mail：dbqq@phei.com.cn
通信地址：北京市万寿路173信箱
　　　　　电子工业出版社总编办公室
邮　　编：100036